中国印刷年鉴

CHINA GRAPHIC ARTS ANNUAL

2014

中国印刷技术协会 编

中国经济出版社
CHINA ECONOMIC PUBLISHING HOUSE

图书在版编目（CIP）数据

中国印刷年鉴 . 2014/ 中国印刷技术协会编
北京：中国经济出版社，2014.10
ISBN 978-7-5136-3483-0

I. ①中… II. ①中… III. ①印刷工业—中国—2014—年鉴 IV. ① F426.84-54
中国版本图书馆 CIP 数据核字（2014）第 216458 号

中国印刷年鉴（2014）

总 编 辑 乔卫兵
副总编辑 李祥柱
责任编辑 郑 潇 黄小凯 李 婧

出版发行：中国经济出版社（100037 · 北京市西城区百万庄北街 3 号）
网 址：www.economyph.com
电 话：010-64471681
经 销：各地新华书店
承 印：中煤涿州制图印刷厂北京分厂
开 本：889mm × 1194mm 1/16
插页印张：4.5
字 数：894 千字
印 张：22.25
书 号：ISBN 978-7-5136-3483-0
版 次：2014 年 10 月第 1 版
广告经营许可证：京西工商广字第 8179 号
印 次：2014 年 10 月第 1 次印刷
定 价：380 元

《中国印刷年鉴》编辑委员会

编辑说明

一、《中国印刷年鉴》是我国印刷行业唯一一本大型资料性工具书。2014年卷为总第27卷，收录了我国印刷及相关行业2013年度整体发展的数据信息资料，对于促进印刷资源的开发利用、促进相关部门对印刷业的深入研究和科学决策起到重要的参考作用。

二、为综合反映我国印刷业2013年的发展状况，本卷年鉴共：综述、专栏、地方印刷、纪事、文摘、法规政策、标准汇编、统计8个栏目。为加强对印刷及关联产业各专业工作的评述，部分栏目下设二级栏目。

三、本卷年鉴在保持历年资料的内容和结构的基础上，做了部分补充和调整。

1. 综述栏目刊载国家新闻出版广电总局印刷发行司司长王岩镔在2014年中国（上海）国际印刷周主论坛上发表的题为“推动中国印刷业实现可持续发展”的主旨报告。

2. 为了使统计资料的内容更加全面和翔实，本卷年鉴“分类统计”栏目在原有内容的基础上，增加“印刷专用设备制造”、“纸浆制造”、“造纸”、“纸制品制造”等印刷相关领域的经济指标数据。

四、本卷年鉴 “专栏”内容刊载“2013—2014年度中国绿色印刷企业生态发展调查报告。为准确把握中国绿色印刷企业的最新发展情况，年鉴编辑部依托2014年中国印刷技术协会与中国印刷杂志社联合开展的第二次绿色印刷认证企业状况调查活动，将收集上来的大量信息资料归类整理并分析编写“2013—2014年度中国绿色印刷企业生态发展调查报告”。本次调查方向重点围绕企业选购和使用绿色原辅材料过程中遇到的一些问题，希望能进一步为读者了解当前我国绿色印刷现状提供一些参考，为政府有关部门制定科学的政策和规划提供依据。

五、本卷年鉴的编纂工作，得到国家新闻出版广电总局有关司局、全国各地新闻出版局的关心和指导，得到各地印刷协会、海内外印刷界专家和学者以及广大读者的帮助和支持。在此，谨致谢忱。由于本卷年鉴的资料来源广泛，数据统计口径不尽一致，编写过程中难免存在疏漏、错误之处，敬请广大读者批评、指正。

《中国印刷年鉴》编辑部

2014年9月30日

目录 CONTENT

综述

专栏

地方印刷

目录

纪事

FitENVASE
双层涂布耐UV版材
双层涂布
采用先进的双层涂布技术，
可以无需烤版使用UV油墨达到卓越的印刷效果。
xingraphics 新图
更好的解决方案！
成都新图新材料股份有限公司
中国 四川 成都市新都工业开发区炬光路79号
电话： 028 83956666 / 85925222　传真： 028 83991473
Email : info@xingraphics.com / www.xingraphics.com

目录

胜 利
SYSTEM CERTIFICATION
ISO 9001
SGS
UKAS
MANAGEMENT SYSTEMS
005
中国印刷定制化服务专家
400柔印系列--连线印刷断张裁剪生产线
宽幅印刷、连线分条、连线重叠、高速裁切、自动码垛一次成型，可降低3-5%的纸张浪费，节约大量的人力资源，提高生产效率，缩短交货时间
印胜
机利
该系列设备是我公司结合多年切纸机、柔版印刷机、单张自动收集系统的生产经验创新研制而成，并已经获准国家发明专利2项（ZL 2009 1 0023600.9 / ZL 2009 1 0023601.3）。主要应用于快餐行业的印刷包装制品生产，包括汉堡包淋膜包装纸、餐盘纸、汉堡包盒、薯条盒、纸杯等的生产。
HIGHER 河北海贺胜利印刷机械集团有限公司
地址: 河北省玉田县玉泰工业区(064100) 电话: 0315-6188888 传真: 0315-6163747 Http: //www.hhslg.cn Email: info@slg.com.cn
TEL:400-888-9399
华北：0315-5051989 华东：0510-88756346 华中：027-85865898 华南：020-36799199
东北：024-23909955 东南：0571-87929081 西北：029-68208497 西南：028-86796376 外贸：0315-5051881

文摘

BOBST

目录

APP
金光集团·工业用纸
宁波中华纸业有限公司
宁波亚洲浆纸业有限公司
你用纸
我种树
CO_2
O_2
你用纸 我种树
生活美好又环保
种六棵 用一棵
植树造林 绿化祖国
金光集团 APP
让世界更绚丽
APP工业用纸
中国高端工业用纸生产基地
宁波中华纸业 / 宁波亚洲浆纸业
荣获PEFC / ISO14064 / ISO9001 / ISO14001 / ISO14025
OHSAS18001 /国家环境友好企业....多项殊荣
DANCE WITH
NATURE
与自然共舞
GREEN PAPER
DANCE WITH NATURE
GUARANTEE
宁波中华纸业 & 宁波亚洲浆纸业
荣获多项国际及国家荣耀
PEFC-coc 森林产销监管链认证
ISO 14064 温室气体盘查认证
ISO 9001 质量管理体系认证
ISO 14001 环境管理体系认证
OHSAS 18001 职业健康安全管理体系认证
ISO 14025 III 型环境标志认证
荣获“国家环境友好企业”称号......
优质白卡纸系列：
JINOU
宁波之星
CHIEFTAIN
亚洲之星
ASIA STAR
NINGBO SPARK
未来之星
优质铜版卡系列：
华丽之星
CAIDIE 彩蝶
OMNISTAR 欧尼卡
CHIEFTAIN
ARTCO

目录

广告索引

目录 CONTENT

General Circumstance

Special Column

Parochial Printing

Printing Chronicle

Digest

Statute and Policy

Standards

Statistic

Sort Statistic

Custom Statistics

中国印刷
CHINA PRINT

2015年《中国印刷》开始征订啦！

每月15日出版，
每期15.00元，全年180.00元
（邮发代号：80—929）

中国印刷

■1983年创刊，中国印刷技术协会会刊，中国印刷界主流媒体；
■在指导宏观经济、发布产业政策、分析市场动态与前瞻变革趋势上具有独特的见解；
■由“资讯”、“经营与管理”、“市场与技术”、“特别策划”等20余个栏目组成。

资讯：发布产品信息与业界新闻
管理：汇集企业经营与管理案例
市场：关注市场动态与创富商机
技术：聚焦技术发展与变革趋势

以宣待位

地址：北京市宣武区太平街6号富力摩根中心D座709室　邮编：100050
发行部：010-59361840-8018　广告部：010-59361840-8008
编辑部：010-59361840-8012　传真：010-59361843
网址：www.chinaprint.org　E-mail：cgam@sina.com

2013年印刷复制管理工作综述

国家新闻出版广电总局印刷发行司

2013年是“十二五”中期评估之年，也是具休落实党的十八大各项目标任务的开局之年。新年伊始，即经历了机构合并调整、党的群众路线教育实践活动、党的十八届三中全会召开等一系列重大事件。在新的形势下，印刷发行司自觉与党中央保持高度一致，认真贯彻落实新闻出版广电总局党组部署，坚持改革创新、转变职能，通过深入查摆问题和查研究，及时出台多项服务行业发展的新政策，为进一步全面深化改革、履行服务职能打下了较好的基础。

一、加强印刷复制发行监管，为党和国家工作大局营造良好环境

印刷复制业是新闻出版的重要环节，是意识形态监管的重要领域。2013年9月，习近平总书记在全国宣传思想工作会议上强调，要“增强阵地意识”，“敢抓敢管，敢于亮剑”。随着政府简政放权行政体制改革的不断深化，以及网络信息技术的飞速发展，对印刷复制监管提出了更高的要求。2013年，印刷发行司重点从完善监管制度、开展专项检查和年度核试验、组织其层管理部门培训等方面着手，督促地方管理部门强化监管职责、落实监管任务。

（一）组织开展印刷复制发行专项检查

1. 为确保年初“两会”期间印刷复制行业及发行市场秩序规范稳定，原新闻出版总署于2013年2月22日印发了《关于在“两会”前开展印刷复制发行专项检查的通知》（新出厅字〔2013〕53号）。为抓好督促落实，印刷发行司会同扫黄办组成4个检查组，对北京、天津、河北、辽宁、上海、江苏、河南、海南等8个省（市）的33家印刷企业、1家光盘复制企业、6家单体书和7个出版物批发市场进行了专项检查。此次检查确定了“对曾受处罚的企业进行复查、对有举报线索指向的企业进行核查、对具体书报刊印制能力的企业进行抽查”的检查思路，对印刷复制企业深入生产车间、成品库房进行仔细检查；对发行市场不仅检查上公开售卖的图书，还对图书储存地点进行了清查。此次专项检查共发现15家印刷企业、7家发行企业涉嫌违规，检查组及时与地方有关部门进行了沟通，并对违规企业分别给予了相应的行政处罚。

2. 根据扫黄办统一安排，2013年8月25–31日，由印刷发行司领导带队，对河北、河南两省开展深化查堵反制香港反动出版活动专项治理“清源”行动情况进行了督导检查。督查组对两省4个城市的印刷复制企业、出版物市场以及涉及出版物流通的海关、物流、网站等38家单位和企业进行了检查，同时还对2013年8月发行的《朱镕基上海讲话实录》版权保护工作情况进行了检查。督查组将整体督查情况向两地管理部门进行了通报，并向全国扫黄打非工作领导小组进行了汇报。

（二）下发通知部署新一阶段印刷复制发行监管工作

2013年10月12日，新闻出版广电总局印发了《关于加强印刷复制发行管理的通知》（新出政发〔2013〕8号），要求各地印刷复制管理部门认真学习贯彻全国宣传思想工作会议精神，提高监管的责任意识，坚决改变监管工作“纠正软、不处罚”的缺位状态。要求在政府简政放权和数字网络技术广泛应用的情况下，主动创新印刷复制管理手段，加快管理信息平台建设，建立管理部门和执法部门之间的信息数据共享机制，做到企业信息共享、处罚信息互通、奖惩口径一致。特别要求北京、河北两地加快建设委托书网络备案核验平台，要在2014年上半年取得实质性进展，尽早实现两地互通。通知同时强调，要进一步加强对基层管理执法人员的思想教育和业务培训，要在两年内对地级市管理部门有关人员轮训一遍。

（三）提高基层管理部门印刷复制行政执法水平

2013年10月23–25日，印刷发行司在北京组织举办了全国印刷复制行政执法培训班。此次培训班重点落在抓基层、打基础方面。在参加人员安排上，除了要求省级印刷复制管理部门有关负责人参加以外，还特别安排了华北五省（区、市）的地级市印刷复制管理部门代表参加。在

内容设计上，邀请了多位专家从新闻出版法律法规、扫黄打非、印刷复制执法案例等方面进行了授课，务求进一步提高基层管理部门的执法水平，着力改变基层部门不想办案、不会办案、办不好案的消极思维和状况，树立以抓典型案件带动整体局面改观的管理模式。

为抓好监管，印刷发行司还汇总了各地查办的典型案例并设计了宣传海报，印发至各出版物印刷企业，以起到宣传警示作用。同时，印刷发行司还编制了印刷复制管理文件实用手册，收纳了印刷复制行业相关的法律、法规、规范性文件等内容，汇编了一些常见的管理问题解答，以方便地管理部门开展工作。

（四）推动印刷复制发行业法规建设

按照新闻出版广电总局领导的指示和法规司的要求，印刷发行司汇总整理了各地提交的有关修订《印刷业管理条例》的意见和建议，经过专题讨论对条例进行了再次修改。此次修改的主要内容包括进一步简政放权，简化跨省备案手续；强化质量监管职责，依法查处质量问题；完善年度核验制度，细化退出机制；调整行政处法权限，落实宽进严管；扶持数字印刷、绿色印刷发展等。目前，印刷发行司已按照要求将条例修订稿送交法规司进行审核，下一步将继续配合法规司做好落实推进工作。

（五）指导开展“3·15”质检活动

2013年3月12日，原新闻出版总署印发了《关于开展2013年“3·15”中小学教科书绿色印刷和月饼包装装潢印刷品质量监督检测活动的通知》（新出厅字〔2013〕67号）。印刷发行司指导质检中心组织各地落实工作安排、严格执行标准，并取得了良好的工作效果。此次质检活动对全国73家图书出版单位出版、177家绿色印刷企业印制的396种、3168册中小学教科书进行绿色印刷质量检测，对北京、上海、石家庄、沈阳、南京、福州、南昌、郑州、武汉、广州、成都、西安、长春、济南14个城市50家月饼生产企业的97种月饼包装装潢印刷品进行了印制质量检测。检测结果显示，中小学教科书绿色印刷质量整体较好，仅有个别产品的挥发性有机化合物含量超出标准限值要求；月饼包装装潢印刷品印制质量水平良好，未出现过度包装现象。

（六）开展印刷复制企业年度核验

1. 印刷企业年度核验情况。

根据年度核验统计数据，2012年我国印刷业总产值9510.13亿元，印刷企业10.44万家，从业人员344.13万人，资产总额10461.29亿元，利润总额724.98亿元，对外加工贸易额772.04亿元，外商投资总额389.3亿元。我国印刷业总产值比上一年增长9.6%，在改革开放以来连续保持两位数增长后，首次回落到一位数，但仍高于国民经济的增长速度，呈现出稳中有进的增长态势。其中，规模以上重点印刷企业2839家，产值占行业总产值的58%，成为发展的主力军；对外加工贸易额逆势增长13.5%，远高于同期全国对外加贸易额增幅。

2. 复制企业年度核验情况。

2012年我国复制业总产值62亿元，复制单位190家（光盘复制单位109家，磁介质复制单位82家），从业人员1.82万人，注册资本总额94.89亿元，复制总产量72.22亿片（盒）。近两年来，我国复制业产值和产量变化不大，但产业资源流动频繁，已进入整合调整期。只读类光盘和磁介质复制出现较大萎缩，可录类光盘生产保持良好发展势头；光盘产品结构逐步向高端转移，产业集约度进一步加强。针对光盘复制业当前所面临的由市场需求急剧萎缩而导致的企业相对产能过剩、利润普遍下降、技术人员流失等问题，印刷发行司派员深入企业开展专题调研，了解企业发展困难，听取专家意见，结合复制单位年度核验数据和调研情况，编制了《中国光盘复制业发展情况报告》，拟择机向业内发布。

二、推动印刷复制业改革发展，促进产业结构调整和转型升级

印刷复制业是新闻出版产业中体量最大、市场化程度最高的部分。在当前经济发展转型时期，印刷复制业也面临着产业结构调整、发展方式转变的艰巨课题。2013年，印刷复制业“十二五”规划日程过半，印刷发行司对规划执行情况进行了中期评估，确定了“抓重点、带全面”的思想，通过着力解决绿色印刷等重点领域面临的难点和问题，推动行业改革发展。同时，积极转变角色，主动为行业企业服务，取得了良好的效果。

（一）调整推进扩大绿色印刷实施

绿色印刷实施3年来，在理念培育、产业升级、节能降耗、惠及民生等方面均取得了重要成果，绿色印刷的社会影响日益广泛，标准检测监督体系逐步建立，企业的绿色竞争能力明显增强。目前，全国70%的中小学教科书实现了绿色印刷，北京、上海、河北三地实现了全覆盖。2013年，印刷发行司在坚定推进绿色印刷实施的同时，着力研究解决基层反映的问题，重点做了以下几项工作。

1. 印发票据票证实施绿色印刷通知。

2013年11月4日，新闻出版广电总局、环保部、工信部、认监委联合印发了《关于票据票证实施绿色印刷的

通知》（新出联〔2013〕9号），提出通过票据票证实施绿色印刷，保证税收、金融、商业等国民经济活动环保安全，减少广大人民群众和印刷从业人员日常接触到的票据票证印刷品中的有害物质，减少印制过程中的污染物排放。《通知》对票据票证印刷领域绿色印刷实施的范围、目标、步骤、分工、监督等方面提出了具体要求。

2. 调整完善绿色印刷实现途径。

印刷发行司结合群众路线教育实践活动，对基层普遍反映的绿色印刷认证速度慢、认证收费高等问题开展了一系列走访调研沟通工作。2013年6月，由印刷发行司领导带队，并派员以观察员的身份参加了绿色印刷认证现场检查环节，深入了解了绿色认证的整体流程，评估绿色印刷认证的实际效果，分析存在的问题。随后，印刷发行司又派员连续走访了财政部、税务总局、工信部、认监委等多个部委，认真听取了各方意见和建议。根据工信部的建议，借鉴国外先进国家的经验，适度调整绿色印刷的实现途径，将目前的单一"认证"调整为"自愿认证"和"自我声明"两种方式。同时，印刷发行司还协调环保部、认监委等部门，适当增加认证机构数量，降低收费水平，规范认证行为。

3. 召开绿色印刷推进会。

2013年11月4日，印刷发行司在北京召开绿色印刷推进会，正式启动绿色印刷宣传周。会上发布了《2013实施绿色印刷成果报告》和《中国绿色印刷企业生态发展年度调查报告》。北京、上海印刷管理部门代表介绍了争取财政资金支持绿色印刷实施的情况，有关企业代表就绿色印刷技术创新应用进行了经验交流。同时，为扩大宣传效果，印刷发行司还对会议实况进行了网络直播，组织各地管理部门和企业观看，取得了良好的效果。

4. 积极主动争取中央财政扶持。

2013年初，在阎晓宏副局长和王岩镔司长的带领下，印刷发行司与财政部文资办进行了多次沟通，达成一致意见，财政部文资办原则同意以项目补助的方式支持绿色印刷发展。2013年4月10日，新闻出版广电总局印发《关于推进绿色印刷产业发展的通知》（新出厅〔2013〕96号），从营造发展环境、拓展市场、项目扶持、培育骨干、自主创新、人才培养等方面提出推进绿色印刷实施的指导意见，要求各地做好绿色印刷发展项目的储备工作，重点组织获得国家印刷示范企业称号且实施绿色印刷的企业申请文化产业发展专项资金扶持。经过整理评估，印刷发行司于2013年8月12日致函财政部文资办，重点推荐了50年具有代表性的绿色印刷发展项目。据财政部文资办反馈，2013年共有43个绿色印刷项目获得2.768亿元中央文化产业发展专项资金的财政支持。

（二）精心搭建印刷业供需对接平台

2013年7月10-13日，印刷发行司和上海市新闻出版局共同举办了2013上海国际印刷周。在印刷周的活动组织、内容设计、参加人员等方面都充分体现了转变政府职能的要求，着重突出政府管理部门的服务属性。本届印刷周以"服务创新、科技引领、绿色发展"为主题，设立了首批国家印刷复制示范企业展示专区；举办了12场内容充实、形式多样的交流活动；邀请国内层次较高、规模较大的150家出版单位，近20个国家和地区的驻沪经济参赞和商会代表，30多家外地在沪商会代表及上海市工商业联合会大型制造企业代表观展，推动其更多地了解印刷技术发展情况和国内选进的印制水平，为印刷企业与出版单位等潜在客户创造相互交流的机会。在本届印刷周上，印刷发行司还通过主论坛的主指报告和对外加工贸易新闻发布会，向各界发布了中国印刷业发展情况和产业政策，为印刷产业相关投资者提供参考依据，引导行业内外对出版、印刷、发行、设备制造以及创意设计等方面的相互融合、创新发展进行探索和交流，帮助从业者拓展跨界发展思路。

（三）建设国家印刷复制示范企业

按照原新闻出版总署印发的《国家印刷复制示范企业管理办法》，印刷发行司组织评审专家于2013年9月9-10日召开评审会，经过资料审查、讨论评审、专家投票、最终审定等环节，对全国20个省（市）上报的75家印刷复制企业进行了评审，最终评出30家国家印刷复制示范企业，并将评审结果在新闻出版广电总局门户网站进行了公示。2013年10月23日，印刷发行司组织获得示范企业称号的单位参加全国示范企业培训班，发放奖牌和证书，扩大了示范企业在行业中的影响和辐射能力。

（四）开展政府奖印刷复制奖评选

根据新闻出版广电总局《关于开展第三届中国出版政府奖评选表彰活动的通知》部署，印刷发行司组建了印刷复制奖评审委员会，并按照通知要求及印刷复制奖评奖办法的规定，分别于2013年10月21-22日和29日召开了印刷复制奖的初复评和终评会议。评审委员会经资格审查、质量检测和专家评审等环节，对全国26个省（区、市）以及中国出版集团所属的106家印刷复制企业上报的193个出版产品进行评选。最终经印刷复制评奖评审委员会全体成员投票选出了获得印刷复制奖的10家企业和提名奖的20家企业，评选出来的企业代表了当前我国印刷复制业的最高水平。

推动中国印刷业实现可持续发展

——2014年中国（上海）国际印刷周主论坛报告

国家新闻出版广电总局印刷发行司司长　王岩镔

中国（上海）国际印刷周已经成功举办六届，2014年是第七届，作为中国唯一以印刷企业与上游需求客户订单对接为主题的专业服务平台，已经越来越受到国内外印刷业以及上下游产业的关注和好评。在此，我谨代表国家新闻出版广电总局印刷发行司和中国（上海）国际印刷周组委会，对朋友们的到来表示热烈的欢迎！中国（上海）国际印刷周旨在通过优质印刷产品展示环保工艺材料，展示先进技术装备和精品特色设计，促进书报刊出版单位、食品药品企业与印刷企业、材料供应商的对接和相互配套服务，从而进一步提升印刷产品的整体水平，进一步提升产业链中各环节的附加值。为扩大印刷周的影响力和参与性，在2013年印刷企业和图书出版单位对接交流的基础上，今年，期刊出版单位和医药企业也专门组团参展。这充分体现了变革时代，在科技的推动下，业态间相互融合、相互促进、相互参与的特点。在当前经济发展深度调整、提档升级的形势下，中国印刷业要不断扩展为社会各领域的服务，相信印刷周这个平台会给大家带来新的收获。目前，正值各地机构调整，工作很多。在这种情况下，北京、江西、广东三个地方新闻出版广电局的局长依然亲自带队来参加今年的印刷周，这表明各位领导对印刷工作的重视，对国际印刷周的认可。近年来，"服务创新、科技引领、绿色发展"已成为我们推进中国印刷业实现可持续发展秉承的理念，也是两年来印刷周不变的主题。

下面，我就中国印刷业的发展讲两点意见，供大家参考。

一、中国印刷业发展继续稳中有进

以习近平同志为总书记的新一届中央领导集体把"阅读和学习"作为治国理政的一大战略要求明确提出，有关部门正在积极推动"公共文化服务"和"全民阅读"的立法，今年第24届书博会将在贵州举办，在印刷周举办的同时，第4届江苏书展在苏州同期拉开序幕，随后越来越有影响力的上海书展也要在8月开幕。近两年，全民阅读的风气越来越浓，这既为新闻出版业提出了新的更高要求，也是新闻出版各产业链之间提供了新的发展空间，我国图书、期刊的总印数和总印张保持了稳定增长，出版物印刷产值年均增长10.2%，高于整个印刷业的增长速度。在这里，我向大家发布中国印刷业发展的最新数据。根据2014年印刷企业年度核验的统计，去年中国印刷业总产值首次突破1万亿元，达到10398.5亿元，整体规模排在全球第二位，全国共有印刷企业10.5万家，从业人员341.5万人，全行业资产总额10624.7亿元，利润总额796.2亿元，对外加工贸易额837.5亿元。2013年中国印刷业总产值比2012年增长9.3%。这是前年中国印刷业的增速首次从2位数回落到1位数（9.6%）后，2013年的增速继续有所放缓，但仍高于国民经济的增长速度。中国印刷业继续保持了稳中有进、提质增效、绿色发展。主要表现在以下6个方面：

（一）中部地区承接产业转移的成效明显

从2011年到2013年，中部地区（包括山西、安徽、江西、河南、湖北、湖南六省）印刷产值由1094亿元增长到1538亿元，六省平均增长率为20%，远超11%的全国平均水平；外商投资总额由20亿美元增长到38.9亿美元，对外加工贸易额由31.3亿元增长到62亿元，几乎都翻了一番。印证了近年来东部沿海地区"腾笼换鸟"，印刷业作为偏向劳动密集型的产业，由东部地区向中西部地区梯度转移的步伐明显加快。仅江西赣州一地，近几年就依托区位优势，承接转移新建立了十多家投资过亿元的印刷企业。2013年，中部地区印刷业的规模已经达到珠三角地区的85%，其发展增量已经占到全国增量的25%，成为重要增长极。东部地区稳步增长，中部地区迅速崛起，中国印刷业的产业布局已由环渤海、长三角、珠三角三大基地，逐步向东部、中部均衡发展过渡。

（二）骨干特色企业的综合实力继续壮大

截至2013年底，全国共有规模以上重点印刷企业（年产值在5000万元以上）3075家，资产总额为6247.5亿元，比上一年增长19%，占全行业的59%，显示规模以上重点印刷企业的主力军地位继续巩固。这批企业实现印刷产值5816.4亿元，比上一年增长4%，工业增加值1483.4亿元，比上一年增长12.4%，利润总额498.6亿元，比上一年增长20%。虽然这批企业产值增速有所下降，但工业增加值和利润总额均快速增长，说明规模以上重点印刷企业的产品附加值和盈利能力在持续提高。目前，我们印刷产值超过10亿元的大型骨干印刷企业已经超过了40家。同时，近年来分工较细特点明显的绿色印刷、数字印刷、艺术品印刷等中小企业数量快速上升，影响力日益扩大。中国印刷业基本形成了大型骨干企业引领辐射、中小特色企业协调补充的良好发展态势。

（三）产品结构持续优化

近年来，中国各类印刷产品之间的比例和整体结构在持续优化。一是出版物印刷产值保持稳定增长，占整个印刷总产值的比重基本不变。反映在数据上，从2011年到2013年，出版物印刷产值由1313.9亿元增长到1585.6亿元，占印刷总产值的比重基本维持在15%左右。书报刊印刷充满充分满足了人民群众的阅读需求。二是包装装潢印刷产值保持快速增长，占整个印刷总产值的比重稳步提升。反映在数据上，2013年，包装装潢印刷产值达到7742亿元，占印刷总产值的比重由2009年65%提高到2013年的75%。三是高品质书刊和商品包装的印刷产值的比重不断提高。高品质书刊主要使用涂布印刷纸，一般用于摄影艺术画册、儿童图画书、高档彩色杂志等；高品质商品包装主要使用白纸板，一般用于高档化妆品、食品盒等。反映在数据上，我国涂布印刷纸占印刷用纸的比重从2003年的8.9%提高到2013年15.4%，白纸板占印刷用纸的比重从2003年的20%提高到2013年的27.2%。目前，我国印刷产品结构在满足大众化需求的同时，呈现品质化、个性化、订制化的多元发展趋势。

（四）绿色印刷财政扶持的杠杆作用非常明显

三年来，绿色印刷实施取得了积极成果。绿色印刷标准、检测正在完善，已有500多家印刷企业具备绿色印刷生产能力，全国10多亿册中小学教科书从今年秋季学期将基本实现绿色印刷。为发挥引导激励作用，总局从2012年开始就多方呼吁国家对绿色印刷给予扶持奖励。在阎晓宏副局长的协调下，财政部文资办在2013年中央方化产业发展专项资金中，给予了全国43家印刷企业2.768亿元的绿色印刷专项扶持。其中，30%的企业都是国家印刷示范企业，90%的企业都是具备绿色印刷生产能力的骨干企业。据估算，这些财政扶持至少带动了社会50亿元的绿色印刷投资。中央财政政策是方向标，具有极强的导向性。去年，北京和上海两市财政分别拿出3000万元和400多万元专项资金用于补贴和奖励绿色印刷。对于扶植印刷实现环保、节能、品质、绿色发展，起到了至关重要的推动作用。

（五）数字印刷发展模式的探索可圈可点

2013年，我国数字印刷实现产值103亿元，比上一年增长63%，占印刷总产值的比重首次达到1%。全国共有专营和兼营数字印刷企业2488家，数字印刷生产设备7715台（套），均比上一年增长两倍多。与传统印刷相比，数字印刷继续保持了迅猛的发展态势。我在去年按需印刷论坛上讲到，发展数字印刷，理念决定方向，软件重于硬件，增值赢得未来。这一年来，我们很欣喜的看到，业内各方对数字印刷发展的模式、技术和运营路径的探索，取得了很多积极的进展。江苏凤凰在集成并运营亚洲首条喷墨POD连线的基础上，并未就此止步，而是紧紧抓住数字印刷带来的数字资产这个核心，加快建设云服务平台，努力实现“出版零距离、印刷零差异、发行零库存、版权零担忧”的目标。广东虎彩集团投入巨资，购置17条数字POD生产线，目前已安装完成5条，正在开发与物流服务融合的信息平台。北京盛通的网络业务平台“商印快线”已经成功上线运行。上海当纳利建设了数字印刷生产中心，并构筑了一本起印、先发行、后印刷的数字印刷标准体系。天津长荣（装订设备领军企业）和台湾健豪（合版印刷领军企业）合资成立了专门的云印刷公司，主攻商业合版印刷在互联网平台上的整合应用，他们上个月在天津召开了千人参加的发布会，轰动业内。这些探索，值得肯定，也希望带给业内新的启发。

（六）对外加工贸易提高了中国印刷产业的竞争能力

2013年，我国对外加工贸易出口总额为8608亿美元，比上一年下降了0.2%。而我国印刷对外加工贸易额为837.5亿元，比上一年增长了8.5%。数据显示，近两年虽然国家对外贸易整体增速放缓，但中国印刷业对外加贸易却一直保持着持续稳定的增长。印刷对外加工贸易的发展，不仅培育了一批技术装备先进、管理科学规范、符合国际标准的外向型骨干印刷企业，比如鹤山雅图仕、江苏立华等；而且这些骨干企业还带动辐射了一批中小特色印刷企业的快速成长，不断提升了中国印刷产业的整体素质。与发达国家相比，中国印刷具有成本优势；与发展中国家相比，中国印刷具有质量优势。越来越多的中国印刷企业在国际竞争中脱颖而出。这段时间媒体正在热议世界杯上的“中国制造”，其中今年巴西世界杯的纸品类印刷产品，就是由江西协泰彩印公司独家生产的。这是一家生产包装纸盒、环保纸袋和儿童贴纸的中国印刷企业。这也是中国印刷业走向世界，由“中国印刷制造”向“中国印刷创造”提升的一个成功开始。

二、有效提升内生动力，引导中国印刷业可持续发展

近年来，有不少传统书刊印刷企业反映，生意越来越难做了。主要原因是业务少了，成本上升，而印刷加工价格却在下滑。其实，整个印刷业务的“蛋糕”并没有变小，反而在扩大，只是很多传统书刊印刷企业仍用传统方式看印刷、找订单而已。中国印刷业可持续发展的外部动力在于经济社会需求，内部动力在于创新满足需求。今年前6个月，我国各项宏观经济指标处在预期之内，国民经济基本保持了平稳运行态势。尽管仍有下行压力，但推动经济上行的积极因素在增加。去年，我国社会消费品零售总额实际增速超过11.5%。随着宏观经济的换挡升级和稳中向好，会创造更多的印刷市场需求。细化到印刷各个领域，中小学教科书需要采用绿色印刷，多品种小批量专业图书需要采用数字印刷，网络购物等电商需要更多个性化的包装印刷服务，食品药品实施新标准后也需要提升印制质量和环保水平，等等。

2014年3月3日，国务院印发了《关于加快发展对外文化贸易的意见》。意见明确提出，要推动文化产品和服务出口交易平台建设。印刷周的举办原则和宗旨完全符合国务院的要求。3月14日，国务院还印发了《关于推进文化创意和设计服务与相关产业融合发展的若干意见》，其中的重点任务之一就是“推进数字绿色印刷发展，引导印刷复制加工向综合创意和设计服务转变”。同时，还进一步加强了金融对实体经济特别是小微企业的扶持力度。党的十八届三中全会继续就全面深化改革提出了明确要求，并从推进国家治理体系和治理能力现代化的角度，进一步强调政府要简政放权，依法行政。我们要按照党中央、国务院的部署和要求，研究落实好各项产业政策，抓好产业发展；同时，研究落实简政放权，抓好行业监管。

（一）简政放权深化改革，激发市场活力

简政放权是新一届政府提升治理水平、推进改革发展工作的突破口，也是我们贯彻落实党的十八届三中全会精神、全面深化改革的首要任务。国务院对取消和下放行政审批事项有着明确的数量限制和时间要求。2013年，我们按照中央“宽进严管”的思路，认真落实总局党组书记蒋建国同志“简政放权、加强事中事后监管”的指示精神，推动取消和下放印刷类行政审批事项，努力放掉该放的权力。

下一步主要工作是：一是研究调整印刷企业的准入条件，取消或减少资金、场地等因素对企业设立的限制。二是研究缩短印刷企业设立审批的时间限制。三是研究简化《图书期刊印刷委托书》异地备案的程度。四是研究调整印刷企业年度核验制度改为年度报告公示制度。五是研究调整包装装潢印刷品和其他印刷品印刷企业先证后照改为先照后证。六是研究完善内部资料性出版物的管理机制，配合修订完成《内部资料性出版物管理办法》。以上有关政策法规调整，将最终落实到《印刷业管理条例》的修订中。

（二）查处违规加强监管，维护市场秩序

新闻出版“源头监管”始终是管理工作的重点。印刷业作为“源头”，在历年历次“打击行动”中均被列为重中之重。当前，印刷业的违规现象仍很严重，随着印刷产品的不断丰富，也带来了一定监管的难度和复杂性，不断有企业挑战印刷业现行管理制度，一味追求经济利润不执行印刷管理五项制度，为社会稳定、民族团结的工作大局添了乱。今年以来，全国“扫黄打非”办公室、总局联合有关部门连续组织开展了清源行动、净网行动、秋风行动、固边行动，打击假媒体、假记者站、假记者专项行动，组织实施了南岭工程、护城河工程、天山工程、珠峰工程、长白山工程，严厉查处各种非法出版物和印刷宣传品，严肃处理了一批非法违规印刷企业。值得我们印刷企业自律警醒。按照全国“扫黄打非”工作的统一部署，我们会同有关部门组织了今年两会前的专项检查，共对30家违规企业做出了行政处罚。其中，吊销许可证1家，停业整顿8家，罚款20家，警告1家。

2014年是建国65周年，敏感时间节点多，而且恰逢各地机构人员调整，各地一定要按照总局的统一部署，切实履职尽责，认真做好印刷监管工作。一是要继续落实好“印刷复制行政执法报告评价制度”。天津、山西、黑龙江、上海、江苏、安徽、福建、山东、河南、湖北、甘肃等地制度落实情况较好。二是要精心组织好国庆节前的专项检查行动，要组织对所辖区域内的所有出版物印刷企业普查一遍。各地新闻出版管理部门要认真履行职责，敢于担当，敢于负责。三是要坚决查办各种违规重大案件。四是要继续组织好新设立的以及检查发现存在违规问题的印刷企业的法规培训工作。五是要开展好印刷质量专项检查工作。我们要按照“宽进严管”的思路，把“加强监管、敢于亮剑”和“简政放权、深化改革”统一起来。

（三）稳步推进绿色印刷实施，调整市场结构

绿色印刷是全球印刷业发展的主流趋势，是社会进步

的重要内容。根据中国印刷业发展实际，需要在实施过程中不断去调整完善。自2010年原新闻出版总署和环保部签署《实施绿色印刷战略合作协议》开始，即拉开了中国实施绿色印刷的序幕。三年多来，在可持续发展、节能减排方针的指引下，绿色印刷实施取得了显著成绩。但如何科学地、实事求是地搭建绿色印刷实施工作框架，是当前政府有关部门需要认真研究的重大问题。原则上讲，第一，要继续提高绿色环保的发展认识。特别是要在全行业、全产业链形成绿色发展共识，让第一个员工树立环保理念。第二，加快制订完善绿色印刷系列行业标准。我们已经指导全国印刷标准化技术委员会启动了这项工作，要与相关认证标准做好配合协调，引导企业主动执行好标准。第三，联合环保部、工信部等有关部门深入研究完善绿色印刷的实施框架。"合格评定"应该是绿色印刷框架的基本思路。特别是要根据国家即将出台的《大气污染防治法》的要求，加强对绿色印刷实施工作的顶层设计。同时，行业协会、质检机构要为实施绿色印刷承担好相应职责。这项工作既要积极推进，又要稳扎稳打，避免走弯路，让企业付出不必要的成本。

绿色印刷实施的方向是坚定的，态度是坚决的，但这项工作涉及全行业的利益，一定要科学稳妥。与此同时，我们要继续积极争取财政扶持。要在去年的基础上，今年按照财政部文资办的要求，继续做好有关推荐工作。

（四）创新手段提升服务，突破市场瓶颈

提升公共服务水平是政府职能转变的重要方向。在印刷业转型升级进程中，政府部门必须针对行业需求创新服务手段。晓宏局长为今年的印刷周归纳了三个创新特点。一是我们在去年邀请图书出版单位参观对接的基础上，今年又增加了期刊出版单位和骨干医药企业。二是建设开通了"印刷周国际市场订单综合服务平台"，所有印刷企业都可以免费入驻，帮助企业开拓国际市场。三是通过东方卫视、微信平台进行了宣传，扩大了社会影响。晓宏局长的肯定，是对我们工作的鼓励和鞭策。需要说明的是，印刷周目前仍然处于培育期，不一定会给每家企业立刻带来订单，但只要我们共同努力，一定能够打造成为"印刷行业的广交会"。这次江西不仅是局里专门组团、主要负责同志亲自带领一百多人来参加，而且还专门组织了有关推介招商活动，充分发挥了印刷周的平台作用，非常值得肯定。

2014年，总局还有一项重要的服务工作，就是建设"印刷复制委托书网上备案系统"。这个系统的开发使用，将有助于图书、期刊出版单位，也就是上游与印刷企业之间有效实施"委托印刷"，特别是对跨省、加印等委托手续，出版单位操作更为便利，大大减轻了出版单位和印刷企业的负担，用创新技术手段提高了我们的监管水平，是一件一举两得的好事情。北京、江苏、上海、安徽、广东、山东、湖南、云南等8个地区已经先行先试，在本辖区内实现了网上备案。目前，印刷复制委托书网上备案系统已纳入总局电子政务综合平台今年的建设计划。我们已组织有关部门赴北京、江苏、上海开展了多次调研，明确了基本功能，正在开发建设，并计划在今年年底实现与北京、河北的互联。我们还积极协调推进江苏和上海两地备案系统的互联工作，预计今年将实现联通。

（五）分类指导完善规划，探寻市场潜力

目前，我们已进入"十二五"最后的阶段。前不久，总局组织了对"十二五"规划实施情况的中期评估工作。从评估情况看，印刷业规划的主要指标基本符合产业发展实际，总体情况是好的，中国印刷业相对过剩的问题已有所缓解，有进有出、优胜劣汰的机制基本形成。但在个别分类指标中也存在偏差，需要调整并加强分类指导。一是充分发挥国家印刷示范企业的引领辐射作用。我们已经培育了52家示范企业，要通过政策项目引导，做大做强示范企业，做专做优特色中小企业。二是继续扩大对外开放。总局今年批准同意在上海自贸区外商投资设立的出版物印刷企业，股权比例可以放宽到70%。我们将继续深化改革，扩大开放。三是引导数字印刷发展。今年要指导修订好2014版的《生产型数字印刷机目录》，优化产能布局。

如何探寻更多的市场潜力，推动企业转型升级？著名经济学家吴敬琏曾经说过，方法就是增加产品的知识含量、技术含量和附加值。中国印刷业有这样的先行者、实践者，如雅昌集团、北京华联选择与文化融合，上海金汇通、江苏立华选择与创意设计融合，临沂新华选择与物流服务融合，还有我前面介绍的江苏凤凰、北京盛通、当纳利、长荣健豪则选择与科技融合。这些企业的跨界融合发展，为我们提供了很好的示范。目前，业内最时髦的词汇是"触网触电"，大家都在讲"互联网思维"。以前，互联网是一种工具，到如今，互联网已经发展成为一种思维方式，成为引领决定跨界融合的思想之源。中国印刷业如何运用互联网思维实现跨界融合，探寻更多的市场潜力，已经成为行业探讨的热点问题。

中国印刷业是一个充满着活力和魅力的行业，中国要从印刷大国向印刷强国转变，需要我们全行业更加努力。让我们坚持"服务创新、科技引领、绿色发展"，努力打造"印刷行业的广交会"，努力实现中国印刷业可持续发展！

2013年国内书刊印刷行业发展概况

中国印刷及设备器材工业协会书刊印刷专业委员会

2013年是中国书刊印刷业与相关产业进一步融合与发展的一年。书刊印刷企业与文化创意产业在不断融合，书刊印刷产业与数字媒体为代表的全媒体产业在不断融合，书刊印企中传统印刷和数码印刷也在不断融合，书刊印企在发展中壮大，逐渐形成书刊为主的传统印刷集中生产，进一步将被动的来料加工型企业转变为主动的服务型企业，发展个性化、小批量相关业务为辅分布定制式的大趋势。

书刊印刷企业在保持原有传统印刷技术不断提升性价比的基础上，开始向数字化、网络化、移动化全面发展，不仅上马了数字印刷设备和工艺流程，关注网络云印刷并提高运营效率，尝试移动阅读和网上印刷下单，也在通过供应链整合来降低成本，提高效率。

一、从数据看书刊印刷行业现状

(一)我国书刊印刷业的基本情况

2013年，书刊印刷行业发展态势从高速增长逐渐步入中低速增长阶段，未来行业洗牌加剧，印企普遍开源节流提高运营效率，追求规模效益使得业务集中度进一步提高，整个行业整合的脚步越来越快。伴随着行业运营逐渐规范，国内的行业数据也日渐完备。

据2014年7月3日“2014年中国(上海)国际印刷周主论坛”中，国家新闻出版广电总局印刷发行司司长王岩镔首次发布的中国印刷业最新数据显示，2013年中国印刷业总产值首次突破1万亿人民币，达到10398.5亿元，其中出版物印刷占比约15%，包装装潢占比约75%。相对包装的高增长，出版物占比基本稳定，出版物印刷大概产值是1500亿元左右。

在接下来的2014年7月9日，中国新闻出版研究院发布了《2013年新闻出版产业分析报告》。其中显示，2013年，新闻出版产业主要经济指标平稳增长，产业规模继续扩大。全国出版、印刷和发行服务实现营业收入18246.4亿元，较2012年增加1611.1亿元，增长9.7%；利润总额1440.2亿元，较2012年增加122.8亿元，增长9.3%。反映出新闻出版产业仍继续保持了较强的可持续发展能力。但其中书、报、刊三类主营业务的发展状况却大相径庭。

图书出版稳步增长，品种增速大幅回落。全国共出版图书44.4万种，较2012年增加3.0万种，增长7.4%；总印数83.1亿册(张)，增加3.9亿册(张)，增长4.9%；图书出版实现营业收入770.8亿元，增加47.3亿元，增长6.5%；利润总额118.6亿元，增加3.4亿元，增长2.9%。

报纸出版形势严峻，多项指标明显下滑。全国共出版报纸482.4亿份，与2012年基本持平；总印张2097.8亿印张，减少113.2亿印张，降低5.1%；报纸出版实现营业收入776.7亿元，减少85.7亿元，降低8.9%；利润总额87.7亿元，减少11.6亿元，降低11.7%。

期刊总印数略有下降，收入微有增长。全国共出版期刊32.7亿册，减少0.8亿册，下降2.3%；其中，文学艺术类期刊减少0.2亿册，下降5.9%；自然科学技术类期刊减少0.2亿册，下降4.6%。期刊出版实现营业收入222.0亿元，增加1.1亿元，增长0.5%。

从各种权威数据总体分析，书刊报业务有升有降，电子媒体的冲击是主要原因，电子媒体造成书刊印刷企业的产能供大于求，但真正改变印企业态的不是行业竞争，而是行业发展趋势。互联网及移动互联网改变了人们的生活方式，包括阅读方式，使原有的传统产业间的合作模式发生了根本改变，原有的编印发边界变得模糊，需要重新定位。

(二)2013年书刊印刷企业统计分析

中国印刷及设备器材工业协会书刊印刷专业委员会汇集了全国110家书刊印刷(含其他印刷)企业2013年主要经济效益指标完成情况。这些企业分布在全国26个省、自治区、直辖市。其中，北京隆达印刷包装集团3家，天津新闻出版局9家，上海印刷(集团)有限公司4家，在京部队印刷企业7家，中央在京各部委印刷企业及其他在京印刷企业29家，分布在各省、自治区的印刷企业58家。

2013年主要经济指标总量、主要产品产量完成情况及企业盈利情况如下：

主要经济指标总量情况：2013 年全国书刊印刷企业工业总产值 115 亿元，较 2012 年减少 4 亿元；工业销售产值 116 亿元，较 2012 年减少 7 亿元；工业增加值 51 亿元，较 2012 年增加 5 亿元；主营业务收入 121 亿元，较 2012 年减少 7 亿元；实现利税 9.3 亿元，较 2012 年减少 3.1 亿元；实现利税 3.8 亿元，较 2012 年减少 1.1 亿元；人均创利税 20423 元 / 人，较 2012 年减少 3862 元 / 人；人均工资 43403 元 / 人，较 2012 年增加 2971 元 / 人。

主要产品产量完成情况：2013 年全国书刊印刷企业单色印刷 2291.6 万令；多色印刷 19081.1 万对开色令；书刊装订 4784.9 万令。

印刷企业盈利情况：2013 年 110 家企业中盈利企业 73 家，占 66%。其中，100 万元以上的 42 家，较 2012 年减少 6 家；200 万元以上 32 家，较 2012 年减少 9 家；300 万元以上 27 家，较 2012 年减少 3 家；500 万元以上 22 家，较 2012 年减少 5 家；1000 万元以上 12 家，较 2012 年减少 4 家。

实现利税：完成千万元以上的 25 家，较 2012 年减少 7 家：完成 500 万元以上的 42 家，较 2012 年减少 10 家。2012—2013 年主要经济指标总量、主要产品产量完成情况及企业盈利情况见表 1。

2012—2013 年主要经济指标总量、主要产品产量完成情况及企业盈利情况

	项目	2013 年	2012 年
主要经济指标	工业总产值（现价）（亿元）	115	119
	工业销售产值（现价）（亿元）	116	123
	工业增加值（生产法）（亿元）	51	46
	主营业务收入（亿元）	121	128
	实现利税（亿元）	9.3	12.4
	实现利润（亿元）	3.8	4.9
	人均创利税（元 / 人）	20423	24285
	人均工资（元 / 人）	43403	40432
产品产量	单色印刷（万令）	2291.6	
	多色印刷（万对开色令）	19081.1	
	书刊装订（万令）	4784.9	7276
盈利企业	盈利企业（家）	73	88
	盈利企业占总数（%）	66	71
	100 万元以上（家）	42	48
	200 万元以上（家）	32	41
	300 万元以上（家）	27	30
	500 万元以上（家）	22	27
	1000 万元以上（家）	12	16
实现利税	完成千万元以上（家）	25	32
	完成 500 万元以上（家）	42	52

二、书刊印刷行业发展特点

目前书刊印刷业逐渐在尝试融合传统印刷与数码印刷技术，在国家各大出版传媒集团的政策导向下，各地逐渐形成的以出版社、新华厂、新华书店供应链体系为主的供应链，这种整合逐渐显现出价值，未来面对出版传媒行业转型时，综合优化运营供应链成本的竞争力提升后，会有更好的行业机遇可以挖掘。

书籍印刷仍有相当发展空间，一方面是教材教辅的强力支撑，另外儿童教育益智类书籍增多，目前很多出版社和书商已经开始更加注重内容选题方面的加强，比如畅销书的续集开发力度加大，经典书籍和适合青少年固定年龄段的书籍持续每年内容修改后再版，畅销儿童书籍选题出版的力度加强。书刊印刷中教材教辅仍然是主要力量。随着电子胶片技术开始全国各地推广应用，一方面减少了盗版教材的数量，另一方面也促进了教材的印刷品质提高。目前书刊印量预计受到电子书冲击会逐渐显现，但是一些出版社开始注重选题特色化和连续化，而印刷企业开始注重书刊的艺术化和立体化，使得书刊的附加值可以得到提升，受大众的欢迎程度也开始增加。

期刊印刷虽然受到相当大的影响，中青年人群普遍使用手机报和电子书降低了对期刊的关注度，但婴幼儿期刊得到更多关注，教育市场的机会更多。由于目前大屏手机和电子阅读类产品对视力尤其是青少年视力的影响较大，所以纸质书刊在下滑后开始走向平稳发展。各种特色期刊受到欢迎。相对日本的期刊市场种类繁多；多用图示来快速传递信息；内容针对特定年龄段客户群不断修订内容信息再版；小众细分市场的深入挖掘；期刊附赠相关产品礼物进行广告促销等营销行为；还是有很多可以深入挖潜的可能的。

报业在全媒体化，更多的报业集团在新的数字媒体和渠道领域取得了新的突破。报业有着雄厚的底蕴和客户基础，以及供应链物流体系，这使得报业在信息资源，国家支持，生态链重组方面能够发挥大印企优势，随着专业小众报纸的衰退，大报向综合型全媒体靠拢成为一个方向。

三、书刊印刷行业发展预期和对策

书刊发行渠道方面，实体书店减少趋势依然明显，但是也有 24 小时书店等亮点出现，读书开始与休闲和思考进一步联系，变成是一种生活方式。不仅麦当劳等地有越来越多的阅读爱好者的身影，各种咖啡店和时尚休闲场所中，书籍与咖啡相伴，茗茶品书已经渐成时尚，多元化的经营使得传统书店业务不再单一，也为实体书店持续发展运营提供了新思路和营收方式。电商依然把书刊作为一个重要的销售品种来运营，而且更多的出版社开始在电商平台开店，使得电商作为书刊销售渠道所占比重加大。

有深度内容的书籍开始得到关注和认可，“快阅读”逐渐向手机和电子阅读器等移动媒体迁移的同时，对于深度思考和学习用书籍开始明显得到更多的重视。针对这种现象，各大出版传媒集团纷纷上马数字印刷设备满足按需印刷的需求。一些书刊传媒集团开始在书店内放置按需出版设备进行新业务尝试，同时利用互联网技术，一些新颖的出版筹资形式如众筹出版已经开始呈现。事实上，欧美的个性化按需出版在小众专业图书领域取得了爆发性的书刊种类数量增长，弥补了平均印量下降带来的总印量下降，相信在国内也会有出版企业会尝试。

书刊印刷与文化创意业实现接轨。目前各地书刊印刷企业逐渐从都市中心外迁市郊减少成本压力，腾笼换鸟后，由于核心客户和业务仍集中于市中心，各书刊印刷企业纷纷在市内原址建立文化创意园和数码服务窗口，将印刷和创意文化相结合，将印前和数码印刷留在城内，传统印刷业务外迁，形成新的业务接单模式和分布式生产方式。

印刷产业逐渐和文化全媒体融合，2013 年原新闻出版总署和广电部合并后，中国印刷公司已经更名，中国大量印刷企业也逐渐更名，就如苹果电脑公司改称苹果公司一样，印企逐渐顺应趋势潮流，成为信息时代的综合型文化公司。换的不仅仅是书刊印企的名称，更主要是书刊印企的经营业务开始广泛而更具时代趋势性。

民营书刊印刷企业开始崭露头角，民营书刊印刷企业以灵活的业务手段，高效生产管理而渐渐发展，成为一支不可忽视的力量，其中佼佼者如雅昌开始在文化产业如鱼得水。文化书刊和专业书刊成为民营书刊印刷企业重要的发展方向。

四、书刊印刷企业的技术动向

书刊印刷企业开始使用数码技术来满足按需生产需求，实现混合印刷，出版社及相关印厂引进多条卷筒纸喷墨生产线，单张纸激光生产型数码设备也被广泛使用，各地的数字印刷园发展迅速。

书刊印刷企业开始多元化运营，进行资本运作，购并合适的企业如包装企业、标签企业，业务进入多元化经营模式。如江西新华入股昆山立华进入包装行业等，通过资本运营来实现向印刷行业依旧保持高速增长的细分专业印刷市场进行转型。

书刊印刷企业对云印刷等新兴技术和营销方式的关注增强，凤凰、河南新华、河北二新华开始谋求数字技术和网络技术变革的实施落地工作。书刊印企对供应链和客户需求的考虑渐渐深入。不仅做生产，而且要为客户提供服务，并从供应链获得利润的思路开始渐渐增多，各地云印刷基地建设进入新的发展实施阶段。

艺术品复制成为书刊印刷的新关注点，随着文化产品的新发展，书刊印刷进入了新的艺术品复制领域。北京翰墨轩开业，宣纸龙鳞卷开始作为礼品书销售，随着大众鉴赏水平和艺术修养的提升，高端书刊逐渐有艺术品化的趋势，这使得艺术和影像类小众专业书刊日渐增多。

书刊印企开始注重运营效率提升，逐渐从以生产为核心转向以订单为核心，一方面是受引进数码设备按需印刷的时限要求逐渐的改善结果，一方面是市场供大于求的竞争压力导致。

报业开始尝试在轮转机上加装喷墨头，实现可变促销。深圳报业集团和天津今晚报集团在做类似尝试，个性化报纸的探索也成为行业亮点。

五、书刊印企的转型发展之路

报刊印刷市场得益于改革开放三十年经济发展大势，信息需求急速增长，受教育人口快速扩大带来的红利，取得了爆发性的增长。但目前由于电子媒体的兴起，使得不论是发达国家还是发展中国家的书刊印刷业都受到了极大的影响。这不是周期性的整体经济和行业发展危机，而是全球的数字化趋势性不可逆危机，以书刊为主体的纸媒面临空前的挑战和困难。但是由于书刊印刷业一直是纸媒的生力军，相对交期、品质、服务都有强大的行业竞争力，所以在书刊印刷行业增长乏力的大趋势下，有着卓越前瞻战略思维的书刊印刷企业，早早开始布局进入相关领域进行业务拓展及转型。

在政策层面，国家有报业集团、传媒集团、出版集团大供应链整体布局，保证行业集中优势力量和资源进行整合，各省市地区对于书刊印刷企业提供了转型发展的优惠政策，使得书刊印刷企业可以从容转变经营业态。

各地的书刊印刷企业虽然主业依然是书刊印刷，但是早已开始围绕主业进行业务拓展和经营业态转型：

部分省市做报刊印刷的印企集团在充分利用物流领域的优势，物流品种从报纸、期刊、书籍拓展到电商领域的居家日用品；部分报刊印刷厂和新华印刷厂印刷车间从城市外迁到郊区甚至相临省市，但由于客户仍然集中于市中心地带，所以腾笼换鸟，把编辑排版等部分（下转 14 页）

2013年我国包装印刷行业发展状况

李志伟

据国家新闻出版广电总局发布的2013年中国印刷业发展最新数据显示，2013年我国印刷业总产值达到10398.5亿元，整体规模排在全球第二位，全国共有印刷企业10.5万家，从业人员341.5万人，总产值比2012年度增长9.3%。包装装潢印刷产值保持快速增长，占整个印刷总产值的比重稳步提升。2013年，包装装潢印刷产值达到7742亿元。

从2013年上报的124家包装印刷企业经济效益调查数据分析，同比2012年，销售总额减少了6.1768亿元，略有下降，主要是受市场需求总量下滑所影响，集中表现在产值在1000万以下、小微规模的包装印刷企业；利税总额在销售总额减少的情况下反而小幅增加，增加了2.0578亿元，但主要是规模较大的企业（或集团）销售额的增加，加之营业税改征增值税政策的共同影响；资产总额增加了23.8201亿元，基本持平，主要表现在企业技术改造的投入方面；从业人数继续减少，减少了2796人，且呈逐年下降的态势，造成这一现象主要是受困难企业退出市场竞争、人员工资成本上升迫使企业优化管理的减员、自动化设备的引进等多方面因素的影响。但从经济效益投入产出比的角度分析来看，这一现象也反映了我国包装印刷企业在进步，人均利润在提高。2013年124家包装印刷企业主要经济指标完成情况详见表1。

2013年124家包装印刷企业主要经济指标完成情况

年份 指标名称	2013年	2012年	同比增长（%）
销售总额（亿元）	218.6996	224.8764	-2.74
利税总额（亿元）	15.8286	13.7708	14.9
资产总额（亿元）	337.9725	314.1524	7.58
从业人数（人次）	26854	29650	-9.43

注：据2013年上报的124家包装印刷企业经济效益调查数据显示，其中，年销售额1000万元~5000万元的企业共52家，占统计企业总数的41.9%；年销售额5000万元~10000万元的企业共10家，占统计企业总数的8.1%；年销售额10000万元以上的企业共28家，占统计企业总数的22.6%，中小企业所占比例还居三分之二以上，应对风险能力存在一定的不利因素。

一、2013年包装印刷行业发展“热点”

包装印刷是以美化、宣传、包装保护商品为主要目的，为产品制造业服务的包装印刷行业，它随商品经济发展而繁荣。近年来，随着我国经济的发展、人民生活水平的提高，以及市场对包装印刷品质与工艺需求，使得包装印刷成为印刷市场“热点”。我国人口众多，仅生活必需品的包装就已形成钢性需求，加上外贸出口的增长，包装印刷业呈健康平稳发展的趋势。

（一）包装印刷市场电子商务初现端倪

随着包装市场的进一步扩大，许多包装印刷企业通过第三方电子商务平台实现了业务市场的进一步扩大，包装印刷电子商务化也成为行业的一大趋势。包装印刷企业通过商贸搜索引擎平台实现了业务市场份额的扩大，解决了市场需求信息途径狭窄的瓶颈，保持业务增长速度的同时，降低了业务承接的成本。电子商务成为企业之间一个重要信息聚合交换平台，安全、高效、低价、新颖的包装印刷业务，拓宽本地与外地包装印刷业务市场信息交换渠道。

（二）网络印刷模式PK传统印刷

云印刷是一种新型印刷方式，它是基于现代通讯、计算机、印刷技术、物流体系建立起来的一种远程网络印刷服务。随着经济生活水平提高，涌现了大量的个性化印刷需求，而云印刷通过网络服务器接收和优化印刷服务需求，使多品种、小批量的个性化印刷品，实现了按照批量生产模式生产，依托现代物流配送实现交付。顾客可以直接在网上阅览样本、制作文稿式样、校对、上传到印刷厂印制，用网络完成印刷的采购程序。客户还可在线查询其作业状态，订单状态等。与传统印刷方式相比，云印刷能够实现个性化定制、随时下单、快速交货，由于采用网络技术从而优化生产环节，降低了生产成本，可以有效的为客户节省纸张成本。这一方式领先于传统印刷的收费模式。

天津长荣和台湾健豪在天津地区设立公司，以台湾健豪成熟的商业模式，定位于京、津、冀地区。包装印刷的最优服务半径一般为100公里，环渤海经济带极具开发的潜在市场，北京、廊坊、天津、秦皇岛交通便利，消费地域广，物流配送快捷，新的商业模式必将冲击传统印刷。

“网络印刷”成为印刷业新的技术制高点与利润增长点之后，“云印刷”商业模式伴随着“云计算时代”又给印刷业带来了新的变革。长荣健豪凭借长荣股份在印后市场的龙头地位及台湾健豪成熟的经营模式和系统软件搭建云印刷网络平台，力求引领全新的商业模式，实现云印刷产业化，抢占市场先机，赢取超额的市场空间。

（三）网络购物的消费方式催生瓦楞包装市场繁荣

由于网络购物的迅猛发展和人们消费方式的逐步转变，电子商务和网上购物已成为采购商品（物品）的重要方式之一。2013年，中国网络购物用户规模达3.02亿户，使用率达到48.9%，相比2012年增长6.0个百分点。仅“双十一”当天阿里集团成交额就达到350亿元。网络购物催生了物流的迅猛发展，物流过程中发生了新的需求，商品流通产生的二次包装，二次包装中包装的功能，已由保护产品转为保护原产品的包装，所以物流包装首选微细瓦楞。产品生产厂家亦因微细瓦楞包装具有质轻、价廉、印刷适性好的特点，而被商家广泛认可。从生产瓦楞机厂家传来的信息，瓦楞机供需发生了很大变化，由过去供大于求，转变为供不应求的局面，反映了微型瓦楞产品巨大的市场商机。

（四）微型瓦楞包装在食品行业受到青睐

由于微细瓦楞产品独有的特性，商家跟随市场变化更加看重微型瓦楞产品带来的更广阔的商机。以山东省酒类、饮料包材为例，酒包装更青睐微型瓦楞产品。随着山东白酒业的发展，印刷精美的包装酒盒需求量扩大。市场上大部分包装酒盒已由原来档次不同的白板、白卡过渡到E瓦、F瓦纸板。

青啤的扩大及香港华润在鲁西的聊城啤酒厂的投产，为B楞纸箱提供了广阔的市场。国家禁止捆扎啤酒的包装销售更加促进了微型瓦楞纸箱的发展，在与热缩膜的竞争中，纸箱以更加环保的优势将占领最大市场份额。而酒类包装的印刷精美度对广大的纸箱生产企业将是个严峻的考验，相信不久会有更多的柔版预印、凹版预印企业诞生。

果汁饮料包装需求缺口加大。沂蒙山区、烟台等胶东地区以盛产水果闻名，山东的水果深加工尤其是果汁产业，在全国已几乎占到了半壁江山。前期，烟台源通、山东中鲁公司反倾销案的胜诉，果汁出口量回升，微型瓦楞纸箱缺口会更大。

据了解，江苏不少纸箱厂准备进军山东微型瓦楞小包装市场。此外，还有崛起的食品深加工行业，山东地区通过招商引资的办法，利用华北平原粮食主产区的优势，大力发展农作物深加工，许多知名食品企业纷纷在此办厂。

（五）瓦楞包装市场发展拉动了上游行业进一步发展

目前，日照森博、兖州太阳纸业、晨鸣纸业、泉林纸业、银河纸业的快速发展，可以为山东微型瓦楞包装纸盒的生产提供充足的原材料，再加上造纸技术的提高，优质涂布白板、挂面白板纸的开发完成，形成了山东地区发展微型瓦楞精美包装特有的优势。

同时，从环保方面来说，瓦楞产品容易回收再利用，是一种理想的“绿色包装”材料。

目前，我国包装行业瓦楞和纸盒往往分开经营，瓦楞纸箱厂不生产纸盒，纸盒厂不生产瓦楞，微型瓦楞纸盒生产的前道和后道加工没有结合，面对包装市场的实际需求，设备厂家应加紧开发细瓦纸板生产线，改进设备功能，推动微型瓦楞纸盒的发展。

国内最大的纸箱设备制造企业京山轻机也开始了微型瓦楞纸板生产设备。微细瓦楞包装有着很大的市场空间，随着用户要求包装的档次的不断提高和包装成本的不断降低．会有越来越多的企业使用微细瓦楞包装。

（六）跨界经营，延伸服务，寻求新的市场增长点

模切在包装印刷行业已是众所周知，应用于纸盒、纸箱、不干胶标签的模切等，模切工艺属印后加工。随着科学技术的发展，高精度、多品种的产品的加工工艺都引入了模切的领域，不仅应用于包装印刷产品后加工模切，在电子结构件模切、视频光学材料模切、医用材料模切需求日益增长。不少包装印刷企业利用自身已具备的软硬件优势，跨界经营进入到这一新的领域，开僻新的经济增长点。并且把包装印后加工的模切技术由圆压平、圆压圆的加工工艺，向多工位套准模切延伸，从单一的包装印后加工跨界经营到印刷以外的市场。

新的市场、新的需求信息，使模切技术向更高一层面延伸发展。装备制造业对此新的技术需求，在传统的模切设备上进行了研发与改进，应用了新的无轴电子伺服系统实现了追标套准跟踪，以北京哈德模具机械制造有限公司为例，多工位套准圆压圆模切机和配套刀模的研发与生产，就已敏感地识别出这个庞大的市场需求，在成熟的全自动模切机研发基础上，开发出追标印后模切技术，功能更强大的新一代异步模切贴合、自动追标模切机，可以实现远程监控、远程售后服务，强大的系统可以实现一台变两台的强大功能，实现追标模切功能、实现异步模切贴合功能、高端的硬件实时保证张力的稳定与模切的同步，套切更准确，对于丝网印刷的跳步不准确，追标模切技术可满足加工的需求。

随着包装、印后模切技术的发展与成熟，模切工艺已经被大量的应用于各个领域，如不干胶标签、泡棉、双面胶、电子的绝缘与屏蔽材料、手机保护膜，铜箔、铝箔、胶带、医用创可贴等。模切技术的发展正在大步向着电子行业及其他领域延伸，模切设备研发随着市场的需求，套位精度提高，模切刀进位可控，收卷方式定量可调。工艺的完善，将更广泛好的服务于各行业。

（七）进军高端包装市场，打破技术垄断

无菌包装技术，是一项集多种学科于一身的综合性技术成果。是指被包装的液体食品在包装前经过短时间的灭菌. 然后在无菌条件下（包含包装材料、被包装物品、包装辅助器材）进行灌装和密封的一种包装技术。

该技术于1982年首次由国外引进。这种多层次的铝塑纸包装制品，既可以用于电阻加热器杀菌，又可以用射线辐射杀菌，此项技术对液态食品的包装，可提高液态食品的储存寿命。其最大优点是在无菌条件下最大限度地保留了产品原有的营养成分和风味，并使其保质期大为延长。

国内能够生产纸塑铝复合软包装的包材企业有20多家，像纷美、济南泉林、青岛人民、济南泉华、上海界龙、云南玉溪、鲁泰联合等包装印刷企业。已打入高端包装市场，年销量约220亿包。打破跨国公司垄断多年的历史。

国内包材企业进入无菌罐装包材这个利润丰厚的市场。经历了艰辛的研发历程，探索试验、失败到成功的辛酸和喜悦。在工艺流程和技术瓶颈面前走出困境，自主掌握核心技术，突破的技术壁垒，让中国的包装包自己的奶，促进中国乳业的健康发展。但是前进的路途不是平坦的，还需逐步提高国内装备技术、上游原材料行业的支持，最终实现与国内乳业结成战略伙伴，用国产无菌包材收复占领高端的包材市场。

另外，国家要在政策上扶植我们的民族包装印刷企业，如在国内市场给与补贴、对外出口给与退税等政策，势必促进我国包装印刷企业在与国巨头的艰苦竞争中得到扶植和鼓励。

（八）绿色印刷节能减排可持续发展

绿色印刷是全球印刷业发展的主流趋势，是社会进步的重要内容。根据我国印刷业发展实际状况，在实施过程中不断去调整完善。在可持续发展、节能减排方针的指导下，绿色印刷实施取得了显著成绩。但如何科学地、实事求是地落实该项工作，是当前行业及政府有关部门要认真研究和落实问题。提高全行业绿色环保的发展共识。

全国印刷标准化技术委员会启动了绿色印刷标准制定。环保部也启动了印刷企业环境保护标准的制定。行业协会、各印刷媒体都相继组织了不同型式的论坛会，绿色印刷和环境保护已经达到“绿色印刷在中国”。

实施绿色印刷还是一个新鲜事物。我们主要是借鉴发达国家的经验和做法，结合我国的实际，制订符合我国国情的标准、监测方法，以及与之相关的一些措施。逐步完善各类印刷品的环保标准，稳步推进标志产品的适用范围，以此促进印刷产业的结构调整和技术升级，在较短时间内达到和接近发达国家的水平。

推动我国绿色印刷战略实施工作是一项系统工程，绿色印刷标准是该系统工程中的重要组成部分，是政府进行宏观管理的重要依据，同时也是保护国家环境、促进产业发展的重要手段之一。

二、印刷包装行业需要关注的几个问题

印刷包装行业在不断的前进，我国发展成印刷包装强国就需要从多方努力，体制上、国际化标准上、人才的培养上、企业的管理都需要全方位的进行变革，这就需要多方共同努力、多管齐下，方能使印刷包装行业走出国门。

印刷包装行业产业链中，以入行门槛低、中小企业多、行业竞争激烈，产业链中不同环节利润分配的不均衡，已经严重阻碍了印刷包装经济整体快速、可持续发展。这亟待通过体制改革、机制创新，更新观念，转变发展方式，实现结构调整和资源的优化。总而言之，转型升级是发展的首要问题。

（一）“大而不强”矛盾突出

虽然我国已是世界第二包装大国，但是包装产业“大而不强”的矛盾十分突出。据相关统计数据显示，我国包装企业总数达30万个，其中规模以上企业只有2万多家，90%左右为中小企业，呈现出集群合力不大、研发能力不强、转型速度缓慢等特点。产业结构不合理、产品档次偏低、自主创新能力弱，已经成为制约包装业发展的“瓶颈”和“软肋”。包装印刷业已经完成量变的阶段，做强品牌将是产业今后发展的主旋律。

（二）数字化印刷流程建设将成为必修课

数字化流程是印刷包装企业必须逐步建立并规范的生产流程。所谓数字化流程，就是在信息数字化的基础上，对印刷的整个工艺过程的图文信息盒生产控制信息进行整合和控制。通过数字化流程的建立，实现印刷厂与客户间的数据、印刷生产管理、远程打样签样的直接对接。建立快捷、有效的管理流程。数字化印刷流程建设在企业的建立与运行，需要有专业的网络技术人员，他们要熟悉印刷

工艺，能把计算机技术与包装印刷有机的结合起来，数字化印刷流程方能落户于企业。

（三）产品设计和服务创新

对于包装印刷企业来说，应该注重自主产品的研发和行销。在企业为客户提供精致印刷品服务的同时，也应开发包装纸、办公文具、礼品盒等纸制品，打造自主品牌，以加强企业在市场的影响力，从而增强企业持续获得赢利的能力。与此同时，产品创新还包括服务模式的创新。

包装印刷品将由现在的以印刷为主导，发展成为以产品包装设计为主导，包装印刷企业逐步由承接包装印刷品转向提供全面包装解决方案的方向发展，产品设计的著作权成为印刷企业追踪的热点，即谁拥有产品包装设计著作权，谁就决定了包装产品的印刷权。如果印刷企业拥有产品包装设计的著作权，那么就拥有这些产品包装的印刷业务。如此作为一个包装装潢印刷企业就必须建立一个完整的产品包装设计部门，只有这样才能确保包装印刷业务的市场占有率。

（四）简约包装引导环保理念

简约包装理念使得印刷市场扩张受到制约。伴随着人们环保意识的增强，简约包装已经对包装印刷业构成冲击。2013年两节期间产品包装明显“瘦身”，这对社会理念来说无疑是进步，但对包装印刷企业来说势必会降低其产品的获利能力。简约包装符合环保理念，印刷包装市场的受到制约，涉足制作豪华包装的印刷企业审慎调整自己的业务结构。

（五）清廉之风管控公款购买

中央发布的“八项规定”“六项禁令”有效倡导清廉之风，中纪委发出了《关于严禁公款购买印制寄送贺年卡等物品的通知》，明令禁止各级党政机关、国有企事业单位和金融机构用公款购买、印制、邮寄、赠送贺年卡、明信片、年历等物品，同时议提出要“继续减少纸质文件数量”，由此反映出的市场走向值得包装印刷企业关注。

（六）海外订单难有大的增长

海外印刷业务难有大的增长。从印刷统计中我国印刷品的出口始终不到印刷总量的10%，全球性金融危机爆发以后，对国内印刷企业承接海外印刷业务同样带来影响，这一状况估计近期难有改变。

三、市场需求将主导企业生存与发展

如何探寻更多的市场潜力，推动企业转型升级，应从增加产品的知识含量、技术含量和附加值几方面着手。寻求市场需求，企业经营定位的重要决策，做什么，如何作、自身的资源能否满足，要找到市场的边界在哪里。今后的发展趋势如何。如何对现有设备进行更新和人力资源的配置是企业自身的技术需求。由于市场的变化，劳动成本上升，向管理要效益。要考虑的采用什么样的管理模式，粗放式管理必定支撑不了企业的再发展，集约化、专业化管理是企业最高决策者考虑的问题。

此外，组建产业集群，进行战略重组，产业链汇集是应对市场竞争的新的趋势，这将是企业管理需求的重要内容。企业在转型升级中规划发展问题、如何进行转型升级、传统市场与新兴市场取舍，将主导企业决策。

包装印刷行业不同于其他类别的印刷，它依赖于产品制造业的属性，会随商品经济发展而繁荣，市场决定了它的生存与发展，所以市场需求将主导包装印刷企业生存与发展。

（作者系中国印刷及设备器材工业协会包装印刷分会原秘书长）

（上接10页）放在市内原址，而开辟数字印刷及影像新业务，同时通过将原印刷基地延伸为文化创意产业园，不仅实现了自身业务融合与转型，也带动了书刊印刷向文化产业更大发展生存空间的拓展；部分书刊印刷厂和新华印刷厂针对客户需求趋势变化，购买的报业轮转机和商业轮转机数量开始明显减少，但是单张纸印刷机的采购需求却明显增长；部分书刊印企开始进入资本运营阶段，通过上市募集资金，通过股权收购和合资实现跨界经营，如收购包装标签企业迅速进入新领域；部分出版企业上马数码印刷，激光数码机装机量明显增多，卷筒纸喷墨装机量几乎成倍增长。

纸媒和电子媒体趋势发展，导致书刊印刷企业尤其是经营管理者得到了极大的市场经济的锻炼，市场竞争意识空前增强，从供应链要效益，从经营管理要效益，从战略格局要效益的大局观念得到极大发展，这为书刊印刷企业走向综合型文化传媒供应链提供商，一站式印刷包装服务商等多元化业务大发展打下了坚实的基础。

现在的书刊印企，已经逐渐摆脱了书刊印刷业务单一的局面，开始向印刷领域的高增长方向如包装标签领域进行业务迁移，逐渐向着成为更大更强更好的全能综合型印企乃至更大经营领域的大步前行。

紧跟形势 不断变革

2013年1—4季度印机行业62家经济指标完成情况分析

张致远

2013年印刷市场处在冷长暖短的起伏阶段，企业的生产经营深感步履艰辛，收效甚微，与往年相比是负增长、低运行的态势。

第一部分：印机行业运营情况分析

一、主要经济指标情况分析

（一）主要经济指标全面下滑

2013年1—4季度主要经济指标情况详见表1。

从2012年起是个转折点，2011年除利润总额指标略有下降外，其余七项指标均以两位数增长；而进入2012年则八项指标全面负增长，并达两位数，尤为突出的是利润总额指标为负51.05%。纵观机械工业13个行业里，更多的行业表现为"增幅回落"、"增速放缓"、"增幅收窄"，但都显示的是"增长"，印机行业则显示的是"负增长"。

印刷市场从2013年一季度起变冷，销售收入133677万元，二季度回暖，销售收入184695万元，三季度销售收入139504万元又降温变冷，四季度销售收入为148345万元，继续降温，印机行业遇到转型升级产生的第一冲击波，不少客户处在"静观其变"的消极姿势，等待市场明朗。工业增加值和销售收入的急速下滑，也充分反映企业最前端的生产活力锐减，企业最终端的市场需求不足，酿成利润大幅下滑，企业再投入改革、新产品的研制等生产经营活动受到制约，长此下去，行业健康转型和可持续发展的原动力将严重不足，产业安全将受到威胁。

（二）主要企业主要经济指标情况分析

"形势"对任何企业来讲都是一个十分重视的大课题，形势天天都展示在企业面前，也总要天天琢磨、思考、寻答的一个命题。单讲"形"字，它是成形的生产经营模式和固化的指标数据，也是历史上已经发生而又改变不了的东西；再讲"势"字，是我们研究思索的重要内容，是从历史上已经发生并成形的生产经营活动里微妙的变化和指标数据起伏的浮动中，疏理趋势走向，寻找大势发展，定断经营决策。所以，研究"形势"重在"势"的深入理论和探讨上，求得共识，果断变革。

表1 2013年1—4季度主要经济指标情况

（单位：万元）

指标名称 \ 年度	2010年1—4季度	较2009年同比（%）	2011年1—4季度	较2010年同比（%）	2012年1—4季度	较2011年同比（%）	2013年1—4季度	较2012年同比（%）
工业总产值	673209	19.74	773337	16.06	661916	−14.41	628708	−5.01
工业销售产值	682896	17.19	749738	10.93	653573	−12.83	612647	−6.26
工业增加值	203473	23.01	230431	12.35	191306	−16.98	164903	−13.80
产品销售收入	676416	17.82	737436	10.17	648355	−12.08	606221	−6.49
利润总额	64017	355.28	61068	−3.98	29894	−51.05	14745	−50.67
成本费用总额	604101	15.16	655193	10.14	595474	−9.11	584693	−1.81
出口交货值	59254	−2.60	67391	19.02	64085	−4.91	62803	−2.00
新产品产值	371274	21.73	461922	23.85	374443	−18.93	389467	4.01

1. 企业转型速度各异，指标高低泾渭分明，未来发展两极分化。

印机行业的62家主要企业，身处转型期里的速度快慢和水平高低不尽相同，但拉开差距、两极分化、重新洗牌的势头已显端倪。从产品技术档次和综合管理水平，从指标完成水准和未来发展潜力分析，行业中具有运行优势的企业有以下几家：天津长荣自主创新的机组式单张纸和卷筒纸模切烫金机，突破了传统模烫机一次走纸只能实现一次模切或一次烫金的局限，成为国内外首创，达到国际先进水平。2013年热销机组式单张纸模烫机30台，机组式卷筒纸模烫机3台，不断推出新产品，不断增长效益，2013年在6亿元销售额的基础上提升到6.3亿多元，创利润约1.5亿元。大族冠华专一生产"筱原"对开以上多色胶印机27台，实现销售额9535万元，占多色机销售总额的35%，强力推进产业规模化，并收到良好效果。同时，着手研制A3幅面以下单张纸喷墨数码印刷机。深圳精密达SUPERBINDER（超级）——8000胶订联动线和PEARLS（珍珠）——8000骑马订联动线，技术水平均已接近马天尼"飞舞"型和"腾马二代"，市场销售分别为6台和17台，完全实现了产业化生产。陕西北人生产的FR400机组式电子轴凹版印刷机性价比高，有多项创新技术，总体技术水平处于国内领先，其主要性能指标也达到了日本富士产品水平，2013年市场销售40台。RXJ系列卷筒料卫星式柔版印刷机主要技术指标达到西班牙COMEX和德国WH公司的水平，2013年销售10台，创陕西北人销售历史最好水平。浙江蓝宝实施"寻找缝隙"产品发展战略，不断拓宽薄本加工产品领域，赢得转型、稳步增效。松德机械高速纸凹机和塑凹机在2013年均创造了良好的业绩，分别销售了15台和25台。以上转型成绩突出的6家企业占调查企业总数的10%。运行欠佳的企业有16家，占调查企业总数的25%，这些企业多半是中小型企业，处境困难，面临"半停产"、"转产"以及"待退出"的选择。其余40家企业占调查企业总数的65%，尚在苦苦追随先进科技潮流，利用合作或测绘改进升级的方式，虽然取得一定成效，但多半还为"养家糊口"而忙碌着，高端产品的升级转型和企业持续健康发展的巨大压力。

2. 高端印机进口量大，国产高端印机规模化欠佳。

中国经济实力的不断增强，充裕的外汇储备和进口优惠政策，为印刷行业进口高端产品和结构调整创造了极为有利的条件。近几年，高端印机产品大量进口，充分说明国内印刷市场的巨大需求。

（1）高档印机产品进口量大。据海关总署统计数据显示，2010年我国高档印刷机进口额为23亿美元，约合人民币141亿元（按1美元≈6.15元计 下同）；2011年印刷机进口总额25亿美元，约合人民币154亿元；2012年印刷机进口总额为24亿美元，约合人民币147亿元；2013年印刷机进口总额29亿美元，约合人民币179亿元。

回顾2009年，我国高档印刷机进口额仅为14.9亿美元，2010年后进口速度迅猛增长，提升速度高达53.7%。进口印机产品的额度基本相当于两个62家重点企业销售收入之和。而进口印机产品中，70%仍是胶印机、凹印机和柔印机等传统产品，挤占了国内市场份额。

（2）进口印机产品的两大增长点：

① 进口高档平张纸多色胶印机垄断中国市场。2009—2013年我国平张纸多色胶印机进口情况详见表2。

表2　2009—2013年我国平张纸多色胶印机进口情况

（单位：万美元）

产品 / 年度	四色机		四色以上		合计	
	台	金额	台	金额	台	金额
2009年	574	32901	223	26467	797	59368
2010年	883	47517	407	48717	1290	96234
2011年	801	44385	416	56250	1217	100635
2012年	620	35077	376	46842	996	81919
2013年	727	39295	429	47288	1156	86583

注：高档平张纸多色胶印机系指时速1.5万张以上的八开、四开与对开胶印机和时速1.3万张以上的全张胶印机。

从表2显示的统计数据分析，2010年起是平张纸多色胶印机进口达到高峰期，台份高达千台以上，较2009年分别增长53%~83%；进口额高达10亿美元左右，较2009年分别增长44%、84%。其中2010年起四色以上平张纸多色胶印机的进口也达到高峰期，台份高达407台，较2009年增长83%；进口额高达4.87亿美元，较2009年增长84%。

表3　2010—2012年高档平张纸多色胶印机进口商在中国所占市场份额情况

单位名称	中国市场占比（%）
海德堡印刷机械股份有限公司	50 ~ 55
小森印刷机械株式会社	20 ~ 25
高宝股份公司	8 ~ 13
曼罗兰印刷机械股份公司	6 ~ 11
三菱重工印刷	1 ~ 5
利优比	1 ~ 5
其他（系指中国国产品牌）	0.5 ~ 1

注：数据来源于利优比和三菱重工合营后反垄断审查核实调查函。

表 4　2013 年我国平张纸多色胶印机进口情况（按幅面区分）

幅面	金额（万美元）	占比（%）	数量（台）	占比（%）
＜四开	1730	2	115	10
四开	9520	11	197	17
对开	68400	79	798	69
全张	6930	8	46	4
合计	86584		1156	

据表 5 的统计数据显示，2013 年国产平张纸多色胶印机销总量达 864 台，销售额 111225 万元。其中，高档机销售 101 台，较 2012 年增长了 62.9%，销售额为 30496 万元，较 2012 年增长 15.7%，成绩显著。高档机销量按幅面规格细分的情况如下：八开以下幅面无高档机销售；四开幅面高档机销售量为 42 台，销售额 6373 万元；对开幅面共销售 56 台，销售额为 21519 万元。在从事对开幅面的 5 家生产商中，大族冠华占 44.3%，北人占 25.1%，昌昇占 19.2%，光华占 7%，中景占 4.4%；全张幅面销售量为 3 台（均为昌昇一家生产），销售总额 2604 万。

据表 6 统计数据显示，我国进口数字喷墨印刷机台份逐年下降，但进口额逐年上升，其主要原因是数字喷墨机从小店面应用，转向印刷生产企业应用。据国家新闻出版广电总局公布的数据，2012 年中国数字印刷企业共有 738 家，比上一年增长 40%；生产型数字印刷设备 235 台（套），比上一年增长 32%；数字印刷总产值 62.9 亿元，比上一年增长 81.8%；数字印刷产值占总产值比重从 0.4% 上升到 0.6%。这组数据不单是数字变化，更体现出印刷业结构转型给市场带来的变化不容忽视。小幅面数字喷墨印刷机替代四开以下幅面平张纸胶印机的市场态势，清晰可见。

3. 人民币“外升内贬”和产品技术含量低，抑制出口增长。

对比进口，国产印刷机械对外出口情况还是不错的，近几年我国印刷机械出口额始终保持两位数的增速，也意味着国际市场对中国印刷机械的认可程度在不断提升。2010—2013 年全国印刷机械出口情况见表 7。但此次统计的 62 家骨干企业在 2010—2013 年年度的出口交货值是波动的，且总体呈下行趋势。62 家骨干印机企业 2010—2013 年出口交货值情况见表 8。

表 5　2010—2013 年国产平张纸多色胶印机销售情况

（单位：万元）

年度＼产品	八开机		四开机		对开机		全张机		合计	
	台	金额	台	金额	台	金额	台	金额	台	金额
2010 年	508	34725	772	92373	115	39978	17	6238	1412	173314
2011 年	449	27173	896	102441	113	41471	27	12044	1485	183151
2012 年	387	11941	589	62105	98	33653	19	8451	1093	116150
2013 年	254	6171	422	50376	140	38721	48	15956	864	111225
2013 年同比增长（%）	–34.40	–48.40	–28.40	–18.90	42.91	15.08	152.58	88.76	–20.88	–4.25

从上述的几组数据分析不难看到市场需求发展特点，国外高档胶印机制造商以 95% 的市场占有率垄断着中国市场；在进口的高档机中，对大、中幅面的需求从 2011 年起呈上升趋势，四开以下幅面需求呈下降趋势；四色以上的高档机进口数额增幅大于标准型四色机，且追求高速、多色、多功能、高智能成为印刷业发展潮流。

② 数字喷墨机替代传统印机势不可挡。

2010—2012 年我国数字喷墨印刷机进口情况详见表 6。

表 6　2010—2012 年我国数字喷墨印刷机进口情况

年度	数量（万台）	同比增长（%）	进口额（万美元）	同比增长（%）
2010 年	23	91	20800	43
2011 年	20.6	–10.4	24000	15.4
2012 年	19	–7.7	24000	1.6

表 7　2010—2013 年全国印刷机械出口情况

年度	出口额（亿美元）	同比增长（%）
2010 年	10.9	85.6
2011 年	12.2	11.9
2012 年	13.8	13.1
2013 年	15.3	10.2

注：数据来源于海关统计。

表 8　62 家骨干印机企业 2010-2013 年出口交货值情况

年度	出口交货值（万元）	同比增长（%）
2010 年	59254	–2.6
2011 年	67391	13.7
2012 年	64085	–4.9
2013 年	62803	–2.1

出口下降的主要原因是人民币“外升内贬”造成企业盈利水平大减或亏本经营，而且，我国出口印机产品的技术含量不高，很难以国际市场的优质价格来抵消产品成本的骤增。由表 9 数据对比显示可清楚的看到技术价值的份量。2012 年主要印刷机械产品进出口单价情况见表 9。

表 9　2012 年主要印刷机械产品进出口单价情况

产品名称	进口单价（万美元）	出口单价（万美元）	进出口单价差比
计算机直接制版机	7.71	4.6	1.68 倍
卷筒纸胶印机	223.90	12.04	18.60 倍
平张纸四色胶印机	56.58	21.94	2.58 倍
平张纸四色以上胶印机	124.58	14.01	8.89 倍
柔版印刷机	76.90	3.94	19.52 倍
凹版印刷机	173.78	2.65	65.29 倍
网版印刷机	5.06	0.45	11.25 倍
数字喷墨机	0.13	0.27	低 51.85%
制包、袋机	42.55	1.64	25.95 倍

二、2013 年 1—4 季度 62 家骨干印机企业运行质量综合指数大幅下滑

由于行业利润总额指标下滑 50.67%，致使运行质量综合指数较 2012 年下降 85.14%，与国家规定标准值相差 41.89%，是历史上最低点。2013 年 1—4 季度 62 家骨干印机企业主要经济效益指数运行质量情况见表 10。

表 10　2013 年 1—4 季度 62 家骨干印机企业主要经济效益指数运行质量情况

指标名称	标准值	2012 年 1—4 季度	2013 年 1—4 季度	同比增长（%）
运行质量综合指数（%）	100	143.25	58.11	–85.14
产品销售率（%）	97	98.74	97.45	–1.29
总资产贡献率（%）	12	5.42	4.28	–1.14
成本费用利润率（%）	8.0	5.02	2.52	–2.5
资本保值增值率（%）	115	96.43	98.75	2.32
资产负债率（%）	60	47.76	49.84	2.08
流动资产周转率（次）	1.7	0.82	0.74	–0.08
全员劳动生产率（元 / 人）	135100	115999	109461	–5.63

第二部分：2013 年 1—4 季度行业主要经济指标排序

一、运行质量综合指数排行榜

2013 年运行质量综合指数排行榜见表 11。

表 11　2013 年印机运行质量综合指数排行榜

序号	单 位 名 称	运行质量综合指数（%）
1	深圳市精密达机械有限公司	135.17
2	好利旺机械（上海）有限公司	129.48
3	天津长荣印刷设备股份有限公司	127.01
4	上海新星印刷器材有限公司	119.35
5	浙江华岳包装机械有限公司	114.09
6	浙江蓝宝机械有限公司	111.69
7	瑞安市华威印刷机械有限公司	108.17
8	潍坊东航印刷科技股份有限公司	98.78
9	广东汕樟轻工机械有限公司	96.54
10	温州正博印刷机械有限公司	96.06

注：国家规定标准值 100%。

二、总资产贡献率排行榜

2013 年总资产贡献率排行榜见表 12。

表 12　2013 年总资产贡献率排行榜

序号	单位名称	总资产贡献率（%）
1	瑞安市华威印刷机械有限公司	40.09
2	好利旺机械（上海）有限公司	22.60
3	广东汕樟轻工机械有限公司	22.34
4	浙江蓝宝机械有限公司	18.63
5	汕头欧格包装机械有限公司	16.935
6	温州正博印刷机械有限公司	16.930
7	德阳市利通印刷机械有限公司	15.07
8	深圳市精密达机械有限公司	14.19
9	菏泽生建机械有限责任公司	14.10
10	潍坊华田精工设备有限公司	13.56

注：国家规定标准值 12%。

三、资本保值增值率排行榜

2013 年资本保值增值率排行榜见表 13。

表 13　资本保值增值率排行榜

序号	单位名称	资本保值增值率（%）
1	浙江蓝宝机械有限公司	131.51
2	上海紫明印刷机械有限公司	129.07
3	深圳市精密达机械有限公司	119.84
4	广东汕樟轻工机械有限公司	119.45
5	温州正博印刷机械有限公司	119.42
6	汕头欧格包装机械有限公司	117.79
7	江苏方邦机械有限公司	117.39
8	菏泽生建机械有限责任公司	117.20
9	青岛瑞普电气有限责任公司	114.10
10	上海新星印刷器材有限公司	113.24

注：国家规定标准值 115%。

四、流动资金周转率排行榜

2013 年流动资金周转率排行榜见表 14。

表 14　2013 年流动资金周转率排行榜

序号	单位名称	流动资金周转率（次）
1	瑞安市华威印刷机械有限公司	3.22
2	温州正博印刷机械有限公司	3.14
3	浙江华岳包装机械有限公司	2.45
4	上海德拉根印刷机械有限公司	2.31
5	国望机械集团有限公司	2.28
6	南通海盟罗兰机械有限公司	2.23
7	江苏方邦机械有限公司	2.06
8	烟台金宝精密印刷设备有限公司	2.04
9	浙江国威印刷机械有限公司	1.87
10	潍坊华田精工设备有限公司	1.83

注：国家规定标准值 1.7 次。

五、全员劳动生产率排行榜

2013 年全员劳动生产率排行榜见表 15。

表 15　2013 年全员劳动生产率排行榜

序号	单位名称	全员劳动生产率（元 / 人）
1	天津长荣印刷设备股份有限公司	414330
2	上海新星印刷器材有限公司	404000
3	好利旺机械（上海）有限公司	346557
4	宜昌市东方印刷机械有限责任公司	322857
5	国望机械集团有限公司	232519
6	浙江蓝宝机械有限公司	231578
7	深圳市精密达机械有限公司	192972
8	威海滨田印刷机械有限公司	186573
9	德阳市利通印刷机械有限公司	177164
10	潍坊华田精工设备有限公司	175937

注：国家规定标准值 135100 元 / 人。

六、产品销售收入排行榜

2013 年产品销售收入排行榜见表 16。

表 16　2013 年产品销售收入排行榜

序号	单位名称	销售收入（万元）
1	北人集团公司	88833
2	天津长荣印刷设备股份有限公司	63277
3	高斯图文印刷系统（中国）有限公司	42195
4	陕西北人印刷机械有限责任公司	41220
5	辽宁大族冠华印刷科技股份有限公司	30159
6	松德机械股份有限公司	20153
7	上海光华印刷机械有限公司	18601
8	广东汕樟轻工机械有限公司	15735
9	江苏昌昇集团股份有限公司	15423
10	江西中景集团有限公司	14587

七、出口交货值排行榜

2013 年出口交货值排行榜见表 17。

表 17　2013 年出口交货值排行榜

序号	单位名称	出口交货值（万元）
1	天津长荣印刷设备股份有限公司	9773
2	高斯图文印刷系统（中国）有限公司	6428
3	上海亚华印刷机械有限公司	4023
4	河北海贺胜利印刷机械集团有限公司	3752
5	浙江蓝宝机械有限公司	3296
6	松德机械股份有限公司	3277
7	上海德拉根印刷机械有限公司	3222
8	温州正博印刷机械有限公司	2987

（续）

序号	单位名称	出口交货值（万元）
9	江苏方邦机械有限公司	2950
10	上海新星印刷器材有限公司	2740

第三部分：转型中的思考

2013 年经济总体形势是“冷”的感受，各种矛盾暴露比较突出，企业压力巨大，令经营者不惑、观望、担忧、反思、疏理。但也促使经营者在品种上、质量上、产业链上精耕细作、求效益，不是在数量、规模、速度等方面做文章，进而寻找到健康的发展轨道和可持续发展的道路。这种转型的思考来自形势的变化，变化的形势倒逼行业变革。

一、要面对经济发展速度下降和产能过剩的叠加效应

2008 年金融危机后，政府投入 4 万亿元资金，刺激 GDP 的增长，高速增长模式虽暂时缓解了一些矛盾，但也造成了大量地方举债、重复建设、产能过剩，以雾霾为代表的环境污染、资源承载能力达到极限等“后遗症”。“去产能化”和“不以 GDP 论英雄”的转型，所产生的冲击波，引起了企业持续的阵痛和不断的压力。2010—2013 年 GDP 增幅情况见图 1。

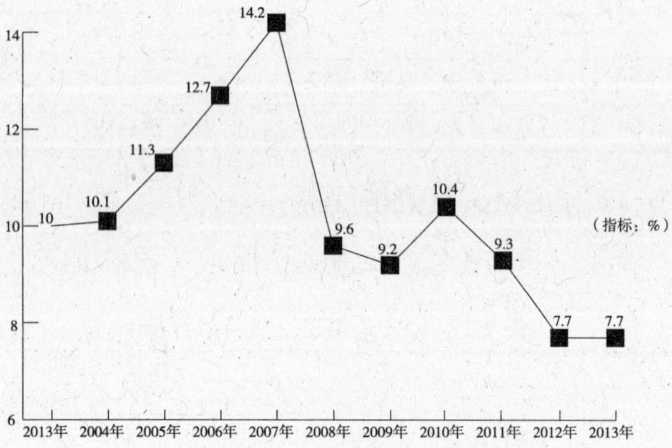

图 1　2003—2013 年 GDP 增幅情况

2013 年 12 月 30 日，工信部发布《2013 年中国工业通信业运行报告》（以下简称“《报告》”），《报告》中指出，尽管 2013 年以来内需增长基本平稳，但经济回升基础仍不稳固，同时，产能过剩的矛盾突出。

数据显示，2013 年以来，国家统计局对 6 万余户大中型企业的统计显示，其产能综合利用率基本低于 80%，部分行业甚至不足 75%，但投资增长仍然较快，新增中低端产能继续积累，产能过剩矛盾有进一步加剧的趋势。

《报告》称，目前产能过剩呈现行业广、程度高、持续时间长等特点，并有从钢铁、电解铝、建材、船舶等传统行业向风电、光伏、碳纤维等新兴行业扩充的趋势，已经成为工业经济发展中的突出矛盾。

《报告》中国务院发展研究中心对超过 3500 家企业进行了调查，调查结果显示，67.7% 的企业认为，消化过剩产能至少需要三年时间，22.7% 的企业则表示彻底化解产能过剩需要五年。

对于钢铁、有色、建材、石化、船舶等过剩产能行业，《报告》中预计，2014 年产能过剩的行业颓势不会迅速扭转，低迷运行的行业格局也不会有根本转变。

此外，《报告》认为，目前国内工业已由高速增长模式进入以结构调整为主的中高速增长新阶段，预计 2014 年规模以上工业增加值较 2013 年增长 9.7% 左右。

二、要面对人民币“外升内贬”，企业利润冲减，出口艰难的严峻局面

贸易不平衡和资本项目下的顺差，导致外汇储备全球第一。2013 年 11 月中国进出口总值 3706 亿美元，同比增长 9.3%。其中，贸易顺差 338 亿美元，创新五年新高。在市场力量推动下，自 2013 年 10 月以来结汇量偏大，导致人民币保持升值，2013 年 12 月 9 日人民币对美元汇率价大涨至 6.1130。许多专家预测，2014 年第一季度可能会突破 6.0 关口，人民币对美元进入“5”时代是大概率事件。人民币对美元的升值幅度累计 8 年超过 34%。

在人民币汇率快速攀升的同时，人民币的国内购买力贬值，据《新京报》报导，2013 年 100 元人民币的购买力和 2005 年时 57 元人民币相当，贬值率达 43%。贬值是与货币“超发”有关，中国人民银行行长周小川认为，“超发”的原因在于以下两个原因：一是中国货币发生与 GDP 名义增速相匹配或略高；二是央行吸纳大量外汇的同时，需要发行人民币来进行对冲。据统计，2005 年我国广义货币存量（M2）尚不到 30 万亿元，2013 年 4 月这一数字就迈过 100 万亿元大关。2013 年 9 月末，M2 余额已达到 107.74 万亿元，其间增幅在 3 倍以上。

2010 年开始，国内市场上关于货币超发而带来通账的批评声音越来越多。2013 年 10 月 21 日，中共中央政治局常委、国务院总理李克强应邀在中国工会第十六次全国代表大会上作了经济形势报告，报告内容中显示出政府对货币刺激的谨慎态度。他在报告中指出；“就货币来说，我们的广义货币供应量 M2 的余额 3 月末超过了 100 万亿元，

已经是 GDP 的两倍了。换句话说，就是‘池子’里的货币已经很多了，再多发票子就有可能导致通货膨胀。大家都知道，恶性通货膨胀，不仅干扰或者说破坏市场，而且会给人民生活带来巨大的副作用和压力，甚至造成人心惶惶”。2003—2013 年（9 月）M2 统计数据见图 2。

图 2　2003—2013 年（9 月）M2 统计数据

三、提升员工敬业素质大势所趋，势在必行

在辽宁大族冠华印刷科技股份有限公司收购日本“筱原”公司过程中，总经理刘学智悟出许多提升胶印机制造水平，做好品牌产品的道理，但是最最让人感慨三复其言，则是员工要具备“死板式认真，狂热式敬业，魔鬼式细节”，方可做出高档平张纸胶印机。简练的十五个字，包含的内容极为丰富、寓意十分深刻、境界无比高尚，确实切中当前阻碍“中国制造”升级为“中国创造”的要害。

某报刊上刊登的美国盖洛普公司公布了 2011—2012 年全球雇员对工作投入程度的调查报告，报告中显示，全球员工的敬业比例仅为 13%，而中国的比例还要远远低于世界水平，敬业员工只有 6%。其中，办公室员工敬业程度更低，仅为 3%。由此，中国员工的敬业程度“全球垫底”的现状和仅为美国五分之一的巨差还是不免令人担忧。对于该数据的科学性与真实性度，多数网友选择了认可。相关专家更是给予了“非常有可能”和“比较真实地表达了中国就业者的心态”等正面回应。所谓“敬业度”反映的是员工对公司投入的智慧、感情和承诺的程度，透视的是劳动者发自内心的忠诚度、归属感与责任感，其外在表现包括乐于宣传、乐意留下、全力付出等多个层次。也就是说，只有把从事的“职业”做到忠于“事业”的极致境界，基于认知自觉的“敬业”才会油然而生。在现实生活中，“敬业”往往与“爱岗”相提并论，因为“热爱”是最根本的执业驱动力。只有干一行爱一行，才会干好一行、成就理想，成为某个职业领域的行家里手、业内精英。

当然，导致中国员工敬业度较低的原因，并非只源于国人金钱至上的功利思维，更有管理体制和生存环境的现实国情。劳动力是生产力最活跃的因素，员工的敬业度事关企业发展、社会进步和国民幸福。没有敬业，难有企业真品、行业精品，更奢谈把“中国制造”升级为“中国创造”。全球垫底的敬业度排序警示我们，提升国民敬业素质乃大势所趋、势在必行。期待透过政府改革、企业改制、国民内修的多管齐下，让中国员工的敬业度排行与“大国地位”同步提升。我们经营企业如何培育员工敬业精神，打造一支稳定企业持续发展的团队，至关重要，是转型期的首要任务。

四、反腐“禁令”斩杀“公款消费”推手，高档包装需求下降，向包装领域转型的印刷企业需要考量产能

“禁令”一再重申，高档烟酒、礼品、贺卡、挂历等严禁公款消费，此举既直接影响烟酒等行业产品销售，又间接影响印刷包装产品的需求。据 2013 年 12 月 31 日《新京报》“白酒业深度调整”一文介绍，白酒业的寒冬影响到产业链下游的经销商。代理五浪液的银基集团控股有限公司（以下简称银基）业绩遭遇了“滑铁卢”。7 月 1 日，银基发布了 2013 年数据，其 2013 财年业绩收入仅为 3.9 亿港元，相较 2012 财年的 29.74 亿大降 86.9%，净利润更是从盈利 6.98 亿港元降至亏损 11.34 亿港元，存货从上一财年的 6.53 亿港元上升至 12.27 亿港元大飙升 88%。仅举高档白酒之例，说明白酒产业链，影响程度之严重、下降速度之快，预想不到，接下来又将如何，拭目以待。除此之外，尚有一些专业小型印刷企业，因贺卡，挂历的滞销，造成停产关闭，也不是少数。

2013 年第 11 期《中国印刷》上，刊载“反思印刷产能”三篇专题文章值得阅读。其中，第一篇以《加快印刷产业转型升级，化解产能过剩矛盾》为题，详细讲述了造成印刷企业井喷的原因是多方面的，政府的调控政策、信息传媒方式的改变、印刷科学技术的进步等都是激发印刷产业快速发展的有效推手；第二篇以《印刷产能过剩的危害及解决途径》为体，重点讲到：“给出路的政策才是淘汰中低印刷产能的正确策略和有效途径，符合建立和谐社会的大方向。”

第三篇以《关于印刷业产能过剩的思考》为题，文中主要介绍在瞬息万变的市场中，印刷业的产能是否过剩要考虑到供求关系的动态化，伴随经济运行的惯性和可能的增长，在建成预期投入作为潜在产能的形成也会存在一个过程和周期，对于印刷产品的未来需求成长如何判断，也是一个可以探究的话题。

此文还以一种乐观的积极态度，提出“积极应对产能过剩”的“五效益”：1. 调整产能，向设备要效益。一要坚决淘汰落后产能；二要积极开展技术改造；三要适时抓住时机，添置设备；2. 通过应用现代信息和网络技术，优化流程向管理要效益；3. 延伸产业链向特色要效益；4. 扩大范围向区域要效益；5. 提高素质向人才要效益。

“五效益”与印机企业息息相关，针对印刷企业转型的“五效益”，开展相应的“五服务”恰恰是一种机遇。

五、关注印刷产业发展趋势，做好高档印机产品

1. 印刷工业已经进入数字、网络和信息技术以及多媒体技术为基础的数字时代，印刷媒体产品不再局限于纸质为主的物理媒体，相同的数字资源可以按照不同方式输出，成为不同媒体产品，多媒体和跨媒体将成为印刷产业发展的新领域和新增长点。

2. 电子媒体的发展是对传统纸质媒体的挑战，其发展速度肯定会超过传统媒体，但是它们之间并不是完全取代关系，更多地表现为互补关系，纸媒体由于其廉价、便携、易读、柔性等特点，在商业、包装印刷领域仍占主导地位，而新闻、信息以及工具类的印刷和出版领域面临巨大挑战。

3. 在数字技术改造传统印刷产业过程中，各种印刷工艺技术将各展所长，充分显示其特点和优势，印刷工艺将更丰富多彩。但未来十年内胶印在各类印刷工艺中仍将占有主流地位。凹印、柔印、网印、数字印刷等各类印刷工艺也将在市场竞争中各得其所，比重相对有所提高，并且相互融合、相互促进、共同提高。

4. 计算机整合生产与管理成为印刷生产和管理的主要模式，使生产管理、经营过程成为一个整体。印刷生产和服务将不再局限于大众化市场，而按需、个性化生产和服务将以更快速度发展。

5. 出版印刷企业实施多元经营，集中转型包装印刷已成为新趋势，一哄而上造成包装印刷产能迅速膨胀，竞争激烈。

6. 在印刷工业结构调整中，印刷机械的高度自动化、智能化和印后的联动化、直接制版技术、数字工作流程成为产业技术发展的潮流。印刷企业生产和管理效率，信息化程度将大幅度提高。同时，印刷工业调整中还要解决出版的产能过剩，开工率不足的严重问题。

7. 中国印刷复制业总体增长，结构多元，新兴蓬勃，传统增幅收窄。

8. 国产印刷机械一定要从产品技术性能、印品质量、机器运行稳定性和可靠性以及耐用性上，与国际先进水平对比找差距。做到：印刷网络数字化、自动智能化、标准模块化、专一规模化和节能环保化。

六、思想聚焦，靠“变革”突破困境

中国制造业面临的是困境还是机会，现在还不好作判断。在过去30多年里，中国经济得到举世瞩目的成就，制造从过去的低劳动力成本中获得了巨大利润，但中国生产是以规模取胜，而不是以质量著称，知名的国际品牌寥寥无几。如今，中国制造业向“中国创造”的转型，迫使行业人必须改变。

仔细梳理不难发现，众多国内外优秀企业的企业家都曾有过关于“变革”这个话题的论述，有着自己对“变革”的观点和认识，从他们的思想中，或许也能给行业一些思考，思考变革的真谛。

（一）三菱电机半导体中国区总经理谷口丰聪先生——技术革新 提高品质

“中国不是一个孤岛，是全球经济重要的组成部分。对于经济复苏的期待，我认为还是要靠技术上的原创和革新，来实现升级和腾飞，我希望中国的厂商不要只打价格战，要做一些开创性的工作，不是做一笔生意就结束，我们希望客户能够看中产品的品质和可靠性并建立长久的合作”。

（二）微软集团全球执行副总裁、微软在线业务部门总裁陆奇在“2012年华人经济领袖盛典”上的致辞——创新能力 创新速度

“我认为一个企业能够创造多大的商业价值、社会效应，有多大的长远竞争力，归根到底是一个企业的创新能力与他的创新速度。而最关键的核心是两点：第一，要长期的投入基础建设，特别是信息技术、自动化与数字化；第二是人才培训，特别是对领导团队的培训。”

（三）北京百汇长流营销顾问机构首席策划师王逸凡谈中国制造业“过冬”的营销战略——整合创新 融合联盟

“现在是打一场‘服务战’的时候了。中国企业需要向其他跨国生产服务型企业学习经验，然后再经过自己的理解与融合，变成自己的服务标准。在经济危机这个非常的时期，企业必须根据市场和客户的需求，利用各类信息管理平台，整合研发、设计、制造与服务，实现更大程度的产业纵向融合，在价值链上不断寻求创新。只有这们，才能安然过这个冬天，并谋求更为长远的、持续的发展。”

（四）施耐德电气工业事业部MES业务发展经理薛斌——绿色制造 持续发展

“工业制造经历了机器、流水线和自动化（下转28页）

2013年印刷器材行业发展概况

袁建湘

2013年，在国内外经济形势大环境的影响下，中国印刷业也由超高速发展阶段进入平稳发展阶段。作为生产印刷消耗材料的印刷器材行业也呈现出平稳发展的态势，主要印刷器材产品发展不够平衡，一些器材行业仍然在发展，但增长的速度较前几年也明显放缓，20%、30%年增长率的境况已不复存在。一些器材行业则出现负增长，如印刷用纸、胶印版材等。印刷业的结构在不断调整，印刷器材的生产也出现了变化，如胶版印刷在国内印刷中占比逐渐下降，致使胶印版材、橡皮布等国内市场销量出现了小幅下降。而柔版印刷则处于迅速发展之中，柔性版材的销售量增长较快。我国是印刷器材生产大国，也是国际印刷器材市场上的一支重要力量。有些印刷器材产品由于其优秀的性价比，在国际市场上继续保持主导地位。2013年我国印刷器材产品出口仍维持了较好水平，出口金额6.39亿美元，比2012年增长6.39%；进口金额3.97亿美元，比2012下降1.83%。这种出口增长、进口下降的趋势越发明显，今后几年可能仍将持续。目前，我国印刷器材产品在品种、规模、质量、技术方面都已达到较高水平，多数器材产品实现了国产化，特别是高端产品的市场占有率明显增长，除了极少数产品仍需进口外，基本满足了我国印刷工业发展的需要。

一、印刷用纸和纸板

造纸工业近十几年超高速发展。2003－2012年的十年间，全国纸及纸板生产量平均年增长10.13%，消费量年平均增长8.54%。“十二五”期间进入了高速向中低速增长的转变，2011年只有7%的增长，2012年只有百分之三点几的增长。进入2013年，在全球金融危机持续影响下，造纸工业生产经营遇到较大困难，出现了负增长。这在造纸行业十几年历史上从无有过，这与中国经济增长相比显露出较大差距。标志着造纸工业在经过超常规发展之后，在较短时间内便滑入到低速发展的轨道。近年，我国纸和纸板的总体质量水平和品种已经得到明显提高，尤其是新闻纸和铜版纸的质量水平已经达到较高标准，在国际市场竞争力大为提高。但是部分产品产能的结构性过剩和阶段性过剩相继出现，引发市场恶性竞争，对行业发展造成不利影响。

近年来造纸行业加大了对污染大、规模小的造纸企业的整治力度，造纸行业产业集中度的推进速度较快。经过不断整合，造纸企业总数量有所减少。2013年全国纸及纸板生产企业约3400家，比2012年又减少了约100家。全国纸及纸板生产量10110万吨，较2012年增长－1.37%。消费量9782万吨，较2012年增长－2.65%，人均年消费量为72千克（13.61亿人），比2012年人均下降2千克。造纸行业近两年增长速度已明显放缓。2013年、2012年全国纸和纸板产量、消费量发展情况见表1。

在纸种分类中，与出版印刷、包装印刷、广告印刷、票据印刷等密切相关的种类。2013年主要纸品种类情况见表2。

表1　2012—2013年全国纸和纸板产量、消费量发展情况

	总产量（万吨）	总消费量（万吨）	人均消费量（千克）
2012年	10250	10048	74
2013年	10110	9782	72
同比增长（%）	–1.37	–2.65	–2

表2　2013年主要纸品种情况

项目	新闻纸	未涂布书写印刷纸	涂布印刷纸	其中：铜版纸	白纸板	箱纸板	瓦楞原纸
生产量（万吨）	360	1720	770	685	1360	2040	2015
同期增长（%）	– 5.26	– 1.71	– 1.28	– 1.44	– 2.16	–1.92	– 0.25
消费量（万吨）	362	1627	623	577	1310	2106	2013
同期增长（%）	– 7.89	– 3.38	– 2.35	– 0.69	– 5.00	– 2.36	– 0.69

从表 1 统计数据中可以看出，2013 年与印刷相关的所有纸和纸板的生产量、消费量都比 2012 年有程度不同的下降。这也是近十几年来从未有过的事情。印刷是造纸产业的主要承载者，2013 年造纸行业的状况从一个侧面可见印刷行业端倪。造纸工业近年技术水平、装备水平、产品质量显著提高，企业都具备了一定规模，抵御风险的能力有了一定提高。据国家统计局统计，2011 年规模以上造纸生产企业 2934 家，主营业务收入 7575 亿元，同比增长 5.91%；工业增加值同比增长 5.40%；利税总额为 617 亿元，同比增长 8.97%，其中利润总额为 374 亿元，同比增长 6.95%。

2013 年我国进口纸及纸板、纸浆、废纸、纸制品合计 4905 万吨，较 2012 年下降 1.49%，进口金额 217 亿美元，较 2012 年下降 1.36%。其中，纸及纸板进口 283 万吨，较 2012 年下降 9.00%；纸浆进口 1685 万吨，较 2012 年增长 2.31%；废纸进口 2924 万吨，较 2012 年下降 2.76%；纸制品进口 13 万吨，较 2012 年下降 7.14%。

2013 年进口纸及纸板平均价格为 1274.06 美元/吨，较 2012 年平均价格增长 4.59%；进口纸浆平均价格为 674.84 美元/吨，较 2012 年平均价格增长 0.03%；进口废纸平均价格为 202.83 美元/吨，较 2012 年平均价格下降 2.75%。

2013 年出口纸及纸板、纸浆、废纸、纸制品合计 874.41 万吨，较 2012 年增长 14.12%，出口金额 161 亿美元，较 2012 年增长 16.67%。其中，纸及纸板出口 611 万吨，较 2012 年增长 19.10%；纸浆出口 8.31 万吨，较 2012 年增长 4.01%；废纸出口 0.10 万吨，较 2012 年下降 58.33%；纸制品出口 255 万吨，较 2012 年增长 4.08%。

2013 年出口纸及纸板平均价格为 1251.65 美元/吨，较 2012 年平均价格增长 2.06%；出口纸浆平均价格为 1273.72 美元/吨，较 2012 年平均价格下降 19.84%；出口废纸平均价格为 452.82 美元/吨，较 2012 年平均价格增长 35.51%.

表 3　2013 年纸及纸板生产量超过百万吨的生产企业

公司名称	产量（万吨）
玖龙纸业（控股）有限公司	1109
理文造纸有限公司	483
山东晨鸣纸业集团股份有限公司	421
山东太阳纸业	310
华泰集团有限公司	289
安徽山鹰纸业股份有限公司	243
金东纸业（江苏）股份有限公司	202
中国纸业投资总公司	191
宁波中华纸业有限公司（含宁波亚洲浆纸业有限公司）	163
福建联盛纸业有限公司	138
荣成纸业（中国）控股有限公司	136
东莞建晖纸业有限公司	130
山东世纪阳光纸业集团有限公司	109
海南金海浆纸业有限公司	108
山东博汇纸业股份有限公司	106

二、油墨

（一）2013 年油墨行业的基本情况

2013 年全国油墨产品总生产量为 65 万吨，比 2012 年增加 3.5 吨，年增长率为 5.5%。工业总产值（现价）156 亿元，比 2012 年增长 6.8%。产品销售收入 168 亿元，比 2012 年增长 5%。全行业利润总额约 9.7 亿元，比 2012 年增长 2%。国内全年消费 64.5 万吨，比 2012 年增长 4.8%。据油墨行业统计，过去十几年，平均年增长率在 10% 以上。2011 年和 2012 年，年增长率降到个位数。2013 年的增长率又有所下降。2007 年—2013 年全国油墨生产量和增长情况见表 4。

表 4　2007—2013 年全国油墨生产量和增长情况

	2007 年	2008 年	2009 年	2010 年	2011 年	2012 年	2013 年
年产量（万吨）	39	41.5	47	53.5	57.5	61.5	65
同比增长（%）	16.4	7	13	13.5	7.5	6.9	5.5

（二）油墨企业的集中度情况

经过近十几年的快速发展，我国油墨行业目前拥有主营业务年收入在 500 万元以上的油墨生产厂 300 家左右，行业年综合生产能力超过 70 万吨。三、四年前，年产量在 10000 吨以上的企业还不多。近几年企业产能扩大很快，年生产量超过 10000 吨以上的已有 20 家左右，最高的洋紫荆油墨产量已达 60000 吨，已接近进入世界十强行列。产业集中度和区域分布集中的特点也较为明显，油墨行业的产业带已经基本形成。2013 年全国油墨产量前 10 名企业排名见表 5，2013 年全国油墨销售收入前 10 位企业排名见表 6，2013 年全国油墨销售利润前 10 位的企业排名见表 7。

表 5　2013 年全国油墨总产量前 10 位企业排名表

名次	公司名称	产量（吨）
1	洋紫荆油墨有限公司	60395.0
2	天津东洋油墨有限公司	37995.0
3	杭华油墨化学有限公司	31848.0
4	广东天龙油墨集团股份有限公司	27572.8
5	珠海乐通化工股份有限公司	25842.0
6	浙江永在化工有限公司	24908.0
7	新东方油墨有限公司	20041.0
8	迪爱生（太原）油墨有限公司	19588.0
9	上海 DIC 油墨有限公司	17762.0
10	苏州科斯伍德油墨股份有限公司	16318.0

表 6　2013 年全国油墨销售收入前 10 位企业排名表

名次	公司名称	销售额（万元）
1	洋紫荆油墨有限公司	161339.0
2	杭华油墨化学有限公司	96383.0
3	天津东洋油墨有限公司	86550.0
4	上海 DIC 油墨有限公司	61817.0
5	珠海市乐通化工股份有限公司	56423.0
6	广东天龙油墨集团有限公司	46991.3
7	浙江永在化工有限公司	45519.0
8	苏州科斯伍德油墨股份有限公司	38018.0
9	新东方油墨有限公司	36768.9
10	深圳市深赛尔股份有限公司	35291.1

表 7　2013 年全国油墨销售利润前 10 位企业排名表

名次	公司名称	利润（万元）
1	杭华油墨化学有限公司	9802.0
2	洋紫荆油墨有限公司	8599.0
3	天津东洋油墨有限公司	6501.0
4	深圳市深赛尔股份有限公司	6275.1
5	新东方油墨有限公司	6020.5
6	苏州科斯伍德油墨有限公司	4671.0
7	上海油墨泗联化工有限公司	3843.0
8	珠海乐通化工股份有限公司	3273.0
9	浙江永在化工有限公司	2178.0
10	广东天龙油墨集团有限公司	2172.7

注：表 5—表 7 数据为油墨协会统计信息专业组提供。

（三）印刷油墨进出口情况

2013 年油墨出口数量为 2.81 万吨，比 2012 年增长 13.41%；出口金额 1.41 亿美元，比 2012 年增长 27.05%。油墨进口数量 2.26 万吨，比 2012 年下降 6.76%，进口金额 3.58 亿美元，比 2012 年下降 3.39%。从油墨进出口的情况看，全年进出口的总量都比上年有所下降，特别是进口数量下降幅度较大。从进出口构成比例上看，黑色油墨进出口数量下降较大。从以上数字可以看出，我国印刷行业对进口油墨的需求，特别是普通黑色油墨需求下降。进口油墨单价远远要高出出口油墨单价许多，这说明进口油墨以高档油墨为主，国内某些高档油墨生产还不能满足需要。而出口则以中低档油墨为主，出口地区以香港、东南亚、中东、中亚地区为主。这个问题近些年逐步好转，但根本解决还需以时日。油墨出口数量再次超过进口数量。这是一个标志性的转变，表示我国又一个印刷器材大类产品由净进口国变为净出口国。

（四）印刷油墨品种的变化

1. 我国印刷产业很早就确定了以胶印为主的发展方向，胶版印刷是印刷业的主力军，这是我国印刷业的产业基础。印刷油墨当然是以胶印油墨为主，胶印油墨一直是全部油墨产销量中占比最高的品种。我国胶印油墨通过不断引进、消化、吸收，加以技术改进，目前的质量已经达到较高水平，基本满足了高档印刷品的要求。近两年油墨行业一个显著特征是胶印油墨产量在全部油墨产量中的占比逐步下降，2012 年约占 43.73%，2013 年只占 42.51%。这也从一个方面说明我国胶印印刷在全部印刷中的占比呈现出了逐步下降的趋势。

2. 由于我国包装印刷的高速发展，主要用于包装印刷的凹版印刷油墨市场需求持续旺盛，凹印油墨在全部油墨生产中的占比持续升高。2012 年约占全部油墨的 34%，2013 年占比上升到 37%。但凹印油墨生产和凹印印刷过程中有害溶剂大量挥发，印刷制品中也有很多有害残留物，对环境和人体健康都有很多不利影响。近年很多业内人士呼吁减少和限制凹版印刷，但由于凹版印刷低廉的成本以及相对精美的印刷品质，难以找到替代品，因而凹版印刷不仅没有减少，反而有所增加。作为溶剂型凹印油墨替代物的水性油墨近年来虽然发展较快，但在性能和印刷质量标准上仍与传统凹印油墨有一定差距，影响了水性墨的市场推广，特别是在一些高档印刷品上还不能使用水性油墨。随着人们环保意识的提高和对健康的日益重视，水性油墨在技术上不断改进，质量不断提高，水性油墨必将取得越来越大的市场份额。

3. 柔性版印刷油墨近年发展较快，2013 年柔版油墨在全部油墨产量中约占 11%。过去在中国影响柔版印刷快速发展的最大障碍是柔性版材没有国产货，进口版材价格奇高。目前柔性版材已经实现国产化，进口版材价格也大幅下降，这必将促进柔性版印刷在我国快速发展，柔性版印刷油墨的需求也会快速增长。

4. 数字印刷技术的发展带动了喷墨技术应用于印刷，加之喷绘产业的发展，喷墨油墨目前的社会需求也较大。目前喷墨印刷用的油墨国内生产商不少，但尚未形成规模，更没有知名品牌。2013 年喷墨印刷专用油墨全年产量不到全部油墨产量的 1%。但喷墨印刷油墨未来会有一个较快的发展过程。其它的环保型油墨，如醇溶性油墨、大豆油墨、UV 油墨等也会有一个较快的发展过程。绿色环保型油墨将成为油墨行业重点的发展方向。几种主要油墨占油墨总产量比情况见表 8。

表 8　几种主要油墨占油墨总产量比情况

油墨品种	占总量比（%）		同比增长（%）
	2012 年	2013 年	
平版油墨	43.73	42.51	– 1.22
凸版油墨	0.62	0.14	– 0.48
柔版油墨		11.27	
凹版油墨	34.38	37.47	3.09
UV 油墨		2.50	
喷印油墨		0.72	

三、胶印版材

（一）2013 年胶印版材行业发展情况

我国胶印版材行业起步于上世纪 70 年代末 80 年代初，三十多年时间，从无到有，高速发展。发展最快的十年间，生产量年平均增长率可达 20% 以上。高峰阶段生产企业近 80 家，卷筒生产线近百条，单张版生产线几十条，年生产能力 4 亿多平方米。产品除满足国内需求外，还大量出口，产品行销全世界一百多个国家和地区。目前，我国是世界上胶印版材生产量最大的国家。

2010 年以后，国内计算机直接制版系统快速发展，带动了胶印版材行业技术升级，技术进步带来了行业发展变革。2010 年前，胶印版材行业是 PS 版的一统天下，CTP 版只占百分之十几，还基本是外国大公司的领地。2010 年以后，国内企业逐步进入 CTP 市场，CTP 版在胶印版材中的比例逐年上升。由于 CTP 版的技术门槛较高，研发、试生产均需有较大投入。一些规模小、技术力量薄弱，资金实力不强的企业望而却步，一些企业摔倒在门槛之外。PS 版的市场需求量逐年下降，只能生产 PS 版、规模较小的企业难以为继，一些企业减产或停产。2013 年胶印版材企业数量同最高峰时相比减少了 20 余家、生产线由近百条减少到八十多条。由于关停的基本都是老、旧、技术落后的低速生产线，新增产能基本都是高速生产线，所以，尽管生产线整体数量下降了，但行业总产能并未下降多少。整个行业的技术装备水平提高了，大企业的规模越来越大，产业集中度越来越高，技术进步促进了产业的健康发展。2013 年，胶印版材行业技术升级换代已经基本完成。

（二）2013 年胶印版材行业数据

目前，国内拥有卷筒式生产线的企业 50 余家，正常生产的生产线 80 多条，产能约为 4.5 亿平方米，年生产总值近 74 亿元人民币，2013 年胶印版材产、销量及出口量情况见表 9。

（三）CTP 版材 2013 年继续利好

1. CTP 版材的产销量继续好于 PS 版。

继 2012 年 CTP 版的产销量超过了 PS 版之后，2013 年 CTP 版的产量比 2012 年又提高了 11%；销量提高了 13%。这一增长率虽然赶不上 2010 年和 2011 年每年 40% 以上的增长率，也赶不上 2012 年 20% 以上的增长率，但相对于低迷的印刷市场和其他印刷器材产品来说，仍不失为一个令人振奋的成绩。增长率逐步回落的原因；一是 CTP 制版系统发展高峰已过，CTP 制版机新增装机量减少，这是影响到 CTP 版材产销量增速放缓的主要原因；二是制版机保有量基数大了，对增速的百分比也会有一定影响。

2013 年 PS 版的产销量直线下降，分别比 2012 年降低了 33% 和 31%，销售金额更比 2012 年下降了近 42%。2005 年—2013 年国内 PS 版、CTP 版生产量变化情况见图 1。

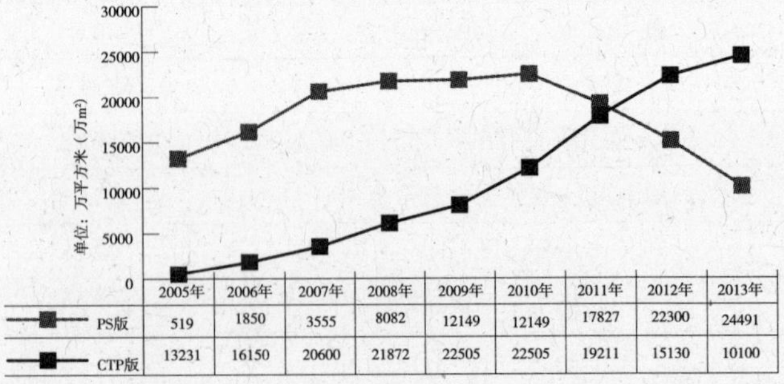

图 1　2005 年—2013 年国内 PS 版、CTP 版生产量变化情况

表 9　2013 年胶印版材产生产销售及出口量情况

	实际生产量（亿平方米）	同比增长（%）	总销售量（亿平方米）	同比增长（%）	全年销售额（亿元）	同比增长（%）	其中出口量（亿平方米）	同比增长（%）
总计	3.46	– 6.73	3.42	– 4.89	73.75	– 14.35	1.29	4.59
PS 版	1.01	– 33	1.03	– 30.89	18.31	– 41.68		
CTP	2.45	11	2.39	13.39	55.44	0.99		

2013 年胶印版材的国内消费量尽管有所下降，但 CTP 版的国内消费量却仍在继续上升。从 2008 年—2013 年，CTP 版的国内消费量呈现直线上升的态势。从 CTP 版使用量在胶印版材使用量中的占比来看：2008 年为 15%；2009 年为 22%；2010 年为 30%；2011 年为 46%；2012 年为 56%，超过了一半。2013 年国内 CTP 版消费量在胶印版材消费量中占到了 69%，大大超过了 PS 版的消费量。

可以说，我国 CTP 版在胶印版材中已占据主导地位，从使用量的角度说，在这一领域，我们已经接近印刷发达国家水平。

在 CTP 的品种方面，目前国产 CTP 版的类型包含热敏版、光敏版、UV 版、喷墨版等所有类型。据中国印刷及设备器材工业协会印刷器材分会的统计，在所有 CTP 版材销售中，热敏版约占 64%，紫激光版约占 7%，UV-CTP 版占 28%，其余类型不到 1%。目前我国 CTP 的市场，热敏版仍是主流，UV-CTP 版发展速度较快，显示了其适应中国市场的强大生命力。但是，不管是 CTP 版还是 PS 版，在使用中都离不开化学显影。环保型的低化学处理版和免化学处理版由于价格的原因，市场使用量仍旧很低。只在特殊需要时才少量使用。今后，大力促进环保型的免冲洗处理版的推广使用，是胶印版材行业以至整个印刷行业的目标和任务。

2. 2013 年 CTP 版材出口数量创新高。

胶印版材一直是我国印刷器材类出口金额最高、外销比例最大的产品。近十几年出口总量除了 2009 年因国际金融危机致销量减少外，其余年份都呈不同程度的增长。出口总量基本占到行业销售总量的三分之一左右，外销成为胶印版材行业发展的重要支点。据中国海关数字统计数据显示，2011 年出口量为 1.12 亿平方米、2012 年为 1.23 亿平方米，2013 年达到 1.289 亿平方米，创历史新高。总体外销量在上升，PS 版和 CTP 版两种版材外销的比例也发生了显著变化。多年来我国外销一直以 PS 版为主，从 2010 年开始 PS 版的外销比例逐步下降，而 CTP 版基本上是连年递增的。2012 年出口金额 CTP 版材超过了 PS 版，2013 年 CTP 版不仅出口金额超过了 PS 版，出口数量也第一次超过了 PS 版。目前，我国是胶印版材国际市场上一支重要力量，我们的质量水平和价格水平在国际市场上具有较强竞争力，受到国外用户广泛欢迎。

四、制版软片

2013 年国内制版胶片生产 1263 万平方米，比 2012 年增长了 4%。前几年，国内胶片价格上升较快，从一个方面促进了印前 CTP 技术的发展和普及，CTP 的成本优势也越发明显，制版胶片的消费量越来越少。但国内胶版印刷的规模非常大，制版胶片的需求总量仍然不小。国内生产软片的企业过少，国内生产能力严重不足，还需大量进口，据估计每年仍需进口一二千万平方米。2014 年初国家调高了单片装的制版胶片的进口关税，对进口胶片市场造成一定影响。此举对国内产业是利好，会在短期内增加市场份额。但卷筒大轴装胶片的进口关税未调整，同时可能会使进口商减少单片进口，扩大大轴装进口分切制版胶片的比例。

五、印刷橡皮布

2013 年，印刷橡皮布总销量为 156 万平方米，比 2012 年增长约 10%。销售额 4.17 亿元，比 2012 年增长约 10%。随着国内印刷装备、印刷工艺和承印物质量水平不断提高，对于高档橡皮布的需求量也相应提高，这带动和促进了印刷橡皮布产业技术升级。目前，国内印刷橡皮布的产业升级换代已经取得明显成果。高档气垫橡皮布所占比例逐步提高，2013 年国内气垫橡皮布的产量已占国内总产量的九成以上，普通实地橡皮布已经逐步退出市场。2013 年印刷橡皮布的销量增长，并不意味着国内使用量的增长。因为在 156 万平方米的总销量中，出口占到近 45 万平方米，比 2012 年的 25 万平方米增加了 20 万平方米。如考虑近两年进口橡皮布数量变化不大的话，那么 2013 年印刷橡皮布的国内使用量应与 2012 年持平或略有下降。目前，国内市场中进口品牌橡皮布销量仍然很大，约占国内市场消费量的 30% 左右。在印刷器材类产品中国产化率还是较低的，这也意味着我国橡皮布产业仍有较大发展空间。

六、柔性版

几年前，国内柔性版生产基本处于空白状态，只有一些小规模作坊式的生产，产量低、质量差。柔性版市场基本被国外大公司的知名品牌占领，售价奇高，极大地限制了国内柔性版印刷的发展，致柔性版印刷在整个印刷中所占比例极低。近年以乐凯华光印刷科技公司为代表的国内企业引进了部分设备，经过消化、吸收、改造，注入自有技术，已形成一定生产能力。2013 年生产柔性版 25 万平方米，比 2012 年翻了一番多，销售额约一亿元人民币。其中，出口 8.8 万平方米，比 2012 年的 3.7 万平方米增长了 138%，出口金额 364 万美元；进口柔性版 47.28 万平方米，比 2012 年的 21.78 万平方米增长了 117%，进口金额 2820 万美元。国内柔性版的规模化生产，促使进口柔性版价格大幅下降，促进了国内柔性版印刷的发展。2013 年国内柔性版年消费量大约在六七十万平方米左右，比 2012 年已有明显增长。许多业内人士倡导的"凹改柔"印刷方式已经迈出了第一步。当然，国内柔性版印刷的发展，除了依赖于国内柔性版材的规模化生产所致的价格下降以外，印刷结构的调整以及人们对于印刷品色彩品质适度观念的变化也是重要因素。

七、印刷胶辊

2013 年，印刷胶辊由于受国内印刷机械销售低迷的影响，出现了比 2012 年更大的下滑，全年生产量约为 6—8 亿立方厘米。我国印刷胶辊行业的特点是：生产厂家多，生产规模小，装备水平低，技术落后，这种状况短期内很难改变，很多高速印刷机仍采用进口胶辊。胶辊行业也在力争改变这种状况，国内一些重点企业已在瞄准高端市场，通过引进技术、设备、原料，推动高档印刷胶辊的研发制造，以争取更多的市场份额。

（作者系中国印刷及设备器材工业协会副秘书长兼印刷器材分会秘书长）

（上接 22 页）的规模生产的三个时代，现在进入了生态制造时代，其内涵是实现经济可持续、资源可持续和环境可持续的绿色制造竞争，如何在制造执行过程中通过以精益为指导、以信息化为平台、以自动化为手段，综合考虑环境影响和资源利用率，并实现具有竞争优势的制造成本，成为未来十年可持续发展的绿色制造的关键"。

（五）国家行政学院经济学部副主任董小君——寻找出路，海外拓展

"目前，中国装备制造业面临两大问题，一是高档产品研发能力弱，二是中低端产品产能过剩。这两大问题都可以通过海外拓展来解决，海外拓展既可走高端又可走低端。"

（六）西门子（中国）有限公司执行总裁兼西门子（中国）有限公司工业业务领域总裁吴和乐——定制化产品，规模化生产

"我认为工业的规模化和定制化并不冲突。我们使用的智能手机上预装不同软件，这就是一种定制化。但我们谈的定制化偏向硬件上的定制，这使我们的生产产品种类更多，当然这种柔性的提高对整个生产流程要求也会更高。但是中国众多的企业和科研机构可以利用创新力量，走出一条自主研发产品之路。实际上，中国国内市场已经非常大了，如何在中国国内市场找到机会，也是很大的挑战"。

身处改革开放，科技创新的时代，"变"是永恒，"不变"是暂时，在这个人人为梦想而砥砺奋斗的大千世界中，需要行业中的所有人首先突破头脑里的"深水区"，多些大胆且新颖的探索实践，去迎接"十三五"新规划、新战斗。

（作者系中国印刷及设备器材工业协会印刷机械分会名誉理事长）

综述

2013年我国印刷设备、器材进出口数据分析报告

刘万瑞

一、印刷设备、器材进出口概况分析

2013 年我国印刷设备、器材进出口总金额为 52.2922 亿美元，较 2012 年的 51.8686 亿美元增长 0.82%。其中，进口金额为 29.1262 亿美元，较 2012 年下滑 4.14%；出口金额为 23.1660 亿美元，增长 7.82%。2012—2013 年我国印刷设备、器材进口情况对比见表 1，2012—2013 年我国印刷设备、器材出口情况对比见表 2。

表 1 2012—2013 年我国印刷设备、器材进口情况

（单位：亿美元）

项目	2013 年		2012 年		同比增长（%）	
	数量	金额	数量	金额	数量	金额
设备器材进口总额		29.1262		30.3835		–4.14
印刷设备		25.1601		26.3436		–4.49
印前设备		0.8097		0.7734		4.69
印后设备		1.9821		2.4287		–18.39
印刷机（台）	215843	16.5809	211281	17.4739	2.16	–5.11
胶印机	1304	9.7700	1179	10.0844	10.60	–3.12
其他常规印刷机	7559	3.0965	11702	4.0153	–35.40	–22.88
数字式印刷机	206971	3.7144	198400	3.3741	4.32	10.08
辅机零件		5.7874		5.6675		2.11
非数字印刷机用		0.7662		0.8291		–7.59
数字印刷机用		5.0212		4.8384		3.78
印刷器材		3.9661		4.0399		–1.83
印刷油墨（kg）	22595795	3.5787	24243832	3.7071	–6.80	–3.47
胶印版材（m^2）	894837	0.1054	1162016	0.1848	–22.99	–42.93
其中：PS 版（m^2）	118013	0.0220	329810	0.1040	–64.22	–78.84
CTP 版（m^2）	776824	0.0834	832206	0.0808	–6.65	3.32
柔性印刷版（m^2）	472783	0.2820	217811	0.1480	117.06	90.53
印刷设备器材		29.1262		30.3835		–4.14
参考项：软片（m^2）	78781662	5.4161	71343286	5.0587	10.43	7.06

注：2013 年统计范围增加了税号 84439921（数字印刷设备用热敏打印头），对 2012 年数据已进行了相应修订（下同）。

表 2 2012—2013 年我国印刷设备、器材出口情况

（单位：亿美元）

项目	2013 年		2012 年		同比增长（%）	
	数量	金额	数量	金额	数量	金额
设备器材出口总额		23.1660		21.4851		7.82
印刷设备		16.7749		15.4777		8.38
印前设备		1.3906		1.4085		–1.27
印后设备		2.7061		2.0290		33.37
印刷机（台）	475293	10.4386	343338	9.6868	38.43	7.76
胶印机	2813	0.6271	3241	0.7739	–13.21	–18.97
其他常规印刷机	99819	2.5184	92906	2.3386	7.44	7.69
数字式印刷机	372661	7.2931	247191	6.5743	50.76	10.93
辅机零件		2.2396		2.3535		–4.84
非数字印刷机用		0.4944		0.5165		–4.26
数字印刷机用		1.7451		1.8370		–5.00
印刷器材		6.3911		6.0074		6.39
印刷油墨（kg）	28059325	1.4218	24742194	1.1119	13.41	27.87
胶印版材（m^2）	128868082	4.9328	123204280	4.8796	4.60	1.09
其中：PS 版（m^2）	64269796	1.9974	63273850	2.0173	1.57	–0.99
CTP 版（m^2）	64598286	2.9355	59927430	2.8623	7.79	2.56
柔性印刷版（m^2）	87953	0.0364	36966	0.0160	137.93	128.43
印刷设备器材		23.1660		21.4851		7.82
参考项：软片（m^2）	6 790124	0.3833	5007468	0.3860	35.60	–0.71

整体来看，我国印刷设备、器材出口金额在上升，进口金额在下降，近三年我国印刷设备、器材进出口的贸易逆差也证实了这一点，2011 年贸易逆差为 12.45 亿美元，2012 年为 8.90 亿美元，2013 年 5.96 亿美元。2011 年—2013 年我国印刷设备、器材进出口发展趋势见图 1。

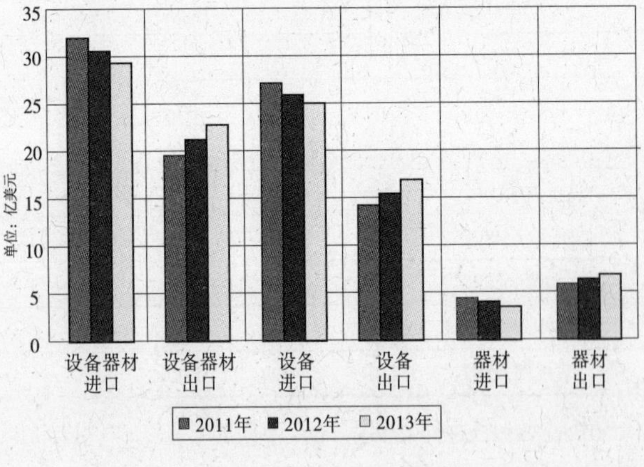

图 1 2011—2013 年我国印刷设备、器材进出口发展趋势

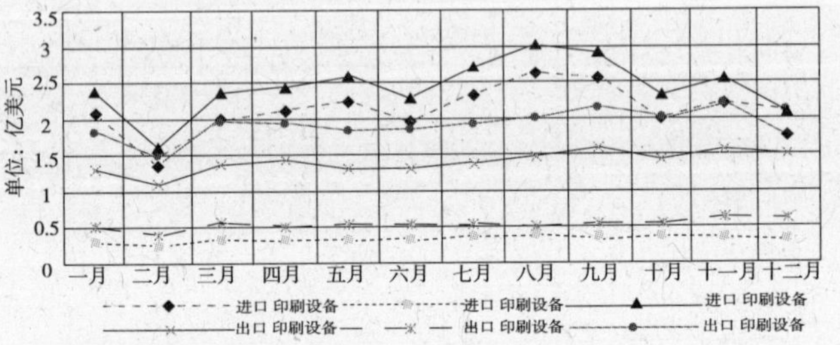

图 2 2013 年我国印刷设备、器材进出口走势

注：因无法跟踪海关对月度数据的修订，故各月数据的累计与海关给出的全年数据并不完全吻合，误差在 1% 以内。为尽量减少纵向比较误差，按惯例，文中年度数据采用的是海关发布的年度值。

二、进出口国（地区）地域分布情况分析

从表 3、表 4 统计数据可以看出，从产销国（地区）的分布来看，进口相当集中，德国和日本相加占了总数的近 54%，由德国进口主要商品是胶印机，而由日本进口商品除胶印机外，其他印刷用油墨、数字印刷设备用热敏打印头也占较大比重；出口面则散的较开，仅美国超过 10%。

表 3 2013 年我国印刷设备、器材进口目的国（地区）金额比重前十名

	德国	日本	中国台湾金马	美国	中国	英国	韩国	意大利	西班牙	瑞士
占比（%）	28.63	25.23	6.07	5.90	5.00	3.67	3.01	2.78	2.27	2.01

表 4 2013 年我国印刷设备、器材出口"原产地"（国家、地区）金额比重前十名

	美国	中国香港	日本	越南	韩国	荷兰	印度	印度尼西亚	泰国	德国
占比（%）	10.02	9.75	7.27	5.35	5.03	4.85	4.62	4.62	3.56	3.43

三、年印刷设备、器材各子项进出口情况分析

（一）我国印刷设备各子项进出口情况

1. 印刷机进出口情况。

按惯例将印刷机分成三大类，即胶印机、其他常规印刷机和数字式印刷机。

按进口金额排序，胶印机以 9.7700 亿美元排在第一位，数字式印刷机以 3.7144 亿美元排在第二位，其他常规印刷机以 3.0965 排在第三位；按出口金额排序，数字印刷机则以 7.2931 亿美元排在第一位，排在第二、第三位的分别是其他常规印刷机 2.5184 亿美元、胶印机 0.6271 亿美元。

（1）胶印机。

2013 年胶印机进口 1304 台，总金额为 9.7700 亿美元，占印刷设备器材进口总金额的 33.54%，也是进出口金额差（一般说为逆差）最大的一个子项。虽连续三年进口额在 10 亿美元左右，但已呈现下滑的态势。2013 年胶印机出口 2813 台，总金额为 0.6271 亿美元，占出口总金额的 2.71%。2013 年胶印刷机进出口情况见表 5。

表 5 2013 年胶印机进出口情况

（金额单位：万美元）

商品名称	单位	数量		金额		平均单价	
		进口	出口	进口	出口	进口	出口
轮转机	台	32	119	5 162	1 892	161	16
办公室用小胶印机	台	2	758	2	10	1	<1
平张纸单色胶印机	台	9	379	13	261	1	1
平张纸双色胶印机	台	11	105	183	136	17	1
平张纸四色胶印机	台	727	58	39 295	967	54	17
其他平张纸胶印机	台	429	113	47 288	1 721	110	15
未列名胶印机	台	94	1 281	5 756	1 284	61	1
合计	台	1 304	2 813	97699	6 271	75	2

表 6 2013 年胶印机进出口地域分布情况（未含小胶印机）

出口情况（16 个国家和地区）

（单位：万美元）

国别（地区）	数量	金额	占总额比（%）
总计	2055	6261	100.00
印尼	93	889	14.21
美国	30	614	9.81
泰国	74	490	7.83
印度	204	425	6.79
越南	114	298	4.76
土耳其	22	297	4.74

进口情况（16 个国家和地区）

（单位：万美元）

产销国	数量	金额	占总额比（%）
总计	1302	97698.05	100.00
德国	792	64076.43	65.59
日本	417	29834.19	30.54
美国	23	1724.81	1.77
捷克	12	766.29	0.78
法国	3	595.13	0.61
英国	9	292.96	0.30

（续）

国别（地区）	数量	金额	占总额比（%）
斯里兰卡	2	277	4.43
韩国	36	271	4.32
巴西	72	229	3.65
日本	13	189	3.02
西班牙	3	162	2.59
俄罗斯	48	155	2.48
马来西亚	38	120	1.92
菲律宾	105	116	1.86
比利时	3	109	1.74
中国台湾	12	109	1.74

（续）

产销国	数量	金额	占总额比（%）
意大利	3	197.16	0.20
荷兰	4	121.39	0.12
中国台湾	20	52.80	0.05
印度	2	12.62	0.01
韩国	8	10.80	0.01
中国	4	6.33	0.01
中国香港	2	3.96	<0.01
印尼	1	2.62	<0.01
丹麦	1	0.41	<0.01
巴西	1	0.15	<0.01

仅从表5中数字来看，单价下滑是总金额下跌的主要原因：除办公用小胶印机外（仅进口两台），其他类型机器单价均有不同幅度下降，作为胶印机整体单价下滑12.40%，其中两型进口数量最大的平张纸四色和其他平张纸胶印机单价分别下降4.42%和11.57%，进口数量排名第三的未列名胶印机单价下滑更高达29.40%。

简单的数字并不能反映胶印机复杂的内涵，比如其幅宽、自动化程度等，但从国内制造业抱怨的“市场低迷”以及与进口机较大的单机差价来看，可以说我们的制造“理念”与制作技术与“国际先进水准”尚有较大差距。

由表6可以看出，进口集中在德国和日本，其中德国占数量的61%，金额的66%；日本占数量的32%，金额的31%；另外14国（地区）占据其他部分。出口则与此相反，“面”铺得相当广泛，金额超过10%的仅仅是印度尼西亚，金额在1%—10%之间的有22个国家和地区，而不足总金额1%的国家和地区就有65个。这也说明我们胶印机出口市场还有待成熟，或产品与市场“不吻合”，但同时也说明我们在竭尽全力地做。

（2）其他常规印刷机。

其他常规印刷机2013年进口7559台，较2012年下降35.40%；总金额3.0965亿美元，较2012年下降22.88%，金额下降幅度低于数量下降幅度；单价上升19.38%；2013年出口99819台，较2012年增长7.44%；金额增长7.69%，稍高于数量增长幅度；单价上升0.23%。其他常规印刷机进出口情况见表7。

令人费解的是未列名其他常规印刷机占的比重太大，其进口为5610台，占进口总量的74.2%，占总金额的74%；出口80807台，占总量的81.0%，占总金额的42%；这就让人很难做出进一步分析和判断。

在其他常规印刷机中最引人注目的是平网印刷机，其进口金额、数量均排在第二位，数量过千，金额过亿；出口则排在第三位，总价仅2000万美元。进出口两者单价比是16:1。

表7 其他常规印刷机进出口情况

（单位：万美元）

类型	数量（台）		金额		平均单价	
	进口	出口	进口	出口	进口	出口
轮转凸版印刷机	71	1 619	484	2 404	7	1
单张纸凸版印刷机	38	346	686	1 477	18	4
柔版印刷机	60	660	6336	2 543	106	4
凹版印刷机	69	2 224	5 098	3 708	74	2
圆网印刷机	48	540	2 175	1 001	45	2
平网印刷机	1 369	6 360	11 389	2 324	8	<1
其他网式印刷机	294	7 263	2 021	1 090	7	<1
未列名印刷机	5 610	80 807	2 776	10 638	<1	<1
总计	7 559	99 819	30 965	25 185	4	<1

（3）数字式印刷机进出口口及其用途特点。

●数字印刷机进口占印刷机进口金额的 22%，出口占金额的 70%。其出口金额占印刷设备出口总金额的 43%，已成为名副其实的出口“大户”。

●在数字式印刷机的两大系列（可以网络连接与独立）、六款产品中（喷墨式、静电式或激光式、其他），三款可与网络连接式数字印刷机占据主导地位，其进口数量占总量的 95.96%、金额占 97.62%，出口数量占总量的 98.26 %、金额同样也占 98.26%。而可以网络连接的数字式喷墨印刷机则更是独占鳌头，其数量占进口数量的 94.05%，金额占 72.07%；其出口占数量 98.53%，金额占 96.76%。

●就其用途而言，静电照相（激光）印刷机与印刷关系最为密切；喷墨印刷机应用领域则更为广泛，诸如印刷领域的喷墨印刷（按需印刷）、广告业和制造业的喷绘等，更有发展前景的是“3D”打印，有人说它将引领将来的制造业。尽管我们将其称之为六款印刷机，但其中相当部分机器的用途已经大大超出了印刷业的范畴。2013 年数字式印刷机进出口情况见表 8。

2. 印前设备进出口情况。

在印前设备的统计中作为“单位”的设置仅对铸字机、计算机直接制版设备有实际意义，对其他几项仅是作为纵横向“比较”而存在，没有太大的实际意义。印前设备进出口情况见表 9。

在印前设备中无论进口还是出口，其中最大子项是计算机直接制版设备（CTP 制版机），其进出口金额均排在第一位。2010—2013 年 CTP 制版机进出口情况见表 10。

表 10 2010—2013 年 CTP 制版机进出口情况

年份	数量（台）		金额（万美元）	
	进口	出口	进口	出口
2010 年	586	1469	5521	7164
2011 年	493	1763	5041	8450
2012 年	491	1777	3785	8173
2013 年	472	1779	3929	7705

CTP 制版机是随着 CTP 技术的普及而发展起来的，国内生产也是走过了从无到有的历程。从版材生产来看国内

表 8 数字式印刷机进出口情况

印机类型	进口		出口		单价	
	数量（台）	金额（万美元）	数量（台）	金额（万美元）	数量（台）	金额（万美元）
84433221 可连接喷墨印刷机	194645	26771	367186	70567	0.1375	0.1922
84433222 可连接静电照相（激光）印刷机	1575	8016	1640	921	5.0893	0.5613
84433229 可连接其他数字式印刷设备，	2399	1474	759	172	0.6143	0.2261
84433931 喷墨印刷机	652	517	2801	1074	0.7931	0.3836
84433932 静电照相（激光）印刷机	18	196	12	15	10.9018	1.2331
84433939 其他数字式印刷设备	7682	170	263	183	0.0221	0.6952
总计	206971	37144	372,661	72931	0.1795	0.1957
未列名印刷机	5610	80807	2776	10638	<1	<1
总计	7559	99819	30965	25185	4	<1

注：“*”商品税号完整，名称为缩写。

表 9 印前设备进出口情况

商品名称	单位	进口		出口	
		数量（台）	金额（万美元）	数量（台）	金额（万美元）
铸字机	台	2	6	1929	43
计算机直接制版设备	台	472	3929	1779	7705
其他制版机器、器具及设备	台	805	501	1908	499
品目 8442 其他的机器、器具及设备	台	134	152	1604	178
制版用机器、器具及设备的零件	千克	177705	1 001	207336	551
印版、滚筒等；制成供印刷用的板、筒等	千克	818383	2506	5252645	4930
合计			8097		13906

CTP 版产量已经超过 PS 版，2013 年 CTP 版出口数量首次超过 PS 版，估计在短期内，CTP 制版机的进出口数量平稳发展是主调，即使有上升或下降其幅度也不太大。

3. 印后设备进出口情况。

印后设备主要包括装订、裁切等设备。其中，印后设备进出口金额均排在第一位的是切纸机。印后设备进出情况见表 11。

表 11 印后设备进出口情况

商品名称	单位	进口		出口	
		数量（台）	金额（万美元）	数量（台）	金额（万美元）
锁线装订机	台	98	1245	27688	275
胶订机	台	233	2970	4589	844
其他书本装订机器	台	1047	3280	158169	1945
书本装订机器的零件	千克	74937	461	158409	145
制造包、袋或信封的机器	台	47	1526	13714	3497
切纸机	台	2533	8455	2645291	18824
切纸机零件	千克	788758	1883	1684940	1532
合计			19821		27061

表 12 2010—2013 年切纸机进出口情况

年份	数量（台）		金额（万美元）	
	进口	出口	进口	出口
2010 年	20847	2808297	6410	10653
2011 年	4585	2771983	13506	12666
2012 年	5015	3310891	13441	13240
2013 年	2533	2645291	8455	18824

纵向来看切纸进出口数量差距巨大，但从金额上来看差距并不大，主要原因是出口商品在用途上跨度巨大，由出口企业及出口单价上来看，从作为“办公用具”使用的裁纸刀直至大型现代化数控切纸机其出口商品名称均为“切纸机”，或许由此导致数量变化巨大而金额变动很小。

从单价上来看，进口平均单价近三年每台 3 万美元左右，而出口平均单价 2010 年为 38 美元，2011 年为 46 美元，2012 年为 40 美元，2013 年为 70 美元。2013 年与 2012 年相比较，数量下降 20%，金额上升 42%，应该是出口商品“档次”有所提升，而另一个方面也可能是“档次低”的商品出口受阻，导致数量急剧下降。

4. 辅机零件进出口情况。

2013 年新增了数字印刷设备用热敏打印头，据业内人士讲，现在压电式打印头同样广泛应由于喷墨印刷机，但它是以十位税号的形式存在于数字印刷设备的其他零件及附件中，我们无法得出。

（二）我国印刷器材进出口情况

印刷器材包括了印刷油墨、胶印版材和柔性印刷版。作为器材，制版软片仍在使用，但在同一税号下进口的商品还含有大量非印刷所用、且其比重越来越大而又无法剔出，故以将其列为“参考项”。

1. 印刷油墨进出口情况。

对油墨进出口而言，2012 年是一个关键的“转换年”，2011 年以前（含 2011 年）油墨进口数量均是大于出口，2012 年基本持平（出口仅大于进口 507 吨），2013 年则出口大于进口 5463 吨；另一方面是单价尚有一定差距：2013 年进口油墨平均单价为 15.84 美元 / 千克，而出口单价仅为 5.07 美元 / 千克。

在此栏目下我们统计的仅是印刷用油墨，税则上原有的“书写墨水”并没有统计在内。2014 年版“中华人民共和国海关进出口税则”新增“水性喷墨墨水　税号 32159020”，因其第一年属于“纳入正轨”时段，数值不会太准确；二是我们也会在此阶段考察其与印刷业的关系，故今年属于“跟踪”，如有必要，明年会将其列入统计范畴。

2. 胶印版材进出口情况。

近年胶印版材出口一直发展比较平稳，CTP 版出口金额在几年前就已经超过 PS 版出口金额；而 2013 年则是 CTP 版在数量上首次超过 PS 版，趋势是 CTP 版的比重会越来越大。胶印版材进出口情况见表 15。

表 13 辅机零件进出口情况

商品名称	单位	进口		出口	
		数量（台）	金额（万美元）	数量（台）	金额（万美元）
料给料机	千克	114883	225	59791	31
其他印刷用辅助机器	千克	3484818	1385	2360398	2405
用 8442 所列印版等印刷的机器用其他零件附件	千克	10294699	6052	5065520	2509
数字印刷设备用辅助机器	千克	109718	628	162704	251
数字印刷设备用热敏打印头	个	11498305	18008	18771900	9154
数字印刷设备的其他零件及附件	千克	2163453	31576	2771710	8046
合计			57874		22396

表 14 印刷油墨进出口情况

商品名称	单位	进口		出口	
		数量	金额	数量（台）	金额（万美元）
黑色印刷油墨	吨	2567	4820.1033	4471	2162.49
其他印刷油墨	吨	20029	30966.704	23588	12055.8
合计	吨	22596	35786.807	28059	14218.3

表 15 胶印版材进出口情况

商品名称	单位	进口		出口	
		数量（台）	金额（万美元）	数量（台）	金额（万美元）
PS 版，任一边 > 255mm	万平方米	12	220	6427	19974
CTP 版，任一边 > 255mm	万平方米	78	834	6460	29355
合计	万平方米	89	1054	12887	49328

经过多年的努力，胶印版材已经成为印刷设备器材出口的“主打产品之一”，2013 年出口金额近 5 亿美元，已占印刷器材出口金额的 77.18%；占印刷设备、器材出口总金额的 21.29%，仅次于数字式印刷机出口而排在第二位。即使是在 89 万平方米的进口中也还含有其他，如柔性版，从单价上很容易看出。

我国现在已经是胶印版材生产、销售的大国，产品品种、质量、数量已经完全可以满足国内需求；不同所有制、不同规模的企业在国内外市场上同台“争奇斗艳”。

任何问题都有它的另一面：相对于国内市场，生产能力已经严重过剩，出口是发挥过剩产能的唯一出路，出口价格的竞争在所难免；同样，为争夺国内市场，价格战几乎波及所有生产企业；网络出版、数字印刷的发展对胶印的影响是版材生产厂家一直在观望、探索、研判的课题；规模经营、企业重组已应提到议事日程。

3. 柔性印刷版进出口情况。

柔性印刷版 2012 年新设立税号，虽经两年运行，但进口尚未完全“纳入正轨”，仍有一定数量商品还在以原渠道进口，经“单价”和“进口单位”跟踪，大致可认认定一个数量；在此数量上加上自身税号的进口、减去出口、加上国内产量，国内市场规模大致在 80 万平方米 / 年左右。

由于柔版印刷较胶印更贴近绿色印刷，近年发展比较快，市场仍有较大余地。

表 16 柔性印刷版进出口情况

商品名称	单位	进口		出口	
		数量	金额（万美元）	数量	金额（万美元）
柔性印刷版	平方米	472783	28197086	87953	3643507

四、结论

1. 印刷业前景——危机与机遇。

为把问题简单化，我们仅关注印刷市场的两大部分：出版物印刷和包装装潢印刷，两者构成了印刷产业的主体，且后者较前者所占比重要大得多。

数字印刷，或称之为按需印刷，尽管它对传统采集、制作、传输、印刷方式等均作了较大变革，但终究还是将油墨（墨水）以不同方式转移到载体（以纸为主）上，阅读方式并没有改变。就行业现状来看，受其影响最大的应该是传统胶印机、胶印版材、传统制版模式等，出版物依然存在，而对包装装潢印刷影响或无或很小。

对出版物构成最大威胁的应该是“网络出版”，它是通过网络传播、屏幕显示的形式进行“出版、印刷、发行”，它彻底颠覆了现在印刷的概念，将现在意义上的印刷变成了“历史”，减少或极大减少了书、报、刊的“实体”，或许只能以其所显示“画面”的长短、时间段、图文所占面积比例等要素来划分它的属性—新闻、长短篇小说、画报等。虽现在网络出版才只初露端倪，但业内人士对此已深感惶恐，而网络人士则满怀信心、笑看其成。笔者认为这是出版物印刷的“危机”所在。

反观包装装潢印刷，“按需印刷”、“网络出版”对其均不会或构不成较大威胁，更何况我国社会零售总额近几年均以高于 10% 的速度在发展，2013 年为 237810 亿元，比上年增长 13.1%，扣除价格因素，实际增长 11.5%；出口即便是有所下滑去年也还保持在 7.9%，有商品就要有包装，这就是包装装潢印刷业的机遇。

2. 不同性质企业对“进出口”的贡献。

已在文章开头提示中提到了“特殊订阅方式”，通过对这部分商品进出口金额进行统计分析得出：该部分商品出口金额为 17.9308 亿美元，占印刷设备器材总出口金额的 77.40%；进口金额 17.2210 亿美元，占总进口金额的 59.13%。

针对不同所有制企业在进出口贸易中所占位置作了一下简单统计分析，详情见表 17。有一点需要加以说明：这里所指的企业按经营属性可以分成两大类，生产型和贸易型，外商独资企业几乎全部为生产型企业，而贸易型企业大都分布在国有、集体、私营企业，即是说，从生产制造角度来讲，国有企业所占比重远低于表中所列数值，由此可以看出外商独资企业、私营企业在进出口贸易中所起的重要作用。

表 17 不同所有制性质企业在进出口中所占位置

企业性质	占进口金额比（%）	占出口金额比（%）
总计	100.00	100.00
国有企业	16.58	23.31
中外合作企业	0.07	0.16
中外合资企业	4.48	7.99
外商独资企业	45.91	37.6
集体企业	1.99	1.67
私营企业	30.97	29.19
个体工商户	0.01	<0.01
其他企业	<0.01	<0.01

附表：

附表 1　2013 年不同所有制企业印刷机出口情况（印刷机名称为简写）

名称		国有	中外合作	中外合资	外商独资	集体	私营	其他	合计
胶印机	数量	128		22	75	20	1808	2	2055
	金额	219		1000	1244	60	3734	3	6261
	占金额比（%）	4		16	20	1	60	<1	100
凸印机	数量	64		53	80	87	1681		1965
	金额	671		673	525	131	1881		3881
	占金额比（%）	17		17	14	3	48		100
柔印机	数量	60		11	89	30	470		660
	金额	284		94	549	69	1547		2543
	占金额比（%）	11		4	22	3	61		100
凹印机	数量	201		52	895	36	1040		2224
	金额	339		15	629	209	2516		3708
	占金额比（%）	9		<1	17	6	68		100

（续）

名称		国有	中外合作	中外合资	外商独资	集体	私营	其他	合计
丝网机	数量	626	28	32	1107	44	12325	1	14163
	金额	704	99	75	1165	32	2337	3	4415
	占金额比（%）	16	2	2	26	1	53	<1	100
未列名	数量	5276		14861	29260	144	31265	1	80807
	金额	316		2175	4719	72	3356	<1	10638
	占金额比（%）	3		20	44	1	32	<1	100
数字机	数量	61018	10	864	291888	299	15908		369987
	金额	15174	12	876	41276	185	14119		71641
	占金额比（%）	21	<1	1	58	<1	20		100
合计	数量	67373	38	15895	323394	660	64497	4	471861
	金额	17707	111	4908	50107	758	29489	7	103086
	占金额比（%）	17	<1	5	49	1	29	<1	100

注：附表1统计中不含84431200–办公室用小胶印机；84433222–可以网络连接的静电照相印刷机；84433229–可以网络连接的其他数字印刷设备；84433932–静电照相印刷机；84433939–其他数字印刷设备。

附表2　2013年不同所有制企业印刷机进口情况（印刷机名称为简写）

名称		国有	中外合作	中外合资	外商独资	集体	私营	其他	合计
胶印机	数量	407	4	33	342	27	489		1302
	金额	41848	249	3001	11101	3426	38073		97698
	占金额比（%）	43	<1	3	11	4	39		100
凸印机	数量	4		5	46		54		109
	金额	200		24	636		308		1169
	占金额比（%）	17		2	54		26		100
柔印机	数量	11		8	29		12		60
	金额	1604		2275	1783		673		6336
	占金额比（%）	25		36	28		11		100
凹印机	数量	7		9	26		27		69
	金额	1324		1528	1420		826		5098
	占金额比（%）	26		30	28		16		100
丝网机	数量	72		378	858	3	400		1711
	金额	1427		2297	8310	135	3416		15585
	占金额比（%）	9		15	53	1	22		100
未列名	数量	44		23	5468	3	70	2	5610
	金额	184		481	1667	41	403	<1	2776
	占金额比（%）	7		17	60	1	15	<1	100
数字机	数量	847	55	140	182266	4	11985		195297
	金额	1737	90	743	17072	81	7565		27288
	占金额比（%）	6	<1	3	63	<1	28		100
合计	数量	1392	59	596	189035	37	13037	2	204158
	金额	48325	339	10350	41990	3683	51264	<1	155951
	占金额比（%）	31	<1	7	27	2	33	<1	100

注：在附表2统计中不含84431200–办公室用小胶印机；84433222–可以网络连接的静电照相印刷机；84433229–可以网络连接的其他数字印刷设备；84433932–静电照相印刷机；84433939–其他数字印刷设备。

附表 3　2013 年按地区分布胶印机进出口情况（不含办公室用小胶印机）

省市	进口			出口		
	数量（台）	金额（万美元）	占金额比（%）	金额（万美元）	数量（台）	占金额比（%）
总计	1302	97698	100	2055	6261	100
北京市	143	13635	14	11	111	2
天津市	14	1478	2	9	11	0
河北省	5	1453	1	4	39	1
山西省	1	45	0	2	55	1
内蒙古自治区	0	0	0	2	0	0
辽宁省	21	1026	1	30	194	3
吉林省	1	190	0	0	0	0
黑龙江省	0	0	0	14	49	1
上海市	307	9031	9	165	1806	29
江苏省	342	30585	31	90	619	10
浙江省	146	12399	13	100	583	9
安徽省	14	2393	2	16	13	0
福建省	12	1588	2	124	27	0
江西省	5	519	1	222	42	1
山东省	22	1512	2	341	554	9
河南省	18	1764	2	0	0	0
湖北省	9	1253	1	4	6	0
湖南省	3	550	1	2	1	0
广东省	189	12826	13	424	1982	32
广西壮族自治区	3	133	0	202	7	0
海南省	1	23	0	0	0	0
重庆市	20	1635	2	218	45	1
四川省	12	907	1	35	48	1
贵州省	3	1772	2	0	0	0
云南省	5	434	0	29	31	0
陕西省	4	146	0	4	21	0
甘肃省	0	0	0	3	2	0
宁夏回族自治区	2	403	0	0	0	0
新疆维吾尔自治区	0	0	0	4	19	0

附表 4　2013 年凸版印刷机进出口情况（按地域分布）

省市	进口			出口		
	数量（台）	金额（万美元）	占金额比（%）	金额（万美元）	数量（台）	占金额比（%）
总计	109	1169	100	1965	3,881	100
天津市	5	71	6	14	284	7
河北省	0	0	0	42	185	5
辽宁省	0	0	0	165	6	0
吉林省	0	0	0	1	0	0

（续）

省市	进口			出口		
	数量（台）	金额（万美元）	占金额比（%）	金额（万美元）	数量（台）	占金额比（%）
黑龙江省	0	0	0	8	31	1
江苏省	9	219	19	78	205	5
浙江省	11	204	17	781	1001	26
安徽省	0	0	0	15	17	0
福建省	6	73	6	79	8	0
江西省	0	0	0	10	21	1
山东省	6	51	4	49	71	2
湖北省	1	105	9	27	621	16
广东省	48	154	13	214	567	15
广西壮族自治区	1	181	16	29	126	3
重庆市	0	0	0	267	19	0
四川省	0	0	0	32	17	0
贵州省	0	0	0	2	10	0
云南省	0	0	0	3	15	0
西藏自治区	0	0	0	1	7	0
新疆维吾尔自治区	0	0	0	11	6	0

附表 5　2013 年柔版印刷机进出口情况（按地域分布）

省市	进口			出口		
	数量（台）	金额（万美元）	占金额比（%）	金额（万美元）	数量（台）	占金额比（%）
总计	60	6336	100	660	2543	100
北京市	7	541	9	5	241	9
天津市	2	299	5	3	7	0
河北省	0	0	0	6	16	1
内蒙古自治区	0	0	0	1	0	0
辽宁省	1	126	2	4	15	1
上海市	8	414	7	54	225	9
江苏省	12	1160	18	20	110	4
浙江省	4	395	6	334	932	37
安徽省	3	386	6	10	142	6
福建省	5	94	1	2	3	0
江西省	0	0	0	12	6	0
山东省	3	1773	28	21	463	18
河南省	0	0	0	1	1	0
湖北省	0	0	0	1	0	0
广东省	14	1087	17	165	321	13
广西壮族自治区	0	0	0	1	2	0
四川省	1	62	1	3	1	0
贵州省	0	0	0	2	1	0
云南省	0	0	0	2	5	0

（续）

省市	进口			出口		
	数量（台）	金额（万美元）	占金额比（%）	金额（万美元）	数量（台）	占金额比（%）
甘肃省	0	0	0	1	5	0
新疆维吾尔自治区	0	0	0	5	19	1

附表6　2013年凹版印刷机进出口情况（按地域分布）

省市	进口			出口		
	数量（台）	金额（万美元）	占金额比（%）	金额（万美元）	数量（台）	占金额比（%）
总计	69	5098	100	2224	3708	100
北京市	2	1	0	5	54	1
天津市	1	1	0	0	0	0
河北省	2	231	5	2	23	1
山西省	0	0	0	376	97	3
辽宁省	8	11	0	29	17	0
吉林省	3	5	0	0	0	0
黑龙江省	0	0	0	10	24	1
上海市	9	242	5	59	747	20
江苏省	12	1014	20	49	478	13
浙江省	8	64	1	356	743	20
安徽省	4	716	14	2	15	0
福建省	2	3	0	320	62	2
江西省	1	190	4	6	7	0
山东省	2	26	1	49	19	1
河南省	0	0	0	1	1	0
湖北省	1	175	3	2	0	0
湖南省	1	817	16	8	24	1
广东省	9	561	11	855	973	26
广西壮族自治区	2	6	0	56	71	2
重庆市	0	0	0	1	3	0
四川省	1	405	8	1	7	0
贵州省	0	0	0	2	11	0
云南省	0	0	0	6	14	0
陕西省	0	0	0	15	253	7
甘肃省	0	0	0	1	3	0
宁夏回族自治区	1	630	12	1	10	0
新疆维吾尔自治区	0	0	0	12	55	1

附表7　2013年丝网印刷机进出口情况（按地域分布）

省市	进口			出口		
	数量（台）	金额（万美元）	占金额比（%）	金额（万美元）	数量（台）	占金额比（%）
总计	1711	15585	100	14163	4415	100
北京市	16	211	1	34	48	1

（续）

省市	进口			出口		
	数量（台）	金额（万美元）	占金额比（%）	金额（万美元）	数量（台）	占金额比（%）
河北省	2	34	0	4	7	0
山西省	2	105	1	0	0	0
辽宁省	16	44	0	73	95	2
吉林省	0	0	0	1	0	0
黑龙江省	0	0	0	46	37	1
上海市	38	532	3	230	976	22
江苏省	382	3485	22	1732	709	16
浙江省	45	1459	9	2066	560	13
安徽省	7	118	1	5575	39	1
福建省	198	2466	16	605	346	8
江西省	154	1191	8	146	32	1
山东省	78	1017	7	266	69	2%
河南省	1	2	0	9	9	0
湖北省	1	21	0	18	16	0
湖南省	254	377	2	11	30	1
广东省	478	4223	27	1391	1049	24
广西壮族自治区	1	4	0	7	15	0
重庆市	0	0	0	36	48	1
四川省	9	40	0	187	52	1
贵州省	0	0	0	1024	24	1
云南省	1	8	0	42	47	1
西藏自治区	0	0	0	274	3	0
陕西省	0	0	0	87	39	1
甘肃省	0	0	0	29	10	0
青海省	0	0	0	52	0	0
新疆维吾尔自治区	0	0	0	165	52	1

附表 8　2013 年未列名其他常规印刷机进出口情况（按地域分布）

省市	进口			出口		
	数量（台）	金额（万美元）	占金额比（%）	金额（万美元）	数量（台）	占金额比（%）
总计	5610	2776	100	80807	10638	100
北京市	3	91	3	101	38	0
天津市	4	6	0	45	48	0
河北省	0	0	0	100	14	0
山西省	0	0	0	32	144	1
内蒙古自治区	0	0	0	1	0	0
辽宁省	9	67	2	1600	101	1
吉林省	0	0	0	22	0	0
黑龙江省	0	0	0	395	48	0
江苏省	50	676	24	3101	558	5

（续）

省市	进口			出口		
	数量（台）	金额（万美元）	占金额比（%）	金额（万美元）	数量（台）	占金额比（%）
浙江省	15	53	2	11415	726	7
安徽省	2	16	1	1378	119	1
福建省	52	106	4	11947	1728	16
江西省	0	0	0	2520	43	0
山东省	143	84	3	3951	432	
河南省	1	1	0	137	2	0
湖北省	1	7	0	545	43	0
湖南省	4	50	2	26	10	0
广东省	5258	1430	52	37296	5716	54
广西壮族自治区	5	49	2	40	28	0
海南省	0	0	0	1	0	0
重庆市	0	0	0	425	81	1
四川省	0	0	0	526	57	1
贵州省	0	0	0	231	30	0
云南省	0	0	0	864	55	1
陕西省	0	0	0	625	26	0
甘肃省	0	0	0	148	18	0
青海省	0	0	0	20	1	0
宁夏回族自治区	0	0	0	98	9	0
新疆维吾尔自治区	0	0	0	104	49	0

附表 9　2013 年两款数字印刷机进出口情况（按地域分布）

省市	进口			出口		
	数量（台）	金额（万美元）	占金额比（%）	金额（万美元）	数量（台）	占金额比（%）
总计	195297	27288	100	369987	71641	100
北京市	161614	9209	34	2901	1346	2
天津市	90	324	1	106	78	0
河北省	3	1	0	7	5	0
山西省	1	51	0	9	13	0
内蒙古自治区	32	52	0	47	7	0
辽宁省	22	118	0	782	1460	2
吉林省	16	1	0	8	11	0
黑龙江省	6	43	0	160	87	0
上海市	24001	7164	26	14880	10464	15
江苏省	471	1360	5	110587	14959	21
浙江省	306	981	4	3540	1848	3
安徽省	7	11	0	663	1129	2
福建省	1250	1150	4	1133	469	1
江西省	4	51	0	789	260	0
河南省	3	1	0	176	64	0

（续）

省市	进口			出口		
	数量（台）	金额（万美元）	占金额比（%）	金额（万美元）	数量（台）	占金额比（%）
湖北省	3	1	0	584	318	0
湖南省	2	11	0	30	18	0
广东省	7209	6226	23	151344	36273	51
广西壮族自治区	4	7	0	50	21	0
海南省	1	2	0	0	0	0
重庆市	7	13	0	80778	2002	3
四川省	4	4	0	412	226	0
贵州省	0	0	0	82	41	0
云南省	0	0	0	244	108	0
西藏自治区	0	0	0	49	10	0
陕西省	2	2	0	94	47	0
甘肃省	0	0	0	67	49	0
宁夏回族自治区	0	0	0	23	7	0
新疆维吾尔自治区	0	0	0	331	239	0

附表 10　2013 年切纸机进出口情况（按地域分布）

省市	进口			出口		
	数量（台）	金额（万美元）	占金额比（%）	金额（万美元）	数量（台）	占金额比（%）
总计	2533	8455	100	2645291	18824	100
北京市	101	1101	13	5468	189	1
天津市	19	358	4	5504	118	1
河北省	4	117	1	423	105	1
山西省	6	101	1	120	13	0
内蒙古自治区	0	0	0	117	1	0
辽宁省	5	25	0	5129	229	1
吉林省	0	0	0	2110	62	0
黑龙江省	0	0	0	195	85	0
上海市	491	878	10	148290	2056	11
江苏省	98	733	9	18551	732	4
浙江省	959	1953	23	1620557	3553	19
安徽省	4	22	0	121552	296	2
福建省	28	418	5	4371	192	1
江西省	52	431	5	10270	243	1
山东省	72	526	6	33179	742	4
河南省	0	0	0	1669	90	0
湖北省	7	104	1	2920	281	1
湖南省	1	36	0	2644	68	0
广东省	649	1222	14	633976	2897	15
广西壮族自治区	5	13	0	2517	6086	32
四川省	3	68	1	4002	207	1

（续）

省市	进口			出口		
	数量（台）	金额（万美元）	占金额比（%）	金额（万美元）	数量（台）	占金额比（%）
贵州省	14	204	2	10794	80	0
云南省	9	44	1	6113	108	1
西藏自治区	1	6	0	142	8	0
陕西省	0	0	0	97	41	0
甘肃省	0	0	0	295	41	0
青海省	0	0	0	1590	6	0
宁夏回族自治区	1	79	1	41	34	0
新疆维吾尔自治区	0	0	0	1585	108	1

附表 11　2013 年计算机直接制版设备进出口情况（按地域分布）

省市	进口			出口		
	数量（台）	金额（万美元）	占金额比（%）	金额（万美元）	数量（台）	占金额比（%）
总计	472	3929	100	1779	7705	100
北京市	113	917	23	9	34	0
天津市	86	796	20	2	16	0
河北省	0	0	0	1	0	0
辽宁省	2	33	1	2	13	0
吉林省	0	0	0	50	1	0
上海市	128	766	20	1157	4887	63
江苏省	46	145	4	7	23	0
浙江省	11	158	4	510	2545	33
安徽省	3	38	1	1	2	0
福建省	0	0	0	4	15	0
江西省	1	72	2	0	0	0
山东省	6	63	2	8	46	1
河南省	7	43	1	0	0	0
湖北省	1	25	1	0	0	0
广东省	64	834	21	10	41	1
广西壮族自治区	0	0	0	5	24	0
四川省	3	22	1	9	28	0
云南省	1	16	0	1	9	0
陕西省	0	0	0	1	6	0
新疆维吾尔自治区	0	0	0	2	17	0

附表 12　2013 年各省市印刷设备器材进出口金额排序

（仅限特殊订阅部分商品）

出口				进口			
省份	金额（万美元）	占比（%）	同比增长（%）	省份	金额（万美元）	占比（%）	同比增长（%）
总计	179308	100	8.82	总计	172210	100	−7.47
广东省	50174	28	6.41	江苏省	39395	23	35.07
上海市	29466	16	3.88	广东省	30987	18	−18.92
江苏省	28952	16	12.09	北京市	25824	15	−26.16
浙江省	16366	9	−4.62	上海市	20157	12	−24.85
福建省	11543	6	−2.33	浙江省	17667	10	26.43
河南省	8900	5	7.07	福建省	6001	3	−29.22
广西壮族自治区	6637	4	721.09	山东省	5557	3	1.46
河北省	4063	2	−18.57	安徽省	3699	2	58.58
重庆市	3792	2	280.84	天津市	3607	2	−29.85
北京市	3473	2	38.83	江西省	2453	1	200.37
四川省	2943	2	−6.57	贵州省	1977	1	174.75
山东省	2499	1	33.55	湖南省	1842	1	−35.91
辽宁省	2,142	1	−15.72	河北省	1837	1	82.4
安徽省	2079	1	7.64	河南省	1811	1	7.43
湖北省	1291	1	25.06	湖北省	1691	1	−2.81
天津市	1008	1	−58.12	重庆市	1665	1	−6.49
江西省	661	<1	1.94	四川省	1509	1	−53.42
陕西省	622	<1	−40.16	辽宁省	1467	1	−16.11
新疆维吾尔自治区	620	<1	0.49	宁夏回族自治区	1111	1	439.28
云南省	432	<1	111.49	云南省	503	<1	−43.49
黑龙江省	394	<1	0.28	广西壮族自治区	393	<1	−72.67
湖南省	387	<1	43.92	内蒙古自治区	316	<1	−65.98
山西省	321	<1	−10.42	山西省	302	<1	38463.7
贵州省	199	<1	97.19	吉林省	197	<1	105
甘肃省	128	<1	115.4	陕西省	148	<1	−93.2
吉林省	83	<1	59.23	黑龙江省	63	<1	−54.92
宁夏回族自治区	65	<1	130.96	海南省	25	<1	−38.49
内蒙古自治区	30	<1	−36.93	西藏自治区	6	<1	
西藏自治区	28	<1	−44.72	甘肃省	0		
青海省	7	<1	−83.18	青海省	0		
海南省	0			新疆维吾尔自治区	0		

附加说明：

1. 印刷设备器材的范围。

“印刷设备、器材”仅是我们依据对印刷全过程的了解设定的一个范围，虽有一个较为完整的定义，但在“海关进出口税则”中并没有、也不可能有一个确切的界定。

本文所指的印刷设备器材涵盖了印刷过程（印前、印刷、印后）中所使用的设备和器材，但它的进出口量值统计的准确性又很大程度上受“海关进出口税则”中所列商品税号制约，它并非设备器材全部，却又包含了部分非印刷所用商品。就是说，有的印刷用商品没有独立税号而是含在其他税号中，诸如模切机、橡皮布等，如他们含在我们所订阅税号中，则统计中包括此类产品；如他所在税号看起来与印刷无关而未订阅、统计，那就属于遗漏；有的在同一税号下的商品并非仅仅印刷业专用，比如在数字式喷墨印刷机中含有大量的“喷绘机”、切纸机中含大量小型办公用手动裁纸机和 / 或膜切机、大量以印刷制版名义进口而又用于医疗卫生等领域的软片等均含在同一相关统计税号中，但我们无法再进一步切割，这又属于多出的一部分。为此，我们的原则是按设定“统计范围”基本维持不变，以利于纵向比较；关注税号变化，将相关新税号及时纳入订阅范围；努力扩大“特殊订阅”范围，最大限度了解商品税号的“内涵”。

2. 进出口信息订阅。

为进一步了解进出口商品各种信息，包括商品产销国（地区）、进出口企业、进出口商品国内地域分布、不同所有制企业在进出口贸易中所作贡献，我们将所统计的商品海关订阅方式分成了两类：一类是商品定义明确、在进出口金额统计上占有一定的位置或在技术进步过程中起着主导作用，我们对海关采取了“特殊订阅方式”，以便上面所列要素可以追溯；另一类属于“一般订阅”，仅是产销国及数量金额。特殊订阅共 20 种商品，包括所有胶印机、其他常规印刷机、两款数字式印刷机、胶印版材、切纸机、CTP 制版机、柔性版等。

3. 2013 年应予以留意三件事：CTP 版材出口数量首次超过 PS 版；印刷油墨出口数量以较大幅度超过进口；柔性印刷印版国内市场规模约在 80 万平方米。

（作者系中国印刷及设备器材工业协会副秘书长）

2013年度全国报纸印刷量及制版量调查统计报告

中国报业协会印刷工作委员会

2013 年度全国报纸印刷总印量的调查范围为为中央各报、各省市自治区，以及部分地市报纸印刷厂共计 149 家，2013 年报纸总印刷量为 1053.33 亿对开印张。

本次调查的范围与 2012 年相同，调查的总印刷量应占全国报纸总印刷量的 70%。以此计算，2013 年度全国报纸印刷总印量为 1505 亿对开印张，较 2012 年的 1630 亿对开印张减少 125 亿对开印张，下降幅度为 7.67%。2013 年全国报纸年度总印刷量延续了 2012 年的下降趋势，而且下降幅度有所加大。2013 年全年耗用新闻纸 338 万吨，较 2012 年的 366 万吨降低 7.65%。

2013 年报纸印刷量统计表仍以年印量大小顺序排列。此外，为了便于分析各地区的情况，2013 年仍按地区、省市，分别列了汇总表。经分析后呈现以下特点：

1.2013 年印量下降的单位有 90 家，占被调查的 149 家单位的 60%。特别是在 2012 年年印量在 10 亿印张以上的 37 家大型报纸印刷厂中，2013 年有 34 家报纸印刷量下降，所占比例高达 92%。

2. 从全国 31 个省、市、自治区的年印刷量看，全国共有 23 个省市报纸印量下降，报纸印刷量下降是较普遍的现象。其中，下降幅度超过 10% 的有天津、辽宁、吉林、上海、湖北、广东和四川等 7 个省、市。下降幅度接近 10% 的有黑龙江、江苏、浙江、福建、江西、山东和陕西等 7 个省、市。印刷量增长的有河北、山西、湖南、广西、海南、重庆、西藏和青海等 8 个省、市、自治区。

3. 从全国六个大地区看，报纸印刷量全部有不同程度的下降，其中东北地区、华东地区和中南地区下降幅度较大。

表 1　2013 年全国主要报纸印刷量调查汇总情况

（单位：亿对开印张）

2013 年印刷量分档	家数	印刷量 2013 年	印刷量 2012 年	同比增长（%）
10 亿印张以上	33	648.19	714.72	-9.31
5 亿 ~10 亿印张	35	251.48	264.86	-5.05
2 亿 ~5 亿印张	33	104.04	114.71	-9.30
1 亿 ~2 亿印张	24	36.50	36.80	-0.82
1 亿印张以下	24	13.12	12.85	2.10
合计	149	1053.33	1143.94	-7.92

表 2　2013 年全国各地区报纸印刷量分布情况

地区	省市	单位数量		2013 年省市分列		2013 年地区合计		2012 年省市分列（亿印张）	2012 年地区合计（亿印张）
		省市	地区	印量（亿印张）	较 2012 年增长（%）	印量（亿印张）	较 2012 年增长（%）		
华北地区	北京	13	33	85.68	–4.33	158.58	–4.24	89.56	165.60
	天津	2		25.02	–12.46			28.58	
	河北	10		26.63	1.80			26.16	
	山西	3		15.07	1.62			14.83	
	内蒙古	5		6.18	–4.48			6.47	
东北地区	辽宁	5	12	47.50	–12.76	83.87	–11.98	54.45	95.29
	吉林	3		11.62	–14.75			13.63	
	黑龙江	4		24.75	–9.04			27.21	

（续）

地区	省市	单位数量		2013 年省市分列		2013 年地区合计		2012 年省市分列（亿印张）	2012 年地区合计（亿印张）
		省市	地区	印量（亿印张）	较 2012 年增长（%）	印量（亿印张）	较 2012 年增长（%）		
华东地区	上海	6	47	48.37	–14.59	362.66	–9.53	56.63	400.86
	江苏	10		53.14	–9.16			58.50	
	浙江	10		101.93	–8.93			111.93	
	安徽	3		18.31	–4.54			19.18	
	福建	4		34.42	–8.46			37.60	
	江西	4		19.24	–8.34			20.99	
	山东	10		87.25	–9.14			96.03	
中南地区	河南	11	33	37.62	–4.66	274.94	–7.79	39.46	298.17
	湖北	5		51.85	–11.11			58.33	
	湖南	2		19.88	0.81			19.72	
	广东	10		140.28	–10.27			156.34	
	广西	4		18.01	4.77			17.19	
	海南	1		7.30	2.38			7.13	
西南地区	重庆	3	13	27.93	1.60	116.68	–5.71	27.49	123.75
	四川	5		55.20	–10.02			61.35	
	贵州	2		14.29	–6.48			15.28	
	云南	2		17.84	–2.62			18.32	
	西藏	1		1.42	8.40			1.31	
西北地区	陕西	4	11	30.39	–8.60	56.60	–6.09	33.25	60.27
	甘肃	1		9.00	–4.56			9.43	
	青海	2		3.72	8.45			3.43	
	宁夏	1		2.57	–4.10			2.68	
	新疆	3		10.92	–4.88			11.48	
总计	31	149 家		1053.33 亿印张			–7.92	1143.94 亿印张	

2013 年度针对全国 147 家报纸印刷厂提供的有效数据开展了全国报纸印刷制版量及 CTP 使用情况的调查统计工作。这 147 家报纸印刷厂的总制版量为 1686 万张，其中 CTP 制版量为 1470 万张，CTP 制版量占总制版量的 87.22%。

据估算，本次调查的总制版量应占全国报业印刷总制版量的 70%。以此计算，2013 年全国报业总制版量为 2409 万张，其中 CTP 制版量为 2101 万张。据调查统计，2013 年报纸印刷 CTP 制版全国六大区域分布情况见表 3。

在调查统计的 147 家报纸印刷厂中，95.9% 的印刷厂安装了 CTP 制版设备，57.1% 的印刷厂全部使用 CTP 制版。

在全国报纸印刷制版工艺中，CTP 占总制版量的比例，自 2007 年的 8%，2010 年的 38%，到 2011 年的 55%，

表 3　全国六大区域报纸印刷 CTP 制版分布情况

地 区	单位数量（家）	CTP 制版数量（万对开张）	CTP 占总制版量（%）
华北地区	32	222	77.7%
东北地区	12	110	78.7%
华东地区	46	473	91.3%
中南地区	33	422	94.1%
西南地区	13	159	83.6%
西北地区	11	84	81.1%

2012 年的 76.7%，在 2013 年达到了 87.2%。可以看到，CTP 制版在全国报纸印刷中，已经得到了全面普及，传统的 PS 版制版基本被替代，全国报业印刷 CTP 直接制版工艺的改革基本完成。

2013 年中国造纸工业年度报告

中国造纸协会

一、全国纸及纸板生产及消费情况

（一）纸及纸板生产量和消费量

据中国造纸协会调查资料，2013 年全国纸及纸板生产企业约 400 家，全国纸及纸板生产量10110 万吨，较上年增长 -1.37%。消费量 9782 万吨，较上年增长 -2.65%，人均年消费量为 72 千克（13.61 亿人）。2004—2013 年，纸及纸板生产量年均增长 8.26%，消费量年均增长 6.74%。2004—2013 年纸及纸板生产和消费情况见图 1。

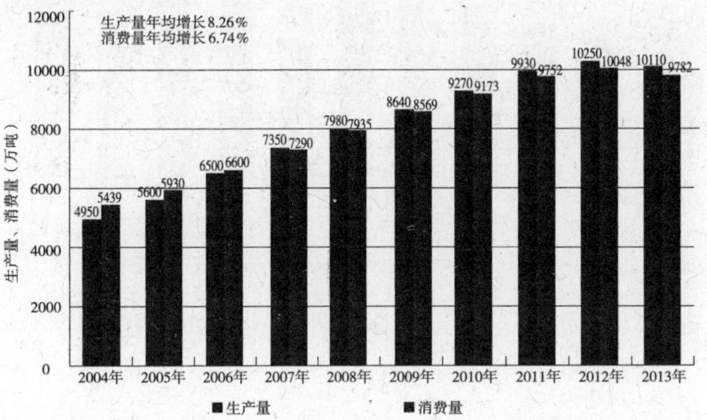

图 1　2004—2013 年纸及纸板生产和消费情况

在主要产品中：新闻纸生产量 360 万吨，占纸及纸板总产量 3.56%，同比增长 -5.26%，消费量 362 万吨，占纸及纸板总消 费量 3.70%，同比增长 -7.89%；未涂布印刷书写纸生产量 1720 万吨，占纸及纸板总产量 17.01%，同比增长 -1.71%，消费量 1627 万吨，占纸及纸板总消费量 16.63%，同比增长 -3.38%；涂布印刷纸生产量 770 万吨，占纸及纸板总产量 7.62%，同比增长 -1.28%，消费量 623 万吨，占纸及纸板总消费量 6.37%，同比增长 -2.35%；其中铜版纸生产量 685 万吨，占纸及纸板总产量的 6.78%，同比增长 -1.44%，消费量 577 万吨，占纸及纸板总消费量 5.90%，同比增长 -0.69%；生活用纸生产量 795 万吨，占纸及纸板总产量 7.86%，同比增长 1.92%，消费量 734 万吨，占纸及纸板总消费量 7.50%，同比增长 0.41%；包装用纸生产量 635 万吨，占纸及纸板总产量 6.28%，同比增长 -0.78%，消费量 650 万吨，占纸及纸板总消费量 6.64%，同比增长 -0.76%；白纸板生产量 1360 万吨，占纸及纸板总产量 13.45%，同比增长 -2.16%，消费量 1310 万吨，占纸及纸板总消费量 13.39%，同比增长 -5.00%，其中涂布白纸板生产量 1310 万吨，占纸及纸板总产量 12.96%，同比增长 -2.24%，消费量 1259 万吨，占纸及纸板总消费量 12.87%，同比增长 -5.27%；箱纸板生产量 2040 万吨，占纸及纸板总产量 20.18%，同比增长 -1.92%，消费量 2106 万吨，占纸及纸板总消费量 21.53%，同比增长 -2.36%；瓦楞原纸生产量 2015 万吨，占纸及纸板总产量 19.93%，同比增长 -0.25%，消费量 2013 万吨，占纸及纸板总消费量 20.58%，同比增长 -0.69%；特种纸及纸板生产量 230 万吨，占纸及纸板总产量 2.27%，同比增长 4.55%，消费量 188 万吨，占纸及纸板总消费量 1.92%，同比增长 2.73%。2013 年纸及纸板生产和消费情况见表 1。2013 年纸及纸板各种生产和消费比例见图 2。

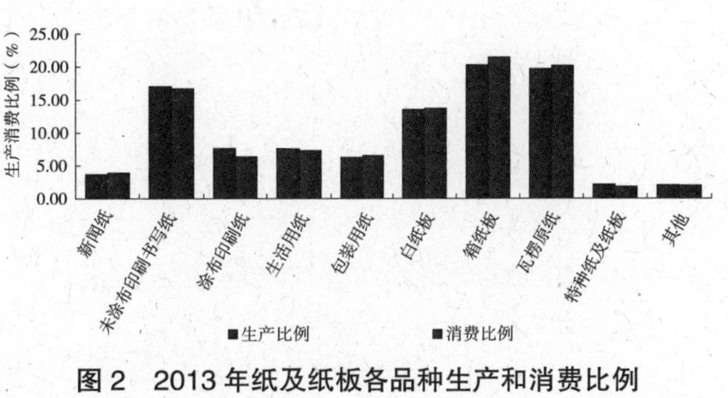

图 2　2013 年纸及纸板各品种生产和消费比例

表 1　2013 年纸及纸板生产和消费情况

（单位：万吨）

品种	生产量			消费量		
	2012 年	2013 年	同比增长（%）	2012 年	2013 年	同比增长（%）
总量	10250	10110	–1.37	10048	9782	–2.65
新闻纸	380	360	–5.26	393	362	–7.89
未涂布印刷书写纸	1750	1720	–1.71	1684	1627	–3.38
涂布印刷纸	780	770	–1.28	638	623	–2.35
其中：铜版纸	695	685	–1.44	581	577	–0.69
生活用纸	780	795	1.92	731	734	0.41
包装用纸	640	635	–0.78	655	650	–0.76
白纸板	1390	1360	–2.16	1379	1310	–5.00
其中：涂布白纸板	1340	1310	–2.24	1329	1259	–5.27
箱纸板	2080	2040	–1.92	2157	2106	–2.36
瓦楞原纸	2020	2015	–0.25	2027	2013	–0.69
特种纸及纸板	220	230	4.55	183	188	2.73
其他纸及纸板	210	185	–11.90	201	169	–15.92

（二）2004—2013 年纸及纸板主要产品生产和消费情况

1. 新闻纸。

2013 年新闻纸生产量 360 万吨，较上年增长 –5.26%；消费量 362 万吨，较上年增长 –7.89%。2004—2013 年生产量年均增长率 2.05%，消费量年均增长率 1.74%。2004—2013 年新闻纸生产量及消费量见图 3。

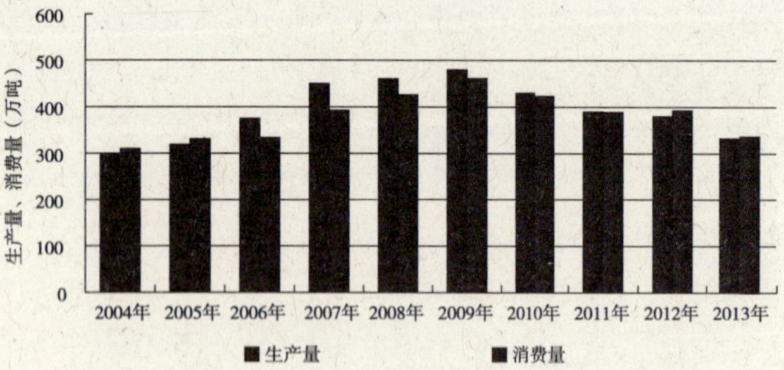

图 3　2004—2013 年新闻纸生产量及消费量

2. 未涂布印刷书写纸。

2013 年未涂布印刷书写纸生产量 1720 万吨，较上年增长 –1.71%；消费量 1627 万吨，较上年增长 –3.38%。2004—2013 年生产量年均增长率 5.98%，消费量年均增长率 5.04%。2004—2013 年未涂布印刷书写纸生产量及消费量见图 4。

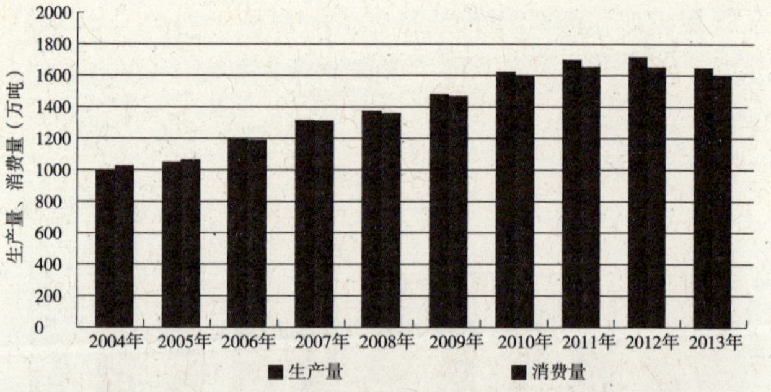

图 4　2004—2013 年未涂布印刷书写纸生产量及消费量

3. 涂布印刷纸。

2013 年涂布印刷纸生产量 770 万吨，较上年增长 –1.28%；消费量 623 万吨，较上年增长 –2.35%。2004—2013 年生产量年均增长率 11.04%，消费量年均增长率 6.35%。2004— 2013 涂布印刷纸年生产量和消费量见图 5。

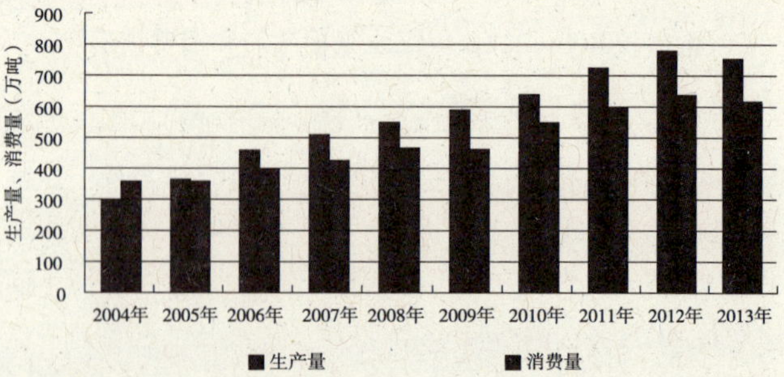

图 5　2004— 2013 涂布印刷纸年生产量和消费量

其中，2013 年铜版纸生产量 685 万吨，较上年增长 –1.44%；消费量 577 万吨，较上年增长 –0.69%。2004—2013 年生产量年均增长率 11.85%，消费量年均增长率 8.63%。2004—2013 年铜版纸生产量及消费量见表 6。

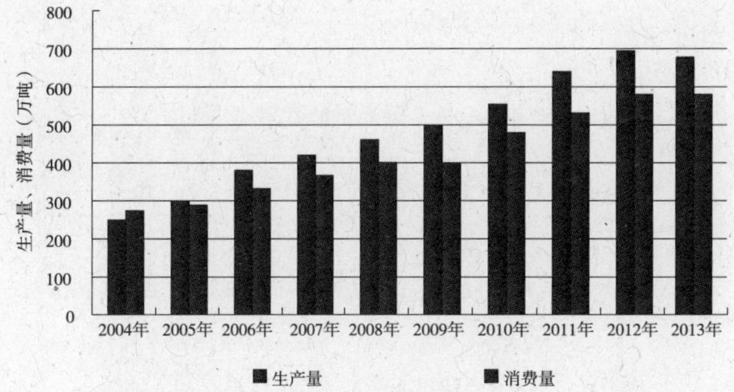

图 6　2004—2013 年铜版纸生产量及消费量

4. 生活用纸。

2013 年生活用纸生产量 795 万吨，较上年增长 1.92%；消费量 734 万吨，较上年增长 0.41%。2004—2013 年生产量年均增长率 8.42%，消费量年均增长率 8.82%。2004—2013 年生活用纸生产量及消费量 见图 7。

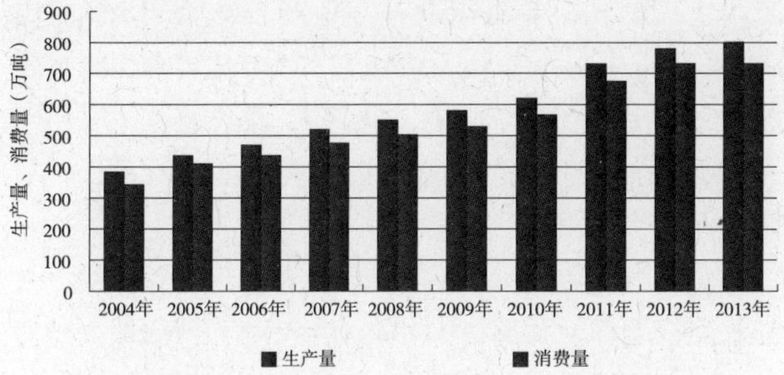

图 7　2004—2013 年生活用纸生产量及消费量

5. 包装用纸 。

2013 年包装用纸生产 635 万吨，较上年增长 -0.78%；消费量 650 万吨，较上年增长 -0.76%。2004—2013 年生产量年均增长率 3.40%，消费量年均增长率 3.05%。 2004—2013 年包装用纸生产量及消费量见图 8。

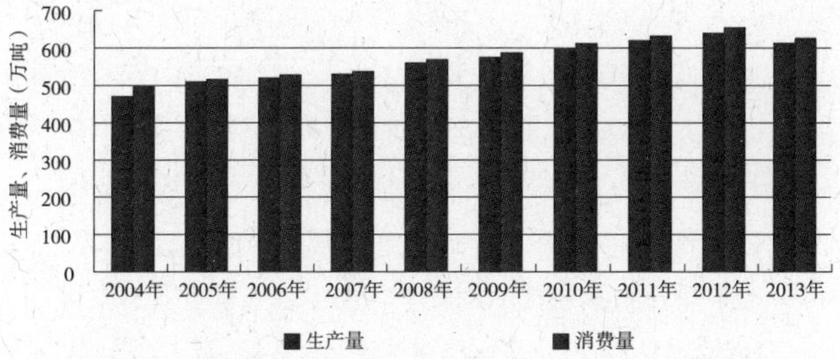

图 8　2004—2013 年包装用纸生产量及消费量

6. 白纸板。

2013 年白纸板生产量 1360 万吨，较上年增长 -2.16%；消费量 1310 万吨，较上年增长 -5.00%。2004—2013 年生产量年均增长率 8.18%，消费量年均增长率 6.05%。2004—2013 年白纸板生产量及消费量 见图 9。

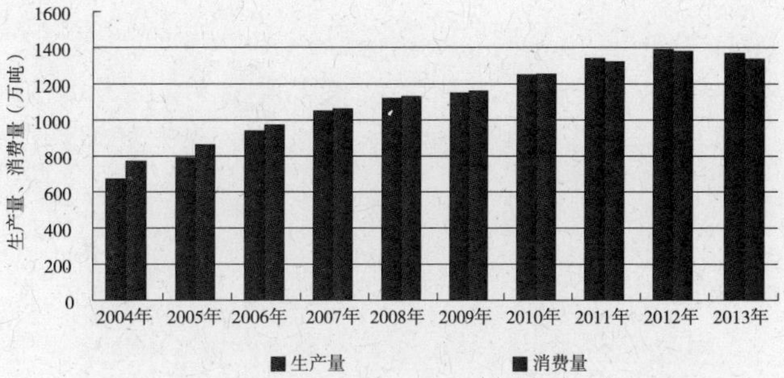

图 9　2004—2013 年白纸板生产量及消费量

其中，2013 年涂布白纸板生产量 1310 万吨，较上年增长 -2.24%；消费量 1259 万吨，较上年增长 -5.27%。2004—2013 年生产量年均增长率 8.47%，消费量年均增长率 6.23%。2004—2013 年涂布白纸板生产量及消费量见图 10。

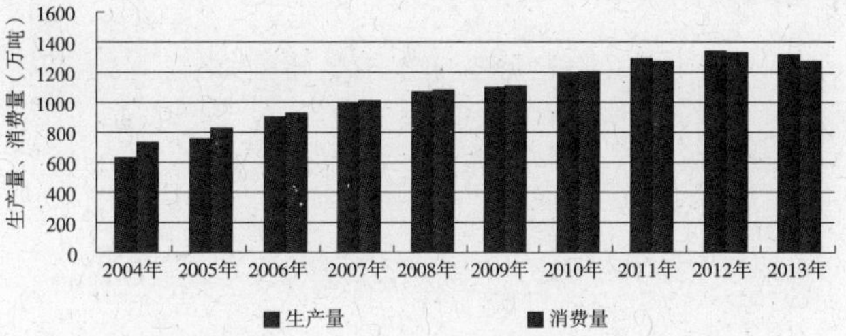

图 10　2004—2013 年涂布白纸板生产量及消费量

7. 箱纸板。

2013 年箱纸板生产量 2040 万吨，较上年增长 -1.92%；消费量 2106 万吨，较上年增长 -2.36%。2004—2013 年生产量年均增长率 10.51%，消费量年均增长率 9.17%。2004—2013 年箱纸板生产量及消费量见图 11。

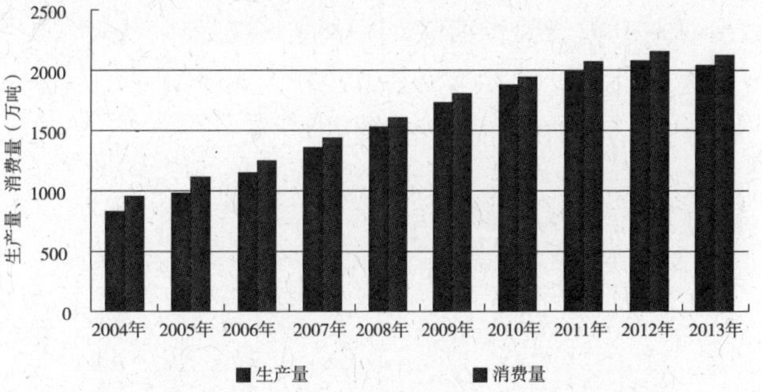

图 11　2004—2013 年箱纸板生产量及消费量

8. 瓦楞原纸 。

2013 年瓦楞原纸生产量 2015 万吨，较上年增长 -0.25%；消费量 2013 万吨，较上年增长 -0.69%。2004—2013 年生产量年均增长率 10.66%，消费量年均增长率 9.08%。2004—2013 年瓦楞原纸生产量及消费量见图 12。

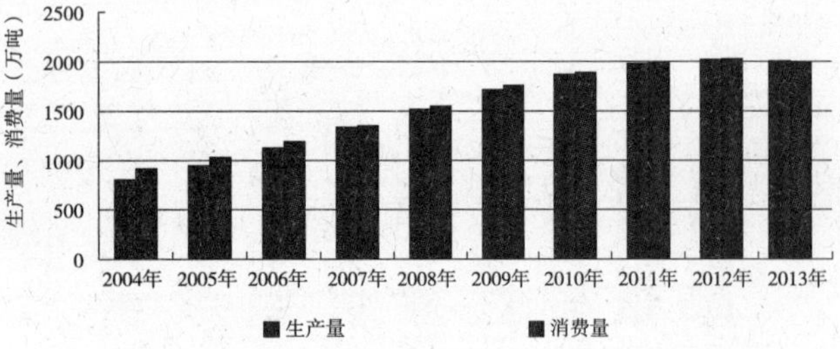

图 12　2004—2013 年瓦楞原纸生产量及消费量

9. 特种纸及纸板。

2013 年特种纸及纸板生产量 230 万吨，较上年增长 4.55%；消费量 188 万吨，较上年增长 2.73%。2004—2013 年生产量年均增长率 11.70%，消费量年均增长率 5.72%。2004—2013 年特种纸及纸板生产量及消费量见图 13。

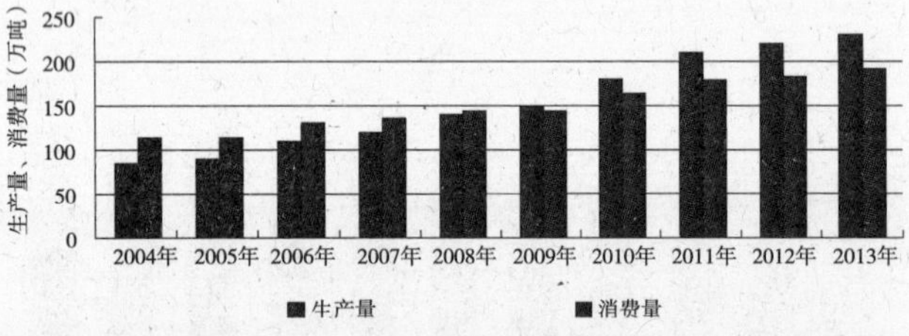

图 13　2004—2013 年特种纸及纸板生产量及消费量

二、纸及纸板生产企业经济指标完成情况

据国家统计局统计，2013 年 1—12 月规模以上造纸生产企业 2934 家；主营业务收入 7575 亿元，同比增长 5.91%；工业增加值增速 5.40%；产成品存货 298 亿元，同比增长 -4.33%；利税总额 617 亿元，同比增长 8.97%，其中利润总额 374 亿元，同比增长 6.95%；资产总计 9015 亿元，同比增长 8.02%；资产负债率 58.20%，较上年减少 0.62 个百分点；负债总额 5247 亿元，同比增长 4.83%；在统计的 2934 家造纸生产企业中，亏损企业有 401 家，占 13.67%。2004—2013 年主营业务收入见图 14。2004—2013 年利税总额及利润总额见图 15。

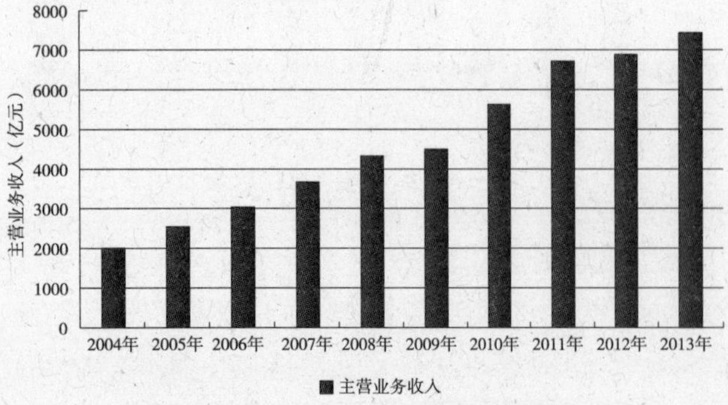

图 14　2004—2013 年主营业务收入

注：2007 年—2010 年主营业务收入数据为中国造纸协会数据。

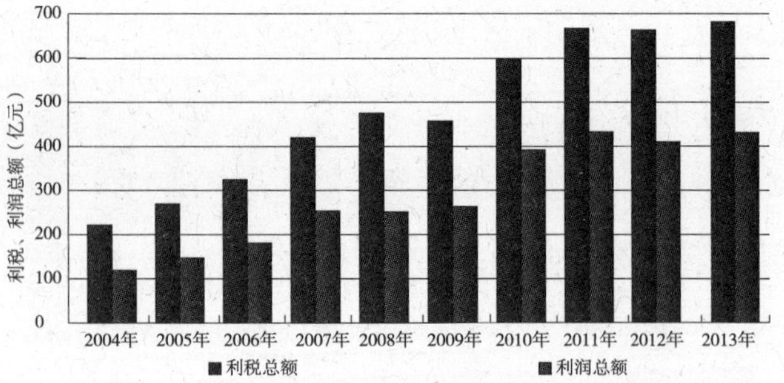

图 15　2004—2013 年利税总额及利润总额

注：2007—2010 年利税总额和利润总额数据为中国造纸协会数据。

三、造纸生产企业经济类型与规模结构

提供的 2013 年 1—12 月规模以上造纸生产企业的相关数据分析，在统计的 2934 家规模以上造纸生产企业中，国有及国有控股企业有 73 家，占 2.49%；“三资”企业有 353 家，占 12.03%；集体及其他企业有 2508 家占 85.48%。在造纸企业主营业务收入总额中，国有及国有控股企业占 11.73%；“三资”企业占 26.93%；集体及其他企业占 61.34%。在利税总额中，国有及国有控股企业占 7.21%；“三资”企业占 26.66%；集体及其他企业占 66.13%。在利润总额中，国有及国有控股企业占 3.68%；“三资”企业占 27.42%；集体及其他企业占 68.90%。造纸生产企业经济类型与规模结构见图 16。

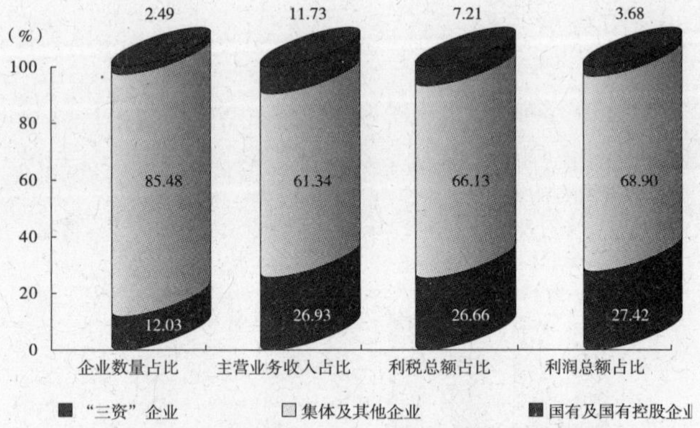

图 16　造纸生产企业经济类型与规模结构

注：数据来源于国家统计局（规模以上工业企业统计）。

按照我国大、中、小型企业划分标准，2013 年在 2934 家规模以上造纸生产企业中，大中型造纸企业 526 家占 17.93%，小型企业 2408 家占 82.07%；在纸及纸板产品主营业务收入中，大中型企业占 65.08%，小型企业占 34.92%；在利税总额中，大中型企业占 61.64%，小型企业占 38.36%；在利润总额中，大中型企业占 61.16%，小型企业占 37.84%。纸及纸板生产企业主要经济指标情况见图 17。

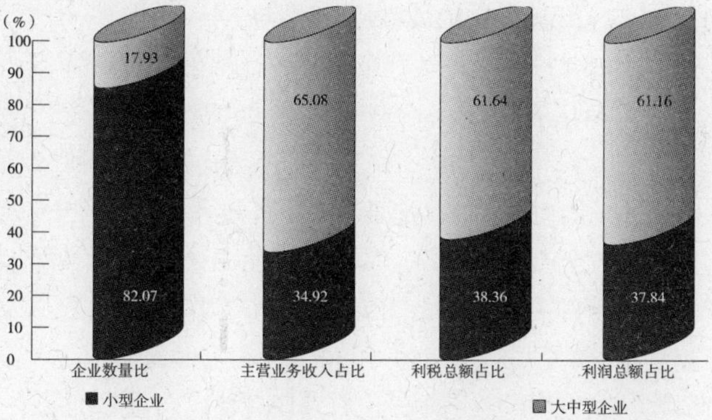

图 17　2013 年纸及纸板生产企业主要经济指标情况

注：数据来源于国家统计局（规模以上工业企业统计）。

四、纸浆生产和消耗情况

（一）2013 年中国造纸工业纸浆生产情况

据中国造纸协会调查资料，2013 年全国纸浆生产总量 7651 万吨，较上年增长 -2.75％。其中：木浆 882 万吨，较上年增长 8.89％；废纸浆 5940 万吨，较上年增长 -0.72％；非木浆 829 万吨，较上年增长 -22.81％。2004—2013 年中国造纸工业纸浆生产情况见表 2。

（二）2013 年纸浆消耗情况

据中国造纸协会调查资料，2013 年全国纸浆消耗总量 9147 万吨，较上年增长 -2.15%。木浆 2378 万吨，占纸浆消耗总量 26%，其中进口木浆占 16%、国产木浆占 10%；废纸浆 5940 万吨，占纸浆消耗总量 65%，其中进口废纸浆占 26%、国产废纸浆占 39%；非木浆 829 万吨，占纸浆消耗总量 9%，其中稻麦草浆占 4.4%、竹浆占 1.5%、苇（荻）浆占 1.4%、蔗渣浆占 1.1%、其他非木浆占 0.7%。2013 年中国造纸工业纸浆消耗情况见表 3。2004—2013 年国产纸浆消耗情况见图 18。2004—2013 年纸浆总消耗情况见图 19。

表 2　2004—2013 年中国造纸工业纸浆生产情况

（单位：万吨）

年度 / 品种	2004 年	2005 年	2006 年	2007 年	2008 年	2009 年	2010 年	2011 年	2012 年	2013 年
纸浆合计	3723	4441	5196	5924	6415	6733	7318	7723	7867	7651
木浆	238	371	526	605	679	560	716	823	810	882
废纸浆	2305	2810	3380	4017	4439	4997	5305	5660	5983	5940
非木浆	1180	1260	1290	1302	1297	1176	1297	1240	1074	829
苇浆	120	138	144	144	150	144	156	158	143	126
蔗渣浆	40	63	74	90	97	98	117	121	90	97
竹浆	70	86	95	120	146	161	194	192	175	137
稻麦草浆	900	929	908	849	808	676	719	660	592	401
其他浆	50	44	69	99	97	97	111	109	74	68

表 3　2013 年中国造纸工业纸浆消耗情况

（单位：万吨）

品 种	2012 年	占比（%）	2013 年	占比（%）	同比增长（%）
总量	9348	100	9147	100	-2.15
木 浆	2291	25	2378	26	3.80
其中：进口木浆	1489[1]	16	1505[2]	16	1.07
废纸浆	5983	64	5940	65	-0.72
其中：进口废纸浆	2405	26	2379	26	-1.08
非木浆	1074	11	829	9	-22.81

注：1. 废纸浆 = 废纸量 ×0.8。
2. 2012 年进口木浆 1647 万吨，扣除溶解浆 158 万吨，实际消耗量 1489 万吨。
3. 2013 年进口木浆 1685 万吨，扣除溶解浆 180 万吨，实际消耗量 1505 万吨。

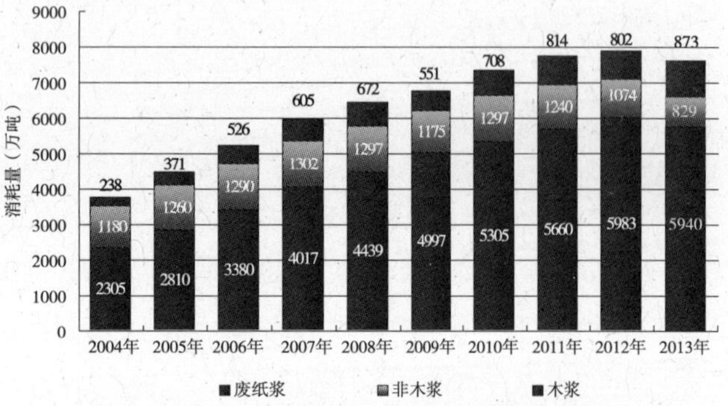

图 18　2004—2013 年国产纸浆消耗情况

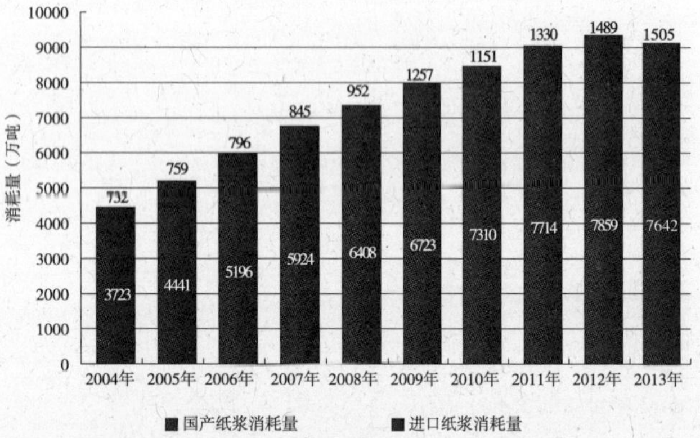

图 19　2004—2013 年纸浆总消耗情况

五、纸制品生产和消费情况

（一）纸制品生产量和消费量

根据国家统计局数据，2013 年全国规模以上纸制品生产企业 4218 家，生产量 5324 万吨，较上年增长 10.82%；消费量 5082 万吨，较上年增长 11.13%；进口量 13 万吨，出口量 255 万吨。2005—2013 年，纸制品生产量年均增长 13.96%，消费量年均增长 14.14%。2005—2013 年纸制品生产及消费情况见图 20。

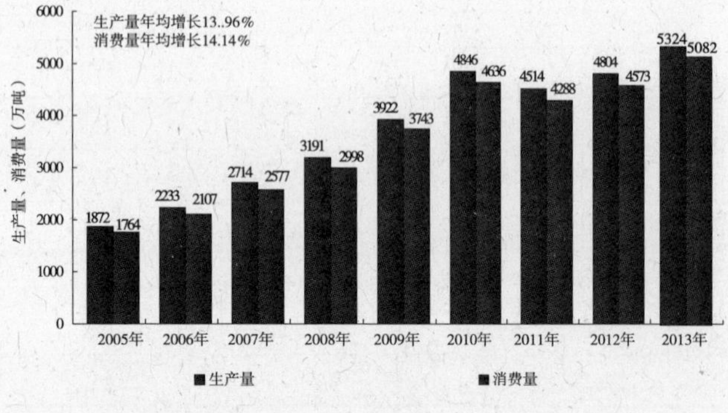

图 20　2005— 2013 年纸制品生产及消费情况

注：数据来源于国家统计局（ 规模以上企业统计）。

（二）纸制品生产企业经济类型与规模结构

2013 年全国规模以上纸制品生产企业 4218 家，其中国有及国有控股企业有 38 家，占 0.90%；“三资”企业有 742 家，占 17.59%；集体及其他企业有 3438 家占 81.51%。在纸制品生产企业主营业务收入总额中，国有及国有控股企业占 0.63%；“三资”企业占 25.73%；集体及其他企业占 73.64%。在利税总额中，国有及国有控股企业占 0.72%；“三资”企业占 30.39%；集体及其他企业占 68.89%。在利润总额中，国有及国有控股企业占 0.68%；“三资”企业占 30.74%；集体及其他企业占 68.58%。纸制品生产企业经济类型与规模结构 见 图 21。

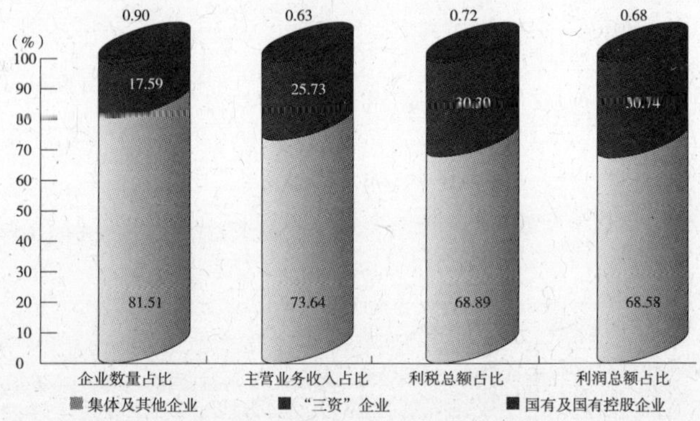

图 21　纸制品生产企业经济类型与规模结构

注：数据来源于国家统计局（规模以上工业企业统计）。

按照我国大、中、小型企业划分标准，2013 年在 4218 家 规模以上纸制品生产企业中，大中型纸制品生产企业 480 家占 11.38%，小型企业 3738 家占 88.62%；在纸制品生产企业主营业务收入中，大中型企业占 33.96%，小型企业占 66.04%；在利税总额中，大中型企业占 40.41%，小型企业占 59.59%；在利润总额中，大中型企业占 41.08%，小型企业占 58.92%纸制品生产企业主要经济指标情况见图 22。

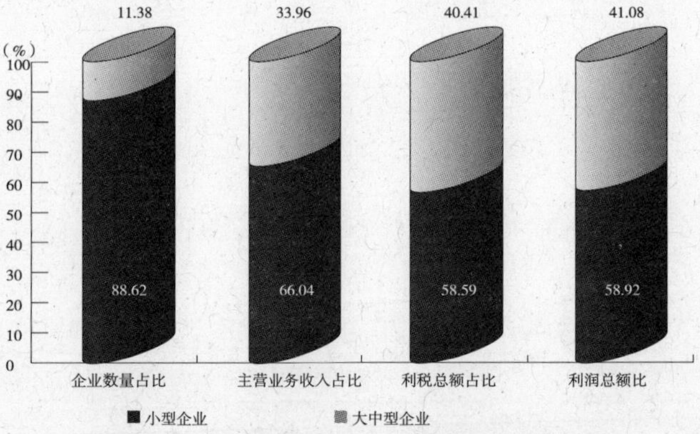

图 22　纸制品生产企业主要经济指标情况

注：数据来源于国家统计局（规模以上工业企业统计）。

六、纸及纸板、纸浆、废纸及纸制品进出口情况

（一）2013年纸及纸板、纸浆、废纸及纸制品进口情况

2013年纸及纸板进口283万吨，较上年增长–9.00%；纸浆进口1685万吨，较上年增长2.31%；废纸进口2924万吨，较上年增长–2.76%；纸制品进口13万吨，较上年增长–7.14%。

2013年进口纸及纸板、纸浆、废纸、纸制品合计4905万吨，较上年增长–1.49%，用汇217亿美元，较上年增长–1.36%。进口纸及纸板平均价格为1274.06美元/吨，较上年平均价格增长4.59%；进口纸浆平均价格为674.84美元/吨，较上年平均价格增长0.03%；进口废纸平均价格为202.83美元/吨，较上年平均价格增长–2.75%。2013年中国纸浆、废纸、纸及纸板、纸制品进口情况见表4。

表4　2013年中国纸浆、废纸、纸及纸板、纸制品进口情况

（单位：万吨）

品 种	2012年进口量	2013年进口量	同比增长（%）
纸浆	1647	1685	2.31
废纸	3007	2924	–2.76
纸及纸板	311	283	–9.00
新闻纸	13	11	–15.38
未涂布印刷书写纸	35	28	–20.00
涂布印刷纸	35	32	–8.57
其中：铜版纸	27	24	–11.11
包装用纸	20	20	0.00
箱纸板	84	83	–1.19
白纸板	72	66	–8.33
其中：涂布白纸板	72	65	–9.72
生活用纸	4	3	–25.00
瓦楞原纸	14	7	–50.00
特种纸及纸板	28	27	–3.57
其他纸及纸板	6	6	0.00
纸制品	14	13	–7.14
总 计	4979	4905	–1.49

注：数据来源于中国海关总署。

（二）纸及纸板、纸浆、废纸及纸制品出口情况

2013年纸及纸板出口611万吨，较上年增长19.10%；纸浆出口8.31万吨，较上年增长4.01%；废纸出口0.10万吨，较上年增长–58.33%；纸制品出口255万吨，较上年增长4.08%。

2013年出口纸及纸板、纸浆、废纸、纸制品合计874.41万吨，较上年增长14.12%，创汇161亿美元，较上年增长16.67%。2013年出口纸及纸板平均价格为1251.65美元/吨，较上年平均价格增长2.06%；出口纸浆平均价格为1273.72美元/吨，较上年平均价格增长–19.84%；出口废纸平均价格为452.82美元/吨，较上年平均价格增长35.51%。2013年中国纸浆、废纸、纸及纸板、纸制品出口情况见表5。

表5　2013年中国纸浆、废纸、纸及纸板、纸制品出口情况

（单位：万吨）

品 种	2012年出口量	2013年出口量	同比增长（%）
纸浆	7.99	8.31	4.01
废纸	0.24	0.10	–58.33
纸及纸板	513	611	19.10
新闻纸	0	9	
未涂布印刷书写纸	101	121	19.80
涂布印刷纸	177	179	1.13
其中：铜版纸	141	132	–6.38
包装用纸	5	5	0.00
箱纸板	7	17	142.86
白纸板	83	116	39.76
其中：涂布白纸板	83	116	39.76
生活用纸	53	64	20.75
瓦楞原纸	7	9	28.57
特种纸及纸板	65	69	6.15
其他纸及纸板	15	22	46.67
纸制品	245	255	4.08
总 计	766.23	874.41	14.12

注：数据来源于中国海关总署。

（三）纸及纸板各品种进出口量比重

2013年纸及纸板各品种进口量比重见图23。2013年纸及纸板各品种出口量比重见图24。

（四）2004—2013年纸及纸板主要产品进出口情况

1. 新闻纸。

2013年，新闻纸进口量大于出口量，净进口量13万吨。2004—2013年新闻纸进口量及出口量见图25。

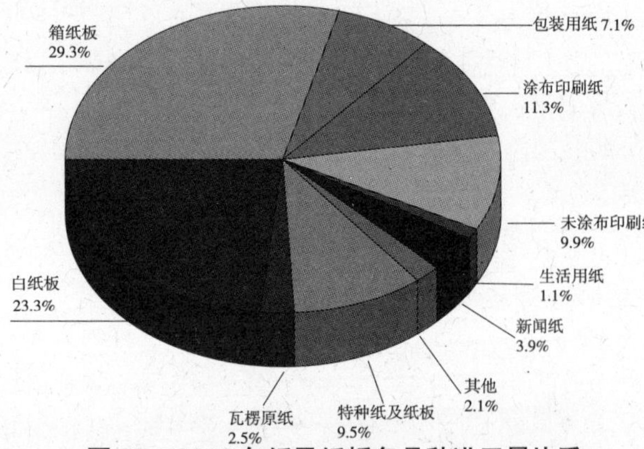

图 23　2013 年纸及纸板各品种进口量比重

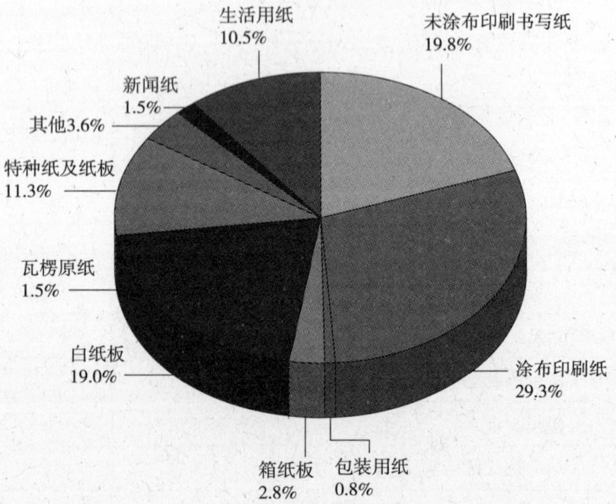

图 24　2013 年纸及纸板各品种出口量比重

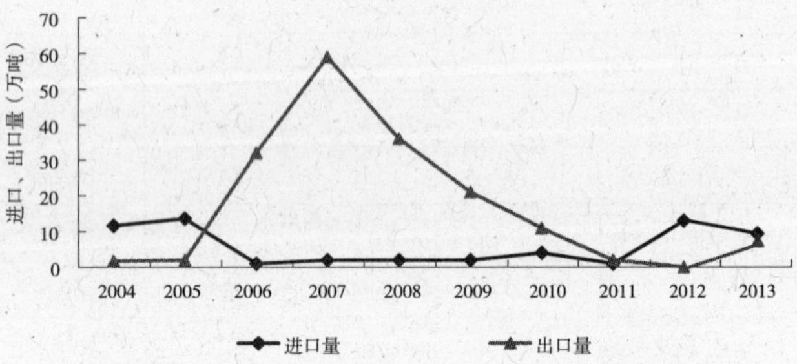

图 25　2004—2013 年新闻纸进口量及出口量

2. 未涂布印刷书写纸。

2013 年，未涂布印刷书写纸出口量大于进口量，净出口量 93 万吨。2004—2013 年未涂布印刷书写纸进口量及出口量见图 26。

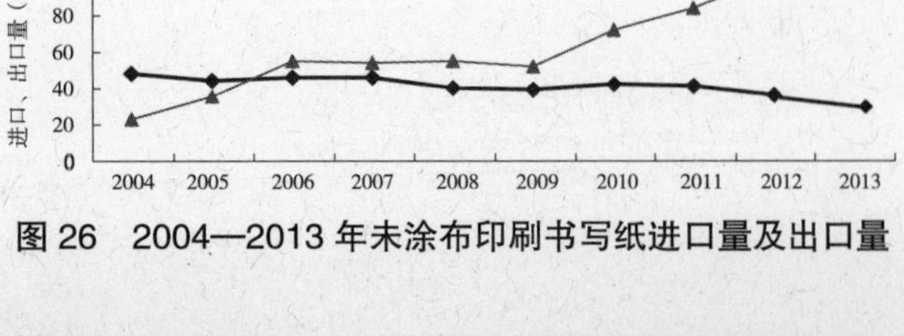

图 26　2004—2013 年未涂布印刷书写纸进口量及出口量

3. 涂布印刷纸。

2013 年，涂布印刷纸出口量大于进口量，净出口量 147 万吨。2004—2013 年涂布印刷纸进口量及出口量见图 27。

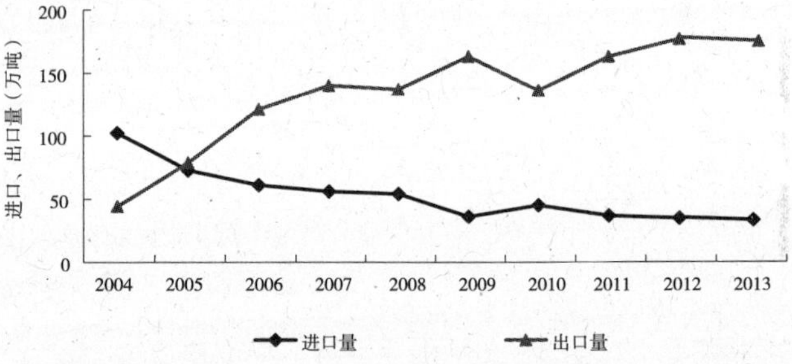

图 27　2004—2013 年涂布印刷纸进口量及出口量

其中，2013 年铜版纸出口量大于进口量，净出口量 108 万吨。2004—2013 年铜板纸进口量及出口量见图 28。

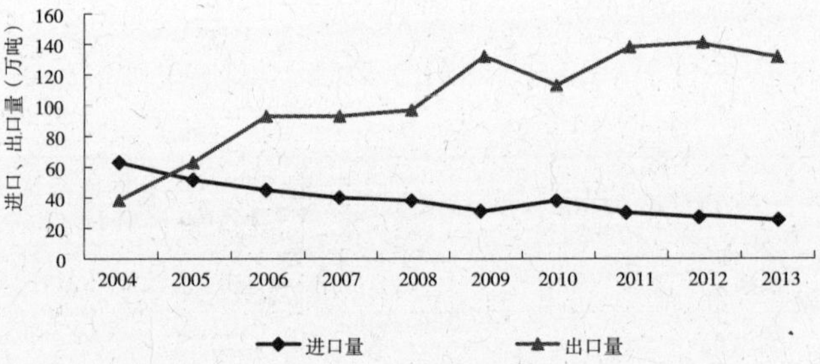

图 28　2004—2013 年铜版纸进口量及出口量

4. 生活用纸。

2013 年，生活用纸出口量大于进口量，净出口量 61 万吨。2004—2013 年生活用纸进口量及出口量见图 29。

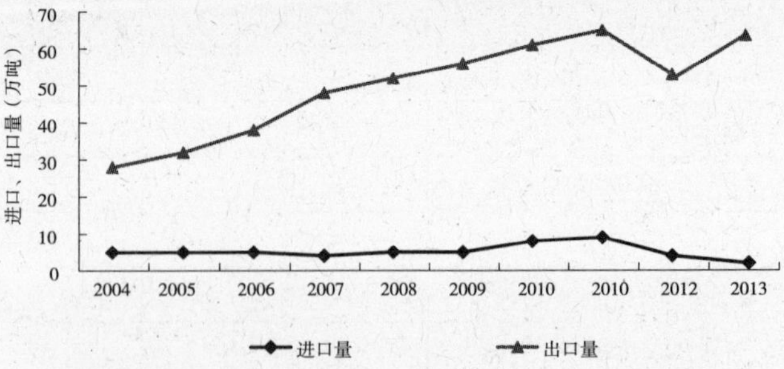

图 29　2004—2013 年生活用纸进口量及出口量

5. 包装用纸。

2013 年，包装用纸进口量大于出口量，净进口量 15 万吨。2004—2013 年包装用纸进口量及出口量见图 30。

6. 白纸板。

2013 年，白纸板出口量大于进口量，净出口量 50 万吨。2004—2013 年白纸板进口量及出口量见图 31。

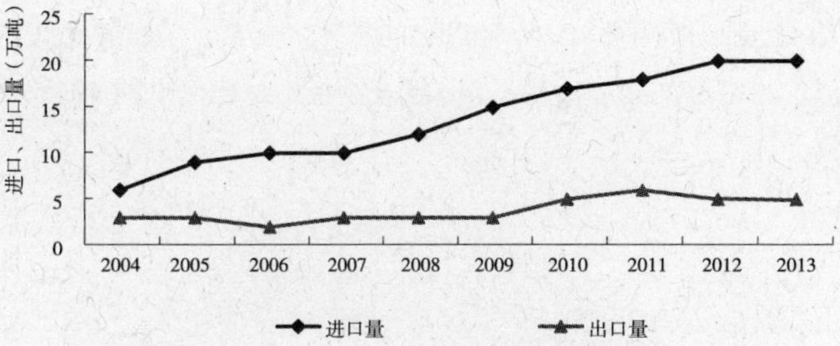

图 30　2004—2013 年包装用纸进口量及出口量

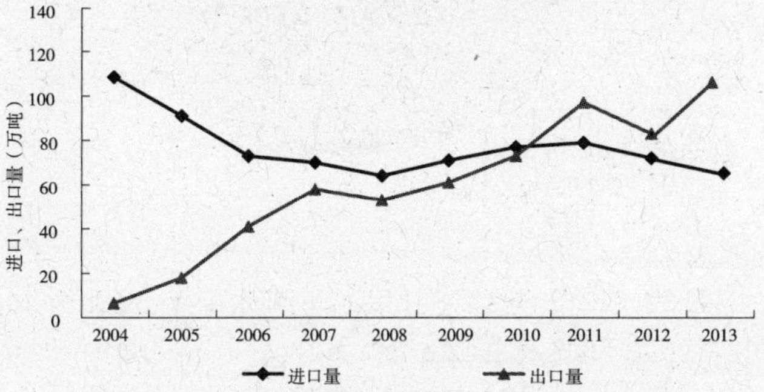

图 31　2004—2013 年白纸板进口量及出口量

其中，2013 年涂布白纸板出口量大于进口量，净出口量 51 万吨。2004—2013 年涂布白纸板进口量及出口量见图 32。

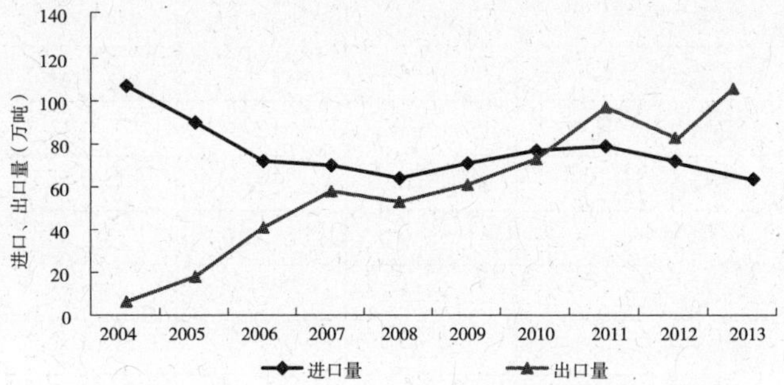

图 32　2004—2013 年涂布白纸板进口量及出口量

7. 箱纸板。

2013 年，箱纸板进口量大于出口量，净进口量 66 万吨。2004—2013 年箱纸板进口量及出口量见图 33。

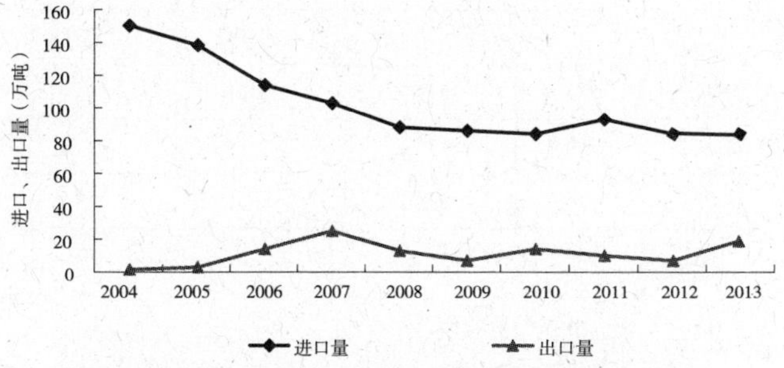

图 33　2004—2013 年箱纸板进口量及出口量

8. 瓦楞原纸。

2013 年，瓦楞原纸出口量大于进口量，净出口量 2 万吨。2004—2013 年瓦楞原纸进口量及出口量见图 34。

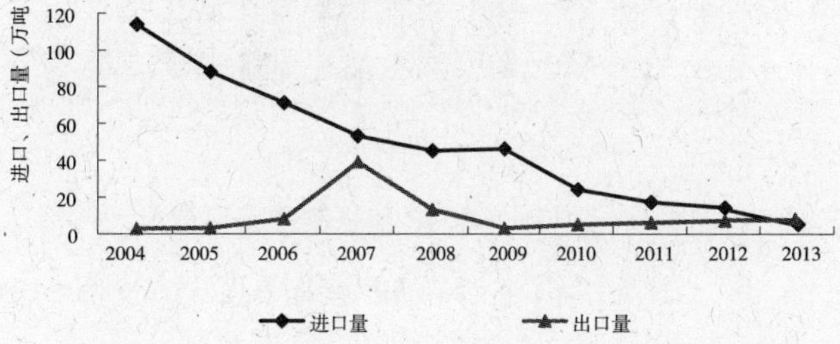

图 34　2004—2013 年瓦楞原纸进口量及出口量

9. 特种纸及纸板。

2013 年，特种纸及纸板出口量大于进口量，净出口量 42 万吨。2004—2013 年特种纸及纸板进口量及出口量见图 35。

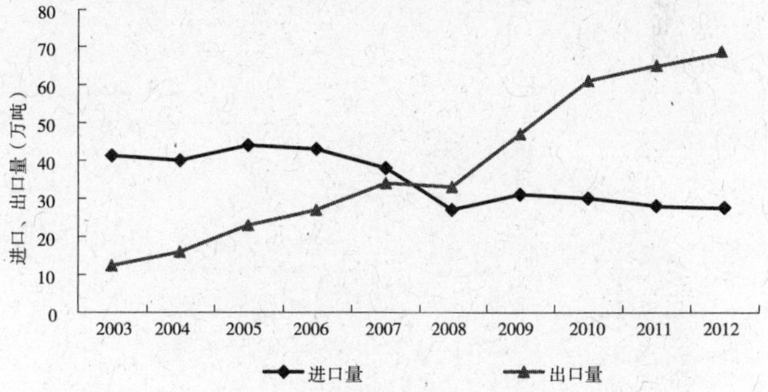

图 35　2004—2013 年特种纸及纸板进口量及出口量

（五）纸制品进出口情况

1. 2013 年，纸制品进口量 13 万吨，较上年减少 1 万吨，同比增长 -7%。2005—2013 年纸制品进口情况见图 36。

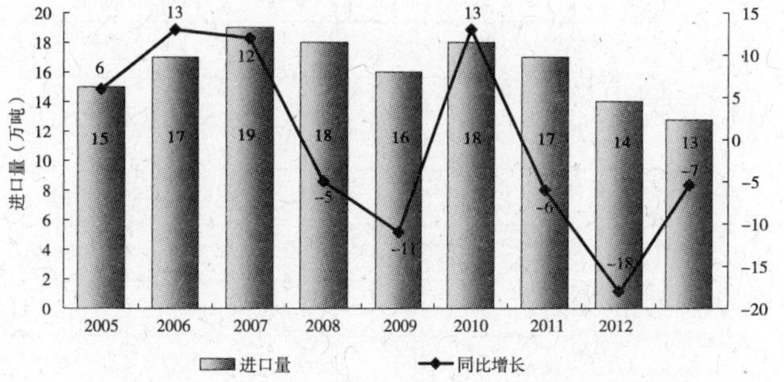

图 36　2005—2013 年纸制品进口情况

2. 2013 年，纸制品出口量 255 万吨，较上年增加 10 万吨，同比增长 4%。2005—2013 年纸制品出口情况见图 37。

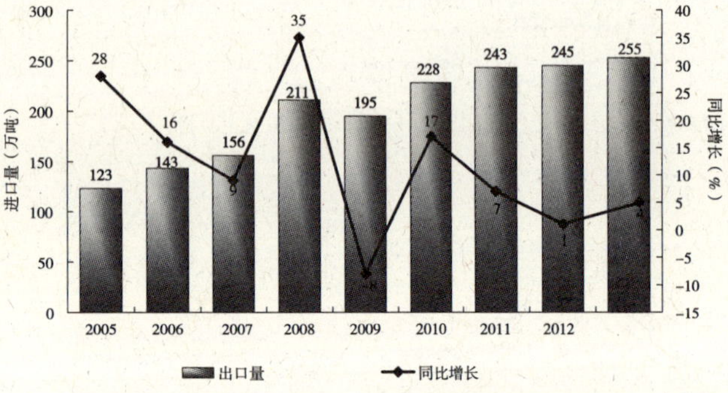

图 37　2005— 2013 年纸制品出口情况

七、纸及纸板生产布局与集中度

根据中国造纸协会调查资料 ,2013 年我国东部地区 12 个省（区、市），纸及纸板产量占全国纸及纸板产量比例为 76.9%，比上年提高 1.5 个百分点；中部地区 9 个省（区）比例占 16.9%，比上年降低 1.5 个百分点；西部地区 10 个省（区、市）比例占 6.2%，与上年持平。2013 年纸及纸板生产量区域布局变化见表 6，2013 年纸及纸板生产量区域布局图见图 38。

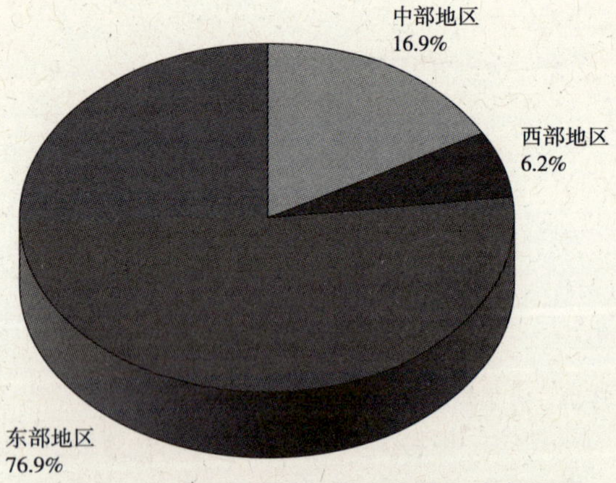

图 38　2013 年纸及纸板生产量区域布局图

表 6　2013 年纸及纸板生产量区域布局变化

类别 / 地区　年份 / 产量	2012 年		2013 年	
	产量（万吨）	比例（%）	产量（万吨）	比例（%）
纸及纸板产量	10250	100	10110	100
其中：东部地区	7728	75.4	7773	76.9
中部地区	1887	18.4	1706	16.9
西部地区	635	6.2	631	6.2

注：数据来源于中国造纸协会调查资料。

2013 年纸及纸板产量超过 100 万吨有山东、广东、浙江、江苏、河南、福建、河北、湖南、广西、重庆、天津、四川、安徽、湖北、江西和海南 16 个省（区、市），产量合计已达 9653 万吨，占全国纸及纸板总产量的 95.48%。2013 年纸及纸板产量 100 万吨以上的省（区、市）详细情况见表 7。2013 年主要省（区、市）纸及纸板产量比例见图 39。

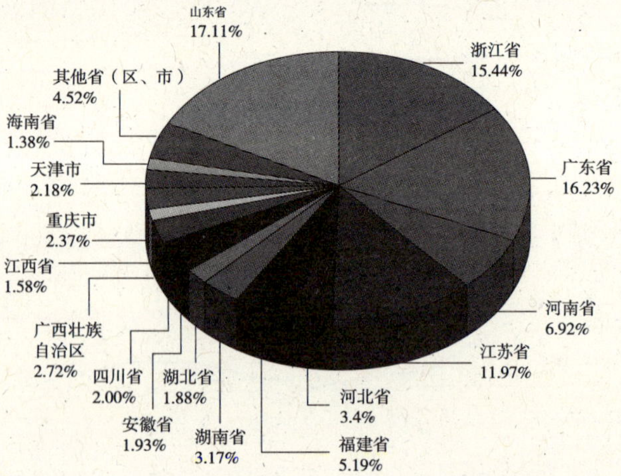

图 39　2013 年主要省（区、市）纸及纸板产量比例

注：据中国造纸协会调查资料。

表 7　2013 年纸及纸板产量 100 万吨以上的省（区、市）

（单位：万吨）

省份　产量	2012 年	2013 年	比上年增长（%）
山东省	1710	1730	1.17
广东省	1579	1641	3.93
浙江省	1536	1561	1.63
江苏省	1206	1210	0.33
河南省	780	700	−10.26
福建省	539	525	−2.60
河北省	424	344	−18.87
湖南省	355	320	−9.86
广西壮族自治区	258	275	6.59
重庆市	171	240	40.35
天津市	196	220	12.24
四川省	232	202	−12.93
安徽省	213	195	−8.45
湖北省	224	190	−15.18
江西省	155	160	3.23
海南省	114	140	22.81
合计	9692	9653	−0.40

注：中国造纸协会调查资料。

八、环境保护

根据环境保护部统计，2012 年制浆造纸及纸制品业（统

计企业5235家，比上年减少636家）用水总量为121.30亿吨，其中新鲜水量为40.78亿吨，占工业总耗新鲜水量472.12亿吨的8.64%；重复用水量为80.51亿吨，水重复利用率为66.37%，比上年提高1.77个百分点。万元工业产值（现价）新鲜水用量为57.2吨，比上年减少10.2吨，降低15.1%。造纸工业2012年废水排放量为34.27亿吨，占全国工业废水总排放量203.36亿吨的16.9%，比上年降低1.1个百分点。排放废水中化学需氧量（COD）为62.3万吨，比上年74.2万吨减少11.9万吨，占全国工业COD总排放303.9万吨的20.5%，比上年减少2.5个百分点。万元工业产值（现价）化学需氧量（COD）排放强度为9千克，比上年降低18.2%。排放废水中氨氮为2.1万吨，占全国工业氨氮总排放量24.2万吨的8.7%，比上年减少0.8个百分点。万元工业产值（现价）氨氮排放强度为0.3千克，比上年降低25.0%。造纸工业废水处理设施年运行费用为60.4亿元，比上年减少0.6亿元，降低1%。

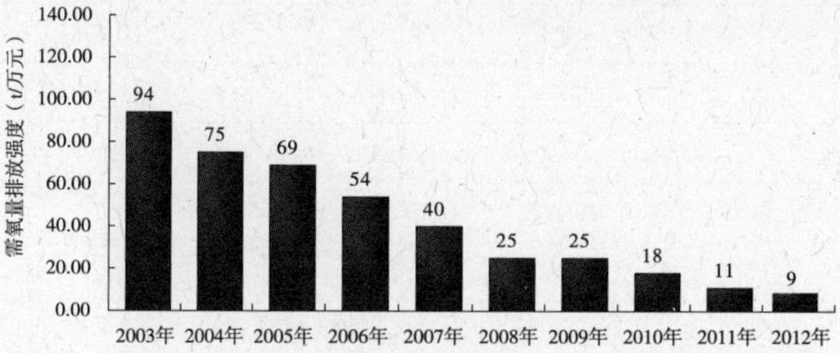

图40　2003—2012年造纸行业万元工业产值化学需氧量排放强度

2012年造纸及纸制品业二氧化硫排放量49.7万吨，比上年减少4.6万吨，降低8.5%；氮氧化物排放量20.7万吨，比上年减少1.4万吨，降低6.3%；烟（粉）尘排放量16.7万吨，比上年减少4万吨，降低19.3%。废气治理设施年运行费用16.3亿元，比上年减少8.4亿元，降低34.0%。2003—2012年造纸行业万元工业产值化学需氧量排放强度见图40。

九、综述

2013年我国造纸工业已步入由成长期向成熟期转变发展的转型期，正处于调整结构、转型升级和寻求新平衡的过程中。基本特点是调整结构、有扶有控，经济运行、稳中向好，提质增效、加快推进，转型升级、艰难前行。整个行业正朝着好的方向调整，但仍然存在着纸张市场疲软，增长乏力，投资增长规模有待合理调控等问题。

在我国造纸工业由大变强的征途上，化解资源短缺和环保约束压力，增强发展活力与后劲的任务十分艰巨。行业进入加速整合阶段，需要全行业与改革同行，与创新同步，进一步坚定信心、立足当前、着眼长远、规划未来，推动行业平稳持续发展，以顺应世界经济与我国经济发展和产业转型升级的大趋势，加快推进科技创新型、资源节约型和环境友好型绿色纸业的建设。

表8　2013年重点造纸企业产量前30名企业

序号	公司名称	产量（万吨）		
		2012年	2013年	同比增长（%）
1	玖龙纸业（控股）有限公司	1045.00	1109.00	6.12
2	理文造纸有限公司	414.13	482.71	16.56
3	山东晨鸣纸业集团股份有限公司	397.73	421.20	5.90
4	山东太阳纸业	268.78	309.92	15.31
5	华泰集团有限公司	270.00	288.60	6.89
6	安徽山鹰纸业股份有限公司	230.96	243.03	5.23
7	金东纸业（江苏）股份有限公司	204.00	201.95	−1.00
8	中国纸业投资总公司	195.00	191.00	−2.05
9	宁波中华纸业有限公司（含宁波亚洲浆纸业有限公司）	156.00	163.00	4.49
10	福建联盛纸业	87.73	138.20	57.53
11	荣成纸业（中国）控股有限公司	111.00	136.00	22.52
12	东莞建晖纸业有限公司	57.94	130.23	124.77
13	山东世纪阳光纸业集团有限公司	106.75	108.60	1.73

（续）

序号	公司名称	产量（万吨）		
		2012 年	2013 年	同比增长（%）
14	海南金海浆纸业有限公司	102.28	108.00	5.59
15	山东博汇纸业股份有限公司	109.76	106.25	-3.20
16	浙江景兴纸业股份有限公司	92.55	98.84	6.80
17	芬欧汇川（中国）有限公司	90.00	88.50	-1.67
18	漯河银鸽实业集团有限公司	75.92	83.62	10.14
19	山东泉林纸业有限责任公司	73.57	80.79	9.81
20	河南省江河纸业有限公司	64.58	74.85	15.90
21	东莞金洲纸业有限公司	41.49	74.51	79.59
22	山东贵和显星纸业有限公司	65.65	68.93	5.00
23	新乡新亚纸业集团股份有限公司	66.20	66.21	0.02
24	金华盛纸业（苏州工业园区）有限公司	64.96	64.00	-1.48
25	山东华金集团有限公司	68.30	61.36	-10.16
26	广州造纸集团有限公司	51.87	60.93	17.47
27	大河纸业有限公司	58.65	60.92	3.87
28	恒安（中国）纸业有限公司	30.96	60.78	96.32
29	金红叶纸业集团有限公司	42.85	54.00	26.02
30	江苏长丰科技集团有限公司	45.82	52.00	13.49

注：1.2013 年纸质纸板产量超过百万吨的生产企业共 15 家，分别为：玖龙纸业（控股）有限公司、理文造纸有限公司、山东晨鸣纸业集团股份有限公司、山东太阳纸业、华泰集团有限公司、安徽山鹰纸业股份有限公司、金东纸业（江苏）股份有限公司、中国纸业投资总公司、宁波中华纸业有限公司（含宁波亚洲浆纸业有限公司）、福建联盛纸业、荣成纸业（中国）控股有限公司、东莞建晖纸业有限公司、山东世纪阳光纸业集团有限公司、海南金海浆纸业有限公司、山东博汇纸业股份有限公司。

2. 2013 年木浆产量超过百万吨的生产企业共 3 家，分别是：山东晨鸣纸业集团股份有限公司、山东亚太森博浆纸有限公司、海南金海浆纸业有限公司。

2013年全国新闻出版业基本情况（摘登）

国家新闻出版广电总局

2013 年全国出版图书、期刊、报纸总印张为 3005.12 亿印张，折合用纸量 695.24 万吨，与上年相比用纸量降低 2.27%。其中：书籍用纸占总量 14.94%，课本用纸占总量 9.09%，图片用纸占总量 0.01%，附录用纸占总量 0.04%；期刊用纸占总量 6.52%；报纸用纸占总量 69.40%。

一、图书

截至 2013 年年底，全国共有出版社 582 家（包括副牌社 33 家），其中中央级出版社 221 家（包括副牌社 13 家），地方出版社 361 家（包括副牌社 20 家）。

2013 年全国共出版图书 444427 种（初版 255981 种，重版、重印 188446 种），总印数 83.10 亿册（张），总印张 712.58 亿印张，折合用纸量 167.48 万吨，定价总金额 1289.28 亿元。与上年相比，图书品种增长 7.35%（初版增长 5.78%，重版、重印增长 9.55%），总印数增长 4.87%，总印张增长 6.83%，定价总金额增长 8.95%。

（一）书籍

全国共出版书籍 356122 种（初版 225030 种，重版、重印 131092 种），总印数 48.30 亿册（张），总印张 442.12 亿印张，折合用纸量 103.90 万吨，定价总金额 929.24 亿元。与上年相比，种数增长 7.25%（初版增长 5.59%，重版、重印增长 10.24%），总印数增长 9.41%，总印张增长 12.20%，定价总金额增长 12.57%。

（二）课本

全国共出版课本 87509 种（初版 30385 种，重版、重印 57124 种），总印数 34.50 亿册（张），总印张 269.03 亿印张，折合用纸量 63.22 万吨，定价总金额 353.76 亿元。与上年相比，种数增长 7.68%（初版增长 7.13%，重版、重印增长 7.97%），总印数下降 0.71%，总印张下降 0.65%，定价总金额增长 0.75%。

（三）图片

全国共出版图片 796 种（初版 566 种，重版、重印 230 种），总印数 0.079 亿册（张），总印张 0.17 亿印张，折合用纸量 0.06 万吨，定价总金额 0.90 亿元。与上年相比，种数增长 15.03%（初版增长 13.65%，重版、重印增长 18.56%），总印数下降 7.31%，总印张下降 23.25%，定价总金额下降 9.96%。

（四）附录

总印数 0.22 亿册（张），总印张 1.26 亿印张，折合用纸量 0.30 万吨，定价总金额 5.38 亿元。

二、期刊

2013 年，全国共出版期刊 9877 种，平均期印数 16453 万册，总印数 32.72 亿册，总印张 194.70 亿印张，定价总金额 253.35 亿元。与上年相比，种数增长 0.10%，平均期印数下降 1.87%，总印数下降 2.26%，总印张下降 0.67%，定价总金额增长 0.26%。

三、报纸

2013 年，全国共出版报纸 1915 种，平均期印数 23695.77 万份，总印数 482.41 亿份，总印张 2097.84 亿印张，定价总金额 440.36 亿元，折合用纸量 482.50 万吨。与上年相比，种数降低了 0.16%，平均期印数增长 4.10%，总印数增长 0.03%，总印张降低 5.12%，定价总金额增长 1.37%。

四、音像制品与电子出版物

截至 2013 年年底，全国共有音像制品出版单位 370 家，电子出版物出版单位 273 家。

五、出版物发行

2013 年，全国共有出版物发行网点 172447 处，与上年相比下降0.11%。其中：新华书店及其发行网点9255处，与上年相比下降1.57%；供销社发行网点839处，与上年相比增长12.17%；出版社自办发行网点447处，与上年相比增长0.22%；文化、教育、广电、邮政系统发行网点38062处，与上年相比增长0.64%；上述系统外批发网点7984处，与上年相比增长6.38%；集个体零售网点115132处，与上年相比下降0.83%。

2013年，全国出版物发行业从业人员72.52万人，与上年相比下降0.17%。其中：新华书店及其发行网点从业人员13.90万人，与上年相比下降0.93%；文化、教育、广电、邮政系统发行从业人员10.25万人，与上年相比增长13.76%；上述系统外批发点从业人员16.05万人，与上年相比增长0.19%；集个体零售网点从业人员32.40万人，与上年相比下降0.74%。

2013年，全国新华书店系统、出版社自办发行单位出版物总购进205.35亿册（张、份、盒）、2418.21亿元，与上年相比数量增长8.62%，金额增长11.91%。其中：新华书店系统购进138.19亿册（张、份、盒），比上年增长11.81%，购进金额1360.56亿元，比上年增长15.27%。

2013年，全国新华书店系统、出版社自办发行单位出版物总销售199.33亿册（张、份、盒）、2346.15亿元，与上年相比数量增长4.87%，金额增长8.62%。其中：新华书店系统销售132.05亿册（张、份、盒）、1314.53亿元，与上年相比数量增长5.75%，金额增长10.01%。

六、印刷复制

（一）印刷复制总体情况

2013年，印刷复制（包括出版物印刷、包装装潢印刷、其他印刷品印刷、专项印刷、打字复印、复制和印刷物资供销）实现营业收入11094.92亿元，增长7.09%；增加值2885.64亿元，增加7.69%；利润总额775.78亿元，增长7.48%。

（二）出版物印刷（含专项印刷）

2013年，全国出版物印刷企业（含专项印刷）8963家，职工年末平均人数51.68万人，与上年相比下降了6.19%，职工工资总额200.83亿元，与上年相比下降了1.66%，人均年工资3.89万元，与上年相比增长了4.85%。

1. 出版物印刷厂产值产量（含专项印刷）。

（1）工业销售产值1426.78亿元，比上年增长1.20%。

（2）图书、报纸、其他出版物黑白印刷产量32607.94万令，比上年下降0.14%。彩色印刷产量255672.47万对开色令，比上年增长55.22%。

（3）装订产量36316.32万令，比上年增长22.11%。

（4）印刷用纸量85621.30万令（包含平版纸和卷筒纸），比上年增长34.16%。

2. 出版物印刷厂主要经济指标（含专项印刷）。

（1）资产合计年末数2123.73亿元，比上年增长6.33%。

（2）年末负债合计1092.85亿元，比上年增长11.52%。

（3）所有者权益合计年末数1030.88亿元，比上年增长1.34%。

（4）主营业务收入1494.30亿元，比上年增长6.91%。

（5）利润总额125.00亿元，比上年增长17.02%。

（6）增加值529.86亿元，比上年增长2.26%。

（三）包装装潢印刷厂主要经济指标

1. 营业收入8150.72亿元。比上年增长8.34%。

2. 增加值1905.17亿元。比上年增长9.33%。

3. 利润总额494.12亿元。比上年增长3.86%。

（四）其他印刷品印刷厂主要经济指标

1. 营业收入1036.14亿元。比上年增长0.35%。

2. 增加值349.78亿元。比上年增长11.76%。

3. 利润总额117.81亿元。比上年增长18.33%。

七、出版物进出口

（一）图书、报纸、期刊出口

2013年，全国累计出口图书、报纸、期刊2375.31万册（份）、8115.46万美元，与上年相比，数量增长15.21%，金额增长11.44%。其中，全国出版物进出口经营单位累计出口1992.86万册（份）、6012.40万美元，与上年相比，数量增长21.57%，金额增长23.63。全国出版物进出口经营单位累计出口构成如下：

1. 图书出口1737.58万册、5216.38万美元，数量增长31.07%，金额增长22.74%。

2. 期刊出口215.68万册、744.85万美元，数量下降2.10%，金额增长33.97%。

3. 报纸出口39.59万份、51.17万美元，数量下降57.55%，金额下降10.33%。

（二）图书、报纸、期刊进口

2013年，全国出版物进出口经营单位累计进口图书、报纸、期刊2361.54万册（份）、28048.63万美元，与上年相比，数量下降24.75%，金额下降6.88%。其中：

1. 图书进口857.89万册、12054.66万美元，数量增长15.38%，金额下降12.06%。

2. 期刊进口397.14万册、14620.06万美元，数量下降19.01%，金额增长3.54%。

3. 报纸进口1106.51万份、1373.92万美元，数量下降41.89%，金额下降40.10%。

（三）音像制品、电子出版物与数字出版物出口

2013年，全国累计出口音像制品、电子出版物与数字出版物12.12万盒（张）、2346.96万美元，与上年相比，数量下降53.64%，金额增长7.09%。其中：全国出版物进出口经营单位累计出口3.41万盒（张）、122.43万美元，与上年相比，数量下降63.45%，金额增长265.02%。

（四）音像制品、电子出版物与数字出版物进口

2013年，全国出版物进出口经营单位累计进口音像制品、电子出版物与数字出版物28.51万盒（张）、20022.34万美元，与上年相比，数量增长53.59%，金额增长20.00%。

八、版权管理与版权贸易

（一）版权管理

2013年，全国版权合同登记19521份，其中图书17205份，期刊226份，音像制品150份，电子出版物183份，软件1161份，电影44份，电视节目9份，其他543份。

2013年，全国作品自愿登记834569份，其中文字作品124948份，口述作品28份，音乐作品62119份，曲艺118份，舞蹈21份，杂技5份，美术作品171059份，摄影作品429903份，建筑244份，影视11943份，设计图14971份，地图29份，模型462份，其他18719份。

（二）版权贸易

2013年，全国共引进版权18167种，其中图书16625种，录音制品378种，录像制品538种，电子出版物72种。

2013年，全国共输出版权10401种，其中图书7305种，录音制品300种，录像制品193种，电子出版物646种。

（注：统计数据未包含香港地区、澳门地区、台湾地区有关统计机构数据。）

中国绿色印刷企业生态发展年度调查报告（2013—2014）

中国印刷杂志社专题报道组

2014年，中国绿色印刷进程加速推进，截止到4月，获得绿色印刷认证的企业达到543家。随着获证企业数量的大幅攀升，绿色印刷产业链上下游需要更加有效的对接，以满足绿色印刷产业健康发展的需要。那么，我国绿色印刷产业的进展情况如何？绿色印刷企业的生存与发展情况如何？对绿色印刷产业链上的配套工程有何看法？带着这些疑问，在2013年首次绿色印刷企业全面摸底调查的基础上，2014年5月至9月，中国印刷技术协会与中国印刷杂志社将"绿色印刷企业调查"向纵深推进，选取了绿色印刷产业链上的重要环节——绿色印刷原辅材料为切入口，以问卷调查的形式对全国范围内已获得绿色印刷认证的400多家企业开展了更具针对性的调查活动，共收回有效问卷326份。

本次调查围绕"绿色印刷原辅材料"这一中心，围绕三个立足点：用户（有何需求）、供应商（如何根据市场提供相对应的产品）、行业（如何提供配套服务）来展开相关调查。内容涉及到企业使用绿色印刷原辅材料的情况，对绿色原辅材料的认知度、消费态度、采购行为习惯，对绿色原辅材料供应方的需求等多个方面，本次调查对象、调查活动的影响面与覆盖面都已远超过首届调查，旨在让全行业更加了解绿色印刷企业的整体状况，同时进一步为政府决策、行业管理以及企业发展提供有力的数据支撑，为中国绿色印刷的进一步实施工作提供重要依据。

由于受到调查问卷的不完善以及调查范围、时间范围的限制等因素的影响，本调查报告难免存在不足之处，敬请广大读者指正并提出宝贵意见。

第一部分 绿色印刷企业调查数据统计

一、受访企业分布情况

由于获得绿色印刷认证企业的范围与数量大幅增长，本次调查的地域范围更广，经统计，326家受访企业覆盖了北京、上海、天津、河北、辽宁、吉林、黑龙江、浙江、江苏、山东、安徽、福建、江西、湖南、湖北、河南、云南、贵州、四川、重庆、广东、海南、山西、内蒙古、陕西、宁夏、甘肃、青海、新疆、西藏等30个省、市、自治区及直辖市。

从各区域绿色印刷企业的数量来看，华北、华东及华南地区企业数量最多，东北、华中、西南地区数量居中，西北地区数量最少。这一分布情况基本符合我国印刷产业的区域发展状况；值得注意的是，尽管个别省份绿色印刷企业数量很少，但是相比首届调查，获证企业已基本覆盖全国范围。这是我国绿色印刷进程的一大进步。

二、绿色印刷产品的业务量与赢利水平

与2012年相比，受访绿色印刷企业2013年的绿色印刷产品业务量的变化情况如表1所示。

表 1　2013 年度绿色印刷企业绿色印刷业务量变化情况

业务量描述	企业数量	占受访企业比例 (%)
上升	162	49.6
下降	16	5
基本持平	148	45.4

与 2012 年相比，绿色印刷业务的赢利水平变化情况如表 2 所示。

表 2　绿色印刷业务赢利水平的变化情况

赢利变化描述	企业数量	占受访企业比例 (%)
上升	73	22.4
下降	68	20.9
基本持平	185	56.7

三、绿色印刷企业对于绿色原辅材料的价格看法

如果绿色原辅材料的价格高于普通传统材料的价格，印刷企业是否能够接受？详细调查情况如表 3 所示。

表 3　企业是否能接受绿色材料价格更高

态度描述	企业数量	占受访企业比例 (%)
能	234	71.8
不能	92	28.2

四、绿色印刷企业是否了解绿色原辅材料

针对绿色印刷企业对绿色原辅材料的认知度，问卷设计了三个选项，具体情况如表 4 所示。

表 4　绿色印刷企业对于绿色原辅材料的了解度

态度描述	企业数量	占受访企业比例 (%)
非常了解，对环境与生产人员好处很多	267	81.9
比较了解，但是具体情况说不清楚	56	17.1
不了解，根据政府、客户的要求使用	3	1

五、绿色印刷企业是否优先考虑国内产品

在采购绿色原辅材料时，绿色印刷企业对于国外、国内产品的看法如表 5 所示。

表 5　绿色印刷企业是否优先考虑国内产品

选择描述	企业数量	占受访企业比例 (%)
国外产品	8	2
国内产品	290	89
无所谓	28	9

六、绿色印刷企业使用绿色原辅材料的情况

目前绿色印刷企业所使用的各类原辅材料中，绿色原辅材料所占的比例如表 6 所示。

表 6　绿色原辅材料所占的比例

绿色原辅材料比例	企业数量	占受访企业比例 (%)
0~20%	5	1.5
20%~50%	36	11
50%~80%	122	37.5
80%~100%	163	50

七、绿色印刷产品最关键的指标

绿色印刷产品的生产过程涉及多个环节，我们列出了相关的四个指标供印刷企业进行多项选择。具体调查所得如表 7 所示。

表 7　绿色印刷产品最关键的指标

关键指标	企业数量	占受访企业比例 (%)
加强生产过程控制	241	73.9
购置节能环保的设备	196	60.1
加强员工环保培训	204	62.6
使用绿色原辅材料	314	96.3

八、绿色印刷企业如何判定绿色材料

对于判断绿色原辅材料的依据或来源，我们列出了五个选项供企业进行多项选择。具体调查所得如表 8 所示。

表 8　企业如何判定绿色原辅材料

判定依据	企业数量	占受访企业比例 (%)
专业刊物报道	26	8
符合相关标准的检测证书	304	93.2
同行推荐	45	13.8
权威部门颁发的证书	281	86.2
产品说明书	95	29

九、绿色印刷企业对于绿色材料的关注点

在选择绿色原辅材料时，印刷企业通常关注哪些方面？我们列出了五个选项供企业进行多项选择。具体调查情况如表 9 所示。

表 9　印刷企业对绿色原辅材料的关注点

关注点	企业数量	占受访企业比例 (%)
性价比	268	82.2
环保性能	293	89.9
品牌形象	67	20.6
产品稳定性	283	86.8
配套服务	175	53.7

十、绿色原辅材料市场存在的问题

对于目前绿色原辅材料市场存在的问题，我们列举了六个选项供企业进行多项选择。具体调查情况如表10所示。

表 10　绿色原辅材料市场存在的问题

主要问题	企业数量	占受访企业比例 (%)
产品质量和性能不稳定	200	61.3
虚假夸张宣传	60	18.4
价格虚高	235	72
信息泛滥，不知应该相信谁	80	24.5
技术落后	9	3
品种少，选择空间不大	252	77.3

十一、绿色印刷企业的采购习惯

在采购绿色原辅材料时，印刷企业的采购习惯概括为四类，统计如表 11 所示。

表 11　绿色印刷企业的采购习惯

采购习惯	企业数量	占受访企业比例 (%)
只要产品符合“绿色印刷”相关要求，就会尝试使用。	187	57.3
从专业媒体上看到产品广告，会尝试使用。	84	25.7
销售人员推荐，其他厂家也在使用时会尝试使用。	163	50
不会使用新品牌，相信老客户。	27	8

十二、绿色材料供应商需要加强的方面

站在使用者的角度，绿色印刷企业希望绿色材料供应商在哪些方面不断改进和提升，调查结果如表 12 所示。

表 12　绿色原辅材料供应商应该加强的方面

需要加强的方面	企业数量	占受访企业比例 (%)
加强对产品的宣传与用户培训	109	33.4
不断推出环保性能突出的新产品	241	73.9
降低价格	292	89.5
提升产品质量	269	82.5

十三、绿色印刷企业了解绿色原辅材料的主要途径

绿色印刷企业获得绿色原辅材料的渠道主要有哪些，具体情况如表 13 所示。

表 13

主要途径	企业数量	占受访企业比例 (%)
企业上门推销	66	20.2
专业媒体宣传	150	46
权威部门推荐	235	72
同行口碑	205	62.8
行业会议、展览与活动	235	72

十四、绿色印刷企业希望获得哪些支持

绿色印刷企业希望得到政府、行业协会提供的哪些帮助，具体情况如表 14 所示。

表 14　绿色印刷企业希望得到的帮助情况

企业需求	企业数量	占受访企业比例 (%)
出台相关政策，鼓励企业使用绿色原辅材料	296	90.7
举办相关活动，加强培训	165	50.6
搭建权威公示平台，使企业放心使用相关产品	245	75
加强对供应商的监管、检测	291	89.2

第二部分 绿色印刷企业数据样本分析

作为我国印刷业发展的重要指导战略，绿色印刷工程已推进到第四个年头，随着绿色印刷企业的增加以及绿色

印刷标准体系的日益完善，印刷企业对于绿色印刷的各个环节开始有了更加深入的认识。绿色印刷并不仅仅是印刷企业的责任，更是印刷产业链上下游的共同事业，需要多方力量的共同配合与努力。

绿色印刷开宗明义，首先要求使用环保的材料与工艺，绿色印刷原辅材料作为绿色印刷的源头，对于实现绿色印刷至关重要。本次调查收集了大量绿色印刷企业业务的变化以及对绿色原辅材料的使用情况，包括印刷企业对绿色原辅材料市场的一些看法，主要表现为以下几个方面：

一、绿色印刷业务稳定增长

以 2012 年为参照，受访的 326 家绿色印刷企业 2013 年绿色印刷的业务量主要表现为两种状态，即上升与基本持平。其中明确上升的有 162 家企业，基本持平的有 148 家企业，二者所占比例均接近 50%；最后仅有 16 家企业表示业务量有所下降，占比约 5%。由此可见，在绿色印刷企业中，绿色印刷产品的业务量整体正保持增长态势，绿色印刷业务进一步改变着印刷企业的产品结构。

尽管绿色印刷业务量总体明显增长，但是绿色印刷产品赢利水平的增长速度并不快，大多数还保持在持平状态，仅少数企业实现了利润上升。在“绿色印刷业务的赢利水平”调查中，仅 73 家企业明确为上升，185 家企业表示赢利能力与上年同期持平，二者的比例分别占到了 22.4% 和 56.7%，占据了企业的大多数；而不能忽略的是，68 家企业选择了赢利能力下降，占比 20.9%，这个数字与赢利上升的企业数相差无几。如果进一步分析可发现，同时来看单个企业的绿色印刷业务量与赢利水平这两个指标，保持业务量与赢利水平双持平的企业数量占据最多数；其次为业务量与赢利水平双上升的企业；再次为业务量上升，但赢利水平持平的企业。这三类情况占据了受访企业的大多数。还有少量企业反映，尽管业务量上升，但赢利水平却下降。

从业务量与赢利水平的不同组合来看，绿色印刷业务的增长是大势所趋，而如何做到环保与效益的双赢仍然是绿色印刷企业发展转型过程中的一个主要问题。但是在现阶段成本压力持续上升、市场竞争日趋激烈的情况下，能够在保证绿色印刷业务不断增长的情况下实现利润的持平或一定幅度的上升，对绿色印刷企业而言也不失为进步。

二、绿色辅材加速普及推广

实施绿色印刷 4 年来，在总局和环保部的统一规划部署下，通过制定并实施绿色印刷标准，试点先行并拓展绿色印刷领域，完善宣传与培训等配套保障措施，我国印刷行业绿色发展理念大大增强，成为全行业的发展共识，绿色印刷的相关领域已成为行业技术交流研讨的主题。在行业的重点引导以及媒体的广泛宣传下，印刷企业对于绿色印刷的认识不断深入，绿色印刷的社会认可度稳步提高。在本次调查中表现为以下几个方面：

1. 印刷企业对于绿色材料的了解显著加深。

在“您是否了解绿色原辅材料的好处？”调查中，267 家企业表示“非常了解，对环境、生产人员好处很多”，占调查总量的 81.9%，56 家企业表示“比较了解，但是具体情况不清楚”，占总数的 17% 左右，仅有 3 家企业表示“不了解，根据政府与客户的要求使用”，占比几乎可以忽略不计。从“非常了解”到“比较了解”二者所占的绝对比重来看，绿色印刷企业对于绿色原辅材料的环保性能以及其在改善生产环境、节能降耗等方面的实际效果已经有了非常清晰的认识。而在“生产绿色印刷产品中最关键的指标”选择中，314 家印刷企业认为“使用绿色原辅材料”是最关键的环节，占比达到 96.3%，远超“生产过程控制”、“节能环保设备”以及“员工培训”等指标的选择，说明印刷企业对于绿色原辅材料在绿色印刷过程中的重要性已经取得了共识。

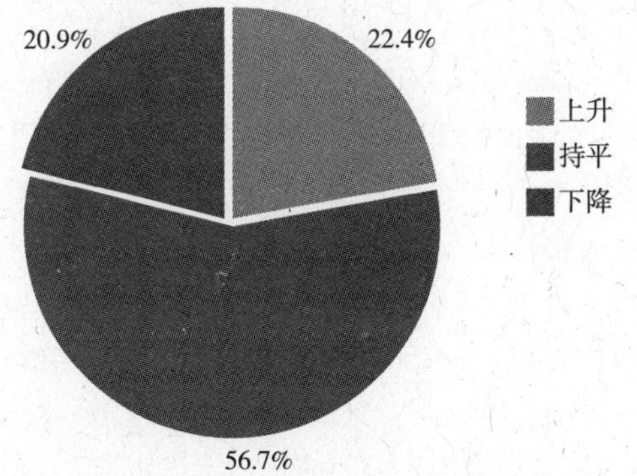

图 1　同比上年绿色印刷产品赢利情况

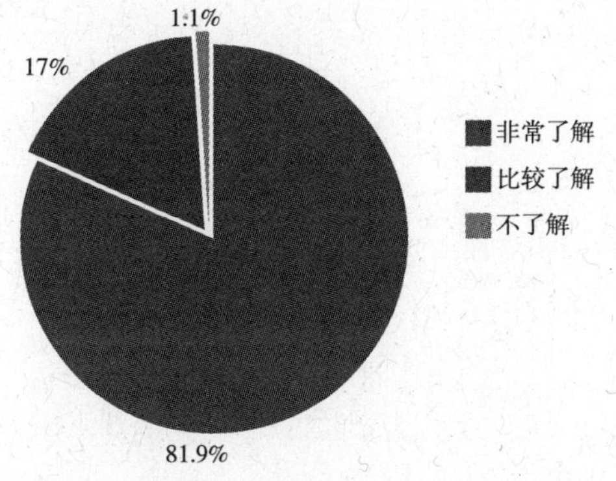

图 2　印刷企业对于绿色材料的了解情况

2. 印刷企业对于绿色原辅材料的接受度明显提高。

鉴于我国绿色印刷起步较晚，绿色原材料近几年才逐渐兴起，由于其在技术与品质上与过去所用的普通原辅材料有着质的不同，技术含量相对较高，市场销售价格一般也高于普通材料，对于本就存在严重成本压力的印刷企业势必造成一定的冲击。但是在本次调查中，我们发现，234家绿色印刷企业表示能够接受绿色原辅材料价格高于传统材料，占比达 71.8，说明绿色印刷企业对于采用环保材料的态度越来越积极，观望情绪明显缓解，同时也表达了绝大多数印刷企业对于发展绿色原辅材料的有力支持。

3. 绿色原辅材料用量大幅攀升。

一般情况下，能够获得绿色印刷认证的企业均是在使用环保材料上较为领先的，但是这并不意味着企业使用的所有材料均为绿色材料。在第一次绿色印刷企业调查中，仅有 10%~20% 的绿色印刷企业表示完全使用绿色辅材。相比 2012 年，2013 年绿色印刷原辅材料的实际应用率大幅提高：163 家企业表示绿色原辅材料在企业所用的各类原辅材料中占比达到 80%~100%；122 家企业的使用量达到 50%~80%。也就是说，约有 50% 的受访企业基本上已经全部使用绿色原辅材料，另有约 37% 的受访企业将绿色原辅材料的应用范围扩大了到五到八成。由此可见，绿色原辅材料在绿色印刷企业中的市场占有率实现了相当大的跨越式进步。

三、印刷企业对于绿色原辅材料的认定标准与了解渠道

绿色辅材在绿色印刷过程中所发挥的作用至关重要，印刷企业对于绿色原辅材料的重视与日俱增，面对市场的需求，越来越多的材料供应商致力于绿色环保型材料的供应与宣传，各种新产品、新技术层出不穷，为了区别于普通原辅材料，作为用户的大多数印刷企业在选择绿色原辅材料时都不可能仅听供应商的单方面宣传，而是有着自己的判断标准。

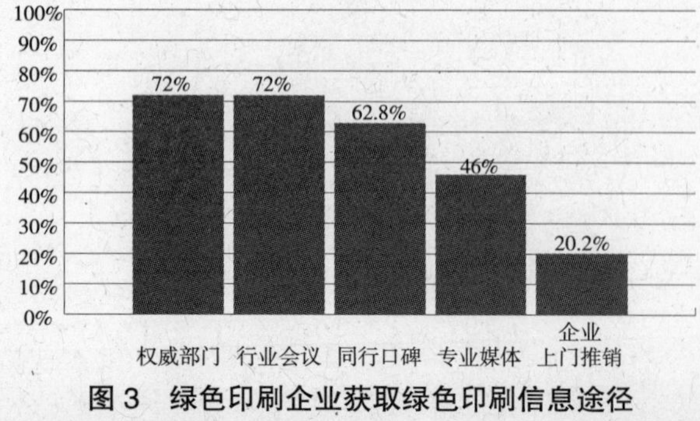

图 3　绿色印刷企业获取绿色印刷信息途径

本次调查显示，在判定绿色原辅材料时，304 家企业选择了“符合相关标准的检测证书”，占比达 93% 以上；281 家企业选择了“权威部门颁发的证书”，占比 86% 左右。这两个判定标准的高比例选择说明，印刷企业在判断绿色辅材时更加倾向于依赖第三方机构的认证。另外，有 95 家企业选择了“产品说明书”，这一数字位列第三，占比为 29%。与前两类高比例选择相同的是，“产品说明书”作为描述产品性质与功能的载体，同样具有客观性的特点。“专业刊物报道”以及“同行推荐”作为选项之一，有着明显的主观性倾向，分别有 26 家与 45 家企业选择，占比很小。总体来看，大多数印刷企业的选择说明了他们在判断绿色原辅材料时更加看重客观、公正以及科学的认定。

在“绿色原辅材料产品信息的了解渠道”调查中，我们同样能够看到印刷企业对于客观描述的倾向性。同样按照从高到低的统计方式，在调查提供的五种渠道中，“权威部门推荐”以及“行业会议、展览、活动”均有 235 家印刷企业选择，占比达到 72%，前者代表了一定的公正性与客观性，后者则是印刷企业亲眼所见，甚至亲身体验的重要平台。权威部门，如政府主管部门、行业协会，通常也是行业会议、展览等活动的主办者，因此，政府与行业协会所代表的权威平台对印刷企业获得绿色原辅材料信息来说仍然发挥着决定性的作用；其次，“同行口碑”有 205 家企业选择，口碑源自公众，是消费经验的直观分享，而且能够直接反映产品的优势与劣势，尽管它来自于主观的交流，但并非个体的意见，是集体意识的一种客观反映，因而对消费决策有着最为直接的冲击。尤其是对不太了解绿色原辅材料、没有使用过新产品的印刷企业来说，口耳相传的经验与看法往往具有重要的参考价值，因而也被视为重要的信息渠道。

此外，“专业媒体宣传”的作用相比首次调查也有所提升，150 家企业选择了通过专业媒体来了解绿色原辅材料信息，占比接近 50%。“绿色印刷”作为新兴的行业热点与焦点，理所当然地应该得到媒体的关注，但是在当前的多媒体信息时代，信息渠道非常丰富，甚至繁杂，在传播海量信息的同时不可避免地容易造成有效信息的弱化，此时专业媒体的针对性优势十分突出，这一优势很明显也得到了印刷企业的相应关注。最后，调查也显示，“企业上门推销”作为一种非常传统的营销手段，其力量正在不断弱化，仅有 66 家印刷企业表示曾通过企业上门推销了解有关信息。这说明原始的常规信息沟通方式已不能满足印刷企业对信息的需求，绿色原辅材料供应商与印刷企业的交流途径有待进一步拓宽。

四、绿色印刷企业对于绿色原辅材料的关注点分析

根据我国的绿色印刷战略规划，2014 年至 2015 年绿色印刷将基本覆盖印刷产品类别，绿色印刷企业数量要占到我国印刷企业总数的 30%，以我国 10 万家印刷企业的数量为基数，不论是绿色印刷产品的类别，还是绿色印刷企业的数量都将非常可观，这是绿色原辅材料直接服务的全新而广阔的市场。如何更好地服务于这个市场，首先应该了解绿色印刷企业的需求。

调查显示，绿色原辅材料的“环保性能”受关注度最高，293 家企业表示了关注，占受访企业数量的 89.9%。这是因为环保特性是绿色辅材区别于普通辅材的根本所在。其次，283 家企业选择了关注“产品稳定性”，占比达 86.8%，与“环保性能”的关注度相差不大。一方面，原辅材料的稳定性直接影响到印刷产品的质量，另一方面，由于绿色环保材料尚属于发展中的新技术，在生产中的适用性与其环保性能之间还需要更多的平衡，尤其是对于某些原辅材料来说，环保性能与产品的适用性本身就存在着一定的矛盾。这就提醒了绿色原辅材料供应商，在致力于环保性能升级的同时不能忽略了产品在实际生产中的应用，否则，不管环保性能如何出众，不能稳定地用于印刷生产也是没有意义的。

第三，268 家企业选择了关注“性价比”，占比同样达到 80% 以上。尽管在之前的调查结果中反映了大多数企业能够接受绿色原辅材料价格高于传统材料价格，但是在实际的消费过程中，印刷企业必须综合考虑各项成本因素。性价比反映了性能与价格之间的关系，是在满足性能的基础上对价格的考虑。对绿色印刷企业而言，对于绿色原辅材料性价比的关注说明了企业希望即使是环保型材料也能够做到物美价廉。

第四，175 家印刷企业选择了关注“配套服务”，占比超过 50%，说明也是企业的重要关注点。配套服务一般是指供应商在销售产品之外提供的其他服务。绿色原辅材料目前尚处于推广使用阶段，对于新技术的应用还不够成熟。对印刷企业来说，用绿色原辅材料取代过去使用多年的传统材料虽然是一件好事，但是由于不够熟悉环保材料的特性，在生产应用时还需要一段适应期与技术上的磨合期，期间难免可能出现种种失误。而供应商最为了解自己的产品，更有责任与义务帮助印刷企业正确地认识环保材料的特性，更快地适应新型材料在生产中的应用。因此，相应的配套支持对印刷企业来说是很有必要的。

第五，在各项关注点的调查中，企业对“品牌形象”的关注度明显偏低，仅 67 家企业选择了这一指标，也就是说 80% 的企业在选择绿色原辅材料时不会以产品品牌为参考，而是更加看重产品本身。这从另一个方面反映了绿色原辅材料是一个新兴市场，不管是过去的成熟原辅材料品牌还是新的竞争者，在环保材料的市场竞争中都拥有相对平等的机会，只有专注于环保材料本身品质与服务的提升，才能够得到绿色印刷企业的认可。

本次调查的另一项统计也反映出印刷企业对于“老品牌”的某种“忽略”。在“采购绿色原辅材料您是否会尝试选择不熟悉的品牌？”的调查中，187 家企业表示“只要产品符合绿色印刷相关要求，就会尝试使用”，占受访企业数的 57.3%；还有 50% 的企业表示“销售人员推荐，其他厂家也在使用时就会尝试新品牌”；另有 84 家企业表示“从专业媒体上看到产品广告时会尝试使用”；仅有 27 家企业明确表示“不会尝试新品牌”，占比仅 8%。以上选择说明了印刷企业对于新型环保原辅材料有较大的宽容度，尤其是对于新的品牌与产品是乐于接受与尝试的。印刷企业的这种采购心理对于绿色原辅材料供应商，尤其是新兴品牌与企业来说无疑是一个好消息。

五、绿色原辅材料市场存在的问题

由于绿色原辅材料使用量与使用范围的大幅度扩大，绿色印刷企业从采购到使用绿色原辅材料已经积累了一定的经验与认识，因而对于绿色原辅材料的整体市场状况形成了基于用户的一些看法，从本次调查来看，绿色印刷企

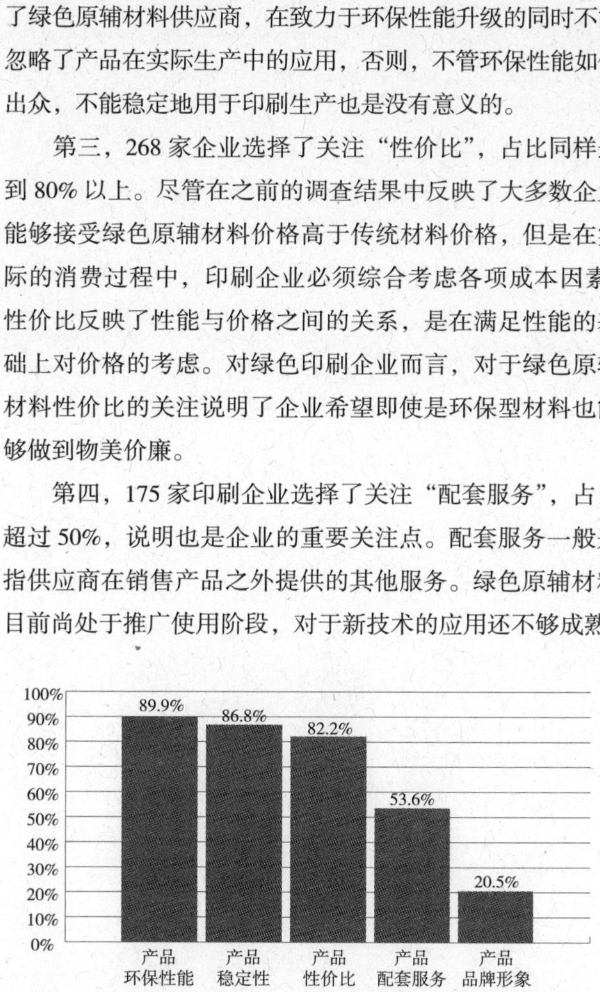

图 4　绿色印刷企业对于绿色原辅材料的关注点分析

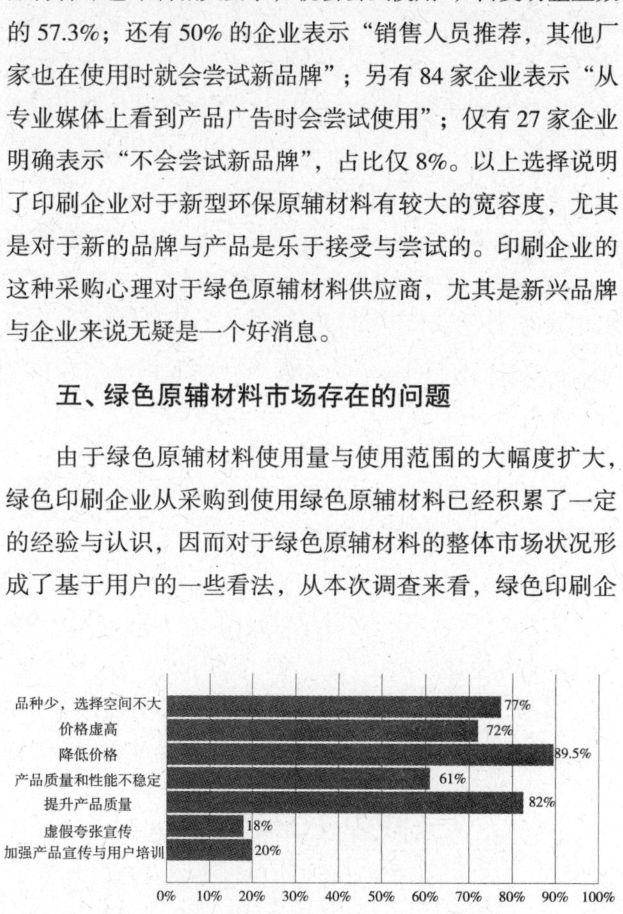

图 5　绿色原辅材料市场存在的问题

专栏

专栏

业认为绿色原辅材料市场存在的问题主要反映在三个方面：

首先，认为“品种少，选择空间不大”的企业数量最多，达到252家，占比77%左右。相比10万家左右印刷企业的规模来说，我国印刷原辅材料的产业规模并不大，比如油墨行业，全国生产印刷油墨的企业还不足千家，再如纸业、版材制造业等，一直是少数几个大规模企业或外资企业长期在市场上形成了较为固定的品牌垄断，诸如上光油、润版液、粘合剂等原辅材料的生产企业大多规模不大，而且企业数量也有限。绿色原辅材料的生产与研发多数仍是由这些生产传统材料的企业承接，于他们而言，绿色辅材的研发也还处于发展阶段，不少企业限于自身的规模以及投入时间的限制，所能研发与生产的绿色材料种类对于用户来说的确是很有限的，这种客观状况直接反映到了印刷市场的供应上。

针对这一问题，在“印刷企业希望绿色原辅材料在哪些方面应该加强”的调查中，241家企业明确表示希望供应商“不断推出环保性能突出的新产品”。增加新型环保辅材的供应可以说是整个绿色印刷市场的迫切需要。

其次，认为“价格虚高”的企业数量有235家，占比达72%，这也是一个较为集中和突出的问题反映。自推行绿色印刷以来，很多绿色印刷企业都认为，企业所生产的绿色印刷产品价格无法上调，但是原辅材料价格却一路攀升，在首次绿色企业调查中也同样反映出这一问题。然而造成这一现状的原因是多方面的，一方面是由于绿色原辅材料本身成本高于传统材料，更主要的原因是印刷企业在绿色原辅材料上的自主选择空间不大，不排除有些供应商利用这一优势过度抬高绿色辅材价格的情况。从之前的调查中我们已经看到，大多数绿色印刷企业能够接受绿色辅材比传统材料价格高，但是仅限于合理的范围内。

明确表示希望绿色原辅材料供应商“降低价格”的企业多达292家，占比接近90%。当然，这是印刷企业出于自身生存与发展的考虑，但是也在一定程度上反映了目前绿色原辅材料市场存在的不健康因素。

再次，认为“产品质量和性能不稳定”的企业有200家，占比61%左右。这同样是在首次调查中反映比较突出的问题。但是，认为“技术落后”的印刷企业只有9家，占比很低，这说明了我国的绿色原辅材料在整体技术水平上已经基本得到了印刷企业的认可，但是对于用户来说仍然期待着进一步提升的空间。

因此，有82.5%的企业在调查中表示希望供应商进一步“提升产品质量”。事实上，这不仅仅是绿色印刷企业的需求，从绿色印刷的整个体系来说，绿色原辅材料供应商的责任重大，只有不断加大环保型材料的研发与投入，帮助企业快速改进印刷工艺，才能适应当前绿色印刷快速推进的需求。

另外，有18%的印刷企业认为绿色原辅材料市场还存在“虚假夸张宣传”的问题，24.5%的企业认为目前“绿色原辅材料信息泛滥，不知道应该相信谁”。这两个选项同属于绿色原辅材料市场的信息传播与宣传方面的问题。相应的，认为供应商还需要“加强产品宣传与用户培训”的印刷企业也占了20%以上，这说明作为用户，印刷企业目前对于绿色原辅材料的有效信息还是十分需要的。与此同时，为了占领绿色原辅材料这一新兴市场，供应商借助高调的宣传手段也是企业营销的一种必要手段，但是不能盲目地一味高调，印刷企业的反映提醒了绿色原辅材料供应商，有必要在宣传手段与信息准确度上进一步改进或提升。

六、绿色印刷企业希望得到更多的帮助与支持

从以上的有关调查事项与数据中，我们可以看到，绿色印刷企业在使用绿色原辅材料的观念上已经有了很大的进步，企业愿意使用并支持绿色原辅材料的发展，但是对于绿色原辅材料市场中存在的问题，印刷企业也迫切地希望得到解决。具体到印刷企业采购与使用绿色原辅材料方面，印刷企业还希望政府与行业主管部门，以及行业协会给予更多实在的支持，使绿色印刷企业在普及使用绿色原辅材料上获得更大的积极性和主动性。

从调查的企业需求来看，有296家企业希望“政府出台相关政策，鼓励企业使用绿色原辅材料”，这一需求的占比最高，达到90%以上。不少印刷企业认为，要想真正做到绿色印刷，企业必须在原材料、生产过程减废、节能管理等方面坚持长期投入，企业压力较大，因而希望政府给予一些优惠政策；291家企业希望“加强对供应商的监管、检测”，占比达89%左右，这一需求直接反射了绿色印刷企业对当前绿色原辅材料市场存在的种种问题的担忧，他们希望绿色原辅材料市场更加规范化，能够让企业在采购和使用绿色辅材时得到更多保障；245家企业表示希

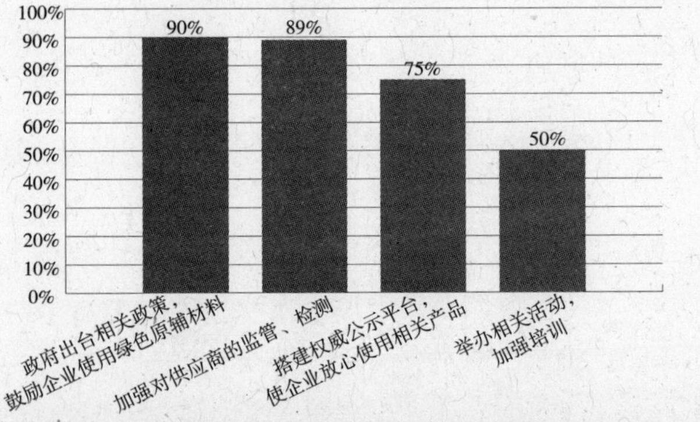

图6 绿色印刷企业希望得到更多的帮助与支持

望“搭建权威公示平台，使企业放心使用相关产品”，占比为75%。搭建权威公示平台可视作对供应商进行监管或检测的有效举措之一，一来保证绿色产品质量，二来省却了印刷企业多方寻找与鉴别绿色原辅材料的时间，可谓比较直接而有效的支持；最后，165家印刷企业表示需要继续“举办相关活动，加强培训”，这一比例也超过了50%，这是印刷企业希望及时了解更多有关绿色原辅材料的最新信息，同时政府或行业协会通过组织更具针对性的绿色培训，帮助企业及从业人员正确认识、运用绿色原辅材料，了解最新的绿色相关政策，获得先进的技术应用经验等。

我国的绿色印刷企业正在快速增加，这意味着更多的印刷企业要在使用环保材料上加大投入并保持长期投入，更多的印刷企业将关注绿色原辅材料市场的进展，他们期待绿色原辅材料供应商能够有力地支持与配合绿色印刷的转型进程。以上调查充分显示了，绿色印刷企业迫切希望政府与行业协会在绿色原辅材料市场的健康发展中能够采取较为直接而有效的举措，并且起到更加积极的推动作用。不管是希望出台扶持政策，还是建立公示平台、强化监管举措，绿色印刷企业关注的焦点始终集中在如何获得价格合理且符合绿色印刷产品质量要求的绿色材料，作为绿色印刷这一系统工程的重要组成部分，这也应是用户、供应商与相关权威部门共同努力协作的方向。

第三部分 开放式问题分类汇总与分析

在本次调查问卷的设计中，我们为了更加全面地收集和反映绿色印刷企业的看法，特别设置了一道开放式问题，即“关于绿色原辅材料，您的其他建议有哪些”，在接受调查的326家企业中，约有240家企业主动表达或是强调了对绿色原辅材料市场的看法，其中大多是在以上意见调查的基础上对绿色原辅材料以及绿色印刷发展看法的具体化或细化，从意见表达上来看更具针对性与参考性。经过对有关意见的分类与汇总，绿色印刷企业的反映主要可归纳为以下方面。

一、有关出台政策支持的建议

通过此次调查可以发现，绿色印刷企业认为政府及有关主管部门在实施绿色印刷战略中应该继续发挥多方面的主导作用，具体到绿色原辅材料领域，绿色印刷企业提出了一些比较具体的政策性建议，现总结如下：

1. 针对绿色原辅材料给予经济补贴。

比较有代表性的意见表述举例如下：

政府应出台更加优惠的扶持政策，对绿色原辅材料生产企业给予扶持，以降低供应商的生产成本，促使绿色原辅材料价格下降，从而增强覆盖面；

国家应对有技术、有资质的绿色原辅材料生产企业在政策、资金上加以支持，不断提高企业研发绿色原辅材料的积极性；

政府应加大对企业使用绿色原辅材料的补贴力度；

绿色印刷成本高，相关补贴政策需落到实处；

加强政府购买服务项目能够落实在绿色印刷上；

根据使用绿色原辅材料的数量与价格，政府给予优惠或奖励……

2. 严格监管绿色原辅材料市场。

较为代表性的意见表述举例如下：

国家应对绿色原辅材料生产与销售企业严加监管，促使其生产的产品品质不断提高，产品质量有保证；

建立相应的印刷原辅材料检测机构，以保证印刷企业所使用的绿色原辅材料能够真正实现绿色；

国家监管部门应该对原辅材料进行定期抽查检测，进行事前控制，为印刷企业提供参考依据；

提高绿色原辅材料生产企业的准入门槛，监管部门对于进行非法生产和销售的企业要严厉打击；

希望政府与行业主管部门能够加强原辅材料生产源头的管理，应该建立2–3家权威的检测机构，这些机构应该能够分析出不符合环保要求的问题以及其出现的原因，然后进一步督促生产企业整改；

绿色印刷应从源头抓起，即原辅材料的生产，相关监管机构要把法律法规、行业标准落到实处，实行优胜劣汰；

建立印刷企业监督机制，尽快淘汰非环保型印刷产品，加大印刷企业管理力度；

目前很多绿色原辅材料在生产中出现很多问题，对于有关的原辅材料检测机构与认证机构也应该建立监督机制，以保证稳定的产品……

3. 继续加强绿色印刷的宣传推广工作。

代表性意见表述举例如下：

建议行业主管部门在各地区（最好是以省为单位）建立更多的绿色印刷示范企业，适当降低评选门槛，突出评选重点（切实能够起到环保示范作用），积极推广绿色印刷工作；

政府有关部门应该搭建权威的宣传推广平台，对绿色原辅材料加强知识普及与推广；

国家相关部门应对西北等偏远地区加大绿色原辅材料的宣传推广力度；

主管部门应该定期组织对印刷企业开展绿色原辅材料产品与技术信息方面的培训；

政府主管部门应该加强社会公众环保意识的宣传教育，提高消费者对于绿色印刷的认知度……

以上具体意见说明，印刷企业对于政府在绿色印刷进程中主导作用的发挥已经不再停留在简单的呼吁政策支持层面，随着绿色印刷的深入推进，印刷企业对于绿色印刷产业链的理解正在深化，对于自身的需求，以及政府所具备并且能够实现的主导性作用有了更加清晰的指向。

二、有关行业协会应该提供的支持

行业协会作为政府与企业间的桥梁与纽带，自绿色印刷战略推行以来发挥了十分重要的作用，政府主管部门以及印刷企业、供应商等机构对于行业协会的信任度很高，因而，受访绿色印刷企业在意见表达中一如既往地表现出了对行业协会的更多期望。

1. 帮助绿色印刷企业加强培训与学习。

鉴于绿色印刷企业对于绿色原辅材料正处于全面使用的新时期，绿色原辅材料还是一个新的领域，印刷企业对它的了解、熟悉和应用还需要一个过程。很多印刷企业表示希望行业协会加大培训力度，对绿色原辅材料的新技术、新产品、新工艺的应用等，能够经常性地组织有针对性的培训、研讨与经验交流会，知识更新以及应用仍是培训重点；对于培训的形式，有的印刷企业提出了具体的意见，如“增加绿色印刷原辅材料和普通材料（非绿色材料）的对比演示，通过对比让大家加深对绿色辅材的认识”等，对行业协会创新培训方式有着积极的借鉴意义。

2. 建立绿色原辅材料信息发布平台。

很多绿色印刷企业反映，对绿色原辅材料的种类、型号、生产厂家以及采购渠道等方面情况的掌握仍然存在困难，而且需要花费大量的时间与精力，因此有不少印刷企业提出由行业协会向企业推荐和发布有关的绿色原辅材料信息，以方便企业采购与使用。

根据反馈意见，印刷企业希望得到的信息发布形式主要表现为两种，一类是希望协会通过各种媒体直接定期发布《绿色印刷环境标志原辅材料产品清单》，以及权威的数据报告，直接列明符合绿色印刷要求的绿色原辅材料供应商信息以及采购渠道，便于绿色印刷企业直接联络与采购；另一类是建立网络专用公共平台，或是网上申报系统，或是绿色原辅材料信息网，让供应商将符合绿色印刷要求的原辅材料检测报告、认证证书等文件进行网络公示，可供绿色印刷企业查询、下载，同时服务于绿色印刷企业的认证工作。

3. 进一步加快或完善绿色原辅材料的标准建设。

目前我国已出台了一系列针对不同印刷领域与产品类别的绿色印刷标准，行业协会在制定有关标准的过程中起到了重要的组织与协调作用，绿色印刷企业认为，为了进一步规范绿色原辅材料市场的发展，加快绿色原辅材料的标准建设，并逐步与国际标准接轨也应是我国绿色原辅材料产业发展的必由之路。在这一标准化体系的建设中，行业协会理当发挥同样的主导性作用。

三、绿色原辅材料供应商有待解决的问题

目前，我国的绿色印刷工作正在加速推进中，从2012年到2014年，获得绿色认证的印刷企业翻倍增长，他们在实现绿色印刷的过程中使用着越来越多的绿色原辅材料、环保设备以及新的工艺，也因此发现了绿色印刷生产过程中的种种阻碍，向供应商寻求解决方案是目前绿色印刷企业的普遍需求。从印刷企业的反馈来看，其对绿色原辅材料供应商提出的希望主要集中在以下方面：

1. 降低价格，提升质量。

在之前的问卷调查中，大多数印刷企业都表达了希望绿色原辅材料供应商降低绿色原辅材料成本的意向，在开放式问题的回答中，很多印刷企业对这一要求进行了反复强调。目前，尽管大多数印刷企业都已经意识到绿色印刷是我国印刷业未来发展不可逆转的趋势，而且主动发展绿色印刷的意识也已经有所强化，但是在现实的市场环境中，大多数印刷企业都是规模较小的中小企业，资金有限，在推行绿色印刷过程中由于原辅材料等成本上升而导致的资金紧张问题可以说到现在为止也没有得到完善的解决，成本压力仍然是绿色印刷企业发展的主要障碍。因此，站在用户的立场，印刷企业普遍认为，绿色原辅材料的价格应该与印刷工价相适应，而且，绿色辅材如果要实现快速的大范围普及应用，势必需要供应商开发研究成本低质量好、性价比更高的绿色原辅材料产品。

在反馈意见中，关于提升与稳定绿色原辅材料质量的意见中还有企业特别提出：绿色原辅材料的适应性有必要进一步提高，以应对不同的生产环境。有关意见直接反映出印刷企业的市场需求与导向，值得原辅材料供应商的关注与重视。

2. 为印刷企业提供真正的“环保辅材”。

如今，已有很多原辅材料供应企业顺应形势研制出各种环保产品，或者正在从事环保产品的开发，而且大家在宣传中都声称自己的产品绿色、环保、无污染，但是对于用户而言，这样简单的宣传并没有太大的说服力，很多绿色印刷企业忧虑的是自己所使用的原辅材料是否是真正的

环保型材料，因为印刷企业自己没有有效的检测手段。

在开放式问题中，很多印刷企业表达了这一担心，他们希望在绿色原辅材料领域能够有更多新鲜力量的加入，供应商能够加强自身对于绿色印刷相关技术的学习，主动提升自己的研发能力，加大新产品新品种的投入力量，尤其是加强绿色原辅材料的国产化研发；供应商要加强对其绿色原辅材料生产过程的控制、检测与监督，确保产品质量合格，尽快淘汰非环保型材料的生产，为印刷企业提供真正可靠的“绿色辅材”。

3. 提升服务绿色印刷企业的主动性。

比较有代表性的意见表述如下：

绿色原辅材料供应商应该及时地提供各品种、各批次的标准检测材料，以及新型的绿色原辅材料成果；

供应商应该与印刷企业保持及时沟通，如果资质发生变化要及时通知印刷企业，最好是在自己的网站上能够提供可供下载的电子版材料；

供应商应该主动将最新的符合绿色印刷要求的证明材料交给印刷企业，并即时更新证明材料；

绿色印刷企业在接受年检或复审时，原辅材料供应商能够主动提供有关绿色原辅材料的明细资料，协助印刷企业简化手续；

绿色原辅材料供应商需要加强更有针对性的宣传与售后服务，主动跟踪企业应用新型材料的情况，对生产中出现的问题及时给予指导与帮助……

由以上具体意见可以看出，绿色印刷企业对于如何与绿色原辅材料供应商实现协同发展已经有了深入的自发性思考。

第四部分 绿色原辅材料的发展趋势及应对

随着我国绿色印刷系统的不断完善，绿色原辅材料自身的环保进程势必不断深入。结合以上的各项调查数据，以及我国绿色印刷战略发展的需要，绿色原辅材料市场成长曲线将呈上升趋势，这将在一定程度上改变目前绿色印刷产业的市场格局，并为广大印刷原辅材料供应商带来更多发展机会。

一、绿色原辅材料市场有望放量增长

2014 年是实施“印刷业十二五”发展规划的关键时间节点，根据我国的绿色印刷发展战略规划，到“十二五”期末，国内绿色印刷企业要占到我国印刷企业总数的 30%，绿色印刷要覆盖所有的印刷产品类别，而且要进一步淘汰非环保型的工艺、材料、技术与产能。这既是我国绿色印刷战略的硬指标，也是相关产业链上下游必须共同担负的重要责任，可谓时间紧，任务重。“十二五”规划的实现意味着将有数千家，甚至可能上万家的绿色印刷企业需要使用绿色原辅材料，从学生教材到票据票证、食品药品包装，越来越多的印刷产品也将必须使用绿色原辅材料进行生产。这一规划的成功实现有赖于绿色原辅材料从产业源头上的大力支持。

2013 年 2 月，《环境标志产品技术要求 印刷 第二部分：商业票据印刷》正式实施，该标准对票据印刷的原辅材料、印刷过程的环境控制和印刷产品的有害物质限量做出了规定。随着商业票据绿色印刷标准的相继出台，我国绿色印刷的认证体系与标准体系进一步完善，并且已经基本涵盖了主流的印刷生产工艺。以此为基础，绿色印刷覆盖的绿色印品进一步增多，绿色印刷标准所涉及的针对绿色原辅材料的环境要求进一步完善，为绿色原辅材料市场的发展进一步明确了方向。

国家新闻出版广电总局、环境保护部、工业和信息化部、国家认证认可监督管理委员会联合印发的《关于票据票证实施绿色印刷的通知》中指出，工业和信息化部会同新闻出版广电总局将加强对绿色印刷自我声明模式的研究，建立绿色印刷自我声明制度，推进自我声明信息服务平台建设，探索政府设计制度框架、行业协会搭建实施平台、检测机构检测监督的绿色印刷自我声明体系……这是我国为加速绿色印刷战略目标实现的重大举措，一旦绿色印刷自我声明体系建成，绿色印刷企业数量将快速成倍增长，而《通知》中也特别强调，通过自我声明实现绿色印刷的企业同样必须严格执行绿色印刷标准，使用绿色印刷原辅材料。

与此同时，印刷企业的绿色印刷意识不断增强，对于绿色原辅材料在绿色印刷产品生产过程中的重要作用已经有了非常清醒的认识。对于绿色印刷，印刷企业从过去的被动了解、被动认证已经转化为主动思考、积极转型。对于绿色原辅材料，印刷企业不仅能够接受较高的市场价格，而且正在主动学习有关绿色原辅材料的各方面知识，并积极地寻找更多的有利于绿色生产的绿色原辅材料。结合各项有利环境与条件，我们可以初步预测，未来绿色原辅材料的市场份额将快速扩大，有望在更多区域以及更大的印刷产品范围内取代传统的原辅材料市场。随着绿色原辅材料市场占有率的不断扩大，我国绿色原辅材料的大众化、市场化进程也将逐步加快。

二、国产绿色原辅材料品牌迎来发展机遇

在本次绿色原辅材料的问卷调查中，我们针对国外产品以及国内产品的选择进行了一次统计，结果显示，290

家印刷企业主动表示，在采购绿色原辅材料中将优先考虑国内产品，仅8家企业表示将优先考虑国外产品，另有28家企业没有明确指向。这说明已有89%的绿色印刷企业在采购绿色原辅材料时将优先选择国产品牌或供应商。这对我国本土原辅材料供应商来说无疑是一个好消息。

而且，在针对绿色原辅材料的市场调查中，很多印刷企业反映目前绿色原辅材料可供选择的品种单一、市场空间有限，因此表示希望有更多新的产品、企业或品牌加入到这个全新的市场。从心理层面来看，印刷企业目前对于绿色原辅材料的新产品、新品牌的接受度是很高的，因此对于新进入者来说，只要拥有真正环保的技术与高性价比的产品，就很容易得到印刷企业的认可，从而快速打开市场。而相比国外的竞争者，国产品牌的区域优势、成本优势以及市场营销优势都是更加突出的。

众所周知，一直以来在我国的印刷市场，新材料、新技术、新设备等的应用在很大程度上长期被国外产品所垄断，国内印刷企业也倾向于主动选择国外供应商。一方面，这是因为国产设备、工艺、材料等方面的技术水平的确仍落后于国外先进品牌，而另一方面，也不乏国内印刷企业长期的思维惯性影响，对国产品牌形成了一定的消极看法，采购习惯不易更改。但是从此次调查可以看出，印刷企业的惯性思维正在打破，并且对国内绿色原辅材料供应商以及产品寄予了厚望。

还有很多企业提出，国内企业应当加快先进绿色原辅材料的国产化研发进程，致力于提升国产绿色原辅材料的整体技术水平。这从一定程度上反映出我国印刷原辅材料产业经过多年的发展，其整体水平已经得到了很大提升，并且已经得到了印刷企业作为用户所带来的认可。在第二届全国印刷行业科技创新成果的评选活动中，获得绿色印刷科技创新特别贡献成果奖的四项成果全部与原辅材料或其使用过程直接相关，有力地说明了国内供应商在绿色印刷领域的重大进展。尽管国内印刷企业的选择中离不开企业对于原辅材料成本的考量，但是同时也说明了国产原辅材料仍然具备有利的市场优势，而且，经过多年的积累与渗透，很多国产原辅材料供应商已经拥有了自主研发能力以及技术创新能力，正在潜移默化地改变着印刷企业对于国产原辅材料的固有看法，加之绿色印刷战略的全力推进，国产原辅材料供应商凭借其立足本土的性价比优势有望迎来全面扩张并建立自身品牌的有利机遇。

三、绿色原辅材料标准化体系有待建立

产业发展，标准先行。我国印刷业要实现真正的转型升级就必须建立完善的印刷业绿色标准体系。标准化建设是我国绿色印刷系统中的重要组成部分，在标准基础上的审核、检测环节是对绿色印刷全过程的权威评价，决定了绿色印刷的价值落地，这一过程不仅应包含对印刷企业的有效控制，还应包含对绿色材料本身乃至材料生产者的限制。

绿色原辅材料作为印刷企业生产绿色印刷产品的把控源头，其重要性已经形成了广泛的共识。但是摆在印刷企业眼前的问题是，作为用户，很多印刷企业并非绿色原辅材料的技术专家，他们对绿色原辅材料的了解还十分有限，有的甚至在使用上还处于磨合阶段，如何来判断供应商所提供的原辅材料是否为环保辅材是一直困扰印刷企业的难题。因为印刷企业自身没有，也无法建立相关的检测体系，一般都依赖于大量出自不同机构的繁杂的检测证书、权威机构评奖来确定绿色辅材的身份。

而对于国内众多的印刷用原辅材料来说，其产品本身的标准就存在着模糊、认证无门的情况。这其中有一定的客观原因，由于我国绿色原辅材料正处于发展阶段，随着技术的不断提升，“环保”性能还有可能继续提高，或者说，目前我国绿色原辅材料从环保的角度来说还有很大的进步空间，还远没有到达可以统一“定性”的时候。以油墨为例，目前的“环保”油墨品种丰富，在市场上有无水油墨、大豆油墨、无芳烃油墨等等，但是对于用户来说，他们并不十分清楚这些不同的“环保油墨”有何区别，而且仅凭生产厂家的一纸说明书是明显不够的，即便生产厂家声称自己的产品符合相应的标准，但是没有人们认可的检测机构来进行认证，使用者也无法知道是否与生产厂家所宣称的一致。再以润湿液为例，有关绿色标准中要求使用无醇润湿液或者醇类添加量小于5%的润湿液，对于使用者印刷企业来说，如何判断其使用的润湿液是否添加了醇类添加剂？或者含量是否小于5%？没有相应的专业认证机构可供检测，印刷企业的担忧始终无法消除。解决这些困扰的最有效途径就是建立相应的绿色标准体系与供应商资质体系。尤其是随着我国绿色印刷原辅材料市场的不断扩大，绿色原辅材料应用的不断普及，更加需要相关的标准体系来引导企业实现健康发展。

因此，从我国绿色原辅材料的长远发展来看，开展绿色原辅材料的标准化体系建设，专门针对各类绿色原辅材料建立相应的技术标准以及检测机构，或是建立相关的国家认证认可制度是绿色原辅材料产业发展的趋势之一。

一方面，我国印刷业发展要与国际接轨，在欧美印刷

业发达国家，相关绿色原辅材料的标准与检测体系都已经相当成熟，我国绿色原辅材料市场也需与国际绿色标准接轨，为国产绿色原辅材料的发展指明方向；另一方面，有了专门的行业监管机构对原辅材料供应商进行监督管理，也为印刷企业使用上真正的“环保材料”提供可靠的保障。这既是绿色印刷原辅材料行业发展的市场需求，也是我国绿色印刷产业标准化发展中的重要组成部分。

四、绿色印刷企业应持续推进绿色化改造

绿色印刷是一项系统工程，不仅涉及绿色原辅材料，同样离不开环保设备、工艺、技术以及企业管理等多方面的配合。在调查中我们发现，印刷企业在使用绿色原辅材料的过程中出现很多应用方面的问题，客观来说，这些问题出现的原因一部分是因为绿色原辅材料本身的质量还存在不稳定、不完善的地方，但是在生产过程中的使用不当、设备不配套、控制不到位等原因也可能是导致绿色原辅材料无法正常发挥的原因之一。因此，尽管印刷企业将绿色原辅材料视为绿色印刷的重要源头，但是同时也应该意识到，在使用绿色原辅材料中仍需要多方配合，才能真正最大化地发挥出绿色原辅材料应有的作用。也就是说，绿色原辅材料的快速发展与普及应用也离不开广大绿色印刷企业的有力配合与支持。

绿色印刷可以说是一种全新的工艺、材料、设备的组合，需要对印刷的全过程进行不同于传统印刷过程的严格控制，尤其是在生产过程的各环节都需要企业运用全新的管理方法，以科学的手段强化控制。在有关的绿色标准中，对于生产过程有很多直接涉及到绿色原辅材料的限制要求，如不得添加标准中明确规定禁止添加的物质，某些允许添加的物质也要控制在标准要求的范围之内等等，这些都需要印刷企业在生产过程中注意改变以往的操作习惯，以逐步适应标准的要求。同时，在具体绿色印刷产品的生产过程中，企业应当充分利用自身的经验，从绿色印刷工艺出发，注重考虑原材料特性与印刷工艺适性的匹配性问题。如此一来，印刷企业才能够正确、准确地把握绿色原辅材料在生产过程中的使用。

购置节能环保的设备或配套设施也是绿色印刷的重要环节，于绿色原辅材料而言，好的配套设备与设施在客观上也能够有助于绿色辅材环保性能的有效发挥。但是在目前印刷企业普遍的微利生存状态下，要求印刷企业将所有设备更新为环保设备是不太现实的，但是对部分设备或生产设施进行绿色化改造，企业还是可以做到的。国家鼓励企业使用低碳、节能的印刷设备，也支持企业通过对现有设备的技术改造来实现应有的环保功能。例如增加小型配套环保设施，对印刷机等大型设备进行单元化节能改造等等。对绿色印刷企业来说，印刷装备的绿色化改造应该是一个长期工作，在进行改造的过程中还应注意绿色原辅材料的应用情况，注意收集绿色原辅材料与新设备、新设施的适应性、协调性等信息，为绿色原辅材料供应商提供有效反馈，助力供应商有针对性地改进材料性能。

在印刷行业，人才瓶颈一直是困扰印刷企业发展的难题。尤其是在绿色印刷的转型升级中，印刷企业对于从业人员的素质有了更高的要求。员工的素质直接关系到绿色印刷产品的生产过程与产品质量，但是，掌握绿色印刷技术的工人和高技能人才的缺乏一直是大多数绿色印刷企业不得不面对的问题。在这种情况下，绿色印刷企业比较有效的解决方法是加强对现有员工的环保知识、技能培训。除了积极参与行业协会等机构举办的各类针对性培训，在企业内部也应该建立长效的绿色培训机制，帮助员工及时更新绿色印刷的相关知识，让一线操作者了解绿色原辅材料的性能，形成正确的使用习惯。配之以高效科学的管理系统，培养员工正确的环保意识与操作技能，从而提高绿色原辅材料的利用率。

结　语

绿色印刷是全球印刷业发展的主流趋势，是我国印刷业转型升级的重要方向。三年多来，在可持续发展、节能减排方针的科学指引下，我国绿色印刷战略的实施取得了显著的成果。绿色印刷的社会影响日益广泛，印刷企业的绿色竞争力明显增强，绿色印刷企业的大量增加、绿色原辅材料的快速推广都折射出我国绿色印刷产业规模的逐步扩大。但是同时我们也要看到，在绿色印刷的系统进程中，仍有很多问题有待在发展中不断解决与完善，这是对绿色印刷全产业链的共同考验。对印刷行业而言，绿色印刷的转型还远远没有结束；对于绿色印刷企业而言，如何执行好绿色标准仍将是企业继续努力的目标；对绿色原辅材料供应商而言，机遇虽然已经摆在眼前，但能否乘势而上仍取决于真正的实力。

绿色印刷已处在深化拓展阶段，但是实施绿色印刷仍然任重而道远，我们要坚定绿色印刷的发展方向不动摇，进一步明确行业各方的责任，凝聚团结全行业以及全产业链上下游的力量，为绿色印刷的顺利推进，为印刷业“十二五”规划的顺利实现，贡献出自己的力量。

2013年地方印刷业概况

北京市印刷业

一、基本情况

2013 年，在国家新闻出版总局和北京市委市政府领导下，北京印刷业认真贯彻党的十八大和十八届三中全会精神，努力实行产业发展方式转变，保持了平稳增长态势。产业结构继续优化，绿色印刷和数字印刷快速发展。行业依法经营秩序和文化安全得到维护，产品和服务质量持续提升。

2013 年底，北京共有印刷企业 1922 家，其中出版物印刷企业 742 家，数字印刷企业 44 家，排版制版装订等专项印刷企业 116 家，包装装潢印刷品印刷企业 321 家，其他印刷品印刷企业 699 家。

2013 年北京印刷行业统计年报汇总了 1669 家印刷企业的相关数据。资产总额为 440.3 亿元，按出版物印刷企业、数字印刷企业、排版制版装订等专项印刷企业、包装装潢印刷品印刷企业、其他印刷品印刷企业等五个类别分别合计，为 227.8 亿元、3.4 亿元、2.9 亿元、121.2 亿元、85 亿元。完成主营业务收入总额为 300.5 亿元，按上述五个类别分别合计，为 122.68 亿元、4.17 亿元、1.71 亿元、105.9 亿元、66.02 亿元。实现利润总额为 28.76 亿元。年末从业人员总计 68236 人。工业销售产值过亿元的印刷企业 53 家，主营业务收入总额为 179.46 亿元，其中出版物印刷企业 23 家，主营业务收入合计 56.25 亿元；数字印刷企业 1 家，主营业务收入 1.71 亿元；包装装潢印刷品印刷企业 20 家，主营业务收入合计 75.8 亿元；其他印刷品印刷企业 9 家，主营业务收入合计 45.7 亿元。出版物印刷企业完成的印刷量中，单色业务 2410 万令，多色业务 9117 万对开色令。印刷企业拥有的设备中，直接制版机 231 台，商业和报纸轮转印刷机 113 台，其中商业八色轮转机 45 台，对开四色以上胶印机 626 台，生产型数字印刷机 163 台，无线胶订生产线 179 台。

二、绿色印刷

2013 年，北京继续大力推进绿色印刷。资质认证稳步发展。截至 2013 年底，通过绿色印刷资质认证的印刷企业累计达 42 家。示范项目大受欢迎。全年分三个批次推出绿色印刷少儿读物 413 个品种共 660 万册，并于“六一”节当天在西单图书大厦举行了绿色印刷读物贺“六一”活动。教科书绿色印刷顺利推进。2013 年度秋季学期义务教育阶段中小学教科书全部实现绿色印刷，共付印近 1198 万册。交流合作凝聚共识。由北京印刷协会承办，于 11 月 26 日至 28 日在中国职工之家举办了 2013 北京绿色印刷产业促进商务交流会。众多印刷企业、出版社以及绿色印刷器材、耗材供应商的代表参加了交流活动。质量监管强力推进。对中小学教科书、绿色印刷少儿读物、食品药品包装等绿色印刷产品实施环保质量检测共计 836 品种，促进了绿色印刷产品质量的提升。

三、监督管理

市区两级印刷业行政监管部门组织、参与了全国两会期间、国庆节等重要时间节点的印刷复制企业依法经营和安全生产状况检查。市新闻出版局开展了 2013 年度印刷企业年度核验工作，1710 家印刷企业通过年度核验。复制企业的年度核验也于同期进行，7 家光盘复制企业和 21 家磁带复制企业通过年度核验，注销 2 家光盘复制企业、2 家磁带复制企业。北京地区印刷产业促进平台建设基本完成。图书、期刊印刷委托备案系统于 2013 年 12 月正式运行，提高了相关出版社和出版物印刷企业办理印刷委托书备案的效率。市新闻出版局先后组织了4期印刷企业负责人法规培训班，共有500多人接受培训。此外，市新闻出版局于第四季度分5次举行了覆盖全部印刷企业的守法经营和安全生产系列培训。

四、质量管理

2013年，依托国家新闻出版广电总局开展的“3·15”出版产品质量监督检测活动，依靠北京市工业产品质量监督检验站，市新闻出版局对北京地区印刷行业大力实施质量监管。活动期间，对印刷企业送检的产品实施检测共计13500多种，受出版单位委托实施产品质量检测256种，两次对甜水园图书批发市场实施产品抽样检测共计215种。对于质量检测中发现的问题，督促企业进行了整改。

五、协会工作

北京印刷协会是北京地区印刷业的主要行业组织。2013年，协会联合印刷质检机构等行业组织，在服务印刷企业、配合行政部门等方面做了大量富有成效的工作。行业组织积极开展研讨交流、展览展示、培训咨询和产品质量提升活动。在协助市新闻出版局开展行业统计、绿色印刷推进工作特别是为企业绿色印刷资质认证所做的大量促进和服务工作中，协会贴近企业、细腻周到，受到企业广泛好评。协会受委托成功承办了2013北京绿色印刷产业促进商务交流会，为促进绿色印刷产业上下游有关单位的交流作出了重要贡献。协会还组织印刷企业参与了华北、东北八省市区印刷企业联谊活动，推动了印刷业省际交流与合作。

（北京市新闻出版广电局印刷发行处供稿）

天津市印刷业

2013年，天津市印刷企业为1716家，从业人员52631人，其中，出版物印刷企业126家，从业人员8417人；包装装潢印刷企业973家，从业人员38362人；其他印刷品印刷企业617家，从业人员5852人。

截至2013年底，天津市印刷企业资产总额243.38亿元，印刷工业总产值199.42亿元，实现利润总额6.32亿元。按企业类型划分，印刷企业资产总额：出版物印刷企业35.55亿元，包装装潢印刷企业197.66亿元，其他印刷品印刷企业10.17亿元；印刷工业总产值：出版物印刷企业19.53亿元，包装装潢印刷企业171.89亿元，其他印刷品印刷企业8亿元。利润总额：出版物印刷企业0.93亿元，包装装潢印刷企业5.21亿元，其他印刷品印刷企业0.18亿元。

2013年，全市有7个区印刷工业总产值超过10亿元，分别是：滨海新区、武清区、北辰区、东丽区、西青区、南开区和津南区。随着京津冀区域联合的发展，上述区域的聚集特征和发展势头将更加凸现，成为拉动天津乃至中国北方印刷工业发展的重要基础。

2013年，天津市规模以上（年印刷产值5000万元以上）印刷企业78家，其中，年印刷产值超亿元企业35家。规模以上企业按经营类别划分，包装装潢印刷企业71家，约占总数的91%；出版物印刷企业7家，约占总数的9%。按企业类型划分，外商投资印刷企业23家，约占总数的29%；内资企业55家，约占总数的71%。从产品类型分析，包装装潢印刷产品占工业总产值的比重超过90%。此外，78家规模以上重点印刷企业的工业总产值为112.96亿元，占全市印刷工业总产值的56.6%。由此分析，规模以上重点印刷企业工业总产值占了全市印刷工业总产值一半多，成为本市印刷产业中的骨干力量。

根据天津市中心城区、滨海新区、环城区县的不同特点，通过政策、区位、资源、市场和技术五大导向，加大资源整合力度、加大招商引资力度，打造印刷产业集群，建设天津市印刷产业服务体系。在建设构建京津冀一体化印刷基地过程中，天津市拟在现有印刷集群的基础上，培育和引进科技领先、特色鲜明，具有竞争力的国家级印刷示范产业园区或印刷产业聚集区；培育年产值过亿元的企业企业集群。主要印刷生产企业的技术、设备水平和生产管理水平达到国际先进水平；印刷物流市场等产业综合配套功能齐全，增强产业聚集力、辐射力；初步建成印刷生产、印刷装备制造、印刷器材、印刷科研、印刷教育培训协调发展和比较完整的现代化印刷工业体系，为京津冀印刷产业集群发展作贡献。

（天津市新闻出版广电局印刷业管理处供稿）

河北省印刷业

一、基本情况

截至2013年底，全省共有各类印刷企业和单位9110家，其中：出版物印刷企业281家，包装装潢印刷企业1744家，排版、制版、装订专项企业492家，其他印刷品印刷企业2761家，复印打印单位3832家。经统计，全省印刷行业从业人员18.72万人，资产总额389.06亿元。2013年河北省印刷业工业总产值627.40亿元，工业增加值139.74亿元，实现利税总额68.89亿元。

（一）全省印刷业继续保持了健康稳定发展

由于河北采取一系列积极有效地的监管措施，产业结构和综合效益不断向合理的方向转化。在此次年度核验中，进一步严格了审核标准，缓检印刷企业116家，不予核验企业103家。与上一年度相比，出版物印刷企业基本持平，包装装潢印刷企业增加56家，排版、制版、装订专项企业减少20家，其他印刷品印刷企业减少118家，复印打印单位减少22家，全省印刷企业总数量比上年有所减少，但是企业的规模效益比上一年度有新的增长。河北省提高了出版物和包装装潢印刷企业的准入门槛，不仅严格控制了落后小型印刷企业的准入，从源头上有效遏制了低水平重复建设，也给先进的生产能力腾出了市场空间，极大地激励了现有印刷企业找市场求发展的积极性和主动性。总的来看，经过进一步加强行业监管，全省印刷企业积极应对市场变化，上规模、上档次，质量管理、生产产能、技术设备、人才培养等方面都有不同程度的提高，2013年度印刷业基本保持了健康稳定发展的态势。

（二）在监管和行业发展中存在的主要问题

河北省印刷业虽然结构调整取得了一定成效，但面对日益激烈的市场竞争和新型媒体的出现，在发展中还存在着一些亟待解决的问题。一是企业规模较小，整体生产水平偏低，缺少名牌企业和具有国际影响力的大型骨干企业的问题还依然存在。二是市场开发力度不够，开放度低，利用国外和省外的资金少，承接境外订单少，是河北省印刷业的一个明显弱势，外加工贸易额占全省总产出的比例还不够大。三是产业结构和产品结构还需进一步调整，产业链条还需要不断完善。

二、年度核检工作情况

（一）加强组织协调，高标准做好年度核验工作

1. 认真部署，做好年度核验组织工作。按照总局的《通知》要求和河北省印刷业实际，提出了今年年度核验的具体标准和要求，并切实组织好各市局对不同类型印刷企业的初审、核验工作，对各市在年度核验中遇到的情况和问题及时进行解决。

2. 按照程序和要求，认真开展核验。包装装潢，专项排版、制版、装订企业和其他印刷品印刷企业及复印打字单位由各设区市直接进行年度核验，各市核验完成后将企业名录、相关统计表格和总结等报省局审核备案。对于河北新闻出版局发证的出版物印刷企业，先由各市局进行初审把关，对符合年度核验条件的企业材料报河北省新闻出版广总局核验。

3. 认真扎实做好汇总总结工作。汇总各地统计数据，分类打出列表；整理核验材料，分类建立企业年度核验纸质和电子档案；总结分析全省印刷业发展情况，撰写年度核验报告，并将行业的相关数据和材料报新闻出版广电总局备案。

（二）以年度核验为抓手，不断强化行业监管

1. 严格核验标准，对不符合条件的印刷企业不予通过核验。按照年度核验标准提出的要求，对各市新闻出版行政管理部门初审后报来的出版物印刷企业年度核验材料，逐个进行认真审验，坚决按照总局的年度核验要求和标准进行核验。从企业自查报告到上报的各种数据报表，从企业法人代表的培训情况到印制产品质量检验情况，从企业的注册资金到工商营业执照，严格按照标准进行检查核验。出版物印刷企业没有参加产品质量检验的，质检报告显示批质量产品不合格的，暂做缓检处理，待其印制产品质量检验合格后再予通过核验；无故不参加印刷企业法定代表人法律法规培训的印刷企业不予核验；对达不到资质条件的，以及在2013年度存在严重违法违规问题的印刷企业，坚决不予核验，并收回《印刷经营许可证》。

2. 建立印刷企业年度核验档案，为实施动态监管打好基础。在认真审核各企业年度核验材料的基础上，按照地区、类别和《印刷经营许可证》编号，为每一家出版物印刷企业分别建立最新的纸质档案和电子档

案，为加强日常监管提供保障。

3. 对包装装潢和其他印刷品以下的市管企业进行认真审核备案，及时掌握企业发展新动向，有针对性地实施有效监控和管理。

三、促进印刷业发展的措施

（一）继续优化产业结构，推动印刷业科学发展。

1. 优化产业结构。积极引导印刷企业向“专、精、特、新”方向发展，实现各种规模、档次、特色印刷企业并存互补的印刷产业格局，不断增强市场竞争能力。

2. 加快产业园区建设。加快推进廊坊国家印装园区建设进度，在全省形成多个印刷包装产业集群和环京津印刷产业带，发挥产业集聚效应，壮大产业规模，提高产业竞争力。

3. 转变发展方式。以京津冀一体化发展为契机，对现有印刷企业实施动态监管，逐步建立行之有效的企业考核制度和退出机制，促进从数量扩张型向质量效益型转变，增强企业综合竞争力。

（二）推进改革创新和技术进步，激发印刷业发展活力。

1. 加大改革力度。推进国有印刷企业公司制改革和股份制改造，完善法人治理结构，转换经营机制，增强企业发展的动力和活力。引导民营印刷企业以市场为导向，以资本为纽带，实行股权多元化，大胆吸收外部资金，强化现代企业的激励约束机制。

2. 推进科技进步和绿色印刷。围绕新工艺、新技术、新产品，鼓励印刷企业技术创新和引进先进技术设备，积极支持发展数字印刷和印刷数字化，大力推进绿色环保印刷。

3. 提高从业人员素质。引导印刷企业引进和用好高层次管理人才和技术人才。加强与专业院校、技校或国内外知名印刷企业合作，有针对性地培养一批高技能印刷技术人才，全面提高河北省印刷技术水平。

（三）加强行业监管，优化印刷业发展环境。

1. 实施科学监管。尽快研发适合河北省实际的《印刷管理系统》软件，逐步建立起省、市联网的网络审批、监管、查询系统，构建快捷、透明网络管理平台。

2. 强化监管措施。通过进一步完善监管制度，及时掌握违法印制活动的新动向，做到日常监管与重点监控相结合，行政执法与刑事打击相衔接，确保全省印刷市场健康繁荣。

3. 搞好行业服务。以“3·15”质检活动为抓手，重点开展教材、教辅出版物监督检查，强化对印刷产品质量的监督管理，健全产品质量保障制度，对批质量不合格产品实施召回，充分发挥行业协会作用，加强行业自律，规范经营行为，营造公平竞争的环境。

（河北省新闻出版广电局印刷处供稿）

山西省印刷业

一、基本情况

2013 年，在经济增长速度放缓，企业生产成本增加，数字化网络化进程加快，中小企业融资难度加大，特别是国家相关政策出台的情况下，山西省印刷业的发展进入了平稳期。

截至 2013 年底，山西省共有各类印刷企业 1494 家，从业人员 37491 人。其中：出版物印刷企业 160 家，包装装潢印刷企业 321 家，其他印刷品印刷企业 988 家，专项排版、制版、装订企业 13 家，专营数字印刷企业 12 家。

2013 年山西省印刷业工业总产值 840803.43 万元，较 2012 年增长 –1.33%；销售收入 837172.62 万元，较 2012 年增长 –0.37%；工业增加值 302970.03 万元，较 2012 年增长 –3.85%；资产总额 949165.76 万元，较 2012 年增长 18.50%；利润总额 24579.52 万元，较 2012 年增长 –2.21%；营业税金及附加 25341.93 万元，较 2012 年增长 4.99%。

2013 年山西省规模以上重点企业（年印刷产值 5000 万以上）共有 18 家，较 2012 年减少 3 家；实现工业总产值 202326.76 万元，较 2012 年增长 5.68%，工业增加值 66461.75 万元，利润总额 15103.17 万元，从业人员 5168 人。

二、管理工作

（一）数字印刷方面

全省数字印刷企业（含专营和兼营）共有 100 余家，数字印刷装机 220 台（套），实现工业总产值约 33500 万元。其中专营数字印刷企业 12 家，实现工业总产值 10461.11 万元，工业增加值 5156.58 万元。

（二）绿色印刷方面

积极推动绿色印刷工作，山西省共有6家企业通过绿色认证；中小学教科书绿色印刷超过95%以上，基本实现全覆盖；举办票据票证绿色印刷讲学班，推进票证票据绿色印刷工作；印刷企业环保节能意识进一步加强，采取措施的达到30%以上。

（三）技术设备方面

2013年山西省印刷企业资产总额达到949165.76万元，较2012年增长了18.50%，在销售收入减少的情况下，出现了大幅度增长。在劳动力短缺，人工成本大幅上涨的情况下，以及技术改造、产业升级的推动，2012—2013年，山西省对开进口平版高速胶印机、8色轮转印刷机、装订连动线等全自动高端设备的购买都在10台（套）以上，数字印前、印刷设备的投资也相对活跃，CTP市场基本饱和。此外，由于城市化改造、土地增值过快等原因，印刷企业在购买土地，扩建厂房方面投资较大。

（四）生产产能方面

随着投资的增加，技术改造、高端设备引入步伐的加快，山西省印刷企业生产产能有较大幅度提高。2013年由于经济、技术、政策等方面的影响，年销售收入达到837172.62万元，较2012年增长了-0.37%，是近10年首次出现了负增长。产能增加，业务量减少，2013年全省有近100家中小企业退出市场。

（五）人才培训方面

继续与各高校联系，设立印刷技术及包装设计专业，为行业培养人才。举办两期出版物印刷企业法律法规培训班，有近300人参加了培训。随着行政审批的下放，山西省将包装、其他印刷品印刷企业的培训下放到各市。

表1　2013年印刷企业核验情况

印刷企业数量	1494家	资产总额	949165.76万元
销售收入	837172.62万元	利润总额	24579.52万元
营业税金及附加	25341.93万元	对外加工贸易额	6740万元
工业总产值	840803.43万元	工业增加值	302970.03万元
工业总产出		从业人员数量	3.7491万人
外资企业数量	7家	外商注册资金额	5400万美元
外商投资总额	12000万美元		

表2　2009—2013年山西省印刷业发展情况

	2009年	2010年	2011年	2012年	2013年
工业总产值	40.4亿元	49.6亿元	65.8亿元	85.2亿元	84.1亿元
同比增长率（%）	10.68	22.77	32.66	29.48	-1.33

表3　管理类别基本情况

	企业数量（家）	销售收入（万元）	工业增加（万元）	工业总产值（万元）	工业总产出（万元）
出版物印刷	160	238164.86	81691.69	238405.05	
包装装潢					
印刷品印刷	321	401090.54	158512.3	402271.37	
其他					
印刷品印刷	988	158116.61	47340.81	158665.22	

（续）

	企业数量（家）	销售收入（万元）	工业增加（万元）	工业总产值（万元）	工业总产出（万元）
排版、制版、装订专项	13	29339.50	10268.65	31000.68	
专营数字印刷	12	10461.11	5156.58	10461.11	

表 4　部分主营业务情况

	企业数量（家）	销售收入（万元）	工业增加（万元）	工业总产值（万元）	工业总产出（万元）
书刊印刷	150	113666.10	45470.22	113690.88	
报纸印刷	40	87120.61	36111.90	172440.60	
纸包装印刷	273	240856.20	108385.21	241227.64	
金属罐包装					
印刷	6	27886.55	12269.84	27886.55	
塑料软包装					
印刷	38	87841.36	37221.20	87880.90	
普通票据印刷	30	30466.15	18026.70	30466.15	
安全印刷	60	4060.80	2100.50	4060.80	

表 5　年印刷总产值 5000 万元以上印刷企业情况

印刷企业数量	18 家	资产总额	万元
销售收入	万元	利润总额	15103.17 万元
营业税金及附加	万元	对外加工贸易额	万元
工业总产值	202326.76 万元	工业增加值	66461.75 万元
工业总产出	万元	从业人员数量	5168 万人

表 6　数字印刷企业情况（含专营和兼营）

数字企业数量	100 家	数字印刷机装机数量	220 台（套）
数字印刷部分总销售额	33500 万元	数字印刷部分总产值	33500 万元

（山西省新闻出版广电局印刷业管理处供稿）

辽宁省印刷业

一、基本情况

（一）基本数据

截至 2013 年底，辽宁省共有印刷企业 3748 家，全行业从业人员全行业从业人员 9.5 万人。年工业总产值 242 亿元，利润总额 15.6 亿元，工业总产出 283.9 亿元，工业增加值 41.9 亿元，对外加工贸易额 3.7 亿元，外商投资总额 4.3 亿美元，外商注册资金 3.6 亿美元。

其中出版物印刷企业 176 家，销售收入 26.5 亿元，工业增加值 6.4 亿，工业总产值 36 亿元，工业总产出 43.5 亿；包装装潢印刷企业1293家，销售收入106亿元，工业增加值31.1亿元，工业总产值184.9亿元，工业总产出215亿元；其他印刷品印刷企业2223家，销售收入33.1亿元，工业增加值4.3亿元，工业总产值21.3亿元，工业总产出24.9亿元；排版制版、装订专项45家，销售收入0.3亿，工业增加值0.03亿，工业总产值0.2亿，工业总产出0.23亿；专营数字印刷11家，销售收入0.02亿元，工业增加值0.0002亿元，工业总产值0.02亿元，工业总产出0.02亿元。

经营书刊印刷的企业165家，销售收入23.8亿元，工业增加值6.1亿元，工业总产值31.2亿元，工业总产出37.8亿元；经营报纸印刷的企业11家，销售收入2.59亿元，工业增加值0.3亿元，工业总产值4.86亿元，工业总产出5.7亿元；经营纸包装印刷的企业997家，销售收入77亿元，工业增加值22亿元，工业总产值138亿元，工业总产出162亿元；经营金属罐包装印刷的企业16家，销售收入2.5亿元，工业增加值1.1亿元，工业总产值6.5亿元，工业总产出7.6亿元；经营塑料软包装印刷的企业282家，销售收入24.2亿元，工业增加值7.6亿元，工业总产值37.9亿元，工业总产出44.4亿元。

（二）技术设备情况

辽宁省进口设备共有371台，其中海德堡246台，日本小森31台，日本滨田21台，日本秋山13台，日本三菱29台，罗兰31台；国产印刷设备八开以上的共有5683台，其中全开印刷机137台，对开多色印刷机1398台，对开单色印刷机1801台，四开印刷机1537台，柔版印刷机34台，凹版印刷机188台，凸版印刷机102台，水墨印刷机59台，标签印刷机27台，不干胶印刷机149台，卷筒纸印刷机119台，丝网印刷机24台，胶印轮转机45台，水性印刷机26台，数字印刷机26台，商业表格印刷机11台。强大的技术设备为辽宁省印刷业的发展奠定了基础。

（三）人才培训

1. 继续组织参加“印刷行业技能大赛”。

通过参加技能大赛，对参赛人员的选拔培训，提高辽宁省印刷队伍的技能水平及印刷技术总体水平，为辽宁省印刷业人材库提供人员储备，同时形成印刷行业对高技能人才成长的鼓励、培养与重视，并对进一步提升印刷行业人才的职业技能都具有十分重要的意义。

2. 组织法规培训。

辽宁省局协助各市局在办理年度核验的同时进行了法规培训，对企业法定代表人（或负责人）集中进行了印刷法规培训。通过省市组织的法规培训，进一步增强企业法定代表人（或负责人）诚信经营、依法经营的意识。

（四）质量管理

坚持日常抽查与定期抽查相结合的原则，加强对辽宁省印装质量的检查督促工作。圆满完成了总局部署的“3·15”质量检测活动。2013年质量检测活动的主要任务是对少儿读物、中小学教材、月饼包装等印刷产品质量进行检测。在此项检测工作中，除了完成总局部署的检测任务，还抽查了有关报纸，特别是按照绿色印刷的要求进行了相关检测，取得了很好的效果。“3·15”质检活动一直延续到10月份。辽宁省新闻出版局按照总局的要求，对这次活动进行了认真总结，对检测中存在的有关问题进行了认真分析，并将检测结果和总结报告上报总局。获得了总局的高度肯定和赞扬。辽宁省新闻出版局、辽宁省出版产品质量监督检验中心被评为“3·15”质检活动先进单位。

（五）规模以上重点印刷企业的基本情况

辽宁省“规模以上重点印刷企业”共有46家，其中出版物印刷企业有9家，包装装潢印刷企业有37家。辽宁省已汇总确立了“规模以上重点印刷企业”的联系方式，并召开“规模以上重点印刷企业”座谈会，进行不定期的巡访，给予政策上的重点扶持，促进规模以上印刷企业的发展。

（六）新技术研发

1. 本溪桓仁石头纸（石质纸）项目。

该项目利用方解石粉末与胶结合，再通过压制设备进行制作，最终完成石头纸产品。此产品的最大特点是纯绿色产品，通过检测，其检测指数远远符合绿色印刷要求，目前该产品正在接受印刷领域相关试验。

2. 纳米印刷机项目。

纳米印刷机是通过橡皮布将墨水直接喷到纸上，通过热量调控，完成图片文字的烘干。它的印制过程，类似于数字印刷机，不需要任何制版。它的优点就是解决了数字印刷机无法完成的印刷数量的问题。此项工作现由辽宁省相关印刷专家、中科院化学所、大族冠华印刷科技有限公司正在论证中。

二、辽宁印刷机制造业的发展

辽宁大族冠华印刷科技股份有限公司是国内知名胶印机制造企业，大族冠华的产品具备六个特征：印刷质量高、性价比高、使用效率高、使用成本低、稳定性高、寿命长。在国内单张纸小幅面印刷机市场，大族冠华已占到60%以上。辽宁大族冠华持着强劲的竞争优势，取得了长足发展，产品结构调整成功，市场销售保持领先，管理水平得以提升，战略目标稳健实施。成功收购了日本筱原，壮大了辽宁大族冠华的综合实力，为辽宁大族冠华的产品发展战略转型奠定了雄厚的基础。消化吸收日本筱原的技术，提高辽宁大族冠华的产品技术水平和质量水平，确保“差异化、大幅面、高品质、高效率”战略发展落地，为广大客户和市场提供高品质高效率高附加值的产品，为中国的印刷事业注入活力。

大族冠华的自有品牌CTP 1160制版设备，GH525NP、GH525UV胶印机，筱原66IVP、79IVH四色单张纸印刷机也成为了大族冠华新的有力武器。

大族冠华在未来的发展中将实行“双品牌”战略，大族冠华原有的“冠华”系列产品侧重为中小印刷企业提供印前、印中、印后高度集成的“差异化、低成本、高效率”的印刷解决方案，筱原品牌将主要为大中型印刷企业提供“大幅面、高品质、高效率、数字化”的高端印刷解决方案。冠华与筱原两个品牌的有机结合，将使大族冠华获得全面满足客户不同层次需要的能力。知难行易，稳中求进，量力而为，有所创新，把印中产品做精做透，同时推动印前印后配套产品的系列化和产业化。

大族冠华“GH564四开四色商务印刷机”、“HD670热敏计算机直接制版机”、“LD500装订联动线”项目荣获全国印刷行业科技创新成果奖。

三、扶持政策

为了促进辽宁省印刷业更好更快地发展，政府制定了相关的产业政策：引导和鼓励印刷企业积极采用新技术、新材料、新工艺、新设备及现代化的管理技术，全面提升企业的综合管理水平、产品质量水平和经济效益；积极鼓励和扶持包装印刷企业特别是中外合资、外商独资企业的发展；鼓励民营企业参与印刷市场的竞争；支持印刷产业集群建设，支持印刷产业园区建设；促进印刷产业经济规模化发展；支持印刷业的信息化建设；按照现代企业制度的要求，整合印刷产业资源，积极适应市场经济发展。

四、管理工作

（一）行业监管

充分发挥监管职能，实施科学有效监管，强化对印刷行业长效监管，在监管措施上有力有效。1. 加强企业自律。促使企业提高生产经营自律意识，规范企业的生产经营，减少行业之间的恶性竞争，提高经营素质和自律意识，引导企业自我规范、自我管理、自我发展。

2. 坚持日常监管。依法进行监管，加强企业规范化印制管理。以重点检查、突击检查等不同方式，督促企业建立健全五项制度，并严格遵守。

3. 开展专项检查。加大对印刷企业日常监管力度，对企业经营行为实行动态跟踪管理，发现问题，即时整改，将违法违规行为消灭在萌芽状态。通过检查，印刷企业基本上都能做到守法经营，认真履行印刷品承印五项制度。通过日常监管和专项检查，进一步增强印刷企业规范经营意识和质量意识，促进行业的发展。

（二）年度审核

按总署要求做好年检工作，通过年检工作，了解整个行业的发展现状，为引导企业的发展掌握第一手资料。

（三）质量管理

坚持日常抽查与定期抽查相结合的原则，加强对全省印装质量的检查督促工作；坚持省优评比工作，提高印刷企业的质量意识；3·15质检活动中，对少年儿童读物教材教辅进行产品质量检查，先后对沈阳、大连、鞍山、丹东、营口、铁岭六市的9家出版单位，8家少儿类报刊杂志、27家出版物印刷企业和7家包装生产企业的96种产品进行了质量抽查。其中图书66种1428册，报刊杂志10种224份，包装产品20种306个。检查结果批质量合格率100%。

（四）人才培训

1. 继续为参加“全国印刷行业技能大赛”做准备，通过对参赛人员的培训，提高辽宁省印刷队伍的技能水平及印刷技术总体水平，为辽宁省印刷业人材库提供人员储备，同时形成印刷行业对高技能人才成长的鼓励、培养与重视，并对进一步提升印刷行业人才的职业技能都具有十分重要的意义。

2. 辽宁省新闻出版局协助各市局在办理年度核验的同时进行了法规培训，对企业法定代表人（或负责人）集中进行了印刷法规培训。通过省市组织的法规培训，进一步增强企业法定代表人（或负责人）诚信经营、依法经营的意识。

五、辽宁省推动行业发展新举措

（一）绿色印刷工作

1.继续推进印刷企业绿色认证的工作，争取更多的印企通过绿色认证。

2.加强教材绿色印刷管理。主要是对印刷环节中的油墨、纸张、胶、订和洗版液等原辅材料按照绿色印刷要求进行检测，以保证教材绿色印刷的准确性和公正性。

3.积极落实票据绿色印刷的普及工作，组织票据印企进行绿色印刷认证申请，尽快实现票据印刷的绿色覆盖。

4.开展对食品、药品包装印刷产品进行绿色印刷检测。2014年将提高食品、药品包装绿色印刷比例。

（二）做好国家示范性印刷企业推荐工作

1.确定参评范围。按照总局提出的国家示范企业的评审条件，结合我省印刷企业的实际情况，确定参评范围。

2.重点推荐。在继续抓好美程在线示范企业建设的基础上，做好新的示范企业推荐工作，重点推荐沈阳新华印刷厂、大连荣华彩印包装有限公司、辽宁虎驰印刷公司。

3.沟通协调，确保完成目标。争取2014年1~2家印刷企业评为国家示范性印刷企业。

（三）继续推进数字化印刷的发展

数字印刷业作为印刷行业的一种新业态，近年来表现出良好的发展势头，成为引人注目的新的行业增长点。通过对数字印刷行业的调研分析我们了解到：一是由于数字印刷能满足人们对印刷品快速化、个性化、多样性的需求，逐渐有部分传统印刷企业转型进入数字印刷领域，或兼营数字印刷业务，已有越来越多的印刷经营者看到了这一印刷行业新的发展趋势。二是数字印刷新产品的开发层出不穷，如相册、菜单、个性化艺术品等，而且这些产品也为企业带来了较好的利润回报。三是数字印刷的新设备、新技术在不断更新和发展，数字印刷将成为印刷行业发展的一个重要支点。 而且环保、绿色、低碳、科技、数字化一直引领数字印刷行业的发展。基于此，在行政审批上为不同所有制类型、不同业务类型的企业进入数字印刷领域敞开了大门，而且将逐步实现落实财税政策、建立贸易平台、推动软硬件的研发、制定相关标准等方面的扶持措施。以推进数字化印刷的发展。

（四）认真调研把握行业发展方向

随着社会进步，科技的发展。印刷业的发展也出现许多新问题。如印刷设备的不断升级换代、数码印刷的迅速发展等，都给印刷行业的发展带来新的机遇和挑战。针对不断出现的新问题，认真研究新情况，随时把握行业发展的脉博。通过年检，了解印刷企业的质量、技术水平、生产情况和企业发展的总体方向。制定相应的管理措施，促进印刷行业健康有序的发展。

（辽宁省新闻出版广电局印刷业管理处供稿）

吉林省印刷业

一、基本情况

（一）基本数据

近几年来印刷产业的快速发展，逐步形成了以平版、凹版、柔版、丝网等多种印刷方式的大、中、小印刷企业。2013年吉林省共有各类印刷企业1612家（不含打字复印），其中出版物印刷企业215家，包装装潢企业458家，其它印刷品印刷企业923家，专项排版制版企业14家，专营数字印刷企业3家；按主营业务分书刊印刷企业200家，报纸印刷企业15家，纸质包装印刷企业283家，金属（盒）盖包装印刷5家，塑料包装企业162家，普通票据印刷45家；按性质分国有印刷企业20家，集体印刷企业30家，其余为民营印刷企业；从业人员39912万人。

（二）生产能力

吉林省印刷产品门类多样，涉及纸箱、票据、铁盖（桶）、商标、不干胶印刷等。2012年，吉林省印刷业资产总值97亿元，销售收入123.4亿元，利润总额9.1亿元。工业总产值按企业类型分别实现出版物印刷企业34.3亿元、包装装潢印刷企业48.6亿元、其他印刷品印刷企业34.0亿元（此外，打字复印全年实现产值2.6亿元，复制实现2.3亿元）。2012年全年出版物用纸量约为2446万令，约64万吨，包装印刷品用纸量100万吨，其他印刷品用纸量60万吨。

（三）规模企业

2013年，全省印刷工业总产值1000万元以上的印刷企业300家；规模以上（年印刷产值5000万元以上）印刷企业16家，其中总产值在亿元以上的企业8家，出版物企业超亿元的2家。规模企业产值达到175682万元。

（四）印刷设备

吉林省印刷设备比往年有很大突破，国际先进设备不断进驻企业；印前设备主要有：柯达直接制版系统800组装、北大方正直接制版机8500、美国mako888CTP、免处理制版机、晒版机、激光照排机等。

印刷设备主要有：生产型数字印刷机荷兰奥西、惠普、佳能、富士施乐等；海德堡超大幅面速霸胶印机、海德堡102对开八色胶印机、意大利四版1000对开八色印刷机、上海高斯对开无轴卷筒胶印机、上海高斯机组式对开平版胶印机、上海高斯对开四色、上海高斯八色、九色对开轮转机、北人卷筒纸对开六色胶印、北人富士八色胶印机、北人报轮机对开4787、北人对开四色、北人全开对辊、北人九色报纸扩版机、北人富士八色商用表格机、德国速霸102、740对开四色胶印机、日本小森四色、六色对开胶印机、日本利优比754胶印机、德国罗兰对开四色胶印、日本秋山对开四色胶印机、对开八色胶印机、日本滨田卷筒胶印、日本三菱对开四色胶印、罗兰全开六色印刷机、德国高宝全开四色机、海德堡对开四色胶印、上海光华对开胶印等；

印后设备有：全自动骑马装联动机、全自动精装联动线、瑞士马天尼胶订联动机、三面切书机、粘页机、锁线机、注塑机、吹膜机、书芯自动粘合烘干机、瑞士全自动模切机、自动平压模切烫金机等。

二、发展形势

绿色印刷有突破性发展。吉林省新闻出版广电局按照总局的要求，积极发挥绿色印刷和数字技术对印刷产业创新内生增长的推动作用，带动产业转型和升级。在持续不断的推动下，有8家企业通过绿色印刷企业认证，3家正在申报，有3家数字印刷企业申领了印刷经营许可证。2014年秋春季中小学生教材绿色印刷达到了30%，秋季教材能达到95%以上，绿色印刷和印刷数字化的推进呈现出好的势头。

项目建设再上新台阶。继成立了由省政府批准的长春文化印刷产业园后，在吉林省新闻出版广电局的大力扶持下，吉林通化东昌区包装印刷产业园已于5月份正式挂牌运营。园内目前共入驻11家包装印刷企业，预计在2015年能全部入驻完毕，届时产值将达到近20亿元。园区形成了以包装印刷为主的上下游产业链，印刷园区已打造成集设计、印刷、物流、仓储为一体的多功能产业集群。该包装印刷产业园成为吉林省新闻出版广电局重点建设项目之一。园区的建设成为四平、通化、辽源包装印刷产业带上重要的支撑点，为吉林两条产业带建设添了浓默重彩的一笔。

（吉林省新闻出版广电局印刷复制管理处供稿）

黑龙江省印刷业

一、基本情况

截至2013年底，全省共有印刷企业4196家，其中出版物印刷企业155家，包装装潢印刷企业86家，其他印刷品印刷企业1534家，打字复印2421家。从业人员32016人，其中出版物印刷企业从业人员7018人，包装装潢印刷企业从业人员2642人，其他印刷品印刷企业从业人员15786人，打字复印6570人。

2013年全省印刷实现资产总额55.32亿元，同比增长3.6%，其中，出版物印刷企业实现资产总额18.93亿元，同比增长0.4%，包装装潢印刷企业实现资产总额17.55亿元，同比增长1.9%；实现总产出53.63亿元，同比增长3.1%，其中，出版物印刷企业实现总产出14.57亿元，同比增长-5.2%，包装装潢印刷企业实现总产出12.38亿元，同比增长10.9%；实现主营业务收入50.43亿元，同比增长3.1%；实现利润总额4.97亿元，同比增长0.6%；实现增加值15.79亿元，同比增长3.1%。

2013年黑龙江省出版物印刷单位155家，实现工业销售产值13.4亿元；黑白印刷产量319万令；彩色印刷产量2712万对开色令；书刊装订产量370万令；印刷用纸681万令。

二、工作情况

组织全省50余家企业100余人参加第八届北京国际印刷技术展览会；5家企业在中国印刷行业企业信用等级评价中获得A级以上认证；组织参加第三届政府出版奖先进单位奖、优秀个人奖、印刷复制品奖评选；推荐4家印刷企业申报2013年度黑龙江省诚信示范企业；推荐5家印刷企业申报2013年度新闻出版改革发展项目库；完成“印刷行业动态管理系统”和“推进绿色印刷”2014年度黑龙江省文化事业建设费项目申报工作；申报2013年度省级文化产业发展专项资金项目；指导省印刷技术协会召开全省第四次全体会员代表大会，通过换届选举，产生了协会第四届组织机构；组织36家印刷企业参加“2013上海国际印刷周”活动；组织38家印刷企业参加华北、东北八省市印刷行业论坛及“精密达”杯印后装订明星企业评选；筹划第四届全国印刷行业职业技能大赛黑龙江赛区准备工作；6家企业14个项目申报全国绿色印刷储备项目；举办135家印刷企业负责人参加的绿色印刷专题培训班；绿色印刷宣传周期间，组织40余家印刷企业收看绿色印刷推进会视频会议；截至2013年末，8家印刷企业取得绿色印刷认证。

（黑龙江省新闻出版广电局印刷发行管理处供稿）

上海市印刷业

一、基本情况

通过2013年年度核验的上海印刷企业有4562家，比上年的4572家减少了10家，下降0.22%。2013年上海市印刷企业分类情况如下：

（一）按企业经营范围分类

已经通过2013年年度核验的4562家印刷企业中，出版物印刷企业为210家，占上海印刷企业总数4562家的4.6%，与上年持平；包装装潢印刷企业为2574家，占企业总数的56.42%，比上年的2534家增加了40家；其他印刷品印刷企业为1212家，占企业总数的26.57%，比上年的1233家减少了21家；排版、制版、装订专项企业为45家，占企业总数的0.99%，比上年的51家减少了6家；打印、复印企业为503家，占企业总数的11.03%，比上年的526家减少了23家；专营数字印刷企业为18家，占企业总数的0.39%，与上年持平。

（二）按企业注册类型分类

已经通过2013年年度核验的4562家印刷企业中，国有企业为70家，占上海印刷企业总数4562家的1.53%，比上年的80家减少了10家；集体企业为173家，占企业总数的3.79%，比去年的196家减少了23家；三资企业为218家，占企业总数的4.78%，比上年的216家增加了2家；股份合作企业为122家，占企业总数的2.67%，比上年的133家减少了11家；股份有限公司为21家，占企业总数的0.46%，比上年的20家增加了1家；联营企业为5家，占企业总数的0.11%，比上年的6家减少了1家；其他有限责任公司为3354家，占企业总数的73.52%，比上年的3306家增加了48家；私营企业为599家，占企业总数的13.13%，比上年的615家减少了16家。

（三）按企业主营业务分类

已经通过2013年年度核验的4562家印刷企业中，主营书刊印刷业务的企业为159家，占上海印刷企业总数4562家的3.49%，比上年140家增加了19家；主营报纸印刷业务的企业为22家，占企业总数的0.48%，比上年16家增加了6家；主营纸包装印刷业务的企业为1708家，占企业总数的37.44%，比上年1718家减少了10家；主营金属罐包装印刷业务的企业为44家，占企业总数的0.96%，比上年53家减少了9家；主营塑料软包装印刷业务的企业为489家，占企业总数的10.72%，比上年470家增加了19家；主营普通票据印刷业务的企业为50家，占企业总数的1.1%，比上年58家减少了8家；主营安全印刷业务的企业为8家，占企业总数的0.18%，比上年3家增加了5家；主营数字印刷业务的企业为30家，占企业总数的0.66%，比上年39家减少了9家；主营其他印刷品业务的企业为2052家（其中有相当部分企业是从事纸质的商业印刷），占企业总数的44.98%，比上年2075家减少了23家。

二、2013年上海印刷业经济指标

（一）主要经济指标

工业总产值816.61亿元，比2012年773.11亿元增加了43.5亿元，增长5.63%；销售收入824.2亿元，比2012年780.14亿元增加了44.06亿元，增长5.65%；工业增加值246.85亿元，比2012年230.00亿元增加了16.85亿元，增长7.33%；工业总

产出为901.47亿元，比2012年801.95亿元增加了99.52亿元，增长12.41%；对外加工贸易总额93.75亿元，比2012年79.78亿元增加了13.97亿元，增长17.51%；数字印刷销售收入7.60亿元，比2012年的6.57亿元增加了1.03亿元，增长15.61%。

（二）销售收入分类

2013年销售收入824.2亿元，比2012年780.14亿元增加了44.06亿元，增长5.65%；其中出版物印刷销售收入为64.63亿元，比2012年的59.16亿元增加了5.47亿元，增长9.25%；包装装潢类印刷销售收入505.7亿元，比2012年541.42亿元减少了35.72亿元，降低6.6%；其他印刷品销售收入为131.22亿元，比2012年的122.86亿元增加了8.36亿元，增长6.8%。

出版物销售收入包括：图书销售收入49.53亿元，期刊销售收入6.18亿元，报纸销售收入8.92亿元；包装装潢类销售收入包括食品包装、药品包装、纸容器、塑料制品包装、金属制品包装、玻璃制品包装等，销售收入分别为36.79亿元、9.99亿元、184.38亿元、124.48亿元、58.47亿元、1.1亿元。

（三）主要经济指标对比

1. 不同经营范围企业的数据对比。

2013年出版物印刷企业210家，与2012年持平；出版物印刷企业的工业总产值为105.92亿元，比2012年的96.31亿元增加9.61亿元，增长9.98%；工业增加值为33.43亿元，比2012年的30.16亿元增加3.27亿元，增长10.85%；销售收入为110.85亿元，比2012年的101.49亿元增加9.36亿元，增长9.22%；对外加工和一般贸易总额为10.13亿元，比2012年的9.09亿元增加1.04亿元，增长11.45%。

包装装潢印刷企业共2574家，比2012年增加40家，增长1.58%；工业总产值为643.88亿元，比2012年的618.32亿元增加25.56亿元，增长了4.13%；工业增加值为193.71亿元，比2012年的180.87亿元增加12.84亿元，增长了7.10%；销售收入为645.63亿元，比2012年的618.35亿元增加27.28亿元，增长了4.41%；对外加工和一般贸易总额为83.13亿元，比2012年的70.21亿元增加12.92亿元，增长了18.40%。

2. 三资企业的数据对比。

三资企业共218家，比2012年增加2家，增长0.93%；工业总产值为278.14亿元，比2012年的264.69亿元增加13.45亿元，增长了5.08%；工业增加值为104.25亿元，比2012年的94.62亿元增加9.63亿元，增长了10.17%；销售收入为277.73亿元，比2012年的258.48亿元增加19.25亿元，增长了7.45%；对外加工和一般贸易总额为70.52亿元，比2012年的54.46亿元增加16.06亿元，增长了29.49%。

三、2013年上海印刷业主要财务指标

（一）主要财务数据

2013年上海印刷企业利润总额63.68亿元，比2012年的57.87亿增加5.81亿元，增长了10.04%；总资产1031.41亿元，比2012年的960.56亿元增加70.85亿元，增长了7.38%；净资产527.08亿元，比2012年的509.67亿元增加17.41亿元，增长了3.42%；工资总额83.35亿元，比2012年的75.52亿元增加7.83亿元，增长了10.37%。

（二）财务状况对比

1. 不同经营范围企业的数据对比。

2013年出版物印刷企业210家，总资产为168.72亿元，比2012年的143.63亿元增加25.09亿元，增长了17.47%；净资产为82.04亿元，比去年的72.46亿元增加9.58亿元，增长了13.22%；工资总额为15.20亿元，比去年的11.93亿元增加3.27亿元，增长了27.38%；利润总额为7.11亿元，比去年的6.85亿元增加0.26亿元，增长了3.79%。

包装装潢印刷品印刷企业2574家，总资产为797.26亿元，比2012年的751.44亿元增加45.82亿元，增长了6.10%；净资产为412.47亿元，比去年的405.47亿元增加7亿元，增长了1.73%；工资总额为59.81亿元，比去年的55.93亿元增加3.88亿元，增长了6.94%；利润总额为53.84亿元，比去年的47.6亿元增加6.24亿元，增长了13.11%。

2. 三资企业的数据对比。

三资企业共有218家，总资产为344.65亿元，比2012年的327.01亿元增加17.64亿元，增长了5.39%；净资产为190.39亿元，比2012年的182.14亿元增加8.25亿元，增长了4.53%；工资总额为31.92亿元，比去年的28.05亿元增加3.87亿元，增长了13.81%；利润总额为27.19亿元，比去年的23.09亿元增加4.10亿元，增长了17.75%。

四、2013年上海印刷企业新增设备情况

按照2014年年度核验印刷企业填报的数据显示，2013年上海印刷企业新增的主要设备如下：

（一）印前设备

新增滚筒扫描仪2台；新增平台扫描仪33台；新增电子分色机6台；新增数码照相设备12台；新增电脑189台；新增服务器6台；新增CTP制版机39台，其中国产25台，进口14台；新增晒版机41

台，其中国产40台，进口1台；新增数码彩色打样机(带色彩校正系统)6台。

（二）印刷设备

新增卷筒平版印刷机33台，其中国产17台，进口16台；新增单张纸平版印刷机300台，其中国产193台，进口107台；新增凸版印刷机81台，全部为国产；新增柔版印刷机62台，其中国产56台，进口6台；新增轮转凹版印刷机58台，全部为国产；新增丝网印刷机37台，全部为国产；新增移印机19台，全部为国产；新增热转印机3台，全部为进口；新增不干胶印刷机31台，其中国产19台，进口12台；

新增卷筒纸生产型数字印刷机（喷墨）1台，为国产；新增单张纸生产型数字印刷机（激光）31台，国产18台，进口13台；新增单张纸生产型数字印刷机（喷墨）6台，全部为进口。

（三）印后设备

新增覆膜机49台，全部为国产；新增上光机（过油）24台，全部为国产；新增烫金机28台，全部为国产；新增模切压痕机75台，其中国产69台，进口6台。

新增平装胶订联动线19台，其中国产18台，进口1台；新增平装胶订单机13台，全部为国产；新增配页联动线6台，全部为国产；新增骑马装订联动线38台，其中国产37台，进口1台；新增骑马装订单机45台，全部为国产；新增锁线机27台，全部为国产；新增三面切书机12台，全部为国产；新增切纸机120台，其中国产119台，进口1台。

新增糊盒机56台，全部为国产；新增瓦楞生产线6台，全部为国产；新增纵切机22台，其中国产21台，进口1台。

（上海市新闻出版局印刷业管理处供稿）

浙江省印刷业

一、基本情况

截至2013年底，浙江省共有各类印刷企业14796家，比上年增加82家。其中，出版物印刷企业462家，包装装潢印刷企业9052家，其他印刷品印刷企业4827家，排版、制版、装订专项企业436家，专营数字印刷企业19家。

2013年，全省印刷企业资产总额1278.3亿元，比上年下降21.5%；销售收入1331.7亿元，比上年增长19.35%；工业总产值1314.8亿元，比上年增长14.27%；工业增加值329.3亿元，比上年增长20.35%；利润总额94.8亿元，比上年增长12.51%；从业人员41.3万人，比上年减少5.9万人。共有外商投资印刷企业80家，外商注册资金18.72亿美元，比上年增长93.4%。

全省共有数字印刷企业33家，其中，专营19家，兼营14家；数字印刷机76台(套)，数字印刷企业总销售额2.2亿元。全省总产值5000万元以上的印刷企业共351家，比上年增加13家，其中产值超亿元的有178家。

二、管理和服务工作

（一）强化措施，推动监管工作取得实效

1. 积极探索，不断完善监督管理体系。一是按照《全国印刷复制行政执法报告评价制度实施办法》的要求，审核全省11个地市报送的《印刷复制行政检查和行政处罚工作情况汇总表》，全面核查并汇总检查人数、检查方式、检查内容和行政处罚等情况，每两个月集中向总局报送数据。二是协同相关处室，审核“扫黄打非”台账管理制度表格，及时掌握印刷复制企业微观管理数据，归纳分析印刷复制企业容易出现的管理漏洞和高发违规事项，及时提醒地市行政管理部门及相关企业引起高度重视和警觉。三是针对印刷企业“五项制度”落实不健全、印刷企业填报表格不统一等现象，制定了格式统一的印刷品承印登记簿，通过各地市局传达到各个印刷企业，统一规范使用。四是着手建设涵盖“五项制度”、“行政审批”、“年度核验”等监管内容的全省印刷网络监管服务系统的前期调研工作。

2. 严格高效，努力把好审批关。随着承接境外订单业务的不断增多和承印企业的不断增加，审批承印承制境外出版物和光盘尤其对内容把关的任务越来越重，浙江省新闻出版广电局一是要求印刷企业通过权威翻译公司全文审读后出具审读报告，同时对承接境外委托印刷或复制的出版物认真审核，严格把关。根据全省出版物印刷企业的总量、结构和布局，2013年共审批出版物印刷企业14家、数字出版印刷企业10家。二是积极参与“阳光审批”工程。全力配合省局“阳光审批”工程建设，将出版物印刷企业的设立变更审批事项作为“阳光审批”重点事项，制定了《申请设立印刷企业“阳光审批”实施方案》，将出版物印刷企业设立、变更事项通过省政府行政审批政务平台实时公布，做到事项公开、结果透明、监督到位。三是针对总局新三定方案中下放到省级的对只读类光盘复制企业设立、变更、注销等事项，重新进行梳理，及时纳入日常审批。

3. 迅速全面，专项行动抓落实重实效。年初根据总局“清源”行动的要求，浙江省新闻出版广电局对承接境外委托印刷业务较多的地区和企业，逐一进行警示，要求在严格遵守承印五项制度的基础上，高度重视承印产品的内容审核把关，确保各种承印证明文件材料的真实合法有效，认真履行审读制度，切实做到承接境外委托印刷业务的版权明晰、内容健康。

（二）突出质量，认真组织质检工作

全省印刷业始终把提高印刷产品质量作为一项基础性、经常性的工作来抓，努力提升印刷产品的核心竞争力。按照总局有关加强印刷质量监督管理的要求，认真组织出版物印刷质量监督检测工作，规范了印刷质量管理体系，增强了全行业质量建设的自觉性。一是继续进行中小学教材教辅读物印装质量抽检。2013 年在印刷企业现场和仓库共抽检春、秋季教材教辅 118 种、3056 册，涉及出版单位 29 家（次），印刷企业 52 家。经检测，批质量全部合格。二是根据总局要求，开展以中小学教科书绿色印刷和月饼包装装潢印刷品的为主题的“3·15”质检活动；根据要求，浙江省新闻出版广电局先后成立了领导小组、下发了通知，明确了职责。同时，组成绿色印刷推进督导组，与省质检站一起到印刷企业，督促检查教科书印刷的纸张、胶粘剂、油墨等原辅材料是否绿色环保，生产工艺、生产环境是否符合要求。三是将每次质检结果都及时通报，抄送至相关印刷企业和出版单位，对于印刷质量存在问题较多的企业进行诫勉谈话。

（三）积极服务，多方推动印刷产业发展

1. 转变职能，推动印刷复制业转型升级。一是通过调研摸清底细，寻求出路。根据局党组关于加快推进浙江省新闻出版强省建设的要求，我局就如何加快实施绿色印刷，推动全省印刷业转型升级进行了专题调研，提出了加快实施绿色印刷、推动浙江省印刷业转型升级的对策与措施。二是通过组织参展上海国际印刷周搭建平台，宣传品牌，开拓视野。2013 年 7 月浙江省组团参加上海国际印刷周，共参展企业 15 家，参展面积 360 平方米，参展各类印刷品 800 余种。通过整体组团参展，既较好展示了浙江印刷风貌，又为省内印刷企业搭建了一个联系平台，为浙江省更多印刷企业跨出浙江提供了政府支持和服务。三是积极申报国家印刷复制示范企业，发挥示范企业的引领作用。第一批，浙江省已经获批 2 家。2013 年根据总局通知要求，浙江省新闻出版广电局在全省范围内进行部署，要求各骨干企业从转变发展方式、调整产业结构、提升行业素质的要求出发，积极申报。经各地审核，再次确定 5 家企业作为第二批国家印刷示范企业推荐上报总局审定，最终又获批 2 家。四是针对浙江省出版物印刷企业存在的集约化程度低、产能相对过剩、重复建设等问题，严格限制出版物印刷企业的审批，鼓励采取合作、资产重组、并购等方式淘汰落后企业，促进优势企业做大做强。

2. 积极稳妥，有序推进绿色印刷实施进度。浙江省新闻出版广电局把实施绿色印刷作为转型升级的重要措施，在前期工作的基础上，2013 年着重抓了三项工作：一是加大宣传扶持力度。先后采用多种方式，广泛宣传绿色印刷的意义，并解读绿色认证程序和有关材料要求。二是鼓励支持企业获得认证。截至 12 月底，全省已有 25 家印刷企业通过了绿色印刷认证，还有近 20 家企业正在申请认证。三是加大扶持力度。对上年度省政府给予的印刷业转型升级扶持专项补助 100 万元，全部用于中小学教科书绿色印刷等补贴。同时，根据总局《关于推进绿色印刷产业发展的通知》要求，重点支持绿色印刷发展项目，推荐上报了浙江印刷集团的“按需印刷数字平台与绿色印刷技术工程”等三个绿色印刷发展储备项目。四是有序推进中小学教材绿色印刷。2013 年年中，召开了教科书出版单位和承印企业参加的绿色印刷推进会，全面介绍了绿色印刷标准和要求，明确提出实施进度，确保 2014 年春季实现全覆盖。经过多方努力，2013 年秋季全省中小学教科书绿色印刷品种占比达到 92.98%，绿色印刷数量占比达到 91.51%。10 月份，下发了《关于浙江省中小学教科书全面实施绿色印刷的通知》，并再次召开推进会对全面实施绿色印刷工作作出了具体部署。

3. 简政放权，服务基层。一是为贯彻国务院关于调整和取消行政审批项目的决定，配合局法规处重新梳理了审批项目，并作出了相应的调整。贯彻省政府关于下放部分省级行政审批和管理事项的通知，又将设立外商投资印刷企业的审批等 3 项行政许可事项实行了委托下放管理。二是加强对市、县委托事项的指导服务，将指导工作与调研活动紧密结合起来，分别赴相关市、县对行政审批事项进行了辅导和咨询服务。三是为方便全省印刷管理部门对印刷企业的培训工作，收集编印了《印刷管理文件汇编》，将现行各项管理规章制度和相关管理文件收集成册，对基层单位的工作和企业自身规制度的内容，为进一步规范印刷企业经营行为提供了必不可少的保建设起到了很好的学习和提醒作用。四是举办印刷法规培训班，全省近80家出版物和数字印刷企业的法人代表或主要负责人参加了培训。通过系统培训有关著作权、商标、广告、印刷业管理等法障。

（浙江省新闻出版广电局印刷复制管理处供稿）

安徽省印刷业

一、基本情况

1. 截至2014年4月30日统计，安徽省通过年度核验的印刷企业有3043家，其中出版物印刷企业有245家，包装印刷企业有1419家，其他印刷企业有1332家，专项企业38家，数字印刷9家。全省印刷行业从业人员91127人。注销企业115家，与2012年相比，全省印刷企业总数增加84家，增长幅度仅为2.84%，创安徽省印刷企业数增长率历史最低；目前国有印刷企业64家、集体176家，占全省印刷企总数的7.89%，与2012年基本一致。

2. 据不完全统计，全省年印刷工业总产值313.59亿元，其各类印刷企业工业总产值详见表1。

表1　各类印刷企业工业总产值情况

经营范围	出版物印刷	包装装潢印刷品印刷	其他印刷品印刷	排版制版等专项	数字印刷
工业总产值（万元）	477791.04	2477808.72	156955.21	18377.57	4963.89
比2012年增加	11.52	20.32	12.17	23.37	21.76

安徽省年印刷工业总产值超过5000万元的印刷企业有122家、总产值之和为195.69亿元。其中：10亿元以上的企业1家，1亿元以上至10亿元的59家。与2012年相比，5000万元以上的规模企业增加了10家。

3. 据不完全统计，全省印刷业销售收入总额3002519.53万元、完成利税总额241784.45万元、资产总额3590707.44万元、负债总额1841290.65万元，其中出版物印刷、包装印刷、其他印刷相关情况详见表2。

表2　各类印刷企业生产经营情况

管理类别	企业数	年度销售（万元）	年度利税（万元）	资产总额（万元）	负债总额（万元）
出版物印刷	245	462797.42	36121.33	737625.41	394398.8
包装装潢印刷品印刷	1419	2363518.42	187836.71	2659554.26	1368120.52
其他印刷品印刷	1332	153221.58	15178.67	191149.51	73931.93

二、全省印刷工业产值情况分析

1. 全省印刷工业总产值313.59亿元，与2012年相比，全省年工业总产值增长率再创新高，增长率为18.46%，接近安徽省“十二五”印刷产业发展规划年增长率为20%的预期目标。从表1可以看出，安徽省各类印刷企业的工业总产值均有增加，尤其是包装装潢印刷业呈现良好的发展势头。

2. 安徽省年印刷工业总产值超过5000万元的印刷企业有122家，占全省印刷企业总数的4.01%。其年印刷工业总产值累计195.69亿元，资产总额累计190.47亿元，利税总额累计16.6亿元，增加值累计39.36亿元。与2012年相比，上述各项指标均有不同程度的增长。规模企业对外加工贸易额下降了41.92%。

3. 作为安徽包装印刷基地，桐城市各类印刷企业377家，其工业总产值之和为50.31亿元；合肥庐阳产业园（出版物印刷产业园）55家印刷企业，工业总产值之和为14.05亿元。2013年安徽省新闻出版局新批的阜阳省级包装印刷产业园共有18家印刷企业，初步统计其工业总产值之和为10.51亿元。

三、加强行业指导，促进产业健康发展

1. 为进一步了解全省印刷业发展现状，推动印刷产业加快转型发展，

省新闻出版局在合肥举办了安徽省印刷业转型发展座谈会，邀请新闻出版总署质检中心、省政府和省委宣传部等有关领导参加。会议传达了全国印刷复制工作会议精神，交流印刷企业应对市场变化的经验，编印了23家印刷企业的交流材料，积极实施总局“绿色印刷、示范引领、项目带动、园区聚集、技术创新的五大战略”。《中国出版传媒商报》刊登了题为“安徽省新闻出版局：促进印刷业转型发展”文章。

2. 组织省内印刷单位集中收看2013年绿色印刷推进会互联网直播会议实况，第一时间学习掌握推进会精神；目前，安徽省有6家印刷企业获得全国绿色印刷认证，2013秋季义务教材教材合计5365万册，其中绿色印刷教材4976.93万册，实现绿色印刷92.77%。

贯彻落实国务院《文化产业振兴规划》，做好“国家印刷复制示范企业”推荐工作。整理上报安徽新华印刷股份有限公司和安徽安泰新型包装材料有限公司2家企业评选材料，并全部入选，促进安徽省印刷企业进一步做大做强。

（安徽省新闻出版广电局印刷复制管理处供稿）

福建省印刷业

一、基本情况

截至2013年底，福建省共有3133家印刷企业，（不含打字复印），其中出版物印刷企业197家，包装装潢印刷企业1980家，其他印刷品印刷企业812家，专项排版、制版、装订企业129家，专营数字印刷企业15家。福建省从业人员约13.67万人，印刷工业产值472亿元。近年来，全省印刷企业规模不断壮大，拥有一大批较大规模的印刷企业，共有规模以上印刷企业（印刷产值超5000万元以上）154家，年销售收入超亿元的企业有90家，其中产值超5亿元以上的有6家（厦门合兴包装股份有限公司、昇兴（福建）集团有限公司和鸿博股份有限公司、艾派集团（中国）有限公司、漳州统一马口铁有限公司和福建福贞金属有限公司）。先后有厦门合兴包装股份有限公司、鸿博股份有限公司、厦门安妮纸业有限公司等3家企业在深交所上市。2013年福建省有7家印刷企业列入中国印刷企业100强排行榜。其中厦门合兴包装股份有限公司销售收入21亿元，全国百强排名第八位；福建福贞金属有限公司销售收入9.9亿元，全国百强排名第20位；昇兴（福建）集团有限公司销售收入9.3亿元，全国百强排名第23位；艾派集团（中国）有限公司销售收入6.9亿元，全国百强排名第38位；鸿博股份有限公司销售收入6.8亿元，全国百强排名第39位；祥恒（莆田）有限公司销售收入3.6亿元，全国百强排名第98位；厦门吉宏包装股份有限公司销售收入3.5亿元，全国百强排名第99位。

二、福建省印刷业发展特点

1. 海峡西岸印刷工业园区已经创建。

2003年，福建省新闻出版局就提出建设海峡西岸印刷工业园区的构想，各设区市充分利用城市重新规划之机，规划、建设印刷工业园区，龙岩创建了印刷工业园，占地150亩，总投资1.5亿元，已引进了20多家有实力的印刷企业进入园区；福州有30多家印刷企业迁入金山工业园区；泉州积极推动晋江、石狮印刷工业园建设，晋江市政府在磁灶镇划地3000多亩作为印刷工业园区，目前在建20多家，其中已经开工并办证8家。石狮富达政府给地100亩，已经在建50亩，5月底可以入驻。另外还有2—3家企业拟进入园区。漳州南靖印刷工业园区有11家企业入园，2家已经正式投产。通过印刷工业园区建设，利用企业之间的优势互补，资源共享，从而化解风险，降低成本，实现个体与群体的高速发展，做大做强一批重点骨干企业，抓好、抓精一批重大项目和拳头产品，实现产品档次、技术含量、创新能力诸多方面的升级，以提高产品配套能力，推动福建省印刷企业整体素质的提升和核心竞争力的提高，增强福建省印刷业的发展后劲。

2. 区域经济初步形成。

全省已涌现出如厦门市、泉州市、漳州市、福州和莆田等印刷业比较发达的地区。2013年厦门市、泉州市、漳州市、福州和莆田印刷工业产值分别为130亿元、125亿元、86亿元、70亿元和38亿元，五地印刷工业产值占全省印刷工业总产值的95.2%。

3. 印刷产业结构的调整步伐不断加快。

福建省印刷企业正大力发展高档印刷、特色印刷和包装装潢印刷，淘汰落后的印刷生产能力，已经开始逐步解决“高水平生产能力不足、低水平生产能力过剩”问题，逐步向规模化、集约化方向发展，保持健康、持续、平稳发展的态势，实现增长方式的转变。

4. 技术不断升级，设备不断更新。

全省积极采用多色高速、柔印、自动、联动等先进技术，大量引进了德国、日本、美国、瑞士等国家的先进印刷设备，改变了前几年较多引进国外“二手机”的局面。

5. 印刷质量有较大提高。

在基础建设和技术设备发展的同时，全省各印刷企业都十分注重抓好印刷质量。福建省印刷协会积极配合主管部门开展形式多样的技术培训、经验交流和质量检测评比等活动，有力地推动了全省的印刷技术进步和印刷品质量的提高。

6. 积极开拓国内外印刷市场。

福建省印刷企业狠抓管理，苦练内功，在不断开拓省外市场的同时，积极承揽国外印刷业务，已经涌现出一批具有国际先进印制水平、规模效益突出、有能力参与国际竞争的印刷骨干企业，如福建新华印刷有限责任公司每年都承印 1.5 万令的日本挂历，年创汇 200 多万元；艾派集团（中国）有限公司每年都向欧美国家出口大量的文化创意产品，2013 年该公司对外贸易加工额 3000 万美元。漳州新艺彩印有限公司生产的罐头商标出口美国、日本、德国等地。

三、福建省印刷业发展存在的主要问题与面临的挑战

1. 上规模企业数量少。

福建省大型骨干印刷企业数量少，绝大多数是中小型印刷企业。大多数印刷企业生产走的是“小而全”、“大而全”的道路，没有形成专业化，特色不明显；低水平重复建设的印刷企业数量过多。

2. 印刷业结构矛盾突出。

主要体现为高档彩色产品生产能力不足、中低档产品生产能力过剩。全省印刷企业中，能够承印高档出版物和包装装潢印刷品的厂家数量不多，特别是能够为高档出口产品提供服务的印刷企业数量更少。目前，福建还没有一家企业的印刷品在国际上获得印刷大奖。大量印刷企业生产的只是中低档产品，无法满足当前短周期、多品种、高质量的印刷市场需求，因此造成有些质量要求很高、周期短的任务不得不到“珠三角”和“长三角”地区去印刷。福建省印刷企业对采用新技术的积极性不高，导致高新技术在印刷业中的应用比重还很低，许多当今流行的包装和装订方式，福建省还无法生产。

3. 印刷成本上升、印刷工价下降。

近年来，印刷企业利润大幅减少，一方面，印刷成本不断上升，主要是由于印刷原辅材料（如纸张、油墨、塑料、PS 版、橡皮布）价格、劳动力成本和厂房租金不断上涨；另一方面，印刷工价持续走低，主要是同行无序竞争、相互压价以及印刷客户（委印单位）转嫁自身成本压力等导致的。当前绝大部分印刷企业已处于微利边缘，有些还处于亏损状态，将直接影响整个印刷业的发展。

4. 出版物总量小并呈下降趋势。

福建省出版物总量小，而且近年来，虽然图书、期刊出版的品种在增长，而总印数却在逐年下降，特别是教材印数下降最大，主要原因是福建省的中小学学生数每年都呈现递减趋势。教材是“人手一册”，学生人数对教材市场总体份额的影响是最直接的，很显然，二者成正比例关系。

5. 吸引外资的区位优势在弱化。

改革开放初期，福建省充分发挥区位优势，印刷业利用港澳台侨资的总量位居全国前列。但近几年来，福建省印刷业的招商引资工作始终徘徊不前，甚至还有小幅下滑，已经大大落后于“长三角”和“珠三角”。这与当前我国对外开放的新形势、新格局有很大关系。香港回归后，“珠三角”几乎成了香港的加工厂，印刷业突飞猛进。“长三角”拥有上海这个龙头，占有人才、地理和资源优势，印刷业大有赶超“珠三角”的势头。同时，国家正实施“西部大开发”、“复兴东北老工业基地”的重大战略，在利用外资上，国家对中西部和东北地区采取了一系列倾斜措施，提出了诸多优惠政策，加上当地相对廉价的劳动力，势必对福建省的招商引资工作形成新的挑战。

除上述问题外，福建省印刷业发展仍面临一系列严峻挑战：

互联网的冲击。互联网对印刷业的冲击，具体表现在：一是对出版物的冲击。网上出版物的增多，书报刊网络版的出现，使书报刊印数减少，将加剧印刷企业之间的竞争。二是对包装装潢印刷品的冲击相对较少，对其他印刷品的冲击主要是电子邮件的出现使传统纸质信件的业务量大大减少，同时也带来了信纸和信封需求量的减少。

国外大型印刷财团陆续登陆我国。加入世贸后，我国逐步放宽包装装潢印刷品印刷企业外商独资的限制，一些具备强大实力的国外印刷大财团不断登陆我国，虽然没有在我省投资设厂，但也分流了福建省不少的高档印刷业务。

印刷人才匮乏。福建省印刷教育总体还比较落后，跟不上印刷业发展的步伐。福建省印刷企业中绝大部分技术工人都是未经培训上岗的，印刷专业人才所占比例更小，有些山区印刷厂连一个大专生都没有。既

使是福州、厦门、泉州印刷业发达地区，印刷专业人才也很匮乏。一些企业人才既使引进后，由于缺乏有效激励机制，也难以留住。目前，福建省最为紧缺的印刷人才是既懂印刷又懂管理还精通外语的外向型印刷复合人才。福建省印刷企业要“走出去”投资办厂和承揽印刷业务，正需要一大批外向型印刷复合人才。香港、深圳等地一些印刷企业能承接到世界许多国家的印刷业务，与拥有一大批外向型印刷复合人才是分不开的。

四、未来发展思路

坚持走有海峡西岸特色的印刷工业发展道路，坚持以产业结构调整为主线，以培育和发展产业集群为重点，以发展循环经济为基础，在优化结构的同时，印刷企业总量保持适度增长。

充分发挥市场在印刷资源配置中的基础性作用，坚持政府引导和市场机制相结合，根据福建省沿海与山区资源优势不同实施不均衡发展战略，推动印刷业产业适度集中，提升综合竞争力。

坚持科技进步，以高科技带动产业升级。注重利用国家现行进口印刷设备优惠政策，用高新技术武装自己，加强数字印刷技术和设备的开发应用，提高印刷业的科技创新水平。同时，在政策允许的范围内可更多地引入有实力的香港、台湾和国外先进印刷企业，并在引进消化中形成具有自主知识产权的先进技术、标准。

坚持可持续发展，积极开发功能化、复合化、环保型新产品，拓展应用领域，更加重视向提高质量、节能、节水、利废和环保方向发展，把印刷业建成与经济、社会、环境协调发展的资源节约型产业。

坚持发展与监管相结合，发展与规范相促进，运用“生产许可”、“强制认可”，严格市场准入，进一步规范印刷市场秩序，健全印刷管理长效机制，营造和谐的发展环境。同时，逐步建立起企业的退出机制，支持那些经营优势突出的企业做强做大，并通过市场机制和政策、制度的综合作用，淘汰一批技术、设备落后的企业。

（福建省新闻出版广电局印发处供稿）

湖北省印刷业

一、基本情况

2013年，湖北省印刷业以科学发展观为引领，大力推动印刷业转型升级发展，推进印刷企业提升技术水平，深入贯彻落实绿色印刷发展战略，不断推进绿色印刷和数字印刷，促进了湖北省印刷业发展。

（一）印刷企业总量

截至2013年底，湖北省共有印刷企业6433家。其中，出版物印刷企业306家，包装装潢印刷企业606家，排版、制版、装订专项企业82家，专营数字印刷企业7家，其他印刷品印刷企业1752家，复印、影印、打字单位3680家，从业人员10万多人。如果不计三印企业，全省印刷企业总量为2753家，从业人员8万多人。其中，国有企业71家，占2.57%；集体企业54家，占1.96%；民营企业2603家，占94.55%；中外合资企业19家，占0.70%；外资企业6家，占0.22%。

（二）印刷企业生产状况

2013年，湖北省印刷企业（含复印、影印、打字单位）工业总产值318亿元。其中，书刊印刷工业总产值为38亿元，包装印刷工业总产值为211亿元，报纸印刷工业总产值为8亿元，专营数字印刷工业总产值为2亿元，排版、制版、装订专项企业工业总产值为1.35亿元，其他印刷工业总产值为53亿元，“三印”企业总产值为4.98亿元。全省印刷工业总产量为6496万令，比上年同期增长了13%。其中书刊印刷工业总产量为1385万令，比上年同期增长了1.46%；包装印刷工业总产量为3506万令，比上年同期增长了24.5%；报纸印刷工业总产量为810万令，比上年同期减少了0.97%；其他印刷工业总产量为795万令，比上年同期增长了7.28%。2013年全省印刷企业全年用纸总量为1469700吨。其中书刊印刷全年用纸总量为475300吨，包装印刷全年用纸总量为608750吨，报纸印刷全年用纸总量为150750吨，其他印刷全年用纸总量为234900吨。

（三）印刷企业经营状况

2013年，湖北省印刷企业（含复印、影印、打字单位）全年销售收入达到3178465.28万元，年税金50163.5万元，年利润总额190146.35万元，全年资产总额2208675.48万元，全年负债总额288200万元。其中书刊印刷企业年销售收入为

378765万元，年税金8700万元，年利润总额24039万元，全年资产总额360842.22万元，全年负债总额164500万元；包装印刷企业年销售收入为2109319.28万元，年税金35075.5万元，年利润总额132756.35万元，全年资产总额1592514.26万元，全年负债总额80950万元；报纸印刷企业年销售收入为79960万元，年税金241万元，年利润总额6000万元，全年资产总额105210万元，全年负债总额18300万元；其他印刷企业年销售收入为527486万元，年税金5900万元，年利润总额18699万元，全年资产总额137244万元，全年负债总额24450万元。

二、管理工作

（一）大力推动印刷业转型升级发展取得积极进展

1.大力推动集约化发展，推进印刷工业园区建设。

国家级产业项目——华中国家绿色印刷包装物流产业园正式获批落户湖北省，园区筹建工作积极稳妥推进。目前，湖北省已建、在建和拟建印刷工业园区共18家。

2.着力培育壮大龙头企业，引领湖北印刷业发展。

湖北新华印务有限公司和湖北金三峡印务有限公司2家企业被国家新闻出版广电总局确定为“2013年国家印刷示范企业”；大枫纸业集团股份有限公司、湖北日报传媒集团楚天印务总公司、武汉雅都包装印刷有限公司3家企业入选“2013中国印刷企业100强”，入选数排名全国第八、中部第一。2013年，全省规模以上（年印刷总产值超过5000万元）印刷企业102家，其中，年印刷总产值超亿元企业47家。

3.深入贯彻落实绿色印刷发展战略，推进湖北省绿色印刷发展。

2013年，全省共有600家印刷企业采取了环保节能措施，占印刷企业总数的22%，其中获得绿色印刷认证企业达到12个，全省中小学教科书绿色印刷率为75%。

4.大力推进印刷企业提升技术水平，增强企业市场竞争能力。

湖北日报传媒集团楚天印务总公司成为湖北省第一家通过G7标准化认证企业；武汉新昌印务有限公司自主研发的“以纸代木”新技术产品参展“上海国际印刷周”备受青睐，公司依托该新技术投资建设的“以纸代木重型物流包装项目”2013年初在红安县新型产业园开工建设，总投资2.39亿元，项目建成后年可生产以纸代木及重型物流包装产品30万吨，新增销售收入13.5亿元。该公司和湖北三峡铜易新文化办公用品有限公司被评为第二届全国印刷行业科技创新企业。

（二）多措并举加强行业监管取得明显成效

2013年，湖北省加大行政处罚力度，组织开展了为期4个月的印刷业专项整治活动，各地违法违规行为得到明显遏制。2013年吊销了2家违法违规印刷企业经营许可证，并对部分违规印刷企业给予了警告、罚款、限期整改等处罚。

（三）加强质量管理，不断提高湖北省印刷质量水平

坚持组织开展3·15质检活动和春秋两季中小学教科书抽检活动，积极组织推荐湖北省优秀印刷企业参加第三届中国出版政府奖印刷复制奖评选活动，增强了企业的质量意识，加强了企业质量体系建设，促进了印刷产品质量不断提高。湖北省有两家单位及个人荣获总局“3•15”质检活动先进单位和先进个人。加快推进湖北省质检机构建设，做好总署质检中心湖北分中心筹建工作。

（湖北省新闻出版广电局印刷业管理处供稿）

湖南省印刷业

一、基本情况

2013年，湖南省印刷复制管理工作在国家新闻出版广电总局、湖南省委，省政府和局党组的正确领导下，认真贯彻科学发展观要求，全面落实“四化两型”建设战略部署，狠抓全省印刷复制业的项目建设、行业规划和日常监管，圆满完成了各项工作任务，促进了全省印刷复制业的发展繁荣。

湖南省印刷产业经历了20世纪五六十年代的铅与火印刷，七八十年代的光与电印刷，发展到今天的数字化印刷阶段，历经风雨不断积累，产业规模由小到大，实力由弱到强。截至2014年3月底，湖南省共有印刷企业5097家（含三印企业2860家），其中出版物印刷354家，内资及专项印刷企业107家，数字印刷企业3家，包装装潢印刷企业514家，其他印

刷品印刷企业1259家。与上世纪90年代相比，企业总数增加近4倍。更难能可贵的是湖南省印刷产业自2008年以来，已连续数年保持15%左右的高速增长态势，产业规模持续扩大。

二、管理工作

(一)产业实力中部领先

湖南省2013年印刷产业总产值339亿元全国排名第九。湖南、湖北、安徽、江西、山西、河南等中部六省排名，湖南省位列第一。某杂志2013年第7期公布的全国百强印刷企业名单及上榜标准，湖南省金鹏印务、天闻新华印务、金沙利彩印等3家企业以年产值19.8亿元、9.5亿元、8.2亿元连续9年位列“全国印刷企业百强”。运达包装以4.1亿元、凌华印务以3.2亿元年产值进入全国印刷企业百强。永州奔腾彩2.5亿元、鸿发印务2.1亿元、星沙包装2.1亿元、景泰峰印业2.0亿元的年产值，进入全国超过2亿元印刷企业名录。湖南省一批大型印刷企业呼之欲出。

(二)技术设备日新月异

近年来，湖南省印刷企业全面实施调整结构和提质改造工程，淘汰了一批落后印刷设备，投入了大批资金用于技术改造和设备更新，管理水平、技术力量进一步增强。2013年新增双面八色机18台，四色胶印机30余台套，对开海德堡新增20多台，CTP直接制版设备50多台套。2012年，湖南省还有两家企业进口了2台价值2000万元的全球最先进的数字印刷机HP INDIGO5500商务机，填补了湖南省高档数字印刷机的空白。目前湖南省已经拥有国际领先的图文数字制版、高速多色胶印和凹印、高端包装柔印、无线胶装联动等自动化程度较高的现代设备。印刷类型涉及出版物印刷、包装印刷、防伪印刷、数字印刷等各个领域，印刷产品种类及品质能满足市场的多种个性化需求。

(三)印刷质量稳步提高

为保持对印刷产品质量的常态管理，省新闻出版局持之以恒地做好全省印刷产品质量的检测工作。对省内企业的出版物、食品、药品、票据等印刷产品进行严格检测。省局每年组织召开2次质量检测认定专题会议。2013年还成立了湖南省出版物质量检测中心，专门负责印刷产品质量检测工作。由于管理严格，近年来湖南省印刷质量保持了较高水平。2010年至2012年省新闻出版局连续3年被国家新闻出版广电总局评为质量管理先进单位。第一、二届中国出版政府奖评选中，湖南省有2种图书获得国家印刷质量奖。2013年，第三届中国出版政府奖评选中，湖南省又有1种电子音像制品获得国家复制质量奖。

(四)社会贡献功不可没

随着湖南印刷产业的发展壮大，印刷行业做出的社会贡献也越来越大。2013年，湖南省印刷产业实现工业总产值339亿元，占全省新闻出版行业总产值的59.2%，出口创汇8.1亿元，交纳税费约12.5亿元。印刷行业还为社会解决了近10万人的就业问题。2013年，圆满完成了党和国家有关政策性出版物印刷、保密印刷等急难紧印刷任务，保证了党和国家大政方针的宣传贯彻，确保了宣传导向正确。

(五)产业发展有序推进

2013年湖南省新闻出版广电局在促进产业发展上做了三件事：一是拟推动出台《关于促进湖南省印刷业发展的若干政策》。2013年8月开始调研，12月形成调研报告和若干政策文件，均已报送省政府研究报批。二是推动了一批产业合作升级项目建设。大力推动了《长沙晚报》集团和长沙永生印务等3家印刷企业的合作项目，积极推动湖南天汇集团19家印刷企业的合作项目。形成了规模经营，集团开发的发展道路。三是大力推进湖南省绿色印刷。湖南省新闻出版广电局根据总局的要求，联合省印刷协会组织召开多次全省绿色印刷推介会，宣传推进绿色环保印刷的理念，鼓励企业采用环保印刷技术，积极推进湖南省印刷企业实施绿色印刷认证工作。湖南省天闻新华印务有限公司、常德金鹏印务有限公司等7家企业顺利通过全国首批绿色印刷认证。湘潭航顺印务公司、益阳景泰丰印业公司、武岗雄杰食品包装、邵阳彩虹包装有限公司等一批印刷企业都正积极筹备认证工作。

(六)印刷市场秩序正常

2013年，湖南省各级新闻出版管理部门共查处违法违规印刷经营活动36起，没收非法印刷品130多万册，罚没款60多万元。湖南省新闻出版广电局及各市州局督办、查办了一批违法行为严重，社会影响较大的非法印刷案件，起到了净化印刷市场，震慑非法印刷的效果。近年来的实践表明，大案要案的查处极大地震慑了非法印刷经营者，湖南省非法印刷复制经营活动逐年下降，印刷经营者法律法规意识、守法经营意识明显增强。

（湖南省新闻出版广电局印刷复制管理处供稿）

广东省印刷业

一、基本情况

截至2013年12月，广东省共有各类印刷企业20217家，工业总产值1806亿元（人民币），从业人员80.31万人，年产值在5000万元规模以上企业数量达到601家，全省印刷行业纳税达76.9亿元人民币。尽管近两年广东的印刷总产值没有像以往那样以两位数的速度高速增长，但也保持了平稳增长的态势，并且在推进科技研发、绿色印刷、印刷标准化等方面取得一定的成果。

科技研发方面：2013年3月的广东省十大最具竞争力印刷企业的评选活动中，提名企业在自主创新能力方面有突出表现，十佳企业里获得各类专利发明有303项，其研发经费的投入占国民生产总值比重达2.1%。突出例子如鹤山雅图仕，利用自主研发的薄膜电子印刷技术开发了印刷薄膜开关，已在全世界拿到了专利权，逐渐从印刷行业渗透至电子企业领域。

绿色印刷方面：从2011年9月份起，广东省举办了11期培训班，聘请专家针对绿色印刷标准进行解读培训，约计4000家企业6500多人参加了培训。在此基础上，广东省印刷复制业协会抽出专人，上门辅导印刷企业开展绿色印刷认证工作。2013年，广东省取得绿色印刷认证企业的数量快速增长，已从2011年首批的9家（全国60家）增加到目前的27家（全国约407家）。

印刷标准化方面：在国家标委会、全国印刷标准化委员会大力支持下，在香港印刷业商会和广东省印协、深圳印协以及各地印协共同努力下，印刷标准化工作取得突破进展。2012年6月，国家标委会批准三个印刷分技术委员会成立，其中两个分技术委员会秘书处落户广东；2013年5月国际印刷标准委员会春季会议在深圳召开。这一切彰显了广东省主导印刷标准制定的积极性及对行业未来发展的前瞻性。

二、存在的问题

1. 结构性矛盾突出。

广东印刷产业结构和布局不够合理的问题日渐突出：在产业结构上，高端印刷企业和低端印刷企业同在，大多数企业产品档次不高、特色不明显，技术趋同程度高，同质竞争比较激烈，特别是对成本优势、低价战略、来料加工等低层次竞争优势依赖性明显。

在产业布局上，近80%的企业分布在珠三角地区，且大部分企业规模较小，产业集中度较低，市场开拓能力差、设备和管理落后的小型企业较多，缺乏抗御风险的能力，经不起市场冲击。特别是最近几年来，低质量、低附加值产品产能供应过剩，为了争夺市场，行业间的不正当价格竞争日趋激烈，导致竞相压价接单生产的情况比较严重，加工价格一路走低，企业利润空间不断压缩，影响了产业的健康可持续发展。

2. 自主创新能力不足。

广东省现有印刷业中，除大型的中外合资和外商独资企业外，多数小型企业还是以国产设备为主体，近60%的企业仍使用单色的小胶印机，高档印刷能力偏弱，竞争力不强。产业核心竞争力欠缺，市场对外竞争力弱。企业的经营模式、营销方式落后，缺乏使用新材料、新工艺、新技术具有自主知识产权的核心产品，与市场上高档印刷、个性化印刷的需求旺盛形成矛盾。

3. 人才的缺乏。

印刷业从业人员整体文化素质偏低，尤其是一线操作员及技工的文化素质、技能水平偏低，高端的技术人才和领军人才十分短缺，在很大程度上制约了行业的发展。总之，人才队伍的总体规模和质量与其它行业相比存在较大差距，人才队伍结构矛盾突出等。如何构建印刷高端人才梯队，将成为未来印刷业发展的关键因素。

4. 部分政府部门对印刷产业发展认识不足，重视不够，宣传不多，政策支持力度不大。

有些政府部门认为印刷还是非常落后的产业、是无关紧要的行业，甚至是夕阳产业，加上现时IT技术飞速发展，有人认为印刷已走向没落。另外，国有、三资、民营和个体印刷企业之间在很多政策、税收以及市场竞争等方面各不相同，存在不合理、不公平的方面。

三、发展方向

1. 优化产业结构，科学发展。

从布局上，要充分利用当地发展的现有基础和优势，打造具有当地特色的印刷产业分布群。在产业结构上，要形成分工清晰、优势互补、聚集效应明显的产业格局，产业配套完整；小型企业要加强改造，朝向”专、精、特、新”的方向发展，逐渐改造和淘汰不具资格条件的企业。在产品结构上，要开拓新的市场和新的订单方向，如印刷与艺术、印刷与新型教育、印刷与电子商务等相结合的产品。另外，各地行业协会要建立联席制度或通报机制，对印刷业的发展新态势或者印刷企业恶性竞争和违规给予通报等，规范行业健康发展。

2. 加强科技创新，打造培育新业态。

向科技要效益，通过科技创新打造印刷业的新业态，大力发展技术含量高的新型印刷业，抢占印刷新业态的制高点。企业要开展新技术、新工艺、新产品的自主研发活动，增强自身竞争优势。加快对自身信息化改造的步伐，转变发展方式。要向个性化的数码印刷、绿色印刷、创意印刷方向发展。积极开拓印刷新领域，如印刷电子、3D 打印等。

3. 加强人才队伍培养。

企业要重点加强对领导人才、管理人才、经营人才和专业技术人才的系统化专业培训。加强中专院校的联系，合作办学，建立产学研相结合的人才培养机制。

4. 争取政府部门进一步的支持。

很多对政府部门对印刷的认识不多，对印刷是高技术密集产业缺乏了解，只停留在过去手工作坊的生产方式印象。建议制作专印刷业的宣传片，加强对政府的宣传。有机会邀请政府领导多参加会议，或者参观企业。现在各地政府都在出台一些支持产业发展的政策，但很少把印刷产业纳入支持对象，各地印刷协会在了解企业实际情况的基础上，提出一些建设性意见，联合向各政府部门发函，争取对产业的支持。

另外，企业也应该积极地、主动地参与申报政府的各类优惠政策、支持项目等，争取政府在政策上的支持。

5. 高度关注业内越演越烈的恶性竞争。

企业必须理性应对价格竞争。现在，压价竞争、低价抢单的现象屡见不鲜，有些企业甚至连价也不报，总之他们的价格永远比对手的价格低 5%。这种恶性竞争的后果十分恶劣，恶性竞争明显扰乱了行业秩序。是否能够通过各种途径，在业内大力宣传引导企业自身自觉、主动地理解和应对这种无序竞争的状况？面对如火如荼的价格战，只要大家能够冷静、理性地进行价格核算和成本分析，当明白到价格已经亏损时，为何还要跳进陷阱？如果业内越来越多人明白这一道理，大家都能自觉抵制，不参与这种死亡游戏，那么市场才会慢慢变得有序，而搞乱市场的人也就无机可乘。

6. 关注绿色印刷，重视国家对环保的要求。

现在仍有不少企业，对绿色印刷的问题认识非常肤浅，甚至认为按自己一贯的做法继续就可以了，没必要去理会环保的问题。这种认识明显过时了。随着中国特色社会主义不断推进，生态文明建设已经逐渐成为大势所趋，假如现在还不关注环保问题，以后将会很被动。

从 2010 年 11 月 1 日开始施行的“广东省印刷行业挥发性有机化合物的排放标准”，当时制定的时候，大多数企业也不太重视。然而从 2013 年 1 月 1 日开始执行的第二阶段标准，有些原本不限制的项目开始限制了，部分项目的标准比第一阶段严格了 50%。如果企业都无动于衷，一旦从严执法，将会给企业予致命的打击。

数字印刷是当前产业发展的热点。2013 年 6 月 19 日，国务院通过了国家新闻出版广电总局“三定”规定，数字印刷、绿色印刷写进了新的“三定”，这表明印刷业的健康可持续发展在国家层面的重要性。尽管这两年数字印刷已实现了高速发展，但发展水平、阶段和影响距离满足市场需求还有很大差距。

（广东省印刷复制业协会供稿）

广西壮族自治区印刷业

1. 企业概况。

2013 年广西应参加年度核验的印刷企业为 1649 家，其中出版物印刷企业 206 家（包括数字印刷企业 10 家）；包装装潢印刷企业 590 家；其他印刷品印刷企业 853 家。通过年度核验印刷企业 1633 家，注销 16 家，其中出版物印刷企业 204 家（包括数字印刷企业），包装装潢印刷企业 581 家，其他印刷品印刷企业 848 家。

2. 经济数据。

经年度核验统计，2013 年全区印刷资产总额 116.69 亿元，销售收入 111.38 亿元，利润总额 9.23 亿元；全区印刷工业总产值 120.05 亿元，比 2012 年的 94.08 亿元增长了 25.97 亿元，增长率达 27.6%。其中出版物企业工业总产值为

43.05 亿元，占 36.65%，包装装潢 66.83 亿元，占 56.89%，其他印刷品 7.60 亿元，占 6.47%；数字印刷企业（含专营和兼营）工业总产值为 3.75 亿元，对外加工贸易额 8757.70 万元（其中南宁市 8574.70 万元、防城港市 183 万元），工业增加值 23.82 亿元，工业总产出 120.06 亿元，外商注册资金 7564.88 万美元，外商投资总额 1.2 亿美元（外商投资主要分布在南宁、桂林、梧州、北海、玉林和贺州等 6 个城市），全行业从业人数为 42149 人。全区“三印”企业 3294 家，工业总产值为 2.58 亿元。

3. 各市总产值和增长率。

2013 年各市印刷工业总产值及相比 2012 年的增长率：南宁市 43.24 亿元，增长 38.75%；柳州市 7.68 亿元，增长 17.57%；桂林市 22.05 亿元，增长 11.64%；梧州市 1.70 亿元，增长 3.34%；北海市 2.05 亿元，增长 7%；玉林市 21.09 亿元，增长 29.19%；防城港市 2.32 亿元，增长 55.95%；贵港市 1.44 亿元，增长 10.26%；钦州市 2.61 亿元，增长 10%；崇左市 1.05 亿元，增长 10.69%；来宾市 2844.20 万元，增长 5.93%；百色市 8833 万元，增长 40.38%；河池市 5336.22 万元，负增长 19.65%；贺州市 10.15 亿元，、增长 19.29%；南宁铁路局 3838.37 万元，负增长 30.57%。工业总产值前三名分别是：南宁市、桂林市、玉林市；增长幅度前三名是：防城港市、百色市、南宁市。玉林、柳州、贺州也保持了较大的增长幅度。

4. 数据分析。

同 2012 年相比，2013 年广西印刷业规模得到进一步扩大，2013 工业总产值超亿元的企业 17 家，比 2012 年增加了 5 家。在 17 家工业总产值超亿元的企业中，出版物企业 9 家，包装装潢企业 8 家；5000 万元以上的企业 43 家，比 2012 年增加了 13 家，其中出版物印刷企业 13 家，包装装潢印刷企业 30 家；规模以上企业（5000 万元以上企业）工业总产值为 59.92 亿元，超过总产值的 5 成以上，包装印刷以 66.83 亿元继续领跑全区印刷产业的发展。2013 年广西印刷业总资产已达 116.69 亿元，比 2012 年增长 28.92%。

从地区分布看，南宁、桂林、玉林、贺州等城市仍然是印刷业发展的主力军，四个市的印刷工业总产值 95.53 亿元，占全区印刷业总产值的 80% 以上。值得关注的是，印刷业长期比较落后的钦州市 2013 年的工业总产值达到 2.66 亿元，防城港市、百色市分别以 55.95% 和 40.38% 的增长幅度正在努力追赶。

从企业类型看，包装装潢印刷企业仍然保持良好的发展势头，防城港市、崇左市、北海市、柳州市包装装潢印刷企业的总产值所占整个行业的比例达到 70% 以上，2013 年出版物印刷企业有所发展，工业总产值比 2012 年增长 9 个百分点，但总体来看，形势不容乐观，只占整个产业的 36.65%；

从印刷设备统计数字看，2013 年广西印刷行业购置设备共 446 台，总价值为 2.90 亿元，其中印前设备 40 台，价值为 1411.43 万元；印中设备 117 台，价值为 2 亿元；印后设备 134 台，价值 2390.98 万元。在全区印刷企业中，印中设备共有四色以上胶印机 386 台，（其中使用超过 10 年的有 80 台），进口设备占有 246 台，（其中使用超过 10 年的有 65 台）；印前设备 CTP 有 46 家，数码印刷有 37 家，印后包装盒上规模的有 3 家。2013 年新增设备数量和价值比 2012 年略有下降。

2013 年广西印刷业得到了进一步的发展，印刷业总产值首次突破 100 亿元大关。2013 年 11 月 4 日，广西壮族自治区人民政府办公厅印发了《关于加强印刷业发展的意见》，为广西印刷业的发展奠定了政策基础，必将大大促进广西印刷业的发展。

（广西新闻出版广电局印刷管理处供稿）

海南省印刷业

2013 年海南省共有印刷企业 326 家，其中出版物印刷企业 31 家，包装装潢印刷企业 96 家，其他印刷企业 199 家。印刷工业总产值 13.32 亿元，从业人员 7183 人。海南省有 5 家出版物印刷企业和 4 家包装装潢印刷企业获得 ISO9000 认证资格。年印刷工业总产值超过 5000 万元的有 4 家、超过 2000 万元的 18 家。在技术设备更新上，从国内外购置先进设备有 40 多台。全省有 9 家出版物和 2 家包装装潢印刷企业获得国家“绿色环保印刷认证”。

海南省对印刷行业的发展明确要求，一是控制总量，严格按规划审批；二是鼓励做大做强，搞联锁和集团化经营；三是加强监管，实行退出机制。对印刷企业相对集中的地区，鼓励出版物和包装装潢印刷企业做大做强和集约化经营，改变

"大而全、小而全"的经营模式，不断提高行业专业化水平，引导其向上规模、上档次、上质量的方向发展；对其他印刷企业，引导其向"专、精、特、新"的方向发展，把印刷产品质量和水平推上一个新台阶；四是建立和完善行政监管评分体系；五是加快数字印刷和印刷数字化的建设，加快推进绿色环保印刷，促进印刷业结构调整和转型升级。

（海南省新闻出版局印刷复制管理处供稿）

四川省印刷业

2013年四川省印刷企业年度核验工作基本结束，经核验，全省现有印刷企业3348家，其中：出版物印刷企业198家，排版、制版、装订专项企业38家，内部资料性出版物印刷企业165家，包装装潢印刷品印刷企业1164家，其他印刷品印刷企业1780家，专营（兼营）数字印刷企业3家。

2013年全省印刷企业共有从业人员117481人，同比增长4.71%；资产总额374.79亿元，同比增长7.80%；全年印刷工业总产值370.96亿元，同比增长10.89%；实现利润39.93亿元，同比增长38.50%；营业税金及附加6.23亿元，同比增长7.05%；销售收入381.68亿元，同比减少2.07%；工业增加值85.72亿元，同比减少36.36%；工业总产出326.05亿元，同比增长4.91%。

按企业经营类别分析，各项经营指标分布情况如下：

2013年全省印刷工业总产值370.96亿元，同比增长了10.89%，其中：出版物印刷企业总产值28.07亿元，同比减少2.06%；专项（内资）企业总产值5.31亿元，同比增长8.81%；包装装潢印刷企业总产值298.64亿元，同比增长11.62%；其他印刷品印刷企业总产值31.83亿元，同比增长3.31%。

2013年全省印刷企业销售收入381.68亿元，同比减少2.07%，其中：出版物印刷企业销售收入26.91亿元，同比增长10.83%；专项（内资）印刷企业销售收入5.2亿元，同比增长8.79%；包装装潢印刷企业销售收入314.71亿元，同比增长10.63%；其他印刷品印刷企业销售收入26.84亿元，同比减少54.47%。

2013年全省印刷企业工业增加值85.72亿元，同比减少36.36%，其中：出版物印刷企业7.73亿元，同比减少15.25%；专项（内资）印刷企业1.29亿元，同比减少34.19%；包装装潢印刷企业69.49亿元，同比减少16.6%；其他印刷品印刷企业7.21亿元，同比减少79.22%。

2013年全省印刷企业工业总产出326.05亿元，同比增长4.91%，其中：出版物印刷企业总产出24.12亿元，同比减少18.62%；专项（内资）印刷企业总产出5.24亿元，同比增长10.78%；包装装潢印刷企业总产出269.25亿元，同比增长11.89%；其他印刷品印刷企业总产出22.09亿元，同比减少28.07%。

2013年全省工业总产值5000万元以上印刷企业125家（其中亿元企业64家），同比增加28家，增长28.87%，占全省印刷企业总数的3.74%；工业总产值229.14亿元，同比增长15.03%，占全省工业总产值的61.77%；销售收入240.46亿元，同比增长2.06%，占全省销售收入的63.00%；工业增加值59.71亿元，占全省工业增加值的69.66%。

总体而言，四川省印刷企业数量逐步增加，产能稳步增长，规模以上重点企业优势突出，集约化程度更高。

（四川省新闻出版广电局供稿）

重庆市印刷业

一、基本情况

截至2014年2月26日，重庆市已有4105家印刷企业（含复印、打印经营户）通过了年度核验，其中：出版物印刷企业81家；内部资料印刷企业51家；专项制版（装订）企业46家；数字印刷企业4家；包装装潢印刷企业617家；其他印刷品印刷企业896家；复印、打印经营户2410家。缓验14家，调整经营范围1家，撤销32家。

2013年重庆市印刷企业资产总额1739782万元，同比增长27.51%；工业总产值1518151万元，同比增长12.81%；销售收入1468985万元，同比增长11.49%；工业增加值335066万元，同比下降7.82%；利润总额123275万元，同比下降36.84%；从业人员数量47523人，同比增长10.79%。包装装潢印刷品印刷企业在销售收入、工业总产值和工业总产出方面仍然占据整个印刷业的主导地位，占比分别为78.17%、78.04%和78.53%。生产设备投资大幅上升，传统书刊印刷产值逆势增长，前些年投资的包装装潢印刷企业逐步进入盈利阶段是三大明显特征。

二、重庆市印刷产业发展概况

1.加强印刷质量管理。

重庆市将每年“3·15”质检活动、春秋两季图书期刊质检活动和日常质量监督管理相结合。2013年全国“3·15”质检活动，我市重庆升光电力印务有限公司和重庆旭阳印务有限公司被评为全国先进出版印刷企业，7家绿色印刷企业抽样的9种绿色印刷中小学教科书样品经检测全部达到相关要求；在新闻出版总署出版产品质量监督检测中心于2013年9月对重庆市3家图书出版单位进行的出版产品印装质量监督抽查中，共抽取15种396册样品。产品印装质量单册合格率为97.98%，批质量合格率为100%；2013年的春、秋两季图书期刊送检样书1700种，经质检专家检测，认定为重庆市优质品1344种，优质品率79.05%，较上年略有提高。重庆市文化委员会将进一步加强印刷品质量监管，加大日常抽检力度，严格督促印刷企业严把质量关，进而提升整个重庆市印刷产业的知名度和竞争力。

2.积极推进绿色印刷。

重庆市将积极推进绿色印刷工作，针对企业在“转绿”过程中增加的成本，积极争取政策支持和财政补贴，出台《重庆市绿色印刷扶持资助专项资金管理办法（试行）》，从2012年起，对通过绿色认证的印刷企业每家给予了5万元的认证补贴。目前重庆市已有19家印刷企业通过了国家绿色印刷环境标志认证，另外还有10余家印刷企业正在申请通过国家绿色印刷环境标志认证。重庆市绿色印刷产能已能充分保证全市中小学教科书实施绿色印刷。2014年春季，重庆市义务教育阶段中小学教材品种和数量分别占比到达93.9%和94.27%，2014年秋季重庆市中小学教材将实现绿色印刷全覆盖。政府引导、印企实施，全面促进印刷产业升级，力争在“十二五”规划末使绿色印刷企业数量占到印刷企业总数的30%。

3.注重印刷技能人才培养。

重庆市文化委员会和市人社局将在办好两年一届的“重庆市印刷技能大赛”的基础上，积极做好每届全国印刷行业职业技能大赛的选拔参赛工作，促进我市印刷技能人才队伍素质的整体提高，从根本上提升我市印刷企业的整体竞争力。在2013年举行的“首届重庆市印刷技能大赛片区初赛”中，经过理论知识和实际操作技能两项比试之后，重庆市共有132名参赛选手晋升为国家职业资格四级（中级技能），夯实了我市印刷专业技能人才的基础；针对印刷包装行业人才队伍建设实际，重庆市文化委员会与重庆商务职业学院签订了共建重庆印刷包装职业教育培训基地协议，为行业单位培养高职专科层次的印刷包装高技能人才，为重庆市印刷包装产业的发展提供人才和智力支撑。

三、重庆市印刷业发展中存在的问题

1.市场竞争无序的问题始终存在，印刷企业之间相互打压工价现象时有发生。

2.产业技术更新普遍较慢，没有长远发展规划，对印刷业发展趋势和新技术缺乏研究和了解。

3.盲目投入过多资金采购设备，不注重加强生产质量管理。

4.印刷包装高技能人才匮乏，严重制约重庆市印刷包装产业整体素质的提高和发展。

（重庆市文化委员会印刷发行管理处供稿）

贵州省印刷业

一、基本情况

2013年，贵州省共有印刷企业712家，其中通过年度核验的669家，拟予注销20家（需公告后生效），暂缓核验23家（包括未在通知要求的限定时间内参加核验的部分企业）。

根据年度核验所采集到的数据统计，全省印刷企业全年共完成工业总产值36.95亿元，比上年增长27.55%；工业增加值11.29亿元，与上年基本持平；工业总产出38.35亿元，比上年增长29.96%；营业税金及附加0.35亿元，比上年下降31.43%。实现销售收入30.98亿元，比上年增长15.42%。年末拥有资产总额43亿元，比上年增长12.39%，实现利润总额4.16亿元，比上年增长16.2%。全行业从业人员15092人，比上年增加1454人。

按不同管理类别情况分，77家出版物印刷企业全年共完成工业总值6.33亿元，与上年基本持平；完成工业总产出6.56亿元，与上年基本持平。125家包装装潢印刷品印刷企业共完成工业总产值25.23亿元，比上年增长39.55%；完成工业总产出25.96亿元，比上年增长42.72%。479家其他印刷品印刷企业共完成工业总产值5.2亿元，比上年增长16.59%；完成工业总产出5.64亿元，比上年增长25.89%。

按不同主营业务情况分，以书刊印刷为主营业务的企业共完成工业总产值4.55亿元，比上年增长50.66%，占全省比重的12.31%。以报纸印刷为主营业务的企业共完成工业总值1.5亿元，与上年基本持平，占全省的4.06%。以纸包装印刷为主营业务的企业共完成工业总产值17.98亿元，比上年增长16.45%，占全省的48.66%。以塑料软包装印刷为主营业务的企业共完成工业总产值6.47亿元，是上年的2.5倍，占全省的17.51%。以普通票据印刷为主营业务的企业共完成工业总产值1.08亿元，比上年基本持平，占全省的2.92%。

从年度核验采集的数据分析，贵州省2013年贵州省印刷业的产值较2012年有较大增长，主要原因：一是龙头企业的产值较上年有较大回升，如以烟标为主要业务的贵阳劲嘉新型包装材料有限公司、贵州永吉印务股份有限公司、贵州西牛王印务有限公司等3家企业合计增长30%，贵州新华印务有限公司（原贵州新华印刷厂）增长20%；二是塑料软包装企业增长幅度较大。

二、绿色印刷及印刷园区情况

1. 截至2013年底，全省共有9家印刷企业通过了绿色印刷认证，61%的中小学教科书采用了绿色印刷方式。有8家企业获得绿色印刷财政资金专项补贴。

2. 贵州文化出版产业园已正式开工建设，2013年已完成投资7000万元。贵阳市南明区龙洞堡食品工业园印刷平台项目一期厂房主体工程已经完成，已有4家印刷及印刷物资供应企业签约入驻。

（贵州省新闻出版广电局供稿）

青海省印刷业

一、基本情况

2013年，青海省印刷企业严格遵守《印刷业管理条例》，以及承印验证、登记，印刷品保管、交付及残次品销毁等规定，继续加强内部管理，认真实施绿色印刷工作，加大印刷设备改造力度，依法经营，规范管理，注重质量和服务，企业生产、质量管理等制度不断健全完善，生产能力和规模都有较大的提高。

据统计，截至2013年底，全省印刷企业共177家，从业人员5516人，固定资产66634万元（较2012年增加了6000多万），产值55649万元（较2012年减少了8000多万元），利润5538万元（较2012年减少了700多万元），税收4159万元。其中，出版物印刷企业49家、专项排版制版企业4家、数码印刷企业1家、包装装潢印刷企业9家、其他印刷品印刷企业

114家。青海新华印刷厂、青海西宁印刷厂、青海日报社印刷厂、西宁东宝印务公司、青海新宏铭印刷有限公司、青海新世纪信通安全印务有限公司、西宁嘉彩印刷有限公司、西宁鼎正设计制作中心、青海虎彩印刷公司等9家印刷企业的产值超过千万元，其中，青海虎彩印刷公司年产值超过了1亿元。另外，青海新华印刷厂、青海西宁印刷厂、青海日报印刷厂和西宁东宝印务有限公司注重企业转型升级，加强印刷质量水平，取得了《中国环境标志产品认证证书》，首次实现了在青海省中小学2013年秋季教科书上实施绿色印刷的任务。总之，青海省印刷业呈现出健康有序、良好发展的态势。全省印刷行业有以下几个特点：

1. 出版物印刷企业是青海省印刷业主力军。无论从企业规模、印刷设备、技术水平等方面，出版物印刷企业在全省印刷行业中起着引领作用，占据了许多优势。在2013年评选的6家"青海省印刷示范企业"都是出版物印刷企业。

2. 民营印刷企业是青海省印刷业的中坚力量。近几年，民营印刷企业根据自身优势，探索市场需求，增强特色经营，不断壮大规模，发展较快，已成为青海省印刷业发展的中坚力量。在青海省8家产值超千万元的企业中有4家是民营企业。

3. 包装装潢印刷企业是青海省印刷业的新生力量。青海虎彩印刷公司、西宁东宝印务有限公司、青海世纪信通印务公司、青海朗杰印务公司等包装装潢印刷企业，通过印刷设备改造，提升技术水平和服务质量，企业规模快速发展壮大，提升了印刷产业档次，成为青海省印刷行业新的增长点。

4. 外省资金的注入，推动了青海省印刷业的发展。随着国家西部大开发政策的实施，一些大型印刷集团和企业，如：虎彩印刷、东港印刷、宁夏电通、兰州时代公司等相继在青海投资设厂，直接增强了青海省印刷业的生产规模、生产能力，推动全省印刷业上规模、上档次，促进了青海省印刷业的整体提高。

二、存在的问题和不足

1. 少数企业经营管理不善，产品结构单一，生产能力弱，有些企业去年承印出版物不足5个品种。

2. 印刷产品质量整体不高，质量问题时有出现，质量管理制度和保障机制尚不完善。

三、今后工作要求

为了加强行政监管，促进青海省印刷业健康、有序发展，要加强以下几方面的工作：

1. 根据《国家新闻出版广电总局关于做好2014年印刷复制发行监管工作的通知》（新广出发〔2014〕17号）精神，加大印刷市场监管力度。同时，督促印刷企业严格遵守《印刷业管理条例》等法律、法规，健全企业内部管理制度，依法经营，守法诚信，合法生产。

2. 加强印刷质量管理，提升印刷质量水平。2014年，将继续加大印刷产品的质量检测力度，对中小学教科书组织不少于20次的绿色印刷质量检查，组织印装质量专家对2014年图书、内部资料印制质量进行检测认定。

3. 继续推进绿色印刷，推动企业转型升级。将继续加大绿色印刷宣传力度，动员和鼓励印刷企业积极申请绿色印刷认证，在继续推进中小学教科书绿色印刷的同时，在票据印刷和食品包装印刷领域深入开展绿色印刷。

4. 鼓励支持发展数字印刷企业，适应科技发展趋势和市场需求。按照《数字印刷管理办法》的规定，以数字印刷为抓手，不断推动企业转型升级。

（青海省文化和新闻出版厅印刷发行处供稿）

深圳市印刷业

一、基本情况

2013年，深圳市印刷业发展良好。根据"深圳市2013年度印刷企业年检核验工作"情况，参与年审印刷企业2139余家，其中出版物企业105家，包装装潢印刷企业1178家，其他印刷品企业804家，排版装订专项企业8家，数字数码印刷企业9家；其中年产值5000万—2亿元的企业120家，年产值2亿元以上的企业48家，从业人员18万人，年总产值约340亿元，占据深圳新闻出版业的半壁江山。深圳印刷企业有一半的产品要销往海外，是我国重要的印刷品出口基地。

2013年深圳印刷业屡创佳绩，在“全国印刷百强企业”评选中，利丰雅高印刷集团有限公司、鸿兴印刷集团有限公司、深圳市九星印刷包装集团有限公司等10余家深圳企业榜上有名；荣获中华印制大奖33项、亚洲印制大奖7项、香港印制大奖15项、美国印制大奖85项（其中班尼金奖11项）、美国金墨奖31项等共计157项国家级和国际级大奖，其中雅昌企业集团（有限公司）、中华商务联合印刷（广东）有限公司等还荣获了被誉为全球印刷界“奥斯卡”的班尼金奖。

二、重要活动

（一）推动印刷标准化工作进展，承办国际印刷标准化ISO/TC130春季会议

2013年5月19日—24日，由国家新闻出版总署、国标委、中国印协指导，广东省新闻出版局、深圳市新闻出版局、广东省印协支持，由全国印标委和深圳印协承办的“国际印刷标准化ISO/TC130春季会议”在深圳隆重召开。来自世界16个国家的112名外籍专家与50余位中国专家齐聚深圳，共商印刷标准化之大计。在一周的会议期间，有八个工作组和五个任务小组分别召开会议，与会代表就各种专题进行了研讨，内容涉及术语、印前数据交换、过程控制和相关度量衡、介质和材料、印刷品对环境的影响、印后、印刷符合性评价要求等领域的标准制订工作。

（二）协助政府及相关部门，服务行业企业，起到政府与企业间沟通的桥梁作用

1.协助深圳市新闻出版局，做好深圳市两千余家印刷企业的年审工作。

自2013年3月，受市新闻出版局委托，深圳印协为深圳市两千余家印刷企业办理了《印刷经营许可证》年审资料的收发工作。秘书处通过网站、手机短信、电话等方式通知了所有会员及印刷企业，并现场为企业进行咨询服务、协助完善年审资料等。截至2013年9月，圆满完成了该项工作。

2.协助深圳市市财政委采购办、市政府采购中心开展“定点印刷企业履约评估”项目。

2013年4月—7月，深圳市财政委采购办、市政府采购中心和深圳印协共同组织了“市本级公务印刷定点企业履约检查工作”。检查工作分为三个方面：一是向定点印刷企业发送了“企业自查通知与企业自查表”；二是向市直各行政事业采购单位发送了调查问卷；三是由市财政委采购办、市政府采购中心、行业协会代表和专家组成检查组，于2013年5月中下旬对32家市本级政府公务印刷定点企业进行了实地检查。其中8家企业被评为优，14家企业被评为良，10家企业被评为一般。32家定点印刷企业中，深圳市印刷行业协会会员单位有22家，占68.75%。

2013年下半年，深圳印协秘书处配合市政府采购中心新一轮招标工作，截至11月底，“2013—2015年度市本级政府公务印刷定点企业预选招标”已完成评审及公示工作。共有89家企业入围公示名单，其中深圳市印刷行业协会会员单位51家，占57.3%。

3.强化行业诚信体系建设，协助广东省工商局、深圳市市场监督管理局开展“广东省守合同重信用企业”网上公示活动。

2013年1月—3月，深圳印协秘书处向深圳市市场监督管理局申请成为了广东省“守合同重信用企业”公示活动深圳授权行业协会，并推荐了17家会员单位参与公示活动。至6月中旬，深国瑞、森广源、嘉年、星光、大进、钧隆、广新、浩立信、源昌盛、广沙包装、彩鑫金域、咏胜、鹰达印刷共13家会员单位，在广东省工商局和深圳市市场监督管理局“守合同重信用企业”网上公示系统获得公示，并荣获了“广东省守合同重信用公示企业”称号。

（三）培育印刷人才，参与世界技能大赛，承办“首届深圳市印刷职业技能竞赛”

1.为世界技能大赛培训选拔印刷人才。

第42届世界技能大赛是中国印刷业首次参加印刷媒体技术项目的角逐，更是中国印刷技能人才在国际舞台的首次亮相。深圳印协积极支持参与印刷人才的培训选拔工作，经过深圳印协会长单位、海德堡深圳印刷媒体技术中心近一年时间的严格训练和层层选拔，来自上海出版印刷高等专科学校的王东东代表中国印刷业选手于2013年7月参加了在德国莱比锡举行的第42届世界技能大赛印刷媒体技术项目的比赛，并获得铜牌佳绩。

2.深圳印协与海德堡、高训中心联合承办“首届深圳市印刷职业技能竞赛”。

2013年10月—11月，深圳印协、海德堡与高训中心联合承办了“首届深圳市印刷职业技能竞赛”。本次大赛工种为平版制版工，项目为CTP制版。报名参加竞赛的选手共有89名，主要来自深圳、东莞、广州、佛山、惠州、珠海等地。

大赛于11月8日晚21时落下帷幕，裕同的苏小燕、深职院的许向阳荣获一等奖；当纳利的廖卫昌、源昌盛的吴建欢等荣获二等奖；贤俊龙的杨峰、劲嘉的冯许高、利丰雅高的唐勇等荣获三等奖。

（深圳市印刷行业协会秘书处供稿）

2013 年大事纪略

1月

4日 北京盛通印刷股份有限公司发布公告称，公司拟在上海金山区国家绿色创意印刷示范园区投资建设云印刷数据处理中心、按需印刷示范基地、电子商务平台及总部经济项目，项目分期建设，总投资约 8 亿元。

4日—7日 “2013 北京地区出版物订货会”举行。800 余家单位共计 10 万余种图书产品和电子出版物参展。本届图书订货会期间，除了传统的研讨会形式的营销方式外，还有与图书产品主题相关的精美挂历、卡通玩偶等相关图书品牌形象宣传活动。

6日 中华书局有限公司上海分公司正式成立并投入运营，此举也意味着商务印书馆、中华书局、三联书店三家在上海发源的著名出版机构再次全部进驻上海。此次上海分公司的成立，一方面是实施中国出版集团的战略部署，另一方面也是中华书局自身发展的需要。

8日 中国印刷博物馆申报国家 AAA 级旅游景区正式获批。

8日 爱色丽股份有限公司宣布其重新设计的 ilPro2 分光光度仪继 2012 年赢得国际红点设计大奖之后，荣膺 2013 年 iF 产品设计大奖。

8日—9日 第八届北京国际印刷技术展览会（CHINAPRINT 2013）主办方在北京皇家大饭店举办 CHINA PRINT 国际媒体周活动。向海内外广大参展企业、专业观众和新闻媒体全面介绍本届展会筹备情况。参加国际媒体周的中外媒体参观了天津经济开发区、印刷园区、印刷设备制造厂，并实地考察中国国际展览中心顺义新馆，更多地了解中国印刷工业发展现状、办展环境和条件。

9日 柯尼卡美能达商业解决方案（美国）公司宣布收购 DocuSource 公司。收购完成后，DocuSource 将成为柯尼卡美能达商业解决方案（美国）公司的独资子公司，本次收购有助于柯尼卡美能达拓展自己在南加州的市场销售力度。

10日 由中国图书商报主办的“2013 中国书业营销创新论坛”在北京举行。2013 年主题为“全面提升行业电子商务能力”，中国图书商报社社长、总编辑孙月沐代表主办方在论坛上致辞。

10日 基于在职工教育培训一体化基地建设上的突出表现，宁波中华纸业有限公司被全国总工会授予“全国职工教育培训示范点”称号。

11日 香港印刷资源中心在深圳力嘉创意文化产业园内举办了“印刷规范研讨会与国际规范接轨”活动，庆祝公司成立 15 周年。活动邀请了内地、香港、澳门三地的 60 多家印刷厂商出席。

15日 内蒙古自治区新闻出版（版权）工作会议在呼和浩特市召开。会议总结了 2012 年全区新闻出版（版权）工作的同时，明确了 2013 年全区新闻出版工作的总体思路，并对 2013 年内蒙古自治区新闻出版（版权）工作进行了部署。

15日 全国首家 3D 打印照相馆正式落户北京工业设计创意产业基地。

17日 全国印刷标准化技术委员会在安徽省合肥市召开《热固型轮转胶印涂布纸印刷适性要求及检验方法》国家标准起草组第二次工作会议，对标准起草组草案第三稿的术语和技术内容进行了认真的探讨与研究，并对草案提出具体的修改意见。

22日 《中国日报》非洲版在肯尼亚首都内罗毕举行创刊发行仪式，成为在非洲发行的首份中国英文报纸，其发行范围全面覆盖肯尼亚、南非、尼日利亚、埃塞俄比亚、坦桑尼亚和加纳等非洲重要国家。《中国日报》副总编辑高岸明表示，《中国日报》非洲版将通过政治、经贸和社会生活等多方面报道，向世界展示一个真实的、不断繁荣发展的中非关系。《中国日报》成为在海外出版的第五份报纸，

24日 爱普生 Epson 于日本东京宣布，全球 105 款爱普生打印机支持 AirPrint。应用 AirPrint，无需外接任何软件、驱动程序或数据线即可方便的从 iPad、iPhone 和 iPodtouch 上直接打印电子邮件、照片、网页和文档。

2月

1月30日—2月4日　2013年台北国际书展在台北世贸馆开展。马英九亲临现场主持世贸一馆的开幕式，并在揭幕后，到出版社的展台上采购新书，比利时是本届台北书展的主题国家。

1日　上海市嘉定区文化市场管理所基本完成了对本区持《印刷经营许可证》单位的年度核验。为方便企业年审，本次年度核验采取了网上自主申报的形式，材料审核及现场复核相结合，共参加印刷单位498家，完成核验手续的单位为473家。

5日　“新疆民族文学原创和民汉互译作品工程”第二批70部扶持出版作品，发至全区各基层5000余个文化场所和5500多所大、中、小学校，涵盖了维、汉、哈、蒙、柯五个文种，涵盖了小说、诗歌、散文、评论、纪实文学、儿童文学等各类文学体裁。

6日—8日　日本Page2013展会在日本东京举办，作为方正国际软件有限公司全球重要代理商之一，日本Avid-flex公司携方正锐利、方正锐图包转印前软件亮相此次展会，向包装领域展现方正国际在包装、印刷行业专业、优秀的产品水平和高效的服务意识。

17日—19日　第46届加利福尼亚国际古旧书展在旧金山结束。本届书展特别侧重于亚洲地区，展出的一批中文古书画、手稿及文物颇受瞩目。

19日　2013年正值雅昌集团成立的20周年，雅昌集团2013年新年大早会于北京、深圳、上海三地分别召开，雅昌集团董事长万捷作新年致辞。

20日　上海市委宣传部副巡视员、改革办主任、研究室主任王锦萍，上海市新闻出版局副局长陈丽一行调研金山国家绿色创意印刷示范园区有关工作，并召开专题座谈会。

21日　北京市科学技术奖励大会在北京国际饭店会议中心举行，包括绿色印刷在内的184个项目获2012年度北京市科学技术奖，其中，27个项目获一等奖，53项获二等奖，104项获三等奖。此外，战略新兴产业项目超半数。

21日　全国印刷标准化技术委员会发出关于征求《书刊装订用反应型聚氨酯热熔胶（PURHM）使用要求及检验方法》标准的意见和建议的通知，面向国内印刷行业征求上述标准广泛征求意见。

26日　在2013年江苏新闻出版（版权）重点工作落实推进会上，首届“江苏省新闻出版政府奖”在南京颁奖。此次共评选出版物奖191个（含正式奖102个，提名奖89个），先进新闻出版单位奖35个，优秀新闻出版人物奖45名，特别奖42个（含2个集体、1名个人和39种出版物）。在获得出版物奖中，图书奖30个。

26日　国际喷印产业发展高峰论坛在广州召开。本届会议以“机遇、创新、突破”为主题，就喷印行业喷头技术应用、数字时代喷墨技术、按需喷墨、商业打印设备、喷印技术拓展应用等企业关心的热点问题进行探讨和分享。

28日　由原新闻出版总署批准发布CY/T 92—2013《纸板类儿童书籍纸板粘合过程控制要求及检测方法》及CY/T 93—2013《印刷技术不干胶标签质量要求及检验方法》两项印刷行业标准，两项新颁布行业标准均自发布之日起开始实施。

3月

1日　国务院新修改的《计算机软件保护条例》《中华人民共和国著作权法实施条例》《信息网络传播权保护条例》正式施行。其中，三个条例中均对行政处罚罚款数额进行了调整和修改，特别是对我国现行著作权法第四十八条规定的侵犯著作权的行为提高了罚款上限，由原来的可处5万和10万元以下的罚款，提高到可处20万和25万元以下的罚款。

4日—6日　第二十二届华南国际印刷工业展览会在广州琶洲圆满闭幕，上海天岑公司向业内展示了其具有代表性并自主研发的新产品——RFM105热刀立式自动覆膜机。

5日　首届安姆科中国包装创新设计大赛在上海落下帷幕，武汉大学印包系组队参赛，凭借团队开发的《直立泵式软包装袋设计》荣获大赛唯一的一等奖。

5日　主题为“创印绿色明天”的惠普图形印艺环保设计应用沙龙在北京举行。来自惠普的专家展示了惠普三条产品线组成的产品链，可广泛应用于建筑工程、户外广告、图形设计、商业印刷、出版、标签与包装等行业，全线捍卫环保印艺生态圈。

6日　“第二十届华南国际印刷工业展览会”（简称“第二十届华南国际印刷展”，The 20th Printing South-China）、“2013中国国际标签展”(Sino-Label 2013)在广州琶洲中国进出口商品交易会展馆圆满闭幕。本届展会现场集结超过1200家参展商，展出面积达90000平方米，来自142个国家和地区的57529名专业观众共同参与此次盛会。

13日　北京印刷学院信息工程学院与雅昌集团合作协议签订、“雅昌班”开班典礼暨兼职教授聘任仪式举行。

14日—17日　随着中国作家莫言2012年荣获诺贝尔文学奖，在德国第二大图书展览会——莱比锡书展期间，中国图书成为了此次书展上的一大热点。

14 日　北京印刷协会召开了职业技能教育培训座谈会，各方主要就2013 年北京地区职业技能培训计划的制订和实施工作展开了讨论。

16 日　中国邮政发行了《桃花》系列邮票一套 12 枚，是近年来少有的多枚大套系邮票。值得一提的是，《桃花》邮票采用香味油墨印刷，成为我国发行的首套香味邮票。

16 日　《聚甲基丙烯酸甲酯（PMMA）镜面装饰标牌印刷质量要求及检测方》印刷行业标准起草组第一次工作会议在中山市召开。会议明确了制定标准的范围，规范性引用文件、术语和定义的内容，需要新增加的试验数据和试验方法。

16 日　上海市闵行区印协 2012 年会暨 20 周年庆典在上海西南工业学校大礼堂举行，上海市印刷行业协会、上海市新闻出版局、中国印刷技术协会、闵行区社团局的领导先后发表了精彩的讲话。对闵行区印协成立 20 年来真诚服务企业，推动行业发展所做的一系列工作表示充分肯定。

17 日　山西省临汾市第一家初具规模的数字印刷基地——临汾德美数字印刷总公司正式揭牌。山西省新闻出版局印刷处负责人为“临汾德美数字印刷总公司”授牌。

18 日　全国印刷标准化技术委员会（以下简称印刷标委会）第四届委员会成立大会在北京召开。中国印刷技术协会正在积极争取承担国际标准化组织印刷技术委员会（ISO/TC 130）秘书处工作。原新闻出版总署副署长孙寿山，中国印刷技术协会理事长于永湛出席成立大会并讲话。

18 日　由全国工商联纸业商会与中国轻工业信息中心共同编撰完成的《2012 年中国纸业发展暨 2013 年趋势研究报告》正式对外发布。

21 日　由中国印刷技术协会主办、中国印刷杂志社承办、北京中科纳新印刷技术有限公司协办的“全国印刷行业科技创新成果推介会暨第二届全国印刷行业科技创新成果评选活动启动仪式”在北京举行。

22 日　中国社会科学院文化研究中心和社会科学文献出版社联合在京发布《中国文化产业发展报告（2012—2013）》。该蓝皮书指出，中国文化产业的发展进入实质性拐点，文化市场从总体“短缺”转向“短缺”与“过剩”并存。

23 日　“汇诚挚，铸精艺”，佳能（中国）专业打印产品本部发布会暨经销商大会在北京举行，会议同期，佳能（中国）正式向业界宣布合并奥西中国（Océ）业务，并公布最新的公司部门——佳能（中国）专业打印产品本部的诞生，同时发布了一系列新产品。

29 日　扬州报业传媒集团广陵古籍刻印社牵手金陵科技学院，共同打造中国雕版艺术数字化研究中心，标志着这项世界非遗正式迈入数字化进程。

4月

1 日　“第二届两岸三地喷墨打印与装饰装修个性化设计”论坛在北京中国国际展览中心（老馆）综合服务楼会议室举行。两岸三地相关主管部门领导、纺织印花、印刷等产业方面专家、设计师及企业精英出席论坛。加强中国大陆、香港、台湾喷墨印刷业的交流与合作，推动两岸三地喷墨印刷技术的发展。

1 日　理光公司把其子公司理光创新有限公司（Ricoh Innovations，Inc.,RII）重组为理光创新公司（Ricoh Innovations Corporation，RIC）。新成立的公司除了研发创新技术以外，其经营范围也进一步扩大，包括在世界范围内运用先进信息技术培育新企业。

2 日　开封日报报业集团印务中心隆重举行北人 45A 卷筒纸平版小型印报机开封日报现场演示会暨开机剪彩仪式。

3 日　山东省（潍坊）数字出版基地、山东中动数字出版创意研发园区、山东云计算版权交易园区在高新区正式揭牌成立。

7 日　中国南京“宋乾杯”印刷包装、广告创意设计组委会召开新闻发布会，宣布大赛启动。

9 日—10 日　北京印刷协会第八届会员大会在北京举行。会上北京印刷协会理事长任玉成公布了 2012 年最新统计数据，2012 年北京印刷业主营业务收入同比增长 5% 左右，利润同比增长 1% 左右。

10 日　国家新闻出版广电总局印发了《关于组织开展 2013 年国家印刷复制示范企业申报工作的通知》，定于 4 月 15 日—5 月 15 日期间集中受理 2013 年度国家印刷复制示范企业的申报工作，并对具体审核细节进行了详细说明。

11 日　“2013 中国国际瓦楞展”在上海新国际博览中心圆满闭幕。展会面积达 61700 平方米，600 多家参展企业，共展示了 1300 多台瓦楞制造设备和 1000 多种耗材，共有来自 100 个国家和地区的 26293 名观众参观了此次展会，参观人数比上届增长了近 20%。

11 日　北京印刷学院文化产业安全研究院成立，并举办首届文化产业安全与文化软实力论坛。中国科学院原纪委书记王庭大，中国文化软实力研究中心主任张国祚，北京印刷学院党委书记郑吉春、校长王永生共同为研究院揭牌。

11日—12日 2013年科技与数字出版管理工作会暨网络出版监管工作现场会在南京召开，国家新闻出版广电总局负责人孙寿山在会上发表重要讲话。

12日 四川省自贡市成立了印刷行业协会，选举产生了第一届理事会理事、理事长，钟达明当选为第一届协会理事长。

15日 国家级印装产业园——河北·廊坊国家印装产业园落户廊坊新兴产业示范区。

15日 英国文学杂志《格兰塔》(Granta)的中文版由上海文艺出版社和九久读书人出版社正式出版发行，中文版第一期主题定为“不列颠”，其中收录了《云图》的作者大卫·米切尔等中国读者熟悉的英国著名作家的作品。

16日 中国出版协会六届三次常务理事会议暨第四届中华优秀出版物奖颁奖大会在北京举行。中华优秀出版物奖共分为3个子奖项，384种出版物和出版科研论文获此殊荣。

17日 全国机械工业品牌战略推进工作会议北京召开，会议表彰了在2012年品牌培育表彰活动中获得中国机械工业优质品牌的101家企业，并给受表彰企业授牌、颁发证书。

22日 全国印刷标准化技术委员会在浙江省杭州市召开《数字印刷系统使用要求及检验方法》国家标准起草组第一次工作会议。会议在本标准起草组草案第一稿的基础上，就标准起草制定的框架、结构和相关技术问题进行了协商与研究。

25日 青海省文化和新闻出版厅在青海省会议中心海西厅召开青海省绿色印刷工作座谈会暨青海省首批绿色印刷认证企业授牌仪式，为获得绿色印刷认证的四家印刷企业授牌。该资质的获得，标志着青海省绿色印刷认证工作取得了零的突破。

5月

1日 2013“中国最美的书”开始接受参赛报名，历时半年，结果于当年11月揭晓，获奖作品将由组委会送往德国莱比锡，推荐参加下年度“世界最美的书”评选。

6日—7日 全国印刷标准化技术委员会（SAC/TC 170）在广东省东莞市召开新闻出版行业标准《印刷技术 纸和纸板印刷适性测试方法》第三至六部分起草组第一次联席工作会议。会议对执笔专家起草的《印刷技术 纸和纸板印刷适性测试方法》第三至六部分4项标准的起草组草案第一稿进行了研究和修改。

9日 英国《卫报》报道，康泰纳仕集团旗下女性杂志《Easy Living》因为报刊亭销售不景气，在创刊8年后将步入完全网络化阶段，这一决定将导致30名员工面临失业风险。

9日—10日 全国印刷标准化技术委员会（SAC/TC 170）在广东省珠海市召开《印刷技术 纸和纸板印刷适性测试方法 第七部分：印刷粗糙度》、《印刷技术 纸和纸板印刷适性测试方法 第八部分：蹭脏》和《印刷技术 纸和纸板印刷适性测试方法 第九部分：凹印白点》3项新闻出版行业标准起草组第一次联席工作会议。

10日 北京印刷协会换届改选后首次理事长办公会——第八届第一次理事长办公会召开。北京印刷协会理事长、副理事长、名誉理事长、名誉副理事长、秘书长、监事长、监事及副秘书长出席会议，并就相关工作进行了汇报。

11日 《新疆文库》印制合作签约仪式在中华商务联合印刷（广东）有限公司隆重举行，中华商务在反复对样书开展研制工作后，最终确定了该文库的总体装帧设计方案。

13日 雅昌集团与网屏（中国）有限公司战略合作新闻发布会在雅昌（北京）艺术中心隆重召开。双方正式确立战略合作伙伴关系，并举行了签字仪式。

13日 由中国印刷技术协会、《中国印刷》杂志社主办的《中国印刷》绿色出版活动合作签字仪式在北京举办。《中国印刷》杂志从2013年第五期开始，实现完全意义上的绿色化出版。

14日 “2013中国印刷高峰论坛”在中国国际展览中心（新馆）举行，海德堡、惠普、高宝、柯达、EFI、兰达、CIP4等国际著名印刷技术和设备制造商的公司高层相继发表精彩演讲，并就相关问题进行了现场解答。

15日 第四届中华印制大奖结果揭晓。千余件参赛作品在四轮评审后产生了19件印刷精品获得金奖，68件作品获得银奖，97件作品获得铜奖，并产生37件优秀奖作品。同时，产生了8位行业杰出贡献企业家及8位行业创新企业家奖项。

15日 香港印刷业商会联同中国印刷及设备器材工业协会、北京印刷协会及IDEAlliance举办“第二届亚洲G7高峰会”，将G7和印刷标准化向行业进一步推广。

15日 乐凯华光集团首次成功举办以“友谊、发展、共赢”为主题的华光海外经销商工作会议。乐凯华光领导会讲话并向获得2012年度海外金牌经销商颁发奖杯，向14家独家代理经销商授牌。

16日 Print China2015在中国国际展览中心新馆W-103会议室举办了新闻发布会，介绍了PRINTCHINA2015的筹备情况，会后进行了CHINA PRINT 2015项目启动仪式。

16日 中国农业机械化科学研究院、国家漯河经济技术开发区合作共建中国（漯河）食品和包装机械产业园项目签约仪式举行。

16日　第五届全印展新闻发布会在北京皇家粮仓商务会馆举办。新闻出版广电总局印刷发行司司长王岩镔，中国印刷技术协会常务副理事长张双儒等行业协会代表出席会议。主办方向与会人士汇报了第五届全印展的展会方案，以及筹备工作的最新进展，并发布了全印展全球推广计划。

16日　中国印刷技术协会对印刷行业首批信用等级评价获评的书刊印刷、包装印刷、票据印刷企业和印刷设备及耗材企业进行了授牌。同期召开了中国印刷行业信用评价工作委员会第一次全体工作会议。

17日　由北京实验职业技术学校、上海泛彩图像设备有限公司和法国Sinapse公司三方联合主办的SHOTS平版胶印模拟系统联合教学中心在北京实验职业技术学校成立，同时签订了三方深层次的合作协议，为以后的北京市印刷专业人才培养、职业再教育等方面开创了新的模式。

18日　国家新闻出版广电总局副局长阎晓宏到中华商务联合印刷（广东）有限公司调研考察，了解企业运行情况。他强调，骨干印刷企业要抓住机遇、开拓创新，为推动我国印刷产业实现转型升级发挥好示范引领作用。

19日—24日　经国家标准化管理委员会和新闻出版广电总局批准，由全国印刷标准化技术委员会（SAC/TC 170）和深圳市印刷行业协会共同承办的ISO/TC130第27届春季工作组会议在深圳威尼斯酒店举行，来自中国及美国、德国、法国、英国、瑞典、意大利、荷兰、巴西、日本等16个国家的113位专家出席了会议。

26日　由山东省委宣传部、省委高校工委、省团委、省教育厅、省文化厅、省科协、省学联主办，青岛恒星职业技术学院承办的山东省大学生绿色印刷技能大赛在青岛恒星职业技术学院举行。青岛科技大学、曲阜师范大学、青岛滨海学院、青岛恒星职业技术学院的45位同学参赛。

29日　全国印刷标准化技术委员会网版印刷分技术委员会《网印感光胶使用性能及检验方法》《水性环保印花胶浆的使用要求及检验方法》两项新闻出版行业标准起草组成立会议在山东青岛饭店召开。

6月

1日　经国家标准化管理委员会批复，中国印刷技术协会获准承担国际标准化组织印刷技术委员会（ISO/TC130）秘书处工作，将承担组织联系13个工作组、确认各工作组标准制定修订进程、安排春季和秋季两次会议、联系ISO中央秘书处和相关兄弟秘书处等具体工作。

5日　国家知识产权局知识产权发展研究中心在北京发布《2012年全国知识产权发展状况报告》，这是首份全面反映我国各地区知识产权发展水平的综合性评价报告。《报告》显示，2007年以来我国知识产权综合发展水平逐年提升，特别是2008年实施《国家知识产权战略纲要》以后，提升速度明显加快。

5日　国家烟草专卖局印发通知，决定在行业工商企业间开展卷烟包装箱循环利用工作。旨在加快转变烟草行业发展方式，构建循环型烟草物流体系，进一步降低成本、减少浪费、节约资源。

5日　中国包装总公司、中国科技产业化促进会、赛伯乐（中国）投资三家作为核心发起单位，联合包装产业链中积极投身于绿色包装技术进步的优势企业、大学、科研机构等组织机构共同发起成立“中国绿色包装产业技术创新战略联盟”，并同期发布了“绿色包装”倡议书。

6日—7日　由中国印刷技术协会商业票据印刷分会主办的第十三届年会暨商业票据绿色印刷标准宣贯会成功召开。本次主题为“网络（电子）发票的推行，对税务发票印制的影响，企业如何应对”。对于网络（电子）发票的推行，对税务发票印制的影响，以及企业如何应对等问题，与会人员作了详细探讨。

6日　“东方之韵·纸张上的传统艺术——赴法国联合国教科文总部成果展”新闻发布会在北京举行，并公布展出时间。

6日　《单面瓦楞纸板裱贴过程控制要求及检验方法》新闻出版行业标准起草组成立会议在北京市召开。会议根据新闻出版广电总局关于“裱瓦楞纸过程控制要求及检验方法”新闻出版行业标准立项的批复精神，就共同起草该标准的相关事宜进行了讨论，一致同意正式组建《单面瓦楞纸板裱贴过程控制要求及检验方法》新闻出版行业标准起草组。

7日　贝塔斯曼中国区总经理龙宇莅临雅昌（北京）艺术中心进行参观交流，雅昌文化集团董事长万捷、副总裁张东接待了来访贵宾。

8日　第二届印刷科技最新动向研讨会在深圳力嘉创意文化产业园召开。会议就第九届文博会创印节、第八届北京国际印刷展、2013年ISO/TC130国际印刷标准化春季会议等活动上出现的新技术、新动向、新趋势进行推介、研讨和分享。

12日　厦门市印刷行业协会与台北市印刷商业同业公会在厦结为兄弟协会，双方正式签订友好合作协议，就加强两岸合作、促进印刷业共同发展等达成共识。

16 日　作为中国新闻出版研究院的首家分院——中国新闻出版研究院海峡分院建设座谈会暨授牌仪式举办。海峡分院将围绕中国省域出版社竞争力、两岸新闻出版交流合作及中华文化出版物走出去等项目开展研究，并适时举办两岸出版学术交流、两岸出版高端人才研讨等活动。

18 日—19 日　全国印刷标准化技术委员会书刊印刷分技术委员会（SAC/TC 170/SC 1）在深圳召开《印刷技术 纸和纸板印刷适性测试方法 第一部分：术语》《印刷技术 纸和纸板印刷适性测试方法 第二部分：印刷适性测试仪基本要求》两项新闻出版行业标准起草组第一次联席工作会议。

18 日　"首届泛珠三角印刷产业纸张供应链融资洽谈会"成功举办。此次会议旨在通过浆纸交易所平台，整合上游造纸企业和下游印刷企业的需求，解决中小印刷企业资金周转困难问题，为珠三角中小型印刷企业提供专业的纸张供应链资金解决方案，降低纸张采购成本，以全新的交易模式，推动行业良性健康发展。

20 日　中共中央政治局委员、北京市委书记郭金龙莅临雅昌（北京）艺术中心视察调研，北京市委常委、秘书长赵凤桐，北京市有关部门领导，顺义区区委书记王刚、区委副书记卢映川、顺义区有关部门领导陪同；雅昌文化集团董事长万捷、副董事长何曼玲、行政副总裁潘剑平等接待领导一行。

21 日　北京华联印刷有限公司"云映像"文创中心开幕仪式隆重举行。文创中心将依托于华联强大的设计力量，致力于文化创意产业的传播与推广，为出版界、文化界和艺术界提供 IT、创意延伸产品以及艺术交流服务。

24 日　国家新闻出版广电总局副局长孙寿山一行来到河北省石家庄市，就数字出版产业发展情况进行调研。听取了河北省局局长李晓明所作的工作汇报，并与处级以上干部进行了座谈。

25 日—29 日　FESPA 伦敦展会如期举行，Durest 在本届展会上展出了最新的 Rho 1000 系列 UV 平板打印机。

7月

2 日　上海市质监局组织相关企业召开专题会，对当前商品包装监督抽查中发现的问题进行深入分析，对相关法规和标准进一步宣贯。

4 日　北京市科委联合清华科技园在启迪纳米专业孵化器举办了"纳米创业沙龙— 纳米绿色印刷产业化之路"主题活动。此次活动是应广大纳米科技工作者要求，旨在分享纳米科技成果转化经验，搭建信息与资源集成平台，探索纳米科技成果批量转化模式。

5 日　太阳机械股份有限公司在都会路工厂举办了标签快递单制作现场演示会，同时展出的还有 TER 信封机和 STF-340 柔版印刷机。

7 日　第 42 届世界技能大赛在德国莱比锡顺利落下帷幕。中国代表团斩获一银三铜以及十三个项目优胜奖的好成绩，印刷媒体技术项目选手王东东同学获得铜牌。此次参赛是中国印刷技能人才在国际舞台的首次亮相。

9 日　惠普公司与虎彩公司在东莞虎门举行了以"如虎添翼 · 跃领巅峰"为主题的夏季新品发布会，作为本次新品发布会的重要组成部分，以"摄 · 印"为主题的《第一届广东省各摄影家协会主席摄影作品联展》同时举行。

9 日　中国印刷标准化技术委员会书刊印刷分技术委员会（SAC/TC 170/SC1）在华南理工大学五山校区召开《印刷技术纸和纸板印刷适性测试方法 第一部分：术语》《印刷技术 纸和纸板印刷适性测试方法 第二部分：印刷适性仪基本要求》两项新闻出版行业标准起草组第二次联席工作会议。

10 日—14 日　在第二十一届上海国际广告技术设备展览会上，EFI 现场首发亚太区第一台 HS100Pro。

10 日　由国家新闻出版广电总局印刷发行司及上海市新闻出版局联合主办第七届上海印刷大奖结果揭晓。162 家企业参赛共计 1110 种作品，最终颁发 23 项金奖及 3 项全场大奖。

10 日　上海烟草集团有限责任公司召开第二届全国烟草行业卷烟商品营销职业技能竞赛赛前动员会。

10 日　国家新闻出版广电总局印刷发行司司长王岩镔在上海印刷周上发布了 2012 年中国印刷业发展的最新数据：2012 年中国印刷业实现总产值 9510.13 亿元，全行业资产总额为 10461.29 亿元，利润总额为 724.98 亿元，中国印刷业总产值比上一年增长 9.6%，在改革开放 30 多年来保持两位数增长后，首次回落到一 位数，但仍高于国民经济 7.8% 的增长速度。

11 日　第四届"太阳杯"亚洲标签大奖启动发布会举行，正式揭开了本届大奖作品招募的序幕。国家新闻出版广电总局印刷发行司司长王岩镔，中国印刷及设备器材工业协会副理事长兼秘书长陆长安，中国印刷技术协会常务副理事长张双儒等领导到会并发言。

12 日　国际先进印刷设备、我国首条高速双幅双倍径滚筒 COMMANDER 彩色报纸轮转印刷生产线——高宝 470 印刷生产线在华商数码信息股份有限公司正式启动。

12 日　广西壮族自治区新闻出版局检查组到桂平市检查中小学教辅材料出版发行专项整治工作。截至此次，桂平市共检查出版物经营场所200户次，收缴各类非法盗版教辅材料、迷信赌博等书刊1200多本（册、份），有效地打击了各类非法出版物的发行行为。

14日 《电子雕刻凹版质量要求及检验方法》新闻出版行业标准起草组会议在北京印刷学院第一会议室召开，会议就起草组的组建及标准制定的相关问题进行了协商与研究。

14日 “‘十二五’国家重点图书出版规划项目《中国印刷文化遗产》项目启动会”在北京印刷学院成功召开。由北京印刷学院印刷与包装工程学院、中国印刷技术协会印刷史研究委员会组织编写的《中国印刷文化遗产》，于2012年被原新闻出版总署批准为“十二五”国家重点图书出版规划项目。

15日 广东数字出版产业联合会开展“会员走访日”活动，联合会会员一行走进广州日报印务中心，参观目前全亚洲规模最大、世界最先进、印刷能力最强的印刷生产线，还实地参观印刷博物馆，领略印刷发展的悠久历史。

18日 中国包装联合会防伪包装委员会在深圳人民大厦国汇酒店召开第二届换届会议。世界包装组织副主席、中国包装联合会会长石万鹏亲临会议并作重要指示。

22日 “东巴经典传承体系数字化国际共享平台建设研究”被列为国家社科基金重大项目。该项目通过文理工大跨度学科交叉及国际合作的途径，在发源地国家首先研究构建面向全球东巴典籍的国际共享信息平台，并运用数字化的现代信息技术手段进行遗产记忆。

27日 东北、华北八省市区印刷行业发展论坛在锡林浩特市召开，共同探讨新形势下印刷产业未来的发展。同期第三届“精密达杯”印后装订明星企业评审结果发布，并对获奖单位进行了颁奖。

27日 合肥市印刷协会第三届第二次会员大会在安徽出版集团礼堂隆重举行。安徽时代出版传媒股份有限公司常务副总经理吴寿兵到会致辞，安徽省新闻出版局调研员刘晓敏通报了安徽绿色印刷开展及认证情况。

27日 由中国印刷技术协会企业管理委员会、中国印刷企业家俱乐部主办，内蒙古印刷协会承办的第四届中国印刷企业管理高端恳谈会在内蒙古自治区锡林郭勒盟锡林浩特市召开。与会企业家围绕“数字印刷”和“转轨变型”两个主题畅所欲言。

29日 北京北大方正电子有限公司与日冲商业（北京）有限公司在北京签署战略合作协议，双方联合在软硬件技术上的优势，共同推出专为政府机关文印行业定制的红头文件解决方案——方正印捷D5036双色数码印刷系统。

8月

1日 山西人民印刷有限责任公司召开了党的群众路线教育实践活动第二次协调会议，传达了晋出传集党字〔2013〕31号《中共山西出版传媒集团委员会关于在全系统深入开展党的群众路线教育实践活动的实施方案》，传达了《中共山西人民印刷有限责任公司委员会关于深入开展党的群众路线教育实践活动的实施方案》。集体学习了习近平在党的群众路线教育实践活动工作会议上的讲话。

1日 绿色印刷全国行首站于西安隆重开幕。此次活动以解读两个绿色印刷标准为重点，结合广大印刷企业实施绿色印刷过程中的实际问题，展开有针对性的培训和讲解。

1日—2日 中国包装总公司2013年上半年经营分析会议在北京召开，总公司党政领导班子成员、各部门负责人，各二级单位党政负责人及财务负责人参加了本次会议，并分组进行了发言。公司总经理、党委书记宗坚认真听取了代表发言，并发表重要讲话。

6日 贵阳市云岩区政府与南方报业传媒集团在贵阳举行《招商引资合作协议》签约仪式。南方报业传媒集团将在贵阳云岩三马片区建设的贵阳南方文化产业园，不仅将成为贵阳市的“文化客厅”及文化研发商业中心，也将作为西南地区文化地标建筑。

7日 兰州市《兰州市印刷企业规范经营公示牌》管理制度正式开始实施。该公示牌将成为对违法违规经营行为查处，进行公示、曝光的平台，起到查处有力、规范有效、综合监管的作用。

8日 中国出版传媒股份有限公司、江西新华发行集团有限公司、中国科技出版传媒股份有限公司、江苏凤凰出版传媒股份有限公司在北京签署合作协议，以资本合作为纽带、以业务合作为基础，出资6亿元重组中国出版传媒股份有限公司旗下新华联合发行有限公司。

8日 陕西省《三秦都市报》云报纸正式上线。这是陕西省第一家将图像识别技术与纸媒相结合的媒体。这一云报纸主要通过“报纸＋手机”的模式进行，读者可以通过手机拍摄报纸图片的方式，打开云端海量信息。

12日 福建省政协副主席、省新闻出版局局长郭振家在厦门调研数字出版产业发展情况，实地调研了厦门音像出版有限公司和厦门大学出版社有限公司。

18日 第八届中国印刷史学术研

讨会在北京举行。李致忠、史金波、肖东发、冯立升、魏志刚等60多名业界知名专家出席，发表论文33篇，学术研讨氛围浓厚。从印刷术探源到与印刷相关的各门类技术，参加研讨的人员和研讨题目越来越宽泛深远。

21日 河北数字印刷产业园项目签约仪式在保定市举行，河北数字印刷产业园项目落户保定市新市区。该项目是河北出版传媒集团公司顺应文化与科技融合的时代要求，谋划建设的现代文化产业园区。

21日 由国家新闻出版广电总局和上海市人民政府主办的以“我爱读书，我爱生活”为主题的2013第十届上海书展暨“书香中国”上海周在上海展览中心圆满闭幕。本届书展汇聚全国500余家出版社、15万余种精品图书。

21日 由中国印刷技术协会、环保部环境发展中心主办，广东省印刷复制业协会、中国印刷杂志社承办，励展博览集团协办的“绿色印刷全国行”宣贯活动第二站在广东省东莞市厚街镇嘉华酒店顺利召开。

23日 “第九届海峡两岸华文出版论坛”在北京印刷学院隆重举办。本届论坛以“华文出版，文创融合”为主题，共收到来自北京大学、河北大学、台湾南华大学、北京印刷学院、台湾世新大学、南京大学等十几所高校师生的投稿论文100多篇，其论文数量之多、参与院校之广创历届论坛之最。

23日 2013中国国际彩盒展在东莞厚街广东现代国际展览中心圆满落幕。展期三天，吸引了参展商238家，较上届增长37.4%，专业观众来自世界30个国家，总数达到10757人更是较上届增长了39.3%。

24日 由广东省薄膜纸类印制行业协会、广东汕樟轻工机械有限公司、潮州市彩达包装机械有限公司、广州市越秀区彦仁机械技术研究中心起草的《无传动轴高速凹版印刷机》广东省地方标准，经广东省质监局批准发布，标准号为DB44/T1175-2013。

27日 2013北京国际出版论坛开幕，本届论坛以“全媒体时代出版业：融合、机遇、前景”为主题，演讲嘉宾围绕论坛主题发表对全媒体概念的认识，并与现场来宾分享传统出版数字化转型、出版资源整合等方面的经验。

28日 中国人民解放军出版物产品质量检测中心在北京举行揭牌仪式。国家新闻出版广电总局印刷发行司副司长徐胜帝，中国印刷技术协会理事长于永湛，全军印协理事长、军队检测中心主任张根祥等领导出席仪式，并为质检中心揭牌。

29日 全国印刷标准化技术委员会在深圳职业技术学院召开《数字印刷纸张印刷适性及检验方法》标准起草组第一次工作会议。会议对执笔组编写的《数字印刷纸张印刷适性及检验方法》起草组草案第一稿的内容进行了研究和探讨，对其具体内容进行了修改和完善。

31日 经过全面优化和测试，中华商务联合印刷（香港）有限公司旗下六家子公司网站正式集体上线。本次子公司的网站搭建，主要是为中华商务的广大客户提供了全面了解公司的新视窗。

9月

1日 原海德堡中国有限公司上海代表处总经理黄连光先生正式出任海德堡中国有限公司首席执行官，全面领导海德堡公司在中国的产品销售、服务及市场推广等工作。

2日—30日 徐州工商局在全市范围内组织开展为期长达一个月的商标印制企业专项检查。主要对象包括全市所有以印刷、印染、制版、刻字、织字、晒蚀、印铁、铸模、冲压、烫印、贴花等方式制作商标标识的经营主体。

5日 伊士曼柯达公司在上海召开“新柯达 新航向”媒体沟通会，会上柯达亚太区总裁Lois Lebegue表示，截至4日，柯达公司完成了长达十年时间的重组，转型成为专业的商业影像技术公司。

6日 北京市环保局在其官方微博“环保北京”上发布信息，公布了对印刷行业的环境监察执法动态。同日，北京市环保局对央视报道北京存在环境问题的22家企业进行重点检查情况也在官方微博进行披露。

9日 中国印刷电子产业发展峰会暨常州印刷电子产业研究院成立大会在市行政中心召开，常州市委书记阎立和中国工程院院士邹竞共同为常州印刷电子产业研究院成立揭牌，标志着常州高新区发展高科技产业的新探索——印刷电子产业下水启航。

9日 全球瞩目的第64届美国印制大奖揭晓，中国雅昌以两项全场大奖独占全场大奖数量的一半，成为全球获全场大奖最多的企业。另外雅昌还获得6项班尼金奖，10项优异奖、18项优秀奖，以36项大奖创造了雅昌历届获奖数量之最。

9日 珠海再生时代文化传播公司在北京召开2013年珠海打印耗材展新闻发布会，总经理李广连与在座客户及媒体分享了2013年珠海打印耗材展的筹备情况以及再生时代将如何延伸自身服务来协助耗材行业未来的发展。

10日 由海德堡中国有限公司上海代表处主办的“2013海德堡系统服务技术研讨会”巡回至江苏昆山，在昆山市周庄东江印刷厂成功举行。

12日 惠普公司宣布占地面积为32000平方英尺（约3000平方米）的

惠普 S&D 标志与展示打印用墨水制造工厂正式投入使用，为全新 HP S&D FB10000 系列工业印刷机生产 HP S&D UV 墨水。

12 日 富士施乐推出面向中小企业用户及部门级工作组的全新“梦打印”解决方案，并发布了以“梦打印”为特色的收个无线及云打印系列产品。

18 日 上海市闵行区印刷协会根据企业发展需求，在上海紫丹食品包装印刷有限公司举办“绿色印刷与转型发展”高层论坛，部分到会企业代表发表主旨发言。

22 日—25 日 全国印刷标准化技术委员会（SAC/TC 170）在北京召开“印刷标准复审工作会议”。本次会议是 SAC/TC 170 自 1991 年成立以来首次系统地对现有标准进行梳理，会后 SAC/TC 170 将根据会议的结论，在今后几年内陆续对 29 项标准开展修订工作。

24 日 全军印刷协会七届二次理事会在浙江嘉兴市召开，听取并审议了相关部门工作报告。

28 日 北大计算机科学技术研究所教授、王选夫人陈堃銶，北大计算机研究所所长、方正集团董事肖建国，王选纪念室主任丛中笑及中国印刷技术协会名誉理事长武文祥、首席顾问沈忠康，全军印协理事长张根祥等人一行，前往无锡王选事迹陈列馆参观。无锡市委教育工委副书记王珍珍陪同参观。

28 日 由安徽省印刷包装物资商会主办，山东晨鸣纸业集团股份有限公司冠名，安徽海达广告有限公司承办，合肥五洲纸业有限责任公司、安徽省印刷网支持的“2012 年度安徽省诚信印刷企业表彰大会”在合肥成功举办。

10月

1 日 精工爱普生旗下喷墨一体机 EP-976A3 荣膺 2013 年日本优良设计大奖，该款设备专为有高性能打印机需求的顾客设计。

3 日 江苏文化产业欧洲（伦敦）促进中心在英国埃塞克斯郡埃平市正式挂牌成立，旨在促进江苏乃至全国文化产业进军海外市场。当天，江苏省文化企业凤凰传媒股份公司为列入《符号江苏》丛书第二辑的《淮扬菜》一书举行了首发式。

3 日 凤凰出版传媒集团旗下凤凰传媒国际（伦敦）有限公司在英国埃塞克斯郡与伦敦艺术大学传媒学院签署培训合作协议。凤凰出版传媒集团有针对性地定制高级培训课程，选派骨干人员进行理论与实践相结合的集中学习。

4 日 全国印刷标准化技术委员会（SAC / TC 170）在合肥召开《数字印刷系统使用要求及检验方法》起草组第二次工作会议。会议在《数字印刷系统使用要求及检验方法》起草组草案第二稿的基础上，就标准起草制定的相关技术问题进行了协商与研究，对后续工作进行分工。

9 日 广东省新闻出版广电局（广东省版权局）正式挂牌成立，宣告广东省广播电影电视局和广东省新闻出版局（版权局）初步完成机构改革和职能转变的相关工作，开始履行新的职能。

9 日 香港出版总会与香港印刷业商会合办、香港特别行政区政府“创意香港”赞助的“腾飞创意——2013 年法兰克福书展‘香港馆’”隆重举行揭幕酒会。

9 日 第 25 届“香港印制大奖”颁奖典礼在香港隆重举行。中华商务勇夺包括全场大奖在内的 12 项殊荣，荣膺最大赢家。其中，5 项作品获得优异奖，1 项作品获环保印刷冠军及赞助商冠名的环保印刷大奖。

9 日—10 日 全国印刷标准化技术委员会（SAC/TC 170）在上海出版印刷高等专科学校召开，此次会议是根据 2013 年 6 月 6 日起草组成立会议纪要的要求，为集中研究标准起草组草案第一稿的相关问题而召开的。

12 日 北京印刷学院 55 周年华诞之际，北京印刷学院绿色印刷包装产业技术科研（实习、实训）楼奠基仪式也同期隆重举行。项目建成后，将有效缓解学校科研、实习、实训用房不足的问题，有力地促进学校办学条件的改善和综合实力的提升。

15 日—17 日 全国印刷标准化技术委员会（SAC/TC 170）召开《胶印数字化过程控制》多部分国家标准启动暨第 1、5、6、7、9 部分起草组成立会议。

17 日 中国音像与数字出版协会第四次会员代表大会在北京召开，这是中国音像协会更名后的第一次换届大会，也是音像与数字出版两大产业代表首次聚首商讨发展大业。国家新闻出版广电总局副局长邬书林出席会议并讲话，副局长孙寿山当选中国音像与数字出版协会理事长。

17 日 爱色丽股份有限公司宣布推出 Ci6x 新一代手持式球形分色光度仪，该系列是可升级的解决方案，能够读取各种不同的材料，从而为生产或装配材料的过程中的每一个环节提供基准测量。

16 日—18 日 中国印刷技术协会柔印分会二届五次理事会暨第七届全国柔性版印刷年会在厦门市举行。分会理事长龚仁俦做工作报告，中国印刷技术协会常务副理事长张双儒到会并致辞，厦门合兴包装、柯达、富林特、西安秦华机械等企业代表做了技术交流。

18 日 “中国印刷博物馆珂罗版印刷精品展示馆”揭牌仪式在中国印刷博物馆三层隆重举行。该展示馆由中国印刷博物馆、大兴区委宣传部、北京印刷学院、东方宝笈文化传播（北京）有限公司联合共建。

18 日 威海数码印刷新技术暨数码印刷一体化解决方案新品发布会隆重举行，威海印机与美国 Delphax 公司达成战略合作协议，引进该公司的数字印刷技术，借此尽快进入中国数码印刷机制造领域。

19 日 《电子雕刻凹版质量要求及检验方法》新闻出版行业标准起草组第一次工作会议在昆明召开。会议认真研究了起草组草案的结构，并对主要内容进行了研讨和修改。

20 日 中国印刷技术协会凹印分会第三次会员代表大会在昆明市召开，大会以无计名投票方式选举产生 106 名理事，理事长、常务副理事长、23 名副理事长，会议同期讨论提出了 2014 年工作要点。

24 日 中国再生资源回收利用协会废纸分会成立大会暨行业形势研讨会在天津召开，中国再生资源回收利用协会废纸分会在会上正式成立，同期审议通过了废纸分会工作条例并选举产生了第一届理事会。

25 日 北京嘉和顶新科贸有限公司杭州办事处正式启动，杭州代表处经理宋建华介绍了成立该办事处的积极意义及组建过程。

10 月 28 日 —11 月 2 日 ISO/TC 130 第 27 届年会在德国柏林举行。来自 19 个国家的 94 位专家参加了 WG1、WG2、WG2/TF2、WG2/TF3、WG3、WG4、WG7、WG11、WG12、WG13、JWG14 及 TF3 等 12 个工作组会议及全体会议。

29 日 全国印刷标准化技术委员会网版印刷分技术委员会在广东省东莞市召开《网版印刷 水基印花胶浆的使用要求及检验方法》新闻出版行业标准起草组第一次工作会议。会上，通过了对起草组单位进行调整的决议，确定本标准的名称为《网版印刷 水基印花胶浆使用要求》。

11月

1 日 川北片区“曙光杯”行业印刷职业技能大赛初赛在绵阳市闭幕，来自绵阳、德阳、广元三地的 132 名印刷行业职工就印刷理论考试及实际操作进行比赛。

2 日 第三十二届伊斯坦布尔国际书展开幕，中国以主宾国身份参展，并打出“新丝路，新篇章”的主题语。在为期 9 天的书展上，100 多家中国出版企业展示近年来发行的 5000 多种优秀出版物，并举办了 60 多场文化活动。

2 日—4 日 理光携旗下全系列投影机亮相第65届中国教育装备展示会，展示了包括 LCD 短焦投影机、交互式电子屏等教学产品。期间，现场演示了理光投影机的 DLP 教育短焦新产品。

4 日 全国印刷标准化技术委员会（SAC/TC 170）在合肥召开《数字印刷系统使用要求及检验方法》起草组第二次工作会议。在《数字印刷系统使用要求及检验方法》起草组草案第二稿的基础上，就标准起草制定的相关技术问题进行了协商与研究，对后续工作进行分工。

4 日 国家新闻出版广电总局印刷发行司和环境保护部科技标准司在北京联合召开了 2013 年绿色印刷推进会，并正式启动 2013 年绿色印刷宣传周。总局印刷发行司司长王岩镔和环境保护部科技标准司副司长刘志全出席会议并讲话。

6 日 由中航工业青岛前哨精密机械有限责任公司、北京航空制造工程研究所、青岛科技大学等在中航工业青岛科技园共建的增材制造技术中心正式启动。

7 日 全国印刷标准化技术委员会在湖南天闻新华印务有限公司召开《热固型轮转胶印过程控制要求及检测方法》起草组第二次工作会议，听取了起草组组长陈亚雄和执笔人罗海平关于标准起草情况的汇报。

8 日 第二届出版发行印刷经理人高层论坛在北京印刷学院隆重举行。来自多家出版社、纸企以及行业媒体在内的数十位代表出席了本次论坛。

12 日 中国标签印刷代表团赴欧洲考察信息分享会在北京隆重召开，旨在将新技术新工艺以及先进的管理经验与更多的会员企业分享。

14 日 上海出版印刷高等专科学校召开了印刷实训中心实训基地建设项目验收会。

15 日—17 日 武汉大学 120 周年校庆之际，武汉大学印包系以“汇集校友才智、共商事业发展；凝聚各界力量、共创美好未来”为宗旨，举办建系 30 周年系列活动。

16 日 北京北大方正电子有限公司在北京率先对外发布《方正通用规范字库》。该字库包含了《通用规范汉字表》中的全部汉字共计 8105 个，并配套推出了输入法，新字库能够适用于出版、包装、办公、广电、互联网等多个领域。

16 日 天津长荣印刷设备股份有限公司研制的 1060E 清废模切机和 920ERW 卷筒纸平压平模切机新产品鉴定会经过专家组专家认真评议，一致认为两款设备的整体技术均达到国际先进水平。

18 日 富士胶片（中国）投资有限公司与上海康达喷画有限公司在 2013 FESPA China 数码印刷展上，举行了隆重的 OnsetQ40i 购机签约仪式。

19 日 佳能 imagePROGRAF 系列打印机凭借其全面实力荣获 Buyer Laboratory LLC(BLI) 颁发的“2014 年

度宽幅面影像图文打印产品线奖”。

24 日 根据辽宁省新闻出版广电局的部署，省印刷技术研究所通过与全国多家高仿复制机构、图像处理公司共同研制、攻关、开发，取得突破性进展，成功地仿制了大量的艺术复制品，宣布高档数字化高仿真印制技术正式走向市场。

26 日 2013 年北京绿色印刷产业促进商务交流会在北京正式拉开帷幕。本次绿色印刷产业促进商务交流会展示内容共分北京绿色印刷成果展示、清洁生产展示、绿色出版印刷产业链展示。

26 日 中国印工协技术质量专业委员会落户北京印刷学院，北京印刷学院党委书记刘超美和全国印刷机械委员会秘书长宋宝志共同为中国印刷及设备器材工业协会印刷机械分会“技术质量专业委员会”揭牌。

27 日 第十六届北京国际印刷信息交流大会在北京成功举办。会议围绕“创新”、“转型”、“绿色”三大主题展开。国家新闻出版广电总局印刷发行司副司长曹宏遂，中国印刷技术协会常务副理事长张双儒，中国印刷及设备器材工业协会理事长陆长安等领导出席此次会议。

27 日 在首都师范大学国学传播研究院成立大会上，中印集团与武汉大学国学院、山西大学国学院、南昌大学国学院、首都师范大学国学院、重庆国学院等五所国学研究机构签订战略合作协议，就建立国学数字化传播平台达成合作意向，共同合作建设国学经典数字资源库，运用先进的数字出版和按需印刷技术，推动国学典籍的数字出版。

27 日 环境保护部发布环办〔2013〕110 号文件《关于进一步加强造纸和印染行业总量减排核查核算工作的通知》。督促造纸、印染企业建设废水深度处理设施，实施工艺技术改造，稳定达标排放等。

28 日 2013 出版印刷创新论坛在北京举行。论坛以“出版与印刷——绿色发展的融合之道”为主题，旨在打通出版、印刷、发行等新闻出版全产业链，全面贯彻因环保理念的深度蔓延而引发的绿色印刷经济革命，推动出版印刷行业实施绿色战略。

28 日 中华出版促进会第一次会员代表大会在北京召开，大会选举产生了第一届理事会，全国人大教科文卫委员会主任柳斌杰当选名誉理事长，全国政协常委、中国文物出版社名誉社长苏士澍当选理事长。

29 日 中国印刷技术协会七届四次理事会在北京举行。国家新闻出版广电总局印刷发行司司长王岩镔、中国印刷技术协会理事长于永湛分别发表重要讲话，会上对第二批中国印刷行业信用 A 级以上企业举行了授牌仪式。

30 日 北京景华印通网络科技有限公司旗下的涂书网，在经营两年后关闭。这是继两年多前上海界龙集团旗下龙樱网停运后，印刷业又一家知名个性定制电子商务网站关停。这一消息让业界重新思索印刷电商发展的可能与方向。

12月

2 日 “模内标签印刷专业委员会”在中国印刷及设备器材工业协会标签印刷分会 2013 年年会暨换届大会上正式宣布成立，该委员会从 2012 年底开始筹划组建。

2 日—4 日 2013 中国印刷标准化年会暨标准化发展论坛在厦门举行。2 日，全国印刷标准化技术委员会（SAC / TC 170，以下简称印刷标委会）召开第四届二次会议。3 日—4 日，标准化发展论坛如期举行，印刷标委会委员、分技术委员会委员、印刷标准化基地代表等 120 多人参会。

3 日 为期 4 天的 2013 亚洲国际标签印刷展览会在上海国际博览中心举行开幕仪式。2013 年是亚洲国际标签印刷展览会进驻中国的第十个年头，为了庆祝驻华十年，此次亚洲国际标签印刷展将举办类型多样的“十周年庆典活动”。

2 日—6 日 杭州科雷机电工业有限公司全球经销商大会在德国杜塞尔多夫举行，科雷欧洲公司开业典礼及开放日活动也同期举行。本次大会，科雷机电邀请了来自世界各地的经销商并联合多家国外媒体权威机构参加大会。

5 日 第五届中国包装产业基地高峰会议在沈北举行，针对包装行业的前景发展及全国产业基地情况在会上进行了详解。此次高峰会议还引入东北亚最大的包装产业基地落户，它也将带来 8000~12000 个就业岗位。

6 日 山东太阳纸业股份有限公司召开 ERP 项目启动大会，这是落实太阳纸业提出的信息化战略和精细化管理战略的具体体现，标志着太阳纸业借助信息化实施精细化管理的工作正式启程。

17 日 重庆重报传媒有限公司与上海电气集团高斯图文印刷系统（中国）有限公司合作建设的、国内首个“智能化、数字化报刊图书印刷和装订车间”项目启动会在南山武警会议中心举行，该项目旨在加快智能制造装备的创新发展和产业化，推动印刷制造业转型升级，实现印刷行业印前、印刷、印后工序一体整合、全流程集成管理与控制。

19 日 由富士胶片（中国）投资有限公司主办的 OnsetQ40i 开机仪式在北京金司百喷绘有限公司隆重举行。这是在中国甚至是全亚洲销售的第一台 Onset Q40i，富士胶片将以此为契机，开拓更多的新市场。

2013年要闻回顾

综合信息

中国印刷博物馆荣获国家AAA级旅游景区

2013年1月8日，中国印刷博物馆申报国家AAA级旅游景区正式获批。中国印刷博物馆自2002年被评定为AA级旅游景区以来，认真比照国家旅游景区质量等级的划分与评定标准要求，努力筹措资金，先后三次对中国印刷博物馆进行改扩建与改造，以创建国AAA级旅游景区为目标，优化景区旅游基础设施，改善游览环境，加强管理，强化旅游安全保障措施，加强资源环境保护和规范管理力度，提升景区品质，在2011年开展了AAA级旅游景区标准自查工作后，于2012年正式向北京市旅游委提请申报AAA级旅游景区。借此次景区考评契机，中国印刷博物馆认真汲取专家组的意见与建议，快速行动，着手进行一系列整改工作，向北京市旅游委递交整改工作报告，最终于2013年1月8日，正式获批。

湖南省娄底市项目策划包装开发工作会议召开

2013年1月10日，湖南娄底市项目策划包装开发工作会议召开，娄底市副市长向世聪出席会议并讲话。会上，湖南娄底市委、市政府总结了2012年深入开展“项目建设推进年”活动的具体情况。

向世聪指出，这次项目策划包装开发工作会议主要是围绕“十二五”规划和6个“四年行动计划”，对照《政府工作报告》，立足抓早、抓实、抓好，提高娄底市项目与政策、与投资商对接的吻合度，确保有更多的投资商在娄底市找到合作项目。向世聪要求：一要提高认识，切实增强做好项目策划包装开发工作的责任感和紧迫感。二要准确把握好项目策划包装开发导向，做到观念早跟进、项目早谋划。三要立足于策划包装开发项目的承载，建强建优产业发展和投融资两大战略平台，实现城市园区化、园区城市化发展。四要完善推动机制，进一步提升项目策划包装开发实效，努力实现项目策划包装“三个转变”，高起点、高标准、高质量做好2013年项目策划包装开发工作，确保全年完成固定资产投资727亿元以上，为促进娄底市经济社会发展提供坚实的项目支撑。

2013中国书业营销创新论坛召开

2013年1月10日，由中国图书商报主办的“2013中国书业营销创新论坛”在北京图书订货会开幕时举行。已成功举办七届的“中国书业营销创新论坛”2013年将主题定为“全面提升行业电子商务能力”。在论坛演讲的嘉宾中，新闻出版总署信息中心副主任刘成勇就“电子商务、电子政务与数字出版”、IBM大中华区全球企业咨询服务部业务发展总监杨顺生就“信息科技助力中国传统出版业破冰”、江苏凤凰出版传媒股份有限公司总经理周斌就“互联网时代下的书业转型”、河北新华书店有限责任公司董事长田建辉就“实体书市场的空间”、江苏华章物流科技有限公司副总经理华聚良就“书业物流如何抓住电商物流商机”等话题分别谈了各自的理解与实践经验。重庆云汉网络传媒有限公司的总裁彭正伟就“共建共享中国出版发行交易云平台，助推行业电子商务化”作了演讲。中国图书商报社社长、总编辑孙月沐代表主办方在论坛上致辞。

浙江苍南县包装印刷产品喜获国家级荣誉

2013年1月13日，苍南县印刷包装行业协会理事会议成功召开。据会上了解，在全国包装品印刷质量评比中，苍南印刷包装行业协会选送的优质包装印刷产品喜获殊荣。在选送的包装印刷产品中两件喜获金奖、两件获银奖、三件获铜奖；此外还有6件产品被评为全国优秀奖。据了解，这次协会选送的参评产品质量和获奖成绩均为历年最好，展示了苍南印刷包装行业不断提升的技术水准和质量水平。这也是继不久前苍南县19件产品在省评比会上获得优秀产品之后获得的又一殊荣。

广东省新闻出版（版权）工作会议召开

2013年1月14日，2013年广东省新闻出版（版权）工作会议在广州召开。广东省副省长林少春发表书面讲话，广东省政府副秘书长江海燕出席会议，广东省省委宣传部副部长、省文明办主任顾作义出席会议并讲话，广东省新闻出版局局长朱仲南作工作报告。副省长林少春在书面讲话中要求全省新闻出版（版权）系统2013年突出抓好五个方面工作：一是突出文化引领，牢牢把握新闻出版正确导向；二是坚持依法行政，强化新闻出版监管；三是加快转型升级，做大做强新闻出版产业；四是转变政府职能，深化新闻出版体制改革；五是坚持文化惠民，加快完善新闻出版公共文化服务体系。

顾作义副部长强调，应从以下六个方面继续深入开展全民阅读活动。一要加强阅读阵地建设，构筑全民阅读服务网络，营造崇尚知识、自觉阅读的良好氛围。二要顺应科技革命浪潮，积极推进数字阅读，建立数字阅读网络平台。三要以年龄、职业等差异化为依据，开展分级阅读和分众阅读，提高阅读科学化水平。四要以南国书香节为龙头，加强全民阅读活动品牌建设，打造更多阅读品牌。五要根据广东省的实际情况，研究制定评价指标体系，推动阅读向科学化、制度化转变。六要开展阅读公益活动，鼓励社会力量参与，形成全社会热心公益阅读活动新风尚。朱仲南局长在报告中回顾了2012年工作情况。并要求广东省新闻出版（版权）系统要始终坚持正确的出版方向和舆论导向，扎实推进精品出版工程；以“三改一加强”为重点，深化新闻出版体制改革；推动传统出版转型升级，促进产业发展；大力推进全民阅读，不断扩大公共服务覆盖面；坚持“扫黄打非”，净化文化市场环境；继续推进政府机关和企业使用正版软件工作，营造版权保护更好环境；创新新闻出版行政管理，切实抓好导向管理、阵地管理、版权管理、行政审批项目监管等工作；推进诚信体系建设，提高新闻出版（版权）从业人员素质。广东省各地级以上市及佛山市顺德区新闻出版行政部门主管领导，出版业各协会及图书、报纸、期刊、印刷、复制、发行、数字出版等行业单位负责人150余人参加了会议。

内蒙古自治区新闻出版（版权）工作会议在呼和浩特市召开

2013年1月15日，全区新闻出版（版权）工作会议在呼和浩特市召开。会议总结了2012年全区新闻出版（版权）工作的同时，对2013年的工作做了详细计划。

会议对2013年内蒙古自治区新闻出版（版权）工作进行了部署。2013年是全面深入贯彻落实党的十八大精神，开启新征程的开局之年，内蒙古新闻出版局党组书记、局长杨红岩在会上强调，加强新闻出版公共服务体系建设是保障人民群众的基本文化权益，要实现四个提升：第一，坚持文化惠民，提升新闻出版公共服务的能力和水平；第二，坚持改革创新，提升新闻出版行业管理的能力和水平；第三，坚持面向市场，提升新闻出版产业发展的能力和水平；第四，自强不息，提升新闻出版行业发展的能力和水平。

2013年全区新闻出版工作的总体思路是，高举中国特色社会主义伟大旗帜，深入学习贯彻党的十八大、自治区九届五次全委扩大会议，以及全国新闻出版工作会议和自治区宣传思想工作会议精神，坚持以科学发展观为统领，以转变发展方式为动力，以满足人民精神文明需求为出发点和落脚点，全面落实《内蒙古自治区“十二五”新闻出版业发展规划》，以“管理规范年”为主题，完善公共服务，规范行业管理，开拓创新，加快发展，努力实现全区新闻出版工作新跨越，为建设民族文化强区，为自治区经济社会发展做出更大贡献。

《热固型轮转胶印涂布纸印刷适性要求及检验方法》国家标准起草组第二次工作会议在合肥召开

2013年1月17日，全国印刷标准化技术委员会在安徽省合肥市召开《热固型轮转胶印涂布纸印刷适性要求及检验方法》国家标准起草组第二 次工作会议。会议对标准起草组草案第三 稿的术语和技术内容进行了认真的探讨与研究，并对草案提出具体的修改意见。为方便使用，会议首次在标准中对“轻量涂布纸”和“铜版纸”进行定义，并首次提出纸张的“耐起泡性能”。会议在分析了前一阶段的11000多项测试数据并参照相关纸张类国家标准的内容后，确定将“横幅定量偏差”修改为“横幅定量差（定量均匀性）”、考虑到铜版纸亮度（白度）指标应满足中小学教科书以及环保方面的要求，将有光型和亚光型铜版纸亮度（白度）数值均向下修改为85。对纸张“含水量”数值修改为“5.0±2.0”，实现含水量中心值与误差范围的调整，以满足印刷企业对纸张含水量稳定性要求。而对于“色度”、“光泽度”、“油墨吸收性”、“印刷表面粗糙度”、“印刷表面强度”、“耐折次数（横向）”、“伸缩性（横向浸水）”等有争议的技术指标则继续由相关印刷企业和造纸企业通过试验确定具体数据。会议确定标准起草组草案第四稿在2013年5月底前完成，起草组第三次工作会议定于2013年6月召开。

《中国日报》非洲版举行创刊发行仪式

《中国日报》非洲版于2013年1月22日在肯尼亚首都内罗毕举行创刊发行仪式，成为在非洲发行的首份中国英文报纸。肯尼亚新闻与通信部常务秘书比坦格·恩德莫在仪式上对《中国日报》非洲版落户肯尼亚表示欢迎。恩德莫表示，中国媒体来到非洲，有利于加深非中人民的相互了解，也将在客观上促进非中贸易的发展。中国驻肯尼亚大使刘光源说，包括《中国日报》在内的中国驻非媒体，应致力于推动中非合作的深入发展，致力于加强中非人民的文化交流，并致力于促进非洲大陆的和平发展事业。他欢迎更多的非洲媒体访问中国、报道中国、在中国建立分支机构，将中肯及中非媒体交流合作推向新阶段。《中国日报》副总编辑高岸明表示，《中国日报》非洲版将通过政治、经贸和社会生活等多方面报道，向世界展示一个真实的、不断繁荣发展的中非关系。《中国日报》非洲版于2012年12月开始在肯尼亚印刷发行。这也是继香港版、美国版、欧洲版和亚洲版出版后，《中国日报》在海外出版的第五份报纸，其发行范围全面覆盖肯尼亚、南非、尼日利亚、埃塞俄比亚、坦桑尼亚和加纳等非洲重要国家。

全国第十家国家级数字出版基地落户安徽

新闻出版总署正式批复，同意安徽省建立国家数字出版基地芜湖园区。至此，全国第十家国家级数字出版基地在安徽落户，标志着芜湖市数字出版产业发展跻身全国前列。

按照规划，安徽国家数字出版基地芜湖园区，将打造具有特色的差异化发展的数字出版产业集群。园区分为主基地和辅基地，主基地以芜湖华强文化科技产业园、鸠江文化创意产业园为依托，以数字出版内容创意为核心，吸引配套服务企业、相关产业企业集聚，发挥龙头企业的纽带作用，形成覆盖数字出版内容创意、技术提供、传播、终端制造等核心环节的数字出版产业链，扩大产业集聚效应。辅基地以芜湖服务外包产业园、新华印务产业基地和高教园区为依托，推动传统出版企业转型发展，结合数字出版企业的人才需求，发展数字出版产业教育培训，建成芜湖数字出版的人才高地，为数字出版发展与产业融合提供辅助支持。

2011年11月初，芜湖市正式启动安徽国家数字出版基地芜湖园区创建工作，先后制定了《安徽国家数字出版基地芜湖园区发展规划》，出台了《芜湖市关于促进数字出版产业发展的若干意见》，通过了安徽省新闻出版局和新闻出版总署的实地检查，获得检查组的高度认可。

西藏两家印刷厂通过绿色印刷认证

西藏新华印刷厂和西藏福利印刷厂顺利通过了国家绿色印刷认证的最终评审，成为西藏首批获得中国环境标志产品认证的企业。两家企业资质的获得，标志着西藏自治区绿色印刷认证工作取得零的突破。

新疆第二批扶持出版图书赠送基层

2013年2月5日，“新疆民族文学原创和民汉互译作品工程”第二批70部扶持出版作品，由自治区统一安排各级宣传文化部门和新华书店赠送发至全区各基层5000余个文化场所和5500多所大、中、小学校，为各族群众送上丰富的节日文化大餐。据了解，第二批出版的70部文化原创和翻译作品，涵盖了维、汉、哈、蒙、柯五个文种，涵盖了小说、诗歌、散文、评论、纪实文学、儿童文学等各类文学体裁，其中还组织翻译了中华文化古典文学作品、近现代中外文学经典作品和新疆自治区各族作家的优秀作品。

四川将出台商品过度包装地方标准

2013年2月16日，四川省人大、省环保厅、省住建厅官网发布《四川省固体废物污染环境防治条例（草案·征求意见稿）》，开始征求社会各界意见。

根据《条例》（草案）规定，产生、收集、贮存、利用、处置工业固体废物的单位，对原址土壤或者地下水造成污染的，应当进行环境修复。对未采取措施进行环境修复的，责令限期改正，经催告仍不履行修复义务的，县级以上人民政府环境保护行政主管部门可以代履行，代履行费用由违法行为人承担，并处五万元以上二十万元以下的罚款。

《条例》（草案）还提出，对废弃电器电子产品、报废家用电器实行分类收集、集中拆解、利用和处置经营活动的单位应当对电子废物的数量、来源、流向等情况进行登记。新建危险废物集中贮存、处置设施，应当与学校、医院、机关、集中居住区等保持足够的安全防护距离，医疗废物实行集中无害化处置；从事含铬废渣、含氰矿渣、铅锌尾矿、石棉尾矿、磷石膏渣等危险废物利用或处置的单位，应当依法办理《危险废物经营许可证》，安装在线监控设施。

绿色印刷项目摘得北京科学技术奖

2013 年 2 月 21 日，北京市科学技术奖励大会在北京国际饭店会议中心举行，包括绿色印刷在内的 184 个项目获 2012 年度北京市科学技术奖，其中战略新兴产业项目超半数。

北京市委副书记、市长王安顺在讲话中提到，近年首都科技创新能力大幅提升，在超大规模集成电路、卫星导航应用、绿色印刷、高速固态存储等方面涌现出了一批重大创新成果，2012 年北京市发明专利授权量达 2140 件，技术合同成交额达 2458.5 亿元，分别是 2007 年的 4.2 倍和 2.8 倍。根据 2012 年度北京市科学技术奖励决定，“具有复杂环境感知和学习能力、可实现高精度操作的智能机器人技术”等 27 个项目获一等奖，“基于驾驶行为的车辆人机交互安全理论与控制方法”等 53 项获二等奖，“走进清明上河图”等 104 项获三等奖。其中 129 个项目在国家、各部委及北京市各级政府资金支持下完成，占总数 7 成。

河南省五个印刷包装项目列入重点建设项目

河南省发改委公布了《2012 年河南省第一批重点建设项目名单》，其中包括五个印刷包装项目。五个印刷包装项目分别是：南阳市绿色印刷先进材料生产项目，一期年产 1 万吨光固化环保材料和 2000 吨 UV 油墨；南阳市乐凯华光喷墨数字印刷机系列和关键喷墨头制造项目，年产 100 台数字印刷机和 2 万只喷墨头；郑州浦发纸业有限公司高档包装纸项目，年产 100 万吨高档包装纸；河南省郑州市防伪保密印刷公司搬迁项目，主要建设邮品文化研发中心、邮品文化创意中心，总建筑面积 7.8 万平方米；开封市北大科技园河南园区，主要建设河南省云计算中心、中原数字出版基地、中原数字版权保护基地、中原数字印刷基地、中原数字出版外包基地、信息技术孵化基地、北大方正科技大学（暂定名）、北京大学基础教育体系、医疗体系、商业金融配套、生态节能生活区、市政基础配套设施等。其中前三项为 2012 年新列入项目。

书刊装订用 PUR 热熔胶标准面向行业征集意见

2013 年 2 月 21 日，全国印刷标准化技术委员会发出关于征求《书刊装订用反应型聚氨酯热熔胶（PURHM）使用要求及检验方法》标准的意见和建议的通知，面向国内印刷行业征求上述标准广泛征求意见。

通知表示，“新闻出版总署 2010 年 4 月批准立项的《书刊装订用反应型聚氨酯热熔胶（PURHM）使用要求及检验方法》新闻出版行业标准计划项目，已经由江苏凤凰新华印务有限公司、人民教育出版社有限公司、汉高（中国）投资有限公司、马天尼（香港）有限公司、富乐（中国）粘合剂有限公司、深圳市精密达机械有限公司、中华商务联合印刷（广东）有限公司等单位起草完成。现将《书刊装订用反应型聚氨酯热熔胶（PURHM）使用要求及检验方法》新闻出版行业标准征求意见稿草案、标准编制说明在网上进行公示。”

国际喷印产业发展高峰论坛成功举办

2013 年 2 月 26 日，由中国印刷及设备器材工业协会喷墨印刷分会、中国工业喷印技术联盟、广州迪培思联合网络科技有限公司联合主办，中国丝网印刷行业协会协办的国际喷印产业发展高峰论坛在广州召开。本届会议以“机遇、创新、突破”为主题，就喷印行业喷头技术应用、数字时代喷墨技术、按需喷墨、商业打印设备、喷印技术拓展应用等企业关心的热点问题，邀请到国际知名喷头供应商、国内外喷印设备品牌制造商、终端消费企业以及包括专家学者、专业媒体齐聚一堂，共同探讨和分享。

会上，赛尔产品经理 PaulWilson 首先向在场嘉宾分享和展示了新一代喷头技术与应用；柯尼卡美能达市场营销部经理土桥一雄讲述了柯尼卡美能达卓越的喷墨技术；富士 Dimatix 大中国区销售总监谢曦分享 SG1024(星光 1024 系列）喷头技术；理光事业中国际技术支援中心代表段立涛对理光喷墨打印头技术创新过程进行分析探讨，让大家对理光喷墨打印头技术有了更深更全面的了解；爱普生大幅面产品事业部统括部长黄伟贤就最新工业与商业打印设备做了详细的论述；最后威斯特副总裁颜长宁就“UV 环保打印—— 喷墨打印的潮流”做了精彩的演讲。

2011—2020 年国家古籍整理出版规划调整

新闻出版总署和全国古籍整理出版规划领导小组下发通知，将对《2011 — 2020 年国家古籍整理出版规划》的执行情况进行检查，确保《规划》项目完成的质量和进度，同时对《规划》进行适当调整。据悉，本次增补项目的重点包括以下几个方面：全面梳理我国古籍资源、总结古籍整理出版成果的古籍整理基础性出版项目；系统性影印复制国内未见或稀见的重要古籍，促进散失海外中国古籍珍本回归的整理出版项目；采用多种方式深入整理甲金、简帛、石刻、写本等各类出土资料的出土文献整理出版项目；系统整理历代社会政治、经济、文化等方面第一手档案资料的社会档案整理出版项目；创新技术手段和传播方式，加强数字出版和网络平台建设的古籍数字化出版项目；准确性、规范性较强，融知识性、可读性、时代性为一体的普及类古籍整理出版项目。

通知还明确了本次增补项目的范围和要求，要求整理方法要符合学术规范，体例完善；增补项目应反映我国古籍整理研究领域新成果，代表我国目前古籍整理最高水平，具有较高的版本价值、文化传承价值、学术价值；增补项目要规划合理，切合实际，可行性强，要做到人员、资金、时间“三落实”，确保在2020年以前能够完成；整理者必须是从事古籍整理的专业人员，并在相关领域具有较强的学术造诣、整理水平，拥有良好的治学态度等。

两项印刷行业标准颁布实施

2013年2月28日，由新闻出版总署批准发布CY/T92—2013《纸板类儿童书籍纸板粘合过程控制要求及检测方法》及CY/T 93—2013《印刷技术不干胶标签质量要求及检验方法》两项印刷行业标准，两项新颁布行业标准均自发布之日起开始实施。

西安城固发现清末木版刻印乡试试卷

西安城固县政协文史委在整理文史资料的过程中，意外发现了一份清末本县学子赴省城西安参加乡试的试卷木刻印刷本。相关工作人员指出，这一试卷的发现填补了该县科举文物空白，对研究清代科举考试制度具有重大意义。

本次发现的这册清代《田明德硃卷》，为线装国内热点本，系清末木版刻印。这次发现田明德和田明礼二人的科考试卷，其中刊印的5篇策论，100多年来保存完整，实属凤毛麟角。对这一珍贵文物，城固县政协文史委已做妥善保护，并抽调专人对这5篇策论文章逐一进行了誊抄、标点，并将收入《城固文史》第十六辑。

首届江苏省新闻出版政府奖评选结果揭晓

2013年2月26日，在2013年江苏新闻出版（版权）重点工作落实推进会上，由江苏省委宣传部、江苏省新闻出版（版权）局、江苏省财政厅、江苏省人力资源和社会保障厅共同主办的首届“江苏省新闻出版政府奖”在宁颁奖。江苏省副省长曹卫星出席颁奖仪式并讲话。

首届江苏省新闻出版政府奖共评选出版物奖191个（含正式奖102个，提名奖89个），先进新闻出版单位奖35个，优秀新闻出版人物奖45名，特别奖42个（含2个集体、1名个人和39种出版物）。在获得出版物奖中，图书奖占了30个。本次政府将实际评奖数均少于评选通知中所确定的评奖数，体现了好中择优、宁缺毋滥的评选原则。

江苏省于2012年正式设立新闻出版最高奖——江苏省新闻出版政府奖，每3年评选一次。江苏省新闻出版政府奖下设三个系列奖项：一是出版物奖，下设图书奖、音像电子数字出版物奖、报刊奖等6个子奖项；二是先进新闻出版单位奖和优秀新闻出版人物奖；三是特别奖，即对3年间获得中宣部“五个一”工程奖等相关奖项以及列入重大图书推广计划的集体、个人和出版物授予“特别奖”。

“沪版图书内容数字化”项目二期顺利完成建设任务

“沪版图书内容数字化”项目二期两大建设任务已全部完成：一是出版单位自行完成制作数字图书8000本，涵盖1996—2002年间沪新版有保存或再开发价值图书的数字化；二是建成“沪版图书内容数字化”项目二期检查统计平台。共有17家出版单位参与“沪版图书内容数字化”项目二期工程，上海市新闻出版局项目工作组会同项目监管单位对这17家出版单位自行制作的数字图书先后进行了检查，通过现场抽检、预检、送校对三个步骤，17家出版单位全部通过检查。

“沪版图书内容数字化”项目二期在一期建设的基础上，更加注重调动出版单位自主进行图书内容数字化的积极性。通过二期建设，出版单位自存的数字资源数量和质量均有所提高，自主进行数字化制作的能力得到了提升。下阶段将进行“沪版图书内容数字化”项目二期补充建设，主要对上海改革开放以来至1996年前的有保存或再开发价值的图书内容进行数字化。

山东省日照市连续举办两届印刷质量奖评选活动

日照市第二届印刷质量奖评选活动于近期圆满落下帷幕，日照教科印刷有限公司等23家企业的23种印刷品榜上有名。印刷质量奖是日照市为促进印刷行业产品质量设立的一个最高奖项，由市文广新局、市质量技术监督局和市印刷协会联合举办，共设塑料包装产品奖、纸质包装产品奖和彩色印刷品奖三大奖项。印刷质量奖评选活动每两年评选一届，2013年是第二届。

本届印刷质量奖自2012年8月份启动以来，共有60余家企业报名参评，收到上报印刷产品110余件。经过筛选初评，确定了26家企业的34种产品入围。日照市文广新局牵头成立由市质量技术监督局、曲师大印刷学院、市印刷协会及印刷业部分专家组成的评委，通过仪器检测、外观质量评审、材料与印后加工水平测评三个环节，对入围产品分别进行了量化打分评选。经过认真评选，日照教科印刷有限公司的《中华国学经典》等23件产品分获三个奖项的特等奖和一、二、三等奖，另有5件产品获提名奖。

江西首个国家级印刷包装产业基地获批

2013年3月，江西赣州吉安国家印刷包装产业基地正式获批。这是江西省第一个上升为国家级的印刷包装产业基地，也是继上海金山国家绿色创意印刷示范园、西安国家印刷包装产业基地之后，国家相关部门批复的又一印刷产业基地。

江西省局有关负责人表示，赣州吉安国家印刷包装产业基地建成后，将对提升江西承接珠三角地区印刷包装产业转移能力，形成印刷生产加工、印刷耗材供应、印刷产品设计研发、印刷教育培训、出版等完整产业链，推进印刷包装产业快速发展起到极大的推动作用。

首届安姆科中国包装设计赛武大学生夺冠

首届安姆科中国包装创新设计大赛于2013年3月5日在上海落下帷幕，武汉大学印包系组队参赛一举夺冠。参赛团队由武汉大学印包系本科生赵君婕担任队长，成员包括武汉大学印包系本科生两名以及城市与设计学院本科生一名，武汉大学印包系副教授高智勇担任参赛团队指导教师。该团队开发的《直立泵式软包装袋设计》将目前市场上的硬质沐浴液塑料瓶与软式替换包装袋相结合，通过在按压泵头下面创新性地加入底座设计，结合力学按压原理，设计出能够完全替代硬质塑料瓶的按压式软包装袋。该作品从全国425份参赛作品中脱颖而出，以初赛总评全国第一的佳绩闯入决赛。

在9支决赛团队中，武汉大学印包系学子用英语表达和美观的实物样品，展示了作品新颖独特的设计理念和系统严谨的市场分析，荣获大赛唯一的一等奖。武汉大学印包系参赛学子应公司邀请，将赴其澳大利亚墨尔本总部参观学习，毕业后可获得该公司海外职业发展机会。

北京印刷学院“雅昌班”开班开拓新型办学模式

据北京印刷学院与雅昌集团战略合作框架协议，发挥学校和企业双方优势，创新培养人才模式，2013年3月13日下午，北京印刷学院信息工程学院与雅昌集团合作协议签订、“雅昌班”开班典礼暨兼职教授聘任仪式举行。北京印刷学院副校长王关义、教务处处长田忠利、学生处处长高杨文、信息工程学院院长曹鹏及学校全体领导班子成员、信息工程学院师生代表，雅昌集团副总裁潘剑平、副总裁兼出版事业部总经理张东、人力资源总监张群、中艺库副总经理易为胜等相关领导以及“雅昌班”的全体学员参加了仪式。仪式由信息工程学院党总支书记陈俊平主持。

“雅昌班”项目负责人罗文秋介绍了“雅昌班”项目总体情况。“雅昌班”学生代表钱宏斌发言表示将珍惜机会，努力学习，不辜负学校和雅昌的培养。田忠利处长对办好“雅昌班”提出希望与要求。北京印刷学院副校长王关义在讲话中首先代表学校对“雅昌班”开班、聘请万捷董事长、潘剑平副总裁为学校兼职教授表示祝贺，对雅昌集团领导、学校职能部门和信息工程学院教师为“雅昌班”按期开班付出的努力和探索表示感谢。同时希望，雅昌集团领导要更加关心学校发展，多来学校交流；信息工程学院对“雅昌班”试点要实施精细化管理；学校各职能部门要为学生成长成才创造“一流”的环境支持，齐心协力，办出特色，办出声誉；“雅昌班”学生要全身心投入学习、实践各环节，取得最大成效，成为学校的骄傲。

第三个国家级印刷装订产业园区落户河北廊坊

经过河北省廊坊市新闻出版主管部门和安次区委、区政府积极运作，继上海金山绿色印刷示范产业园、陕西西安经济开发区草滩生态产业园印包基地之后，2013年3月15日，又一个国家级印装产业园——河北·廊坊国家印装产业园落户廊坊新兴产业示范区。

河北·廊坊国家印装产业园将建成聚集印装产业链各环节企业，形成集印装产业装备制造、创意研发、产品提供、用户机构、展览交易、电商物流于一体的创新型、产城融合式新型国家级数字印装产业园。按照规划，园区总规划面积5000亩，计划总投资400亿元，分三期建设，总建设周期10年。目前，产业园共接触洽谈项目30余个，涵盖出版物印刷、印装机生产、配套耗材生产、文化创意研发及印装产业物流基地等方面。

镜面装饰标牌印刷相关标准起草组召开第一次会议

2013 年 3 月 16 日，《聚甲基丙烯酸甲酯（PMMA）镜面装饰标牌印刷质量要求及检测方》印刷行业标准起草组第一次工作会议在中山市召开。中国网印及制像协会理事长、全国印刷标准化技术委员会网印分会主任裴桂范，网印分会副秘书长王岩，中山市港口镇经信局副局长苏锐贤，科技股股长卢金明等主管领导到会并讲话。中山市中益油墨涂料有限公司总经理郑敬尉、总经理助理何茂军、无锡市科虹标牌有限公司总经理陈建平和技术部总监周艳松、北京印刷学院印刷与包装工程学院副院长邓普君、深圳市日昌亚克力科技有限公司总经理王旭东等十家标准起草单位的 20 位代表参加了此次工作会议。

会议决定新增吉林恒昌科技股份有限公司、中山市迪高诺电器科技发展有限公司为标准起草单位。新增北京印刷学院印刷与包装工程学院邓普君、无锡市产品质量监督检验中心钦卫国为技术顾问。会上，对《聚甲基丙烯酸甲酯（PMMA）镜面装饰标牌印刷质量要求及检测方》印刷行业标准的初稿进行了热烈讨论。会议明确了制定标准的范围，规范性引用文件、术语和定义的内容，需要新增加的试验数据和试验方法。最后，会议确定由起草小组根据会议讨论意见对标准初稿进行修改充实，于 4 月 30 日前上报网印分技术委员会秘书处，以便进行函审。起草组将于 2013 年 5 月 31 日前完成第二稿。

山西省临汾市首家“数字印刷”基地揭牌

2013 年 3 月 17 日，山西省临汾市第一家初具规模的数字印刷基地—— 临汾德美数字印刷总公司正式揭牌。山西省新闻出版局印刷处负责人为“临汾德美数字印刷总公司”授牌。同期召开的 2013 年临汾市印刷工作会议在市文广新局召开。会议总结了全市 2012 年印刷业发展经营情况，对省、市获奖企业和个人进行了表彰，对 2013 年工作进行了安排部署。会议要求，全市新闻出版系统 2013 年要在出精品、上项目、抓管理、促发展上下工夫，继续推动产业发展，促进产能不断提升，引导印刷产业规模化、集约化发展，加快设备更新，技术改造，经营模式转换，推动绿色印刷、数字印刷进程。数字印刷基地的建成，标志着临汾市印刷行业进入了新的领域，对于加快临汾市推动绿色印刷具有积极的作用。

“中华纸业 2013 产业高层峰会”济南召开

由中国造纸协会主办、中华纸业杂志社承办的主题为“趋势与对策 2013 —— 破冰谋略”的“中华纸业 2013 产业高层峰会”于 2013 年 3 月 18 日在山东济南召开。相关政府部门领导、全国及纸业重点区域行业组织和相关行业组织代表，重点院校、科研机构等知名专家学者，国内外部分大中型制浆造纸企业、国内外部分大型浆纸贸易、印刷包装企业代表等出席此次峰会。

本次峰会分“形势”、“趋势”、“对策”三大板块。第一板块的专题演讲是《宏观经济形势和经济政策分析》；第二板块的 4 个主旨演讲题目是《纸业环保与节水节能减排新政》《国内纸业市场走势展望与预测》《印刷包装产业市场需求与未来展望》和《全球纸业的变革创新与发展趋势》。该板块还有以“纸业总量控制下的挑战与机遇”、“纸业市场供需双困局面的破解”、“调整转型—— 产业链延伸与对接”为话题的产业对话。第三板块是分析“对策”，主旨演讲分别是《新时局下的纸业投资策略与发展战略》《环境友好型技术和产品创新成果与发展方向》《新形势下造纸装备业技术提升与创新实践》和《国内纸企调整转型的新动向与新趋势》。该板块最后是以“创新模式与创新实践”、“中国纸企国际化之路”、“全球视野下的造纸装备业”为话题的产业对话。

广东浆纸交易所挂牌交易

2013 年 3 月 18 日，全国首家浆纸交易综合服务平台—— 广东浆纸交易所在广州市经济技术开发区“广东浆纸交易大厦”正式挂牌交易。

据了解，广东浆纸交易所 (Guangdong Pulp & Paper Exchange) 是经广东省政府批准成立，并由国务院部际联席会、商务部、证监会审查通过的国内浆纸行业唯一的大宗商品交易综合服务平台，作为广东省及广州市大力扶持的重点项目，广州十大总部项目之一，预计交易所开市运营后将在 3 年内实现 300~500 亿元人民币的交易额。

该交易所负责人称，依托广东省作为全国纸及纸制品第一消费大省与第二造纸大省的行业市场背景，广东浆纸交易所服务于全球造纸印刷产业，致力于打造全球首家浆纸“现货交易中心”、“信息数据中心”、“价格指数中心”；并以现代化、集成化的专业服务整合优势资源，推动浆纸市场流动性，增强交易结算安全性，监督市场运作规范性，全力推进行业规范健康持续发展。

2013印刷年检重点调研绿色印刷和数字印刷

新闻出版总署办公厅就开展2013年印刷企业和复制单位年度核验工作印发通知，要求各地把年度核验与日常监管紧密结合，重点掌握印刷企业绿色印刷和数字印刷的发展动态，切实加强对老旧光盘复制设备报废的监管。

通知明确了印刷企业年度核验的重点。一是各地要加强对印刷企业执行“五项制度”的监管，加强对重点企业和地区的监管，特别是在2012年印刷复制发行监管专项行动中被查处的违法违规企业要暂缓年度核验。二是各地要重点了解印刷企业在“三废”处理和设备环保节能升级等方面的情况，重点统计数字印刷产值的相关数据，全面掌握印刷业发展的最新情况和问题。通知还明确了复制单位年度核验的重点。一是各地要认真检查复制单位执行复制委托书制度、光盘来源识别码（SID码）蚀刻制度情况及向公安部光盘生产源鉴定中心报送样盘情况。二是各地要认真审核光盘复制单位的主要复制设备的购置、登记和使用情况，严防报废设备流入地下从事非法复制活动，对未按规定增加、进口、购买、变更光盘复制生产设备的行为要依法严肃查办。通知要求各地在2013年3月底之前完成年度核验工作，并将年度核验工作与统计年报工作统一部署、同步实施、按期上报。

西安印刷包装行业城市商业合作社成立

由西安市中小企业服务中央与民生银行西安市分行共同发起组织，形成由70余家印刷包装企业参加的印刷包装行业城市商业合作社，于2013年3月27日在锦业路都市之门召开大会，宣告印刷包装行业城市商业合作社正式成立。参加会议的有西安市中小企业服务中央主任高铬，民生银行西安市分行高新支行行长王伟以及西安市100余家包装印刷企业的负责人。经过西安市中小企业服务中央与民生银行的前期沟通，民生银行给合作社一期授信1.5亿元，为成员企业提供信用融资。西安市中小企业服务中央通过组织行业性合作社的方式，形成了印刷包装行业融资服务平台，为参加该社的印刷包装中小企业在融资方面提供了很好的资源。

天津获批建国家级新闻出版装备产业园

国家新闻出版广电总局复函天津市人民政府，同意在天津建立国家级新闻出版装备产业园。

据天津市新闻出版局相关负责人介绍，该产业园设立在天津北辰科技园区新区。目前园区基础设施规划建设已全部完成，实现了“九通一平”。园区将通过引进社会资本，发展成为集新闻出版装备制造、研发、生产、印刷加工、培训、交易、运营等为一体的综合性新闻出版装备产业基地。同时，通过政策、区位、资源、市场和技术引导企业参与投资，加大资源整合力度，引导技术创新型企业、专业配套企业和产业相关优势企业进入园区，打造新闻出版装备制造业产业集群。

山东（潍坊）数字出版基地正式揭牌成立

2013年4月3日，山东省（潍坊）数字出版基地、山东中动数字出版创意研发园区、山东云计算版权交易园区在高新区正式揭牌成立。据悉，该园区项目总投资32亿元，已建成软件研发孵化区，正在建设文化产业总部基地、动漫创意产业基地、人才培训基地、电子商务基地等功能板块，聚集中动传媒、青鸟华光等80多家相关企业，软件信息、数字出版、文化创意、电子商务、服务外包等产业不断壮大，已成为国家科技企业孵化器、省级数字出版基地、省级动漫创意研发园区、省级云计算版权交易园区，正在创建国家级文化与科技融合示范基地。

浙江印刷产品质量检验站通过计量认证资质

浙江省印刷产品质量检验站顺利通过了浙江省质量技术监督局评审专家组的计量认证复评审，被批准持续获得资质认定（计量认证）资质，可继续向社会出具具有证明作用的数据和结果。在评审会上，专家组听取了省印刷产品质量检验站实验室能力建设和质量管理体系运行情况的汇报，从管理要求和技术要求两大方面，分组织、管理体系、人员、方法、设备、质量控制等数十项内容进行了详细的现场能力测评和严格的能力验证。

评审过程中，专家对质检站2009年以来从事检测活动的原始记录进行了抽查，包括检验流程、样品管理、人员培训和考核、仪器设备的检定和校准等，现场进行了35个参数的试验，出具了4份检测报告，涉及4项检验标准。同时，对质检站质量体系的组建及运行情况进行了考核，评审了申报项目的技术能力，现场提问12人次，并对授权签字人进行单独考核。

2013年全国纸包装行业工作会议在上海召开

2013年全国纸包装行业工作会议于2013年4月9日在上海召开，中国包装联合会副会长、中国包联纸委会主任、胜达集团有限公司党委书记方吾校，中国包装联合会会长助理王跃中，上海市标准化协会理事长张国华，中华台北产品包装协会会长郑人铭，中国包装联合会副会长、中国包联纸委会主任顾问张耀权，中国包联纸委会主任顾问、上海市包装技术协会会长庄英杰，中国包装联合会副会长、中国包联纸委会常务副主任、上峰集团有限公司董事长俞建虎，中国包装联合会副会长、中国包联纸委会常务副主任、厦门合兴包装股份有限公司董事长许晓光，中国包联纸委会常务副主任、大连联合包装装潢有限公司总经理高强国，中国包联纸委会常务副主任、界龙集团有限公司副总裁任端正，中国包装联合会纸制品包装委员会副主任兼秘书长刘寿生参加了会议。应邀参加会议的还有中国包装联合会副会长王佑华、高汝楠，全国工商联纸业商会秘书长张慎金等嘉宾，各省市、县区包装协会领导，全国15所大专院校、科研机构专家教授以及媒体记者以及纸包装工作者近300人参加了会议。

中国包联纸委会副会长兼秘书长刘寿生做了题为《聚合正能量扎实开创纸包装工业新局面》的工作报告。会议还审议通过了《2012年和重组五年审计报告》《增补、变更纸委会副主任、常务委员、委员的议案》《免去纸委会副主任、常务委员、委员的议案》《关于精简秘书处兼职人员的决定》《关于成立“技术开发推广办公室”的决定》《关于建立“中国纸包装行业教育培训基地”的决定》、表彰了“为中国包装联合会纸制品包装委员会工作作出贡献的积极分子”。

“2013中国国际瓦楞展”圆满落幕

由励展博览集团主办的全球最大瓦楞制造行业盛会之一——“2013中国国际瓦楞展”于2013年4月11日在上海新国际博览中心圆满闭幕。本届展会面积达61700平方米，600多家参展企业，共展示了1300多台瓦楞制造设备和1000多种耗材，共有来自100个国家和地区的26293名观众参观了此次展会，参观人数比上届增长了近20%。

作为全球领先的瓦楞纸箱设备、耗材及技术专业展，本届展会还迎来了90多家新设备和耗材供应企业的首次加盟参展，诸多海内外知名瓦楞纸箱生产设备及耗材制造企业携前沿设备和技术以超大展示规模亮相现场。除此之外，本届展会更得到了世界各地业内权威协会的关注与支持。本届，来自中国、西班牙、新加坡、印度、马来西亚、印度尼西亚、阿根提、越南、韩国等四十多家海内外协会共组织近2000位瓦楞行业专业人士到场参观。不少海外协会多次支持和参与了中国国际瓦楞展，并给予了高度的评价。

本届展会还为广大观众策划了丰富的现场活动。“励展中国纸箱行业培训周”，在展会现场隆重拉开了序幕，为业界人士奉献一场中国领先的集参观、学习、研讨、培训、创新于一体的包装行业视听盛宴。涵盖了励展·源鹤公开课、全球包装绿色要求与企业应对方案高峰论坛、行业技术研讨会、“TAPPI国际论坛”以及纸箱创新嘉年华等。本届主办方还组织了纸箱厂参观团活动，为纸箱企业提供了参观同行优秀企业，学习考察的重要机会。“2013中国国际瓦楞展”的成功举办无疑为下一届瓦楞展奠定了坚实的基础。

北京印刷学院文化产业安全研究院成立

2013年4月11日，北京印刷学院文化产业安全研究院成立，并举办首届文化产业安全与文化软实力论坛。

北京印刷学院校长王永生在揭牌仪式的致辞中，就文化产业安全研究院的发展提出三点意见：一要立足文化产业安全领域，加强理论研究；二要加强资源整合，搭建文化产业安全研究合作平台；三要重视人才，打造一支实力雄厚的科研队伍。中国科学院原纪委书记王庭大，中国文化软实力研究中心主任张国祚，北京印刷学院党委书记郑吉春、校长王永生共同为研究院揭牌。郑吉春书记还为研究院名誉院长张国祚、院长李孟刚颁发了聘书。

据了解，文化产业安全研究院成立后，将立足文化产业安全领域的学科前沿，深入系统研究支撑学科发展的基本理论，努力把研究院培育成为文化产业安全领域的科学研究中心、学术交流中心、资料信息中心、咨询服务中心、人才培养中心，通过与相关大学、政府、企业、研究机构等主体的协同创新，聚焦文化产业安全领域的热点和难点问题，陆续推出中国文化产业安全报告，为党和政府决策提供咨询建议。中国文化软实力研究中心主任、文化产业安全研究院名誉院长张国祚教授在主持论坛时强调，文化产业安全的研究必须从文化产业的意识形态属性和商品属性的二重关系出发，着眼于社会效益安全和经济效益安全，着眼于社会主义核心价值体系的贯穿，着眼于中国文化软实力的增强。

“2013中国印刷高峰论坛”成功举办

作为第八届北京国际印刷技术展览会期间的重要活动之一，“2013中国印刷高峰论坛”于5月14日下午在中国国际展览中心（新馆）举行，中国印刷及设备器材工业协会数码与网络印刷分会秘书长张建民担任会议主持。会上，中国印刷及设备器材工业协会副理事长兼秘书长陆长安首先致欢迎辞，对各位嘉宾和业界同仁的出席表示欢迎和感谢。随后，海德堡、惠普、高宝、柯达、EFI、兰达、CIP4 等国际著名印刷技术和设备制造商的公司高层相继发表精彩演讲，最后，会议还进行了现场问答，出席的观众向 7 位演讲人提出他们在实践生产遇到的问题，以及对印刷行业发展存在的疑问，作为业界不同领域的专家，7 位演讲人也给出了精彩的回答。2013 中国印刷高峰论坛是由中国印刷及设备器材工业协会主办的综合性国际论坛，为业界决策者提供了一个沟通、交流、合作的平台。本届论坛以“影响未来中国印刷业发展的印刷技术和商业模式”为主题，旨在聚焦中国印刷行业发展的热点议题，通过印刷新技术、成功案例的介绍，为中国印刷企业创建适合自己的商业模式、增强企业核心竞争力提供借鉴，探索中国印刷行业的可持续发展之路。

第四届中华印制大奖颁奖典礼隆重举行

由中国印刷及设备器材工业协会、香港印刷业商会、台湾区印刷暨机器材料工业同业公会、澳门印刷业商会联合主办的第四届中华印制大奖颁奖典礼于 2013 年 5 月 15 日下午在中国国际展览中心新馆举行。出席颁奖典礼的有十届全国政协常委、中国机械工业联合会名誉会长、中国印刷及设备器材工业协会名誉理事长于珍，国家新闻出版广电总局印刷发行管理司司长王岩镔，中国机械工业联合会执行副会长陆仁琪，中国印刷及设备器材工业协会副理事长兼秘书长陆长安、副理事长李同信、特别顾问王德茂和许锦枫，香港印刷业商会终身名誉会长杨金溪，台湾区印刷暨机器材料工业同业公会理事长陈金茵，澳门印刷业商会会长周绍湘以及来自政府机关、海内外行业协会、媒体、参赛企业代表、设备制造商代表近 500 人共同出席此次颁奖典礼。

中国机械工业联合会名誉会长、中国印刷及设备器材工业协会理事长于珍为本次颁奖盛典致辞。随后，国家新闻出版广电总局印刷发行管理司司长王岩镔、中国印刷及设备器材工业协会副理事长兼秘书长陆长安、香港印刷业商会终身名誉会长杨金溪先后致辞，对获奖企业表达了殷切的期望与鼓励。大奖组委会首先为本届大奖的专家评审颁发了荣誉证书，感谢他们认真、仔细地完成了评审工作，确保了中华印制大奖的公平、公开、公正。

第四届中华印制大奖在各省、市印包协及众多支持单位的积极推动下，共征集了超过千余件参赛作品，经过来自香港、澳门及大陆地区的近 20 多位资深专家组进行细致评审，包括前期检测、初审、复审及终审四个环节，最终确定了第四届中华印制大奖的获奖作品。据悉，由雅昌企业（集团）有限公司递交的“美丽的奥林匹克文化长卷”获得本届大奖赛最高奖项—— 全场大奖。北京圣彩虹制版印刷技术有限公司参选的“第四届当代中国画学术论坛”，REGAL PRINTING LIMITED 公司参选的 HOUR25 等 19 件印刷精品获得金奖。由深圳报业集团印务有限公司选送的“深圳特区报”，利奥纸品有限公司选送的“圣诞假期”等 68 件作品获得银奖。由广东南方报业传媒控股有限公司印务分公司选送的“21 世界经济报道”等 97 件作品获得铜奖，同时产生 37 件优秀奖作品。

同时，本届中华印制大奖还增设了首届“行业杰出贡献企业家”和“行业创新企业家”的评选。与此同时，组委会为本届 8 位行业杰出贡献企业家及 8 位行业创新企业家颁发了奖杯，以表彰他们在印刷领域内做出的卓越贡献。此外，本次大奖组委会在颁奖典礼上特别为全国各省市新闻出版局及各地行业协会颁发组织奖，感谢他们给予本次印制大奖的大力支持。

北京环保局对印刷行业开展专项执法检查

2013 年 4 月初至 5 月底，北京市环保局对印刷包装行业开展了专项执法检查工作。

据悉，为落实全市生态文明和城乡环境建设动员大会精神，进一步降低本市挥发性有机物和 PM2.5 污染排放、推进空气质量改善，北京市环保局印发了《关于进一步开展印刷行业专项执法检查的通知》，在 4 月初至 5 月底，对出版印刷、纸盒纸箱、印铁制罐、塑料和复合包装印刷五类重点企业，在全市开展专项执法检查。检查分申报登记、现场检查、监督抽查和总结三个阶段，工作的重点：一是明确三个工作目标。即实现辖区企业全面申报，督促 2012 年 489 家未安装净化设施的印刷企业加装治理设施，强化企业危险废物监管。二是强化动态活动水平核查。检查企业排污申报登记情况，对未申报登记的企业现场发放排污申报登记表或下达限期改正通知书，并认真审核申报数据。三是严格现场检查。重点检查企业废气收集处理设施安装运行、有机溶剂使用量记录、危险废物储存处理、环保审批及验收手续等情况，依法严格处罚存在违法环境行为的单位。

“中国最美的书”推出十周年系列活动

2013 年是“中国最美的书”创立十周年。值此之际，上海市新闻出版局、“中国最美的书”组委会将于 2013 年 11 月推出十周年系列活动。本次活动由上海市新闻出版局、“中国最美的书”组委会主办，上海市出版协会、上海长江对外出版公司、上海长江出版交流基金会、上海图书馆，以及上海视觉艺术学院等共同协办，组委会办公室设在上海市新闻出版局。

据了解，本次活动主要包括，2013“中国最美的书”评选及发布、“上海国际书籍设计艺术邀请展”、“上海国际书籍设计家论坛”、“中国最美的书”十周年颁奖活动、“中国最美的书”校园行等。其中，2013“中国最美的书”从2013年5月1日开始接受参赛报名，至10月31日截止。评选将于11月中旬在上海举行，评选结果将随之发布，获奖作品将由组委会送往德国莱比锡，推荐参加下年度“世界最美的书”评选。

2014年世界3D打印技术产业大会落户青岛

备受社会各界广泛关注的2014年世界3D打印技术产业大会在国内外数十个城市的激烈争夺中最终落户著名的滨海城市青岛，将于2014年5月6日—9日在青岛拉开第二届世界3D打印技术产业大会的帷幕，世界3D打印技术博览会也将同期举行。届时，来自美国、欧洲和国内的1200多位3D打印行业和用户代表将出席大会，预计博览会规模将突破30万人次。

首届世界3D打印技术产业大会是世界3D打印技术产业联盟、亚洲制造业协会、中国3D打印技术产业联盟于2013年5月29—31日在北京成功举办，来自全球3D打印行业的科研单位和企业界的700多位代表出席，是促进全球3D打印行业对话合作的交流平台。世界3D打印技术产业联盟由来自美国、德国、比利时、英国、新加坡和国内的40多位业内专家、企业共同发起成立的行业组织，每年5月将定期举办世界3D打印技术产业大会暨世界3D打印技术博览会，并开展行业间的研究、科普和教育培训，促进3D打印技术与传统产业结合，最终实现3D打印技术产业化是世界3D打印技术产业联盟的目标和宗旨。

世界3D打印技术产业联盟秘书长罗军表示，3D打印技术要与传统产业相结合，要通过加工服务来拓展用户市场，只有市场需求真正起来了，3D打印技术产业化才有希望。选择青岛，是因为青岛具有较强的产业基础，作为一个开放的海滨城市，在科技创新、人才基础、工业转型等方面潜力巨大。加上青岛市主要领导，以及当地企业对3D打印技术特别重视，在青岛发展3D打印技术具备了“天时、地利、人和”的先决条件，通过搭建世界3D打印技术产业大会这个平台，能够促进3D打印技术率先在青岛开花结果。

山东大学生绿色印刷技能大赛在青岛举行

2013年5月26日，由山东省委宣传部、省委高校工委、省团委、省教育厅、省文化厅、省科协、省学联主办，青岛恒星职业技术学院承办的山东省大学生绿色印刷技能大赛在青岛恒星职业技术学院举行。青岛恒星集团董事局主席、青岛恒星职业技术学院董事长陈昌金，天津职业大学印刷工程系副主任张小文，天津现代职业技术学院高级工程师、天津津秦制版厂总工程师、全国技能大赛裁判员雷沪，青岛恒星职业技术学院印刷学院院长白家旺等领导嘉宾出席了本次大赛开幕式。参加本次大赛的选手来自青岛科技大学、曲阜师范大学、青岛滨海学院、青岛恒星职业技术学院四所高校的45位同学。

开幕式上，青岛恒星集团董事局主席，青岛恒星职业技术学院董事长陈昌金为本次大赛发表致辞。来自天津职业大学印刷工程系副主任张小文教授作为评委代表讲话，并代表本次大赛评委宣誓，表示将本着公平、公正、严肃、认真、谦虚的态度对待每一份作品。随后，来自青岛恒星职业技术学院印刷学院学生作为参赛选手代表发言。开幕仪式结束后，45位参赛选手在青岛恒星职业技术学院图书馆四楼电子阅览室参加了本次技能大赛的角逐。

广州举办2013年第一期印刷企业新任法人法规培训班

广州市文广新局举办了为期两天的广州市2013年第一期印刷企业法人法规培训班。参加培训的75名印刷企业新任法人通过考试，全部取得印刷法规培训合格证书。培训开始前，广州市文广新局巡视员周宪华结合广州市印刷企业发展和企业法人队伍建设的实际情况，从印刷企业法人培训的重要性、紧迫性和必要性等三个方面进行了开班动员。广州市文广新局印刷发行处处长王瑞松以国务院修订的《印刷业管理条例》和原国家新闻出版总署印发的《印刷品承印管理规定》《印刷业经营者资格条件暂行规定》《印刷业“十二五”时期发展规划》等有关法规文件为中心，并结合广州市印刷行业的发展现状，以及广州市印刷行业行政执法情况进行现场分析和解读。广州市文广新局印刷发行处负责具体承办印刷业务工作的同志结合年度核验工作、新设立印刷企业及实地勘验、办理印刷企业变更事项和日常监管工作中暴露出来的问题，以相关法律法规为准绳，现场释疑解惑，参加培训的企业法人纷纷表示受益匪浅。

湖南省湘东区获批省级包装印刷产业基地

湖南省新闻出版局发文，同意规划建设“湖南省印刷包装产业（湘东区）基地，并列为省级包装印刷产业基地”。据悉，这是湖南省第三个省级包装印刷产业基地。湘东区包装彩印产业基地位于老关镇、荷尧镇，总规划面积 17 平方公里，自 2009 年 3 月开工建设以来，已完成一期工程建设 6 平方公里，入驻企业 38 家，其中规模以上企业 8 家。2012 年，基地实现工业总产值 12.6 亿元，实现工业增加值 2.7 亿元，创利税 1.56 亿元。

工信部按金额大小规范公务印刷

工业和信息化部办公厅根据中央国家机关政府采购中心《关于 2013 年中央国家机关定点印刷工作有关事宜的通知》（国机采〔2013 ）1 号）相关规定，发文规范系统内印刷工作。

工信部要求，部机关本级及所属在京各级行政事业单位单次或批量印刷金额在 2 万元以下的印刷项目，可以自行选择印刷企业。金额在 2 万 ~120 万元的项目，必须到中央国家机关定点印刷企业印刷。金额在 120 万元以上的印刷项目，必须委托中央国家机关政府采购中心进行公开招标。

在定点印刷企业的选择方面，金额 2 万 ~20 万元（含）的项目，可自选定点企业。20 万 ~120 万元（含）的项目，必须选 3 家以上定点企业进行密封报价，其中至少 1 家企业由中央政府采购网随机抽取产生。

山东中小学课业簿册印刷将有强制性地方标准

据报道，山东省将出台山东省强制性地方标准《中小学课业簿册安全卫生与质量要求》，对中小学课业簿的可迁移元素最大限量、溶剂残留量、荧光白度等安全指标及印刷、装订质量等作出明确的强制性规定。

据了解，根据此前针对山东省学生体质与健康的相关调研结果显示，中小学生视力不良率居高不下，且低年龄化趋势明显，课业簿册的行高距离、亮度（白度）等相关特性构成了学生近距离用眼学习时的重要环境条件，也是造成学生近视率上升的诱因之一。同时，封面印刷油墨中的重金属和挥发性化学物溶出、簿册装订物或纸边对皮肤的损伤也容易对学生造成安全威胁。为此，山东省分质量与安全两部分编制了《中小学课业簿册安全卫生与质量要求》，对纸张质量、内芯格线颜色、印刷质量、装订质量、危险锐利尖端、可迁移元素最大限量、溶剂残留量、荧光白度、封面的脱色程度等安全理化指标作出明确规定，实施后将作为强制性标准提升课业簿册的质量水平，维护山东中小学生的身心健康。

我国发布首份知识产权发展状况报告

2013 年 6 月 5 日，国家知识产权局知识产权发展研究中心在北京发布《2012 年全国知识产权发展状况报告》，这是首份全面反映我国各地区知识产权发展水平的综合性评价报告。《报告》显示，2007 年以来我国知识产权综合发展水平逐年提升，特别是 2008 年实施《国家知识产权战略纲要》以后，提升速度明显加快。

《报告》显示，2012 年知识产权综合发展指数位列全国前 10 位的依次是广东、上海、北京、浙江、江苏、山东、福建、湖北、安徽、四川。从发展速度来看，2007 年至 2012 年间，综合发展指数年均增长率位居全国前 10 位的省市分别是江苏、湖北、安徽、陕西、辽宁、浙江、重庆、上海、四川、河南。分经济区域来看，我国知识产权综合发展指数呈现出东、中、西部地区逐级递减的趋势，区域差别显著。从知识产权创造以及运用方面来看，我国正处于数量效率型向质量效益型发展的过程中。从知识产权保护方面来看，我国对知识产权保护的内在需求逐步显现，沿海地区和经济发达地区对知识产权保护需求更为旺盛。从知识产权环境方面来看，各地知识产权法律法规和战略规划相继出台，知识产权服务业加快发展，全国知识产权意识明显提升，环境改善成为推动各地知识产权发展水平提高的主要因素。

2013 年 6 月我国将实施 3 项印刷油墨行业标准

工业和信息化部近期发布公告，批准 681 项行业标准，其中包括 3 项印刷油墨标准、1 项手提纸袋标准和 1 项包装容器标准。这 5 项标准均自 2013 年 6 月 1 日起实施，其中 3 油墨标准为修订标准，另 2 项为新制定标准。

这 5 项标准分别为 QB/T1046–2012《凹版塑料薄膜表印油墨》、QB/T2024–2012《凹版塑料薄膜复合油墨》、QB/T2624–2012《单张纸胶印油墨》、QB/T4379–2012《手提纸袋》、BB/T0060–2012《包装容器聚对苯二甲酸乙二醇酯（PET）》。

中国绿色包装产业技术创新战略联盟成立

绿色包装产业联盟于 2013 年 6 月 5 日世界环境日当天在北京举行成立大会，并发布了“绿色包装”倡议书。该联盟是由中国包装总公司、中国科技产业化促进会、赛伯乐（中国）投资三家作为核心发起单位，联合优势企业、大学、科研机构等组织机构共同发起成立的。共有包括清华大学、北京大学、天津大学、北京交通大学、浙江大学等高校；彩华包装集团、紫江集团等包装龙头生产企业；华为、联想、伊利集团等知名包装用户企业；机械科学研究总院、军事医学科学院、中国包装科研测试中心、中国出口商品包装研究所等科研机构；BV、TUV、SGS 等国际领先检测机构等共 80 余家组织机构代表出席本次大会。

绿色包装产业联盟理事长、中国包装总公司总经理、党委书记宗坚表示，绿色包装产业联盟将坚持优势互补、利益共享、风险共担等原则，积极推动产学研紧密结合，围绕技术创新关键问题，开展技术合作，突破绿色包装产业发展技术瓶颈；构建公共技术服务平台，促进科技创新和技术推广，加速绿色包装科技成果产业化运作；开展国际交流与合作，加强人员培养和技术交流，提升我国在国际绿色包装领域权威性和发言权。同时，将特别注意协调包装产业发展与环境保护之间关系，推动我国包装产业绿色转型进程，促进我国循环经济持续健康发展。

卷烟包装箱循环利用将在行业内开展

为深入贯彻落实党的十八大精神，加快转变烟草行业发展方式，构建循环型烟草物流体系，进一步降低成本、减少浪费、节约资源，2013 年 6 月 5 日，国家烟草专卖局印发通知，决定在行业工商企业间开展卷烟包装箱循环利用工作。通知指出，开展卷烟包装箱循环利用，能够展示行业良好社会形象，对促进行业可持续发展具有重要意义。

通知明确规定，到 2014 年，纸质卷烟包装箱循环利用工作要形成一套成熟、规范的工作制度和运行机制，同省（区、市）循环利用达到 50% 以上规模；到 2015 年，接壤省份纸质卷烟包装箱循环利用达到 50% 以上规模，电子标签（RFID）卷烟包装箱在行业批量投入使用；随之要加快全行业范围内卷烟包装箱跨省（区、市）循环利用。对于下一步工作，通知强调：一要构建运行管理机制，工商企业联合成立专门工作小组，建立健全相关流程和制度，不断提升工作效率和水平。二要科学制定工作方案，明确工作目标、重点任务和保障措施，层层分解任务并落实责任，确保工作有序推进和目标顺利实现。三是建立健全流程制度，明确职责任务，加强规范性、长效性制度建设，通盘设计总体运作流程和各环节工作程序。四是合理处理各方经济利益和工作关系，加快电子标签卷烟包装箱的应用和推广。通知同时提出开展卷烟包装箱循环利用工作的四项保障措施：一要加强组织领导，成立各级专项工作小组，将各项工作要求落到实处。二要加强工商协同，研究制定并贯彻落实各项工作流程、质量标准和结算方法。三要加强技术创新，研究解决卷烟包装箱循环利用过程中产生的各种问题。四要加强考核评价，将各单位制定的工作目标和目标任务年度完成情况纳入年度绩效考评体系，确保目标任务完成。

中国华夏文化遗产基金会携手联合国保护传统造纸文化

由联合国教科文组织驻华代表处倡导和组织、中国华夏文化遗产基金会资助并参与实施的“东亚纸张保护方法和纸张制造传统 2008 至 2012”项目，东亚五国相关机构及相关专家学者经过长达五年的共同努力，圆满地取得了预期成果。

2013 年 6 月 6 日，“东方之韵· 纸张上的传统艺术——赴法国联合国教科文总部成果展”新闻发布会在北京举行。会上，联合国教科文组织驻华代表处代表辛格先生、中国华夏文化遗产基金会会长耿莹女士在新闻发布会上共同宣布：该项目成果将于 2013 年 7 月 1 日 ~5 日在法国巴黎联合国教科文总部展出。

据介绍，该项目实施五年来，东亚五国的相关机构和专家学者围绕保护东亚传统造纸及纸张保护技艺，探讨并解决存在的问题、建立起完整的科学体系、提高保护和修复技术、编写培训教材和保护指南等四个目标开展工作。主要活动包括调查研究、培训与能力建设、会议与技术交流、成果出版与公众意识提升等四个方面。

泛珠三角印刷产业纸张供应链融资洽谈会成功召开

由广东浆纸交易所牵头承办，中国光大银行和广州市出版印刷行业协会联合举办的“首届泛珠三角印刷产业纸张供应链融资洽谈会”暨“广州市出版印刷行业协会理事扩大会议”于 2013 年 6 月 18 在广州翡翠皇冠假日酒店成功举办。广东浆纸交易所董事长郝艺远，中国光大银行广州分行行长陈凯慧，广州市出版印刷行业协会会长吴学勇以及来自珠三角地区近 200 家出版印刷企业领导参加了此次会议。

此次会议旨在通过浆纸交易所平台，整合上游造纸企业和下游印刷企业的需求，解决中小印刷企业资金周转困难问题，为珠三角中小型印刷企业提供专业的纸张供应链资金解决方案，降低纸张采购成本，以全新的交易模式，推动行业良性健康发展。为解决造纸印刷企业融资难题，广东浆纸交易所联合光大银行推出了专门针对下游印刷企业的一整套融资解决方案。通过建立开放的采购平台，交易所将信息流、物流、仓储、金融等交易要素实现最大程度的整合，在降低企业采购成本的同时，大大提高了效率。在融资担保方面，交易所对会员企业从信用、资金、物流、运输等方面配合银行进行管理和加强监督，与银行共同为会员提供信用增值服务，进而帮助会员向银行集中申请授信额度并一一细分。

会议结束后，参会印刷企业参观了广东浆纸交易所，详细了解了浆纸交易所纸张采购及融资流程。

四川省自贡组织开展对辖区内文化印刷行业安全大检查

2013年6月21日下午，自贡市文化广播电视新闻出版局局长卓越、副局长余勇及高新区管委会副主任邹发勇率领市消防支队、文化市场管理科、综合执法支队及高新区文化执法人队等有关部门负责人分别对高新区范围内的网吧、歌厅、动漫城、印刷企业开展了安全大检查，对在检查中发现的问题现场作出整改意见，要求受检单位按要求立即纠正存在问题，确保行业系统安全规范运行。检查过程中，局长卓越提醒经营业主，安全是企业经营的生命线，严格按照消防要求规范运作是一条不可逾越的红线。邹发勇强调，近段时间来，国内多个地方出现了不同程度的安全责任事故，给人民群众的生命财产造成了严重的影响，我们一定要紧紧扣住安全这根主线，大家一定要高度重视安全事故预防工作，加强各种安全防灾演练，让文化产业走上一条健康快速的发展道路。

西部首个3D打印产业联盟成立

西部首个3D打印产业创新联盟在成都成立。该联盟以制造企业为主体，由高等院校、材料研发企业和机构、工业设计企业、科研院所、3D打印服务应用提供商等自愿组成，将力争从材料制造、航空应用、军工制造等产业链高端环节率先突破。

据了解，成都在3D打印技术的主要应用领域已经积累了相当的技术优势，特别在航空关键零部件制造、金属材料制造等领域具有突出优势。根据联盟协议，各成员单位将通过开展产业集群协同创新，力争突破一批核心关键技术，并形成战略性新兴产品，实现3D打印产业的全链突破。

首届解放军出版奖评选结果揭晓

首届解放军出版奖评选结果于近期揭晓，根据《中央军委关于大力发展先进军事文化的意见》中每三年评选一次解放军出版奖的部署安排，总政治部举办了首届解放军出版奖评选活动。经各大单位政治部遴选推荐、各子奖项评委会认真评选，共评出图书奖30种、期刊奖16种、音像制品和电子出版物奖10种、装帧设计奖9种、先进出版单位奖15个、优秀出版人物奖36名。

解放军画报社出版物《解放军画报》获期刊奖，所属长征出版社出版的《说说国防和军队建设新成就》《阳光带兵36法》以及所属长城出版社出版的《大阅兵——庆祝中华人民共和国成立60周年阅兵纪实》《李洪海学录雷锋日记》获图书奖，长城出版社出版的《世界遗产中国长城》获装帧设计奖，长城出版社社长兼总编辑徐华获优秀出版人物奖。

东巴经典古籍数字化列入国家级重大项目

继2003年中国纳西族东巴古籍被联合国教科文组织列为“世界记忆遗产”后，古老的东巴文化保护工作再获突破——“东巴经典传承体系数字化国际共享平台建设研究”于近期被列为国家社科基金重大项目。该项目通过文理工大跨度学科交叉及国际合作的途径，在发源地国家首先研究构建面向全球东巴典籍的国际共享信息平台，并运用数字化的现代信息技术手段进行遗产记忆。

纳西族东巴象形文是当今世界上唯一还在使用的象形文字，目前能释读该文字的仅有几位年逾古稀的东巴老祭司。如今学术研究处于分散形态且彼此难以沟通，亟待进行高效高质量抢救与传承。

上海质监局召开商品包装监督抽查问题分析会

2013年7月2日，上海市质监局组织相关企业召开专题会，对当前商品包装监督抽查中发现的问题进行深入分析，进一步宣贯法规和标准，要求企业认真对待及时完成整改。会上，市质监局相关负责人向参会企业宣贯了《上海市商品包装物减量若干规定》和国家限制商品过度包装的标准、规范，通报了《若干规定》实施以来上海市推进商品包装物减量的相关工作和第二季度监督抽查和专项检查情况。针对存在不合格的商品类型和不合格项目，由市计测院技术专家分析不合格的原因，并对企业存在问题和整改方法进行答疑讲解。上海市质监局、各区县质监局、市计测院等相关部门共计60余人参加会议。

北京举办纳米绿色印刷产业化主题活动

2013年7月4日，北京市科委联合清华科技园在启迪纳米专业孵化器举办了“纳米创业沙龙— 纳米绿色印刷产业化之路”主题活动。此次活动是应广大纳米科技工作者要求，旨在分享纳米科技成果转化经验，搭建信息与资源集成平台，探索纳米科技成果批量转化模式。

活动中，北京中科纳新公司总经理梁青，围绕科技成果与商业机会、科技成果与商业模式、科技成果与产品开发、科技成果与发展路径等四个方面，结合亲身经历，介绍了纳米绿色印刷技术如何从原创技术到制版样机再到产品的过程，并回答了与会人员关心的如何将技术产业化、如何将产品市场化、如何让企业在市场中站稳脚跟等问题。

北京市科委工作人员结合纳米绿色印刷技术产业化案例，分析了北京市科委“全链条、全要素、全社会”支持纳米绿色印刷技术产业化已开展的工作，解读了北京市纳米科技产业跃升工程、北京市科委支持纳米科技产业发展政策，介绍了北京纳米科技产业园最新发展情况。

《电子雕刻凹版质量要求及检验方法》起草会召开

《电子雕刻凹版质量要求及检验方法》新闻出版行业标准起草组会议于2013年7月14日在北京印刷学院召开。本次会议由全国印刷标准化技术委员会与中国印刷技术协会凹版印刷分会联合主办。

会议由全国印刷标准化技术委员会高级工程师马智勇主持，中国印刷技术协会凹版印刷分会理事长许文才到会并致辞，全国印刷标准化技术委员会秘书长胡桂绵出席会议并讲话。全国印刷标准化技术委员会秘书张杰，以及来自印刷行业的十几位专家和学者参加了会议。

会议就起草组的组建及标准制定的相关问题进行了协商与研究。会议确定，将标准的题目定为:《电子雕刻凹版质量要求及检验方法》，修改替代CY/T 9–94。会议确定了《电子雕刻凹版质量要求及检验方法》行业标准起草的单位和起草组名单，确定了执笔组组长、副组长及成员，讨论了标准的框架和主要内容。会议确定，将在2013年9月底前完成《电子雕刻凹版质量要求及检验方法》行业标准草案，将于2013年10月20日在云南昆明召开《电子雕刻凹版质量要求及检验方法》行业标准起草组第1次工作会议。

大武汉包装印刷城招商签约会成功举行

2013年7月26日上午，由武汉市新洲区人民政府、武汉阳逻经济开发区、阳逻港·华中国际产业园联合举办的大武汉印刷包装城招商签约会成功举行。武汉各级政府部门、武汉大学、武汉中小企业家协会、武汉市印刷协会、武汉苍南商会以及包装印刷行业的机构代表共同出席了此次招商会。

据介绍，大武汉包装印刷城作为建设中部地区新闻出版强省的示范园区及重点印刷包装园区，得到了湖北省及武汉市新闻出版局的重视和支持，从政策上鼓励并推动武汉印刷包装产业的迁移与集约化发展。新洲区人民政府和武汉阳逻经济开发区领导表示，开发区将以承接印刷包装产业转移为契机，大力支持大武汉印刷包装城的发展，力争把阳逻发展包装印刷行业的区位优势转化为经济优势。据悉，大武汉印刷包装城总占地面积3000亩，总建筑面积300余万平方米。其整体产业布局涵盖印刷物资交易、印前处理、印刷、印后加工、物流配送、信息发布等全产业链。

东北、华北八省市印刷业发展论坛成功举办

2013年7月27日，东北、华北八省市区印刷行业发展论坛在锡林浩特市召开，来自北京、天津、黑龙江、辽宁、吉林、内蒙古、山西、河北八个省市区的印刷界企业家代表250余人汇聚一堂，共同探讨新形势下印刷产业未来的发展。论坛由内蒙古自治区新闻出版局及印刷协会主办，北京印刷协会协办，已经连续举办五届，今年是第六届。自治区新闻出版局副局长庞亚民在致辞中对远道而来的各位嘉宾表示了诚挚的欢迎。中国印刷技术协会常务副理事长在致辞中表示，今年八省市会议的主题为“适应数字化印刷新形势 抓住机遇转轨变型”，这个题目正符合目前印刷业的发展趋势。

随后，由北京印刷协会秘书长张庆连宣布了第三届“精密达杯”印后装订明星企业评审结果，并对获奖单位进行了颁奖。颁奖结束后的八省市印刷行业发展论坛共分成三个阶段，第一阶段为典型企业经验交流，第二阶段为精彩的红沙发论坛，第三阶段为技术交流。会议同期还举行了第四次中国印刷企业管理高端恳谈会。

第四届中国印刷企业管理高端恳谈会召开

2013年7月27日，由中国印刷技术协会企业管理委员会、中国印刷企业家俱乐部主办，内蒙古印刷协会承办的第四届中国印刷企业管理高端恳谈会在内蒙古自治区锡林郭勒盟锡林浩特市召开。与会企业家围绕“数字印刷”和“转轨变型”两个主题畅所欲言。来自北京、陕西、安徽、内蒙古、天津等地的印刷企业家和高层经营管理人员20余人出席了会议。中国印刷技术协会理事长于永湛、常务副理事长张双儒全程聆听了会议并参与了讨论，内蒙古新闻出版局印刷发行处处长兼印协理事长宋旭文介绍了内蒙古印刷行业的情况。会议由全国印刷标准化技术委员会

秘书长、中国印刷企业家俱乐部秘书长胡桂绵主持。

首届中国印刷企业管理高端恳谈会于2012年4月在山西举办，第二届和第三届分别在山东、合肥举办。与会企业家们认为，数字印刷作为传统印刷的有益补充，有其适合的产品范围，它将使得印刷的服务范围有更大的延伸，但并不存在替代传统印刷的可能，而将全面推进的应当是印刷过程的数字化，不能把数字印刷与印刷的数字化混为一谈。中国印刷技术协会理事长于永湛、常务副理事长张双儒分别发表精彩讲话。与会企业家一致认为，此次会议探讨较往届更充分、更深入，也是最能体现俱乐部“开放，包容，活跃，有效”宗旨的一次。企业家们还纷纷对今后的活动方式建言献策，并希望有更多的企业家参与进来，即能有业内的交流，也有跨界的沟通，以开阔眼界、增长见识，取长补短，共同迎接印刷新时代的到来。

兰州市正式实施印刷业规范经营公示牌制

2013年8月7日，随着兰州市最后一批印刷企业规范经营公示牌的安装完毕，兰州市《兰州市印刷企业规范经营公示牌》管理制度正式开始实施。据了解，兰州市印刷企业规范经营公示牌上还标有兰州市文化市场行政执法支队各大队的举报电话，便于社会各界人士举报经营场所违法违规行为。该公示牌将成为对违法违规经营行为的查处，进行公示、曝光的平台，起到查处有力、规范有效、综合监管的作用，使行政执法做到公正、公开、透明，有效遏制不法经营行为。

福建省领导在厦门调研数字出版产业

2013年8月12日，福建省政协副主席、省新闻出版局局长郭振家在厦门调研数字出版产业发展情况。目前，厦门市数字出版企业主要集中在厦门软件园。其中，软件园孵化基地（一期）、软件园二期已基本饱和，三期位于集美新城核心区，占地约12平方公里，规划建设动漫教育基地和软件研发基地，重点发展动漫游戏、数字内容、视觉产业、新媒体出版等新兴产业，立足打造数字出版产业发展新平台。

在调研中郭振家指出，近年来厦门数字出版行业发展迅速，尤其是印刷业和数字出版产值增长势头良好，一直走在全省前列。任何一个园区的建设都离不开项目的支撑和带动，厦门要抢抓机遇，做好项目和人才的引进工作，争取更多的政策和资金支持。希望加强省市联动配合，做好行业统计和项目引进工作，为全省数字出版产业的更好更快发展作出积极的贡献。郭振家一行还实地调研了厦门音像出版有限公司和厦门大学出版社有限公司。

第八届中国印刷史学术研讨会在北京召开

2013年8月18日，第八届中国印刷史学术研讨会在北京举行。李致忠、史金波、肖东发、冯立升、魏志刚等60多名业界知名专家出席，发表论文33篇，学术研讨氛围浓厚。从印刷术探源到与印刷相关的各门类技术，参加研讨的人和研讨题目越来越宽泛深远。中国印刷技术协会副理事长兼秘书长、印刷史研究会主任曲德森致辞，中国印刷技术协会名誉理事长武文祥、常务副理事长张双儒、首席顾问沈忠康参加了研讨。

河北数字印刷产业园落户保定市

2013年8月21日，河北数字印刷产业园项目签约仪式在保定市举行。保定市委书记聂瑞平出席签约仪式，市长马誉峰、河北出版传媒集团公司董事长杜金卿分别到会并致辞。保定市委常委、常务副市长刘颖主持签约仪式。

河北数字印刷产业园项目落户保定市新市区。该项目是河北出版传媒集团公司顺应文化与科技融合的时代要求，谋划建设的现代文化产业园区。项目总投资35亿元，其中数字印刷基地建设计划投资15亿元，建成后预计年营业收入24亿元；原址开发投资20亿元。项目建成后，大力发展文化创意、数字出版、数字印刷、影视动漫等新兴产业，立足保定，服务京津，形成一个新的文化产业集聚区和文化发展示范区。

2013北京国际出版论坛开幕

2013年8月27日，2013北京国际出版论坛开幕，本届论坛以“全媒体时代出版业：融合、机遇、前景”为主题，演讲嘉宾围绕论坛主题发表对全媒体概念的认识，并与现场来宾分享传统出版数字化转型、出版资源整合等方面的经验。全国人大常委会副委员长、中国民主促进会中央主席严隽琪，国家新闻出版广电总局副局长邬书林，国务院新闻办公室副主任李伍峰出席论坛。来自中外出版企业代表及各大媒体近400人参加了此次会议。

国家新闻出版广电总局副局长邬书林在论坛上表示，我国将进一步开放数字出版市场，欢迎国外信息、互联网和数字技术企业进驻中国，邬书林还表示，希望其他国家能更加开放市场，为中国出版传媒企业进入国际市场提供便利，国家新闻出版广电总局将给予支持，共同推动数字出版产业繁荣与发展。

作为北京国际图书博览会重要板块，由国家新闻出版广电总局、国务院新闻办公室、中国民主促进会中央委员会联合主办的北京国际出版论坛已成功举办九届，逐渐成为我国对外介绍出版业发展及政策走向、中外出版人开展对话的重要平台。

解放军出版物产品质量检测中心在北京成立

2013 年 8 月 28 日，中国人民解放军出版物产品质量检测中心（以下简称“军队检测中心”）在北京举行揭牌仪式。国家新闻出版广电总局印刷发行司副司长徐胜帝，国家新闻出版广电总局印出版产品质量监督检测中心主任齐相潼、副主任田森，中国印刷技术协会理事长于永湛，中国印刷及设备器材工业协会常务副理事长兼秘书长陆长安，北京印刷协会副理事长兼秘书长张庆连，总参作战部企业管理办公室主任马晓春、副主任赵顺全，全军印协理事长、军队检测中心主任张根祥，环保部机关服务局李江，中环联合（北京）认证有限公司杨进等，以及在京的军队印刷企业主要负责人出席了本次揭牌仪式。活动由中国人民解放军第 1205 工厂厂长周京西主持会上，全军印刷协会理事长、军队检测中心主任张根祥首先发表致辞，向与会人员详细介绍了军队检测中心的相关情况，同时他表示，检测中心的建立标志着军队印刷质量的检测能力有了质的飞跃。

据了解，目前中心隶属于军队印刷质检站领导，拥有国内外先进的检测设备 30 余台套，主要开展图书、教科书印刷、装订质量检测，纸张性能检测，绿色印刷产品质量检测，胶印油墨、平版印刷产品、玩具及儿童用品的检测等业务。该中心是经国家认证认可监督管理委员会审核批准、具有中国计量认证 CMA 认可资质的机构，也是全军首家拥有国家级资质的、具有独立法人的检测中心。中心将秉承“科学、公正、独立、准确”的质量方针，致力于为军内外各印刷厂、出版社、原材料厂商、经销商及相关单位等需要检测服务的客户提供一站式检测服务。

揭牌仪式后，国家新闻出版广电总局相关部门、总局出版产品质量监督检测中心以及中国印刷技术协会、中国印刷及设备器材工业协会、北京印刷协会的相关负责人参观了军队检测中心。

江苏徐州开展专项整治商标印制企业活动

为切实加强对商标印制企业的监督管理，查处商标印制环节中的违法犯罪行为，保护注册商标专用权，徐州工商局从 2013 年 9 月 2 日—9 月 30 日在全市范围内组织开展为期一个月的商标印制企业专项检查。这次检查的主要对象包括全市所有以印刷、印染、制版、刻字、织字、晒蚀、印铁、铸模、冲压、烫印、贴花等方式制作商标标识的经营主体。徐州工商局要求全市各级工商部门认真做好以下工作：一是严格审查印制企业主体资格。认真查验商标印制企业的主体资格，确认前置审批手续是否合法、有效，是否存在超范围经营和无照经营行为；二是坚决查处商标印制中的违法行为；三是按照《江苏省商标印制管理工作规范（暂行）》的有关要求，认真督查商标印制企业“六项制度”的落实；四是规范重点行业管理。徐州工商局还要求全市工商部门，对印制地点隐蔽、印制环节多以及城乡结合部和偏远农村地区的印制企业以及以往检查中存在违法行为的企业，重点开展检查。在集中力量进行突击检查的同时，还要充分发挥 12315 投诉举报网络的作用，确保不放过任何一个案件线索。在查处商标侵权假冒案件中，严格执行法律法规的规定，依法没收、销毁侵权物品和专门用于制造侵权商品、伪造注册商标标识的工具。对情节严重、性质恶劣和社会反响强烈的案件，依法予以从重处罚。

北京市环保局加大印刷行业执行检查力度

2013 年 9 月 6 日，北京市环保局在其官方微博“环保北京”上发布信息，公布了近期对印刷行业的环境监察执法动态。文中称：“针对印刷行业挥发性有机物（VOCs）排放，全市共出动环境监察执法人员 2009 人次，检查印刷企业 803 家次，对 183 家存在问题的单位下达了限期治理通知书，对 43 家违法企业进行了处罚，已经督促 147 家印刷企业安装了废气治理设施。”

目前，北京市环保局已经将印刷行业列为与水泥、铸锻等重污染行业相同的管控行业。同样是在北京市环保局的官方微博上，披露了 9 月 6 日，北京市环保局对央视报道北京存在环境问题的 22 家企业进行重点检查情况，这些被曝光企业中就包括纸品包装企业，而废水、废气的直接排放是问题存在的重点。未来北京市环保局将加大对重点行业的执法检查力度。

上海市开展印刷企业联合大检查

为贯彻落实 2013 年全国“扫黄打非”工作行动方案，根据“清源”专项行动及全国“扫黄打非．南岭工程”座谈会工作要求，上海市“扫黄打非”办公室组织市文化行政执法总队、市新闻出版局相关职能处室开展印刷企业联合大检查，重点对举报线索指向较多的和有违法违规记录的印刷企业进行突击检查，特别是对承接境外印刷业务的、具有书报刊印刷能力的印刷企业进行重点检查，通过联合检查，保持印刷市场高压管理态势，督促企业规范经营，确保印刷行业健康稳定发展。

北京印刷学院制成纯水性凹印油墨

2013 年 9 月，北京印刷学院研制成功纯水性凹印油墨。油墨研发团队负责人、北京印刷学院印刷与包装工程学院院长魏先福表示，新油墨不含任何挥发性有机溶剂。

在传统凹印油墨中，含有大量挥发性有机溶剂，几乎占到凹印成分的 50%，在印刷过程中会对大气环境造成污染，存在易燃易爆隐患，对印刷操作人员的健康也有不良影响，并会对包装商品造成污染，尤其是食品药品包装、儿童玩具等。这种纯水性凹印油墨不含挥发性有机溶剂，不会损害人体健康，也不会对大气排放挥发性物质，是绿色环保油墨。

据介绍，2004 年北京印刷学院科研人员开展环保型纯水性凹印油墨研究，于 2010 年完成对油墨的中试。该油墨不含重金属、有机溶剂及其他毒性物质，产品的各项性能达到国际先进水平，填补了我国在水性塑料凹印油墨及水性水松纸凹印油墨领域的空白，可提高我国塑料包装产品的安全性。目前该技术已经产业化，项目落地房山石化新材料园区，预计将达到 3000 吨的产能，2015 年达产后，年产值可达 1.5 亿元。

江苏常州在全国率先成立印刷电子产业研究院

2013 年 9 月 9 日，中国印刷电子产业发展峰会暨常州印刷电子产业研究院成立大会在市行政中心召开，随着市委书记阎立和中国工程院院士邹竞共同为常州印刷电子产业研究院成立揭牌，常州高新区发展高科技产业的新探索— 印刷电子产业下水启航。常州市副市长王成斌为研究院院长张霞昌颁发聘书。

据介绍，印刷电子工艺技术具有生产工艺简便、原材料损耗小、设备投资少、低成本生产等优点，是一种绿色制造技术。预计到 2025 年，各种印刷电子产品的年销售额将达到 3000 亿美元。据了解，常州印刷电子产业研究院揭牌的同时，常州高新区还设立印刷电子产业基金，并与中国印刷电子产业技术创新联盟签约共建印刷电子产业基地，该研究院由常州市和高新区两级出资 5000 万元注册成立。此外，常州研究院还与苏州纳米所签订全面合作协议，印刷生物芯片、纳米银浆等 4 个项目签约入驻研究院。

北京将对书刊印刷委托书实行网上备案

在举办的《图书期刊印刷委托书》网上备案暨绿色印刷出版物示范项目奖励办法宣讲会上，国家新闻出版广电总局印刷发行司有关负责人表示，近期调研发现，企业反映最突出的问题之一就是纸质委托书备案周期长，尤其是异地备案。针对这一现象，北京市新闻出版局按照总局要求学习借鉴兄弟省市的先进经验，建立了基于网络系统的印刷产业促进平台，该平台具有电子政务管理、产业发展促进、政策信息发布等功能，委托书网上备案就是其功能之一。

据了解，自 11 月 1 日起，北京市新闻出版局对在京印制出版物所需办理的《图书期刊印刷委托书》实行网上备案。12 月 1 日起，将终止纸质备案。

安徽第三届诚信印刷企业名单揭晓

2013 年 9 月 28 日，由安徽省印刷包装物资商会主办，山东晨鸣纸业集团股份有限公司冠名，安徽海达广告有限公司承办，合肥五洲纸业有限责任公司、安徽省印刷网支持的“2012 年度安徽省诚信印刷企业表彰大会”在合肥成功举办。据了解，安徽省诚信印刷企业评选活动始于 2009 年，每两年举办一次，到今年已成功举办三届。

会上，新一批 20 家“诚信印刷企业”名单揭晓，合肥鑫彩印务、安徽新华印刷、安徽国文彩印、合肥华云印务等企业榜上有名，更有企业已连续三届获此殊荣。本届获奖企业代表表示，将继续秉承“诚信是金”的服务理念，诚信于员工、诚信于客户、诚信于社会，踏踏实实地做企业，为安徽印刷行业的规范发展贡献力量。

由安徽省工商联、安徽出版集团、安徽省印刷协会等相关领导组成的监评组，全程监督了本次评选活动。监评组领导在会上表示，本次 20 家“诚信印刷企业”来自全省 7 个城市，希望今后能有更多城市的企业成为“诚信印刷企业”，并通过评选活动在安徽省印刷行业中营造出诚信的氛围，树立出诚信的标杆。

江苏文化产业欧洲（伦敦）促进中心成立

2013 年 10 月 3 日，江苏文化产业欧洲（伦敦）促进中心在英国埃塞克斯郡埃平市正式挂牌成立，旨在促进江苏乃至全国文化产业进军海外市场。

江苏省委宣传部副部长梁勇在挂牌仪式上表示，江苏文化产业欧洲（伦敦）促进中心将立足英国、辐射欧洲，积极推动和加强中英和中欧文化交流，促进文化产业的对接与碰撞。他希望中心能成为江苏乃至全国文化产业沟通英国与欧洲的服务平台，作为江苏文化产业进军海外市场的桥梁与窗口。埃塞克斯郡常务副郡长凯文 · 本特利对中心的成立表示欢迎，并表示，该中心将让当地人更多地了解到江苏的历史和文化。

在当天的仪式上，江苏省文化企业凤凰传媒股份公司为列入《符号江苏》丛书第二辑的《淮扬菜》一书举行了首发式，该书英文版将在2014年4月的伦敦书展上亮相首发。

广东省新闻出版广电局挂牌成立

2013年10月9日上午，广东省新闻出版广电局（广东省版权局）正式挂牌成立，宣告广东省广播电影电视局和广东省新闻出版局（版权局）初步完成机构改革和职能转变的相关工作，开始履行新的职能。

挂牌成立后，广东省新闻出版广电局加挂广东省版权局牌，在著作权管理上，以版权局名义行使职权。广东省新闻出版广电局、广东省版权局重新规范整合了原广东省广播电影电视局和广东省新闻出版局（版权局）的行政职责，取消"设立出版物全国连锁经营单位审核"等21项行政职责，下放"电子媒体非卖品、计算机软件复制核准"等16项行政职责，新增"电影制片单位以外的单位独立从事电影摄制业务审批"等10项行政职责。

中国印刷博物馆珂罗版印刷精品展示馆揭牌

2013年10月18日，"中国印刷博物馆珂罗版印刷精品展示馆"揭牌仪式在中国印刷博物馆三层隆重举行。该展示馆由中国印刷博物馆、大兴区委宣传部、北京印刷学院、东方宝笈文化传播（北京）有限公司联合共建。北京印刷学院副校长许文才教授主持揭牌仪式。中国印刷博物馆常务副馆长张连章在会上致欢迎辞。他表示，希望通过珂罗版精品印刷展示馆建立，对珂罗版技术的传承及保护发挥积极作用。希望人们对珂罗版印刷技术深入了解，扩充人们对于传统印刷的理解，丰富人民群众的精神文化生活，促进社会主义精神文明建设。东方宝笈文化传播（北京）有限公司董事长朱平在会上介绍了珂罗版技术的基本情况和发展趋势。该馆的建成，不仅丰富了中国印刷博物馆的展品，为珂罗版临制艺术的传承与发展写上浓重的一笔，同时也宣传了中国的文化与历史，繁荣了祖国的文化艺术，更给广大艺术爱好者的收藏和观赏提供了良好的空间。

北京印刷质检站援助西藏印刷质检

据《西藏日报》报道，西藏自治区出版物质量检测鉴定中心与北京市印刷工业产品质量监督检验站在拉萨签署印刷质量检测工作合作协议。据了解，此协议从新闻出版质检机构的资金援助、设备购置，到检测人员的培训、检测技术的交流等多个方面进行约定，将对西藏新闻出版质检工作的跨越式发展发挥重要作用。

据西藏自治区新闻出版局相关负责人介绍，此次协议的签署不仅将大大提高自治区新闻出版质检工作水平，还积极探索了新闻出版行业内专业对专业、机构对机构全新的对口援藏模式。下一步，西藏自治区新闻出版局将按照此种援藏模式积极协调上海、江苏、陕西、辽宁等其他省份的新闻出版机构开展对口援藏工作。

《中国传统造纸技艺》列入国家重点出版规划

从国家新闻出版广电总局获悉，"中国传统造纸技艺丛书"项目列入《"十二五"国家重点图书、音像、电子出版物出版规划》增补项目。

《中国传统造纸技艺丛书》由中国民间文艺家协会发起，约同安徽泾县宣纸、江西上饶铅山连四纸、贵州黔东南州丹寨县皮纸、云南傣族缅纸、云南纳西族东巴纸、西藏的藏纸、新疆维吾尔族桑皮纸、四川夹江县竹纸等8个列入国家级非物质文化遗产的手工造纸项目的8位作者共同完成撰写。该丛书由学苑出版社出版，采用各子项目的产品印刷，将于2014年下半年出版。

青岛打造3D打印技术产业化基地

由中航工业青岛前哨精密机械有限责任公司、北京航空制造工程研究所、青岛科技大学等在中航工业青岛科技园共建的增材制造技术中心于2013年11月6日正式启动。

据青岛市科技局局长姜波介绍，青岛拥有引入增材制造产业化项目的有利条件。一是科研优势。中航工业北京制造工艺研究所是国家级工程技术研究所，在金属增材制造方面，尤其在装备制造和工艺技术方面已具备产业化条件；在高分子材料增材制造方面的装备制造及工艺技术方面具有国内领先水平。二是政策优势。科技部《国家高技术研究发展计划（863计划）》发布，其中明确提出对3D打印技术的支持政策。三是平台优势。中航工业青岛"前哨"公司，市场营销网络遍布全国并建立了十四个销售区域中心，对新产品、新技术的市场推广具有独特的优势；其建设、运营的中航工业青岛科技园，为国家级科技企业孵化器，为新技术的产业化提供了良好的平台。

山东梁山书业获国家级产业基地称号

中国书刊发行业协会对梁山出版物发行产业进行了充分调研和实地查看，并将梁山县出版物发行产业命名为“中国出版物发行产业基地”，这也是中国书刊发行业协会在全国出版物发行产业中首次为地方命名的国家级产业基地。

近年来，梁山新闻出版产业实现了由小到大，由弱到强，从传统出版到数字出版，从独资经营到合资合作的快速发展转型。部分企业成功实现了与国内知名出版社、出版集团的合资合作。图书研发业的健康快速发展，带动了印刷业的迅速崛起，印刷企业已发展到25家，年承印量已超过260万令纸，直接从事图书研发和印刷业的人员已达3万余人。位居梁山经济开发区的出版印刷书业园先后被评为山东省重点文化产业园区、山东省十佳文化产业园区。

2013年绿色印刷推进会在北京成功召开

2013年11月4日，国家新闻出版广电总局印刷发行司和环境保护部科技标准司在北京联合召开了2013年绿色印刷推进会，并正式启动2013年绿色印刷宣传周。总局印刷发行司司长王岩镔和环境保护部科技标准司副司长刘志全出席会议并讲话。

王岩镔在讲话中指出，三年来，在各部门的共同努力下，实施绿色印刷取得了重要成果。绿色印刷的社会影响日益广泛，标准检测监督体系逐步建立，全国中小学教科书七成“变绿”，印刷企业的绿色竞争能力明显提高。她进一步指出，当前，要坚定绿色发展方向不动摇，调整完善实现绿色印刷的途径。印刷业不是污染大户，要通过进一步优化管理理念、改进生产工艺、促进节能减排、提升产品质量，进而实现印刷业扩市场、稳增长、调结构、可持续发展的目的。要根据路线教育边学边查边改的要求，对绿色印刷的实现途径借鉴国外先进国家的经验进行适度调整。要务实做好下一阶段绿色印刷实施工作，在票据票证领域加快推进绿色印刷实施。要根据四部门的通知要求，各地各部门团结协作，抓好落实。推进会上，北京印刷学院校长王永生发布了总局印刷发行司委托研究编制完成的《实施绿色印刷成果报告（2013年）》。报告指出，实施绿色印刷培育了绿色发展理念，加快了印刷产业升级，降低了能耗和“三废”排放，更好的惠及了民生。北京市新闻出版局和上海新闻出版局有关通知分别介绍了绿色印刷获得财政扶持的情况。中国印刷技术协会常务副理事长张双儒介绍发布了该协会组织编写的《中国绿色印刷企业生态发展年度调查报告》。推进会上还开展了绿色印刷技术创新交流活动。

中国新闻出版研究院、中国印刷技术协会、中国印刷及设备器材工业协会、中国印刷科学技术研究所、北京印刷学院、北京市新闻出版局、北京市印刷协会有关负责人现场参加了推进会。京外地区有关部门及企业通过互联网直播收看了推进会情况。

中国以主宾国身份亮相伊斯坦布尔国际书展

第三十二届伊斯坦布尔国际书展于2013年11月2日开幕。中国以主宾国身份参展，并打出“新丝路，新篇章”的主题语。100多家中国出版企业展示近年来发行的5000多种优秀出版物。在为期9天的书展上，中国主宾国活动由国家新闻出版广电总局主办、中国图书进出口（集团）总公司承办。中方举办了60多场文化活动，包括中国当代艺术展、“文明与道路”高端论坛、中型研讨会、出版交流、作家交流等，以推动中土两国人文交流。国家新闻出版广电总局副局长邬书林在书展开幕式致辞中表示，1000多年前，古丝绸之路把中土两国连接起来，传递人类文明创造的成果。1000多年后的今天，穿越历史的新丝绸之路继续把两国连接在一起，两国经济、政治、文化等领域联系与交往更加密切、频繁和深入。主宾国展台面积1008平方米，设计匠心独运，传统与现代有机融合，直观地诠释了“重走丝绸之路”的主题。据统计，15年来，中国翻译出版了96种土耳其图书，让中国读者领略了多姿多彩的土耳其文化。此外，也有90多种中国图书被翻译成土耳其文。

内蒙古自治区新闻出版局下放5项行政审批权

据了解，从11月上旬起内蒙古自治区新闻出版局下放5项行政审批权。据介绍将下放的这5个行政审批项目分别是：设立从事包装装潢印刷品和其他印刷品印刷经营活动的企业审批、印刷业经营者兼营包装装潢和其他印刷品印刷经营活动审批、从事包装装潢印刷品和其他印刷品印刷经营活动的企业变更印刷经营活动审批（不含出版物印刷）、印刷业经营者兼并其他印刷业经营者（不含出版物印刷企业）审批、印刷业经营者因合并和分立而设立新的印刷业经营者（不含出版物印刷企业）审批。以上项目以往必须要在自治区新闻出版局审批，审批权下放意味着今后在各盟市的新闻出版行政主管部门就可以完成审批。

广东深圳低碳技术创新联盟成立

2013年11月14日，在广东省深圳市市场监督管理局、深圳市龙岗区政府及相关机构的支持和指导下，深圳市低碳技术创新联盟成立大会在龙岗坪地国际低碳城召开。来自首批联盟成员单位及相关企事业的专家代表共约200人参加了此次会议。

低碳技术创新联盟成立大会是由深圳市标准技术研究院、深圳赛西信息技术有限公司、深圳国家高技术产业创新中心以及深圳市计量和质量检测研究院等多家单位组织筹备的。该联盟将致力于凝聚低碳技术企业、研究机构、行业组织、标准机构、检测机构以及认证机构等多方资源，传播低碳理念，创造低碳战略与标准化的有机融合，解决低碳领域所面临的重大共性问题和关键技术难题，构建适应市场、技术领先、需求导向、优势显著的"低碳技术创新体系"。低碳技术创新联盟的成立，将搭建政府、研究机构和企业间交流合作平台，为加快深圳市产业结构的低碳转型，提高深圳市在低碳标准领域的影响，并助力深圳在新一轮国际竞争中抢占战略制高点。

广东发布《无传动轴高速凹版印刷机》标准

由广东省薄膜纸类印制行业协会、广东汕樟轻工机械有限公司、潮州市彩达包装机械有限公司、广州市越秀区彦仁机械技术研究中心起草的《无传动轴高速凹版印刷机》广东省地方标准，已于2013年8月24日经广东省质监局批准发布，标准号为DB44/T1175-2013。据悉，该标准将于2013年11月24日起在全省范围实施。在DB44/T1175-2013《无传动轴高速凹版印刷机》省地方标准中所确定的高速指的是每分钟印刷卷筒式塑料薄膜、铝箔等承印材料不低于250米的速度。该标准技术由广东省薄膜印制设备标准化技术委员会GD/TC64归口。

该标准规定了无传动轴高速凹版印刷机的术语和定义、要求（包括凹印机工作环境、使用性能、装配精度、微机控制系统、主要零部件质量、整机运行质量、机械安全、电气安全、凹印机外观质量）试验方法，检验规则，标志、标签、使用说明书，包装、运输、贮存等内容。该标准适用于印刷各种卷筒式塑料薄膜、铝箔（包括40g/m2 ~ 90g/m2卷筒纸）等膜料、纸张的无传动轴高速凹版印刷机（以下简称凹印机）；机械轴传动凹印机等功能类似的凹印机可参照使用。

第十六届北京国际印刷信息交流大会成功举行

2013年11月27日，第十六届北京国际印刷信息交流大会在北京·中国职工之家成功举办。本届大会由中国印刷及设备器材工业协会主办，《印刷工业》杂志社有限公司承办，会议围绕"创新"、"转型"、"绿色"三大主题展开。国家新闻出版广电总局印刷发行司副司长曹宏遂，中国印刷技术协会常务副理事长张双儒，中国印刷及设备器材工业协会陆长安理事长等领导出席此次会议。

十届全国政协常委、中国机械工业联合会名誉会长、中国印刷及设备器材工业协会名誉理事长于珍致开幕辞。当天会议云集了众多印刷行业的专家、领导和厂商，为未来印刷行业发展献计献策。同时，部分厂商带来了他们最新的产品信息与技术，14家在商业模式创新、产品研发方面表现突出的企业介绍了成功的经验和最新的技术产品，他们的演讲不仅可以帮助印刷企业开拓了新思路，同时也可为印刷企业的转型升级提供了重要的装备技术信息。会上，中国印刷及设备器材工业协会的高级工程师刘万瑞就2013年1~3季度印刷设备器材进出口情况进行详细分析。

绿色印刷器材产品采购意向签约仪式在北京举行

2013年11月26日，2013年北京绿色印刷产业促进商务交流会在北京中国职工之家正式拉开帷幕。展示会同期举办了"绿色印刷器材产品采购意向签约仪式"。本次签订意向的耗材及设备最大的亮点都是紧密围绕本次绿色印刷展示的理念就是节能环保，十余家印刷材料及设备供应商在现场进行了签约。这是北京印刷协会及必胜印刷网联合发起的"2013年岁末绿色印刷器材大促销活动"的倡议活动之一。本次绿色印刷器材大促销，不光是在线下进行现场签约，还有线上平台进行实时销售。这样的采购形式推进了供应商与印刷企业的更好协作，这样的一个平台助推了企业间的交流分享。

长沙26家出版单位和36家印企签订业务合作协议书

2013年11月26日，长沙市出版策划、印刷单位业务合作签约仪式在湖南宾馆举行，26家出版策划单位和36家印刷企业签订了业务合作协议书，签约总金额达7.8亿元。随着市场经济快速发展，长沙市许多出版、印刷企业在产业转型升级的过程中遇到了业务不足、产能过剩、成本过高、管理不规范的瓶颈。通过几个月对出版策划单位和印刷企业的遴选、分类、汇集，长沙湘版文化传播公司、长沙理工大学印刷厂等一些实力强、信誉好的优质出版资源与优良印刷复制企业，在项目平台上实现了对接。

辽宁正式引进高仿真印刷复制技术

2013年11月28日，辽宁高仿真印制技术正式走向市场，并成功仿制大量宋代、明代、清代的珍贵文物。专家称该技术对抢救破损文物具有重要意义，并且容易鉴别，不会造成大量高仿真赝品进入书画和拍卖市场。辽宁省技术印刷研究所所长郑建军介绍，高仿真复制就是使用高科技手段，通过高精度数据采集、严格的色彩校正，在与原作相近的材料上进行喷印的过程。该技术复制出的作品与原作95%接近。通过高仿真印制技术仿制文物、艺术精品，不但可以挽救性地复制博物馆、档案馆、图书馆等珍贵书画资料，从中节省大量收购、采编、手工绘制等经费，还能通过复制原作品满足作品的展示、交流和个人收藏等需求。

环保部发布印刷、造纸等行业总量减排核查核算工作通知

环境保护部2013年11月27日发布环办[2013]110号文件《关于进一步加强造纸和印染行业总量减排核查核算工作的通知》。通知要求，各地要加强造纸、印染行业建设项目环境管理，落实主要污染物排放总量控制要求，把污染物排放总量指标和特征污染物达标排放作为环评审批和排污许可证管理的前置条件，新建、改建、扩建的造纸和印染项目均需有明确的总量指标及来源。督促造纸、印染企业建设废水深度处理设施，实施工艺技术改造，稳定达标排放等八项内容。

中山将在我国地级市中率先使报业转向数字出版

记者从中山日报报业集团“数字出版转型发展专项规划研讨会”上获悉，在作为全国唯一的地级市党报代表入选“全国首批数字出版转型示范单位”之后，该集团正在制定2013年— 2015年由传统媒体向数字出版转型的相关规划。实现向数字化和全媒体转型后，该集团可以实现全媒体形态，24小时滚动发布内容，以此实现新闻资源传播价值的最大化。为实现这一目标，该集团将建设支撑全媒体发布流程运作的云数据资源技术平台，并在新媒体应用、数字衍生产业服务方面进一步开拓新业务，寻找更多的出路。其中由“数字印刷区”、“数字媒体区”、“创意设计区+文化孵化区”和“物流配送区”构成的中山报业数字文化产业园项目是其重要的支点。

北京印刷学院等5所高校开设数字出版专业

目前全国有80所高校开设了编辑出版专业，有5所高校开设数字出版专业。这是记者12月13日从高等学校出版专业教学指导委员会第二次全体会议暨“卓越新闻传播人才教育培养计划”研讨会上获悉的。在北京印刷学院新闻出版学院公布的《全国高校出版专业建设调查报告》显示，目前全国有80所高校开设了编辑出版专业。此外，有5所高校开设数字出版专业，它们分别为北京印刷学院、天津科技大学、武汉大学、中南大学、湘潭大学。

2013“中国最美的书”揭晓

2013年度“中国最美的书”评选近日在上海揭晓。《平如美棠—— 我们的故事》《空度》《汉字大爆炸》等21种图书入选，并将代表中国参加2014年度在德国莱比锡举办的“世界最美的书”评选。今年“中国最美的书”以艺术人文类为主流。《刘晓东在和田·新疆新观察》以笔记形式全程记载油画家的创作之旅，随意且富有现场感。《一点儿北京》《太极》《文心飞渡》等则以精美的设计烘托出中国传统文化的韵味。值得一提的是，著名书籍设计师朱赢椿1人就有两本作品入选，分别是畅销书《平如美棠—— 我们的故事》和湖南文艺出版社的《空度》。“中国最美的书”活动由上海市新闻出版局于2003年创建，至今已经走过10年。迄今已有11种中文图书获得“世界最美的书”称号，逐步推动中国的图书设计走向世界。据悉，200余种“中国最美的书”近日在上海图书馆对公众展出，以呈现当今中国书籍设计的面貌和水平。与此同时，来自世界各地的著名书籍设计师也汇聚上海，探讨如何让阅读变得更美。

2013上海印刷行业职业技能竞赛举行

2013上海印刷行业职业技能竞赛在上海新闻出版职业技术学校举行，来自上海市国企、合资、民营等近50家印刷企业的一线印刷人员和本市大、中专院校相关专业学生共494人参加竞赛。本次竞赛工种有：平版印刷工、印前制作员高级；柔性版印刷工、印品整色工中级和装订工初级。按照规定，竞赛成绩合格者可获得相应种类的国家职业资格证书，优秀选手可直接申报高一级职业资格鉴定。上海印刷行业职业技能竞赛由上海市新闻出版局主办，上海市印刷行业协会与上海新闻出版职业技术学校共同承办。2008年以来，上海印刷行业竞赛已连续举办了6届，通过竞赛，有2124人取得高级工（国家职业资格三

级）证书，其中有 89 名优秀选手直接晋升技师（国家职业资格二级）。

东北最大的包装印刷产业基地落户沈北新区

2013 年 12 月 5 日，第五届中国包装产业基地高峰会议在沈北举行，针对包装行业的发展前景及全国产业基地情况在会上进行了详解。此次高峰会议还引入东北亚最大的包装产业基地落户，据该基地相关负责人介绍，预计基地将在 2017 年建成投入使用，落成后将会引入 200 ~ 300 家包装企业，并能为沈北新区带来 8000 至 12000 个就业岗位。此外，沈北新区的核心商贸区将建立东北亚最大的中国新型包装产业基地。

首届 FESPA 中国展在上海成功举办

在上海举办的 FESPA 2013 中国数码印刷展圆满结束，吸引了来自 77 国家和地区的上万名参观者。此次 FESPA 首届中国展，也引起了周边及亚太各国各地区的极大兴趣，印度、日本、韩国、马来西亚、中国香港、中国台湾、澳大利亚、美国，以及欧洲、非洲和南美洲，都有众多的业内人士前来观摩展会。而中国国内的参观者，以来自上海、浙江、江苏和广东等东部地区的印刷厂商人数最多。据展会主办方统计，约有 34% 的参观者的兴趣在于数字印刷技术及解决方案，而有 42% 仍对丝网印刷技术有兴趣。还有约半数的参观者表示，他们会在展会上订购设备。此外，展会期间举办的研讨会等活动也广受好评。FESPA 上海展会负责人 Nigel Steffens 表示，此次展会以及与中国网印及制像协会合作的成功，为今后 FESPA 在中国继续举办展会带来了积极有益的经验和支持。下届 FESPA 中国展现已定于 2014 年 11 月 19 日至 21 日在广州举行。

22 省区动漫、印刷等文化产业享税收优惠

财政部、国家税务总局日前发布通知，明确了动漫产业和宣传文化事业增值税和营业税相关优惠政策。两部门《关于动漫产业增值税和营业税政策的通知》明确，对属于增值税一般纳税人的动漫企业销售其自主开发生产的动漫软件，按 17% 的税率征收增值税后，对其增值税实际税负超过 3% 的部分，实行即征即退政策。动漫软件出口免征增值税。执行时间自 2013 年 1 月 1 日至 2017 年 12 月 31 日。

根据两部门《关于延续宣传文化增值税和营业税优惠政策的通知》，2017 年底以前，对宣传文化事业增值税和营业税优惠政策作适当调整后延续。自 2013 年 1 月 1 日起至 2017 年 12 月 31 日，对专为少年儿童出版发行的报纸和期刊、中小学学生课本、专为老年人出版发行的报纸和期刊、少数民族文字出版物、盲文图书和盲文期刊等七类出版物在出版环节执行增值税 100% 先征后退的政策。此外，对少数民族文字出版物的印刷或制作业务以及列入通知附件的新疆维吾尔自治区印刷企业的印刷业务执行增值税 100% 先征后退的政策。同时，免征图书批发、零售环节增值税。对科普单位的门票收入，以及县（含县级市、区、旗）及县以上党政部门和科协开展的科普活动的门票收入免征营业税。对境外单位向境内科普单位转让科普影视作品播映权取得的收入，免征营业税。

全国 50 家报纸获评印刷精品级报纸

2013 年 12 月 26 日，由中国报业协会印刷工作委员会主办的 2013 年全国报纸印刷质量检测审议会在湖北武汉召开。会上揭晓了 2013 年全国报纸印刷质量检测结果，《人民日报》《解放军报》《浙江日报》《广州日报》等 50 家报纸被评定为印刷精品级报纸。来自河南、湖北、湖南、广东、江西等 5 个省份 16 家党报印务公司的负责人与会，就如何加强内部管理、提升报纸印刷质量，如何应对新媒体挑战、探索报纸印刷新技术，如何拓展业务领域、实现企业多元经营等话题，进行了交流和讨论。会议期间，中国报业协会印刷工作委员会专家分别深入湖北日报传媒集团楚天印务总公司、长江日报传媒集团印务分公司，就如何贯彻国家标准、提高印刷质量等问题，与一线生产管理人员进行了交流。

2013 年山东新闻出版业总产出将达 1400 亿元

据国家新闻出版广电总局公布的数据，山东新闻出版业的总产出、增加值、资产总额、所有者权益（净资产）、利润总额、营业收入和纳税总额等 7 项指标，均居全国前列。据初步测算，2013 年全省新闻出版业总产出将达 1400 亿元，同比增长 25%。山东省新闻出版产业着力优化产业布局和结构，不断提高新闻出版产品的市场竞争力和社会影响力，产业规模不断扩大，综合实力稳步增强，初步形成了门类齐全的新闻出版产业体系，成为山东文化产业的支柱产业。一批骨干龙头企业实力不断增强，在新闻出版产业发展中起到了支撑带动作用。山东省现有山东出版集团、青岛出版集团等 2 家出版集团和大众报业集

团等13家报业传媒集团，在全国新闻出版产业中占有重要位置。山东出版集团连续四年入选全国“文化企业三十强”，山东成为全国重要的出版物印刷基地和包装装潢印刷基地，年销售额过亿元的印刷企业达40多家；全省有16家民营书业公司的年发行码洋超过亿元，6家公司占据了全国民营书业十强中的前六强。在做大做强传统新闻出版产业的基础上，山东新闻出版产业结构不断优化，数字出版、网络出版、版权创意、动漫游戏、绿色印刷等新兴业态蓬勃兴起，新闻出版创意产业门类更加齐全，结构趋于合理。

2014年将有7项印刷国家标准正式实施

2013年12月31日，国家质量监督检验检疫总局、国家标准化管理委员会发布中华人民共和国2013年第27号国家标准公告。其中，有7项印刷国家标准获批颁布。这7项印刷国家标准为：GB/T 9851.8-2013《印刷技术术语 第8部分：数字印刷术语》、GB/T 30324-2013《数字印刷的分类》、GB/T 30325-2013《精装书籍要求》、GB/T 30326-2013《平装书籍要求》、GB/T30327-2013《印后加工一般要求》、GB/T 30328-2013《印后加工材料分类》、GB/T 30329.1-2013《印刷技术四色印刷油墨颜色和透明度 第1部分：单张纸和热固型卷筒纸胶印》。据悉，7项印刷国家标准将于2014年6月1日起正式实施。

天津新闻出版局深入区县开展印刷法制培训

为了进一步提高基层印刷发行从业人员的守法意识，确保印刷企业规范有序经营。近期，天津市新闻出版局在北辰区举办了北辰区印刷发行业法定代表人（负责人）法规培训班。天津市新闻出版局印刷发行处、市文化市场行政执法总队二队，北辰区新闻出版局和北辰区文化市场行政执法大队负责人及34家具有胶印能力的印刷企业法定代表人或主要负责人参加了培训。培训后，举行了印刷业法规培训考试，考试合格率达100%。

此次培训，天津市新闻出版局印刷发行处专门为参训人员发放了《新闻出版政策法规读本》，并结合读本对《印刷业管理条例》和《印刷品承印管理规定》进行了详细的讲解，并列举了全国近年来发生的重点案例，并与参训人员进行了座谈研讨，要求印刷企业要进一步认真学习研究《印刷业管理条例》等相关法律法规。天津市文化市场行政执法总队二队从全市印刷行业现状、印刷企业监管重点、存在的主要问题以及印刷企业应当恪守的三个底线四个方面进行了讲解。全面解读了全区印刷行业现状及当前各企业管理经营中存在的主要问题，要求各印刷企业严格执行《印刷业承印管理规定》，建立完善“五项制度”，提高思想认识，采取积极措施，确保经营行为合法合规。北辰区文化市场行政执法大队代表区新闻出版局传达部署了印刷发行业专项检查整治行动方案，要求各企业将培训内容落实到生产经营活动中，认真做好自查工作，并积极配合专项检查行动。

Labelexpo Asia 2013展览会在上海开幕

本年度亚太地区标签与包装印刷行业最重要的一个盛会—— 亚洲国际标签印刷展览会（LabelexpoAsia 2013 ）于2013年12月3日在上海新国际博览中心（SINEC）正式开幕，展会为期4天，是亚洲地区最大的面向标签和包装印刷领域进行现场设备演示与材料展示的专业展览会。今年是亚洲国际标签印刷展览会进驻中国十周年，无论展会面积还是参展商数量，都超过了以往展会。亚洲国际标签印刷展览会展会总监戴伟忠（John Davy）先生在展会同期论坛的欢迎辞中介绍，本届亚洲国际标签印刷展览会参展商数量超过300家，其中新展商超过60个，有70多台印刷及、制版机、模切机等设备现场开机演示，新产品发布超过20种。

“北京高校博物馆巡展”在北印图书馆启动

2013年11月27日下午，“北京高校博物馆巡展”第十一站在北京印刷学院图书馆正式启动。去年，在北京市教委的倡导和组织下，由中国地质大学等18家北京高校发起成立了北京高校博物馆联盟，北京印刷学院是联盟的发起单位。高校博物馆联盟成立后的首要职责是支持高校的教学和科研创新，更好地发挥高校博物馆在高等教育和大众科普教育中的作用，同时有利于校际间学生的互动交流，成为学生们的校外教育基地。由北京市高校博物馆联盟主办、首都16所高校共同承办的“高校藏珍—— 北京高校博物馆巡礼”于今年6月在中国传媒大学正式启动，至今已在十所北京高校展出，北印是巡展的第十一站。

青岛完成2013年度条码印刷品监督抽查

青岛市信息所条码印刷品质量监督检验站于近期提前完成了2013年度条码印刷品市监督抽查任务，在连续4年的市监督抽查任务对该领域的规范指导下，青岛市条码印刷品的印刷质量在今年有显著提升，本年度的市监督抽查合格率也有了明显提高。2013年度青岛市监督抽查任务中，检验站对食品饮料、日用杂品、服装鞋帽、电工电器设备、文教用品、医药、化学制品、农副食品八大行业的115家企业抽取了570批次条码印刷品，并对其七大项检测项目全部进行检验并出具检验报告。本次条码印刷品市监督抽查任务抽样检验合格526批次，不合格44批次，产品抽样合格率92.3%。

川北片区"曙光杯"印刷行业职业技能大赛闭幕

川北片区"曙光杯"行业印刷职业技能大赛初赛在绵阳市闭幕，来自绵阳、德阳、广元三地的132名印刷行业职工就印刷理论考试及实际操作进行比赛。2013年11月1日上午，川北片区的132名选手接受了理论培训，并于下午接受理论考试。当天下午4时开始，参赛选手分印前、印中、印后三个组别进行实际操作比赛。广元市商务印刷厂的石磊、李安敬，奔康印刷厂的魏鹏、邦克印务有限责任公司王怀宝在132余名参赛中脱颖而出，荣获一等奖。广元市文广新局荣获"组织工作奖"。本次比赛是为了促进全省印刷行业职业技能提高，选拔参加四川省印刷行业职业技能大赛而进行的，全省共分为川北、川南、川东、川西等四个片区进行预赛，分为印前、印中、印后的理论考试和实际操作比赛两部分。据介绍，此次川北片区每个组别的前5名优胜选手，将参加明年上半年举行的四川省印刷行业职业技能大赛，全省比赛的优胜选手将代表四川参加第四届全国印刷行业职业技能大赛。同时，此次在川北片区获得三等奖以上的选手，都将获得相关部门颁发的中级职业技术职称。

协会工作

中国印协、北京印协春节团拜会在北京举行

2013年1月18日，由中国印刷技术协会、北京印刷协会共同举办的2013春节团拜会在北京金玖大厦举行。新闻出版总署印刷发行管理司副司长曹宏遂、人事司副司长李宏葵、对外交流与合作司处长王华、科技与数字出版司处长蔡京生，中国印刷技术协会理事长于永湛，北京市新闻出版局副局长梁成林，北京市新闻出版局印刷处副处长荣学良，中国印协名誉理事长武文祥、副理事长兼秘书长曲德森，全军印协理事长张根祥，新闻出版研究院院长郝振省，北京印协理事长任玉成，新闻出版研究院副院长刘拥军等中国印协、北京印协、兄弟协会、中外企业代表约200人出席了团拜会。

中国印刷技术协会理事长于永湛首先向与会来宾致辞，北京印刷协会理事长任玉成，新闻出版总署印刷发行管理司副司长曹宏遂、人事司副司长李宏葵向参会人员祝酒。北京盛通股份有限公司、北人股份有限公司、北大方正电子有限公司、北京华联印刷有限公司的领导进行了祝酒致词。

团拜会联欢环节，北京华联印刷有限公司、《中国印刷》杂志社、北京新华印刷有限公司分别派出代表为团拜会献唱歌曲，引起现场嘉宾阵阵喝彩。期间，与会领导分别抽取并现场分发多份大奖。最后，北京盛通印刷股份公司代表带来歌舞表演《青花瓷》，并祝愿所有在场人员蛇年吉祥、再创佳绩。伴随着美好的歌声和祝福，团拜会在一片春意浓浓、喜气洋洋的氛围中圆满结束。

广东省印刷复制业协会选举产生新理事会

2013年3月12日，广东省印刷复制业协会第九次会员代表大会在广州市珠江宾馆召开。广东省新闻出版局副局长黄玲、广东省社会组织管理局副局长黎建波、香港印刷业商会理事长杨金溪和澳门印刷业商会会长周绍湘出席会议并讲话，广东省新闻出版局局长朱仲南、广东省新闻出版局纪检组长、监察专员李新春到会看望和问候与会代表，各兄弟协会代表以及来自香港、澳门的嘉宾200多人出席会议。

会议听取了第八届理事会会长陈均的工作报告、第八届理事会监事长贺政国所作的财务报告，同期选举产生了第九届理事会、监事会。会议宣读了协会章程修改说明，并以无记名投票通过了《广东省印刷复制业协会章程》，会议还宣布了《第七届广东省印刷复制进步奖评选结果公告》《第七届广东省印刷复制荣誉奖评选结果公告》和《广东省印刷复制业协会2012年论文评选结果》，领导和嘉宾为获奖者颁发奖杯、证书。会议以无记名投票等额选举产生了新一届协会理事会和监事会，包括理事、常务理事、副会长、会长和监事、副监事长、监事长。新一届会长陈均在致辞中表示，希望在广大会员的支持下，广东省印刷复制业协会能越办越好，更好地为行业服务。

北京印协召开职业技能教育培训座谈会

2013年3月14日，北京印刷协会召开了职业技能教育培训座谈会，主要针对2013年北京印刷协会职业技能培训计划的制订工作做出讨论。北京印刷协会理事长任玉成主持会议，北京毕昇培训学校校长段德新和必胜网总经理袁宇霞做详细报告，北京当纳利印刷有限公司、北京华联印刷有限公司等印刷企业的人事资源主管参与了讨论。

会上，各方主要就2013年北京地区职业技能培训计划的制订和实施工作展开了讨论。任玉成理事长指出，2013年是国家大力支持产业技能教育培训发展的重要时期，但是目前企业的培训员工培训工作异常艰辛，企业由于生产经营的缘由无法协调培训时间，再加上招工难、上手难的问题，整个印刷行业的人才培养都面临着严峻考验。北京印刷协会作为行业教育培训工作的指导者，要整合行业现有培训教育资源和力量，共同研究开拓行业培训工作新模式，为印企转型升级提供人才培养等相关服务。

随后，段德新校长针对2013年北京印刷协会职业技能培训计划做出详细报告并公布了2013年的详细培训计划，对培训地点及培训对象等重要问题与与会的企业代表进行了详细的讨论。大家针对员工职业生涯规划、行业考证要求、企业人才补充、员工流动情况等热门问题进行了激烈的讨论。会议结束时，任玉成理事长要求相关各方积极探讨出培训实施方案，确保将教育培训的整合计划落到实处，以便尽早促进印刷行业职业技能培训工作的快速发展。

第四届全国印刷标准化技术委员会成立大会在北京召开

2013年3月18日，全国印刷标准化技术委员会第四届委员会成立大会在北京亮马河饭店隆重召开。新闻出版总署副署长孙寿山，国家标准化管理委员会服务业标准部副主任段炼，国家标准化管理委员会服务业标准部处长孙华，新闻出版总署印刷发行管理司副司长徐胜帝，中国印刷技术协会理事长于永湛，中国印刷技术协会常务副理事长张双儒以及全国印刷标准化技术委员会委员、媒体记者近百人出席。

新闻出版总署副署长孙寿山、国家标准化管理委员会服务业标准部副主任段炼、中国印刷技术协会理事长于永湛分别致辞。全国印刷标准化技术委员会第三届委员会秘书长李安作第三届委员会工作报告，下午的会议审议并通过了第三届全国印刷标准化技术委员会工作报告，宣读、审议并通过了第四届全国印刷标准化技术委员会章程及第四届全国印刷标准化技术委员会秘书处工作细则。新当选的第四届全国印刷标准化技术委员会秘书长胡桂绵在会上作新一届委员会工作计划报告。会上，孙寿山副司长、段炼主任及孙华处长向第四届印刷标委会委员颁发了聘任证书。

北京印刷协会第八届会员大会隆重召开

2013年4月10日，北京印刷协会第八届会员大会第一次会议在北京军都山旅游渡假酒店隆重举行。本次会议的议程由任玉成理事长做第七届理事会工作报告，听取并审议通过第七届监事会工作报告，并通过选举产生了新一届理事会、常务理事会和监事会，会议同期还进行了第十一届北京印刷进步奖颁奖。

中国印刷技术协会理事长于永湛、副理事长张双儒，北京市经信委都市工业处处长彭其贵，北京市新闻出版局印刷复制处处长李国荣，北京印刷协会名誉理事长林明，北京印刷协会理事长任玉成以及北京印刷协会的会员单位代表300余人出席了会议。会议由北京印刷协会秘书长张庆连主持。

任玉成理事长首先做七届理事会工作报告，分别从北京印刷业发展、绿色印刷工作机成果、加强教育培训，以及促进人员职业技能水平等13个方面进行回顾总结。中国印刷技术协会理事长于永湛等参会嘉宾分别对北京印刷协会第八届理事会的成立表示祝贺，连任理事长任玉成先生最后表示，在未来的四年里，北京印刷协会将深深扎根于印刷企业之中，为企业办实事谋福利，强化政府与企业之间的桥梁作用，为推动北京地区的印刷产业进步尽最大的努力作出最大的贡献，会议整体在积极的氛围中落下帷幕。

四川省自贡市成立印刷行业协会

为发展“创意、绿色、数字”印刷产业，振兴自贡文化产业，2013年4月12日，四川省自贡市成立了印刷行业协会，并选举产生了第一届理事会理事、理事长。此举标志着自贡市印刷行业协会发展迈入了一个新的阶段。

据了解，自贡市印刷行业协会有30余个会员单位。协会成立后，将带领会员单位促进科学技术的普及和推广，引导成员单位推进技术创新，提高印刷制品技术水平和质量，并树立盐都印务品牌和绿色环保理念，推动节能减排，发展低碳经济。第一届系会理事长钟达明介绍说，自贡市印刷行业协会成立后将参与主管部门组织的技术成果鉴定，项目评估、印刷产品质量检测等工作，并举办不同形式的培训班和讲座，提升印刷工作者的服务水平。为发展“创意、绿色、数字”印刷产业，振兴自贡文化产业，促进自贡市经济发展做出积极贡献。

中国音像与数字出版协会获批筹建

中国音像与数字出版协会已获民政部正式批复。国家新闻出版广电总局副局长孙寿山表示，目前该协会筹建工作正在积极进行。

2012年，原新闻出版总署党组决定，在中国音像协会基础上，组建中国音像与数字出版协会。新成立的中国音像与数字出版协会除原有机构外，拟新设8个分支机构，涵盖大众数字出版、专业数字出版、教育数字出版、技术服务和标准、动漫游戏、研究和教育等多个方面。据介绍，近期协会将很快进入征集会员单位阶段。依据社团组织惯例，会员将分为普通会员单位、理事单位、常务理事单位以及副理事长单位等不同层次，相应拥有不同的权利和义务。

国家新闻出版广电总局相关部门负责人张毅君表示，伴随政府职能的转变，必将有越来越多的经济和社会协调管理事务交由协会承担，协会在未来产业发展过程中的地位、作用以及话语权将逐步增强，这既是国际惯例，也是政府职能转变的客观必然。成立行业协会并组织动员更多符合条件的企业入会，可以为数字出版产业的发展聚集更多的能量和智慧，兼听更多的诉求和意见，营造共同发展的良好环境。

北京印刷协会第八届第一次理事长办公会召开

2013年5月10日，北京印刷协会第八届第一次理事长办公会在中融安全印务公司召开。北京印刷协会理事长、副理事长、名誉理事长、名誉副理事长、秘书长、监事长、监事及副秘书长出席了会议。

本次会议是北京印刷协会换届改选后举行的首次理事长办公会，在进入主议程前，任玉成理事长首先介绍了新当选的协会领导成员和协会秘书处工作人员，副理事长、中融安全印务公司董事长张伟介绍了本公司的情况。

任玉成报告了北京印刷协会2013年预算情况和包括理事会会议制度和秘书处工作制度在内的11项制度，向协会领导班子成员征求意见。随后，重点介绍了北京印刷协会建立"促进北京印刷产业调整提升综合服务平台"的相关情况、对协会工作机构调整的意见以及北京推进绿色印刷的进程进行了报告。协会副秘书长刘木兴报告了开展第三轮诚信企业评估工作的相关情况。协会副秘书长鲁澎报告了2012年北京地区印刷企业年报统计等相关特性构成了学生近距离用眼学习时的重要环境条件，也是造成学生近视率上升的诱因之一。同时，封面印刷油墨中的重金属和挥发性化学物溶出、簿册装订物或纸边对皮肤的损伤也容易对学生造成安全威胁。为此，山东省分质量与安全两部分编制了《中小学课业簿册安全卫生与质量要求》，对纸张质量、内芯格线颜色、印刷质量、装订质量、危险锐利尖端、可迁移元素最大限量、溶剂残留量、荧光白度、封面的脱色程度等安全理化指标作出明确规定，实施后将作为强制性标准提升课业簿册的质量水平，维护山东中小学生的身心健康。有关数据。

北京印刷协会名誉副理事长、市经信委都市产业处处长彭其贵在发言中讲到，希望大家关注清洁生产和治理大气污染工作，做好这项工作要拿数据说话。关于企业技改项目问题，一定要通过环评，有关专业技术问题，找专家论证也是可行的，项目的可行性报告报经信委备案。

中国印刷技术协会承担ISO/TC130秘书处工作

经国家标准化管理委员会批复，中国印刷技术协会获准承担国际标准化组织印刷技术委员会（ISO/TC130）秘书处工作，自2013年6月1日起开始履职。根据国际标准化组织（ISO）有关规定，秘书处将承担组织联系13个工作组、确认各工作组标准制定修订进程、安排春季和秋季两次会议、联系ISO中央秘书处和相关兄弟秘书处等具体工作。

据介绍，ISO/TC130秘书处此前由德国标准化学会承担，2012年德国在全球经济危机背景下提出无力支撑秘书处的运作，ISO/TC130遂在成员国范围内征集秘书处承担单位。中国积极申请，经由成员国投票胜出，于2012年11月获准承担秘书处工作。中国印刷技术协会作为全国印刷标准化技术委员会秘书处承担单位和国家新闻出版广电总局管理的印刷行业协会，凭借多年直接对口ISO/TC130的工作经验，最终成为秘书处承担单位。

2013年5月，中国承办ISO/TC130第27届春季工作组会议，并在此次会议上完成了秘书处的交接工作。据介绍，ISO/TC130有13个工作组，其中12个工作组秘书处承担国为美国、德国、英国、荷兰等欧美发达国家，中国仅承担印后工作组秘书处。标准化人才缺失也是中国开展国际印刷标准化工作面临的问题。为解决以上问题，中国印刷技术协会拟创建印刷标准国际化支援联盟，吸纳中国龙头印刷企业加入，建设标准化人才队伍，推动行业企业积极参加标准的制定与修订，促进中国的印刷标准走向国际。

上海印刷行业协会第三届理事会成员确立

上海市印刷行业协会第三次会员代表大会在上海科学会堂国际厅举行。上海市新闻出版局党组书记、局长方世忠在讲话中指出，行业协会要进一步找准定位、创新服务、加强自律。服务是协会的生命之本，立命之本。协会要为企业服务、为会员服务、为行业服务，共同促进上海印刷业健康发展。

会议审议通过了市印协第二届理事会相关工作报告，选举产生了第三届理事会成员。李新立同志当选新一届理事会会长，会议聘任傅勇同志任秘书长，印德明等七名同志任顾问。中国印刷技术协会理事长于永湛到会祝贺，期待市印协在新一届协会领导班子的带领下，为行业提供更多服务，办更多实事，工作再上一个新台阶。

厦门与台湾印刷行业协会在厦“义结金兰”

2013年6月12日，厦门市印刷行业协会与台北市印刷商业同业公会在厦结为兄弟协会，双方正式签订友好合作协议，就加强两岸合作、促进印刷业共同发展等达成共识。

厦门市印刷行业协会现有团体会员298家，会员单位总资产128亿元，工业总产值占厦门市印刷业的三分之二；台北市印刷商业同业公会现有会员近300家，会员单位总资产新台币1500亿元。两地协会首次“结缘”于2012年举行的第四届海峡论坛。据了解，结为兄弟协会后，两地印刷企业将通过合资、加盟或入股等方式深入开展合作，在经济、技术、信息、人才等领域，建立长期的友好协作关系。

杭州市印刷行业协会召开六届一次会员大会

杭州市印刷行业协会六届一次会员大会于2013年7月3日—4日在萧山隆重召开。来自杭州市印刷企业及印刷设备器材企业的250余位会员代表出席了会议。杭州市文化广电新闻出版局印刷管理处处长宋健出席会议并作了题为《发挥四个作用，深化八项工作，加快推进杭州印刷业发展》的重要讲话。

大会表彰了2012年度“杭州市十佳印刷企业”、“杭州市文明印刷企业”、“杭州市创新创优印刷企业”和2012年度“杭州市印刷企业优秀经营者”。听取并审议通过了五届理事会理事长任尚荣同志作的工作报告，审议通过了协会财务报告和修改协会章程的报告等。大会选举产生了第六届理事会理事55名，任尚荣当选为六届理事会理事长，王宗林等10为同志当选为副理事长；选举产生了六届监事会，韩宝根等3位同志当选为监事。

大会期间，还邀请杭州市文化市场行政执法总队副总队长王海言通报了2013年上半年全市文化市场行政执法情况；杭州市萧山消防大队参谋杨丹娜为会员代表作了企业消防安全知识辅导；浦发银行、民生银行分别作了“印友贷”、“民印贷”的推介；杭州科雷机电等印刷器材、设备制造供应商作了新技术、新设备及行业信息交流。

中国包装联合会防伪包装委员会召开第二届换届会议

2013年7月18日，中国包装联合会防伪包装委员会在深圳人民大厦国汇酒店召开第二届换届会议。世界包装组织副主席、中国包装联合会会长石万鹏亲临会议并作重要指示。部分专业委员会秘书长、防伪包装生产企业负责人、高校教授、科研院所专业人士等共计120多人出席会议。

会议选举产生了以罗少敏为主任委员兼秘书长、乔鲁豫等13人为副主任委员的第二届领导班子；聘请了陈麒祥、许文才等30位行业专家；通过了《中国包装联合会防伪包装委员会工作条例》和《2013年下半年重点工作计划》；确立了以“勇当防假打假卫士、助力消费者安全消费”为防伪包装委员会的核心工作；开创了与地方包协合作开展专业委员会工作的新模式。本次会议确定了以“中国防伪包装定点生产企业认定”和“防伪包装性能好商品评定”为防伪包装委员会开展工作的突破口，并和与会的各地包协形成共识，各自辖区企业申报认定、评定，由参会的包装协会受理申报和初审，初审合格后交由防伪包装委员会组织专家评审，理顺了专业委员会和各地包协的工作关系。

中国出版协会倡议出版行业积极推动绿色出版

为促进出版业由“高碳”向“低碳”转型，走可持续、健康的发展之路，中国出版协会近期倡议全国出版行业行动起来，积极推动绿色出版事业的发展。出版社是整个出版产业链的源头，倡议要求出版人要从自身做起，自觉贯彻低碳经济理念，倡导绿色出版，带头向整个造纸业、印刷业乃至图书销售业发出号召，表达绿色出版理念与决心，最终带动我国整个出版产业链的“绿色化”。倡议指出推进绿色出版事业发展，主要从三个方面着力：首先，大力提高森林友好型纸张的使用比例，减少优质原浆纸的消耗，是出版业绿色转型的有效路径。出版社要成为绿色印刷的推手，包括使用环保印刷材料、环保油墨，同时要充分利用数字印刷技术对于小批量图书制作的优势，减少无效库存。其次，造纸企业要强化意识，改善原料结构，减少木纤维使用比重，加大废纸回收和利用力度。第三，积极推进数字印刷和环保产品应用。免处理CTP制版、UV油墨、水性油墨、植物油油墨、无酒精环保润版液等，各种环保产品为印刷实现环保提供了强有力的支持，企业要树立牢固的环保意识，在各个环节上都尽可能使用环保材料，真正实现绿色印刷。

合肥市印刷协会第三届第二次会员大会召开

2013年7月27日上午，合肥市印刷协会第三届第二次会员大会在安徽出版集团礼堂隆重举行。安徽时代出版传媒股份有限公司常务副总经理吴寿兵到会致辞，安徽省新闻出版局调研员刘晓敏通报了安徽绿色印刷开展及认证情况，合肥市文广新局副局长陈江丽出席并讲话，合肥市民政局副局长曹晓红和市民政局民间组织管理处、市文广新局新闻出版版权管理处负责人，以及来自市印刷协会的近500名会员单位的代表参加会议。

合肥市文广新局副局长陈江丽在讲话中对印刷协会一年来所取得的成绩表示祝贺，她要求，企业要自觉增强守法经营意识，把遵纪守法、规范经营作为首要任务，不断增强遵纪守法意识，从源头上遏制各类非法印制活动。同时她希望，协会要充分发挥桥梁纽带作用，加强行业引导，强化行业自律，针对行业发展提出具有建设性、战略性、前瞻性的意见和建议，在注重提高产业经济增长的质量和效益，注重推动产业发展方式转变和产业结构调整，注重推进企业改革创新、增强产业发展的活力和竞争力等方面继续努力，进一步推动印刷产业繁荣健康发展，不断开创印协工作的新局面，为促进印刷产业的大发展、大繁荣作出更大的贡献。

国家新闻出版广电总局印刷发行司司长王岩镔，中国印刷技术协会理事长于永湛，安徽省新闻出版局副局长董庆等领导先后莅临展区参观，对合肥市印刷企业和印刷产品予以了高度评价和充分肯定。2012年，协会在合肥市委宣传部和市文广新局的指导下，首次作为承办单位牵头组织20多家印刷企业独立组团，专门设立了2012年“第六届中国（合肥）国际文化博览会”印刷展区，获得社会各界的一致好评；2013年7月上旬，协会在省、市新闻出版局的指导下，又组织10家印刷企业（全省共12家）赴“2013年上海国际印刷周”参展，充分展示了合肥市印刷产业特色品牌和企业形象，扩大了合肥印刷行业的对外影响，提高了合肥印刷企业的知名度。

中国出版协会倡议出版行业积极推动绿色出版

根据国家经济发展的要求以及社会生活的客观需要，为促进出版业由“高碳”向“低碳”转型，走可持续、健康的发展之路，中国出版协会近期倡议全国出版行业行动起来，积极推动绿色出版事业的发展。

出版社是整个出版产业链的源头，倡议要求出版人要从自身做起，自觉贯彻低碳经济理念，倡导绿色出版，带头向整个造纸业、印刷业乃至图书销售业发出号召，表达绿色出版理念与决心，最终带动我国整个出版产业链的“绿色化”。倡议指出推进绿色出版事业发展，主要从3个方面着力：首先，大力提高森林友好型纸张的使用比例，减少优质原浆纸的消耗，是出版业绿色转型的有效路径。出版社要成为绿色印刷的推手，包括使用环保印刷材料、环保油墨，同时要充分利用数字印刷技术对于小批量图书制作的优势，减少无效库存。其次，造纸企业要强化意识，改善原料结构，减少木纤维使用比重，加大废纸回收和利用力度；增强创新能力，提升技术水平，重点研发低消耗、少污染、高质量、高效率制浆造纸技术，加大技术创新能力建设，大力推进信息化和工业化融合；大力推进节能降耗，实现资源的高效利用，推广清洁生产技术，防治污染，增强环境保护意识。第三，积极推进数字印刷和环保产品应用。数字印刷设备由于具备按需印刷的能力，有利于环境保护；同时数字印刷还在设备的零部件回收再利用、使用可降解材料、延长零部件使用寿命、节能降耗、降低噪音等方面更具环保优势。免处理CTP制版、UV油墨、水性油墨、植物油油墨、无酒精环保润版液等，各种环保产品为印刷实现环保提供了强有力的支持，企业要树立牢固的环保意识，在各个环节上都尽可能使用环保材料，真正实现绿色印刷。

全军印协七届二次理事会在嘉兴召开

2013年9月24日，全军印刷协会七届二次理事会（以下简称“全军印协”）在浙江嘉兴市召开，全军印协理事长张根祥、副理事长兼秘书长杨树仁，全军印协副理事长李康、赵鸿盘、陈建中、郭锦华、许贵华，全军印协顾问夏玉德、监事长洪宝贵及特邀嘉宾代表、协会理事代表出席会议。会议由理事长张根祥主持，同时，他代表协会向出席大会的领导、嘉宾及代表表示热烈的欢迎和诚挚的敬意。

会议首先听取了副理事长兼秘书长杨树仁代表协会所作的《全军印协七届二次理事会工作报告》。随后，会议听取了协会监事长洪宝贵代表监事会所作的《全军印刷协会2012年度财务报告》以及副理事长李康就增补协会副理事长、常务理事候选人推荐名单所作的说明。会议对上述三个报告进行了审议并一致表决通过。会议同期还听取了全军印刷质量管理委员会常务副主任周京西就成立军队检测中心所作的说明。会议特邀嘉宾上海积马机械设备有限公司董事长胡雄卿、平湖英厚机械有限公司总经理陈基军、上海高斯图文印刷机械公司销售总经理于宝琳、驰野联创机械（北京）有限公司副总经理李云辉即席发言，对会议的召开表示祝贺。会议代表还参观了平湖英厚机械有限公司，受到该公司董事长李凤良、总经理陈基军的热情接待，并听取了英厚公司新产品介绍，参观了生产车间。会议组织与会人员参观了党的一大会址及南湖革命纪念馆。

中国印刷技术协会柔印分会召开二届五次理事会会议

2013 年 10 月 16 日—18 日，中国印刷技术协会柔印分会二届五次理事会暨第七届全国柔性版印刷年会在厦门市举行。分会理事、会员企业代表 200 多人参加，会议由柔印分会副理事长、上海印刷技术研究所所长周建宝主持。分会理事长龚仁俦做工作报告，中国印刷技术协会常务副理事长张双儒到会并致辞，厦门合兴包装、柯达、富林特、西安秦华机械等企业代表做了技术交流并参观厦门合兴包装有限公司的研发中心和观看包装产品样品。

中国音像与数字出版协会召开第四次会员代表大会

2013 年 10 月 17 日，中国音像与数字出版协会第四次会员代表大会在京召开，这是中国音像协会更名后的第一次换届大会，也是音像与数字出版两大产业代表首次聚首商讨发展大业。国家新闻出版广电总局副局长邬书林出席会议并讲话，副局长孙寿山当选中国音像与数字出版协会理事长。

邬书林在会上发表了讲话。新当选的中国音像与数字出版协会理事长孙寿山在会上发表讲话，并对协会下一步工作进行展望。会上，于永湛被聘为中国音像与数字出版协会荣誉理事长，国家新闻出版广电总局数字出版司司长张毅君当选协会第一副理事长，中宣部出版局副局长张拥军、国家新闻出版广电总局出版管理司相关负责人朱启会、人民教育出版社副总编辑王岳等当选副理事长，协会第三届理事会常务副会长兼秘书长王炬当选常务副理事长兼秘书长。

中国印协凹印分会第三次会员代表大会召开

2013 年 10 月 20 日，中国印刷技术协会凹印分会第三次会员代表大会在昆明市召开，应到代表 201 名，实到 148 名，理事长许文才在会上作了工作报告，中国印刷技术协会常务副理事长张双儒出席并致词，会议由中国印刷科学技术研究所副所长褚庭亮主持。大会以无计名投票方式选举产生 106 名理事，理事长、常务副理事长、23 名副理事长，聘任曹国荣为协会秘书长，邱林华为常务副秘书长，马平东、马兰、袁宇霞、何柯、李建丽、徐德华为副秘书长。会议同期讨论提出了 2014 年工作要点。

中国印刷技术协会七届四次理事会在北京召开

2013 年 11 月 29 日，中国印刷技术协会七届四次理事会在北京中国职工之家酒店举行。会议由中国印刷技术协会常务副理事长张双儒主持，中国印刷技术协会理事长于永湛，国家新闻出版广电总局印刷发行司司长王岩镔、路洲处长与人事司副巡视员王彤，中国印刷及设备器材工业协会副理事长兼秘书长陆长安，中国印刷技术协会副理事长曲德森、监事长张根祥，北京印刷协会理事长任玉成等协会领导及中国印协各省市理事们出席了会议。

中国印刷技术协会理事长于永湛致开幕词，新闻出版广电总局印刷发行司司长王岩镔发表讲话，副理事长任玉成宣读了 2013 年第二批中国印刷行业信用 A 级以上企业名单，并举行了授牌仪式。授牌仪式结束后，副理事长兼秘书长曲德森作工作报告、监事长张根祥作财务报告，副理事长任玉成、滕方迁、刘学智、郭全等分别报告了部分理事变更、专家库管理办法及专家名单、学科科学传播专家团队名单、信用评价工作委员会变更名单、特种印刷专业委员会和信息分会换届方案、秘书处工作制度、建立绿色印刷产业技术创新联盟、申请编制印刷行业清洁生产评价指标体系等事项，经理事会一致通过。会议以无记名投票方式补选李新立、罗钧、杨斌三位同志为副理事长。会议最后，于永湛理事长发表了总结讲话，会议圆满结束。

中国再生资源回收利用协会废纸分会成立

中国再生资源回收利用协会废纸分会成立大会暨行业形势研讨会在天津召开，中国再生资源回收利用协会副会长兼秘书长潘永刚致欢迎词并宣布中国再生资源回收利用协会废纸分会正式成立。

中国再生资源回收利用协会废纸分会于 2013 年 2 月 4 日获民政部批准成立，是国内首个以废纸回收企业为主体的行业协会，目的是反映行业诉求，制定行业标准和行为规范，推动废纸回收利用行业转型升级。据废纸分会秘书长唐艳菊介绍，由中国再生资源回收利用协会废纸分会牵头起草的《废纸分类等级规范》已经通过商务部立项，并报送审批，预计年底将予以公布。废纸分会自主开发的废纸信息采集系统及废纸信息网也在 9 月底正式上线，未来将通过这两个系统采集和发布行业数据和市场信息。据悉，废纸分会目前已招募到 31 家会员，包括中再资源再生开发有限公司、中南（天津）再生资源有限公司、天津旭阳、世纪阳光、广东海阳、广东天保、大连金凯旋等国内大型废纸回收和利用企业，2013 年 11 月 5~8 日在杭州举行第二届中国国际废纸利用大会和中日废纸国际研讨会。

上海印刷行业协会召开诚信创建总结交流会

为了表彰在全市“诚信活动月”中做出成绩的协会，上海市印刷行业协会召开了 2013 年度区（县）印协工作例会暨诚信创建总结交流会。上海市新闻出版局、上海市印刷行业协会领导以及各区（县）印协会会长或秘书长出席了会议。

上海市印刷行业协会宣布表彰决定。经过民主评议，浦东新区印刷行业协会、松江区印刷协会荣获“上海印刷行业诚信创建活动优秀组织单位”称号。上海市印刷行业协会秘书长回顾总结了上海印刷行业诚信创建活动情况。同时总结了在整个创建活动中呈现出的三个特点：一是市印协与区印协形成合力，共同推进行业诚信建设；二是诚信创建活动与行风建设紧密结合，从源头上筑起“防火墙”；三是在工作实践中稳步培养一支推进行业诚信建设的骨干队伍。同时，还向与会同志通报了近期市印协重点工作，强调市、区（县）印协要一起联动，做好年内六项重点工作。

模内标签印刷专业委员会在上海正式成立

2013 年 12 月 2 日，中国印刷及设备器材工业协会标签印刷分会 2013 年年会暨换届大会在上海界龙总部御龙宴会中心顺利召开。作为本届大会的一项重要内容，“模内标签印刷专业委员会”在会上正式宣布成立。中国印刷及设备器材工业委员会标签印刷分会从去年底开始筹划组建模内标签专业委员会，今年初已正式获得协会同意成立的批复。据统计，目前中国模内标签印刷厂有 50 家左右，专业生产模内标签吹塑机、注塑机以及配套机械手、模具的工厂有 100 余家，标签的各类终端用户大约 100 家以上。产品主要应用在润滑油、化妆品、日化、医药、食品等领域。从材料供应商销售的情况统计：2012 年共销售模内标签材料 1500 万平方米，销售额大约 9000 万元，折合成模内标签的销售额大约 2.25 亿元。但中国的模内标签用量非常小，大约只占到全部标签消耗的 0.5% 以下（包括不干胶和湿胶标签等）。随着国内市场经济的发展，特别是食品、日化、医药、电子产品以及超市、物流等行业的快速发展，中国标签产业呈现飞跃式发展，模内贴标签印刷作为其中不可忽略的一部分，也越来越受到印刷界人士的关注。

2013 中国印刷标准化年会暨标准化发展论坛在厦门召开

2013 年 12 月 3 日，2013 中国印刷标准化年会暨标准化发展论坛在厦门市悦华酒店举行，国家新闻出版广电总局数字出版司司长张毅君、印刷发行司印刷复制处处长路洲，国家标准化管理委员会服务业标准部处长孙华，中国印刷技术协会常务副理事长张双儒，福建省印刷协会副理事长黄国生等领导以及来自全国各地的全国印刷标准化技术委员会（SAC/TC 170）各委员、分技术委员会代表、标准化基地代表等约 100 多人出席了此次年会。

SAC/TC 170 秘书长胡桂绵女士向大会作了中国印刷标准化 2013 年度工作报告。中国印刷技术协会常务副理事长张双儒向大会报告了中国印协与 SAC/TC 170 承接 ISO/TC 130 秘书处的始末，强调维护 ISO 的健康发展，在公平公正处理国际事务的同时，大力弘扬具有中国特色的国家标准，不断提升我国在国际印刷标准化领域的地位和影响力。ISO/TC 130 秘书处秘书崔远超报告了 ISO/TC 130 秘书处的工作情况。作为此次年会的重要议程，与会领导先后为 ISO/TC 130 秘书处和 2013 年新建的 5 个标准化试验培训基地举行了隆重的揭牌仪式，向 2012—2013 年度的标准参编单位、专家们颁发了荣誉证书。

中华出版促进会成立 助中华文化“走出去”

2013 年 11 月 28 日，中华出版促进会第一次会员代表大会在北京召开，大会选举产生了第一届理事会，这标志着社会力量将在中华文化“走出去”中扮演更重要角色，政府、民间、企业将形成强大合力，向世界讲好中国故事，传播好中国声音。大会推举全国人大教科文卫委员会主任委员、中国出版协会理事长柳斌杰为名誉理事长，选举全国政协常委、文物出版社名誉社长苏士澍为理事长。国家新闻出版广电总局副局长阎晓宏、孙寿山出席会议，原新闻出版署和原新闻出版总署老领导宋木文、桂晓风、李东东等到会祝贺。中华出版促进会是国内唯一以对外出版交流为平台、以推动中华文化“走出去”为宗旨的专业性社会团体，由出版界和热心对内推广、对外传播中华文化的相关单位及个人自愿组成的全国性、专业性、非营利性社会组织，由国家新闻出版广电总局主管，会员涵盖国内主要出版集团、出版社、图书进出口单位、新闻出版行业组织，研究、教学机构，民营出版文化单位，部分中央企业和业内外热爱中华文化的人士。

2013年文摘

国内市场

2013年1月份印刷设备、器材进出口情况

据海关统计，2013年1月份我国印刷设备、器材进口金额为2.1105亿美元，较2012年1月同比增长45.74%。其中，1月份印刷设备进口金额为1.8036亿美元，较2012年1月同比增长49.14%。数据显示，1月份印刷器材进口金额为0.3069亿美元，较2012年1月同比增长28.51%。

从出口情况看，2013年1月份我国印刷设备、器材出口金额为1.7171亿美元，较2012年1月同比增长14.10%。其中，1月份印刷设备出口金额为1.2155亿美元，较2012年1月同比增长14.58%。数据显示，1月份印刷器材出口0.5016亿美元，较2012年1月同比增长12.96%。

2013年3月我国包装用纸进出口量数据分析

2013年3月我国白板纸进口量为65796吨，较2012年3月增加2.73%，出口量为98280吨，较2012年3月增加29.2%；箱纸板进口量15531吨，较2012年3月增加29.2%，出口量6195吨，较2012年3月增加221%；瓦楞纸进口量11373吨，较2012年3月减少19.3%，出口量7213吨，较2012年3月增加14.3%。上述数据显示，我国包装用纸主要品种2013年3月份出口量同比都呈增长趋势，特别是箱板纸增长最为明显；进口量除了瓦楞纸有所回落外，白板、箱板纸较2012年有所回暖。

2013年1—2月中国包装设备产量情况

2013年1—2月，全国包装专用设备的产量达10718台，同比下降29.50%。从各省市的产量来看，2013年1—2月，浙江省包装专用设备的产量达2798台，同比增长16.58%，占全国总产量的26.11%。紧随其后的是山东省、北京市和广东省，分别占总产量的16.13%、14.31%和13.12%。

2013年5月重庆市进出口额创新高 印刷装订机械达4.8亿美元

据重庆海关2013年6月12日发布消息称，2013年1月~5月，重庆市外贸进出口值达225.5亿美元，比2012年同期（下同）增长14.8%。其中，出口额达152.1亿美元，增长9.3%，进口额达73.4亿美元，增长28%，进出口总值排名全国第11位。

据统计，5月当月，重庆市外贸进出口值61亿美元，环比增长23.7%。其中，出口额达42.7亿美元，进口额达18.3亿美元。在主要进出口商品方面，1月~5月，重庆市进口机电产品53.4亿美元，增长19.8%；其中，进口集成电路20.6亿美元，增长34.9%；进口印刷装订机械及零件4.8亿美元；进口汽车零件3.9亿美元，增长54.1%。同期，出口机电产品119.3亿美元，增长23.4%，占全市出口额的78.4%。其中，出口笔记本电脑1626.6万台，增加9.9%，价值63.6亿美元，增长25.9%，出口打印机633.9万台，价值8亿美元。

2013年第一季度 宁夏包装业增加值增长近10%

2013年第一季度宁夏包装工业整体运行平稳，规模以上包装工业实现工业增加值3.22亿元，比2012年同期增长9.8%；实现销售收入12.35亿元，增长15.7%。行业销售收入增长前四位分别为包装印刷18.5%，金属包装制品17.1%，纸包装制品16.3%，塑料包装制品9.1%。

2013 年 1 月—5 月我国印刷设备器材出口产值下滑 5.68%

2013 年 1 月—5 月我国印刷机进口产值下滑，胶印机进口尽管还在增长，但势头已有所减缓；数字印刷体系、柔性版进口处于上升的态势。出口方面，2013 年 1 月—5 月印刷设备、器材的出口增长幅度在 5% 左右。

出口形势好于进口，设备出口又好于器材。与 2012 年同期相比，2013 年 1 月—5 月印刷机进口下滑 5.68%，从其子项来看，胶印机增长 3.16%，数字印刷机增长 0.82%，增速明显放缓；其他常规印刷机下滑 29.70%，整体表现为下滑态势。辅机零件增长 27.74%，但数字印刷机用和非数字印刷机用呈现极大差别，前者的绝对值是后者的 7.6 倍，增幅是后者的 3 倍。柔性版进口金额尽管绝对值较小，但增幅达到了 2012 年同期的 3.6 倍。

从两个体系来看，非数字印刷体系进口金额下滑 6.57%，数字印刷体系进口金额增长 17.01%。稍加比较可以得出这样的结论：胶印机进口尽管还在增长，但势头已有所减缓；数字印刷体系、柔性版进口处于上升的态势，再讲得深一点，就是人们期盼胶印技术的提高和环保意识的增强。从 2013 年 5 月我国印刷设备及器材各子项与 2012 年同期的数据比较来看，印刷设备部分印前、辅机零件有较大幅度上升，印刷机（全部子项）、印后均有较大

幅度下滑；印刷器材也仅是靠柔性版的大幅提升抵消了油墨和胶印版材的下滑。但若按体系来讲，非数字印刷体系下降 15.41%，而数字印刷体系上升 5.94%。

从数据上来看，2013 年 1 月—5 月印刷设备、器材的进口增长幅度在 1% 左右，出口增长幅度在 5% 左右，出口形势好于进口，设备出口又好于器材。其中，辅机零件的下滑在意料之中，令人担心的是胶印机和胶印版材的持续下滑，前者下滑 12.80%，后者下滑 2.89%。印刷器材中印刷油墨、柔性版的出口继续保持强劲增长势头。

5 月份出口数据的下滑主要原因在于印刷机出口金额的较大幅度下滑，胶印机下滑幅度为 32.21%，但因其基数较小影响不大；数字印刷机出口金额的下滑幅度不大，仅为 5.27%，但金额则为胶印机下滑金额的 1.7 倍。在器材部分，印刷油墨、柔性版较大幅度的增长弥补了胶印版材的下滑。此外，非数字印刷体系及数字印刷体系的出口均出现了环比、同比数据双双下滑的局面。印刷机的进出口金额或增幅降低，或绝对值下降。进口增幅下降只能用国内市场需求下降来解释；胶印机出口下降则可用国际市场需求下降和我国制造技术与国际市场需求不吻合来解释。

此外，2013 年 1 月—5 月胶印版材出口数量和金额连续 3 个月的下滑应引起我们的极大关注。另一个值得关注的现象则是 2013 年 5 月 CTP 版材的出口数量第一次超过了 PS 版，五个月的数量比（PS/CTP）分别是 1.12、1.20、1.05、1.33、0.81。

2013 年上半年我国纸和纸板产量仅增长 1%

据《2013 中国纸业月度发展报告 (6 月份)》发布的统计数据显示，2013 年上半年，我国纸浆、纸和纸板的产量较 2013 年同期基本上没有太大的变化，纸浆产量同比减少 0.01%，纸和纸板产量同比增长 1.1%。不过，虽然纸浆产量、纸和纸板产量都是微小的变化幅度，但所体现的走势却有不同的含义。

相对 2012 上半年 7.6% 的降幅及 2012 年全年的负增长态势而言，纸浆产量下降态势有明显缓解；而在纸和纸板产量方面，则出现了可能是近年来增长最慢的一个上半年，从往年的上下半年产量对比来看，2013 年全年纸和纸板产量增幅估计都不会太显著，甚至不排除出现年度产量负增长的可能性。纸制品的产量增速也有所放缓。

2013 年 1— 6 月份，全国纸浆累计产量为 875.9 万吨，同比减少 0.01%，相对 2012 年而言降幅有比较明显的回升 (2012 年上半年降幅为 7.6%) 。2013 年头两个月，纸浆产量降幅较大，累计同比 2012 年下降了近 15%，不过在 3 月份纸浆产量有一个较大幅度的提升 (单月产量达 177 万吨，同比增长近 15%)，将纸浆产量累计增速从持续了一年多的负数拉回到正值。不过之后二季度没有延续 3 月比较强劲的增长势头，单月产量连续 3 个月环比下降，特别是 6 月份又再次出现了同比负增长 (产量 141.0 万吨，同比减少 0.8%)。2013 年 1—6 月，全国机制纸和纸板产量累计为 5912.8 万吨，同比增长 1.1%，比 1— 5 月累计增速 0.5% 上涨了 0.6 个百分点。2013 年 6 月份机制纸和纸板产量 1027.5 万吨，同比减少 1.1%。进入 2013 年后，纸和纸板产量的增速相对 2012 年明显放缓，产量相比上年没有太大的变化，除了 4 月当月产量同比有小幅增长，其他几个月份的增速都略低于 0 度线。整个上半年产量增速比 2012 年上半年降低了 5.9 个百分点。

2013 年 1— 6 月，全国纸制品产量累计为 2406.6 万吨，同比增长 10.3%。2013 年 6 月份纸制品产量 450.7 万吨，同比增长 7.4%。纸制品产量的增速进入 2013 年特别是二季度以来，也有比较明显的放缓态势，整个 2013 年上半年产量比 2012 年上半年降低了 1.8 个百分点。

文摘

2013年上半年我国包装专用设备产量同比增长4.5%

从出口情况来看，2013年6月份，我国食品包装行业当月实现出口交货值4.98亿元，同比增速出现负值，为-7.53%。1—6月，我国食品包装行业累计实现出口交货值30.06亿元，累计同比增速为8.18%。从主要统计的产品看，1—6月，我国包装专用设备的累计产量为47692台，同比增速为4.50%；金属集装箱的产量为54670852立方米，累计同比增速为7.94%。

2013年我国前八个月废纸进口量价齐跌

2013年前8个月，我国进口废纸1980.3万吨，同比下降1.1%，价值40.3亿美元，同比下降6.8%，进口均价203.6美元/吨，下跌5.8%;进口木浆1109.1万吨，同比增长1.3%，价值74.6亿美元，增长1.5%，进口均价672.6美元/吨，上涨0.1%。

海关统计数据显示，前8个月，我国从美国进口废纸871.5万吨，增长2.8%；自欧盟28国进口废纸541.4万吨，下降11.3%。此外，我国自日本进口废纸266.5万吨，增长5.8%。前8个月，我国从加拿大进口木浆273.8万吨，下降1.6%；从巴西进口木浆170.8万吨，增长0.4%；从印尼进口木浆136.8万吨，增长23.8%；从美国进口木浆130.1万吨，下降8.6%。前8个月，我国外商投资企业进口废纸1450.9万吨，增长3.4%；进口木浆558.3万吨，增长10.2%。

2013年前三季度纸和纸板进出口量增价扬

据海关统计，2013年前三个季度，我国共出口纸及纸板415.3万吨，同比增长17.6%，价值49.3亿美元，增长16.6%。其中，新闻纸和牛皮纸出口量大幅增长，出口量分别为5万吨和11.4万吨，同比分别大幅增长15.2倍和1倍；无机物涂布纸出口251.4万吨，增长7.5%；瓦楞原纸和铜版纸分别出口3.6万吨和102.5万吨，分别增长47.7%和下降8.8%。

数据显示，2013年前三个季度，我国对东盟出口无机物涂布纸41.2万吨，增长19.2%；对日本出口无机物涂布纸25.4万吨，同比下降35.2%。就铜版纸出口情况看，2013年前三个季度，我国对日本出口铜版纸22.1万吨，下降31.8%，占同期我国铜版纸出口总量的21.5%；对东盟出口铜版纸14.8万吨，下降1.6%，占我国铜版纸出口总量的14.4%。2013年前三个季度，我国向马来西亚出口新闻纸3万吨，大幅增长90.8倍；向东盟出口牛皮纸4.4万吨，增长93.3%。南京口岸仍是主要出口口岸。数据显示，2013年前三个季度，南京口岸出口纸和纸板107.6万吨，下降3.9%；价值10.2亿美元，下降10%。青岛口岸和深圳口岸出口额分列第2位和第3位，分别出口8.7亿美元和7.1亿美元。南京口岸出口无机物涂布纸76.1万吨，下降9.5%。深圳口岸出口瓦楞原纸3.2万吨，增长51.7%。青岛口岸出口新闻纸3万吨，大幅增长16.6倍。深圳口岸和上海口岸分别出口牛皮纸5.5万吨和2.5万吨，分别增长1.3倍和1.3倍。

2013年前三个季度，外商投资企业共出口纸和纸板290.5万吨，增长10.9%。其中，出口无机物涂布纸188.3万吨，增长3.2%；出口牛皮纸5.6吨，占我国牛皮纸出口总量的48.9%。民营企业成为我国新闻纸出口的主要力量，共出口3.7万吨，占我国新闻纸出口总量的74%。

2013年前三季度及9月份印刷设备器材进出口简报

据相关数据显示，2013年前三季度，我国印刷设备器材进出口总额为39.1165亿美元，较2012年同期的39.5178亿美元下降1.02%。

从进口情况看，2013年前三季度我国印刷设备、器材累计进口金额为22.2225亿美元，与2012年同期相比下降1.98%。其中，印刷设备进口19.2551亿美元，同比下降2.26%，印刷器材进口2.9674亿美元，同比下降0.08%。与2012年同期相比，印前设备上升5.41%；印后设备下滑21.80%；印刷机下滑4.00%，从其子项来看，胶印机下滑0.55%，其他常规印刷机下滑24.58%，数字印刷机增长11.59%；辅机零件增长11.05%，数字印刷机用辅机零件增长14.90%，非数字印刷机用辅机零件下滑10.92%。印刷器材同比下滑0.08%，其中油墨下滑1.91%；胶印版材下滑35.38%；柔性版进口金额较上一年同期增长100.86%。作为参考项，软片的进口与去年同期相比增长14.99%；非数字印刷体系下降7.91%，数字印刷体系上升13.50%。

2013年9月当月我国印刷设备、器材进口2.9093亿美元，同比下降1.57%，环比下降3.18%。其中，印刷设备进口2.5576亿美元，同比下降0.01%，环比下降2.52%；印刷器材进口0.3517亿美元，同比下降11.63%，环比下降7.72%。

从出口情况看，2013年前三季度我国印刷设备、器材出口累计金额为16.8940亿美元，与2012年同期相比上升6.61%。其中，印刷设备出口12.2906亿美元，同比上升8.46%；印刷器材出口4.6034亿美元，同比增长1.96%。与2012年同期相比，印刷设备各子项中，印前设备下滑7.70%；印后设备上升31.80%；辅机零件下滑9.20%；印刷机则增长10.76%。再看印刷机各子项，胶印机下滑

13.08%，其他常规印刷机上升 10.13%，数字印刷机上升 13.71%。印刷器材中，印刷油墨上升 26.88%，胶印版材下滑 3.91%，柔性版增长 124.70%。

2013 年 9 月当月我国印刷设备、器材出口 2.1320 亿美元，同比上升 11.61%，环比上升 7.02%。其中，印刷设备出口 1.5794 亿美元，同比上升 14.26%，环比上升 6.45%；印刷器材出口 0.5526 亿美元，同比上升 4.69%，环比上升 8.68%。

国际市场

韩国出台印刷文化产业振兴 5 年计划

为跻身世界前十印刷大国，韩国政府近期制定了印刷文化产业振兴 5 年计划。据此，未来 5 年，韩国政府将斥资 792 亿韩元对印刷文化产业予以培育扶持。韩国文化体育观光部表示，如果 5 年计划实施顺利，韩国有望实现印刷销售额规模由目前居世界第 12 位提升至世界第十位的目标。

这项印刷文化产业发展 5 年计划，是韩国文化体育观光部长官崔光植在坡州市亚洲出版文化信息中心宣布的。该计划提出要加强印刷文化产业基础建设，提高印刷产业的附加值，其主要内容包括：培育高质量环境友好型印刷产业、扶持印刷出口和扩大举办印刷国际活动、建设印刷产业支援中心等。为了实施该项计划，韩国文化体育观光部计划投资 792 亿韩元。首先打造高质量的环境友好型印刷产业基础。政府将引进和实行建设环境友好型印刷工厂的民间环境认证制度。日本和美国都以自己的绿色印刷认证制度作为标准，对环境友好型印刷物予以判定。该计划中还包括扩大数字印刷市场的内容。计划提出的目标之一是强化韩国的印刷出口竞争力。此外，该计划提出通过数字印刷教育项目开发、印刷产业关联统计调查、产学合作、构建地区印刷产业支援中心等基础设施建设来扶持培育印刷产业。

全球最大印刷厂投入使用

据报道一家号称“全球最大”的印刷厂在英国开工。这家印刷厂的老板是传媒大亨鲁珀特·默多克，工厂占地面积相当于 23 个足球场，每小时可印刷 100 多万份报纸。

美联社 2013 年 2 月 18 日报道，这家印刷厂坐落在距伦敦以北 32 公里处的布洛克斯伯恩，已投入使用，3 月底前将全面运营。印刷厂所属的国际新闻公司发言人黛西·邓洛普说，从印刷报纸数量衡量，这家印刷厂规模属全球最大。印刷厂主要为默多克新闻集团旗下 3 家英国报纸印刷，分别是《泰晤士报》、《星期日泰晤士报》、《太阳报》(《世界新闻报》因窃听丑闻已经停办)。美联社表示，默多克共投资 13 亿美元打造 3 家装备“尖端技术”的印刷厂，被业内人士视为重振英国报业的重要举措。新闻集团欧洲和亚洲业务负责人詹姆斯·默多克说：“新厂标志着我们(印刷)能力的巨大进步。对那些认为新闻报纸业是夕阳产业的人而言，我们的投资就是有力回应。”

德国发明世界首台能自我复制的 3D 打印机

近期，德国 Doppelbock 大学的一组研究人员发明了一台具备“自我复制”能力的 3D 打印机。这款 3D 打印机打印的物体不是别的什么神奇东西，而是支持一个个头比自己小点的子 3D 打印机，实现了某种程度上的复制能力。最令人意外的是，其打印出的子 3D 打印机并非只是一个模型，而是具备继续复制打印更小 3D 打印机的能力。这意味着未来 3D 打印机或许将没有“制造生产”这个概念。

研究人员表示，目前他们已经将该 3D 打印机成功复制了 12 代，如果每一台打印机继续复制，由一台母打印机产生的子打印机将会呈几何倍数增长，这将大大提高 3D 打印机的生产能力。研究人员同时说道：“这是世界上第一台具备自我复制能力的 3D 打印机，它的出现有希望改变世界。”参与这项研究的相关人员表示：“无论如何，我只希望这台打印机不要忘记设计一个关机键。”用以形容这台打印机的强大复制能力。

日本研制出遇水不化的环保打印纸

近期，日本 Teijin 化学制药公司致力于将废弃塑料瓶再生为打印用纸，使其在环保的同时适用于打印墨水或碳粉。

根据报道，该公司采用含聚乙烯对苯二甲酯标准品的废弃塑料瓶来制造一种被称为“ECOPE”的纸张。这些新型环保纸张的厚度与普通纸张的厚度一致，但是由于原材料是塑料而不易被撕破，也不会因为潮湿而易撕裂。据悉，ECOPE 纸张适用于激光打印机，同时也直接适用于一般的钢笔等。由于其不含光滑或薄膜的涂层，这些纸张也可以像一般纸张那样胶粘或切割。而且，因为其只是一层塑料，因此可以无数次循环使用。与传统纸张不同，ECOPE 纸张还可以适用于室外装饰，标签和包装冻品等。

芬兰第一季度纸与纸板产量增长 3%

据芬兰森林工业联合会近期公布的统计数据显示，2013 年第 1 季度，芬兰纸与纸板产量为 270 万吨，比 2012 年同期增长 3%。按产品品种统计，纸板特别是包装材料用纸板增幅显著，当季产量为 75 万吨，同比大增 17%，主要由于生产能力增加以及 2012 年同期业绩低迷所致。纸品产量有所减少，特别是印刷记录用纸产量为 160 万吨，同比减少 3%，这主要是由于市场行情持续低迷以及产品品种用途的结构发生变化所致。此外，当季纸浆产量为 180 万吨，同比增长 4%。其中，国内需求大于出口，出口同比减少了 20.5%。

FESPA 2013 大展伦敦成功举办

FESPA2013 数码大展于 2013 年 6 月 25 日—29 日在英国伦敦 ExCeL 中心展馆举办。展会吸引了来自世界各地的印刷商和客户。其中，参加活动的三分之二的参观者来自本土以外的其他国家，充分显示了其作为 FESPA 大展的全球性。

在为期五天的 FESPA2013 展会期间，ExCel 展览中心参观访问量已超过 22000 人次，超过 2010 年的 FESPA 慕尼黑展。几乎一半的参观者选择在展会上多留几日，使得总出席量达到 37460 次。

作为全球商业中心，伦敦的世界地位显著提高。与 2010 年在慕尼黑举行的 FESPA 展会相比，澳大拉西亚的观展人数提高了 66%，北美观展量提高了 45%，撒哈拉以南非洲的观展人数增长了一倍。据统计，欧洲以外的观展人数已达到总人数的 15%。这样的数据，也为 2014 年 7 月将在南非约翰内斯堡举办的 FESPA 网印数码展的成功举办奠定了有力基础。

本次展会，最大的游客群体来自德国、比利时、荷兰、卢森堡、法国、意大利和西班牙，体现了这个领先展会给西欧市场的印刷服务供应商带来的持续性影响力。同时，展会也吸引了大批北欧和波罗的海地区的打印机厂商，超过 68% 的参展商都来自这些国家。

英国开发出可清除纸上图文的“打印机”

英国剑桥大学工程师开发出一种新方法，能用激光清除纸上打印、复印上去的字迹和图像，有望带来一种具有“清除打印”功能的打印机或复印机，以重新利用打印过的纸张。相关论文发表在英国《皇家学会学报 A 辑》上。该技术是通过一种短脉冲激光加热，清除已经印在纸上的碳粉墨水，激光会让墨水蒸发而不会损害纸张，只要十亿分之四秒就能清除多种打印和印刷品上的墨迹。研究人员还发现，虽然用紫外线激光和红外线激光都能有效清除墨水，但效果最好的却是一种可见的绿色激光。这种方法不对纸造成任何物理伤害，也不会让纸变色，蒸发为气体的墨水还能通过一种过滤装置收集起来。从环保角度，该技术不仅能大大减少砍伐树木用于造纸，还能作为一种更廉价的循环利用技术。研究人员认为，“清除打印”技术比用化学方法回收利用废纸更环保，不仅减少了对化学药品的需求，还能减少 79% 的二氧化碳排放。

英国 98 家出版社被迫关闭 亟待数字转型

据英国媒体报道，在即将过去的 2013 年里，英国有 98 家出版社被迫关闭。这一数字较 2012 年提高了 42%，反映出销售商大幅折扣和新型数字业务模式对英国传统出版商造成的竞争压力还在进一步加重。据了解，这 98 家出版商中，大多数为书籍出版社，还有少量报纸、期刊、杂志出版社，其中包括 20 世纪 30 年代成立的伊妮德 · 布莱顿出版社和经营时间长达 26 年的国际健康类图书出版领军者—— 帕诺斯伦敦出版社。

相关人士认为，电子书市场的繁荣、数字盗版的猖獗、二手书市场的发展，以及 1997 年取消“图书净价协议”带来的英国图书业价格促销趋势等都是造成现今出版社传统模式脆弱的原因。另外，大型电子书商的“入侵”和二手书交易的便捷让小众的学术与教育出版社更加危机四伏。

2013 纸质书销售下滑 少儿书籍仍逆势增长

尼尔森图书调查分析数据显示，2013 年印刷书籍销售 5.016 亿本，相比 2012 年下滑了 2.5%。2013 年印刷书籍累计 6.2 亿本，与上年比较，沃尔玛等一批大型商场成为印刷书籍的主要销售商。大型零售商、书店和亚马逊等互联网商店是书籍购买的主要来源。随着电子书成为市场主流，通过实体店购买书籍的的人越来越少，特别是成人小说类书籍，相比 2012 年，纸质书销量下滑了 11.2%，成人非小说书籍也有 0.2% 的下滑。相比 2012 年，除小说类读者转移到电子书，非小说类书籍销售相对表现较好。其中少儿非小说类书籍，相比 2012 年还增长了 5.8% 的销售量。少儿小说类纸质书也有 0.2% 的增长。从书籍种类来看，精装书 2013 年销售量仅有 0.4% 的下滑，表现较好。大众化的平装书、纸皮书下滑比较厉害。意外的是，纸板书销售量居然有 16% 的增长。

第十二届毕昇印刷技术奖评选委员会公告

（2013年8月1日）

2012年4月1日，中国印刷行业网及协会公文信函方式发出“关于举办第十二届毕昇印刷技术奖评选活动的通知（中印协〔2012〕第19号文）”，并在第四期中国印协通讯上刊登，至申报截止日期2012年12月31日，共收到申报“毕昇印刷杰出成就奖”人数29名，申报“毕昇印刷优秀新人奖”人数26名。

评选活动受到省（区、市）印协的高度重视，将本地区申报人材料集中评审后优选上报，如新疆印协、江苏印协、天津印协、广东印协、内蒙古印协、上海印协、湖南省印协、江西印协、商业票据分会等都是经过筛选后推荐报出的。

根据评选条例要求对毕昇印刷技术奖申报人员的申报资料、基本条件进行了审核。其29名“毕昇印刷杰出成就奖”和26名“毕昇印刷优秀新人奖”申报全部符合评审条件进入评选范围。对个别申报人报送的资料不全的，通过电话联系后进行补充完整。

第十二届毕昇印刷技术奖评选工作采取将全部报审材料提前三个月以电子版文件形式送达所有评委审阅，并于2013年6月28—29日在北京举行评选工作会议集中评选方式进行，本届评选委员会23位委员有21名委员出席了评选会议。

评选会议先分组审议再集中评审，经充分讨论评议后，通过出席会议的全体委员无记名投票方式确定最终结果。根据《毕昇印刷杰出成就奖条例》《毕昇印刷优秀新人奖条例》的规定，得票数达到出席会议评委数三分之二以上（含三分之二）的申请人获选。

评选结果：“毕昇印刷杰出成就奖”获奖者7名，“毕昇印刷优秀新人奖”获奖者12名。会后，于2013年7月1日在中国印刷行业网、科印网、必胜网及《中国印协通讯》上公示，公示期为一个月，至2013年7月31日公示到期，没有异议。

第十二届毕昇印刷技术奖获奖人员名单如下：

毕昇印刷杰出成就奖7名：乌兰巴特尔、郭全、陈敬良、马伟武、李培芬、孔达钢、许文才；

毕昇印刷优秀新人奖12名：李莉、项建龙、王丽杰、宋延林、易智、李合成、栗延秋、杨志训、朱诗力、胡桂绵、陈虹、葛侬。

毕昇印刷杰出成就奖 7 名

乌兰巴特尔，男，55 岁，内蒙古爱信达教育印务有限公司党委书记

乌兰巴特尔是内蒙古文化产业著名的少数民族企业家。经过在企业领导岗位 26 年的磨砺，他不仅以业绩卓著成为内蒙古印刷界的领军人物，也成就了一位学者型经济管理专家。他精通蒙汉两种语言文字，并经常在国家级、省市级报刊专业杂志上发表文章。形成了自己对企业文化、制度建设、团队管理、技术创新等方面的独特见解，他所创造的管理模式、质量标准、消耗指标、工艺规范等都已成为内蒙古自治区印刷行业新的行业标准，极大地提升了内蒙古自治区印刷行业的整体水平，为内蒙印刷业的发展和进步做出了独特的贡献。

郭全，男，48 岁，新疆新华印刷厂厂长、党委副书记

郭全自 1998 年 1 月（34 岁）担任新疆新华印刷厂厂长以来，实现了企业经济和社会效益双效并举，为新疆少数民族出版印刷事业的发展做出了突出的贡献。在他的率领下，近几年，企业资产总额由其上任之初的 7188 万元，发展到现在的 24900 万元。企业先后荣获全国新闻出版系统先进集体、全国新闻出版行业文明单位、全国首批诚信印刷企业等多项殊荣，企业的产品质量、技术装备水平和主要经济效益指标完成情况均居新疆同行企业之首。2011 年企业在新疆印刷行业中率先通过全国首批印刷企业绿色认证（中国环境标志产品认证）。

陈敬良，男，61 岁，上海出版印刷高等专科学校校长、上海理工大学副校长

陈敬良是上海理工大学公共管理学科带头人；教授；博士生导师，享受政府特殊津贴的专家。在出版印刷技术、传媒及新媒体知识产权保护与管理、教育经济管理、公共政策及人力资源管理、公共项目投资与评估等前沿领域造诣深厚。他既是学校的领导者，也是科研攻关的带领人，他曾主持 2 项全国教育科学规划重点课题，参与 5 项全国社会学科基金与自然科学基金课题；领衔承担了 10 多项上海市基础研究重点项目、上海市软科学重点项目、重大咨询项目、上海市哲学社会科学重点项目等一批对社会经济发展有重要意义的课题。

马伟武，男，68 岁，力嘉国际集团董事长

马伟武于 1970 年创办自己的公司“力嘉纸品”，开始了属于马伟武的印刷人生。20 世纪 80 年代中期，力嘉在马伟武的带领下日益发展壮大，适逢祖国改革开放，他响应国家号召，带着自己的技术人员、先进的技术设备回归祖国，在深圳横岗投资建厂。经过 42 年的发展，力嘉已发展成为多元化集团公司，拥有世界先进的包装生产设备和技术力量。在公益事业方面，累计捐款达 6000 多万元，捐款项目涉及救灾、教育、医疗、修路和消防等多个领域。受到省市和中央领导的称赞，被誉为杰出的爱国港商。

李培芬，女，63岁，伊诺尔集团有限公司总裁

李培芬以强烈的事业追求与敏锐的市场眼光，经过20年的不断创新进取，由一个年销售千万元的小型企业跃升到超过6亿元、集安全票证印刷、防伪标签印刷、商函信封制作、数据处理与模块封装等业务为一体，源于印刷、高于印刷的综合性大型企业集团，并在向高新信息技术产业转型升级的同时，启动集团上市、推动资本运作进程。她领军的伊诺尔集团，创造了我国票据印刷史上多项第一，居于行业“领先一步、高出一筹”的地位。伊诺尔践行的发展之路，向同行提供了多方面的思考与借鉴。为推进行业共赢与社会公益事业，她满腔热情地奉献了一个仁爱慈善民营企业家的心力。

孔达钢，男，54岁，北人印刷机械股份有限公司副总经理

孔达钢长期从事印刷机械产品的开发、试制、制造、新产品市场推广和印机制造企业经营管理工作，领导广大科技人员坚持技术、产品开发和市场推广，不断创新，为所在企业的产品研发、技术发展、市场开拓、品牌建设以及行业的技术进步作出了积极贡献。他主持引进、开发了商用票据印刷机及相关设备，由于技术选型和决策恰当，该产品投放市场以后迅速成为同类产品的畅销品种，为票据印刷行业的发展提供了有力的技术和装备支持。多年来协助票据印刷、柔版印刷行业推进技术交流、职工培训、产品推广，为印刷行业的技术进步作出了贡献。

许文才，男，55岁，北京印刷学院副校长

许文才完成科研课题19项：其中合作项目2项；主持完成横向课题6项；主持在研课题5项；已获授权国家发明专利6件。新开研究生课程3门、新开本科生专业课3门，并讲授《包装印刷与印后加工》《印刷与包装设备》等课程。他发起组建中国印刷技术协会凹版印刷分会，并于2004年12月召开了成立大会暨国际凹印技术论坛，当选为凹版印刷分会首届理事会理事长。多次组织举办凹版印刷高峰论坛、凹印技术交流会、烟包印刷技术交流会等，受到了业内同行和与会代表的高度评价。

毕昇印刷优秀新人奖12名

李莉，女，41岁，天津长荣印刷设备股份有限公司董事长兼总经理

李莉是天津市第十四届、十五届人大代表，天津市北辰区第十六届人大常委会委员。她专注于公司的技术创新和产品开发，多项技术填补国内空白。彻底改变国内企业购买模切机、模烫机主要依靠进口的局面。目前公司拥有已授权专利78项，已受理审查中的专利100项，计算机软件著作权登记2项。多款新产品技术水平达到国内领先或国际先进，多机组模烫机三款产品属世界首创。2010年被天津市授予"技术创新先进企业"称号。公司"高端印刷设备创新平台建设"项目获天津市2011年度科技进步奖一等奖。近几年公司产品国内市场占有率一直保持第一。

项建龙，男，48岁，杭州科雷机电工业有限公司董事长

项建龙 最早参与开展国产名片胶印机、激光照排机和CTP自主研发队伍中的技术专家、企业家，一直致力于将中国的民族品牌推向世界的印前舞台。在他的带领下，科雷公司于1994年将"彩印龙"CRON-800C推向市场，引领国产名片胶印机实现了从黑白印刷到彩色印刷的飞跃。喜欢创新的他带领他的团队不断对产品进行改进，经过技术优化，科雷公司的名片胶印机不仅印刷质量可与进口产品媲美，而且价格只有其1/3。截至"彩印龙"生产线战略性停产，科雷彩色名片胶印机全球销量超过2万台。

宋延林，男，43岁，中国科学院化学研究所中心主任

基于长期对数字化信息存储的研究基础，宋延林研究的纳米结构版材和纳米粒子复合转印材料的应用，有效地解决了印版应用中的两个关键问题：印刷的精度和耐印率。目前，该技术已申请和授权发明专利40余项，其中国际PCT专利14项，形成了从材料、设备到软件的系统自主知识产权，作为项目负责人先后承担973、863重点项目、国家杰出青年科学基金、中科院知识创新工程重要方向性项目和北京市科技计划重点项目等30余项，已发表SCI收录论文180余篇，先后获得国家自然科学二等奖、中国青年科技奖、中国化学会—阿克苏诺贝尔化学奖，已成为我国纳米材料和绿色印刷领域有影响的创新人才。

王丽杰，女，48岁，中国印刷科学技术研究所 科印传媒总编

王丽杰参与《印刷经理人》杂志创刊，并于第10期始担任主编至今，全面主导杂志的内容建设工作。经过10年发展，《印刷经理人》已确立了行业的品牌影响力，取得了显著的社会效益和经济效益。她还推出"中国印刷企业100强"排行榜。每年一次定期公布行业前100强企业经营数据，成为政府部门观察产业发展的重要信息工具。她还负责定期召开"全国印刷经理人年会"。成为印刷行业内大型企业的年度交流与沟通平台，起到了重要的思想传播、经验推广的作用。

易智，男，37岁，成都博瑞传播股份有限公司印务分公司总经理

作为新闻出版企业领导人，易智始终坚持正确的新闻出版导向，诚信自律，在工作中坚决推进改革，锐意创新，优化产业结构，促进产业升级。同时，作为四川省印协副理事长、成都市印协理事长，认真履行政府管理职能，坚持服务社会。他领导下的博瑞印务作为西部地区设备最先进、印刷能力最强的印刷企业，一直坚持走新型工业化道路，不断创新观念和机制。截至2011年末，博瑞印务总资产达5.45亿元，固定资产累计投资3.27亿元，2011年实现销售产值6.62亿元，累计创利税10.34亿元；并连续五年被评为“成都市纳税大户”，成为锦江工业开发区的龙头企业之一。

李合成，男，50岁，乐凯华光印刷科技有限公司副总工程师

李合成长期从事印刷影像材料的技术和产品开发，紧跟国际印刷技术发展方向，充分发挥华光科技公司的技术研发、产业化和人才优势，积极协助滕方迁总经理，带领科研和技术团队相继开发出了多项技术和产品，填补了多项国内技术空白。他协助总经理组织完成了“河南省印刷影像材料工程技术研究中心”、“企业博士后工作站”、行业唯一“印刷感光材料检验实验室”、“全国数码影像材料与数字印刷材料标准化技术委员会”秘书处建设，形成了二胶强大技术创新平台。企业获得了首批国家高新技术企业认定。

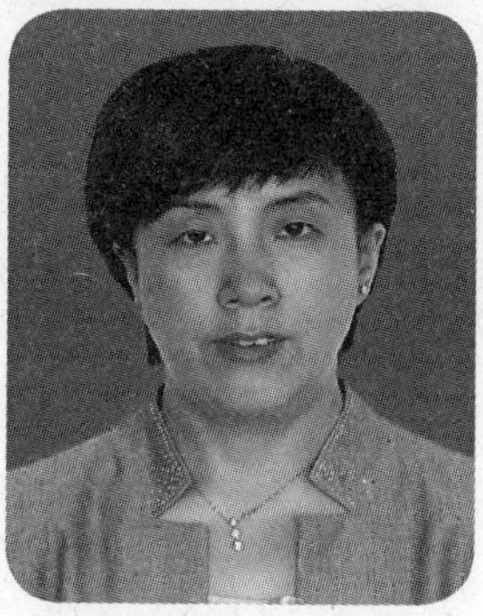

栗延秋，女，43岁，北京盛通印刷股份有限公司副董事长、总经理

栗延秋 具有20多年印刷行业从业经验，自管理盛通公司以来，盛通连续几年年增长率超过20%，是北京地区成长性最好的印刷企业，也是北京地区产值第一，利税第一的综合出版物印刷公司。公司连续五年跻身了中国印刷百强企业之列，且名次连年上升，现已成为中国北方印刷行业的龙头企业之一，2011年7月15日，盛通印刷在深圳证券交易所挂牌上市。并连续两届获得新闻出版总署授予的出版物印刷行业最高荣誉“中国出版政府奖之印刷复制奖”。

杨志训，男，48岁，上海扬盛印务有限公司董事长兼总经理

入行26年，带领公司经营团队创出骄人业绩，近六年来，销售业绩以年均30%的速度递增，2011年实现产值14915万元，上交税收1045万元。连续数年在上海印刷企业综合竞争力排名中名列前茅。在他的带领下，企业先后荣获“上海市先进私营企业”、“上海市守合同重信用企业”、“上海市印刷行业品牌企业”、“上海市保增长促发展优秀印刷企业”、“中国印刷行业首批信用等级AAA级企业”、“上海市合同信用等级AAA级企业”等荣誉称号。

朱诗力，男，50岁，曙光印业集团有限公司董事长

经过20多年的不懈努力，朱诗力把一个6万元起家的作坊式企业创建成全国无区域企业集团。如今企业已拥有资产5.25亿元，产值达4.6亿元，创利税3086万元。公司外贸业余额已占到总销售额的20%。成为北京2008年奥运会印刷服务供应商，承接北京奥运会门票、宣传海报、画报、运动员手册等印务。2009年曙光印业成为“2010上海世博会”礼品包装印刷供应商。公司至今已连续9年入围中国印刷百强企业，并先后被评为中国诚信印刷企业、全国“守合同重信用”企业、浙江省“诚信纳税AAA企业”、浙江省乡镇企业家“三优”企业等。

胡桂绵，女，46岁，北京银牡丹印务有限公司副总经理（现任全国印刷标准化技术委员会秘书处秘书长）

胡桂绵先后在管理和技术于当时都处于领先地位的印刷企业工作，在生产一线和管理岗位工作多年。兼任多项社会职务，积极投身于行业发展。曾被聘为北京印刷协会科技工作委员会委员、北京印刷协会商业轮转专业委员会副主任委员，目前兼任中国印协副秘书长，中国印协企业管理委员会副主任、秘书长，北京印刷协会专家委员会副主任、北京印刷人才培训基地和北京实验职业学校特聘专家、财政部和北京市政府采购评审专家库专家等职务。

陈虹，女，49岁，北京印刷学院机械工程专业负责人

20多年来，陈虹为印刷行业及印刷机械行业培养出大批优秀人才，为印刷行业提供了大量的专业服务。多年来，她主讲了“工程制图”、“印刷概论”、“印刷工艺”、“印刷设备”等十多门课程，并在1994年获得北京印刷学院机械工程系第一届青年教师教学基本功大赛一等奖，2005年获得北京印刷学院首届青年教师教学基本功大赛一等奖，2007年获得北京市第二届青年教师教学基本功大赛三等奖。并在2012年荣获第六届北京印刷学院教学名师和第八届北京市教学名师奖。

葛依，男，45岁，雅昌企业（集团）有限公司集团副总裁，首席技术官

葛依带领他的团队在雅昌研发与引进了数字印刷、无水印刷、“雅奕”、“雅映”、几可乱真的高仿复制等十余项核心技术，通过设备研发与改造，在生产自动化的实现上取得了诸多成就。通过这些核心技术的研发，他带领团队先后申请了8项具有自主知识产权的专利发明，其中有四项已获得国家知识产权局的认可并颁布证书。他全面贯彻雅昌为人民艺术服务的经营理念，在企业全面推动服务文化、专业精神，倡导学习型组织的建立，使雅昌不断的创新，持续积累成长的动力，成为文化产业中极具发展前景的优秀企业。

HUAGUANG
打造华光精品 真诚服务印刷
Forging HUAGUANG Refinement
Serving Printing Industry Sincerely
华光◆绿色印刷的推动者
胶印版材|柔性树脂版|UV墨水|光固化材料|数字印刷机|印刷胶片
乐凯华光印刷科技有限公司(简称“乐凯华光”),是中国较大的印刷影像信息记录材料科研生产基地,也是国内率先一家同时具有胶印版材、印刷胶片、柔性树脂版等产品生产能力、全方位为印刷业服务的国有大型企业。
目前拥有八条胶印版材生产线,一条银盐胶片生产线,一条聚酯薄膜生产线;两条柔性树脂版生产线;两条PCB胶片生产线。
公司主导产品主要有PS版系列、CTP版系列(紫激光型、热敏型、免处理型)、印刷胶片系列、PCB胶片、柔性树脂版系列、数码喷墨标签印刷机、UV墨水、CTP制版系统、聚酯薄膜、涂层材料、光固化材料、配套化学品等系列产品,广泛应用于印刷、电子、包装、印染、建材家具、电器、广告装饰、医疗卫生等行业。所有产品均冠以“华光”商标。
乐凯华光拥有遍布全国的强大营销网络,产品出口100多个国家和地区,致力于由产品供应商向系统服务商的转变,努力实现为用户提供完善的系统服务。
CASC
中国航天
乐凯华光印刷科技有限公司
LUCKY HUAGUANG GRAPHICS CO.,LTD
服务电话:400-652-6696
www.hgfilm.com.cn

TOYO INK
多彩科技 与您同在
天津東洋油墨有限公司
地址：中国天津市西青经济开发区兴华二支路12号 300385 电话：022-23974597 传真：022-23979440 www.tjtoyoink.com.cn

中国胶印油墨率先上市企业
股票代码：300192
专业 筑建 品质
科斯伍德专业油墨系列
THE SOLUTION FOR PROFITABILITY
SPEEDY-ISO
SPEEDY-ISO
SPEEDY-ISO
科斯伍德油墨股份有限公司由海内外精英共同投资，并在国际化的过程中逐渐形成集全球采购、欧洲技术研发、中国生产、全球销售的专业油墨企业。我公司出品的科斯伍德品牌专业油墨，提出全新的专业产品理念，分类服务细分印刷需求，是更加专业的国际胶印油墨品牌。
产品特点：
专业性能 / 专业品质 / 专业服务 / 更环保 / 更关注客户细分市场需求 / 更符合中国印刷习惯
主要产品：
SPEEDY-ISO 速霸环保系列 GLOBY-ISO 速通环保系列
SHINE 高光环保系列 ECOSOY 大豆环保系列
INKS kingswood
科斯伍德专业油墨
CONTAINS SOYOIL
ISO9001/ISO14001
ASTM INTERNATIONAL
Standards Worldwide
咨询专线：0512-65379085 / 65372218 传真：0512-65373547
地址：苏州市潘阳工业园春旺路 邮编：215152 网址：www.szkinks.com E-mail:info@szkinks.com

...see things differently
主要技术参数
印刷宽度： 1300毫米
重复印刷长度： 457.2-914.4毫米，
可满足区间内任意长度
承印物厚度范围： 0.009-0.76毫米
径向调节： 60度可调
轴向调节： ±3.175毫米
放卷 + Infeed + 印刷单元 + Outfeed + 多种后道连接
Aqua Stream
柔版印刷机
GOSS | INTERNATIONAL
www.goss-china.com
高斯图文印刷系统（中国）有限公司
地 址：中国上海云岭东路286号 邮 编：200062
总 机：86-21-52804762 传 真：86-21-52808772
销售传真：86-21-52659309
全国服务热线：400-080-6055
Email: cggs@goss-china.com
全印展展位号
W3C111-5
敬请期待..

东信
EASTCOM
东信自动供版台
东信1160 热敏&UV
大对开 CTP
东信印前制造先驱
30年专业生产印前设备
NEW
东信830 热敏&UV 大四开 CTP
东信1700 热敏&UV 超大幅面 CTP
ISO 9001
CE
通过ISO9001质量
管理体系与CE认证
杭州东信光电科技有限公司
地址：杭州市西湖区留和路139号62幢 邮编：310023 电话：0571-85222133/85222833 传真：0571-85221606
http://www.eastcomctp.com；www.eastlaser.com E-mail：eastcom28030903@sina.com；eastcomctp@hotmail.com

法规政策

关于印发《2013年新闻出版改革发展工作要点》的通知

新出厅发〔2013〕2号

新闻出版总署办公厅
2013年1月31日

各省、自治区、直辖市新闻出版局，新疆生产建设兵团新闻出版局，解放军总政治部宣传部新闻出版局：

《2013年新闻出版改革发展工作要点》已经新闻出版改革发展工作领导小组2013年第一次全体会议审议通过。现印发给你们，请结合实际，认真贯彻落实。

2013年新闻出版改革发展工作要坚持以邓小平理论、“三个代表”重要思想、科学发展观为指导，深入贯彻落实党的十八大精神，按照中央关于文化改革发展工作的部署，紧紧围绕建设新闻出版强国奋斗目标，牢固树立“改革只有进行时没有完成时”理念，以更坚决的态度，更有力的措施，坚定不移在更高起点上加快新闻出版改革发展。

一、加强行政管理体制改革，切实转变政府职能

转变政府职能，切实处理好政府与市场的关系，充分发挥市场在配置新闻出版资源中的积极作用。按照政企分开、政事分开、政资分开、政府与市场中介组织分开和管办分离的要求，推动新闻出版行政管理部门进一步实现由办向管、由管微观向管宏观的转变，更好地履行政策调节、市场监管、社会管理、公共服务职能，加快构建职责明确、运转有序、统一高效的新闻出版宏观调控体系。完善政策引导体系，加强市场监管，创造扶持事业、发展产业、鼓励创新的制度环境和良好的市场环境。深入推进行政审批制度改革。加快建立信用监管制度和失信惩戒制度。

二、深化非时政类报刊出版单位转企改制，实施报刊编辑部体制改革工作

切实做好第一批、第二批中央和地方非时政类报刊出版单位转企改制收尾工作，对照“核销事业编制、注销事业单位法人、进行企业工商登记、签订劳动合同、参加社会保险”的要求，加大推进力度，加强督导检查，确保改革规范到位。认真落实新闻出版总署《关于报刊编辑部体制改革的实施办法》，全面启动不具有独立法人资格的报刊编辑部体制改革工作，确定阶段性目标，分类指导，稳步推进。推进学术期刊改革工作，探索通过基金、财税政策等支持学术期刊发展的有效途径。

三、巩固出版发行单位改革成果，推动出版企业建立现代企业制度

按照创新体制、转换机制、面向市场、壮大实力的要求，制定《关于进一步深化出版发行体制改革的意见》。推动已转企的出版单位建立现代企业制度，完善法人治理结构，实行公司制、股份制改造，推进内部体制机制创新，进一步形成符合现代企业制度要求、体现新闻出版企业特点的资产组织形式和经营管理模式，通过有效的制度安排，提高出版企业的市场竞争力。

四、实施出版传媒企业集团化发展战略，打造骨干企业和战略投资者

鼓励和支持出版传媒企业进行跨媒体、跨地区、跨行业、跨所有制、跨国界兼并重组，加快新闻出版资源向优势企业集聚，培育新闻出版骨干企业和文化领域战略投资者。继续加强中国出版集团公司、中国教育出版传媒集团有限公司、中国科技出版传媒集团有限公司三大中央国有出版传媒集团公司和“双百亿”出版传媒集团建设，继续打造出版传媒的“航空母舰”。支持专业性出版集团公司建设，重点支持报刊传媒集团公司建设，推进专业性学术期刊群建设。注重培育一批“专、精、特、新”的出版传媒

骨干企业。加快全国性出版物发行集团公司组建方案的制定和实施工作。

五、拓宽出版传媒企业融资渠道，支持出版传媒企业走向资本市场

继续推动中国出版传媒股份有限公司、中国教育出版传媒股份有限公司、中国科技出版传媒股份有限公司等三大中央国有大型出版传媒企业和南方出版传媒股份有限公司、湖北知音传媒股份有限公司、山东出版传媒股份有限公司、读者出版传媒股份有限公司等地方出版传媒企业上市融资工作，支持北京时代华语图书股份有限公司、北京中文在线数字出版股份有限公司、北京昆仑万维科技股份有限公司等民营文化企业上市融资。支持其他有条件的出版传媒企业上市。推动出版传媒企业与金融企业进行战略合作，促进金融资本、社会资本与新闻出版资本有效对接。

六、推进新闻出版事业单位改革，深化党报发行体制改革

按照国家事业单位分类改革的要求，制定完善新闻出版事业单位改革实施办法，加快推进新闻出版事业单位改革。不断深化人民出版社、民族出版社、中国盲文出版社、中国藏学出版社等公益性出版单位劳动人事、收入分配、社会保障制度和管理机制改革，健全考核、激励和约束机制，努力形成责任明确、行为规范、富有效率、服务优良的服务运行机制。进一步深化党报发行体制改革，支持组建发行公司，与邮政部门、大型出版物发行企业或物流企业进行战略合作。

七、提升新闻出版公共服务水平，实现新闻出版惠民工作全覆盖

认真做好重大主题出版，扎实推进新闻出版精品战略。制订全民阅读中长期规划，完善全民阅读长效机制，加强全民阅读活动基础设施建设，加快城乡阅报栏（屏）工程建设，开展书香之家（乡、县、市）推荐工作，组织好各类优秀图书推荐活动。巩固和提高农家书屋工程，推进数字农家书屋试点工作，构建农家书屋综合服务平台。加快实施少数民族新闻出版“东风工程”二期工程和国家民文基地建设。深入开展“扫黄打非”，集中力量开展版权保护专项执法行动。

八、健全现代出版物市场体系，建设统一开放、竞争有序的出版物大市场

加快推动以跨地区连锁经营、集中配送、电子商务为特征的现代物流，加快新闻出版产权、版权、技术、人才、信息等要素市场建设。抓住国家扩大内需的势头，大力拓展新闻出版消费空间。大力开发公共和个人、城市和农村、差异化和分众化的出版物市场，以需求定生产，以市场定经营，以服务促消费。加强实体书店建设，巩固和发展城乡出版物发行网点，开发原创数字出版内容新产品，拓展新的文化消费领域和新的消费增长点。鼓励新闻出版企业投资兴建适应群众需求的文化消费场所，引导各类市场主体在出版发行、音像产品制作、网络服务等领域积极开发新市场。

九、加快出版与科技的深度融合，推动新闻出版产业转型升级

制订《新闻出版总署关于推动科技创新驱动，加快新闻出版产业转型升级的指导意见》和《关于加强数字出版内容投送平台建设和管理的指导意见》，开展传统出版单位转型示范工作，加快出版与科技、传统生产经营方式与现代生产经营方式的深度融合。大力发展以网络出版、手机出版、云出版、动漫出版等为代表的新业态、新产业。改变一社（站、报、刊、厂、店）小生产模式，实行联合重组，打造全媒体产业链。推动中华字库、数字版权保护技术研发、国家数字复合出版系统、数字出版内容投送平台及绿色印刷技术研发工程等国家重点工程的实施。加强多媒体印刷读物（MPR）标准、“中国出版物在线信息交换（CNONIX）”国家标准应用推广，启动“出版物现代供应链系统示范工程”。

十、加快实施新闻出版项目，有序推进产业基地（园区）建设

认真落实《国家“十二五”时期文化改革发展规划纲要》和《新闻出版业“十二五”时期发展规划》，加强规划实施的跟踪，开展规划的中期评估。继续完善新闻出版改革发展项目库建设，充分发挥项目带动作用。继续争取财政资金、金融机构资金、产业基金等各种资金对新闻出版产业项目的支持。重点推进出版创意、数字出版、绿色印刷、音乐产业等基地（园区）建设，出台规范和指导新闻出版产业园区和基地发展的政策文件，提高规模化、集约化、专业化水平。启动“十三五”时期新闻出版重大项目调研工作。

十一、引导民间资本有序参与出版经营活动，努力形成多种所有制共同发展的格局

落实《新闻出版总署关于支持民间资本参与出版经营活动的实施细则》，为支持和引导民间资本参与出版经营活动提供良好的环境和制度保障。鼓励和支持国有出版传媒企业与民间资本开展深层次的产品合作、项目合作和资本合作。制订具体办法，开展为面向境外市场生产销售外语出版物的民营企业配置专项出版权的试点工作。

十二、加强新闻出版国际传播力建设，推动新闻出版走出去

围绕加强新闻出版国际传播力建设，加快新闻出版业全球布局规划。进一步研究制订扩大版权输出的扶持政策，大力实施经典中国国际出版工程，以反映中国道路、中国经验、中国模式的主题图书和中国当代作家的优秀作品，以及能进入国外国民教育体系的汉语教材为重点，推动更多的中国优秀出版物走向世界，进一步改善版权输出的比例结构、品种结构和区域结构。加大中国出版物国际营销渠道拓展工程的实施力度，构建立体营销网络，扩大中国图书在国外主流人群中的影响力。鼓励出版传媒企业充分利用国际国内两种资源两个市场，加快走出去步伐，探索形成可持续发展的商业模式。鼓励各种所有制企业走出去，不断完善配套扶持政策。

关于开展《“十二五”国家重点图书、音像、电子出版物出版规划》中期评估及调整增补工作的通知

新出字〔2013〕30号

新闻出版总署

2013年2月7日

各省、自治区、直辖市新闻出版局，新疆生产建设兵团新闻出版局，解放军总政治部宣传部新闻出版局，中央和国家机关各部委、民主党派、人民团体新闻出版单位主管部门，中国出版集团公司，中国教育出版传媒集团有限公司，中国科技出版传媒集团有限公司，中央直属企业：

2013年是贯彻落实十八大精神的第一年，也是实施“十二五”国家重点出版物出版规划承上启下的重要一年。根据工作部署，总署将开展《“十二五”国家重点图书、音像、电子出版物出版规划》（以下简称《规划》）中期评估，全面了解《规划》的实施情况，确保《规划》项目完成的质量和进度。同时，结合全面建成小康社会的目标、建设社会主义文化强国的任务，对《规划》进行适当调整和增补。现将有关事项通知如下：

一、《规划》中期评估要求

（一）承担《规划》的出版单位，应按照要求认真自查《规划》项目的进展情况、完成情况，并进行阶段性总结，形成中期评估报告。各级新闻出版行政管理部门和出版单位主管部门（以下简称为“上级主管部门”）应对相关出版单位的自查工作进行督促、审核和汇总。

（二）各出版单位要结合要求、突出重点、加强创新，组织申报《规划》的增补项目。同时，以《规划》自查结果为基础，报送《规划》变更和撤销的情况。上级主管部门要根据形势发展要求，结合本地区、本部门实施规划的实

际，做好相关出版单位的《规划》增补、变更和撤销等调整的指导和审核工作。

二、申报增补项目的要求

（一）指导思想

高举中国特色社会主义伟大旗帜，以邓小平理论、“三个代表”重要思想、科学发展观为指导；坚持为人民服务、为社会主义服务的方向；坚持百花齐放、百家争鸣的方针；以科学发展为主题，以建设社会主义核心价值体系为根本任务，以满足人民群众精神文化需求为出发点和落脚点，以改革创新为动力，实施精品战略，增强国家文化软实力，推动社会主义文化大发展大繁荣。

（二）增补项目的重点

1. 围绕社会主义核心价值体系建设，深入实施马克思主义理论研究和建设工程，推动马克思主义中国化、时代化、大众化，加强中国特色社会主义道路、中国特色社会主义制度、中国特色社会主义理论体系研究和普及，大力弘扬民族精神和时代精神，倡导社会主义核心价值观，推进公民道德建设和廉政文化建设，树立社会主义荣辱观。

2. 全面深入系统地宣传贯彻党的十八大精神，按照实现全面建成小康社会和全面深化改革开放的目标要求，围绕中国特色社会主义事业总布局、总任务，反映经济建设、政治建设、文化建设、社会建设、生态文明建设和党的建设的新进展和实践成果。

3. 繁荣发展哲学社会科学，重点推出政治、哲学、经济、历史、文化等领域具有重要价值、代表国家水平的新成果；加强科技创新，提高科学研究水平和成果转化能力，反映基础研究、前沿技术研究、社会公益技术研究的新成果，推动与国家科技重大项目相衔接的出版成果。

4. 坚持以人民为中心的创作导向，反映人民群众的心声，展示人民群众的精神风貌，推出更多富有时代精神和艺术感染力的优秀文学艺术作品；大力弘扬中华优秀传统文化，建设中华民族共有精神家园，不断丰富人民群众喜闻乐见的精神产品；面向大众，针对未成年人、少数民族、农民等不同读者需求，着力安排思想性、教育性、知识性和趣味性相统一的科学文化知识优秀普及类重点选题。

5. 提高国家文化软实力，组织面向世界、面向未来的具有中国特色、中国风格、中国气派，弘扬中华优秀文化的重点选题；积极吸收借鉴国外优秀文化成果，注重安排翻译出版有利于我国经济社会科技发展的高质量、高品位的重点选题。

（三）增补项目的条件、范围和数量

1. 增补项目要规划合理、可行性强，做到人员（领导、责任编辑、作者或主创人员）、资金、时间“三落实”，确保在2013—2015年出版。

2. 各出版单位根据实际情况量力而行，一般不超过5种（多卷本丛书、套书按一个品种计算），有实力的出版社可报10种。

3. 对《规划》中“出版单位待定”项目，已与作者达成意向或得到授权的出版单位须及时报送申领情况。其数量不受增补项目数量限制。

4. 少数民族语言文字、古籍整理出版的增补项目将分别以专项规划通知要求另行报送，不在本次报送范围。

三、报送要求和程序

（一）报送材料

材料包括中期评估表、中期评估报告、增补项目申报表、汇总表4种报表，出版单位须同时以网上在线填报（部分填报内容可直接上传文件）和纸质打印件两种形式报送，由上级主管部门审核并汇总。具体要求：

1. 中期评估表。即对出版单位现承担的《规划》项目和申领“出版单位待定”项目进展情况的检查事项。中期评估表包含项目完成情况、项目变更信息等内容，分为图书、音像和电子出版物三类。

2. 中期评估报告。即对本单位或上级主管部门对所辖出版单位2011年以来实施《规划》所取得的社会效益、阶段性成果的评估及成功经验的总结，对执行《规划》存在问题的分析及改进措施。

3. 增补项目申报表。包含增补项目的名称、出版单位、著作责任人等信息，以及项目的编写大纲、章节目录、样稿等附件材料。分为图书、音像和电子出版物三类。

4. 汇总表。汇总表分为项目中期评估情况、项目增补情况两类，出版单位和上级主管部门分别根据中期评估表、增补项目申报表进行汇总。

（二）报送程序

通过登录新闻出版总署网（www.gapp.gov.cn）的“国家中长期重点出版物出版规划管理系统”填报（填报位置在总署网站首页左侧“申报快捷通道”栏目中，填报系统于3月4日正式开通）。出版单位在线逐项填报并按照系统要求上传所附材料后，须将由系统生成的中期评估表、增补项目申报表等相关材料的打印件，加盖出版单位公章后，连同中期评估报告及各类附件材料等一起报送上级主管部门。

上级主管部门在线对本地区、本部门《规划》的中期评估和调整增补情况进行审核汇总，并形成本地区、本部门的中期评估报告一并上传。汇总表、中期评估报告以及经审核同意的本地区、本部门所辖出版单位的相关纸质表格加盖公章后，连同其他各类附件材料一起报送新闻出版总署。

（三）报送时间、地址及联系方式

上述材料务必于2013年4月10日之前报送总署。

关于报送《2011—2020年国家古籍整理出版规划》执行、调整情况的通知

新出联〔2013〕2号

新闻出版总署　全国古籍整理出版规划领导小组

2013年2月17日

各省、自治区、直辖市新闻出版局，新疆生产建设兵团新闻出版局，解放军总政治部宣传部新闻出版局，中央和国家机关有关部委、民主党派、人民团体新闻出版单位主管部门，中国出版集团公司、中国教育出版传媒集团有限公司、中国科技出版传媒集团有限公司，各相关中央直属企业：

为深入贯彻落实十八大精神，建设优秀传统文化传承体系，弘扬中华优秀传统文化，新闻出版总署和全国古籍整理出版规划领导小组将对《2011—2020年国家古籍整理出版规划》（以下简称《规划》）的执行情况进行检查，确保《规划》项目完成的质量和进度。同时，结合社会主义文化发展的新形势和古籍整理出版工作的新进展，对《规划》进行适当调整。现将有关事项通知如下：

一、《规划》项目检查和调整的要求

（一）承担《规划》项目的出版单位，应按照要求认真自查《规划》项目的进展情况和完成情况，并进行阶段性总结。各省级新闻出版行政管理部门和中央、国家机关出版单位主管部门（以下简称为“上级主管部门”）应对相关出版单位的自查工作进行督促、审核和汇总。

（二）各出版单位要结合形势，突出重点，加强创新，组织申报《规划》的增补项目。同时，结合《规划》的自查结果，报送《规划》变更和撤销的情况。上级主管部门要根据形势发展要求，结合本地区、本部门实施规划的具体情况，指导和审核出版单位做好《规划》的调整工作。

二、申报增补项目的要求

（一）指导思想

高举中国特色社会主义伟大旗帜，以邓小平理论、“三个代表”重要思想、科学发展观为指导；坚持为人民服务、为社会主义服务的方向；坚持百花齐放、百家争鸣的方针；加强对优秀传统文化思想价值的挖掘和阐发，维护民族文化基本元素，使优秀传统文化成为新时代鼓舞人民前进的精神力量；加强文化典籍整理和出版工作，推进文化典籍资源数字化；增强国家文化整体实力和竞争力，努力建设社会主义文化强国。

（二）增补项目的重点

1. 全面梳理我国古籍资源、总结古籍整理出版成果的古籍整理基础性出版项目；

2. 系统性影印复制国内未见或稀见的重要古籍，促进散失海外中国古籍珍本回归的整理出版项目；

3. 采用多种方式深入整理甲金、简帛、石刻、写本等各类出土资料的出土文献整理出版项目；

4. 系统整理历代社会政治、经济、文化等方面第一手档案资料的社会档案整理出版项目；

5. 创新技术手段和传播方式，加强数字出版和网络平台建设的古籍数字化出版项目；

6. 准确性、规范性较强，融知识性、可读性、时代性为一体的普及类古籍整理出版项目。

（三）增补项目的范围和要求

1. 古籍是指 1911 年以前抄写或刊行的汉文书刊、文献资料，以及出土的 1911 年以前以汉字为载体的文献资料，包括文学、语言文字、文化艺术、历史、地理、哲学、宗教、科学技术等类别。

2. 整理方式主要包括标点、校勘、注释、今译及辑佚、索引、汇编、影印、数字化等。整理方法要符合学术规范，体例完善。

3. 增补项目应反映我国古籍整理研究领域新成果，代表我国目前古籍整理最高水平，具有较高的版本价值、文化传承价值、学术价值。

4. 增补项目要规划合理，切合实际，可行性强，要做到人员（领导、责任编辑、作者或主创人员）、资金、时间“三落实”，确保在 2020 年以前能够完成。

5. 整理者必须是从事古籍整理的专业人员，并在相关领域具有较强的学术造诣、整理水平，拥有良好的治学态度。

6. 各出版单位根据实际情况申报增补项目，量力而行。古籍专业出版社申报增补项目不超过 15 种（多卷本丛书、套书按一个品种计算），其他出版社一般不超过 5 种。

7. 对《规划》中“出版单位待定”项目，已与作者达成意向或得到授权的出版单位须及时报送申领情况。其数量不受增补项目数量限制。

三、报送要求和程序

（一）报送材料

报送材料包括检查表、阶段性总结报告、增补项目申报表、汇总表等 4 种报表。出版单位须同时以网上在线填报（部分填报内容可直接上传文件）和纸质打印件两种形式报送，由上级主管部门审核并汇总。具体要求：

1. 检查表。即对出版单位现承担的《规划》项目和申领“出版单位待定”项目进展情况的检查事项，包括项目完成情况、项目变更信息等内容。

2. 阶段性总结报告。即对本单位或上级主管部门对所辖出版单位 2011 年以来实施《规划》所取得的社会效益、阶段性成果、成功经验的总结，以及执行《规划》存在问题的分析及改进措施。

3. 增补项目申报表。包括增补项目名称、出版单位、著作责任人等信息，以及项目的编写大纲、章节目录、样稿等附件材料。

4. 汇总表。包括项目检查情况、项目增补情况两类。出版单位和上级主管部门分别根据检查表、增补项目申报表进行汇总。

（二）报送程序

通过登录新闻出版总署网（www.gapp.gov.cn）的“国家中长期重点出版物出版规划管理系统”填报（填报位置在总署网站首页左侧“申报快捷通道”栏目中，填报系统于 3 月 4 日正式开通）。出版单位在线逐项填报并按照系统要求上传所附材料后，须将由系统生成的检查表、增补项目申报表等相关材料的打印件，加盖出版单位公章后，连同阶段性总结及各类附件材料等一起报送上级主管部门。

上级主管部门在线对本地区、本部门《规划》的执行和调整情况进行审核汇总，并形成本地区、本部门的阶段性总结报告一并上传。汇总表、阶段性总结报告以及经审核同意的本地区、本部门所辖出版单位的相关纸质表格加盖公章后，连同其他各类附件材料一起报送新闻出版总署。

（三）报送时间、地址及联系方式

报送材料务必于 2013 年 4 月 10 日之前报送总署。

关于报送《国家“十二五”少数民族语言文字出版规划》执行和调整情况的通知

新出字〔2013〕33号

新闻出版总署
2013年2月17日

有关省、自治区、直辖市新闻出版局，新疆生产建设兵团新闻出版局，中央和国家机关有关部委、民主党派、人民团体新闻出版单位主管部门：

为了深入贯彻落实十八大精神，繁荣发展少数民族文化，加强少数民族语言文字出版规划与新闻出版公共服务体系的结合，根据工作部署，总署将对《国家“十二五”少数民族语言文字出版规划》（以下简称《规划》）的执行情况进行检查，并按照少数民族文化发展的要求，对《规划》进行适当调整。现将有关事项通知如下：

一、《规划》项目检查和调整的要求

（一）承担《规划》的出版单位，应按照要求认真自查《规划》项目的进展情况、完成情况，并进行阶段性总结。有关省级新闻出版行政管理部门和中央、国家机关有关部委、民主党派、人民团体新闻出版单位主管部门（以下简称为“上级主管部门”）应对相关出版单位的自查工作进行督促、审核和汇总。

（二）有关出版单位要结合形势、突出重点、加强创新，组织申报《规划》的增补项目。同时，以《规划》自查结果为基础，报送《规划》变更和撤销的情况。上级主管部门要根据形势发展要求，结合本地区、本部门实施规划的实际，指导和审核出版单位的《规划》增补、变更和撤销等调整工作。

二、申报增补项目的要求

（一）指导思想

高举中国特色社会主义伟大旗帜，以邓小平理论、“三个代表”重要思想、科学发展观为指导；牢牢把握各民族共同团结奋斗、共同繁荣发展的主题，以建设社会主义核心价值体系为根本任务，以完善公共文化服务体系为重点，以推动文化创新为动力，以满足各族群众日益增长的精神文化需求为目标，维护民族团结、国家稳定和社会和谐，促进少数民族出版事业的繁荣发展。

（二）增补项目的重点

《规划》由少数民族语言文字重点出版项目和少数民族语言文字译制（著）出版工程两部分组成。

1. 少数民族语言文字重点出版项目的申报重点：围绕社会主义核心价值体系建设，推动马克思主义中国化、时代化、大众化，加强中国特色社会主义理论体系研究和普及，弘扬以爱国主义为核心的民族精神和以改革创新为核心的时代精神；着力宣传党的民族政策，反映各少数民族经济、政治、文化、社会、生态文明方面的新进展；唱响各民族团结奋斗、共同发展的主旋律，保护和传承少数民族优秀传统文化，展现少数民族灿烂历史文化的多样性和丰富性；倡导科学精神、传播科学知识；加强民族古籍整理和“走出去”项目的出版。

2. 少数民族语言文字译制（著）出版工程，由中外优秀出版物为蓝本翻译成少数民族语言文字的重点出版项目组成。重点包括：马克思主义经典著作，党和国家重要政策文献等时政类出版物，以及政治、经济、文化、社会等方面权威学术专著和通俗理论出版物，准确反映中国历史和中国革命史的历史文献、优秀通俗出版物；最新法律法规文本和权威释义、通俗解读法律法规的普及性出版物；加强思想道德建设和科学文化素质教育的少儿读物、普及读物；中外文学艺术名著佳作。

（三）增补项目的条件、范围和数量

1. 申报出版单位应具备少数民族语言文字专业编辑及复审、终审人员。

2. 出版单位根据实际情况量力而行，一般不超过10种（多卷本丛书、套书按一个品种计算），有实力的出版社可报20种。

3. 增补项目要规划合理、可行性强，做到人员（领导、责任编辑、作者或主创人员）、资金、时间“三落实”，确保在2013—2015年出版。

三、报送要求和程序

（一）报送材料

材料包括检查表、阶段性总结报告、增补项目申报表、汇总表4种报表，出版单位须同时以网上在线填报（部分填报内容可直接上传文件）和纸质打印件两种形式报送，由上级主管部门审核并汇总。具体要求：

1. 检查表。即对出版单位现承担的《规划》项目进展情况的检查事项。检查表包含项目完成情况、项目变更信息等内容，分为图书和音像电子出版物两类。

2. 阶段性总结报告。即对本单位或上级主管部门对所辖出版单位，2012年以来实施《规划》所取得的社会效益、阶段性的成果及成功经验的总结，对执行《规划》存在问题的分析及改进措施。

3. 增补项目申报表。包含增补项目的名称、出版单位、著作责任人等信息，以及项目的编写大纲、章节目录、样稿等附件材料。分为图书和音像电子出版物两类。

4. 汇总表。汇总表分为项目检查情况、项目增补情况两类，出版单位和上级主管部门分别根据检查表、增补项目申报表进行汇总。

（二）报送程序

通过登录新闻出版总署网（www.gapp.gov.cn）的“国家中长期重点出版物出版规划管理系统”填报（填报位置在总署网站首页左侧“申报快捷通道”栏目中，填报系统于3月4日正式开通）。出版单位在线逐项填报并按照系统要求上传所附材料后，须将由系统生成的检查表、增补项目申报表等相关材料的打印件，加盖出版单位公章后，连同阶段性总结及各类附件材料等一起报送上级主管部门。

上级主管部门在线对本地区、本部门《规划》的执行和调整情况进行审核汇总，并形成本地区、本部门的阶段性总结报告一并上传。汇总表、阶段性总结报告以及经审核同意的本地区、本部门所辖出版单位的相关纸质表格加盖公章后，连同其他各类附件材料一起报送新闻出版总署。

（三）报送时间、地址及联系方式

上述材料务必于2013年4月10日之前报送总署。

关于制订和报送深入学习宣传贯彻党的十八大精神主题出版重点选题的通知

新出字〔2013〕47号

新闻出版总署

2013年2月25日

各省、自治区、直辖市新闻出版局，新疆生产建设兵团新闻出版局，解放军总政治部宣传部新闻出版局，中央和国家机关各部委、各民主党派、各人民团体出版单位主管部门，中国出版集团公司，中国教育出版传媒集团有限公司，中国科技出版传媒集团有限公司：

做好学习宣传贯彻党的十八大精神主题出版工作，是出版战线今年首要的政治任务。各省级新闻出版局和主管部门要以高度的责任感、使命感，精心部署，组织所辖、所属出版单位推出一批深入学习宣传贯彻党的十八大精神主题出版重点出版物，在全社会营造学习贯彻党的十八大精神的浓厚氛围。现将有关事项通知如下：

一、深入学习宣传贯彻党的十八大精神主题出版工作，要紧紧围绕党的十八大主题主线，突出以下七个方面的重点选题：一是关于中国特色社会主义道路、中国特色社会主义理论体系、中国特色社会主义制度的选题。二是关于中国特色社会主义的总依据、总布局、总任务，夺取中国特色社会主义新胜利的基本要求的选题。三是关于科学发展观的历史地位、指导意义、科学内涵和实践要求的选题。四是关于全面建成小康社会、全面深化改革开放目标和要求，实现民族复兴“中国梦”的选题。五是关于推进中国特色社会主义事业总体部署和主要任务的选题。六是关于全面提高党的建设科学化水平的选题。七是关于推进社会主义核心价值体系建设，加强理想信念教育，以及弘扬民族精神和时代精神、深入宣传“三个倡导”，加强社会公德、职业道德、家庭美德、个人品德教育，弘扬雷锋精神的选题。

二、深入学习宣传贯彻党的十八大精神重点选题，要坚持正确的出版导向，注重内容与形式的统一，思想性、学术性与艺术性、可读性的统一，既要有理论研究著作，也要有通俗读物；既要有适合成年人阅读的读物，又要有适合未成年人阅读的青少年读物；既要有适合少数民族读者阅读的民文版读物，也要有适合海外读者需要的读物，在增强作品的针对性、实效性上下功夫。报送的选题数量不限，选题类型不限，既可以是图书，也可以是音像制品、电子出版物。

三、各省级新闻出版局和主管部门要认真总结近年来开展主题出版的好做法好经验，切实提高选题指导和审读把关能力，认真做好所辖、所属出版单位今年主题出版重点选题的审核报送工作，对各出版单位报送的选题进行认真审核，精心挑选，确保质量。

四、主题出版重点选题申报工作于2013年2月下旬启动。各省级新闻出版局和主管部门将审核同意后的各出版单位的申报材料纸质版和电子版，于3月20日前统一报送至新闻出版总署出版管理司。申报材料逾期不予受理。

五、新闻出版总署将组织专家学者对各出版单位上报的主题出版重点选题进行论证，确定100种“深入学习宣传贯彻党的十八大精神主题出版重点选题”。新闻出版总署公布入选重点选题名单后，相关出版单位可根据《国家出版基金资助项目管理办法》的有关规定申报国家出版基金资助。

关于开展2013年向全国青少年推荐百种优秀图书活动的通知

新出字〔2013〕43号

新闻出版总署

2013年2月25日

各省、自治区、直辖市新闻出版局，新疆生产建设兵团新闻出版局，解放军总政治部宣传部新闻出版局，中央和国家机关各部委、各民主党派、各人民团体出版单位主管部门，中国出版集团公司，中国教育出版传媒集团有限公司，中国科技出版传媒集团有限公司：

为贯彻落实党的十八大精神，推动社会主义文化大发展大繁荣，加强和改进未成年人思想道德建设，不断丰富我国未成年人精神文化生活，总署决定在前九次向全国青少年推荐百种优秀图书活动的基础上，继续开展2013年向全国青少年推荐百种优秀图书活动，引导青少年健康阅读，营造有利于青少年健康成长的社会环境和文化氛围，推动全民阅读活动深入开展。现将有关事项通知如下：

一、组织申报工作

各省级新闻出版局和中央出版单位主管部门，要以高度的责任感，周密部署，精心组织，充分调动出版单位的积极性，对所属、所辖出版单位申报优秀图书的工作加强指导，对各出版单位报送的图书和材料进行认真审核，并集中报送。

二、申报重点和范围

报送图书为2011年、2012年出版、发行量在10000册以上的优秀图书，非少儿专业出版社报送数量不超过5种，少儿专业出版社报送数量不超过10种。

报送图书要体现科学精神，反映时代风貌，重视知识性、科学性、艺术性、趣味性和教育性相统一，内容生动，题材丰富，形式多样，符合青少年阅读特点，要有利于社会主义核心价值体系建设，有利于在青少年中培育以爱国主义为核心的民族精神和以改革创新为核心的时代精神，有利于弘扬中华传统美德和革命优良传统，有利于深入开展学雷锋活动，倡导爱国、敬业、诚信、友善等社会主义基本道德规范。

三、申报程序和时间

出版单位申报需要填报《向全国青少年推荐百种优秀图书申报表》（见附件），并提供样书每种3册。

各出版单位的申报材料由各省级新闻出版局或中央出版单位主管部门汇总审核、盖章后，于2013年4月10日前统一邮寄、报送至中国少年儿童新闻出版总社，申报表电子版于4月10日前发至邮箱：bzqsnps@163.com，图书及电子表申报逾期将不予受理。

总署将组织对申报的推荐图书进行评议，确定推荐的优秀图书目录将在5月底公布，并于6月1日在青少年阅读体验大世界组织专题活动。

关于开展第四届“三个一百”原创图书出版工程推荐活动的通知

新出字〔2013〕60号

新闻出版总署

2013年3月6日

各省、自治区、直辖市新闻出版局，新疆生产建设兵团新闻出版局，解放军总政治部宣传部新闻出版局，中央和国家机关各部委、各民主党派、各人民团体出版单位主管部门，中国出版集团公司，中国教育出版传媒集团有限公司，中国科技出版传媒集团有限公司：

为认真贯彻落实党的十八大精神，扎实推动社会主义文化强国建设，推进文化创新，提高国家文化软实力，建立健全原创出版的长效激励及评价机制，总署决定在前三届“三个一百”原创图书出版工程的基础上，继续开展第四届“三个一百”原创图书出版工程推荐活动，促进我国在人文社科、科学技术和文艺少儿等领域的出版创新。现将有关事项通知如下：

一、组织做好原创图书的申报工作

各省级新闻出版局和主管部门，要认真总结前三届“三个一百”原创图书出版工程推荐活动的好经验好做法，以高度的责任感，周密部署，精心组织，充分调动出版单位的积极性，加强对所属、所辖出版单位申报原创图书项目工作的指导，对各出版单位报送的图书和材料进行认真审核。

二、申报的图书要求

报送的图书要把原创性放在首位，须为国内专家学者、作家自主创作、国内出版单位出版、确属精品力作的作品，或在理论上有创新见解，或在实践中有新的发明，或具有重要的文化积累价值。

报送的图书在内容上要体现哲学社会科学、自然科学、工程技术、文艺创作和少儿出版领域国内专家学者、作家最新研究创作成果，能体现国家意志，代表国家水平。

报送的图书在编校质量上要严格遵守有关法律法规，属学术著作的，要符合《关于进一步加强学术著作出版规范的通知》的有关要求。

每种申报图书必须有两名相关学科领域专家的实名推荐意见（须注明专家联系方式以备复核，见附件1）和出版单位主管部门的推荐意见。

三、申报的图书范围

报送的图书大致分为3类，每类100种，包括：人文社科类原创图书100种，涉及人文社会科学的各个领域，包括哲学、经济、政治、法律、宗教、军事、语言文字、历史、地理等；科学技术类原创图书100种，涉及自然科学和工程技术的各个领域，如自然科学总论、数理化、医药卫生、农业科学、工业技术、电子电讯、信息技术、建筑科学、环境科学、交通运输等；文艺少儿类原创图书100种，涉及文学、艺术、少儿读物等。

报送图书应为2011年1月—2012年12月（以版权页为准）国内出版单位出版的新版图书，重版和重印的图书不列入推荐范围。

每家出版单位报送的参评图书不超过5种，含副牌的出版单位不超过8种。

四、申报程序和时限

各出版单位申报须填报《“三个一百”原创图书出版工

程图书申报表》(见附件2),并提供样书每种3册。

各出版单位的申报材料由各省级新闻出版局和主管部门汇总审核、盖章后,于2013年5月10日前统一邮寄、报送至中国图书评论学会(不接受出版单位单独报送及铁路货运)。

总署将组织学科专家对申报的推荐图书进行论证,并对入选图书及相关出版单位予以表彰和奖励。

关于开展2013年图书质量专项检查活动的通知

新出字〔2013〕75号

新闻出版总署

2013年3月15日

各省、自治区、直辖市新闻出版局,新疆生产建设兵团新闻出版局,解放军总政治部宣传部新闻出版局,中央和国家机关各部委、各民主党派、各人民团体出版单位主管部门,中国出版集团公司,中国教育出版传媒集团有限公司,中国科技出版传媒集团有限公司:

为深入贯彻落实党的十八大精神和全国新闻出版工作会议精神,加强出版物质量管理,更好地满足人民群众不断增长的文化需求,新闻出版总署决定将2013年确定为“出版物质量保障年”,开展图书质量专项检查活动。现将有关事项通知如下。

一、检查的组织机构

本次检查活动由总署、省级新闻出版行政部门和中央出版单位主管部门共同组织实施。总署统一部署,各省级新闻出版行政部门和中央出版单位主管部门组织对所辖和所属出版单位进行检查。

二、检查的原则

各省级新闻出版行政部门和中央出版单位主管部门要依据《出版管理条例》《图书质量管理规定》,认真检查,严格执法,杜绝任何形式的地方保护主义和部门保护主义,以巩固和完善出版单位质量保障体系为重点,促进出版物质量的提高。

三、检查的重点

各省级新闻出版行政部门和中央出版单位主管部门要根据所辖和所属出版单位2012年1月至2012年12月(以图书版权页出版时间为准)出版的中小学教辅图书、文化科普类图书和少儿图书的实际情况,确定检查品种和数量。对于没有出版上述品种图书的出版单位,选择其在规定时间范围内出版的其他品种的图书进行检查。各省级新闻出版行政部门和中央出版单位主管部门还要对所辖和所属出版单位贯彻落实出版质量管理有关规定,以及质量保障体系修订和完善的情况进行认真检查,督促出版单位切实落实质量保障体系。

四、检查阶段及时间安排

1. 出版单位自查阶段。2013年3—5月,各出版单位按照10%的比例对本单位出版的上述三类图书的质量进行自查,修订和完善质量保障体系,于5月31日前将抽查结果记录表、检查分析报告和出版单位质量保障体系修订和完善情况报省级新闻出版行政部门和中央出版单位主管部门。

2. 各省级新闻出版行政部门和中央出版单位主管部门抽查阶段。6—7月,各省级新闻出版行政部门和中央出版单位主管部门根据出版单位自查书目,视所辖和所属出版单位情况,对每家每类图书至少抽查1种,于7月31日前将图书抽查结果记录表、检查分析报告和出版单位质量保障体系修订和完善情况报总署。同时，总署还将组织部分省局开展交叉检查。

3. 总署抽查阶段。8—9 月，总署重点抽查部分出版单位出版的中小学教辅图书、文化科普类图书和少儿图书，抽查部分出版单位的质量保障体系修订和完善情况。

4. 公布检查结果阶段。9—10 月，汇总分析各省级新闻出版行政部门和中央出版单位主管部门报送的检查材料，以及总署重点抽查的结果。10 月中旬，对外发布检查结果公告，通报对总署检查出的编校质量不合格图书和相关出版单位的处罚决定。

五、报送材料方式

总署委托总署出版产品质量监督检测中心接收并整理各省级新闻出版行政部门和中央出版单位主管部门报送的材料和样书。请各省级新闻出版行政部门和中央出版单位主管部门按照本通知所要求的时间，将检查材料和样书邮寄至总署出版产品质量监督检测中心，邮寄地址：北京市丰台区太平桥西里 38 号楼 601 房间，邮政编码：100073，联系人：夏悦、张艳，联系电话：010-63486425、65280664。邮寄纸质材料请在信封左下角标注：2013 年图书质量专项检查材料。电子版材料请发至电子信箱：174885011@qq.com。

各省级新闻出版行政部门和中央出版单位主管部门要认真执行本通知所布置的各项工作，并可根据实际情况制定具体实施细则。总署将在本次专项检查活动的收尾阶段，召开一次总结会，通报检查中发现的问题，表扬一批在图书质量管理工作中表现突出的省级新闻出版行政部门和中央出版单位主管部门。

关于申报 2013 年度文化产业发展专项资金的通知

财办文资〔2013〕4 号

财政部办公厅

2013 年 4 月 12 日

党中央有关部门办公厅（室），国务院各部委、各直属机构办公厅（室），各省、自治区、直辖市、计划单列市财政厅（局），新疆生产建设兵团财务局：

根据《财政部关于重新修订印发〈文化产业发展专项资金管理暂行办法〉的通知》（财文资〔2012〕4 号）有关要求，现就 2013 年文化产业发展专项资金申报管理工作有关事项通知如下：

一、重点支持内容

1. 继续支持推进文化体制改革、培育骨干文化企业、构建现代文化产业体系、促进金融资本和文化资源对接、推进文化科技创新和文化传播体系建设、推动文化企业“走出去”等六大方向。

2. 鼓励企业在项目实施中积极利用金融机构融资，不断扩大资金渠道，降低融资成本，在一般项目继续保留贴息政策的基础上，对于获得有关银行基准利率或低于基准利率贷款的文化产业项目给予优先考虑，纳入重大项目管理。

3. 鼓励企业加快提升技术装备水平，优化产品结构，促进产业升级和结构调整，增强核心竞争力，对环保印刷设备购置或改造、仓储物流设备更新升级、重点新闻网站软硬件技术平台建设等给予重点支持，纳入重大项目管理。

二、申报条件

（一）申报企业

1. 申报专项资金的企业应具备下列条件：一是在中国境内依法设立；二是具有独立法人资格，财务管理制度健全，会计信用和纳税信用良好；三是具有一定规模实力、成长性好，其中净资产一般不低于500万元。

2. 企业申请项目补助的，原则上只能申报一个项目，申请金额一般不超过企业上年末经审计净资产额的30%；企业集团最多可同时申报两个项目，合计申请金额不得超过企业集团上年末经审计合并净资产的20%。

3. 除贷款贴息、出口奖励项目外，企业不得就往年已获支持项目或类似项目再行申报。

4. 企业集团下属单位，通过企业集团统一进行申报。

（二）其他申报单位

1. 申报专项资金的其他申报单位应具备下列条件：一是具备从事文化产业相关工作的职能或资质；二是已纳入财政预算管理。

2. 其他申报单位的申报项目应当体现国家文化产业政策，对文化产业发展具有服务或示范作用，重点是国家或地方文化改革发展规划所确定的产业项目。

三、申报要求

（一）申报材料

申报单位应按照《文化产业发展专项资金管理暂行办法》有关规定如实提供申报材料，其中：

1. 申请资产评估、审计、政策法律咨询等费用补助的，需提供清产核资专项审计业务约定书、付款原始凭证及发票复印件。

2. 申请项目补助的，需提供项目可行性研究报告以及相关合同等复印件。

3. 申请贷款贴息的，需提供相关银行贷款合同、利用贷款实施重点发展项目情况说明、已支付贷款利息凭证等复印件。

4. 申报保险费补助的，需提供保险合同、已支付保险费凭证等复印件。

5. 申请境外投资项目补助的，需提供境外企业注册文件、商务主管部门核准颁发的企业境外投资证书、资金汇出证明、项目合同、有资质的中介机构出具的项目资金审计报告和项目补助资金申请报告。

申报专项资金的企业，还需提供企业法人营业执照、税务登记证、经审计的最近两年企业财务报告等复印件。

（二）申报方式

专项资金申报采取纸质文件与电子文件同时上报方式。申报单位从财政部政府网站司局频道（http://wzb.mof.gov.cn/）下载“2013年度文化产业发展专项资金申报系统”和使用说明，按要求填写和提供有关资料。申报项目涉及的可行性研究报告、相关合同文本、付款凭证等，应按要求上传扫描件。每个项目的电子文件应做到数据准确、资料齐全、扫描图像清晰。

（三）申报程序

中央各部门（单位）、各省级（自治区、直辖市、计划单列市，下同）财政厅（局）、财务关系在财政部单列的中央企业负责组织本部门、地区或单位申报工作，并于2013年6月15日前正式向财政部报送申请文件，逾期不受理。

四、工作要求

中央各部门（单位）、各省级财政厅（局）、财务关系在财政部单列的中央企业应高度重视2013年度文化产业发展专项资金申报组织工作，不断提高申报工作质量，按时完成申报工作任务。重点做好以下几点：

1. 督促申报单位按规定提供相关材料（包括纸质文件与电子文件），确保申报材料真实完整。

2. 进一步加大审核力度，重点审核申请人是否具备申请资格、申报程序是否符合要求、申请项目数量及金额是否超出有关限制条件、有关申报文件材料是否真实有效等。

3. 在严格审核的基础上认真开展项目初审工作，有条件的可尝试组织社会专家进行项目评审，初审报告应包括初审工作组织情况、申报项目情况、初审意见等内容。初审报告加盖单位公章后一并报财政部。

关于开展第二届向全国推荐百种优秀民族图书活动的通知

新出联〔2013〕4号

国家新闻出版广电总局　国家民委

2013年6月20日

各省、自治区、直辖市新闻出版局、民（宗）委（厅、局），新疆生产建设兵团新闻出版局、民族宗教事务局，解放军总政治部宣传部新闻出版局，中央和国家机关各部委、民主党派、人民团体新闻出版主管部门，中国出版集团公司，中国教育出版传媒集团有限公司，中国科技出版传媒集团有限公司，各相关中央直属企业：

为全面贯彻党的十八大精神，落实中央关于深入开展民族团结宣传教育活动的部署和要求，深入开展"全民阅读"活动，国家新闻出版广电总局与国家民委决定在首届向全国推荐百种优秀民族图书活动的基础上，继续组织开展第二届向全国推荐百种优秀民族图书活动。现将有关事项通知如下：

一、组织申报工作

各省级新闻出版行政管理部门、中央和国家机关各部委等相关新闻出版主管部门（以下简称为"上级主管部门"），要以高度的责任感，周密部署，精心组织，充分调动有关出版单位的积极性，对出版单位申报优秀民族图书的工作加以指导，对申报的样书及材料进行认真评审和审核，择优申报。

二、申报的要求和范围

（一）坚持正确的出版导向，宣传中国特色社会主义理论、制度和道路，宣传党和国家的民族政策，弘扬以爱国主义为核心的中华民族精神，弘扬民族大团结大发展大繁荣的主旋律，反映各族人民紧密团结、和衷共济、和睦相处、和谐发展的良好局面，增强民族凝聚力、自信心和自豪感，培育社会主义核心价值观，围绕建设中华民族共有的精神家园，实现中华民族复兴的中国梦。

（二）具有较高思想性、知识性、艺术性以及具有鲜明时代特征的通俗读物、少儿读物和工具书等，内容包括少数民族政治、经济、历史、文化、文学、艺术、科技等方面。

（三）语言规范、用字准确，封面美观，内容质量、编校质量、印装质量合格。

（四）2011年1月—2012年12月（以版权页为准）公开出版发行的少数民族文字版和少数民族题材的汉文版图书。

（五）申报图书要深受读者喜爱，少数民族文字版图书发行量在2000册以上，汉文版图书在5000册以上。

（六）各民族出版单位少数民族文字版图书最多申报20种，汉文版图书最多申报5种；其他出版社汉文图书最多申报5种。多卷本丛书、套书全部出齐后可作为一种申报，也可以其中单本书申报。教材教辅图书不列为申报对象。

三、申报程序

各出版单位须报送第二届向全国推荐百种优秀民族图书申报表（见附件）和样书2册（套）。

各出版单位的申报表由上级主管部门汇总审核并加盖公章后，于8月10日前报送至此次活动的承办单位民族出版社，同时请将申报表的电子版发至 bakhet@sina.com。

四、活动安排

国家新闻出版广电总局和国家民委将于2013年9月组织专家评选，评选出的100种优秀民族图书通过媒体向社会公示。最终结果将由国家新闻出版广电总局和国家民委正式发文公布，同时，在《中国新闻出版报》《中国民族报》以及国家新闻出版广电总局和国家民委政府网站等媒体上发布，并组织系列评述，加大宣传推广。2013年10月，国家新闻出版广电总局和国家民委将召开总结会，向获推荐图书的出版单位和责任编辑颁发荣誉证书。

关于印发国家新闻出版广电总局主要职责内设机构和人员编制规定的通知

国办发〔2013〕76号

国务院办公厅
2013年7月11日

各省、自治区、直辖市人民政府，国务院各部委、各直属机构：

《国家新闻出版广电总局主要职责内设机构和人员编制规定》已经国务院批准，现予印发。

根据第十二届全国人民代表大会第一次会议批准的《国务院机构改革和职能转变方案》和《国务院关于机构设置的通知》（国发〔2013〕14号），设立国家新闻出版广电总局（正部级），为国务院直属机构。

一、职能转变

（一）取消的职责

1. 取消举办全国性出版物订货、展销活动审批。

2. 取消在境外展示、展销国内出版物审批。

3. 取消设立出版物全国连锁经营单位审批。

4. 取消从事出版物全国连锁经营业务的单位变更《出版物经营许可证》登记事项，或者兼并、合并、分立审批。

5. 取消只读类光盘生产设备引进、增加与更新审批。

6. 取消著作权集体管理组织章程修改审批。

7. 取消出版物总发行单位设立从事发行业务的分支机构审批。

8. 取消期刊变更登记地审批。

9. 取消影视互济专项资金使用审批。

10. 取消军队协助拍摄电影片军事预算审批。

11. 取消广播电视传输网络公司股权性融资审批。

12. 取消中外合作摄制电影片所需进口设备、器材、胶片、道具审批。

13. 取消电影洗印单位接受委托洗印加工境外电影底片、样片和电影片拷贝审批，同时强化政策导向和管理措施。

14. 取消一般题材电影剧本审查，实行梗概公示。

15. 取消出版物发行员职业技能鉴定职责，工作由相关协会、学会承担。

16. 取消图书出版单位等级评估职责，工作由中国出版协会承担。

17. 取消报纸、期刊综合质量评估职责，工作分别由中国报业协会和中国期刊协会承担。

18. 取消涉外著作权登记服务职责，工作由中国版权保护中心承担。

19. 取消调控书号总量的职责。创新书号管理方式，规范书号使用，遏制违规行为。

20. 取消管理广播剧的职责。

21. 根据《国务院机构改革和职能转变方案》需要取消的其他职责。

（二）下放的职责

1. 将音像复制单位、电子出版物复制单位设立审批职责下放省级新闻出版广电行政部门。

2. 将音像复制单位、电子出版物复制单位变更业务范围或兼并、合并、分立审批职责下放省级新闻出版广电行政部门。

3. 将地方对等交流互办单一国家电影展映活动审批职责下放省级新闻出版广电行政部门。

4. 将国外人员参与制作的国产电视剧审查职责下放省级新闻出版广电行政部门。

5. 将地市级、县级广播电台、电视台变更台标审批职责下放省级新闻出版广电行政部门。

6. 将设置卫星电视广播地面接收设施审批职责下放省级新闻出版广电行政部门。

7. 将只读类光盘设备投产验收工作职责下放省级新闻出版广电行政部门。

8. 根据《国务院机构改革和职能转变方案》需要下放的其他职责。

（三）加强的职责

1. 加强组织推进新闻出版广播影视领域公共服务，大力促进城乡公共服务一体化发展，促进新闻出版广播影视事业繁荣发展。

2. 加强指导、协调、推动新闻出版广播影视产业发展，优化配置新闻出版广播影视资源，加强业态整合，促进综合集成发展。

3. 加强推进新闻出版广播影视领域体制机制改革。

4. 加强对数字出版以及网络视听节目服务、公共视听载体播放广播影视节目的规划指导和监督管理，推动协调其健康发展。

5. 加强著作权保护管理、公共服务和国际应对，加大反侵权盗版工作力度。

6. 加强新闻出版广播影视国际传播能力建设，协调推动新闻出版广播影视“走出去”工作。

7. 加强管理理念和方式的创新转变，充分发挥市场调节、社会监督和行业自律作用。

二、主要职责

（一）负责拟订新闻出版广播影视宣传的方针政策，把握正确的舆论导向和创作导向。

（二）负责起草新闻出版广播影视和著作权管理的法律法规草案，制定部门规章、政策、行业标准并组织实施和监督检查。

（三）负责制定新闻出版广播影视领域事业发展政策和规划，组织实施重大公益工程和公益活动，扶助老少边穷地区新闻出版广播影视建设和发展。负责制定国家古籍整理出版规划并组织实施。

（四）负责统筹规划新闻出版广播影视产业发展，制定发展规划、产业政策并组织实施，推进新闻出版广播影视领域的体制机制改革。依法负责新闻出版广播影视统计工作。

（五）负责监督管理新闻出版广播影视机构和业务以及出版物、广播影视节目的内容和质量，实施依法设定的行政许可并承担相应责任，指导对市场经营活动的监督管理工作，组织查处重大违法违规行为。指导监管广播电视广告播放。负责全国新闻记者证的监制管理。

（六）负责对互联网出版和开办手机书刊、手机文学业务等数字出版内容和活动进行监管。负责对网络视听节目、公共视听载体播放的广播影视节目进行监管，审查其内容和质量。

（七）负责推进新闻出版广播影视与科技融合，依法拟订新闻出版广播影视科技发展规划、政策和行业技术标准，并组织实施和监督检查。负责对广播电视节目传输覆盖、监测和安全播出进行监管，推进广电网与电信网、互联网三网融合，推进应急广播建设。负责指导、协调新闻出版广播影视系统安全保卫工作。

（八）负责印刷业的监督管理。

（九）负责出版物的进口管理和广播影视节目的进口、收录管理，协调推动新闻出版广播影视领域“走出去”工作。负责新闻出版广播影视和著作权管理领域对外及对港澳台的交流与合作。

（十）负责著作权管理和公共服务，组织查处有重大影响和涉外的著作权侵权盗版案件，负责处理涉外著作权关系和有关著作权国际条约应对事务。

（十一）负责组织、指导、协调全国“扫黄打非”工作，组织查处大案要案，承担全国“扫黄打非”工作小组日常工作。

（十二）领导中央人民广播电台、中国国际广播电台和中央电视台，对其宣传、发展、传输覆盖等重大事项进行指导、协调和管理。

（十三）承办党中央、国务院交办的其他事项。

三、内设机构

根据上述职责，国家新闻出版广电总局设22个内设机构：

（一）办公厅

负责文电、会务、应急值班、机要、档案、督查等机关日常运转工作，承担政务公开、新闻发布、安全保密、信访、建议提案办理和机关财务等工作，指导机关后勤服务管理和政务信息化工作。

（二）政策法制司

研究新闻出版广播影视管理重大政策。组织起草新闻出版广播影视和著作权管理法律法规草案和规章，承担规范性文件的合法性审核工作。承担重大行政处罚听证、行政复议、行政应诉、涉外法律事务等工作。

（三）规划发展司（改革办公室）

拟订新闻出版广播影视事业产业发展规划、政策和调控目标并组织实施，协调推动新闻出版广播影视事业产业发展。研究拟订新闻出版广播影视领域重大改革措施，指导、协调推进有关体制机制改革工作。依法承担新闻出版广播影视统计工作。

（四）公共服务司

拟订新闻出版广播影视基本公共服务政策和保障标准，协调推进基本公共服务均等化和城乡一体化发展。组织实施重大公益工程，对老少边穷地区进行扶助，指导监督相关重点基础设施建设。

（五）综合业务司

指导行政审批制度改革，组织、协调行政审批工作。拟订行政许可的实施办法，承办相关行政许可事项。

（六）宣传司

承担广播电视宣传和播出的指导、监管工作。指导、协调全国性重大广播电视活动。指导、监管理论文献片、纪录片、电视动画片的制作和播出。具体指导中央人民广播电台、中国国际广播电台和中央电视台的重大宣传工作。

（七）新闻报刊司

承担报纸（报社）和期刊（刊社）出版活动，国内报刊社、通讯社分支机构和记者站的监督管理工作。组织对报纸、期刊内容的审读和舆情分析工作。承担全国新闻单位记者证的监制审核、发放、备案和管理工作。组织查处重大新闻违法活动。

（八）电影局

承担电影制片、发行、放映单位和业务的监督管理工作，组织对电影内容进行审查。指导、协调全国性重大电影活动。指导电影档案管理、技术研发和电影专项资金管理。承办对外合作制片、输入输出影片的国际合作与交流事项。

（九）出版管理司（古籍整理出版规划办公室）

承担图书、音像、电子出版单位和出版活动的监督管理工作，组织对图书、音像制品、电子出版物内容和质量进行监管。组织指导涉及党和国家重要文件文献、教科书的出版工作，组织实施全民阅读推广活动。承担国家古籍整理出版规划的组织协调工作。承担书号、版号管理工作。

（十）电视剧司

承担电视剧制作的指导、监管工作，组织对国产电视剧、引进电视剧和对外合拍电视剧（含动画片）的内容进行审查。指导、调控电视剧的播出。

（十一）印刷发行司

承担印刷、复制、出版物发行单位和业务的监督管理工作，组织查处、纠正重大违法违规行为。组织指导党和国家重要文件文献、教科书的印制发行工作。指导内部资料性出版物的印刷管理工作。推动印刷业转型升级及新兴印刷业发展。

（十二）传媒机构管理司。

承担广播电视播出机构和业务、广播电视节目制作机构、广播电视节目传送、有线电视付费频道、移动电视业务的监督管理工作。指导和监督管理广播电视广告播放。

（十三）数字出版司

承担数字出版内容和活动的监督管理工作，对网络文学、网络书刊和开办手机书刊、手机文学业务进行监督管理。

（十四）网络视听节目管理司

承担网络视听节目服务、广播电视视频点播、公共视听载体播放广播影视节目内容和业务的监督管理工作。指导网络视听节目服务的发展和宣传。

（十五）反非法和违禁出版物司（全国“扫黄打非”工作办公室）

拟订“扫黄打非”方针政策和行动方案并组织实施，组织、指导、协调全国“扫黄打非”工作，组织查处非法和违禁出版传播活动的大案要案。承担全国“扫黄打非”工作小组日常工作。

（十六）版权管理司

拟订国家版权战略纲要和著作权保护管理使用的政策措施并组织实施，承担国家享有著作权作品的管理和使用工作，对作品的著作权登记和法定许可使用进行管理。承担著作权涉外条约有关事宜，处理涉外及港澳台的著作权关系。组织查处著作权领域重大及涉外违法违规行为。组织推进软件正版化工作。

（十七）进口管理司

承担出版物、广播电视节目的进口管理。依法管理境外新闻出版广播影视机构在华设立办事机构。对境外广播电视节目的引进、播出和中外广播电视节目合作的制作、播出，以及卫星电视接收设施、境外卫星电视节目的落地和接收进行监督管理。

（十八）科技司

拟订新闻出版及印刷业、广播影视及视听类新媒体科技发展规划、政策、行业标准并组织实施。拟订广播影视传输覆盖网和监测监管网的规划，推进三网融合。承担广播影视安全播出的监督管理和技术保障工作，承担广播影视质量技术监督、监测和计量检测工作。

（十九）财务司

承担机关和直属单位财务管理工作，负责预决算、国有资产管理、基本建设项目、政府采购及内部审计工作。

（二十）国际合作司（港澳台办公室）

组织开展新闻出版广播影视和著作权的对外及港澳台交流与合作。协调推动新闻出版广播影视"走出去"工作。承担国际文化协定中有关项目的执行工作。

（二十一）人事司

承担新闻出版广播影视行业队伍建设和教育培训工作。承担机关和直属单位的人事管理、机构编制、劳动工资等工作。

（二十二）保卫司

拟订新闻出版广播影视有关安全制度和处置重大突发事件预案并组织实施，指导、协调新闻出版广播影视系统安全保卫工作。指导、管理机关、中央人民广播电台、中国国际广播电台、中央电视台等重点单位和核心机密、要害部位的安全保卫工作。

机关党委。负责机关和在京直属单位的党群工作。

离退休干部局。负责机关离退休干部工作，指导直属单位的离退休干部工作。

四、人员编制

国家新闻出版广电总局机关行政编制为508名（含两委人员编制11名、援派机动编制5名、离退休干部工作人员编制39名）。其中：局长（兼国家版权局局长）1名、副局长4名、国家版权局专职副局长1名（副部长级）；司局领导职数77名（含总工程师1名、机关党委专职副书记1名、离退休干部局领导职数3名）。

五、其他事项

（一）国家新闻出版广电总局加挂国家版权局牌子，在著作权管理上，以国家版权局名义行使职权。

（二）关于动漫和网络游戏管理，与文化部的职责分工维持不变。

（三）所属事业单位的设置、职责和编制事项另行规定。

六、附则

本规定由中央机构编制委员会办公室负责解释，其调整由中央机构编制委员会办公室按规定程序办理。

关于调整《2011—2020年国家古籍整理出版规划》的通知

新出联〔2013〕5号

国家新闻出版广电总局　全国古籍整理出版规划领导小组

2013年7月17日

各省、自治区、直辖市新闻出版局，新疆生产建设兵团新闻出版局，解放军总政治部宣传部新闻出版局，中央和国家机关有关部委、民主党派、人民团体新闻出版主管部门，中国出版集团公司、中国教育出版传媒集团有限公司、中国科技出版传媒集团有限公司，各相关中央直属企业：

为深入贯彻落实十八大精神，建设优秀传统文化传承体系，加强古籍整理出版中长期规划的动态管理，根据《关于报送〈2011—2020年国家古籍整理出版规划〉执行、调整情况的通知》（新出联〔2013〕2号）的要求，国家新闻出版广电总局、全国古籍整理出版规划领导小组对《2011—2020年国家古籍整理出版规划》（以下简称《规划》）的进展情况进行了检查，并结合社会主义文化发展的新形势和古籍整理出版工作的新进展，对《规划》进行调整、充实。现将有关情况通知如下：

一、《规划》执行及调整情况

《规划》原列入项目491个，全部完成35个，部分完成52个，全部完成和部分完成项目占项目总数的17.7%。《规划》自上而下的35个项目，出版单位已经申领6个。

2013年6月，国家新闻出版广电总局、全国古籍整理出版规划领导小组组织召开了《规划》增补项目论证会，经过专家认真评审和论证，确定新增规划项目41个（见附件1）。

经过此次调整，批准撤销《规划》项目7种（见附件2），变更《规划》项目18种（见附件3）。《规划》项目由491种增至525种。

二、《规划》增补项目的特点

（一）体现国家水平，突出重点方向，遴选既注重学术的总结性，又注重填补学术研究空白的古籍整理出版项目。

（二）追踪学术进展，强化薄弱环节，组织具有较高文化传承价值的出土文献和珍稀古籍的保护性整理出版项目。

（三）拓展出版领域，服务学术研究，重视具有较高学术价值的社会档案类文献和专题性文献的整理出版项目。

（四）注重学术规范，强调整理含量，侧重遵循整理出版规范的高水平、研究型古籍整理出版项目。

三、《规划》实施要求及保障措施

（一）充分认识《规划》的重大意义，以高度负责的态度做好《规划》的组织和实施工作。各级新闻出版行政部门和出版单位主管部门、各有关出版单位要将《规划》项目作为重大项目、品牌工程、骨干工程来抓。通过《规划》的落实，引领和带动古籍整理出版。

（二）加强《规划》的组织领导。各级新闻出版行政部门和出版单位主管部门、各有关出版单位要分工负责、加强监督和管理，要以国家规划为龙头，结合本地区、本部门《规划》项目的实施，形成《规划》项目多层面、全覆盖的合理布局，充分利用国家级、省级、出版单位三级网络化管理体系，有效实施《规划》项目。

（三）建立《规划》项目与出版资助的衔接机制。《规划》的实施将与古籍整理出版专项经费、国家出版基金等出版资助相衔接，列入《规划》的项目将成为古籍整理出版专项经费、国家出版基金等资助的重点。

（四）建立《规划》实施保障机制。各级新闻出版行政部门和出版单位主管部门，对于《规划》项目的实施要有一定的配套措施，在资金、人力、时间上给予充分的支持。各承担项目单位要建立《规划》实施保障机制，做到人员（领导、责任编辑、作者）、资金、时间三落实。要采取有力措施，切实把好书稿内容、编辑加工、装帧印刷等环节的质量关，确保项目的出版质量和出版进度。

（五）《规划》是一个开放、动态的出版工程，总局和古籍小组将定期对《规划》项目进行检查、增补和调整，确保《规划》的质量和进度。

关于调整《"十二五"国家重点图书、音像、电子出版物出版规划》的通知

新出厅字〔2013〕261号

国家新闻出版广电总局办公厅
2013年7月22日

各省、自治区、直辖市新闻出版局，新疆生产建设兵团新闻出版局，解放军总政治部宣传部新闻出版局，中央和国家机关各部委、民主党派、人民团体新闻出版单位主管部门，中国出版集团公司、中国教育出版传媒集团有限公司、中国科技出版传媒集团有限公司，各有关中央直属企业：

为深入贯彻落实党的十八大精神，推动精品生产，有效实施《"十二五"国家重点图书、音像、电子出版物出版规划》（以下简称《规划》），根据《关于开展〈"十二五"国家重点图书、音像、电子出版物出版规划〉中期评估及调整增补工作的通知》（新出字〔2013〕30号）的要求，总局对《规划》进行了中期评估，同时，根据党的十八大提出的新要求，组织开展了2013年《规划》增补工作，对《规划》进行充实和调整。现将有关情况通知如下：

一、《规划》中期评估及增补情况

2013年是实施《规划》承上启下的重要阶段，截至目前，《规划》整体进展情况达到预期目标，取得了阶段性成果。《规划》原列入项目2578个，其中2474个自下而上的项目，已全部完成558个，占比为22.6%；部分完成项目609个，占比为24.6%。全部完成和部分完成的项目共1167个，占比达47.2%。未落实出版单位的104个自上而下项目中，确认由出版单位申领的项目51个（见附件2）。

2013年6月，总局组织召开《规划》增补项目论证会，经过专家认真评审，确定新增项目共531个（图书467个、音像电子出版物64个）（见附件1）。

经过此次调整，撤销《规划》项目86个（见附件3）；同意《规划》中变更出版单位的项目7个（见附件4）。调整后，《规划》项目由2578个增至3023个，其中图书由2244个增至2654个，音像电子出版物由334个增至369个。

二、《规划》增补项目特点

（一）深入贯彻落实党的十八大精神，反映马克思主义中国化时代化大众化的最新成果，以社会主义核心价值体系引领社会思潮；

（二）围绕实现中华民族伟大复兴的中国梦，从中华民族的奋斗历史和不懈努力中反映中国梦的艰辛探索、基本内涵和精神实质；

（三）按照实现全面建成小康社会的目标要求，及时反映经济、政治、文化、社会建设实践成果，服务于中国特色社会主义总布局、总任务；

（四）突出科研最新成果，体现国家最高水平，实现与国家社会科学重点研究方向保持一致，与国家科技重点项目有机衔接；

（五）丰富人民群众精神文化生活，满足人民群众多样化的文化需求，普及科学知识，提高全民科学文化素质。

三、《规划》实施要求及保障措施

（一）各级新闻出版行政部门、出版主管部门及各有关出版单位要加强《规划》的组织领导，通过实施国家规划，发挥国家重点项目的导向作用，充分利用国家级、省级、出版单位重点出版物规划体系，带动更多高水平、高质量出版物的出版。

（二）建立健全重点项目质量管理制度，遵循出版物质量标准、符合学术著作规范，确保产品内容、编辑加工、装帧印刷、制作复制等环节的质量，属于重大选题范围的必须履行重大选题备案程序；认真落实人员（领导、责任编辑、作者）、资金、时间的保障措施，确保项目的出版进度。通过动态管理，加强检查督导，有效提高重点项目的质量和完成率。

（三）加强《规划》出版成果的宣传和推介，提高精品力作的影响力。《规划》项目出版时可在封面标注："十二五"国家重点出版物出版规划项目。列为三个精品工程的项目亦可同时标注：哲学社会科学创新成果出版工程、中国科学技术研究领域高端学术成果出版工程、中国文学创作出版精品工程。

（四）总局将在国家出版基金、古籍整理专项经费、少数民族文字出版专项资金等评审工作中对《规划》项目予以重点关注和支持。同时，加强《规划》项目与政府推优评奖等工作的衔接，切实发挥政策、资金支持的引导作用，优化配置出版资源。

关于调整《国家"十二五"少数民族语言文字出版规划》的通知

新出厅字〔2013〕262号

国家新闻出版广电总局办公厅

2013年7月22日

各省、自治区、直辖市新闻出版局，新疆生产建设兵团新闻出版局，中央和国家机关有关部委、民主党派、人民团体新闻出版单位主管部门：

为深入贯彻落实党的十八大精神，进一步推动少数民族文化的繁荣发展，根据《关于报送〈国家"十二五"少数民族语言文字出版规划〉执行和调整情况的通知》（新出字〔2013〕33号）要求，总局对《国家"十二五"少数民族语言文字出版规划》（以下简称《规划》）的执行情况进行了检查，同时，结合新形势和新任务，对《规划》进行增补。现将有关情况通知如下：

一、《规划》项目检查和调整情况

《规划》原列入项目284个，全部完成的项目34个（图书26个、音像8个），占项目总数的12%；部分完成项目65个（图书43个、音像18个、电子出版物4个），占项目总数的23%。全部完成和部分完成的项目共99个，占项目总数的35%。

2013年6月，总局组织专家对《规划》申报增补项目进行了评审，确定新增项目42个（见附件1）。其中少数民族语言文字重点出版项目26个，少数民族语言文字译制（著）出版工程项目16个，包括蒙、藏、维、哈、朝等20余种少数民族语言和文字。同时，批准撤销《规划》项目7种（见附件2）。调整后，《规划》项目由284个增至319个。

二、《规划》增补项目特点

（一）围绕社会主义核心价值体系建设，以多种少数民族语言文字及时译制、翻译马克思主义中国化时代化大众化的最新成果，弘扬中国精神，宣传党的民族政策；

（二）保护和传承中华各民族丰富多彩的优秀传统文化，挖掘整理各民族重要历史文献，增强民族凝聚力和吸引力；

（三）普及政治、经济、法律、历史、科技知识和实用技术，通俗易懂、形式多样，旨在提高全民族思想道德和科学文化素质；

（四）吸收中华民族优秀文化成果，注重文学艺术经典作品的译制，品种丰富，形成规模系列。

三、实施《规划》的要求和保障措施

（一）有关省（自治区、直辖市）新闻出版行政部门、部委出版主管部门及出版单位要加强《规划》的组织和领导，发挥国家规划的引导作用，促进本地区、本部门重点规划项目出版，推动少数民族精品力作的不断涌现。

（二）建立健全重点项目的保障制度，采取有效措施确保项目的出版质量，认真把好产品内容、编辑加工、装帧印刷、制作复制等环节的质量关，属于重大选题范围的必须履行重大选题备案程序。切实做到人员（领导、责任编辑、作者）、资金、时间三落实，通过动态管理，加强跟踪检查和督导，有效提高重点项目的完成率。遵守国家版权相关法律、法规，维护著作者、创作者合法权益。

（三）加强《规划》出版成果的宣传和推介，提高精品力作的影响力。《规划》项目出版时可在封面标注：国家“十二五”少数民族语言文字出版规划项目。

（四）建立《规划》项目与出版资助的衔接机制。总局将在国家出版基金、民族文字出版专项资金等评审工作中对《规划》项目予以重点关注和支持，同时，加强《规划》项目与政府推优评奖等工作的衔接。各地出版主管部门和出版单位也要采取配套措施，鼓励出版资源向精品出版倾斜。

关于公布2013年首届向全国青少年推荐50种优秀音像电子出版物目录的通知

新出字〔2013〕239号

国家新闻出版广电总局

2013年7月22日

各省、自治区、直辖市新闻出版局，新疆生产建设兵团新闻出版局，解放军总政治部宣传部新闻出版局，中央和国家机关各部委、各民主党派、各人民团体出版单位主管部门，中国出版集团公司，中国教育出版传媒集团有限公司，中国科技出版传媒集团有限公司，全国各音像、电子出版单位：

为深入贯彻落实党的十八大精神，推进社会主义核心价值体系建设，营造有利于青少年健康成长的社会环境和文化环境，国家新闻出版广电总局于2013年5月上旬下发了《关于开展2013年首届向全国青少年推荐50种优秀音像电子出版物活动的通知》（下称《通知》）。《通知》下发后，各地区、各部门和各音像电子出版单位高度重视，在规定的时间内共报送音像制品345种、电子出版物75种。国家新闻出版广电总局组织专家经过初评和复评，并经过在相关媒体上进行公示，最终确定50种优秀音像电子出版物进入推荐目录，其中音像制品40种、电子出版物10种。现将有关要求通知如下：

一、各地区、各部门对列入目录中的重点音像制品和电子出版物的出版工作要高度重视，要及时组织有关出版单位具体落实推荐音像制品和电子出版物的出版、再版及供货问题，保证市场供应，保证提供优质的服务和优惠的价格。所推荐的50种音像电子出版物，可以在封面上标注“国家新闻出版广电总局向全国青少年推荐50种优秀音像电子出版物”字样。

二、各地新闻出版局要组织好本地区推荐音像制品和电子出版物的宣传推荐工作，推动各中心城市新华书店在暑假期间集中展示、展销此次推荐的50种优秀音像制品和电子出版物。同时，要通过各种有效渠道向社会、学校、家庭和广大青少年推荐、介绍、宣传，进一步丰富青少年的精神文化生活。

三、各音像电子出版单位要继续做好面向青少年的主题出版工作，围绕推进社会主义核心价值体系建设，进一步加强未成年人思想道德建设，组织出版一批贴近青少年心理、符合青少年欣赏水平、有益于青少年健康成长的优秀音像制品和电子出版物，全面提高青少年综合素质。

现将推荐目录下发，请各音像电子出版单位精心组织，认真落实，高质量地完成此项任务。

特此通知。

关于公布首届向全国推荐优秀古籍整理图书的通知

新出联〔2013〕6号

国家新闻出版广电总局　全国古籍整理出版规划领导小组

2013年8月9日

各省、自治区、直辖市新闻出版局，新疆生产建设兵团新闻出版局，解放军总政治部宣传部新闻出版局，中央和国家机关有关部委、民主党派、人民团体新闻出版主管部门，中国出版集团公司、中国教育出版传媒集团有限公司、中国科技出版传媒集团有限公司，各相关中央直属企业：

为深入贯彻落实党的十八大精神，建设优秀传统文化传承体系，进一步加强古籍整理精品力作的出版，充分发挥优秀古籍出版物的社会作用，国家新闻出版广电总局、全国古籍整理出版规划领导小组组织开展了首届向全国推荐优秀古籍整理图书活动。2012年10月19日，原新闻出版总署、全国古籍整理出版规划领导小组印发了《关于开展全国优秀古籍整理图书推荐活动的通知》（新出联〔2012〕22号），向相关专家寄送了《关于邀请专家推荐全国优秀古籍整理图书的函》（新出字〔2012〕254号），并通过媒体发布了《关于邀请读者参与推荐全国优秀古籍整理图书的通知》（新出联〔2012〕23号）。推荐活动得到了各地新闻出版主管部门、出版单位以及专家学者、全国广大读者的高度重视，共收到出版社申报及专家、读者推荐图书1136种。国家新闻出版广电总局、全国古籍整理出版规划领导小组组织专家经过初审、通讯评审、会议论证、复核评审等多轮评审程序，并将拟定书目在相关媒体上进行公示，最终确定了首届向全国推荐优秀古籍整理图书91种（目录见附件）。现将有关情况及要求通知如下：

一、推荐图书的基本情况

首届向全国推荐优秀古籍整理图书以学术类为主，兼顾普及类，涉及文学、语言文字、文化艺术、历史、地理、哲学、宗教、科学技术、综合参考等古籍整理出版的主要门类，基本涵盖标点、校勘、注释、今译及辑佚、索引、汇编、影印等主要整理方式。

二、推荐图书的特点

（一）凸显学术性，代表目前我国古籍整理出版的水平，反映相关学科的最新研究成果。

（二）强调原创性，在版本选择、整理方式和出版形式等方面上体现出创新性。

（三）注重典范性，在整理、编校、印制等方面可以作为古籍整理出版的标杆和范本。

（四）体现规范性，整理体例完善，整理方法科学，符合学术规范和古籍整理出版规范。

三、做好推荐、宣传及交流工作的要求

（一）各地新闻出版主管部门要组织出版单位和发行单位共同做好推荐图书的出版发行工作。相关出版单位和发行单位应加强配合，做好推荐图书的重印、再版、供货等工作。推荐图书在重印或再版时，可以在封面、腰封或其他适当位置上标注"国家新闻出版广电总局、全国古籍整理出版规划领导小组向全国推荐优秀古籍整理图书"字样。

（二）各地新闻出版主管部门要组织好推荐图书的宣传推广工作，推动各中心城市新华书店展示、展销推荐图书。要通过各种有效渠道扩大推荐图书的社会影响力，并以此为契机推动古籍整理图书的全民阅读水平，进一步继承和弘扬中华民族优秀传统文化。

（三）各地新闻出版主管部门要积极发挥推荐图书的示范作用，组织有关古籍整理出版专业出版社及有古籍整理出版业务的出版社就推荐图书开展学习、交流活动，总结整理、编辑和出版经验，继续推进古籍整理出版工作，推出更多精品力作。

为了进一步做好优秀古籍整理图书推荐活动，请各地新闻出版主管部门和相关出版单位将推荐宣传工作、组织学习交流和开展阅读活动中好的经验和做法，及时反馈至全国古籍整理出版规划领导小组办公室。

关于坚持厉行节约、严格控制和规范新闻出版展会的通知

新出政发〔2013〕4号

国家新闻出版广电总局

2013年8月23日

各省、自治区、直辖市新闻出版局，新疆生产建设兵团新闻出版局，解放军总政治部宣传部新闻出版局：

近年来，各种以新闻出版（版权）产品和服务为主要内容的展览会、博览会、展销会、交易会、订货会、采购会等（以下简称展会）逐年增多，在满足人民群众精神文化需求，促进新闻出版繁荣发展等方面发挥了积极作用。但同时也存在着展会过多过滥，部分展会求大不重质、求轰动效应不重实际效果，市场化程度低、专业性不强、豪华装饰、强行摊派等问题，造成了资源浪费，加大了基层和参展单位的负担。

为进一步落实中央关于改进工作作风、密切联系群众的八项规定和开展党的群众路线教育实践活动、整治"四风"的有关要求，弘扬艰苦奋斗、厉行节约的优良作风，切实解决基层和群众反映突出的问题，现就进一步严格控制和规范新闻出版展会的有关事项通知如下。

一、控制总量，注重展会实效。按照厉行节约、注重实效的原则，严格控制全国新闻出版展会总量。除对推动行业发展有示范引领作用、承担国家重大宣传推广任务、在国内外有重大影响的展会以及市场化程度高、办展效果突出、行业反响好、消费者认可、已经形成良好品牌的展会予以保留外，对定位雷同、业务相近的展会逐步合并，对形式重于内容、实际效果差、社会影响小、群众意见大的展会坚决停办。确定保留或合并的展会，转由行业协会或企业主办承办，新闻出版行政主管部门一律退出。

二、节俭办展，制止豪华铺张。严格落实中央八项规定和整治"四风"的要求，提倡节俭办展。各类展会原则上不搞或尽量简化开幕式、闭幕式，不搞专场文艺晚会，国内展会不举办招待宴会、答谢宴会、招待酒会等活动。不准进

行超出展览展示实际需要的豪华装饰，不准借举办或参加展会名义出国到名胜古迹和风景区旅游和在国内旅游，不准以展会名义组织高消费娱乐活动，不准以展会名义赠送礼金、礼品、纪念品、土特产和各种有价证券、支付凭证等。

三、规范办展，减轻参展负担。除纳入国家整体规划的重大展会和境外展会外，各级新闻出版行政主管部门和主办承办单位不得就展会下发组织参展通知或以其他方式要求有关单位参展。有关部门和主办承办单位不得向参展单位收取任何不合理费用，不得以办展名义要求基层单位、干部群众出钱出物出工或以各种名目乱收费、摊派、拉赞助，不得就展位数量、装饰标准、做广告等对参展单位提出硬性要求，不得要求参展单位参加与展会无关的其他活动或要求参展单位捐款捐物。

四、加强监管，建立长效机制。各级新闻出版行政主管部门要按照国务院机构改革和职能转变的要求，逐步建立政府监管、行业自律、市场运作的展会办展机制，引导展会向专业化、差异化、市场化方向发展。积极探索引入第三方评估机制，对展会进行科学评估，根据评估结果研究制定完善有关办法，创新办展方式，加强事中事后监管，切实担负起管理责任。对于本行政区域内举办的新闻出版展会有违反本通知要求的情况，要认真查处、及时纠正，并将有关情况报告总局。

关于严厉禁止和坚决查处中小学教辅材料出版发行违法违规行为的通知

新出政发〔2013〕5号

国家新闻出版广电总局

2013年8月26日

各省、自治区、直辖市新闻出版局，新疆生产建设兵团新闻出版局，解放军总政治部宣传部新闻出版局，中央和国家机关各部委、各民主党派、各人民团体出版单位主管部门，中国出版集团公司、中国教育出版传媒集团有限公司、中国科技出版传媒集团有限公司：

适当出版发行一些适应中小学教学需要、质优价廉的教辅材料，对于提高教学质量具有一定的积极作用。但是，近年来中小学教辅材料出版发行中出现了一些不规范甚至违法违规的行为，损害了人民群众的利益，引起了学生和家长的不满。按照深入开展党的群众路线教育实践活动、整治“四风”、着力解决群众反映突出问题的要求，各级新闻出版行政主管部门对中小学教辅材料出版发行中的不规范和违法违规行为要予以严厉禁止和坚决查处。现就有关事项通知如下。

一、严把中小学教辅材料出版印制关。对不具备中小学教辅材料出版资质的出版单位，不得安排中小学教辅材料选题，不得出版、再版、重印中小学教辅材料，不得通过报刊更名等方式变相出版中小学教辅材料。严禁任何形式的买卖书号、刊号、版号和一号多用等违法违规行为。印刷复制单位在未按照规定办理相关手续，或手续不全、不齐、无效等情况下，不得承接中小学教辅材料印刷复制业务。

二、严禁违规发行中小学教辅材料。任何单位、部门和个人未经批准不得从事中小学教辅材料发行活动。出版发行单位不得委托不具有发行资质的单位、部门和个人代理发行销售中小学教辅材料。严禁销售侵权盗版和非法出版的中小学教辅材料，严禁销售内容质量、编校质量或印装质量不符合国家有关规定和标准的中小学教辅材料。对不符合市场准入条件、不具备资质或违法违规经营中小学教辅材料的发行单位，要坚决查处并予以取缔。

三、严格中小学教辅材料价格管理。各省、自治区、直辖市评议公告的中小学教辅材料试行政府指导价。各省、自治区、直辖市新闻出版行政主管部门要与当地价格主管部门通力合作，严格履行价格确认程序。严禁违反或变相违反国家统一制定的正文印张、封面基准价格标准以及发行费用标准制定和确认价格。各出版单位要按照有关规定如实填写申报材料，不得虚报印张数量，或通过降低用纸规格、降低印装标准，变相提高定价标准。中小学教辅材料零售价格一经确认，出版发行单位不得擅自调整印张规格、克重、印色数、印张数或改变零售价格，提高定价标准。

各省、自治区、直辖市评议公告以外的中小学教辅材料价格的确定，必须遵守国家《价格法》《反不正当竞争法》及相关法律法规的规定。出版单位不得违背公平、合法和诚实信用的原则确定价格，不得背离中小学教辅材料出版发行的合理成本和市场供求状况制定价格，不得采取高定价、低折扣等不正当行为推销中小学教辅材料。

各相关出版单位要在本单位门户网页显著位置向社会公开所出版的中小学教辅材料定价情况，包括开本、印张数、印张单价、零售价格等情况，主动接受社会监督。

四、严查非法出版发行中小学教辅材料行为。任何单位和个人在中小学教辅材料编写、出版、印刷复制、发行等环节，不得以拿回扣、索要赞助等非法手段中饱私囊。出版发行单位不得与有关部门、学校或老师进行地下交易和一切形式的商业贿赂行为，不得派员进入学校、班级，向老师、中小学生和家长推荐、征订、搭售教辅材料，不得伙同有关人员要求学生到指定书店购买中小学教辅材料。对非法出版、盗版盗印中小学教辅材料的行为要依法严厉查处。

要反复公布和宣传总局举报中心和本地新闻出版行政主管部门的举报电话号码、网址和举报方式，发动群众和媒体进行监督。对群众举报和媒体曝光的违法违规行为，要做到件件有处理、事事有结果。对涉案金额较大、问题严重、情节恶劣、影响较大的案件，要追根溯源、彻查严办，该吊销的吊销，该取缔的取缔，构成犯罪的移交司法部门依法追究刑事责任。

中小学教辅材料出版发行工作关系群众切身利益。各级新闻出版行政主管部门要提高思想认识，把严厉禁止和坚决查处中小学教辅材料出版发行中不规范和违法违规行为作为深入开展党的群众路线教育实践活动的重要内容，立行立改，切实履行新闻出版行政主管部门的监管职责。对监管失职的，要严肃追究责任。

关于国发〔2013〕19号文公布取消新闻出版行政审批项目后续监管措施的通知

国家新闻出版广电总局

2013年9月5日

各省、自治区、直辖市新闻出版局，新疆生产建设兵团新闻出版局，解放军总政治部宣传部新闻出版局：

按照2013年5月《国务院关于取消和下放一批行政审批项目等事项的决定》（国发〔2013〕19号），新闻出版广电总局实施的“只读类光盘生产设备引进、增加与更新审批”等4项新闻出版行政审批项目已由国务院决定取消。

为认真做好取消行政审批项目落实工作，切实加强后续监管，总局研究制定了《国发〔2013〕19号文公布新闻出版行政审批项目取消后续监管措施》（附后），通过建立事后备案制度、完善法规规章等，深化行政体制改革，加快转变政府职能，提升管理科学性和规范性，为行业健康有序发展服务。

因国发〔2013〕19号文仅涉及由新闻出版广电总局作为实施机关的新闻出版审批事项的取消，与之相衔接或配套的由省级以下（含省级）出版行政主管部门作为实施机关的审批事项，暂依照现行法规继续施行。各地可在审批工作中加大对本地区行业发展现状的分析把握，研究行业监督管理措施，待相关法规、文件出台后，迅速调整职能和开展工作。

附件：国发〔2013〕19号文公布新闻出版行政审批项目取消后续监管措施

序号	项目名称	取消审批后的监督管理措施
1	只读类光盘生产设备引进、增加与更新审批	各级出版行政主管部门要落实属地管理职责，建立完善日常巡查制度，依据《复制管理办法》第二十条，严格执行只读类光盘来源识别码（SID）蚀刻制度，依法查处违法违规行为。
2	设立出版物全国连锁经营单位审批	各级出版行政主管部门要完善年度核验制度和日常巡查制度，会同文化市场执法机构加大监督检查力度，依法查处违法违规行为，并积极协调工商行政管理部门，加强信息共享。
3	举办全国性出版物订货、展销活动审批	举办单位于活动举办前，应将活动时间、地点书面告知举办地出版行政主管部门；出版行政主管部门依照法规和职责，加强对此类活动版权、内容等有关方面的监管。
4	在境外展示、展销国内出版物审批	积极引导、支持在境外展示、展销国内出版物活动，鼓励中国出版“走出去”。

关于加强印刷复制发行管理的通知

新出政发〔2013〕8号

国家新闻出版广电总局

2013年10月12日

各省、自治区、直辖市新闻出版局，新疆生产建设兵团新闻出版局，解放军总政治部宣传部新闻出版局，北京市、天津市、上海市、重庆市文化市场行政执法总队：

为贯彻落实全国宣传思想工作会议精神，为党的十八届三中全会召开营造良好氛围，切实加强印刷复制发行管理，现将有关要求通知如下：

一、统一思想，提高认识

各地要认真学习全国宣传思想工作会议精神，深刻理解习近平总书记“意识形态工作事关党的前途命运，事关国家长治久安，事关民族凝聚力和向心力”的讲话内涵。印刷复制发行是思想文化内容重要的固化和传播环节，具有鲜明的意识形态属性，是意识形态管理的重要阵地，是维护文化安全的重要领域。新时期里，政府简政放权的行政体制改革不断深化，印刷复制发行产业快速发展，数字网络技术广泛应用，对印刷复制发行行业的管理工作提出了更高要求。各地有关管理部门要清醒认识所肩负的重要职责和所面临的复杂形势，开拓思路，以高度的责任感和使命感做好监管工作。

二、完善机制，注重创新

日常巡查和突击检查相结合是督促印刷复制企业落实委托书等管理制度、督促发行单位完善出版物进销货管理制度的主要举措。各地要总结经验，不断创新，逐步完善长效管理机制。要突出以下两点：

（一）完善网络管理共享机制，创新管理手段。上海、江苏、安徽、广东、山东、云南等地已经在全国率先建立了印刷复制管理网络信息系统，实现了本区域内委托书网上核查，较好地解决了委托书开具、备案等环节存在的问题。各地要借鉴经验，加快建设管理信息平台。北京、河北两地区位独特，实施印刷网络管理尤为迫切，要力争在明年上半年取得实质性进展，并尽早实现两地互通。其他有条件的地区，也要积极推进联网试点。另外，印刷复制发行管理部门和综合执法部门之间要建立信息数据共享机制，做到企业信息共享、处罚信息互通、奖惩口径一致，提高监管成效。

（二）完善队伍培训建设机制，创新基层工作。印刷复制发行业点多、线长、面广，监管问题和任务主要在基层。各地要结合正在开展的党的群众路线教育实践活动，高度重视抓基层、打基础的工作，切实加强对基层管理人员的思想教育和业务培训。总局将分批组织省级管理部门和分片区组织地级市管理部门有关人员进行培训。各地要制订计划，分批组织辖区内地级市或重点县级市有关管理人员在两年内轮训一遍。同时，要走出门、沉下去，积极为基层一线解决困难和问题，不断增强基层队伍的战斗力和凝聚力。

三、敢于严管，务求实效

印刷复制发行是文化产业发展的主力军，各地要克服“重发展、轻监管”的片面思想，坚决改变监管工作“纠正软、不处罚”的缺位状态，坚持两手抓、两手硬，敢于亮剑，敢抓敢管。严格依法行政，坚持有法必依，执法必严。

（一）严查重点地区，持续整治高发违规行为。各地要在印刷复制发行分级分类管理的基础上，根据实际情况，对出版物印刷企业和只读类光盘复制企业集中地区、涉外印刷复制企业集中地区和违法违规行为高发地区，以及出版物批发市场、举报线索指向较多的网下及网上书店进行重点检查，提高密度和力度。要对无印刷复制委托书印制出版物、无准印证印制内部资料性出版物、违规承接转委托印刷复制业务、出版物进货渠道不规范、销售非法出版物和盗版出版物等高发违规行为持续进行整治。在对违规印刷复制发行企业进行严肃处罚的同时，将其列入“黑名单”进行重点监管。

（二）严格落实制度，切实加强网上书店监管。各地要认真落实《出版管理条例》《出版物市场管理规定》中有关网上书店的管理规定。按照《出版管理条例》第三十六条、《出版物市场管理规定》第十七条和第二十七条的要求，加强对通过信息网络从事出版物经营活动和提供出版物网络交易平台服务等经营活动的管理，严把准入关，进一步落实网络发行单位实名注册和证照公示制度。加强网上书店的事中事后监管，重点加大出版物网络交易平台的监督检查力度，对无证无照、证照不全的网上书店要集中清理、限期整改。督促网上书店建立健全出版物进销货管理制度，规范经营活动。加大案件查处力度，对通过网上书店销售非法出版物、盗版出版物以及境外非法出版物的，发现一起，查处一起，严惩不贷。

（三）严格落实责任，改进执法报告评价制度。各地要坚持属地管理和谁主管谁负责的原则，落实责任制和责任追究制，做到分级负责、责任到人。要坚持并完善“全国印刷复制行政执法报告评价制度”，实施目标考核，督促基层管理人员进企业、巡市场、办案件，切实改变目前部分管理人员“不想办案、不敢办案、不会办案”的消极监管局面。要对监管工作落实较好并取得成绩的地区予以表扬，对管理制度落实不力，虚报、瞒报的地区予以批评，进一步改进完善印刷复制发行监管工作体系。

各地要将印刷复制发行监管工作作为意识形态管理工作的重要内容来抓。要积极争取当地党委政府领导的支持。要主动协调有关部门加强协作，形成合力。各地要将印刷复制发行监管中遇到的问题和好的做法经验及时报送总局。

关于做好国发〔2013〕27号文公布取消下放新闻出版行政审批项目后续监管工作的通知

新出政发〔2013〕10号

国家新闻出版广电总局

2013年11月3日

各省、自治区、直辖市新闻出版局，新疆生产建设兵团新闻出版局，解放军总政治部宣传部新闻出版局：

继2013年5月《国务院关于取消和下放一批行政审批项目等事项的决定》（国发〔2013〕19号）取消国家新闻出版广电总局实施的4项新闻出版行政审批项目后，2013年7月，《国务院关于取消和下放50项行政审批项目等事项的决定》（国发〔2013〕27号）再次取消4项、下放4项原由国家新闻出版广电总局实施的新闻出版行政审批项目，总局就此研究制定了取消审批项目的后续监管措施和下放事项的审批办法（附后）。

请依照《关于国发〔2013〕19号文公布取消新闻出版行政审批项目后续监管措施的通知》要求，制定、完善相应规章制度，做好国发〔2013〕19号、27号文公布取消的新闻出版行政审批项目的后续监管工作和下放审批项目的审批工作。执行过程中请及时总结经验，规范管理，确实在简政放权、转变职能上取得实效。

附件：国发〔2013〕27号文公布取消、下放的新闻出版行政审批项目后续工作措施

序号	项目名称	变更决定	取消审批后的监督管理措施/下放后的审批办法
1	从事出版物全国连锁经营业务的单位变更《出版物经营许可证》登记事项，或者兼并、合并、分立审批	取消	各级新闻出版行政部门要完善年度核验制度和日常巡查制度，会同文化市场执法机构加大监管检查力度，依法查处违法违规行为，并积极协调工商行政管理部门，加强信息共享。
2	出版物总发行单位设立从事发行业务的分支机构审批	取消	各级新闻出版行政部门要完善年度核验制度和日常巡查制度，会同文化市场执法机构加大监管检查力度，依法查处违法违规行为，并积极协调工商行政管理部门，加强信息共享。
3	著作权集体管理组织章程修改审批	取消	著作权集体管理组织章程修改草案依法经国务院民政部门核准后20个工作日内，报国家新闻出版广电总局（国家版权局）备案并予以公告。
4	期刊变更登记地审批	取消	根据属地管理制度和《期刊出版管理规定》第十一条的规定，期刊变更登记地，凭主管、主办单位同意文件，到新登记地省级出版行政主管部门办理登记手续，以原《期刊出版许可证》（正、副本），换领编发有新的国内统一连续出版物号的《期刊出版许可证》。登记地变更信息由国家新闻出版广电总局统一向社会公告，原登记地省级出版行政主管部门负责变更登记地期刊在原登记地的注销工作。
5	音像复制单位设立审批	下放至省级出版行政主管部门审批	省级出版行政主管部门批准后20个工作日内报国家新闻出版广电总局备案。
6	电子出版物复制单位设立审批	下放至省级出版行政主管部门审批	省级出版行政主管部门批准后20个工作日内报国家新闻出版广电总局备案。
7	音像复制单位变更业务范围或兼并、合并、分立审批	下放至省级出版行政主管部门审批	省级出版行政主管部门批准后20个工作日内报国家新闻出版广电总局备案。
8	电子出版物复制单位变更业务范围或兼并、合并、分立审批	下放至省级出版行政主管部门审批	省级出版行政主管部门批准后20个工作日内报国家新闻出版广电总局备案。

关于票据票证实施绿色印刷的通知

新出联〔2013〕9号

国家新闻出版广电总局　环境保护部
工业和信息化部　国家认证认可监督管理委员会
2013年11月4日

各省、自治区、直辖市及新疆生产建设兵团新闻出版局、环境保护厅（局）、工业和信息化主管部门、质量技术监督局，解放军总政治部宣传部新闻出版局，各相关印刷产品质检机构：

票据票证印刷是我国印刷业的特殊领域，直接涉及税收、金融、商业等国民经济运行安全。票据票证实施绿色印刷是拓展绿色印刷实施领域、推动印刷业转型升级的重要举措。按照《国务院关于加强环境保护重点工作的意见》（国发〔2011〕35号）和《关于加快发展节能环保产业的意见》（国发〔2013〕30号）的有关要求，根据《关于实施绿色印刷的公告》（2011年 第2号）的部署，现将票据票证实施绿色印刷的有关工作安排通知如下：

一、指导思想

深入贯彻落实党的十八大精神和全国宣传思想工作会议精神，坚持以人为本，推进生态文明建设。要通过票据票证实施绿色印刷，保证税收、金融、商业等国民经济活动环保安全，减少广大人民群众和印刷从业人员日常接触到的票据票证印刷品中的有害物质，减少印制过程中的污染物排放。创新工作思路和方法，完善政府对市场的引导机制，加快推进我国印刷业发展方式转变。

二、范围目标

（一）实施范围

票据票证实施绿色印刷的范围包括税务发票、财政票据、海关单据、银行票据和其他商业票据等各类支付凭证和有价证券。

（二）实施目标

引导票据票证印刷企业逐步实施绿色印刷，鼓励印刷企业贯彻执行绿色印刷标准，推动票据票证印刷品实现绿色印刷。从2013年起，各地要开始在票据票证领域宣传推广绿色印刷；到“十二五”期末，政府采购的票据票证印刷品基本实现绿色印刷；引导和鼓励其他各类票据票证逐步实现绿色印刷。

三、组织机构

新闻出版广电总局、环境保护部、工业和信息化部、国家认证认可监督管理委员会联合建立票据票证实施绿色印刷工作领导小组。各部门分管负责同志参加，通过召开会议，确定有关工作内容，通报各地工作进展情况，组织力量督促检查。领导小组下设办公室，办公室设在新闻出版广电总局印刷发行司，具体负责实施工作的组织和协调。

四、实施步骤

（一）动员部署阶段

票据票证实施绿色印刷工作在2013年“绿色印刷宣传周”正式启动。各地要按照本通知要求，相应设立领导小组及办公室，加强领导，落实责任，形成合力，结合本地实际，深入学习和宣传《环境标志产品技术要求印刷 第二部分 商业票据印刷》（HJ 2530-2012），对票据票证实施绿色印刷工作进行动员和部署。

（二）试点推广阶段

从2014年开始，各地要引导票据票证印刷企业实施绿色印刷。有条件的地区和企业要针对政府采购的票据票证印刷品率先进行绿色印刷试点；鼓励和引导骨干票据票证印刷企业通过自愿申请第三方认证或自我声明等途径，达到票据票证绿色印刷标准；不断加强对票据票证实施绿色印刷的质量检查。

（三）逐步完成阶段

到“十二五”期末，政府采购的税务发票、财政票据、海关单据和银行票据等票据票证基本实现绿色印刷；引导和鼓励其他各类票据票证逐步实现绿色印刷。票据票证绿色印刷的检测体系、认证制度和自我声明制度基本建立，淘汰一批落后的票据票证印刷产能。

五、分工要求

（一）新闻出版行政主管部门要主动协调，加强与各部门的沟通，统筹推进票据票证绿色印刷实施工作。

（二）环境保护部门要制定并颁布绿色印刷等相关标准、技术政策，加强对印刷企业的环境监管，减少挥发性有机物和其他主要污染物的排放。

（三）认证认可监督管理部门要严格对绿色印刷认证实施机构的资质管理，鼓励、引导并规范绿色印刷认证活动。票据票证实施绿色印刷认证的具体要求由新闻出版广电总局和国家认证认可监督管理委员会另行规定。

（四）工业和信息化部会同新闻出版广电总局加强对绿色印刷自我声明模式的研究，建立票据票证实施绿色印刷自我声明制度，积极推进自我声明信息服务平台建设，引导企业自主承诺质量安全责任、诚实守信。票据票证实施绿色印刷自我声明的具体要求由新闻出版广电总局和工业和信息化部另行规定。要积极探索政府设计制度框架、行业协会搭建实施平台、检测机构检测监督的绿色印刷自我声明体系。

（五）印刷产品检测机构要将票据票证绿色印刷质量检测和检查纳入重点工作。要为票据票证绿色印刷认证或者自我声明提供完善的产品检测服务。从 2014 年开始，要专门组织票据票证绿色印刷的专项质量检查，特别是对开展自我声明试点的票据票证印刷企业加强抽查检测，确保印刷企业真正达到绿色印刷标准。

（六）通过第三方认证或者自我声明实现绿色印刷的票据票证印刷企业要建立完善的管理制度，严格执行绿色印刷标准，积极采用绿色环保的印刷设备和原辅材料，调整完善生产工艺与流程，确保票据票证印刷品符合质量要求。

六、监督处罚

（一）通过绿色印刷认证的票据票证印刷企业未按标准及认证要求印制票据票证的，由认证机构对其认证证书做出处理并公布；通过绿色印刷自我声明的票据票证印刷企业未按标准印制票据票证的，纳入“黑名单”管理。

（二）绿色印刷认证机构出具虚假认证结论，检查员擅自增加、减少认证规则规定程序的，由认证认可监督管理部门依据相关法规规定查处。

（三）各地有关行政管理部门不得以任何名目向企业收取涉及绿色印刷的任何费用。违反规定，依法依规严肃处理。

各地要加强对票据票证实施绿色印刷工作的组织领导，大力宣传绿色印刷，营造良好舆论氛围，为税收、金融、商业等国民经济活动安全环保提供良好的服务。对出现的问题，要及时沟通、协商解决，对实施工作的意见和建议报送领导小组办公室。领导小组将对各地票据票证实施绿色印刷的工作进行督导检查，对票据票证绿色印刷推广有力的地区给予表扬。

关于开展新闻出版改革发展项目库入库项目调查工作的通知

新出厅字〔2013〕398号

国家新闻出版广电总局办公厅
2013年11月21日

各省、自治区、直辖市新闻出版局，新疆生产建设兵团新闻出版局，解放军总政治部宣传部新闻出版局，中央各有关新闻出版单位的上级主管部门：

新闻出版改革发展项目库（以下简称“项目库”）建设是贯彻落实《国家“十二五”时期文化改革发展规划纲要》和《新闻出版业“十二五”时期发展规划》的重要举措。为进一步加强项目库管理，充分发挥项目库在产业转型升级中的引领作用，加快推动新闻出版产业又好又快发展，经研究，决定开展项目库入库项目调查工作。现将有关事项通知如下。

一、调查工作目标

通过调查工作，全面了解项目库入库项目的实施进展情况，取得的主要经验，获得的主要支持，存在的主要问题，确定一批对行业发展具有引领作用、实施成效显著、具有示范作用的重点项目及示范项目，清理一批至今尚未启动的、存在重大问题的项目，实现入库项目动态管理，并以此为基础，综合评价中央和地方组织实施项目库工作的成效。

二、调查主要内容

（一）调查范围

项目库2010—2013年度入库项目。

（二）入库项目实施情况

1. 入库项目是否按进度计划实施，是否按要求提交项目进度情况、项目结项报告等。对未能按计划启动、实施、结项的，项目单位须说明原因。已完成项目由项目承担单位自行组织项目验收，获得财政专项资金资助或在有关部门立项的项目，应按照有关规定办理结项。

2. 入库项目实施是否符合申报立项的可行性研究报告及有关申报文件内容。入库项目实施过程中有重大变动与调整的，项目单位须说明调整内容及原因。

3. 入库项目实施效果如何，取得的主要经验、存在的主要问题以及原因分析。

4. 项目库网络信息管理系统中入库项目信息的更新情况。

（三）入库项目获得资金及政策支持情况

1. 入库项目是否获得国家、地方专项资金或其他政策支持。获得支持的，请说明具体情况并附相关文件。

2. 获得财政专项资金支持的项目，承担单位是否有专项资金管理使用制度、是否单独核算；资金使用是否符合相关制度规定的支出范围和程序；是否存在违反财经会计制度的行为。

3. 各地区获得中央文化产业发展专项资金支持的新闻出版项目进展情况、资金使用情况、有关工作意见建议等，请单独说明。

三、调查工作步骤

（一）各项目单位进行自查

各入库项目承担单位进行自查，整理项目相关资料，通过新闻出版改革发展项目库网络信息管理系统完善自查信息并报送自查情况。自查过程中发现项目实施、资金管理等不符合国家有关规定的，要及时纠正。

（二）中央各有关部门对所属单位的入库项目进行全面调查

中央各有关新闻出版单位的上级主管部门负责本部

门、本单位入库项目调查工作的组织与实施，在入库项目承担单位进行自查的基础上，对本部门、本单位入库项目自查情况及有关材料进行全面审核。中央各有关新闻出版单位的上级主管部门负责报送本部门、本单位的调查报告。

（三）各省、自治区、直辖市新闻出版行政主管部门对辖区入库项目进行全面调查

各省、自治区、直辖市新闻出版行政主管部门负责本地区入库项目调查工作的组织与实施。在入库项目承担单位进行自查的基础上，对本地区入库项目自查情况及有关材料进行全面审核，采取听取汇报、实地调查等方式，对辖区内入库项目进行调查。各地新闻出版行政主管部门要通过项目库网络信息管理系统完善调查信息，并报送本地区的调查报告。

四、调查工作要求

（一）加强组织领导

中央各有关新闻出版单位的上级主管部门、各地新闻出版行政主管部门要高度重视，从新闻出版业改革发展的全局出发，切实加强调查工作的组织领导。各有关单位要明确专人负责，采取有效措施，建立工作机制，确保基础资料的真实、合法、全面，确保调查工作务实、高效。

国家新闻出版广电总局负责本次调查工作的统筹协调和指导，具体工作由规划发展司负责。中央各有关新闻出版单位的上级主管部门、各省（区、市）新闻出版行政主管部门、各入库项目承担单位要明确调查工作的主要负责领导、责任部门及联系人，并于2013年11月29日前报国家新闻出版广电总局规划发展司。

（二）注重调查实效

中央各有关新闻出版单位的上级主管部门、各地新闻出版行政主管部门在调查的基础上，认真评价入库项目组织实施效果。要通过此次调查，总结经验，查找问题，树立典范，引领发展。请在本部门、本地区已结项或按计划实施过半的项目中，选取实施成效显著、具有引领作用和示范作用的入库项目，作为下一步全国新闻出版改革发展项目库重点示范项目的推荐项目，选取比例不超20%；对调查中发现的尚未启动、未按计划实施或存在其他问题的入库项目，请研究确定整改措施；对实施内容进行重大调整的项目，请按照项目申报程序重新申报；对确实不能如期实施或存在重大问题的项目，请提出具体处理意见。

（三）按时报送材料

各地方入库项目承担单位请于2013年12月20日前，将自查情况及相关材料报所在地省（区、市）新闻出版行政主管部门。同时，完成项目库网络信息管理系统相关信息的维护。

各中央入库项目承担单位请于2013年12月20日前，将自查情况及相关材料报上级主管部门。同时，完成项目库网络信息管理系统相关信息的维护。

中央各有关部门和单位，各省（区、市）新闻出版行政主管部门请于2013年12月30日前，将本部门、本单位、本地区的调查情况报告及相关材料（同时报送电子版）报国家新闻出版广电总局规划发展司。

关于制定和报送2014年图书、音像制品、电子出版物出版计划的通知

新出厅字〔2013〕422号

国家新闻出版广电总局办公厅
2013年11月28日

各省、自治区、直辖市新闻出版局，新疆生产建设兵团新闻出版局，解放军总政治部宣传部新闻出版局，中央和国家机关各部委、各民主党派、各人民团体出版单位主管部门，中国出版集团公司，中国教育出版传媒集团有限公司，中国科技出版传媒集团有限公司：

年度图书、音像制品、电子出版物出版计划的制订工作，是出版单位贯彻党的出版方针、调整优化出版结构、提高出版质量的重要保证。2014年是学习宣传贯彻党的十八大和十八届三中全会精神的关键之年，是进一步深化文化体制改革，扎实推进社会主义文化强国建设的重要之年，是落实我国国民经济和社会发展"第十二个五年"规划的攻坚之年。做好2014年图书、音像制品、电子出版物出版计划的制订工作，意义十分重大。现就有关事项通知如下：

一、指导思想

高举中国特色社会主义伟大旗帜，以邓小平理论、"三个代表"重要思想、科学发展观为指导，坚持社会主义先进文化前进方向，坚持中国特色社会主义文化发展道路，坚持以人民为中心的工作导向，坚持把社会效益放在首位，社会效益和经济效益相统一，围绕中心、服务大局，以建设社会主义核心价值体系为根本任务，以满足人民精神文化需求为出发点和立足点，树立高度的文化自觉和文化自信，努力建设社会主义文化强国，提高全民族文明素质，增强国家文化软实力。

二、制订出版计划的重点

（一）深入学习宣传贯彻党的十八大和十八届三中全会精神。围绕全面深化改革的重大意义、指导思想、总体目标、基本原则和重大部署，推出一批全面、准确、严谨阐释全会精神的重点选题。

（二）深入宣传阐释习近平总书记系列重要讲话精神，全力推进中国特色社会主义道路和"中国梦"主题宣传教育活动，围绕"中国梦"的重大意义、精神实质、文化底蕴和基本要求，结合全国各族人民为实现中国梦而奋斗的生动实践，推出一批重点选题。

（三）继续推进社会主义核心价值体系建设"双百"出版工程，坚持用社会主义核心价值体系引领社会思潮，在全社会形成统一指导思想、共同理想信念、强大精神力量和基本道德规范。重点推出一批马克思主义经典著作和中国特色社会主义理论体系的研究成果，推出一批通俗理论读物和文艺作品。

（四）2014年是中华人民共和国成立65周年，要推出一批重点选题，重点宣传老一辈无产阶级革命家的生平业绩和崇高革命精神，全方位展现新中国成立65年以来，中国共产党团结带领全国各族人民在经济建设、政治建设、文化建设、社会建设、生态文明建设和党的建设等各个领域取得的辉煌成就。

（五）继续积极推进国家"十二五"重点出版物规划，策划增补一批内容丰富，重点突出，特色鲜明，重点展现马克思主义中国化最新研究成果、哲学社会科学创新成果、科学技术研究重要成果、文学创作优秀成果的精品选题。

（六）进一步实施精品战略，结合我国实际和时代特点，坚持为党和国家工作大局服务，策划一批充分体现我国哲学社会科学研究领域最高水准的，具有中国特色、中国风格、中国气派的重点选题，推动哲学社会科学的繁荣发展。

（七）全面落实国家在科技、教育、人才等方面的中长期规划，推出一批以重大现实问题为主攻方向，对全局性、战略性、前瞻性问题深入研究，具备较强的决策参考价值的著作，更好服务我国经济社会发展；大力提高科技创新能力，推出一批反映我国当前科技进步的最新研究成果，代表国家水平的原创作品。

（八）全面贯彻“二为”方向和“双百”方针，坚持“三贴近”的原则，积极弘扬主旋律，传播正能量，鼓励原创和现实题材创作出版，策划一批思想性、艺术性、观赏性相统一、人民喜闻乐见的文学艺术作品。

（九）加强未成年人思想道德建设，提升未成年人道德素质和科学文化水平，积极营造有利于未成年人健康成长的文化环境。推出一批大力弘扬爱国主义、集体主义、社会主义思想，加强公民道德教育，倡导和践行社会主义核心价值观的选题；推出一批弘扬科学精神，普及科学知识的知识读本和科普精品。

（十）繁荣发展少数民族文化事业，支持少数民族地区优秀传统文化项目的出版，加强少数民族语言文字出版物的编译出版工作。推出一批弘扬以爱国主义为核心的民族精神、加强民族政策教育、促进民族团结进步事业的选题。

（十一）进一步加强古籍整理和出版规划工作，建设优秀传统文化传承体系，弘扬中华民族优秀传统文化。推出一批能够增补列入国家古籍整理出版规划的重点选题；推出一批反映古籍整理最新研究成果、体现时代特点的高质量普及读物。

（十二）积极实施“走出去”战略，促进中外文化交流合作。推出一批适合国外市场需求的、展示我国文化成就的优秀选题，讲述中国故事，传播中国声音；吸收借鉴国外文明创造的有益成果，注重翻译出版一批适应我国经济、社会和文化发展需要的高质量、高品位出版物。

三、具体要求

（一）遵守国务院《出版管理条例》等法规规章，不得安排含有《出版管理条例》第二十五条、第二十六条有关内容的选题，不得安排恐怖、色情、暴力等危害青少年身心健康的选题。

（二）执行《图书、期刊、音像制品、电子出版物重大选题备案办法》及相关规定，属于重大选题备案范围的选题，不得按一般年度选题上报，必须履行重大选题备案程序，严格审核把关。

（三）执行《关于不得出版宣扬愚昧迷信和伪科学出版物的通知》，不得安排以各种名义散布荒诞言论、歪理邪说和伪科学的选题。

（四）执行《关于进一步加强学术著作出版规范的通知》，提高我国学术著作选题策划水平和出版质量，推动学术著作出版繁荣发展。

（五）加强对引进版出版物内容的审读把关工作，不得安排损害国家荣誉、国家利益和破坏国家统一的选题，不得安排违反我国民族和宗教政策法规的选题。

（六）坚持正确的出版导向，坚决抵制低俗之风，杜绝粗制滥造，减少平庸之作，避免低水平重复出版和跟风炒作现象。

四、图书出版计划报送要求

（一）报送程序

在京的中央和国家机关各部委、各民主党派、各人民团体所属出版社的年度出版计划经主管部门审批后，报总局备案；各省、自治区、直辖市新闻出版局所辖、所属出版社（军队系统出版社除外）的年度出版计划由各省级新闻出版局统一审批（京外中央各部委所属出版社的年度出版计划经主管部委审核同意后，报所在地省级新闻出版局审批）后，报总局备案；军队系统出版社的年度出版计划由解放军总政治部宣传部新闻出版局审批后，报总局备案。

各省级新闻出版局和中央、国家机关各部委、各民主党派、各人民团体出版单位主管部门以及解放军总政治部宣传部新闻出版局，要认真做好所辖、所属出版单位2014年度出版计划的审批工作，并对出版计划进行全面、认真的分析，写出详细的分析报告。报告主要内容：制订出版计划的指导思想，选题总量、结构、特点；新书、再版图书情况；重点选题和需办理重大选题备案情况；选题计划中带有共性的特点和倾向性问题；实施计划的措施和存在的问题等。

（二）报送材料

报送的材料分文字和表格两部分，文字部分为出版管理部门或主管部门在各出版社的文字报告基础上形成的综合分析报告；表格部分由出版社按图书选题上报系统的软件格式和软件设定的必填项目与要求上报（同2013年）。有关材料请于2014年1月10日前报送总局。

五、音像制品、电子出版物出版计划报送要求

（一）报送程序

各音像电子出版单位须于2013年12月20日前将选题

计划分析报告及选题按照属地管理原则上报至各省级出版行政主管部门。军队系统音像电子出版单位选题计划由解放军总政治部宣传部新闻出版局负责，中央在京音像电子出版单位选题计划由北京市新闻出版局负责。

各省级出版行政主管部门要做好所辖音像电子出版单位2014年度出版计划的审批工作。自受理出版选题计划报送之日起20日内，对报送的选题计划进行审核并向音像出版单位回复审核意见。2014年1月10日前报总局备案。

（二）报送材料

音像电子出版单位要向省级出版行政主管部门报送选题计划分析报告，省级出版行政主管部门向总局报送本辖区的出版选题分析报告。报告内容主要包括本地区（系统或单位）选题总量、类别分析、结构布局、形势特点等；主题出版、重点选题及重大选题情况；存在问题及建议意见等。

选题相关信息数据通过书号实名申领系统报送（中国版本图书馆网站 http://www.capub.cn 首页－出版物管理业务办理－书号实名申领－客户端下载）。

关于新闻出版改革发展项目库2014年度项目申报工作的通知

新出厅字〔2013〕471号

国家新闻出版广电总局办公厅

2013年12月25日

各省、自治区、直辖市新闻出版局，新疆生产建设兵团新闻出版局，解放军总政治部宣传部新闻出版局，中央各新闻出版单位主管部门：

为深入贯彻落实党的十八届三中全会精神，有效实施项目带动战略，推动新闻出版业大发展大繁荣，经研究，现将新闻出版改革发展项目库2014年度项目申报工作有关事项通知如下：

一、各省、自治区、直辖市新闻出版行政主管部门、中央各新闻出版单位主管部门要重视新闻出版改革发展项目库2014年度项目申报的组织工作，认真按照《新闻出版改革发展项目库2014年度项目申报指南》（详见附件）的要求，做好项目审核工作，努力提高项目质量，减少重复建设，确保按时完成项目审核和申报工作。

二、各有关新闻出版单位应按照《新闻出版改革发展项目库2014年度项目申报指南》的要求，认真填报项目的申报材料。

三、新闻出版改革发展项目库2014年度实行网络申报，并须同时报送纸质申报材料（一式三份）。网络版申报材料与纸质版申报材料必须完全一致。鉴于新闻出版改革发展项目库入库项目已列为中央文化产业发展专项资金支持重点，因此向中央有关部门申报项目的名称、内容应与新闻出版改革发展项目库入库项目相一致。

新闻出版改革发展项目库2014年度项目申报指南

一、总体要求

实施重大项目带动战略、抓好新闻出版改革发展项目库建设，是新闻出版业深化改革、加快发展的重大举措。新闻出版改革发展项目库项目申报应按照《新闻出版业"十二五"时期发展规划》的要求，着眼解决引领新闻出版业发展的重大问题，具备创新性的发展思路，有明确、先进的研究计划，有科学、可行的实施方案，以推动新闻出版重点领域的重大技术突破、产业集聚，推动高新技术实现产业化为目标，促进新闻出版业大发展大繁荣。

二、重点支持方向

（一）新闻出版内容创新

对促进新闻出版业内容创新、特别是在传播社会主义先进文化、弘扬社会主义核心价值体系方面具有引领和创新意义的重大出版工程。重点支持以下几方面：

1. 社会主义核心价值体系内容创新出版。马克思主义中国化最新理论成果，紧密联系改革开放和现代化建设实际，推动马克思主义中国化、时代化、大众化的重大出版项目。

2. 新闻出版精品生产。内容创新，具有影响世界文明的中国故事、中国形象、中国风格和中国精神的各类出版物出版；具有时代精神与特点的精品力作出版；具有国际影响力的重点报刊培育。

3. 原创动漫及民族网游开发、出版。入选“原动力”原创动漫及民族网游出版工程的项目。优秀原创动漫、游戏人才（团队）建设，技术更新与应用，基于移动互联的新产品开发推广、新技术研发应用。

（二）新闻出版体制改革

符合新闻出版体制改革和产业发展方向，对全国或项目所在地新闻出版体制改革和产业发展有较大推动作用的项目。重点支持以下几方面：

1. 经营性新闻出版事业单位转企改制，建立现代企业制度。非时政类报刊出版单位体制改革，在重点领域和关键环节取得突破。新闻出版企业建立现代企业制度，完善法人治理结构。

2. 大型出版传媒企业跨媒体、跨地区、跨部门、跨行业联合、兼并、重组及上市。出版传媒企业集团调整产品结构、技术结构、整合利用出版资源；大型骨干出版传媒企业核心能力建设。

3. 新闻出版专、精、特、新企业立足自身优势的特色发展。新闻出版单位依托内容资源优势，创新出版形态、传播手段、商业模式。

4. 新闻出版与其他产业融合发展。出版传媒企业与文化创意、广电、技术、电信、互联网、金融等相关企业开展的合作；新闻出版企业与旅游业、制造业、服务业等其他产业的深度融合；拓展新闻出版企业发展空间，提升其他产业文化增加值的合作项目；非公有制文化企业以选题策划、内容提供、项目合作等方式参与图书前期制作，国有出版企业出版发行的运行新模式探索。

（三）新闻出版与科技融合

对促进新闻出版业技术进步、技术应用具有引领和创新意义的重大项目。重点支持以下方面：

1. 新闻出版领域前沿性、关键性技术与装备的研发与应用。语义分析、语音合成、语音识别、多媒体有声阅读、关联出版、版权保护与版权管理、出版信息交互识别与无障碍传输、光盘复制信息安全保护技术的研发应用；电子纸、电子墨水、新型显示屏、手持阅读终端、出版产品物流控制、绿色印刷、数字印刷等基础装备研制应用；数字墨水，绿色、纳米油墨等基础材料研制应用。

2. 新闻出版领域标准技术研发及管理。企业标准研制与应用，创新型标准推广应用，各类标准数据库建设，有利于推动数据共享、交互和统一检索的标准服务平台建设。

3. 产品与服务创新。基于移动互联技术的数字出版新产品和服务的开发与应用；基于数字内容资源整合的特色数字出版产品开发和服务创新；提升数字出版教育应用服务水平（电子书包），研发包括数字资源库、下载与推送、教学应用服务等功能的数字教育内容资源服务支撑体系。

4. 新闻出版产业服务平台建设。以技术支撑的、面向行业服务的专业数字内容聚合发布平台建设项目；具有数字版权登记、认证、流转、交易和查询功能的内容资源版权服务；具有海量数据加工、制作、计算能力的大型数据服务；针对新闻出版业发展的信息、科技、版权代理、金融服务；出版物现代物流与电子商务服务。

（四）产业转型升级与结构调整

对促进新闻出版业产业升级、加速新闻出版产业转型，提升传统出版业生产能力具有基础与示范作用的项目；符合全国规划，能够发挥区域辐射带动作用的基地（园区）项目。重点支持以下几方面：

1. 传统新闻出版企业装备改造，出版数字化流程再造。传统出版生产、加工、制作流程与相关技术的升级改造；数字出版编辑加工技术研发应用；编辑协同工作平台、加工制作平台、出版资源数据中心建设；绿色印刷企业技术升级、设备更新改造、配套工艺流程再造；绿色、数字印刷标准化系统应用；绿色印刷材料、节能减排技术及控制系统的产业化应用；印刷全过程数字化及信息监控系统的开发及应用，数字印刷设备连线与集成应用；大容量光盘复制的研发应用。

2. 优质出版内容资源数字化。数字出版编辑加工技术研发应用；大型、专业、权威、精准的数字资源库群建设，包括：法律、财经、管理等社科类，建筑、化工、机械、医药卫生等科技类，音乐、戏曲、动漫等艺术类的资源库建设。优质出版内容资源与印刷复制、出版物发行的数据资源整合形成，出版产品形态创新、生产、加工与传播。

3. 报刊品牌、传播能力建设。支持报刊单位提升采编能力，整合报刊内容资源，创新信息服务产品，扩宽新闻服务渠道，提升舆论引导能力。

4. 新闻出版产业园区和基地建设。国家级新闻出版产业基地（园区）提高规模化、集约化、专业化水平，推动资源合理配置、有效整合和综合利用，园区公共服务平台建设，园区内重大技术研发应用、产品和产业形态创新等。

5. 现代出版物流通体系建设。跨地区连锁经营、集中配送、电子商务为特征的出版物物流；符合 CNONIX 标准的出版物现代供应链系统；有利于推动书店信息平台、卖场平台、物流平台以及服务支持平台有机链接的信息系统；城乡出版物发行网点建设，包括特色书店和品牌书店、农村发行网点扩大经营规模，增加经营网点，改善经营条件，创新发展模式等。

（五）新闻出版公共服务体系建设

对满足全国和项目所在地人民群众基本文化权益具有重大作用的项目。重点支持以下几方面：

1. 少数民族新闻出版业的发展。民族宗教政策法规解读、科技致富、民族职业教育、青少年教育、优秀传统民族文化、医疗卫生保健、文学艺术等少数民族语言文字出版物的出版、印制、发行。优秀汉文、外文出版物的民文翻译。少数民族地区新闻出版企业转型升级，对出版内容的数字化处理、多元应用。

2. 基层新闻出版公共服务建设。农家书屋长效机制的建立，数字农家书屋资源库建设和技术升级改造，寺庙书屋双语图书出版。具有创新性、典型性和示范作用的全民阅读活动，以推动儿童阅读与青少年阅读、满足特殊群体阅读需求为重点的全民阅读项目。数字阅读推广项目。阅读活动资源的跨地区、跨部门整合。城乡阅报栏（屏）建设等。

3. “三农”出版、盲文出版。面向农业产业化发展、新农村建设、以农民为主要服务对象的出版发行。符合盲人认知的盲文乐谱、工具书、期刊、数字有声读物的开发。重点盲文图书出版。盲文出版印制能力提升。盲用信息化辅助技术研究和产品研发。

（六）新闻出版“走出去”

对推动新闻出版产品、服务、企业、资本“走出去”具有重大影响的项目。重点支持以下几方面：

1. 新闻出版海外传播渠道建设。具有重要影响力的国际版权交易平台建设。与全球性和区域性大型连锁书店的合作，国际主流营销渠道拓展。现有海外华文出版物营销渠道整合和巩固。重要国际网络书店等新型出版物销售渠道开拓。

2. 新闻出版“走出去”产品制作、生产及对外推广。具有核心竞争力的知名出版传媒品牌培育；外向型优秀图书选题的翻译、出版、推广。动漫、网络游戏、期刊数据库、电子书等数字出版产品和服务开拓国际主流市场；版权输出和合作出版等方式，实现对外出版发行，进入国外主流发行渠道。

3. 新闻出版企业海外收购、投资设厂。外向型骨干企业通过独资、合资、合作等方式，到境外建社建站、办报办刊、开厂开店；通过参股、控股等多种方式，扩大境外投资，参与国际资本运营和国际企业管理。

4. 重大对外出版交流、合作活动。利用重要国际性展会开展的推动新闻出版产品和服务出口的国际出版交流合作项目。

（七）新闻出版保障服务体系建设

对金融支持新闻出版业发展、新闻出版人才培养、版权贸易发展、新闻出版监管体系建设等方面具有重大意义的项目。重点支持以下几方面：

1. 新闻出版业金融服务体系建设。新闻出版企业创新应用金融工具；金融机构专门针对新闻出版业发展的创新金融产品和服务；面向新闻出版单位的金融中介服务

2. 新闻出版教育与人才培养。符合新闻出版发展实际需要的专业技术人才、复合型人才与行业紧缺和急需人才教育培养项目。

3. 版权管理与服务。版权交易及监管系统开发、应用；版权登记资源整合；版权公共服务体系完善；作品登记、版权许可和转让登记、版权认证登记、版权质押登记等相关信息服务。

4. 新闻出版监管体系建设。新闻出版诚信体系、企业评价体系建设。非法出版物数据库、非法出版物网上鉴定平台、互联网违禁内容监测管理平台、出版物市场实时监控平台建设。

三、申报单位条件

（一）中国大陆境内具有法人资格的单位、港澳地区在内地设立（或与内地单位联合设立）的新闻出版或相关单位均可根据申报指南提出项目申请。

（二）申报单位在申报项目时应推荐项目负责人。每个

项目只能推荐一位项目负责人。项目负责人应具备以下条件：

1. 必须是申报单位在职人员；

2. 作为项目负责人同年度参与承担的项目申报数不得超过两项；

3. 作为已入库项目的项目负责人不得因申报新项目而退出已承担的项目。

（三）以下单位不得申报项目：

1. 中途退出尚在进行的入库项目的单位；

2. 承担的入库项目中存在 2 年内没有启动或超过完成时限 3 年尚未结项的单位；

3. 在入库项目调查中发现重大问题的单位；

4. 因违规被取消申报资格和其他不能保证履行规定义务的单位。

四、申报数量要求

（一）本年度项目申报原则上每个单位申报项目数量不超过 2 个，每个集团申报项目数量不超过 4 个，作为联合申报单位（不作为项目申报主体）联合申报项目不超过 2 个。

（二）每个省、自治区、直辖市申报项目数量原则上不超过 30 个。

（三）少数民族地区项目申报根据实际情况予以适当照顾。

五、项目申报与受理

（一）2014 年度新闻出版改革发展项目库入库项目实行网络申报，并须同时报送纸质申报材料（一式三份）。网络版申报材料与纸质版申报材料必须完全一致。

（二）中央各新闻出版单位申报项目材料须经上级主管部门审核后报国家新闻出版广电总局。解放军系统新闻出版单位申报项目材料报解放军总政治部宣传部新闻出版局。新疆生产建设兵团所属新闻出版单位申报项目材料报新疆生产建设兵团新闻出版局。其余单位申报项目的材料，按照属地管理原则，报所在地省级新闻出版行政主管部门。

（三）各省、自治区、直辖市新闻出版局、新疆生产建设兵团新闻出版局、解放军总政治部宣传部新闻出版局，负责对本辖区、本系统新闻出版单位的申报项目进行审核并提出审核推荐意见后，报国家新闻出版广电总局。

（四）中央及各地方出版（传媒）集团公司所属单位申报项目，须由集团统一申报并加盖集团公章，各集团应当指派专人负责。

（五）各有关单位可通过原新闻出版总署网站首页“申报快捷通道”栏目下的“新闻出版改革发展项目库”进入网上申报审核系统。用户注册及有关内容的填报、审核，请按照《新闻出版改革发展项目库管理系统使用手册》（附后）进行。

（六）凡涉密项目，请按有关保密管理规定办理，不得通过网络申报。

六、申报材料要求

（一）申报材料必须齐全、客观、真实项目申报单位应提供由项目负责人签名的承诺书，并随项目申请书同时报送国家新闻出版广电总局规划发展司。

（二）请按规定格式和内容编写项目申请书，必须包括如下内容

1. 数据采集表；

2. 项目简介；

3. 项目可行性研究报告摘要；

4. 项目论证；

5. 项目工作量与时间进度；

6. 项目经费预算及明细（项目基础设施建设费用不得超过总经费的 30%）；

7. 预期社会效益与经济效益；

8. 专家推荐意见。

（三）申报单位必须提供的证明文件（网络版在相应区域内扫描上传）

1. 申报单位通过 2013 年度年检的企业法人营业执照副本或事业单位法人登记证书；

2. 法人代表有效身份证明文件；

3. 税务登记证；

4. 申报前近两个月的缴税付款凭证（含营业税、增值税、所得税以及个人所得税等，可选择重点两份扫描上传）；

5.2012 年— 2013 年的年度企业财务报告；财务报表、资产负债表、损益（利润）表、现金流量表。

（四）其他需要上传的文件（根据需要扫描上传）

1. 申请贷款贴息的，需提供相关银行贷款合同、利用贷款实施重点发展项目情况说明、已支付贷款利息凭证等复印件。

2. 申请境外投资项目补助的，需提供境外企业注册文件、商务主管部门核准颁发的企业境外投资证书、资金汇出证明、项目合同、有资质的中介机构出具的项目资金审计报告。

3. 项目前期如果已经进行专家评审，请申报单位提供专家评审意见（专家须分别出具意见并亲笔签字）和专家资质证明（职称证书）。评审专家应具备以下条件：

（1）本行业内副高职称以上；

（2）非项目申报单位；

（3）非项目承担者及联合申报单位的专家意见。

4. 证明申报项目技术水平的其他相关文件。

5. 与项目相关的发明专利证书或与项目相关的发明专利申请进入实质审查阶段通知书。

（五）项目简介

为方便项目单位之间、项目单位与金融服务机构之间的合作交流，项目申报单位须填写不超过1500字的项目简介。该项目简介对所有项目申报单位公开，并用于向金融机构推介项目等。

七、申报时间要求

新闻出版改革发展项目库2014年度入库项目申报截止时间为2014年2月28日，届时将关闭网络申报系统端口和网络审核系统端口。

八、其他事项

（一）项目实施期一般为2年，最多不超过3年。

（二）申报单位对项目申请书的真实性负责，并对项目实施人员（包括项目负责人）的申报资格负责。

（三）申报单位在申报系统中注册用户名原则上应使用单位名称，且与单位公章一致。每个申报单位原则上只能注册一个账户。已经注册过的申报单位，须使用原注册账户申报。

（四）项目申请书（包括不受理的项目申请书）不予退回。

关于公布第二届向全国推荐百种优秀民族图书的通知

新出联〔2013〕11号

国家新闻出版广电总局　国家民族事务委员会

2013年12月27日

各省、自治区、直辖市新闻出版局、民（宗）委（厅、局），新疆生产建设兵团新闻出版局、民族宗教事务局，解放军总政治部宣传部新闻出版局，中央和国家机关有关部委、民主党派、人民团体新闻出版主管部门，中国出版集团公司，中国教育出版传媒集团有限公司，中国科技出版传媒集团有限公司，各相关中央直属企业：

为深入贯彻党的十八大精神，进一步推动少数民族出版事业的繁荣发展，国家新闻出版广电总局与国家民委在首届向全国推荐百种优秀民族图书活动的基础上，继续开展第二届向全国推荐百种优秀民族图书活动，有效发挥优秀民族图书的引导和宣传作用，巩固全国各族人民共同团结奋斗的思想基础，丰富人民群众的精神文化生活。

国家新闻出版广电总局与国家民委2013年6月联合下发《关于开展第二届向全国推荐百种优秀民族图书活动的通知》（新出联〔2013〕4号），各有关新闻出版管理部门和出版单位积极申报，全国共有121家出版单位报送图书954种（套）。经材料审核、专家评审和媒体公示等程序，最终确定第二届向全国推荐百种优秀民族图书（书目见附件），现将推荐图书情况和有关要求通知如下：

一、推荐图书的基本情况

第二届向全国推荐的百种优秀民族图书涵盖哲学、宗教、社会科学总论、文学、艺术等12个类别。其中少数民族文字图书60种，涉及蒙文、藏文、维吾尔文、哈萨克文、朝鲜文、彝文、壮文、柯尔克孜文等20个文种；少数民族题材的汉文版图书39种。

二、推荐图书的特点

（一）弘扬民族共同团结奋斗的主题，反映各族人民对祖国繁荣发展作出的重要贡献。

（二）突出各民族优秀历史文化遗产的保护和传承，呈现各民族多姿多彩的独特文化。

（三）展示优秀文学名著的艺术魅力，让各民族读者通过翻译精品共享经典。

（四）体现文化积累与创新的结合，丰富民族文化宝库。

（五）凸显实用性、普及性，服务少数民族群众的生产生活。

三、做好出版发行工作的要求

（一）各级新闻出版管理部门、民（宗）委（厅、局）要积极配合共同做好第二届向全国推荐百种优秀民族图书活动，结合本地区的特点和优势，采取多种渠道、多种形式，宣传推介百种优秀民族图书，让优秀民族图书深入校园、深入社区、深入农村、深入基层，充分发挥优秀图书的社会作用。

（二）各级新闻出版管理部门要指导出版单位坚持正确的出版方向，以优秀民族图书为示范，加强选题策划，继续推进民族图书的出版工作。出版单位要围绕宣传党和国家的民族政策、培育社会主义核心价值观、建设中华民族共有精神家园，重点组织一批适合各地区、各民族群众阅读特点的优秀民族图书。

（三）各级新闻出版管理部门要组织出版单位和发行单位共同做好百种优秀民族图书的出版发行工作。相关出版和发行单位应加强合作，做好百种优秀民族图书的重印、再版、供货等工作。重印或再版时，可以在封面、腰封或其他适当位置上标注“国家新闻出版广电总局和国家民委第二届向全国推荐百种优秀民族图书”字样。

（四）各级新闻出版管理部门要组织好推荐优秀图书的宣传推广工作。推动中心城市书店的优秀民族图书展示、展销，少数民族群众主要聚居地区的书店在显著位置推介优秀民族图书，少数民族群众主要聚居地区农家书屋配备图书应从百种优秀民族图书中选择采购适合本地的品种。各方面形成合力，以优质的服务、优惠的价格向社会各界提供优秀的民族图书，满足各民族群众的文化需要。

（五）各级新闻出版管理部门要积极发挥优秀民族图书的引导作用。认真总结和交流出版推荐优秀民族图书的好经验、好做法。国家新闻出版广电总局和国家民委将于12月中下旬联合召开优秀民族图书出版工作座谈会，促进优秀民族图书的出版和宣传。

关于延续宣传文化增值税和营业税优惠政策的通知

财税〔2013〕87号

财政部　国家税务总局

2013年12月31日

各省、自治区、直辖市、计划单列市财政厅（局）、国家税务局、地方税务局，新疆生产建设兵团财务局，财政部驻各省、自治区、直辖市、计划单列市财政监察专员办事处：

为促进我国宣传文化事业的发展繁荣，经国务院批准，在2017年底以前，对宣传文化事业增值税和营业税优惠政策作适当调整后延续。现将有关事项通知如下：

一、自2013年1月1日起至2017年12月31日，执行下列增值税先征后退政策。

（一）对下列出版物在出版环节执行增值税100%先征后退的政策：

1. 中国共产党和各民主党派的各级组织的机关报纸和

机关期刊，各级人大、政协、政府、工会、共青团、妇联、残联、科协的机关报纸和机关期刊，新华社的机关报纸和机关期刊，军事部门的机关报纸和机关期刊。

上述各级组织不含其所属部门。机关报纸和机关期刊增值税先征后退范围掌握在一个单位一份报纸和一份期刊以内。

2. 专为少年儿童出版发行的报纸和期刊，中小学的学生课本。

3. 专为老年人出版发行的报纸和期刊。

4. 少数民族文字出版物。

5. 盲文图书和盲文期刊。

6. 经批准在内蒙古、广西、西藏、宁夏、新疆五个自治区内注册的出版单位出版的出版物。

7. 列入本通知附件 1 的图书、报纸和期刊。

(二) 对下列出版物在出版环节执行增值税先征后退 50% 的政策：

1. 各类图书、期刊、音像制品、电子出版物，但本通知第一条第 (一) 项规定执行增值税 100% 先征后退的出版物除外。

2. 列入本通知附件 2 的报纸。

(三) 对下列印刷、制作业务执行增值税 100% 先征后退的政策：

1. 对少数民族文字出版物的印刷或制作业务。

2. 列入本通知附件 3 的新疆维吾尔自治区印刷企业的印刷业务。

二、自 2013 年 1 月 1 日起至 2017 年 12 月 31 日，免征图书批发、零售环节增值税。

三、自 2013 年 1 月 1 日起至 2017 年 12 月 31 日，对科普单位的门票收入，以及县 (含县级市、区、旗) 及县以上党政部门和科协开展的科普活动的门票收入免征营业税。自 2013 年 1 月 1 日至 2013 年 7 月 31 日，对境外单位向境内科普单位转让科普影视作品播映权取得的收入，免征营业税。

四、享受本通知第一条第 (一) 项、第 (二) 项规定的增值税先征后退政策的纳税人，必须是具有相关出版物的出版许可证的出版单位 (含以"租型"方式取得专有出版权进行出版物的印刷发行的出版单位)。承担省级及以上出版行政主管部门指定出版、发行任务的单位，因进行重组改制等原因尚未办理出版、发行许可的出版单位，经财政部驻各地财政监察专员办事处 (以下简称财政监察专员办事处) 商省级出版行政主管部门核准，可以享受相应的增值税先征后退政策。

纳税人应将享受上述税收优惠政策的出版物在财务上实行单独核算，不进行单独核算的不得享受本通知规定的优惠政策。违规出版物、多次出现违规的出版单位及图书批发零售单位不得享受本通知规定的优惠政策，上述违规出版物、出版单位及图书批发零售单位的具体名单由省级及以上出版行政主管部门及时通知相应财政监察专员办事处和主管税务机关。

五、已按软件产品享受增值税退税政策的电子出版物不得再按本通知申请增值税先征后退政策。

六、办理和认定

(一) 本通知规定的各项增值税先征后退政策由财政监察专员办事处根据财政部、国家税务总局、中国人民银行《关于税制改革后对某些企业实行"先征后退"有关预算管理问题的暂行规定的通知》〔(94) 财预字第 55 号〕的规定办理。

(二) 科普单位、科普活动和科普单位进口自用科普影视作品的认定仍按《科技部财政部国家税务总局海关总署新闻出版总署关于印发〈科普税收优惠政策实施办法〉的通知》(国科发政字〔2013〕416 号) 的有关规定执行。

七、本通知的有关定义

(一) 本通知所述"出版物"，是指根据国务院出版行政主管部门的有关规定出版的图书、报纸、期刊、音像制品和电子出版物。所述图书、报纸和期刊，包括随同图书、报纸、期刊销售并难以分离的光盘、软盘和磁带等信息载体。

(二) 图书、报纸、期刊 (即杂志) 的范围，仍然按照《国家税务总局关于印发〈增值税部分货物征税范围注释〉的通知》(国税发〔1993〕151 号) 的规定执行；音像制品、电子出版物的范围，仍然按照《财政部国家税务总局关于部分货物适用增值税低税率和简易办法征收增值税政策的通知》(财税〔2009〕9 号) 的规定执行。

(三) 本通知所述"专为少年儿童出版发行的报纸和期刊"，是指以初中及初中以下少年儿童为主要对象的报纸和期刊。

(四) 本通知所述"中小学的学生课本"，是指普通中小学学生课本和中等职业教育课本。普通中小学学生课本是指根据教育部中、小学教学大纲的要求，由经国务院出版行政主管部门审定而具有"中小学教材"出版资质的出版单位出版发行的中、小学学生上课使用的正式课本，具体操作时按国家和省级教育行政部门每年春、秋两季下达的"中小学教学用书目录"中所列的"课本"的范围掌握；中等职业教育课本是指经国家和省级教育、人力资源社会保障行政部门审定，供中等专业学校、职业高中和成人专业学校学生使用的课本，具体操作时按国家和省级教育、人力资源社会保障行政部门每年下达的教学用书目录认定。中小学的学生课本不包括各种形式的教学参考书、图册、自读课本、课外读物、练习册以及其他各类辅助性教材和辅导读物。

（五）本通知所述“专为老年人出版发行的报纸和期刊”，是指以老年人为主要对象的报纸和期刊，具体范围详见附件4。

（六）本通知第一条第（一）项和第（二）项规定的图书包括“租型”出版的图书。

（七）本通知所述“科普单位”，是指科技馆，自然博物馆，对公众开放的天文馆（站、台）、气象台（站）、地震台（站），以及高等院校、科研机构对公众开放的科普基地。

八、本通知自2013年1月1日起执行。《财政部国家税务总局关于继续执行宣传文化增值税和营业税优惠政策的通知》（财税〔2011〕92号）同时废止。

按照本通知第二条和第三条规定应予免征的增值税或营业税，凡在接到本通知以前已经征收入库的，可抵减纳税人以后月份应缴纳的增值税、营业税税款或者办理税款退库。纳税人如果已向购买方开具了增值税专用发票，应将专用发票追回后方可申请办理免税。凡专用发票无法追回的，一律照章征收增值税。

2013年我国出台的其他相关政策法规

1月30日 《国务院关于修改〈信息网络传播权保护条例〉的决定》于2013年1月16日国务院第231次常务会议通过，现正式公布，新条例自2013年3月1日起施行。国务院决定对《信息网络传播权保护条例》作如下修改：将第十八条、第十九条中的“并可处以10万元以下的罚款”修改为：“非法经营额5万元以上的，可处非法经营额1倍以上5倍以下的罚款；没有非法经营额或者非法经营额5万元以下的，根据情节轻重，可处25万元以下的罚款”。《信息网络传播权保护条例》根据本决定作相应修改，重新公布。

1月30日 《国务院关于修改〈中华人民共和国著作权法实施条例〉的决定》于2013年1月16日国务院第231次常务会议通过，现正式公布，自2013年3月1日起施行。国务院决定对《中华人民共和国著作权法实施条例》作如下修改：将第三十六条修改为：“有著作权法第四十八条所列侵权行为，同时损害社会公共利益，非法经营额5万元以上的，著作权行政管理部门可处非法经营额1倍以上5倍以下的罚款；没有非法经营额或者非法经营额5万元以下的，著作权行政管理部门根据情节轻重，可处25万元以下的罚款。”《中华人民共和国著作权法实施条例》根据本决定作相应修改，重新公布。

1月30日 财政部与环境保护部发布《关于调整公布第十一期环境标志产品政府采购清单的通知》，对已发布的“环境标志产品政府采购清单”进行了调整。

2月5日 科技部发布《技术市场“十二五”发展规划》。

2月7日 文化部发布《全国公共图书馆事业发展“十二五”规划》，这也是我国第一个全国性的公共图书馆事业发展五年规划。《规划》提出，到“十二五”末期，逐步建立覆盖城乡、结构合理、功能健全、实用高效的服务网络，带动全国图书馆事业发展，使公共图书馆在公共文化服务体系和公共数字文化建设中发挥主体作用，使公共图书馆成为人民群众基本文化需求的重要阵地的总体目标。

2月18日 国家发展改革委、国家认监委发布关于印发《低碳产品认证管理暂行办法》的通知。以此引导低碳生产和消费，规范和管理低碳产品认证活动。

2月25日 《网络发票管理办法》于2013年1月25日国家税务总局第1次局务会议审议通过，该办法自2013年4月1日起施行。

2月28日 商务部、环境保护部联合发布《对外投资合作环境保护指南》(以下简称《环保指南》)。该指南是由两部门在借鉴国际经验和理念的基础上，结合中国国情研究制定的，旨在指导中国企业进一步规范对外投资合作中的环境保护行为，及时识别和防范环境风险，引导企业积极履行环境保护社会责任，树立中国企业良好对外形象，支持东道国的可持续发展。

3月1日 科技部与发展改革委发布《关于印发“十二五”国家重大创新基地建设规划的通知》，附《“十二五”国家重大创新基地建设规划》。

3月6日 文化部发布《关于加强行政审批规范化建设 开展文化市场行政审批大检查的通知》，定于2013年4月至11月在全国开展文化市场行政审批大检查，全面盘查2010年以来文化市场行政审批情况，掌握总体趋势，查找薄弱环节，总结先进经验，提出改进工作完善制度的建议。

3月12日 国家税务总局发布《关于企业政策性搬迁所得税有关问题的公告》。

3月13日 工商总局发布《关于进一步严格监管报刊出版单位、广播电台、电视台利用医药资讯专版、节目以及购物短片等形式发布广告行为的通知》。

3月25日 国家知识产权局印发《专利行政执法能力提升工程方案》，标志着国家知识产权局全面启动专利行政执法能力提升工程工作。

4月1日 财政部与国家税务总局发布《关于享受资源综合利用增值税优惠政策的纳税人执行污染物排放标准有关问题的通知》。

4月2日 国家新闻出版广电总局下发了《关于开展2013年全民阅读活动的通知》，决定继续在全国范围内开展全民阅读活动，建设书香中国。

4月11日 工业和信息化部发布《关于加强移动智能终端进网管理的通知》，提出针对网络和信息安全保障的若干要求。该通知自2013年11月1日起执行。

4月15日 国家发展改革委、财政部、农业部、商务部、人民银行、海关总署、税务总局、工商总局、质检总局、林业局、旅游局、邮政局、国家标准委等部门联合发布《关于进一步促进电子商务健康快速发展有关工作的通知》，以继续加快完善支持电子商务创新发展的法规政策环境。

4月17日 国家发展改革委联合有关部门发布《关于深化限制生产销售使用塑料 购物袋实施工作的通知》。

5月11日 国家外汇管理局发布《国家外汇管理局关于印发〈外国投资者境内直接投资外汇管理规定〉及配套文件的通知》(汇发[2013]21号)，进一步规范和明确外国投资者境内直接投资（以下简称外商直接投资，即FDI)外汇管理，并废止了一批外商直接投资外汇管理规范性文件。《规定》自2013年5月13日起实施。

6月25日 财政部与发展改革委发布《关于公布取消和免征一批行政事业性收费的通知》，规定自2013年8月1日起，在全国统一取消和免征33项行政事业性收费。

6月28日 财政部、中国人民银行、国家税务总局发布《关于营业税改征增值税试点有关预算管理问题的通知》。

6月28日 根据《国务院关于取消和下放一批行政审批项目等事项的决定》(国发〔2013〕19号)，国家发展改革委取消和下放管理层级行政审批项目26项，其中，取消行政审批项目14项，下放管理层级行政审批项目12项。

7月2日 国家发展改革委与中国科学院发布《关于印发科技助推西部地区转型发展行动计划（2013—2020年）的通知》。

7月16日 《电信和互联网用户个人信息保护规定》于2013年6月28日中华人民共和国工业和信息化部第2次部务会议审议通过，现正式公布，自2013年9月1日起施行。

7月16日 环境保护部印发《关于加强污染源环境监管信息公开工作的通知》，同时发布了《污染源环境监管信息公开目录(第一批)》，要求各级环保部门从2013年9月开始按照“依法规范、公平公正、及时全面、客观真实、便于查询”的原则，认真做好污染源环境监管信息公开工作。

7月23日 国家发展改革委发布《关于加强小微企业融资服务支持小微企业发展的指导意见》，旨在拓宽小微企业融资渠道，缓解小微企业融资困难，加大对小微企业的支持力度。

8月2日 国家发展改革委与财政部发布关于降低部分行政事业性收费标准的通知，提出自2013年10月1日起，降低14个部门20个行政事业性收费项目的收费标准。

8月12日 文化部发布关于实施《网络文化经营单位内容自审管理办法》的通知，要求各地文化厅（局）应当在《办法》施行前对辖区内实际从事网络文化经营单位的内容审核人员进行培训。

9月5日 银监会发布了《中国银监会关于进一步做好小微企业金融服务工作的指导意见》，共提出了15条具体措施，以持续推进小微企业金融服务工作。

9月10日 文化部发布《文化部信息化发展纲要》。

9月23日 国家版权局发布关于《使用文字作品支付报酬办法（修订征求意见稿）》公开征求意见的通知。

9月25日 工业和信息化部、水利部、国家统计局、全国节约用水办公室发出关于印发《重点工业行业用水效率指南》的通知。指导工业企业开展节水对标达标，加强节水技术改造，推进节水型企业建设。

10月16日 财政部与国家发改委发布了《关于公布取消314项行政事业性收费的通知》，规定自2013年11月1日起，取消314项各省（区、市）设立的行政事业性收费。

10月18日 国家发展改革委办公厅发布《关于征集2014年清洁生产评价指标体系编制建议的通知》，拟定了国家2014年重点行业清洁生产评价指标体系的编制计划。

11月5日 国家发展改革委印发了《关于建立完善价格监管机制的意见》。提出以提高价格监管效率为目标，按照"法规健全、权责明确、执行有力、科学规范"的要求，建立和完善预警防范、应急处置、举报处理、市场监管、反价格垄断、专项治理、社会监督、经营者自律、部门协作联动等制度体系，尽快形成一整套制度完备、运转高效的价格监管机制，推动价格监管工作向系统化、信息化、制度化、规范化和长效化转变。

12月2日 国家发展改革委、财政部、国土资源部、水利部、农业部、国家林业局联合发布《关于印发国家生态文明先行示范区建设方案（试行）的通知》，指出根据《国务院关于加快发展节能环保产业的意见》（国发〔2013〕30号）中关于在全国范围内选择有代表性的100个地区开展国家生态文明先行示范区建设，探索符合我国国情的生态文明建设模式的要求，制定了《国家生态文明先行示范区建设方案（试行）》。要求各地认真组织先行示范地区申报（本次申报以省级以下地区为主，每个省、自治区、直辖市申报不超过2个地区）。

12月3日 财政部与国家税务总局发布《关于对部分营业税纳税人免征文化事业建设费的通知》指出，为了减轻小微企业等纳税人负担，对从事娱乐业的营业税纳税人中，月营业额不超过2万元的单位和个人，免征文化事业建设费。除上述规定以外的营业税纳税人，仍按照《财政部 国家税务总局关于印发〈文化事业建设费征收管理暂行办法〉的通知》（财税字〔1997〕95号）的规定征收文化事业建设费。本通知自2013年8月1日起施行。此前已作处理的，不再调整；未作处理的，按本规定执行。

12月18日 国家知识产权局发布《关于进一步提升专利申请质量的若干意见》。

Böttcher
Systems
德国博星
倾情印刷百年 传承品质永远
辉煌 三个世纪历史的德国博星
德国博星家族源于1725年，以288年的成功经历誉享世界专业印刷胶辊研制界。博星以持续的创新和卓越的品质驰名世界。迄今为止，博星集团在全球拥有40余家子公司、18家工厂，产品供应份额占据绝大多数世界一流的印刷机制造企业和印刷厂，服务遍布80多个国家与地区。
经典 德系日系印刷机的原装胶辊
伴随着印刷业的崛起，博星始终保持德系印刷机OEM原配胶辊之卓越品质，当之无愧地成了德系日系顶级印刷机的原装胶辊优选供应商。博星以荣耀的“OEM经典”见证了印刷业的发展史。
专业 印刷增值与系统的解决方案
博星不只是至尊胶辊的代名词，更是全球率先全方位提供印刷增值体系与问题解决方案的专家。其产品和服务同时覆盖了印刷用化学品、橡皮布等消耗材料与应用技术。
CHAMELEON
INTERTECH TECHNOLOGY AWARDS
GATF
Since 1725
高贵品质 世代传承
www.boettcher.de
Böttcher
德国博星集团在华独资公司：
博星印刷器材(苏州)有限公司
江苏苏州市吴江经济技术开发区运东庞金路2500号 / 电话: 0512-63407100 / 传真: 0512-63407557 / 电邮: suzhou@boettcher.cn
博星(广州)印刷器材有限公司
广州市番禺区大石街涌口村岭南路2号林森科创A二楼 / 电话: 020-84785087 / 传真: 020-84785092 / 电邮: guangzhou@boettcher.cn

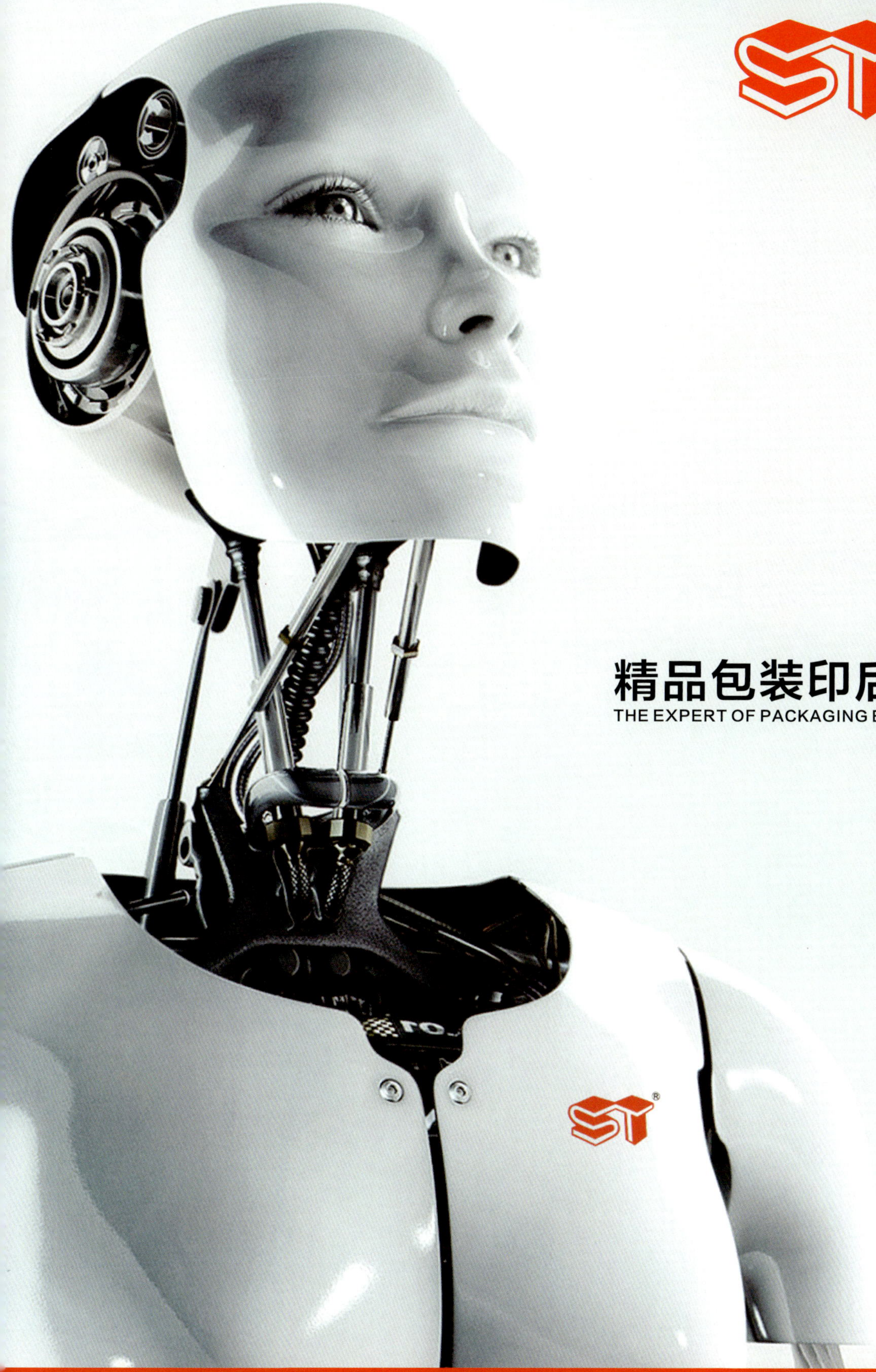

绿色印刷科技创新
特别贡献成果

无锡天德印艺技术有限公司成立于2009年6月9日，注册资本为人民币200万元，员工大专以上学历者占公司员工总数40%，从事研发科技人员占公司员工总数的20%。公司主要经营范围为印刷专用设备及配件的制造、销售；印刷包装技术的推广、指导；印刷专用设备的软件设计；印刷包装材料、日用百货、五金交电、化工产品及原料、服装鞋帽、电子元件的销售；自营和代理各类商品及技术的进出口业务。

目前公司主导产品为印刷显影水液循环处理系统，该系统是一款用于印前领域的环保节能降耗产品，具有适应范围广、自动化程度高等优势，可以与现有各款CTP冲版机、PS版冲版机、CTCP版冲版机相连接，均可以达到满意效果。这样在不需要目前印刷企业更换制版机、冲版机就可以达到节能减排的目的，大大减轻印刷企业负担。该产品与冲版机相连接后，冲版机冲版产生的废水通过自动添加水处理药剂，调整冲版用水硬度及酸碱度，降低色度、氨氮、总磷及COD/BOD等指标，过滤除渣后进行再次循环利用，可以满足2000~3000张版材的冲版用水，共可以减少90%的自来水用量和废水排放。同时，最终排出的废水也完全达到国家规定污水排放标准。

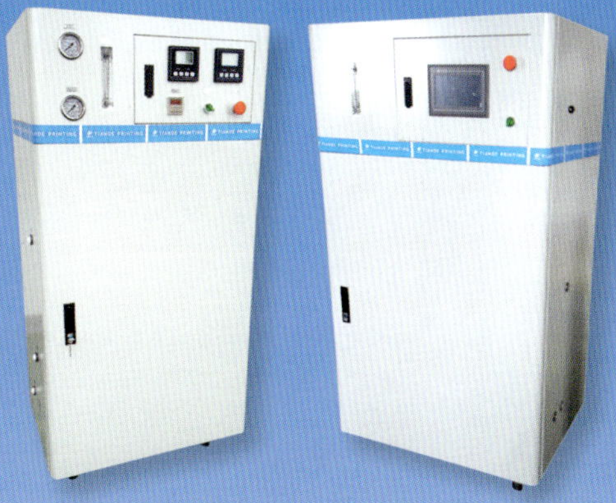

2012年8月，总经理孙进携自主研发生产的已经获国家专利的显影处理系统参加由国家有关部门与中国印刷技术研究所主办的《全国绿色印刷技术大奖赛》，2012年11月3日，在多位专家组和网络投票评选中，天德显影处理系统荣获《2012绿色技术大奖》。

2013年无锡天德印艺技术有限公司通过ISO9000认证，并且获得江苏省民营科技企业称号。2013年公司在显影水液循环处理系统的基础上又根据客户个性化需要，生产了显影水循环处理系统、显影液循环处理系统、润版液循环处理系统、显影废液处理系统等几款产品，并且产品通过无锡市质量监督局的第三方认证。

天德印艺

地址：无锡市锡山区蓉兴三路31号 / 邮编：214011 / 电话：0510-6688 2599 / 6606 7688
传真：0510-8826 0018 / 网址：www.tdprint.com.cn

深圳职业技术学院

媒体与传播学院

学院简介

媒体与传播学院下设图文传播和出版传媒两个专业类。其中图文传播类下设印刷图文信息处理、印刷技术、包装技术与设计3个专业；出版传媒类下设出版与发行、电子出版技术2个专业。学院致力于培养印刷、包装、出版、传媒产业所需要的懂创意策划、图文采编、信息处理、设计制作、编辑排版、印刷复制、加工生产、发行传播等高级技术、设计与管理人才。

学院现有在校生1125人、教职工63人，其中教授5人，副教授14人，专业教师中80%具有硕士及以上学位，90%具备“双师型”资格。校内建有国际一流的印刷媒体技术中心，包含10个校企共建的技术研发培训中心和16个学生创新、创意、创业工作室，拥有仪器设备794台（套），价值4300万元，其中企业捐赠1700万元。在报社、出版社、传媒企业、大型印刷包装企业等机构建立了120余家校外实习基地。

学院建有国家级示范专业1个（印刷技术专业），国家级精品课程1门，校级精品课程10门，网络课程17门，专业信息资源库1个，开发高级职业资格证书9项。教学中注重学生的创新培养和能力训练，学生在各类大赛中取得了一系列成果，例如2010年全国印刷职业技能大赛（学生组）一等奖，2009年和2010年全国曼罗兰奖学金高职高专组一等奖，全国大学生包装设计创意大赛金奖、银奖，深港大学生创意设计大赛金奖等。毕业生广受行业和企业的欢迎，近年供需比平均为1:4，毕业生100%可被推荐在深圳就业。

1. 包装技术与设计

【培养目标】培养面向包装、广告、食品、医药、化妆品、海关等企事业单位，掌握“包装结构与创意设计、物流包装与检测、包装策划与管理、包装业务与营销”等相关知识和技能，且具有职业生涯发展基础的德、智、体、美全面发展的高技能应用型专业人才。

【主干课程】包装结构设计、运输（物流）包装设计、包装装潢设计、包装视觉元素设计、包装材料与测试、包装工艺与设备、包装设计师训练、包装CAD实训、包装印刷、包装业务及营销等。

【就业方向】在销售包装企业（如食品、化妆品、药品等）从事包装结构及装潢设计、包装工艺设计、包装检测、包装策划、包装管理、业务与营销等工作；在大型电子、电器等企业从事运输包装设计、包装检测等工作；在包装容器制造企业从事容器的结构设计、外观造型设计、业务与营销等工作；在广告设计公司从事包装设计与制作等工作；在国际检测、标准中心（如SGS通标标准技术服务有限公司）、海关从事包装检测工作。

2. 印刷技术

【培养目标】培养面向印刷、包装、出版等企事业单位，掌握数字印前制作、印刷设备操作、印刷工艺与生产管理、印刷营销与业务管理等相关知识和技能，具有创新意识和技术管理能力，具备职业生涯发展基础的创新型高技能应用型专业人才。

【主干课程】印刷色彩、印刷设计应用软件、数字印前技术、印前综合训练、胶印机结构原理与操作、印刷工艺、印刷标准化与质量检测技术、印后加工工艺、印刷业务与跟单实务、中高级专业技能训练等。

【就业方向】印刷包装企业：技术与管理岗位；报社、杂志社：排版与制作部、印刷部等；设计与广告公司：印刷设计与制作岗位；印刷设备与器材销售公司：销售、技术服务、培训、售后服务等。

【就业前景】目前，国内60%以上的高档书刊印刷品、85%以上的电话号码簿、90%以上的拍卖品图录都在深圳印制，深圳已发展成为全国最重要的高档精品印刷中心。我国印刷业的高速发展，带来了人才匮乏的问题，深圳作为全国高端印刷基地对印刷人才的需求更显得尤为旺盛。印刷科技带头人、印刷经理人、印刷企业高级管理人才、印刷机长、高级技工和技师，这些高技术含量和高薪的岗位，都是我们的毕业生未来的方向。

3. 印刷图文信息处理

【培养目标】培养掌握计算机及数字图像的基础知识，懂数字化印刷工作流程，能熟练操作苹果电脑、计算机直接制版系统和数码印刷设备，精通专业制作软件，了解数字化、网络化印刷出版流程管理的高技能应用型专业人才。

【主干课程】印刷色彩、数字印前技术、印刷设计应用软件、图文制作与排版、计算机直接制版技术、制版原理与工艺、色彩管理技术、印前综合训练、印刷业务与跟单实务、数码印刷、中高级专业技能训练。

【就业方向】印刷企业、出版社、报社、广告设计公司、快印公司、数码影楼等从事平面设计与制作、数码印刷、数码摄影、数字印前处理、图文组版、CTP技术等方面的操作与管理工作。

4. 出版与发行

【培养目标】本专业方向主要培养学生熟悉艺术传播设计原理和工艺、出版物编排设计、包装装潢设计等设计思维和技能，掌握组稿、策划、校对、编辑排版、出版物营销与传媒策划、广告设计、企业形象策划、网站制作与网络编辑、公共关系基础理论知识和实操技巧，使学生成为适应现代企业发展的、有较强审美能力和设计编排能力，能适应传媒企事业单位需求的高技能应用型专业人才。

【主干课程】书籍设计、版面设计、报刊编辑与排版、广告文案写作、传媒广告设计、网页设计与网络编辑、专业考察与调研、图形创意、字体创意、标识设计、插画设计、新闻采访与写作、文稿编辑与校对、媒体经营与管理、媒体营销实训、媒体策划实务、商品包装创意与制作、装潢美术设计员中高级实训、电脑照排工中高级实训等。

【就业方向】可在新闻、出版、广告、策划等企事业单位从事编辑出版、出版物营销、公关策划类工作；在刊物、广告公司、设计公司、包装公司从事媒体创意、栏目策划、组稿、出版物美编和包装装潢设计、平面制作和管理；可在传媒企业从事印前处理、版面编排、设计制作工作；在大型机构、企事业单位宣传工作；在大型书城、书店图书发行与管理工作等；也可作为自由设计师独立创业。

5. 电子出版技术

【培养目标】培养熟悉电子出版原理，掌握电子书、网络、手机移动终端、数字交互媒体等形式的电子出版物的策划、设计、制作、发布与营销及数字媒体素材编辑、电子阅读终端软硬件调试等基本技能，具有较强的跨媒体、跨平台的数字媒体开发能力，能适应出版传媒企业、数字教育公司、多媒体制作公司、网络公司、影视传媒企业等相关单位需求的高技能应用型专业人才。

【主干课程】交互媒体出版、网络出版实务、电子阅读器及电子书、移动终端出版、数字媒体策划与设计、数字动画技术、音频与视频编辑、数字内容管理、脚本语言程序设计、电子出版标记语言。

【就业方向】出版社、报社、杂志社、交互式教育产品开发公司、多媒体制作公司、网站设计公司、企业内部网站、企业内部数字展示媒体开发部门等的技术维护、媒体交互设计、电子出版物制作、数字媒体素材编辑、数据录入与版面编排工作；电子阅读器与移动终端软硬件开发公司、平面设计公司、影视广告与数字传媒公司等的界面设计与数字媒体制作工作；跨媒体企业的网络数据信息处理及大型书城、出版社网上书店的电子图书制作与销售平台的信息维护工作等。

图注：深圳市委书记王荣来校调研，并与学生创业创意中心成员合影(上图) / 学生荣获第二届全国印刷行业职业技能大赛一等奖(下图)

上海出版印刷高等专科学校
SHANGHAI PUBLISHING AND PRINTING COLLEGE

培养热爱行业的高素质高技术高技能人才

加快发展现代职业教育，是党中央、国务院的重大战略部署。上海出版印刷高等专科学校作为国内出版印刷高等职业教育的先行者，国家新闻出版广电总局与上海市共建的特色院校，国家示范性骨干高职院校建设单位，正全力构建以就业为导向的现代职业教育体系，进一步培养学生的职业精神和职业技术与技能，适应技术进步、生产方式变革以及社会公共服务需要，形成具有国际竞争力的人才培养新高地。

2014年5月24日，新闻出版校企合作创新实践基地揭牌

全神贯注参赛的选手

学校积极推进人才培养模式创新，在丰硕的职业教育成效基础上进一步提升教育部提出的职业教育“五个对接”教学改革力度，尤其将融汇国际先进行业技能和职业标准的世界技能大赛标准引入教学，实现技能大赛标准与教学内容对接。学校承建的“印刷与数字印刷技术”国家高职教育教学资源库已成为面向师生、企业、社会学习者开放的共享型资源库网络教学平台。学校是第43届世界技能大赛“印刷媒体技术”项目中国唯一的集训基地，并以此进行技术技能精英培养的改革探索。

学校坚持产教融合、特色办学，教育教学改革与产业转型升级紧密衔接。学校重视应用科研能力建设，承担了多项国家级与省市级的科研课题。作为全国新闻出版职业教育教学指导委员会副主任委员单位，2014年又被国家新闻出版广电总局命名为“新闻出版校企合作创新实践基地”。

学校积极引进国外先进职业教育理念和优质职业教育资源，系统培养、多样成才。国际化办学已形成特色，正在试点中高职教育贯通培养的改革实践，积极推进专本硕贯通培养试点，完善现代职业教育体系，形成职业教育人才培养的“立交桥”。连续5年，学校毕业生就业率超过98%，2014年签约率突破90%，远高于上海市高校平均水平。

参加第43届世界技能大赛全国选拔赛的选手与领导合影

地址：上海市杨浦区水丰路100号 电话：021-65673587 网址：www.sppc.edu.cn

介绍

上海紫丹印务有限公司是由上海紫江企业集团股份有限公司全资控股的一家纸包装，广告宣传品印刷专业公司。座落于闵行经济技术开发区近邻的“紫江工业城内”，占地面积3.5万平方米建筑面积1.68万平方米，绿化面积50%以上。公司总投资2998万美元，注册资本1200万美元，装备了当今世界极具水准的印前制作，彩色印刷，印后加工等工艺设备，设计年产值可达3.2亿。

立足高起点，营造高品位的上海紫丹印务有限公司诞生于1996年，腾飞在新世纪。

产品

设备

介绍

上海紫丹食品包装印刷有限公司是由上海紫江企业集团股份有限公司、伊达控股（香港）有限公司共同投资组建的一家专业的食品纸包装印刷公司，座落于上海市闵行区北松路888号，占地面积4.1万平方米，建筑面积3.1万平方米。

我们装备了当今世界极具水准的柔印版印刷机、立体糊盒机、平面糊盒机、纸袋机等设备，设计年产值达4亿元人民币。

我们建立了专门的检测中心、质量管理队伍，对原材料质量及产品质量进行的全面控制。在行业中率先建立了符合食品卫生要求的GMP车间和仓库，以确保该类产品生产环境和储存条件符合食品安全法的要求。

产品

设备

四川新华彩色印务有限公司
荣获首届“四川之最”
书、报刊印刷业最大规模5强

四川省首批重点文化企业
骨干企业

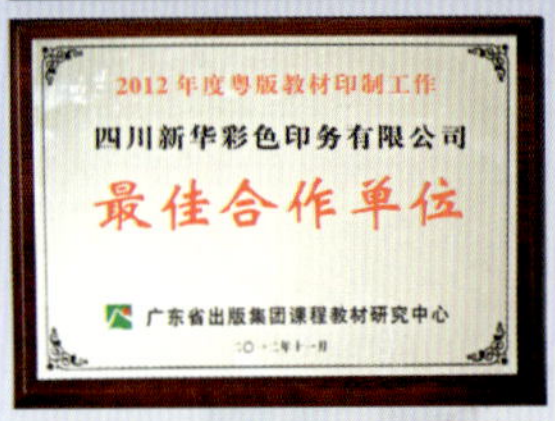

2012年度粤版教材印制工作
四川新华彩色印务有限公司
最佳合作单位
广东省出版集团课程教材研究中心

中国环境标志产品认证证书

国家调查企业
国家统计局四川调查总队

四川新华彩色印务有限公司
SiChuan XinHua Colour Printing CO.,LTD
新华文轩中国西部印务基地

标准汇编

中华人民共和国国家标准

印刷机械和纸加工机械的设计及结构安全规则 第1部分：一般要求

Safety requirements for the design and construction of printing and paper converting machines，Part1: Common requirements

2012-05-11发布 **2012-10-01 实施**

1 范围

1.1 本部分规定了各种印刷、纸加工机械和相关一般设备的安全要求，并应与分部分标准 GB/T 28387-2012（印刷机械和纸加工机械的设计及结构安全规则）中的其他部分一起使用。部分标准 GB/T 28387.2- 2012（印刷机械和纸加工机械的设计及结构安全规则 第 2 部分：印刷机、上光机和印前机械）~ GB/T 28387.5- 2012（印刷机械和纸加工机械的设计及结构安全规则 第 5 部分：瓦楞纸板生产机械以及纸板和瓦楞纸板加工设备）中的特殊要求优先于 GB/T28387.1—2012（印刷机械和纸加工机械的设计及结构安全规则 第 1 部分：一般要求）中的相应要求。本部分涉及在制造商有意的和预知的状态下（见第 4 章），使用印刷机械和纸加工机械所有的常见重大危险。

注：本部分中未涉及的机械，在处理相关危险时可采用本部分相应的规定。

1.2 本部分适用于：

——纸张印刷或类似材料印刷的印刷机械，包括丝网印刷机；印刷过程中的准备机械和印刷机械的辅助设备也被视为印刷机械。本部分也适用于纸张、印品、印版和油墨（印刷前后）处理的机械，还适用于印版清洗、质量检查等机械（辅助印刷机械）；

——纸加工机械，即纸张、纸板及类似材料的处理、加工或制成品的机械。

注：类似材料：如纸板、瓦楞纸板、塑料薄膜、铝箔、金属薄板和照相纸。

1.3 本部分不适用于：

——纸张表面加工领域中卷筒纸切纸机和单张纸裁切装置（带有卷绕装置的单张纸裁切设备）（见 EN l034-1:2000、EN l034-3:2000、prEN l034-5:2001）；

——摩擦式给纸装置的办公型配页机；

——邮件处理机；

——填料打包机（如成形机、填料机和打包机）；

——纺织品印刷机。

2 规范性引用文件

下列文件对本文件的应用是必不可少的。凡是注日期的引用文件，仅注日期的版本适用于本文件。凡是不注日期的引用文件，其最新版本（包括所有的修改单）适用于本文件。

GB/T 28386-2012 印刷、纸加工、造纸机械和辅助设备的噪声测量方法 准确度等级 2 和 3（EN 13023:2003，IDT）

GB 3836.1-2000 爆炸性气体环境用电气设备 第 1 部分：通用要求（eqv IEC 60079-0:1998）

GB 3836.2-2000 爆炸性气体环境用电气设备 第 2 部分：隔爆型“d”（eqv IEC 60079-1:1990）

GB 3836.3-2000 爆炸性气体环境用电气设备 第 3 部分：增安型“e”（eqv IEC 60079-7:1990）

GB 3836.4-2000 爆炸性气体环境用电气设备 第 4 部分：本质安全型“i”（eqv IEC 60079-11:1999）

GB 3836.5-2004 爆炸性气体环境用电气设备 第 5 部分：正压外壳型“p”（IEC 60079-2:2001，MOD）

GB 3836.6-2004 爆炸性气体环境用电气设备 第 6 部分：油浸型“o”（IEC 60079-6:1995，IDT）

GB 3836.7-2004 爆炸性气体环境用电气设备 第 7 部分：充砂型“q”（IEC 60079-5:1997，IDT）

GB 3836.15-2000 爆炸性气体环境用电气设备 第 15 部分：危险场所电气安装（煤矿除外）（eqv IEC 60079-14:1996）

GB 4793.1-2007 测量、控制和试验室用电子设备的

安全要求 第 1 部分：一般要求 (EN 61010-1:2001, IDT)

注 1：GB 4793.1-2007　测量、控制和试验室用电子设备的安全要求 第 1 部分：一般要求 (IEC 61010-1:2001，IDT)。

注 2：IEC 61010-1:2001 等同采用 EN 61010-1:2001。

GB 5226.1-2008　机械电气安全 机械电气设备 第 1 部分：通用技术条件（IEC 60204-1:2005，IDT）

GB 7247.1-2001　激光产品的安全 第 1 部分：设备分类、要求和用户指南（IEC 60825-1:1993，IDT）

GB 12265.3-1997　机械安全 避免人体各部位挤压的最小间距（eqv EN 349:1993）

GB 12476.2-2006　可燃性粉尘环境用电气设备 第 1 部分：用外壳和限制表面温度保护的电气设备 第 2 节：电气设备的选择、安装和维护（IEC 61241-1-2:1999，IDT）

GB/T 15706.1-2007　机械安全　基本概念与设计通则 第 1 部分：基本术语和方法 (EN ISO 12100-1:2003,IDT)

注：GB/T 15706.1-2007　机械安全　基本概念与设计通则　第 1 部分：基本术语和方法 (ISO 12100-1:2003,IDT)。

GB/T 15706.2-2007　机械安全 基本概念与设计通则 第 2 部分：技术原则（EN ISO 12100-2:2003,IDT）

注：GB/T 15706.2-2007　机械安全 基本概念与设计通则 第 2 部分：技术原则（ISO 12100-2:2003,IDT）。

GB 16754-2008　机械安全 急停 设计原则（ISO 13850:2006，IDT）

GB/T 17454.1-2008　机械安全 压敏保护装置 第 1 部分：压敏垫和压敏地板的设计和试验通则（EN 1760-1：1997，IDT）

注 1：GB/T 17454.1-2008　机械安全 压敏保护装置 第 1 部分：压敏垫和压敏地板的设计和试验通则（ISO 13856-1:2001，IDT）。

注 2：ISO 13856-1:2001 等同采用 DIN EN 1760-1：1997。

GB 17888.1-2008　机械安全 进入机械的固定设施 第 1 部分：进入两级平面之间的固定设施的选择（EN ISO 14122-1:2001，IDT）

注：GB 17888.1-2008　机械安全 进入机械的固定设施 第 1 部分：进入两级平面之间的固定设施的选择（ISO 14122-1:2001，IDT）。

GB 17888.2-2008　机械安全 进入机械的固定设施 第 2 部分：工作平台和通道 (EN ISO 14122-2:2001，IDT)

注：GB 17888.2-2008　机械安全 进入机械的固定设施 第 2 部分：工作平台和通道（ISO 14122-2:2001，IDT）。

GB 17888.3-2008　机械安全 进入机械的固定设施 第 3 部分：楼梯、阶梯和护栏（EN ISO 14122-3:2001，IDT）

注：GB 17888.3-2008　机械安全 进入机械的固定设施 第 3 部分：楼梯、阶梯和护栏（ISO 14122-3:2001，IDT）。

GB 17888.4-2008　机械安全 进入机械的固定设施 第 4 部分：固定式直梯（EN ISO 14122-4:2004，IDT）

注：GB 17888.4-2008　机械安全 进入机械的固定设施 第 4 部分：固定式直梯（ISO 14122-4:2004，IDT）

GB 18209.1-2000　机械安全 指示、标志和操作 第 1 部分：关于视觉、听觉和触觉信号的要求 (EN 61310-1:1995, IDT)

注 1：GB 18209.1-2000　机械安全 指示、标志和操作 第 1 部分：关于视觉、听觉和触觉信号的要求（IEC 61310-1:1995，IDT）。

注 2：IEC 61310-1:1995 等同采用 EN 61310-1-1995。

GB 18209.2-2000　机械安全 指示、标志和操作 第 2 部分：标志要求 (EN 61310-2:1995, IDT)

注 1：GB 18209.2-2000　机械安全 指示、标志和操作 第 2 部分：标志要求（IEC 61310-2:1995，IDT）。

注 2：IEC 61310-2:1995 等同采用 EN 61310-2-1995。

GB 18490-2001　激光加工机械 安全要求 (eqv ISO 11553：1996)

GB/T 19436.1-2004　机械电气安全 电敏防护装置 第 1 部分：一般要求和试验（EN 61496-1:1997, IDT）

注 1：GB/T 19436.1-2004　机械电气安全 电敏防护装置 第 1 部分：一般要求和试验（IEC 61496-1:1997, IDT）。

注 2：IEC 61496-1:1997 等同采用 EN 61496-1:1997。

GB/T 19436.2-2004　机械电气安全 电敏防护装置 第 2 部分：使用有源光电防护器件的设备的特殊要求（IEC 61496-2:1997，IDT）

GB 23821-2009　机械安全 防止上下肢触及危险区的安全距离 (ISO 13857:2008，IDT)

GB 25286.1-2010 爆炸性环境用非电气设备 第 1 部分：基本方法和要求（BS EN 13463-1:2001，MOD）

GB/T 26118.1-2010　机械安全 机械辐射产生的风险的评价与减小 第 1 部分：通则（EN 12198-1:2000，IDT）

EN 563:1994　机械安全 可接触表面温度 确定热表面温度限值的工效学数据 (Safety of machinery — Temperatures of touchable surfaces — Ergonomics data to establish temperature limit values for hot surfaces)

EN 574:1996　机械安全 双手操纵装置 功能状况及设计原则 (Safety of machinery — Two-hand control devices — Functional aspects — Principles for design)

EN 953:1997　机械安全 防护装置 固定式和活动式防护装置设计与制造一般要求 (Safety of machinery — Guards — General requirements for the design and construction of fixed and movable guards)

EN 954-1:1996 机械安全 控制系统有关安全部件 第1部分：设计通则 (Safety of machinery — Safety-related parts of control systems — Part 1: General principles for design)

EN 999:1998 机械安全 与人体部位接近速度 相关防护设施的定位 (Safety of machinery — The positioning of protective equipment in respect of approach speeds of parts for the human body)

EN 1037:1995 机械安全 防止意外启动 (Safety of machinery — Prevention of unexpected start-up)

EN 1050:1996 机械安全 风险评价的原则 (Safety of machinery — Principles for risk assessment)

EN 1070:1998 机械安全 术语 (Safety of machinery — Terminology)

EN 1088:1995 机械安全 带防护装置的联锁装置 设计和选择原则 (Safety of machinery — Interlocking devices associated with guards — Principles for design and selection)

EN 1127-1:1997 爆炸性气体 爆炸防止和防护 第1部分：基本概念和方法 (Explosive atmospheres — Explosion prevention and protection — Part 1: Basic concepts and methodology)

EN 1760-2:2001 机械安全 压敏保护装置 第2部分：压敏边和压敏棒的设计和试验通则 (Safety of machinery — Pressure sensitive devices — Part 2: General principles for the design and testing of pressure sensitive edges and pressure sensitive bars)

EN ISO 4871:1996 声学 机器和设备噪声发射值的标示和验证 (Acoustics — Declaration and verification of noise emission values of machinery and equipment)（ISO 4871:1996）

EN 13463-5:2003 爆炸性环境用非电气设备 第5部分：用构造安全的保护方法"c"（Non-electrical equipment intended for use in potentially explosive atmospheres - Part 5: Protection by constructional safety "c"）

EN 50039:1980 潜在的爆炸性环境用电气设备 本质安全型"i"系统 (Electrical apparatus for potentially explosive atmospheres — Intrinsic safety "i")

EN 61000-6-2:2001 电磁波兼容性（EMC）第6-2部分：一般标准；工业环境的抗扰（Electromagnetic compatibility (EMC) — Part 6-2: Generic standards; Immunity for industrial environment）

CLC R 044-001:1999 机械安全 对静电产生的可避免危险的指导和建议 (Safety of machinery: ,Guidance and recommendations for the avoidance of hazards due to static electricity)

3 术语和定义

EN 1070：1998 界定的以及下列术语和定义适用于本文件。

3.1 危险部位 danger points

指在机器危险区内由于以下机械部件的运动对人员造成伤害的部位。机械部件有：

—— 机器部件；

—— 机器工具或工具部件；

—— 工件或部件；

—— 加工中的材料。

注：有危险存在的部位，例如：齿轮、链条、蜗杆传动、V型带、平皮带、订书和捆书装置，连续输送装置的拖拉牵引和支撑构件、辅助轮和飞轮、轴和轴端、滚子、滑板、推杆及类似的部件、工具和压紧装置等。

特殊危险部位：

—— 挤压和剪切部位；

—— 缠绕部位；

—— 内旋卷入部位；

—— 切断、打孔和冲击部位。

3.2 内旋卷入部位 inrunning nips

指由辊子、滚筒、辊轴旋转所引起的造成人体某部位或整个身体卷入的危险部位。危险存在于下列区域：

a) 有动力或无动力驱动的两个相对旋转辊的表面之间；

b) 一个旋转的辊子和其邻近的固定部件之间；

c) 两根同向旋转的不同圆周速度或不同表面性质（磨擦系数）的辊子之间；

d) 皮带轮和传动皮带、输送带及卷筒纸之间（见图1）。

内旋卷入部位还存在于不带动力的、由辊运动驱动的匀墨辊（导纸辊）上。此危险取决于材料类型和强度、包容角、辊速度、惯性等多种因素。

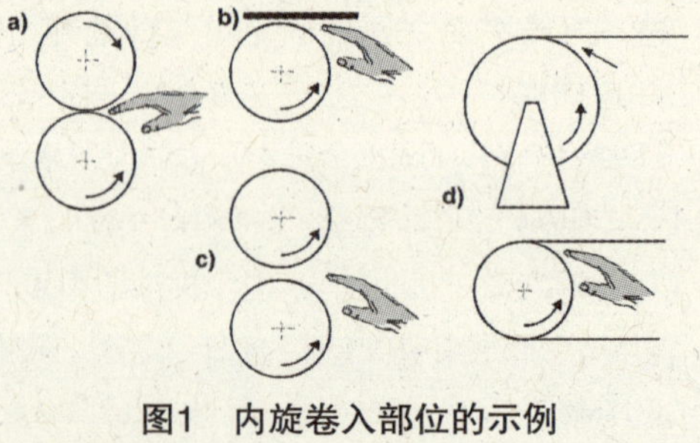

图1 内旋卷入部位的示例

3.3 纸堆升降装置 integrated pile lifting and lowering devices

纸张输纸装置或收纸装置上配备的用于纸堆升降的设备。

3.4 幅面尺寸 format size

机器可印刷或加工的最大纸张尺寸（最大长度 × 最大宽度）。

3.5　常规进入 routine and regular access

指因生产原因在每个使用设备停止运动后，需要接近的危险部位。

3.6　卷筒型材料 web-type materials

被加工处理的卷筒型的纸、纸板、箔片或类似材料。

3.7　开卷装置 reel unwinding devices

用于卷筒型材料展开的机器部件。

3.8　收卷装置 reel rewinding devices

用于卷筒型材料加工后复卷的机器部件。

3.9　分离部件 separating elements

指在给纸装置上用于进行分离单张纸、空白纸或类似材料的部件。

3.10　凸起的工作场所 raised workplaces

指高出基准面至少 0.5m 的工作场所。

3.11　偶尔进入的部位 infrequently used access

指不用于生产、而用于调机、排版调整及操作维修时才需要进入的工作场所。

3.12　光滑滚筒 / 辊 smooth cylinders/rollers

指表面匀称光滑、无划痕、无尖角或无锐边（滚筒或辊）的可旋转物体。

3.13　剩余纸堆监测 residual pile monitoring

指监测输纸装置剩余纸堆的传感器。在机器输送最后一张白纸前停机，以确保对输纸装置上独立部件的安全防护。

3.14　ESPD electro-sensitive protective device

电敏防护装置。

3.15　止—动控制装置 hold-to-run control device

只有按下制动机构才能启动并保持运转，释放机构自动恢复到停止状态的装置。

3.16　可接近的危险区 accessible danger zones

指有防护罩或电敏防护装置的区域，例如：允许整个身体进入的带有安全装置的区域。

4　重大危险目录

4.1　本章包含了本部分中所涉及的所有重大危险，并用风险评价方法判断机器的重大危险，确定消除或减少危险的方法。在进行风险评价时，机器设计者应检查表 1 所列危险是否全面，并考虑与此相关的特殊机器对这些危险情况的适应性。

4.2　设计者、制造商或供货商在使用本部分时，应遵守 EN l050:1996 标准并考虑如下情况：

——　机器预期的使用：包括启动（准备中）、清理和维修，也包括可预见的误操作；

——　重大危险的识别。

表 1　重大危险，危险区域，安全措施

重大危险	危险区	安全措施：涉及下列条款		
		本部分	GB/T 15706.1-2007	ENl050:1996 附录 A
机械危险 挤压 剪切 切割或切断 缠绕 吸入 卷入 冲击	产品部位： ——辊子、滚筒、圆盘之间 ——短距离线性运动 ——落地式移动轮 ——旋转手轮 ——制造部件的挤压危险 ——防护装置 ——可触及的危险部位 ——准备、清理、维护和故障排除（制动控制） ——卷筒型材料的安全穿引 ——通道、入口的冲击危险 ——固定刀片 ——旋转工具 ——危险工具的运送 ——输纸和收纸单元（纸堆升降装置） ——卷筒型材料的开卷和收卷单元	 5.2.1.1，5.2.1.2 5.2.1.3 5.2.1.4 5.2.1.5 5.2.1.6 5.2.2 5.2.3.1 5.2.3.2，5.2.3.3，5.2.3.4 5.2.3.5 5.2.12.1.4 5.3.1 5.3.2 5.3.3 5.3.4.3 ～ 5.3.4.10 5.3.5	4.2.1	1
机械危险产生于： 质量和稳定性 质量和速度	——稳定性 ——运行中的机器 ——输纸单元，收纸单元	5.2.13.1 5.2.13.2 5.3.4.1，5.3.4.2，5.3.4.11，7.2.5	4.2.2	1

（续）

重大危险	危险区	安全措施：涉及下列条款		
		本部分	GB/T 15706.1-2007	ENI050:1996 附录 A
滑倒、绊倒、跌落	工作平台、阶梯、通道、台阶、地面上覆盖物	5.2.12	4.10	19
电气危险 直接或间接接触 热辐射（灼伤）	——电气设备（在电气故障状态下使用设备） ——提供触发装置的停止类别 ——整流驱动器 ——防护等级 ——测量装置	5.2.5.1，5.2.5.7 5.2.5.2，5.2.5.3 5.2.5.4 5.2.5.5 5.2.5.8	4.3	2
高温危险 可能接触引起的灼伤	高温机器部件	5.2.14，7.2.4	4.4	3
噪声危险导致的听力损失 言语交流障碍、听觉信号障碍导致的事故重读	所有机器	5.2.15，7.2.4	4.5	4
辐射产生的危险： 紫外线、激光	带有激光或紫外线的机器	5.2.16，7	4.7	6
因失火和爆炸引发的危险	使用可燃液体或灰尘造成的危险	5.2.4，7.2.4	4.8	7.2
机械设计时忽略人类工效学原则产生的危险 不利于身体健康的姿势 制动器的结构、位置或标识不适合	——制动器和显示器的设计 ——安全通道、工作台、狭窄通道、出入口 ——脚踏板、手柄 ——重力平衡 ——避免刺激反射	5.2.7 附录 B，5.2.12.1.1，5.2.12.1.3 5.2.12.1.4 5.2.12.1.5 5.2.12.2 5.2.2.5 5.2.2.6	4.9	8
控制系统的故障、失效 安全电路的故障或失效 软件的故障	——装有安全电路的机械 ——导体标识 ——分离式插夹头	5.2.6 5.2.8 ~ 5.2.11 5.2.5.6 5.3.5.4		10
电气设备的外部影响	抗电磁干扰	5.2.17		10.3

5 安全要求和/或保护措施

5.1 概述

机器应符合本章的安全要求和 / 或保护措施，此外，所设计的机器还应符合本部分未涉及而在 GB/T 15706 中提及的非重大危险事项规定（例如，机架的锐边）。

5.2 印刷机械和纸加工机械的一般要求

5.2.1 危险区的安全防护

5.2.1.1 滚筒、滚柱、圆盘、辊子或类似部件的内旋卷入部位，应通过防护装置或采用符合 GB 12265.3-1997 规定的安全距离进行安全防护。

当靠近导辊时，对整个身体或头部不得接近的危险部位，应规定上肢的安全距离。

防护装置设计应符合下列规定：

a) 为输送材料（例如，单张纸、纸堆、卷筒纸或样张）配备开口式或无开口式的防护装置。按照 GB 23821-2009 的规定，确定的安全距离与开口的宽度有关（见图 2）；

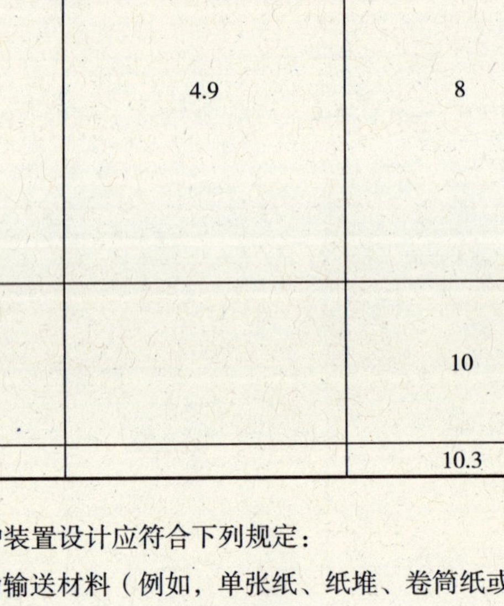

图2 内旋卷入部位的安全防护

根据 5.2.2 的规定，防护装置应与危险动作联锁，或被固定在机器上。当打开联锁装置时，5.2.3 中措施之一应生效。

b) 在表面光滑的辊子或滚筒上安装跨越整个工作宽度的安全杠时，安装部位设计要合理。安全杠和表面光滑的滚筒、辊子等机器部件之间的间隙不应超过 6mm（见图 3）。

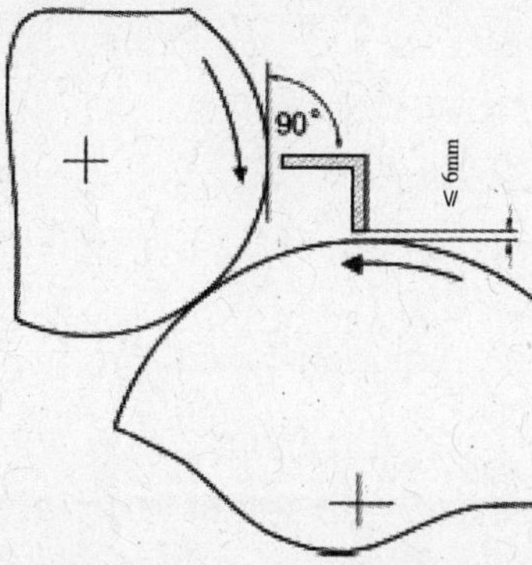

图3　使用固定安全杠对内旋卷入部位进行安全防护

5.2.1.2　仅当满足 5.2.10.2 的规定时，才允许使用触发装置对内旋卷入部位进行安全防护。

5.2.1.3　如果运动部件和固定部件之间的最大距离不超过 4mm，则线性的运动是十分安全的。

注：例如，插入印版时，启动或停止构件的运动及装订机、打孔机和书籍装订机上下装置之间的摆动杆和杠杆系统（见图 4）的运动。

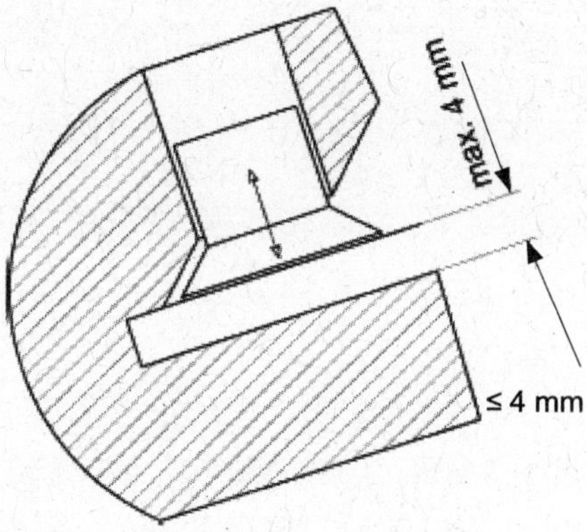

图4　夹版装置上线性运动示例

5.2.1.4　在动力驱动运转的机器上，对滚轮和地面之间的挤压部位应进行安全防护。例如，通过安装一个固定的护脚板，使其底边与轨道间的距离不超过 15mm，就可以实现对挤压部位的防护。

5.2.1.5　当机器正常运转时，手轮和曲柄不应自动旋转。例如，在机器运转过程中，应采用压簧将手轮和曲柄脱开。

5.2.1.6　使用说明书中应提醒用户注意，在工作间操作具有可移动部件的机器时，应防止移动部件和建筑物之间对人体产生挤压的危险。

5.2.2　防护装置和联锁装置

5.2.2.1　防护装置应符合 EN 953:1997 的规定。联锁装置应符合 EN l088:1995 中第 5 章和第 6 章的规定。

机器的停机时间依机型不同而异，宜尽可能短。

对于联锁装置，见 5.2.11（带感应的安全限位开关）和 5.2.6（控制系统）。

5.2.2.2　栅栏式防护装置的安全距离应符合 GB 23821–2009 的规定，即：栅栏下边缘和地面之间的距离不超过 200mm，栅栏上边缘和地面之间的距离不小于 1.4m。

5.2.2.3　在生产过程或机器设置调整中，需经常打开、移动的防护罩或罩门应与危险运动联锁。不需要经常打开的防护装置应采用固定式防护，当需要移开时只有使用工具打开，这些防护装置也可以与危险运动联锁。

注：包括维修在内需经常移动的防护装置和罩门，每班至少开启一次。为了调整设置，需要开启防护装置和罩门，如：

——供料；

——调整尺寸；

——更换工具；

——调整印版；

——清洗。

5.2.2.4　活动式防护装置的自发性移动不应产生危险，并符合 EN 953:1997 的规定。

5.2.2.5　如果防护装置能够打开，应对因重力下落所造成的危险进行安全防护。这些措施，如：

——　重力平衡装置；

——　气动弹簧；

——　可自动拖住打开部件的闩；

——　用止—动控制驱动蜗轮传动装置的运行；

——　保证防护装置打开状态下，其重心在转轴后面，并远离转轴。

用于重力平衡的弹簧，设计时应考虑到弹簧失效时关闭动作不应产生任何危险。优选压缩弹簧。

5.2.2.6　需要对生产过程进行观察的地方，应确保在无反射光影响下防护装置可永久清晰地观测到功能部位。例如，使用亚黑色网孔型防护装置，可以满足此规定。

5.2.3　工作过程和维修中设备的调整、清洁、故障排除

5.2.3.1　在无法观察到、且危险动作能被启动的可触及的危险区域，应符合下列规定之一：

——　使用栅栏式防护装置进行安全防护，人员不应在防护罩内关闭联锁通道门，或在防护罩外配备一个附加控制装置，且从护罩内无法触及该装置；

—— 使用电敏防护装置进行安全防护，应在危险部位外面配备一个附加控制装置，且从危险区的任何部位都无法触及，配备的装置应确保仅当人员启动附加控制元件后危险动作才能开始。

5.2.3.2 当打开或移走联锁防护装置，或有人员进入危险部位并且留有未经防护的危险部位时，只有通过下列方法才能启动机器：

a) 止—动控制装置：

1） 最大位移量 25mm，或最大运行速度 1m/min；

2） 当上述 1）所规定的极限值将降低机器执行功能，且危险不会显著增加时，则采用 75mm 的最大位移量或 5m/min 的最大运行速度。

双手操纵的止—动装置应采用相同的位移量和速度。

任何双手操纵装置都应符合 5.2.8 的规定。如技术上可行，停机路径应尽可能短。

如果在止—动控制期间，联锁装置阻止机器运行，那么打开联锁防护装置后，在不使用选择开关的情况下允许以止—动模式启动机器。

如果机器允许以两种止—动控制模式（带有一个驱动器的止—动控制和双手控制）运行，机器需配备一个选择开关。

b) 手动操作：

允许手动操作机器或机器部件的装置，对其设计时应保障操作者不处在危险当中。

5.2.3.3 在操作止—动控制装置的位置上，应能够观察到危险点和危险区域。

5.2.3.4 采用止—动控制对危险部位进行安全防护时，打开联锁防护装置后，在操作者能够观测到的区域外，当其他联锁防护装置关闭时，才允许以止—动模式启动机器。

5.2.3.5 卷筒型材料穿纸应安全。在动力驱动的穿卷装置上，应配备防护装置防止进入危险部位。

应采取下列措施防止进入危险部位：

—— 在绳锁式穿纸装置上，应对穿纸绳锁和空转轮之间的内旋卷入部位进行安全防护。在滑轮外配备一个半径至少比滑轮半径大 120mm 的固定圆盘；

—— 在带有传送链的动力驱动式条型穿纸装置上，链条和链轮之间的内旋卷入部位应尽可能用防护装置将内旋卷入部位进行防护；

—— 在止—动控制下，以限定的速度进行穿纸。

5.2.4 防爆和防护

5.2.4.1 潜在的爆炸环境用的电气设备、非电气设备及部件应符合优良工程要求、并依据第Ⅱ组类别设备的要求进行设计和制造，以免产生 EN 1127-1:1997 中 5.3 规定的任何点燃源。应根据 GB25286.1-2010 中 5.2 的规定评定点燃危险，从而对设备进行类别划分。

5.2.4.2 不使用闪点 55℃以下的易燃液体、在操作状态下没有易燃液体喷溅或被加热至闪点以上的机械，不需防爆和防护措施。所有其他机器的设计应符合 EN 1127-1:1997 中附录 A 所述区域的特殊规定。

注 1：印刷机的清洗单元，参见 prEN 1010-2:2001 中 5.6.6。

注 2：操作状态下对易燃液体进行加热，例如，胶片和带有加热槽的印版显影装置。

有关传导性地板材料，见 7.2.4 的使用说明要求。

5.2.4.3 电气设备

5.2.4.3.1 气体、蒸汽、雾气及粉尘所引起的爆炸性环境中用的电气设备，其设计应符合 GB 3836.1-2000 的规定。可根据与此有关的 GB 3836.6-2004、GB 3836.5-2004、GB 3836.7-2004、GB 3836.2-2000、GB 3836.3-2000、GB 3836.4-2000 的规定，适当补充或修改。

5.2.4.3.2 应根据 GB 3836.15-2000 中第 5 章的规定，对电气设备进行选型。

5.2.4.3.3 应根据 GB 12476.2-2006 的规定，对电气设备进行选型。

5.2.4.4 非电气设备

5.2.4.4.1 所有用于气体、蒸汽、薄雾及粉尘所引起潜在的爆炸性环境中的非电气设备，应符合 GB25286.1-2010、EN 13463-5:2003 的规定及相关的用于特殊防燃的规定。

5.2.4.4.2 在任何预期故障或罕见故障中，分别安装在 0 区域或 20 区域内的Ⅱ类 Ga 级或 III 类 Da 级设备，不应包含任何有效点燃源。

5.2.4.4.3 在正常运行或预期故障中，分别安装在 1 区域或 21 区域内的Ⅱ类 Gb 级或 III 类 Db 级设备，不应包含任何有效点燃源。

5.2.4.4.4 在正常运行中，分别安装在 2 区域或 21 区域内的Ⅱ类 Gc 级或Ⅲ类 Dc 级设备，不应包含任何有效点燃源。

5.2.4.5 任何有可能与爆炸性环境接触的 Ma 级、Ga 级、Da 级和 Mb 级、Gb 级、Db 级及 Gc 级、Dc 级非电气设备，其所有部件的最高表面温度应符合 GB25286.1-2010 中有关的规定。

5.2.4.6 对潜在发热粉尘无法进行有效防护的表面上，所有非电气设备部件的表面温度应低于防尘层最低点燃温度 75K。

参见 prEN 50281-1-3:2002。

5.2.4.7 制动器和离合器的设计应符合 EN 13463-5:2003 的规定，不能成为点燃源。

5.2.4.8 对所有金属部件进行接地和相互连接，以避免不必要的静电放电。

注：更多信息在 CLC R 044–001:1999 上。

5.2.4.9 用于排放易燃灰尘和其它易燃物质（如纸、塑料等）的软管或管道应具有传导性，且静电接地（阻抗小于 $10^6\Omega$）。使用说明书中应提供相应的参照说明。

5.2.4.10 用于输送油墨、涂布物质、浸渍材料、胶及排放溶解蒸发气体的软管或管道应具有传导性，且静电接地（阻抗小于 $10^6\Omega$）。

注：参见 7.2.4 中的说明信息。

5.2.4.11 电动机和用于粘性控制的搅拌机以及与搅拌设备外缘之间的距离应至少为 50mm（灯笼式联接），并推荐在轴上安装一个圆盘，用于提高预防效果。

注：此措施防止从搅拌轴溢出的溶剂蒸汽到达电机（见图 5）。

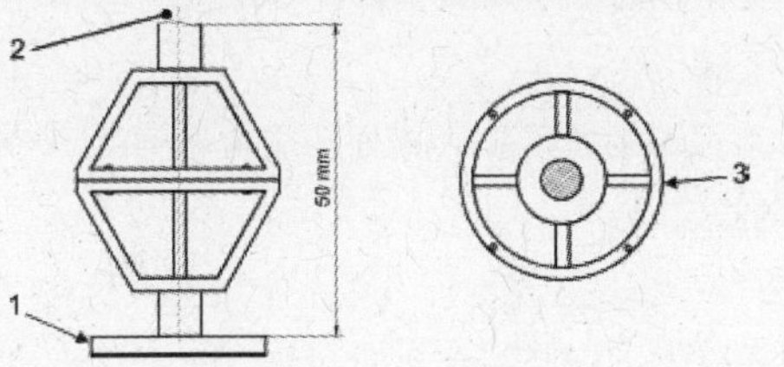

说明：

1——电机；

2——搅拌机；

3——俯视图。

图5 电机和搅拌机（灯笼式）之间距离

5.2.4.12 油墨、涂层材料、浸渗料或胶料供给槽上循环泵的电机应按 EN 50018:2000 中有关点燃防护的规定进行安全防护。安装在泵上的防护电机开关应符合 EN 50019:2000 的规定。

5.2.5 电气设备

5.2.5.1 根据 GB 5226.1–2008 的规定，所有电气设备的设计应防止电气危险（例如：电脉冲、燃烧）。考虑下列附加规定，就可符合 GB 5226.1–2008 的要求。

5.2.5.2 根据 GB 5226.1–2008 中 5.3.2a）或 c）的规定，机器应配备电源切断开关。该装置应具备锁定在不工作位置的手段。当急停控制装置的动作引起欠压跳闸、电源中断时，应配备一个断路器。该断路器应符合 GB 5226.1–2008 中 5.3.2 c）的规定。根据 GB 5226.1–2008 中 5.3.5 的规定，无法通过电源切断开关切断的电路，应配备各自的切断装置。

也见 5.2.7.5。

5.2.5.3 根据 GB 5226.1–2008 中 9.2.5.4.2 的规定，急停装置应设计成既可为 0 类停机也可为 1 类停机。用符合 5.2.10 要求的安全杠对机器上内旋卷入部位进行安全防护，急停功能应为 1 类停机。

也见 5.2.6.1.2。

5.2.5.4 与 GB 5226.1–2008 中 9.2.5.4 的规定有所不同，如果出现下述情况，根据 GB 5226.1–2008 中 9.2.2 的规定，整流驱动器的急停控制装置所引起的停止为 2 类停机：

—— 整流器脉冲堵塞；并且

—— 电源与编码器、联合控制电路断开。

各自的功能应符合 EN 954–1:1996 中 3 类的规定。

5.2.5.5 电气设备和导线的安装应防止由于机械压力或环境影响所造成的危险。电气设备宜符合 EN 60529:1991 中 IP54 的规定。

5.2.5.6 对于护罩内（例如：开关盒）两端之间的单芯绝缘导线，采用下列方法之一对导线进行区别：

—— 数字或字母标识；

—— 颜色标识，符合 GB 5226.1–2008 中 13.2.4 的规定；

—— 导线固定在适当的位置，例如，安装梳状电线。这样当更换电气元件时可以防止导线混淆；

—— 其他适当的方法。

5.2.5.7 所有电气设备的设计都应按 GB 5226.1–2008 中 18.2 ~ 18.6 的规定进行测试。计算机系统或电气控制组件的电气控制开关不需按 GB 5226.1–2008 中 18.4 的规定进行耐压试验。

5.2.5.8 机器的测量装置应符合 GB 4793.1–2007 的规定。

5.2.6 控制系统

5.2.6.1 不需定期或有规律进入危险部位的机器的控制要求。

5.2.6.1.1 在液压 / 气动控制系统中，有关安全部件至少应符合 EN 954–1:1996 中 1 类 (6.2.2) 的规定。

在电气 / 电子控制系统中，有关安全部件至少应符合 EN 954–1:1996 中 3 类 (6.2.4) 的规定，仅提供单独的主接触器。

控制电路中辅助继电器和辅助接触器出现故障时，最低要求是应能检测出该故障并使危险运动停止。当使用计算机或 PLC（可编程逻辑控制器）进行监测时，应能检查出与安全相关的故障，并断开电源。

示例，当使用计算机或 PLC 时，通过使用并联计算机控制系统或采用触点式断路原则对相关安全信号功能进行监测，就可满足要求。任何故障都应使危险运动停止。

示例，控制系统有关安全部件包括：急停电路、电气联锁电路、止—动控制中位移量或工作速度的限制器。对于安全，也见 EN 954–1:1996 中的定义。

外部的影响和控制系统有关安全部件的故障可引起危险性动作并造成危险。

示例，根据机器的不同类型，危险运动包括：

—— 意外启动或速度意外增至生产运行速度；

—— 在规定动作之后产生意外动作（意外循环动作）；

—— 动作应该停止时，却意外连续进行。

示例：控制系统故障所引起潜在爆炸性气体的积聚，也可产生危险。

注：参见参考文献和 IEC 61508。

5.2.6.1.2 对整流器和反相器驱动，控制系统设计应保障在防护装置或安全装置导致停机时，主接触器应断开。此外，使用诸如电气 / 电子定时器，预设时间过后断开主接触器或采用其他措施，如选择制动扭矩大于电机驱动扭矩的机械制动闸断开主接触器。安全装置，如急停装置、电敏防护装置、联锁装置、触发装置。

停机时，整流器和反相器驱动将能量回馈电路，应采用除脉冲块以外的适当的相关控制措施，确保在常规停机时间内断开主接触器，或采用其他有效措施断开主接触器。止一动控制操作过程中，无需在预报警装置释放时间内断开主接触器（见附录 B）。

注：例如，可通过改变电压频率更改整流器和反相器电机的旋转速度。

5.2.6.1.3 急停装置安装具有监测低压状态功能的主接触器时，至少应断开 EN 954–1:1996 中规定的 1 类主电源。

注：直接断开急停断路触点，如断开低压脱扣线圈电源。

5.2.6.1.4 操作者视线范围内的单独区域，有相互联锁功能的安全防护装置至少应符合 EN 954–1:1996 中 1 类的规定。联锁装置采用计算机控制。

视线范围内区域，见 5.2.3.6。

5.2.6.1.5 剩余纸堆监测系统应符合 EN 954–1:1996 中 B 类的规定。

5.2.6.2 对常规进入危险部位的机器，应提高控制要求，如切纸机、手动输纸平压印刷机、手动输纸丝网印刷机及手动输纸商标冲切机等。

5.2.6.2.1 在液压 / 气动控制系统中，有关安全部件至少应符合 EN 954–1996 中 3 类（6.2.4）的规定。

在电气 / 电子控制系统中，有关安全部件至少应符合 EN 954–1:1996 中 4 类（6.2.5）的规定。主接触器应设置备份，应对主接触器的故障进行监测，出现故障时能够停机。

对限位开关的要求，见 5.2.11。

5.2.6.2.2 常规进入危险部位的机器，不应单独使用电气制动系统。电气制动系统应另外配备辅助机械制动装置作为备份。机械制动装置的扭矩应大于整流器和反相器驱动的最大电气驱动扭矩。

注：例如，电气制动可存在于由电路回馈的能量引发制动效果部位的整流器和反整流器上。

5.2.7 指示器、标识、制动器、预报警装置

5.2.7.1 对指示器、标识、制动器的要求，应符合 GB 18209.1–2000 和 GB 18209.2–2000 的规定。

5.2.7.2 对全部视线受限、操作者之间通讯交流困难的机器，应配备预报警装置，并在启动机器前发出明显的有声信号，此要求详见附录 B 的规定。除有声信号外，可配备一个或多个视觉报警装置。

全部视线受限和操作者之间通讯交流困难是指：

—— 机器长度超过 7m；或

—— 印刷机上，有一个以上的印刷单元的边框和机器高度，从地面开始测量高度超过 1.6m；或

—— 在自动平压式机器上，从控制面板的位置看不到排废区域。

在预报警装置操作频繁处，应考虑 GB/T 15706.2–2007 中 5.3 的规定。

5.2.7.3 机器上至少应配备一个用于开机和停机的操作元件。在机器上安装一个电源断路器就能达到目的。用于开机或停机的控制开关和其有关操作部件应符合 GB 5226.1–2008 规定和 GB/T 15706.2–2007 中 3.7.8 的规定。

5.2.7.4 为防止意外启动，对启动危险动作的控制开关的操作部件，应进行安全防护。

5.2.7.5 机器应配备用于各种能量类型的单独主控制开关，并符合 EN l037:1995 的规定。

5.2.7.6 急停装置应符合 GB 16754–2008 和 GB 5226.1–2008 的规定。

5.2.8 双手控制

5.2.8.1 作为安全装置使用的双手控制装置，应满足仅当释放两个制动机构中任一制动机构时，可触及的危险动作应停止。考虑手的接近速度，在同一时间内危险动作应停止，以确保操作者的安全。EN 999:1998 中规定了基本的手的接近速度。双手控制应符合 GB 5226.1–2008 中 III 型的规定。

5.2.8.2 液压 / 气动式双手控制装置、电气 / 电子式双手控制装置应分别符合 EN 574:1996 中 III A 型和 III B 型的规定。

5.2.8.3 与 5.2.8.2 不同，对常规进入危险部位进行安全防护的液压 / 气动式双手控制装置、电气 / 电子式双手控制装置，应分别符合 EN 574:1996 中 III B 型和 III C 型的规定。

5.2.8.4 在拖曳电缆上用于生产准备或故障排除的双手控制装置，可以采用 5.2.3.4 的规定。在此情况下，不采用

EN 999:1998 的规定。拖曳电缆应有足够的强度，以承受任何可预见的和测量的机械力，并防止导线从连接点中脱落。

5.2.9 电敏防护装置（ESPD）

5.2.9.1 电敏防护装置应符合 GB/T 19436.1–2004 中 2 型及 GB/T 19436.2–2004 的规定。

5.2.9.2 与 5.2.9.1 不同，对常规进入的危险部位进行安全防护的电敏防护装置，应符合 GB/T 19436.1–2004 中 4 型及 GB/T 19436.2–2004 的规定。

5.2.9.3 应按 EN 999:1998 规定的基本的手的接近速度，确定电敏防护装置的正确安装位置。用作启动抑制装置的电敏防护装置不采用 EN 999:1998 的规定。应安装辅助安全设备。

5.2.9.4 电敏防护装置用作防止整个人体进入被安全防护的危险部位时，至少应配有两条光束，高度分别在 400mm 和 900mm。

5.2.10 压敏垫、触发装置

5.2.10.1 压敏垫应符合 GB/T 17454.1–2008 的规定，安全杠应符合 EN 1760–2:2001 的规定，还应符合 EN 954–1:1996 中 3 类的规定（见 GB/T 17454.1–2008 中 4.15 或 EN l760–2:2001 中 4.18)。对经常或定期进入的危险部位应有进行安全防护的压敏垫和触发装置，应符合 EN 954–1:1996 中 4 类的规定。

5.2.10.2 触发停止功能后，触发装置的运动行程应大于危险动作的停车行程。

5.2.11 安全限位开关

5.2.11.1 安全限位开关应符合 EN l088:1995 中第 5 章和第 6 章的规定。

5.2.11.2 如果安全限位开关的构造符合 EN 60947–5–1:1997 的规定，并且安装时符合 GB 5226.1–2008 的规定，就可假定故障不可能发生。对不需经常进入的机器，每个联锁防护装置配备一个限位开关就足够了。

5.2.11.3 通过对电缆进行机械防护，可防止由于开关柜外的导线接触导致的电线短路（例如，位于机架内、管道内）。

5.2.12 工作平台、通道阶梯、过道及凸出的工作平台

5.2.12.1 一般要求

5.2.12.1.1 为了进行操作、准备、定期维护等工作，安全工作平台包括进入安全工作平台的通道或过道，应符合 GB 17888.1–2008、GB 17888.2–2008、GB 17888.3–2008 和 GB 17888.4–2008 的规定。

5.2.12.1.2 工作平台地面应防滑。例如，使用花纹钢板或防滑等级为 R10 级的材料就可以满足 GB 17888.2–2008 的规定。

5.2.12.1.3 过道最小净高应符合 GB 17888.2–2008 的规定。由于结构原因不能满足此规定时，凸出的部位应加注危险警告标识。

5.2.12.1.4 凸出的固定工作平台应有一个明确的工作场所，至少应保障每人 1.5m2，在不影响人体工效学要求的前提下（例如，物品的装卸），其最小宽度应达到 1m。

5.2.12.1.5 通道阶梯的最大倾角应为 45°。根据风险评估的结论，可以适当采用其它进入通道的方法。对于不经常使用且无法从阶梯进入的工作台，如果通道高度小于 2m，应使用安全阶梯。

注：风险评估示例参见附录 C。

5.2.12.2 进入不常使用的通道平台的额外方法

5.2.12.2.1 示例，为符合人体工效学及身体姿势安全的要求，可采用如下措施：

—— 能够在基准面部分触及数量足够的扶手；

—— 移动式平台；

—— 永久固定式平台和铰链式平台。

5.2.12.2.2 踏板要求（固定式或铰链式）

对于单级踏板，通道平面可为固定式平台或狭窄通道。踏板采用下列尺寸：

正常踏板高度 ≤ 300 mm；

最大踏板高度 500 mm；

踏板最小宽度（单脚） 200 mm；

踏板最小宽度（双脚） 300 mm；

踏板最小进深 300 mm。

对于多级踏板（固定式或铰链式），基准平面的有效宽度最小应达到 500 mm。适用的尺寸如下：

顶面踏板最大高度（站立区） 1200 mm；

中间各踏板最大高度 300 mm；

踏板最小进深 200 mm；

不带栏杆的踏板最大高度 1200 mm。

踏板处应配有扶手。

用于短时间站立或不常使用的踏板尺寸最小应达到 200mm × 200mm。

5.2.12.2.3 需要安装扶手的位置，扶手尺寸应符合以下规定：

扶手的最小深度 40 mm；

扶手的最小长度 110 mm；

扶手的最小直径 20 mm。

5.2.12.2.4 高度为 0.5m ~ 1.6m 的铰链式工作平台至少应配备一个扶手。铰链式工作平台应易于安装且稳固，

能防止意外移动。

5.2.13 稳定性

5.2.13.1 机器的设计和安装应保障不存在不可预见的位置改变，并符合 GB/T 15706.2-2007 的规定。

例如，可通过下列方法防止不可预见的位置改变：

—— 合适的机器基座尺寸；

—— 低重心；

—— 固定方法；

—— 合理设计带有轨道装置的轮子组件。

5.2.13.2 活动式机器（带轮子的机器）应进行安全防护，防止意外移动。不带制动的轮子和脚轮的意外移动可发生于下列机器：如小型紫外线烘干机、润版设备、闯纸台、单张纸折页机、铆钉机、书籍装订机和锁线机、捆书机、捆扎打包机、印刷分切机、轮转模切机和联机式组合机（联机生产线）。

防止意外移动的示例，如：

—— 四个轮子中至少一个轮子；

—— 两个轮子和两个小脚轮中至少一个小脚轮；

—— 四个小脚轮中至少两个小脚轮。

可被锁住。

在可能的情况下，应安装自动锁紧装置，例如安装自锁齿轮。

5.2.14 接触高温

机器上可接触的高温部件的表面温度不应高于 EN 563:1994 规定的限定值。

例如，可通过隔离或带有一定距离的防护装置对接触的高温部件进行安全防护。

见 7.2.4 的使用说明信息。

5.2.15 噪声

机器的设计和建造应保证释放的噪声降至最低，特别是在声源处采取措施控制噪声（例如，见 EN ISO 11688-1:1998）。以同类机器的实际噪声排放值为基础评估降低噪声措施是有效的方法（见第 6 章和第 7 章）。

确定噪声量的测量方法应符合 GB/T 28386-2012（印刷、纸加工、造纸机械和辅助设备的噪声测量方法 准确度等级 2 和 3）的规定。

见 7.2.3 的有关噪声信息。

注：最重要的噪声源示例：

——传动装置（齿轮装置）；

——液压装置；

——空气压缩机、泵；

——排气装置和吹气嘴；

——吸气装置（用于纸屑、切边废料）；

——纸张压痕；

——裁切、模切、纸张折痕、磨纸机；

——滚筒旋转运动；

——挡纸规；

——纸张或纸板与印版的分离。

5.2.16 辐射危险

5.2.16.1 机器内配备的激光设备，应符合 GB 18490-2001 和 GB 7247.1-2001 的规定。这类设备应配备固定式或联锁式防护装置，以防止正常使用机器时，激光辐射量超过 GB 7247.1-2001 规定的 1 类激光辐射的限定值。因修理原因，允许经过培训的人员在无固定式或联锁式防护装置下，对机器进行短时间操作。如果这样的修理工作接触激光辐射量超过 1 类限定值，则应根据 GB 7247.1-2001 的规定，采取辅加的安全措施。

注：激光设备如：激光曝光设备、激光凹印设备、激光裁切设备。

辅加的安全措施是如：正确指导人员使用个人防护设备。

见第 7 章使用信息。

5.2.16.2 机器发出的紫外线辐射量不得超过 GB/T 26118.1-2010 中表 D.1 固定工作场所和偶然工作位置规定的 1 类的限定值。实际的辐射值应根据 GB/T 26118.1-2010 中附录 D.1 和表 D.2 的规定进行确定。

注：紫外线辐射是由诸如紫外线曝光设备和烘干设备发出的。

GB/T 26118.1-2010 中附录 D.1 的 1 类规定值与每天 8 小时的最大暴露时间有关。在测量点位置或操作正常状态下，允许每人所暴露时间小于最大暴露时间。UV-B/C 辐射限定值 $1\times10\text{-}3W/m^2$ 乘以 $8/t_{exp}$ 倍系数（t_{exp}：单位生产时间）。暴露时间为 1000s~8h 的 UV-A 辐射限定值为 $10W/m^2$。如果暴露时间小于 1000s，则辐射限定值等于 $10000J/m^2$ 辐射量除以秒为单位的暴露时间。

紫外线曝光设备的最大曝光时间可能较短，例如，在曝光准备阶段由于操作程序原因其所发出的辐射会出现中断（在输送书帖及运行定位时）。

在设计阶段，应避免紫外线辐射产生臭氧的危险。有可能减少臭氧释放的措施有低臭氧紫外线灯管装置或配备排气设备。

5.2.17 抗电磁干扰

符合 EN 61000-6-2:2001 规定的干扰类型的印刷机械和纸加工机械，应有足够的抗电磁干扰性，确保操作安全，无故障危险。印刷机械或纸加工机械制造商在设计、安装和布线时，应考虑零部件供应商的建议，确保任何电磁干扰都不应导致非安全操作和 / 或危险故障。

5.3 普通设备

5.3.1 固定切刀

5.3.1.1 只要可能，应将固定切刀的刃口保护起来。此要求不适用于横切切纸机的底部切刀。

5.3.1.2 即使不在工作位置，为避免接触，可能倾斜的固定切刀的刃口也应进行保护。

5.3.2 旋转刀具

5.3.2.1 诸如圆裁刀、打孔刀、打孔工具、旋转分切刀具、旋转折纸工具、圆锯等旋转工具的内旋卷入部位或不用于加工的外围区域应加以防护，防止人员接触。优先选用更换刀具时不用拆卸防护的方式，尽可能符合 5.2.1.1 的规定。

5.3.2.2 旋转分切刀具应与刀架牢固固定。

5.3.3 危险工具

安全输送或存储机器的危险工具时，如刀具、设备，应配备能防止其造成伤害事故的防护装置，如刀箱。此要求也用于组装的单独部件。

5.3.4 输纸单元、收纸单元（纸堆升降装置）

5.3.4.1 纸堆升降装置应设计成可承受 1.25 倍最大负荷能力的静态载荷试验，且无永久性变形或明显缺陷。在常规操作下，它应能承受 1.1 倍最大负荷能力的静态载荷试验。

5.3.4.2 在产品幅面大于 $2.5m^2$ 的纸堆升降装置上，钢链条的断裂强度至少应为许可的静态载荷的 6 倍；在产品幅面小于 $2.5m^2$ 的纸堆升降装置上，钢链条断裂强度至少应为许可的静态载荷的 3 倍。应以纸张密度至少为 1400 kg/m^3 和瓦楞纸板密度至少为 200kg/m^3 为基础计算断裂强度。

5.3.4.3 在产品幅面大于 $2.5m^2$ 且提升高度大于 1.5m 的纸堆升降装置上，应配备防护装置，以防止由绳索、链条、支撑螺母或齿轮传动装置出现故障或管路泄漏，引起纸堆台移动距离超过 100mm。

例如，对螺旋起子，可用一个与支撑螺母同一类型的附加螺母来满足要求。一旦发生断裂或螺纹磨损时，此附加螺母可支持支撑螺母。又例如，对链条（或绳索），当一根链条意外断裂时，可用一根或多根无负载的双链条来接管，并起到工作链条的作用。

此要求不适用于额定为双倍载荷的传动装置，也不适用于那些如管路系统出现泄漏时，纸堆台的下降速度不会加速到正常速度的 1.5 倍的液压或气动传动装置的纸堆升降装置。

5.3.4.4 在产品幅面大于 $2.5m^2$ 的纸堆升降装置上，托纸板以下区域应通过防护罩或电敏防护装置进行安全防护。不必符合 EN 999:1998 的规定。电敏防护装置应符合 5.2.9.4 的规定。

5.3.4.5 应对托纸板边缘和操作者可站立位置间的危险部位进行安全防护，方法如下：

a）在产品幅面达 $1.0m^2$ 的输纸装置和产品幅面达 $0.175m^2$ 的收纸装置上，允许托纸板自动下降：

——仅下降到操作基面以上 120mm 的高度；并且

——仅在止一动控制模式下才可降至更低。

危险部位可通过选择下列 b) 中措施之一进行安全防护。

b）产品幅面尺寸达 $1.0m^2$ 的输纸装置和产品幅面达 $0.175\ m^2$ 的收纸装置，应采取以下措施之一来防护纸堆台板暴露的边缘：

——托纸板上安装有复原力无开关的悬伸防护罩，其前缘至少应超出危险边缘 250mm（见图 6）；

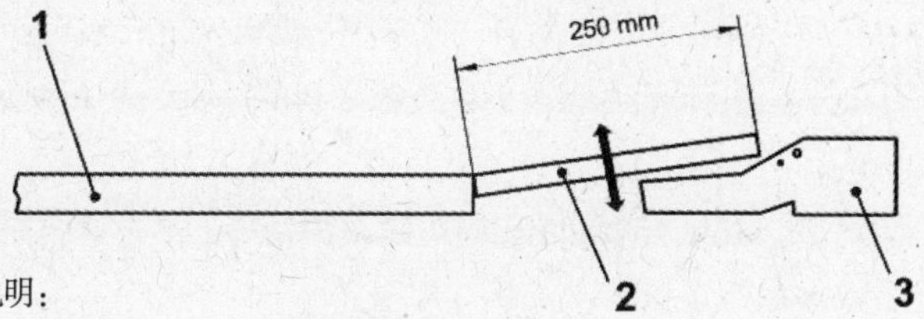

说明：

1——托纸板；2——悬伸防护罩；3——脚。

图6 悬伸防护罩

——托纸板边缘前安装电敏防护装置，不必符合 EN 999:1998 的规定；

——机架和纸堆台板之间垂直投影突出部分的水平距离应为 300mm，且机架突出部分不应高于地面以上 1.5m。伸入到安全距离 (300mm) 以内的纸堆台的支臂至少应 120mm（见图 7）；

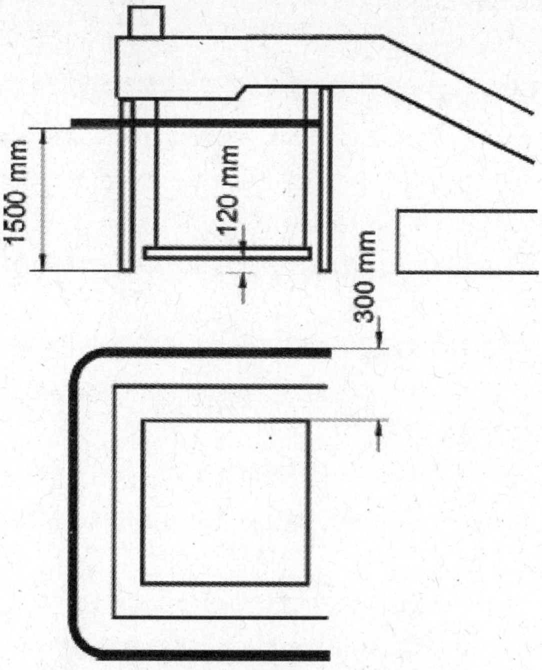

图7 使用机框的变向部件进行安全防护

——触发装置；

——距危险部位至少 850mm 且操作人员可观测到的危险部位处的输纸装置上的止—动控制。

c） 在产品幅面大于 2.5m² 的输纸和收纸单元上，应采用下列一个或多个安全防护装置对托纸板边缘上的危险部位加以防护：

——防护罩；

——在托纸板边缘前安装电敏防护装置；在输纸和收纸单元上安装电敏防护装置，安装位置距托纸板边缘至少 300mm。

5.3.4.6 当输纸或收纸单元上设置了工作平台或狭窄通道时，应对工作平台或狭窄通道与托纸板边缘之间的危险部位进行安全防护。例如，可采用下列措施之一实现：

—— 托纸板边缘与平台边缘之间的垂直最小距离为 120mm；

—— 托纸板边缘前安装电敏防护装置，不必符合 EN 999:1998 的规定；

—— 机架外缘和托纸板边缘之间垂直投影的水平距离为 300mm，且机架凸出部分不应高于工作平台或狭窄通道以上 1.5m；

—— 触发装置。

5.3.4.7 单张纸输纸和收纸单元上，对纸堆或托纸板的向上运动导致的挤压或剪切部位应进行安全防护。例如，可采用下列措施之一进行安全防护：

—— 符合 GB 12265.3-1997 规定的安全距离；

—— 触发装置；

—— 防护装置；

—— 止—动控制。

5.3.4.8 输纸装置上分离头的设计，应保障在运动时不产生危险。从纸堆底部输送剩余纸张时，可通过输纸装置上的剩余纸堆监测对其进行安全防护。

对用于不同幅面的输纸装置侧面外部的分离头的危险部位，应进行安全防护。

从纸堆顶部输送纸张时，如果吸纸嘴与纸堆顶部之间采用了安全距离或吸纸嘴只在弹簧力作用下下降接触纸堆，就可满足规定。

5.3.4.9 应对在生产过程中可触及到分离头装置上的危险部位进行安全防护，罩住整个分离头仅在底部留有开口的防护罩 (见图 8)。

对分离头之外的运动部件（例如：递纸嘴，分纸嘴）造成的危险部位，应用下列措施之一进行安全防护：

—— 生产过程中可触及的运动部件（例如：递纸嘴）之间的距离至少为 25mm；

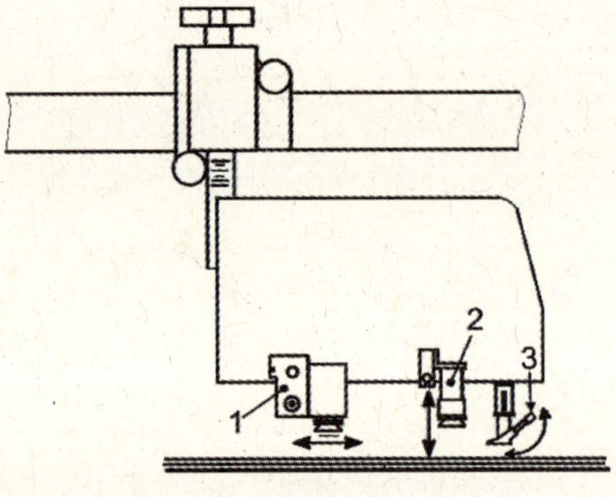

说明：

1——递纸嘴；

2——分纸嘴；

3——压纸脚。

图8 分离头的运动

—— 部件只靠具有无危险、很小力量的弹簧来移动 (例如：压纸脚、分纸嘴)；

—— 危险部位（剪切危险和挤压危险）应用防护装置进行防护。

分离头的传动轴应完全封闭。

5.3.4.10 对输纸系统的输纸轮和接纸轮上的内旋卷入部位应进行安全防护 (见图 9)。例如，可采用下列方法：

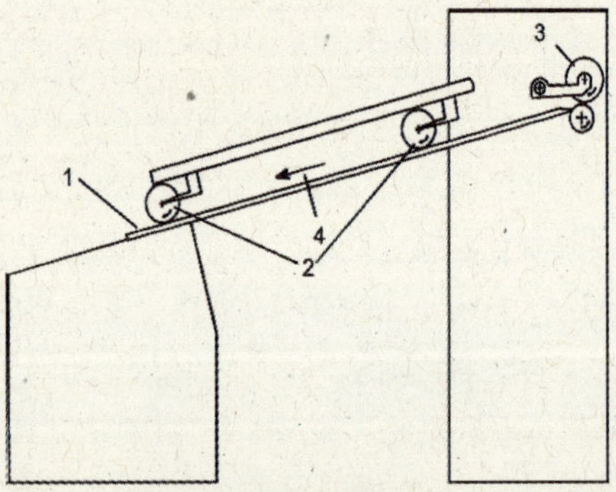

说明：

1——输纸台；

2——输纸轮；

3——接纸轮；

4——输纸方向。

图9 输纸轮和接纸轮

—— 使用 25mm 抬升量；

—— 轮宽在 25mm 以内，使用 15mm 的抬升量；或

—— 采用符合 5.2.1.1.b) 规定的防护装置。

5.3.4.11 在纸堆升降装置（输纸和收纸装置）上，应清楚地标明以下信息：

a） 气动驱动式纸堆升降装置所允许的工作压力；

b） 液压驱动式纸堆升降装置，因动力源不是该装置的一部分，应标明该装置所允许的工作压力；

c） 最大负荷；

d） 幅面尺寸大于 2.5m² 的纸张应给出“禁止在设备上移动”的标识。

5.3.5 卷筒纸开卷和收卷装置

5.3.5.1 卷筒纸的开卷和收卷装置中，皮带带动纸卷外圆旋转 (见图 10)，如果皮带和料卷之间的压力超过

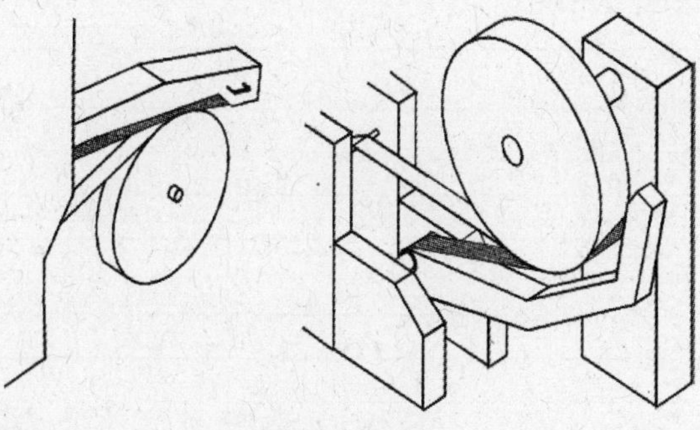

图10　带传动

300N，应用联锁防护装置或栅栏式防护罩对料卷和皮带之间危险部位进行安全防护。如果由机器速度导致的、且压力小于或等于300N的危险，也可进行安全防护。

传动皮带导辊上的内旋卷入部位，应配备防护装置进行安全防护(见图11)。

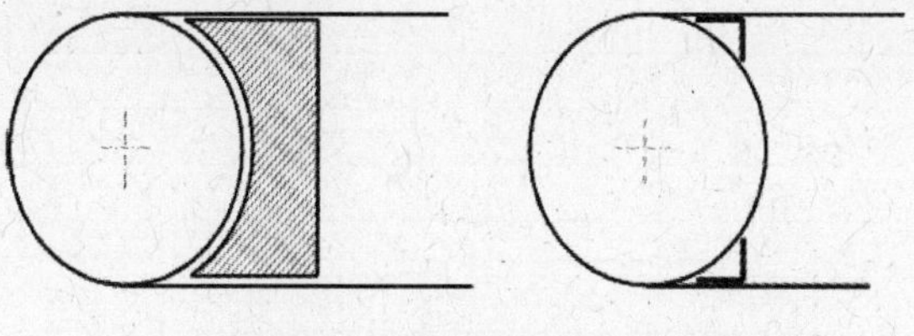

图11　带传动中内旋卷入部位的安全防护

5.3.5.2　在开卷装置和收卷装置上，应采用带有接近反应(触发装置、压敏垫、电敏防护装置)的防护装置或安全装置，对料卷和压力辊、料卷和支承辊之间的内旋卷入部位进行安全防护。所选的安全装置对各种直径的料卷均应有效，且保证从侧面不应接近内旋卷入部位。这种安全防护要求还包括对面向机器的内旋卷入部位的安全防护，只要纸卷变小时(在复卷过程开始时)或压辊直径较小时，人体被拉入的危险就始终存在。

有关触发装置、压敏垫的规定，见5.2.10；有关电敏防护装置的规定，见5.2.9。

5.3.5.3　使用无轴的开卷和收卷装置，圆锥夹具的设计应保障仅在止—动控制模式下才可将其插入。控制开关的安装位置，应保障在开卷和收卷装置上的止—动控制处，能观察到圆锥夹具和料卷之间的危险部位。止—动速度不应超过5m/min（见5.2.3.3.a2）。

自动装载料卷，见5.3.5.11。

5.3.5.4　应配备措施，防止提升料卷后圆锥夹具意外分离。例如，仅能在最大速度2 m/min的止—动控制模式下，或双手操纵装置，或在离开料卷装载位置后，用诸如压敏装置的联锁装置，防止圆锥夹具意外分离。

在开卷和收卷过程中，应防止圆锥夹具分离。例如，在收卷过程中，通过电子联锁装置来防止锥体分离。控制要求应符合5.2.6.1的规定。

5.3.5.5　在无轴的开卷和收卷装置上，应确保只有在圆锥夹具全部插入后，才可启动无轴开卷和收卷单元。例如，用压敏装置对圆锥夹具的位置进行监控就能确保此要求。

5.3.5.6　在无轴的开卷和收卷装置上，应防止因料卷直径过小而被弹出的危险。

例如，可采用下列措施之一进行预防：

——　低速更换料卷；

——　防止料卷直径降至供应商规定的最小料卷限度以下；

——　在开卷装置上配备合适的安全装置。

5.3.5.7　如果提升臂和机架之间的危险部位可通过机器结构设计或安全防护进行避免，那么只有在止—动控制模式下提升臂才准许移动。控制开关的安装位置，应保证在启动位置可以观察到机器的危险部位。止—动速度不应超过5m/min（见5.2.3.2a）2）。

5.3.5.8　在开卷和收卷装置上，如果旋转料卷端面与固定部件或提升臂之间的安全距离小于25mm，应进行安全防护。

5.3.5.9　在带有移动部件卷筒纸架、卷筒纸粘接装置、转台等装置上，所有存在挤压危险的部位都应按GB 12265.3-1997的规定进行安全防护或按GB 23821-2009的规定配备防护装置。

诸如提升臂、料卷或料卷加速装置、裁切和上胶装置等运动部件与诸如机器墙板、连接杆或地面等固定部分之间可能存在挤压的危险。

作为选择，只要在操作位置能观察到所有危险区，就可用止—动控制操作卷筒纸架和卷筒纸粘接装置。

5.3.5.10　在料卷半自动传送系统中，将料卷传送到料筒架时，应用止—动控制，以最大速度20m/min进行。停车路径不应超过200mm。应能在各止—动控制的操作位置观察到料卷的整个传送路径。

5.3.5.11　在料卷自动装卸系统中，开卷装置的危险区域应进行安全防护，例如，采用电敏防护装置。例如，危险区域存在于料卷和机器的固定部件之间、料卷和提升臂或地面之间、料卷和圆锥夹具之间。

有关使用电敏防护装置对危险部位进行安全防护，见5.2.9.4。

6　安全要求和/或保护措施的检验

表2中规定了本部分第5章中所有安全要求和保护措施的检验应遵循的方法。还包含了本部分涉及的其他条款。

表 2　安全要求和保护措施的检验方法

条款	安全要求和 / 或保护措施	A	B	C[a]	D
5.1 概述					
5.2 印刷机械和纸加工机械的通用要求					
5.2.1.1	内旋卷入部位的防护装置	√	√	√	—
5.2.1.2	使用触发装置对内旋卷入部位进行安全防护	√	—	√	—
5.2.1.3	4mm 以下线性运动的安全防护	√	√[c]	√	—
5.2.1.4	地面上电动轮运行的安全防护	√	—	√	—
5.2.1.5	旋转手轮的安全防护	√	√	√	—
5.2.1.6	机器部件挤压部位的相关信息	√	—	√	—
5.2.2.1	防护装置的要求	√	√	—	—
5.2.2.2	栅栏式防护装置的安全距离	√	—	√	—
5.2.2.3	固定式和联锁式防护装置的要求；联锁式防护装置的选择标准	√	√	—	—
5.2.2.4	动力驱动的活动式防护装置的要求	√	√	—	—
5.2.2.5	重力跌落的安全防护	√	√	—	—
5.2.2.6	充分可见的要求	√	√	—	—
5.2.3.1	可触及的危险区的安全防护	√	√	—	—
5.2.3.2	防护装置打开下的止—动控制	√	√	—	—
5.2.3.3	止—动控制下观察危险部位	√	√	√	—
5.2.3.4	可观察到危险部位的联锁	√	—	—	—
5.2.3.5	卷筒纸穿纸	√	√	√	—
5.2.4.1	选择适用的设备进行防爆防护	√	—	—	√
5.2.4.2	闪点高于 55℃的防爆防护	√	—	—	√
5.2.4.3	电气设备的防爆防护	√	—	—	√
5.2.4.4	非电气设备的防爆防护	√	—	√	√
5.2.4.5	表面温度限制的防爆防护	√	—	√	√
5.2.4.6	表面温度限制的防爆防护	√	—	√	√
5.2.4.7	制动器和离合器点燃源的预防	√	—	√	—
5.2.4.8	静电的预防	√	—	√	√
5.2.4.9	排气软管和管道的防爆防护	√	—	√	√
5.2.4.10	排气软管和管道的防爆防护	√	—	√	√
5.2.4.11	泵的防爆防护	√	—	—	√
5.2.4.12	泵的防爆防护	√	—	—	√
5.2.5.1	电气设备上有关电气危险的要求	√	√	—	√
5.2.5.2	提供切断装置	√	√	—	√
5.2.5.3	急停装置	√	—	—	√
5.2.5.4	整流驱动器	√	—	—	√
5.2.5.5	预防机械压力或环境影响产生的危险，对电气设备和导线的要求	√	—	—	√
5.2.5.6	单芯绝缘导线的识别要求	√	—	—	—
5.2.5.7	保护接地、绝缘电阻、耐压、残余电压测试和功能测试	√	√	√	—
5.2.5.8	测量装置的要求	√	√	—	√
5.2.6	控制系统的要求	√	√	—	√
5.2.7	指示器、显示器、控制开关、启动报警装置的要求	√	√	√	—
5.2.8	双手操纵装置的要求	√	√	√	√
5.2.9	电敏防护装置的要求	√	√	√	√
5.2.10	压敏垫、触发装置的要求	√	√[C]	√	√
5.2.11	安全限位开关的要求	√	√	—	√
5.2.12	工作平台、通道阶梯、过道和凸出的工作台的要求	√	√	√	—

（续）

条款	安全要求和 / 或保护措施	A	B	C[a]	D
5.2.13	稳定性要求	√	√	--	--
5.2.14	接触高温部件的防护	√	--	√	--
5.2.15	噪声辐射的防护	--	--	√[d]	√[d]
5.2.16	辐射危险的防护（激光、紫外线）	--	--	--	--
5.2.17	抗电磁干扰	--	--	√	√
5.3	普通设备				
5.3.1	固定切刀的安全防护	√	√	--	--
5.3.2	旋转刀具的安全防护	√	--	--	--
5.3.3	机器的危险工具的安全输送和存储	√	--	--	--
5.3.4	输纸单元、收纸单元（纸堆升降装置）				
5.3.4.1	输纸和收纸单元的稳定性	√	√	√	√
5.3.4.2	钢链条强度要求	√	--	--	√
5.3.4.3	链条及绳索断裂的防护措施	--	√	√	√
5.3.4.4	托纸板以下危险区的安全防护	√	√	√	--
5.3.4.5	托纸板和地面之间危险部位的安全防护	√	√	√	--
5.3.4.6	托纸板边缘和狭窄通道、工作台之间危险部位的安全防护	√	√	√	--
5.3.4.7	托纸板向上运动过程中危险部位的安全防护	√	√	√	--
5.3.4.8	分离部件上危险部位的安全防护	√	√	--	--
5.3.4.9	分离头装置上危险部位的安全防护	√	--	√	--
5.3.4.10	输纸板和传送轮上内旋卷入部位的安全防护	√	√	√	--
5.3.4.11	装置上的标识	√	--	--	--
5.3.5	卷筒纸开卷和收卷装置				
5.3.5.1	料卷和传送带、传送带导辊之间内旋卷入部位的安全防护	√	√	√[b]	--
5.3.5.2	压力辊、支承辊和料卷之间的内旋卷入部位的安全防护	√	√	--	--
5.3.5.3	止—动控制下插入圆锥夹具	√	√	√	--
5.3.5.4	料卷提升时的安全措施	√	√	--	√
5.3.5.5	插入圆锥夹具下启动机器	√	√	--	--
5.3.5.6	未缠绕的料辊弹出时的安全防护	√	--	√	--
5.3.5.7	提升臂和机架之间的危险部位的安全防护	√	√	√	--
5.3.5.8	提升臂和料卷端面之间的内旋卷入部位的安全防护	√	√	√	--
5.3.5.9	卷筒纸架、粘接装置和转台上挤压部位的防护	√	√	√	--
5.3.5.10	料卷半自动传送系统	√	√	√	--
5.3.5.11	料卷自动装卸系统	√	√	√	--

注 1：A——目测。目测是用目视的方法检查设备及组装部件的特征及性能能否满足使用规定。

注 2：B——功能测试。功能测试是检查具有某种功能的部件在规定的条件下是否具有这种功能。

注 3：C——测量。测量是使用测量仪器检查某项规定是否在所规定的范围之内。

注 4：D——绘图和计算。绘图和计算用于检查部件的设计特性是否满足特定的规定。

a　根据 GB 23821-2009 的规定，滚筒表面的防护装置和内旋卷入部位之间的安全距离为 10mm（见图 12）。

b　力值测量：使用弹簧系数为 25N/mm 的仪器测量压力最大值。

c　功能测试方法：用一根具有低压缩性的试验指触动脱扣设备（安全设备），试验指不应被卷入危险活动或被挤压。试验指的之间宜为 15mm。

d　按下列内容对安全要求和措施进行核实：根据 GB/T 28386-2012（印刷、纸加工、造纸机械和辅助设备的噪声测量方法 准确度等级 2 和 3）决定噪声释放值如工作站的声压级和声功率级，并根据 EN ISO 4871:1996 所得值为双数。

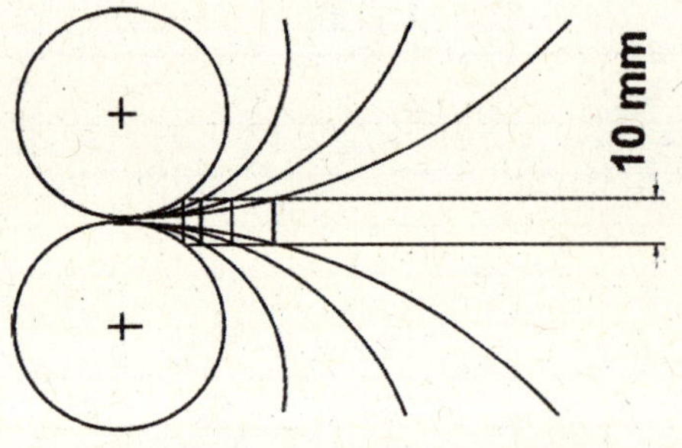

图12　内旋卷入部位安全距离的测量

7　使用信息

7.1　机器标识的最低要求

7.1.1　应随机器提供符合 GB/T 15706.1–2007 中 5.4 规定的标识、符号和警告清单：

——　制造厂的名称和地址；

——　制造年份；

——　型号名称；

——　系列号；

——　参数信息（如电压、电流、功率等）。

7.1.2　带有激光装置的机器上应标明装置的类别，并按 GB 7247.1–2001 的规定在指定处加上警示标识。

7.1.3　根据 GB/T 26118.1–2010 的规定，具有最低类别 1 的紫外线辐射机器，应按 GB/T 26118.1–2010 的规定注明类别号及辐射类型。

7.1.4　如果机器部件表面温度高于 65℃，且未采取隔离或附加的防护装置进行安全防护，则应在机器上额外提供警示标识。

7.2　使用说明书

7.2.1　应按照 GB/T 15706.2–2007 中 6.5 的规定，编写机器的使用说明书。

7.2.2　每台机器应至少配有符合本标准 7.1 规定内容在内的使用说明书，其基本规范应符合 GB/T 15706.2–2007 中 6.5.1 的规定。

注：使用说明书的结构参见附录 D(资料性)。

7.2.3　噪声的要求应符合附录 F 的规定。使用说明书应给出机器的噪声值，并提供 GB/T 28386–2012（印刷、纸加工、造纸机械和辅助设备的噪声测量方法　准确度等级 2 和 3）有关噪声测量方法的参考内容及确定机器噪声测量值所依据的基础。

7.2.4　除以上规定外，使用说明书必要时应增加附加说明：

a)　应提供防止意外接触表面温度超过 65℃的机器部件的防护措施；

b)　应指明机器上适宜安装吸废设备的位置，防止有害气体、雾气和灰尘的排放，同时要指明机器所需的吸气量；

c)　应说明即使采取各种安全措施也无法排除的遗留风险，还应强调需要进行专门培训以及应当采取的人员防护措施（例如：穿戴手套、防护衣、听力保护等）；

d)　对预测使用在具有潜在的爆炸性气体环境中的设备，应给出所有信息及使用说明；

e)　使用闪点低于 55℃的可燃液体的机器，使用说明书应指出：在危险区区域 1 以外 1.0m 范围内的地板应具有传导性（根据 CLC R044–001:1999）；

f)　应给出具有适当操作和可调式防护装置的使用说明；

g)　使用卷筒料工作的机器，应给出安全穿纸操作的说明；

h)　对危险性粉尘、使用原料和清洁剂的安全操作进行描述。

7.2.5　纸堆升降装置使用说明书应包括以下内容：

a)　气动驱动式纸堆升降装置上所允许的操作压力；

b)　只要压力生成器不是纸堆升降装置的组成部分，就应标出液压驱动式纸堆升降装置所允许的操作压力；

c)　最大负荷量；

d)　幅面尺寸大于 $2.5m^2$ 的纸张应给出“禁止在设备上移动”的标识。

附录A

（资料性附录）

印刷机械和整饰机械区域的分类（涉及5.2.4）

EN 1127–1:1997 规定了会引起爆炸的危险状况的鉴别方法，并具体说明了符合安全要求的设计及结构措施。

它包含了分类、区域及用于不同区域的设备之间的关系。

EN 60079–10:2001 给出了对气体和蒸汽危险环境采用通风方法进行控制和分类的信息。

EN 50281–1–3:2002 给出了存有粉尘危险区的分类信息。

以下为根据机器放置位置及通风状况，对不同的机器进行分区的示例：

A.1　卷筒纸轮转凹版印刷机

区域 1：印刷单元两侧机架之间的印刷区域。

印刷单元之间高度达 2m 的维护通道，包括侧面机架之间的区域。

墨斗区域、印刷单元储油墨区域、与机器连接的存储箱区域及周围 500mm 距离内的区域。

卷筒型材料区域及周围 250mm 距离内的区域，涉及到可承印的最大印刷宽度的纸张，直到烘干机烘道入口处，但最大长度的卷筒型材料印品为 2m 的区域。

A.2　单张纸轮转式凹版印刷机

区域 1：印刷单元内两侧机架之间的区域，例如带有墨斗、版滚筒、中间墨辊和刚完成的印品区域。

墨斗区域：指与墨斗辊轴线成直角方向以半径 1.0m 和轴端以半径 500mm 向四周扩展的区域。

A.3　卷筒纸转轮柔版印刷机、壁纸印刷机

区域 1：通过辊的半径和长度确定、但不超过 500mm 的墨斗区域。

在印刷单元与地面之间由印刷单元危险区直接投影产生的区域。

与机器相连的印刷单元的油墨容器区域及周围半径 500mm 内的区域。

卷筒型材料周围半径 250mm 内的区域，涉及到最大印刷宽度的纸张，从卷筒型材料进入第一印刷单元的入口处到烘干机烘道的入口处，包括排气管和通风管在内，或到卷筒型材料离开最后一个印刷单元之后 500mm 处。

A.4　用于单张、卷筒纸和立体印刷的丝网印刷机

区域 1：丝网印版或周围半径 500mm 内的区域，及此区域垂直投影至地面的区域。

储存箱周围半径 500mm 内的区域。

单张或卷筒型材料印品周围半径 250mm 内的区域，涉及到最大印刷幅面的纸张，从印刷机出口处直到烘干机的烘道入口处，或到长度为 2m 的区域。

A.5　轮转和平台式薄膜印刷机

区域 1：印刷台周围半径在 500mm 内、及此区域垂直投影至地面的区域。

储存箱周围半径 500mm 内的区域。

卷筒型材料印品周围半径 250mm 内的区域，涉及到最大印刷宽度的纸张，从印刷机出口处到烘干机的烘道入口处。

A.6　用于印刷人造革和胶片的机器

区域 1：印刷单元两侧机架之间的印刷单元区域。

墨斗区域：与机器相连的印刷单元内油墨容器区域和存储箱周围半径 500mm 内的区域。

卷筒型材料周围半径 250mm 内的区域，涉及到最大印刷宽度的纸张，直到卷筒型材料进入烘干机烘道的入口处，但最大长度的卷筒型材料印品为 2m 的区域。

A.7　使用闪点低于 55℃的易燃液体的冲洗机和清洗机

区域 0：机器内部。

区域 1：机器周围半径 5.0m 内的区域，及此区域垂直投影向下至地面和向上至机器以上 1.5m 高的区域。

A.8　带有到地面的封闭侧架的辊式涂布单元

区域 1：辊式涂布机中辊式涂布单元两侧机架之间的区域。

包括两侧机架之间的区域，辊式涂布单元的宽 2m 和高 2m 的维修通道。

用于涂布、浸润和材料上胶的区域，与辊式涂布机连接的存储器区域和储存箱周围半径 500mm 内的区域。

卷筒型材料周围半径 250mm 内的区域，涉及到最大涂布宽度的纸张，可延伸至卷筒型材料进入烘干机烘道的入口处，但最大长度的卷筒型材料涂布印品为 2m 的区域。

A.9　带有缺口或不到地面的侧架的辊式涂布机

区域 1：用于涂布、浸润和材料上胶，且半径等于辊的长度，但四周不超过 500mm 的墨斗区域。

由辊式涂布单元危险部位产生的垂直投影的区域，从辊式涂布机以下至地面之间的区域。

与机器连接的存储器区域和存储箱周围半径 500mm 内的区域。

卷筒型材料周围半径 250mm 内的区域，涉及到最大涂布宽度的纸张，从卷筒型材料进入第一个辊式涂布单元的入口处，到卷筒型材料进入烘干机烘道的入口处，或到离开最后一个辊式涂布单元之后 500mm 处。

附录B

（规范性附录）

声响报警装置

声响报警装置应满足下列要求：

B.1 应用

预警装置应在启动机器前发出清晰的声响信号。

B.2 控制装置排列

控制电路的设计应保障在启动机器前，发出长达 1s ~ 3s 的声响信号（报警时间）。从信号发出动作起，至少间隔 3s（等待时间）后才可通过同一控制部件重复动作或另一个控制部件启动机器。等待时间消逝或终止前一个运行模式后（不连续运行模式），在无前面所述的信号（释放时间）下，可在 0s ~ 12s 内启动机器。释放时间开始与等待时间终止时，或以点动模式的机器的运行被终止时，不应超过 6s 就可启动机器。

在释放时间消逝后、或控制部件停止或急停控制装置停止后，当给出预警装置警告信号后，才可运行机器。

无中心预警系统（用于各工作场所的信号装置）应优先考虑。

B.3 时间图

见图 B.1。

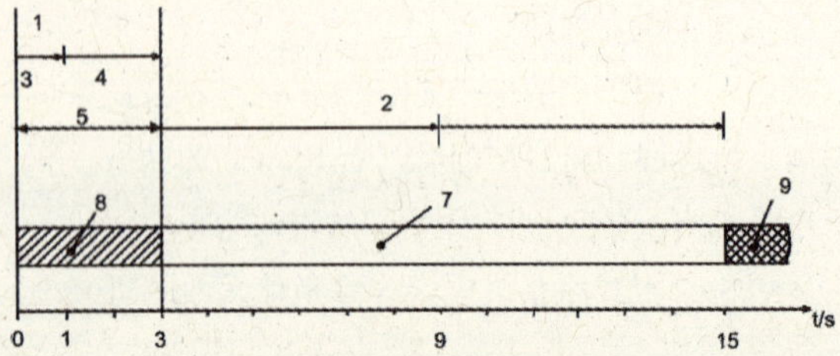

停止或连续运行后启动机器

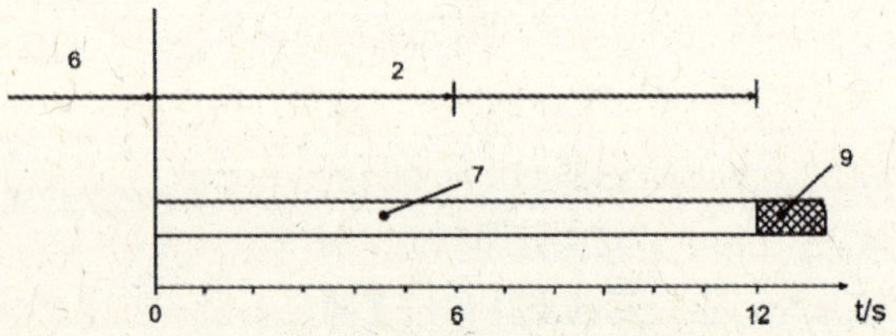

止—动控制模式后启动机器

说明：

1——报警时间；

2——释放时间；

3——最小值；

4——最大值；

5——等待时间；

6——机器以止—动控制模式运行；

7——可以启动机器（释放时间）；

8——不可以启动机器；

9——无前面所述信号的止—动控制下，机器既不可启动也不可运行。

图B.1 时间图：启动机器

附录C

（资料性附录）

通道阶梯倾角的相关危险分析

为了通向高出的工作场所，通道阶梯的倾角最大为 45°。如果空间不足，无法安装阶梯，允许存在下列例外：

——评估值 E ≤ 6 时：

——倾角为 46° ~ 60°、两侧配备有扶手的固定阶梯；

——评估值 E ≤ 3 时：

——倾角为 46° ~ 74° 的固定阶梯；

——评估值 E ≤ 2 和 E2 = 0 时：

——倾角为 75° ~ 90° 固定阶梯。

评估值 E 为按表 C1、表 C2 得到的评估值 E1、E2 和按表 C3 得到的附加值 A1 和 A2 的总和：

E=E1 + E2 + A1 + A2

表 C.1 按使用频率的评估值 E1

使用频率	评估值 E1
每周少于一次	1
每周不超过一次	2
每日不超过一次	3
每日超过一次	4

表 C.2 按携带物品的评估值 E2

携带物品	评估值 E2[a]
手中没有物品	0
轻的物品（≤ 5 kg）	1
重量适中的物品（≤ 10 kg）	2
较重的物品（> 10 kg）	3

[a] 当携带物品的高度小于 1.6 m 时，数值 E2=0。

表 C.3 附加值 A1 和 A2

附加条件	附加值 A1、A2
携带大件物品	A1 = 1
携带物品的高度 > 3 m	A2 = 1

附录D
(资料性附录)
使用说明书的编写示例

D.1 机器相关信息：

——制造厂或供货商的名称及地址；

——系列或型号名称；

——性能数据、噪声数据；

——机器使用说明（预期使用）；

——对机器工作场所的规定；

——其他。

D.2 安全相关信息：

——显示安全装置和措施的机器简图或剖面图；

——忽略安全措施所导致的危险；

——常规安全操作；

——操作者安全信息；

——非预期使用；

——其他。

D.3 机器运输、处理和贮存的相关信息：

——安全措施；

——机器尺寸和重量；

——其他。

D.4 安装、试车、拆卸：

——机器装配和安装；

——分部试车；

——安装和固定条件；

——操作、定期检修和维护所需空间；

——允许的环境条件；

——机器与动力供应接线的说明；

——其他。

D.5 机器使用的相关信息：

——手动操纵的说明；

——防护装置的安装、调整和操作说明；

——有关遗留风险的信息；

——有关禁用部件和操作错误的信息；

——故障检测及修理说明；

——有关人员防护设备使用的相关说明。

D.6 机器维护相关信息：

——检查的种类和频率；

——防护措施（部件、润滑油）；

——备件；

——故障排除；

——其他。

附录E

（资料性附录）

与本部分中规范性引用的国际文件有一致性对应关系的我国文件

表 E.1 给出了与本部分中规范性引用的国际文件有一致性对应关系的我国文件。

表 E.1　与本部分中规范性引用的国际文件有一致性对应关系的我国文件

中国标准		国际标准（一致性对应关系）	欧洲标准（一致性对应关
标准编号	标准名称		
GB 23821-2009	机械安全 防止上下肢触及危险区的安全距离	ISO 13857:2008，IDT	EN 294:1992
x	x	EN ISO 13857:2008 代替了 EN 294:1992	
GB 12265.3-1997	机械安全 避免人体各部位挤压的最小间距	x	eqv EN349:1993
GB 16754-2008	机械安全 急停 设计原则	ISO 13850:2006，IDT	EN 418-1992
GB 16754-1997	机械安全 急停 设计原则	eqv ISO 13850:1996	
x	x	ISO 13850:1996 与 EN 418:1992 有对应关系	
GB/T 18153-2000	机械安全 可接触表面温度 确定热表面温度限值的工效学数据	x	eqvEN 563:1994
GB/T 19671-2005	机械安全 双手操纵装置 功能状况及设计原则	ISO 13851:2002, MOD	EN 574:1996
x	x	ISO 13851:2002 等同采用 EN 574:1996	
GB/T 8196-2003	机械安全　防护装置 固定式和活动式防护装置设计与制造一般要求	ISO 14120:2002, MOD	EN 953:1997
x	x	ISO 14120:2002 等同采用 DIN EN 953:1997	
x	x	DIN EN 953:1997 等同采用 EN 953:1997	
GB/T16855.1-2008	机械安全 控制系统有关安全部件 第 1 部分：设计通则	ISO 13849-1:2006，IDT	EN 954-1:1996
GB/T16855.1-2005	机械安全 控制系统有关安全部件 第 1 部分：设计通则	ISO 13849-1:1999，MOD	
x	x	ISO 13849-1:1999 等同采用 EN 954-1：1996	
GB/T 19876-2005	机械安全 与人体部位接近速度　相关防护设施的定位	ISO 13855：2002，MOD	EN 999:1998
x	x	ISO 13855：2002 等同采用 DIN EN 999：1998	
x	x	DIN EN 999：1998 等同采用 EN 999：1998	
GB/T 19670-2005	机械安全 防止意外启动	ISO 14118:2000，MOD	EN l037:1995
x	x	ISO 14118:2000 等同采用 DIN EN l037：1996	
x	x	DIN EN l037：1996 等同采用 EN l037：1996	
GB/T 16856.1-2008	机械安全 风险评价 第 1 部分：原则	ISO 14121-1:2007，IDT	EN 1050:1996
x	x	ISO 14121 与 EN 1050：1994 有对应关系	
GB/T 16856-1997	机械安全风险评价的原则	eqv EN 1050：1994	
GB/T 18831-2002	机械安全 带防护装置的联锁装置 设计和选择原则	ISO 14119:1998，MOD	EN 1088:1995
x	x	ISO 14119:1998 等同采用 DIN EN 1088：1996	
x	x	DIN EN 1088：1996 等同采用 EN 1088：1996	

（续）

中国标准		国际标准（一致性对应关系）	欧洲标准（一致性对应关系）
标准编号	标准名称		
GB25285.1-2010（没替换，文本没上传，2011.9.1 实施）	爆炸性环境 爆炸预防和防护 第 1 部分：基本原则和方法	EN 1127-1:1998，NEQ	EN 1127-1:1997
GB/T 17454.2-2008	机械安全 压敏保护装置 第 2 部分：压敏边和压敏棒的设计和试验通则	ISO 13856-2:2005，IDT	EN 1760-2:2001
x	x	------	EN 1760-2:2001
GB/T 14574-2000	声学 机器和设备噪声发射值的标示和验证	eqv ISO 4871:1996	EN ISO 4871:1996
x	x	EN ISO 4871:1996 等同采用 ISO 4871:1996	EN ISO 4871:1996
GB 18490-2001	激光加工机械 安全要求	eqv ISO 11553：1996	EN 12626:1997
x	x	BS EN ISO 11553-1-2005 代替了 EN 12626：1997	EN 12626:1997
GB25286.1-2010	爆炸性环境用非电气设备 第 1 部分：基本方法和要求	x	EN 13463-1:2001，MOD
GB25286.5-2010（没替换，文本没上传，2011.9.1 实施）	爆炸性环境用非电气设备 第 5 部分：结构安全型“C”	x	EN 13463-5:2003，MOD
GB 3836.1-2010	爆炸性环境 第 1 部分：设备通用要求	IEC 60079-0:2007，MOD	EN 50014:1999
GB 3836.1-2000	爆炸性气体环境用电气设备 第 1 部分：通用要求	eqv IEC 60079-0:1998	EN 50014:1999
x	x	BS EN 60079-0:2009 等同采用 IEC 60079-0:2007	EN 50014:1999
x	x	BS EN 60079-0:2004 代替 EN 50014：1999	EN 50014:1999
------	------	IEC 60079-6:2007	EN 50015:1998
GB 3836.6-2004	爆炸性气体环境用电气设备 第 6 部分：油浸型“o”	IEC 60079-6:1995，IDT	EN 50015:1998
x	x	BS EN 60079-6:2007 等同采用 IEC 60079-6:2007	EN 50015:1998
x	x	BS EN 60079-6:2007 代替了 EN 50015：1998	EN 50015:1998
------	------	IEC 60079-2:2007	EN 50016:1995
GB 3836.5-2004	爆炸性气体环境用电气设备 第 5 部分：正压外壳型“p”	IEC 60079-2:2001，MOD	EN 50016:1995
x	x	BS EN 60079-2:2007 等同采用 IEC 60079-2:2007	EN 50016:1995
x	x	BS EN 60079-2:2004 代替了 EN 50016：1995	EN 50016:1995
------	------	IEC 60079-5:2007	EN 50017:1998
GB 3836.7-2004	爆炸性气体环境用电气设备 第 7 部分：充砂型“q”	IEC 60079-5:1997，IDT	EN 50017:1998
x	x	BS EN 60079-5:2007 等同采用 IEC 60079-5:2007	EN 50017:1998
x	x	BS EN 60079-5:2007 代替了 EN 50017：1998	EN 50017:1998
GB 3836.2-2010	爆炸性环境 第 2 部分：由隔爆外壳“d”保护的设备	IEC 60079-1:2007，MOD	EN 50018:2000
GB 3836.2-2000	爆炸性气体环境用电气设备 第 2 部分：隔爆型“d”	eqv IEC 60079-1:1990	EN 50018:2000
x	x	BS EN 60079-1:2007 等同采用 IEC 60079-1:2007	EN 50018:2000
x	x	BS EN 60079-1:2004 代替了 EN 50018：2000	EN 50018:2000
GB 3836.3-2010	爆炸性环境 第 3 部分：由增安型“e”保护的设备	IEC 60079-7:2006，IDT	EN 50019:2000
GB 3836.3-2000	爆炸性气体环境用电气设备 第 3 部分：增安型“e”	eqv IEC 60079-7:1990	EN 50019:2000
x	x	BS EN 60079-7:2007 等同采用 IEC 60079-7:2006	EN 50019:2000
x	x	BS EN 60079-7:2003 代替了 EN 50019：2000	EN 50019:2000

（续）

中国标准		国际标准（一致性对应关系）	欧洲标准（一致性对应关系）
标准编号	标准名称		
GB 3836.4–2010	爆炸性环境 第 4 部分：由本质安全型 “i” 保护的设备	IEC 60079–11:2006，MOD	EN 50020:1994
GB 3836.4–2000	爆炸性气体环境用电气设备 第 4 部分：本质安全型 “i”	eqv IEC 60079–11:1999	
x	x	BS EN 60079–11:2007 等同采用 IEC 60079–11:2006	
x	x	BS EN 60079–11:2007 代替了 EN 50020:1994	
––––––	––––––	IEC 61241–14:2007	EN 50281–1–2:1999
GB 12476.2–2010	可燃性粉尘环境用电气设备 第 2 部分：选型和安装	IEC 61241–14:2004，IDT	
GB 12476.2–2006	可燃性粉尘环境用电气设备 第 1 部分：用外壳和限制表面温度保护的电气设备 第 2 节：电气设备的选择、安装和维护	IEC 61241–1–2:1999，IDT	
x	x	IEC 61241–14:2004 等同采用 BS EN 61241–14:2004	
x	x	BS EN 61241–14:2004 代替 了 EN 50281–1–2:1999	
––––––	––––––	IEC 60079–14:2007	EN 60079–14:1997
GB 3836.15–2000	爆炸性气体环境用电气设备 第 15 部分：危险场所电气安装（煤矿除外）	eqv IEC 60079–14:1996	
x	x	BS EN 60079–14:2008 等同采用 IEC 60079–14:2007	
GB 5226.1–2008	机械电气安全 机械电气设备 第 1 部分：通用技术条件	IEC 60204–1:2005，IDT	EN 60204–1:1997
x	x	DIN EN 60204–1:2007 修改采用 IEC 60204–1:2005	
x	x	IEC 60204–1:1997 等同采用 EN 60204–1:1997	
GB 7247.1–2001	激光产品的安全 第 1 部分：设备分类、要求和用户指南	IEC 60825–1:1993，IDT	EN 60825–1:1994
x	x	IEC 60825–1:2007 等同采用 EN 60825–1:2007	
GB/T 17799.2–2003	电磁兼容 通用标准 工业环境中的抗扰度试验	IEC 61000–6–2:1999，IDT	EN 61000–6–2:2001
x	x	IEC 61000–6–2: 2005 等同采用 EN 61000–6–2:2005	

注 1：表中的“––––––”表示没有对应的国家标准编号或名称或没有对应的国际标准。
注 2：表中的“x”表示不必填写内容。

附录F

（规范性附录）

EN 292–2：1991的附录A中1.7.4 f）的内容

操作说明书应给出下列关于机械发射经空气传播的噪声信息。或是其实际噪声值，或是根据对同类机械测量所得的值：

——当工作位置的等效连续 A 计权声压级超过或不超过 70dB（A）时，均应标明；

——当工作位置的 C 计权峰值发射声压级超过 63Pa（130dB 相当于 20 μ Pa）时，应标明；

——当工作位置的等效连续 A 计权声压级超过 85dB（A）时，应给出机械发射的声功率级。

当机器非常大时，可标明机器周围某一指定位置的等效连续声压级，而不用声功率级。

声压级应采用最适合于机器的方法测量。

制造厂应指明测量期间机器的运行条件和所采用的测量方法。

当工作位置不确定或不能确定时，声压级应在距机器周边外 1m，距地面或脚踏板高度 1.6m 的地方测量。应指明测量的位置和最大声压值。

中华人民共和国新闻出版行业标准

纸板类儿童书籍纸板粘合过程控制要求及检测方法

Cardboard laminating process control requirements and test methods on children's board book

CY/T 92-2013

中华人民共和国新闻出版总署　2013-02-28发布　2013-02-28 实施

1　范围

本标准规定了纸板类儿童书籍纸板粘合过程中的术语和定义、原材料要求、粘合过程控制要求、粘合质量要求、检测方法及贮存和运输要求。

本标准适用于纸板类儿童书籍纸板粘合的过程控制和检测。

2　规范性引用文件

下列文件对于本文件的应用是必不可少的。凡是注日期的文件，仅注日期的版本适用于本文件。凡是不注日期的引用文件，其最新版本（包括所有的修改单）适用于本文件。

GB/T 451.3　纸和纸板厚度的测定

GB/T 457　纸和纸板耐折度的测定

GB/T 462　纸、纸板和纸浆分析试样水分的测定

GB/T 1540　纸和纸板吸水性的测定（可勃法）

GB/T2793　胶粘剂不挥发物含量的测定

GB/T 2794　胶粘剂粘度测定法（旋转粘度计法）

GB/T 14518　胶粘剂的 pH 值测定

GB 18583　室内装饰装修材料 胶粘剂中有害物质限量

GB/T 22364　纸和纸板弯曲挺度的测定

GB/T 22899.1　纸和纸板　湿膨胀率的测定

GB 24613　玩具用涂料有害物质限量

GB/T 26203　纸和纸板　内结合强度的测定（Scott 型）

3　术语和定义

下列术语和定义适用于本文件。

3.1　纸板类儿童书籍　children board book

纸板经印刷、模切、对折、粘合而成的儿童读物

3.2　涂布白纸板　coated folding board

原纸面层为漂白纸浆，经单面涂布、压光整饰而制成的纸板。

3.3　涂布白卡纸　coated cardboard

原纸的面层、底层以漂白木浆为主，中间层加有其他木浆，经单面或双面涂布、压光整饰而制成的坚挺厚实的纸板或纸张。

3.4　压合　laminating and pressing

纸板或纸张经粘合、加压的过程。

3.5　丝缕方向　grain direction

抄纸过程中纤维受到造纸机运转方向的牵引作用，大多数纤维沿造纸机运转方向排列而形成的走向。根据纸张纤维组织排列的走向的不同，纸张丝缕方向分为纵向和横向，纸张纤维与造纸机运转方向一致的方向称为纵向(Machine Direction)，与造纸机运转垂直的方向则称为横向(Cross Direction)。

4　原材料要求

4.1　水基胶黏剂

4.1.1　铅、可溶性元素及邻苯二甲酸酯含量应符合 GB 24613 的要求。

4.1.2　游离甲醛、苯、甲苯、二甲苯、总挥发性有机物限量值应符合 GB 18583 的要求。

4.1.3　固含量 ≥ 57%，不同批次允差范围 ±2%。

4.1.4　粘度 400mPa·s ~ 600mPa·s。

4.1.5　pH 值 4.5 ~ 8.5。

4.2　纸板

纸板技术指标应符合表 1 的要求。

5　粘合过程控制要求

5.1　准备

5.1.1　应将水基胶黏剂搅拌均匀。

5.1.2　纸板或纸板印张应保持平整。

5.1.3　纸板或纸板印张应符合压合对丝缕方向的要求。

5.1.4　生产车间的温度宜保持在 16℃ ~ 30℃。

5.1.5　生产车间的相对湿度宜保持在 35% ~ 75%。

5.1.6　水基胶黏剂与纸板在粘合环境中至少放置 4h，使之与现场温湿度相适应后再进行粘合。

表 1 纸板技术指标

<table>
<tr><th colspan="2">检测项目</th><th colspan="4">检测参数</th></tr>
<tr><td rowspan="2">吸水性（g/m^{2}）</td><td></td><td colspan="2">涂布白纸板</td><td colspan="2">涂布白卡纸</td></tr>
<tr><td>正面</td><td colspan="2">≤ 50</td><td colspan="2">≤ 50</td></tr>
<tr><td></td><td>背面</td><td colspan="2">≤ 120</td><td colspan="2">≤ 100</td></tr>
<tr><td rowspan="9">挺度（mN·m）</td><td rowspan="9">横向</td><td rowspan="5">250 g/m^{2}</td><td rowspan="5">≥ 3.0</td><td>210 g/m^{2}</td><td>≥ 2.0</td></tr>
<tr><td>240 g/m^{2}</td><td>≥ 3.1</td></tr>
<tr><td>250 g/m^{2}</td><td>≥ 3.6</td></tr>
<tr><td>270 g/m^{2}</td><td>≥ 4.1</td></tr>
<tr><td>300 g/m^{2}</td><td>≥ 6.8</td></tr>
<tr><td>300 g/m^{2}</td><td>≥ 5.2</td><td>340 g/m^{2}</td><td>≥ 8.3</td></tr>
<tr><td>350 g/m^{2}</td><td>≥ 7.6</td><td>355 g/m^{2}</td><td>≥ 9.3</td></tr>
<tr><td>400 g/m^{2}</td><td>≥ 10.6</td><td>390 g/m^{2}</td><td>≥ 11.8</td></tr>
<tr><td>450 g/m^{2}</td><td>≥ 14.5</td><td>410 g/m^{2}</td><td>≥ 14.1</td></tr>
<tr><td rowspan="2">湿膨胀率 (%)</td><td>纵向</td><td colspan="2">≤ 0.4</td><td colspan="2">≤ 0.4</td></tr>
<tr><td>横向</td><td colspan="2">≤ 0.4</td><td colspan="2">≤ 0.4</td></tr>
<tr><td colspan="2">水分（%）</td><td colspan="2">8.0 ± 2.0</td><td colspan="2">7.0 ± 1.5</td></tr>
<tr><td rowspan="2">耐折度（次）</td><td>纵向</td><td colspan="2">≥ 30</td><td colspan="2">≥ 40</td></tr>
<tr><td>横向</td><td colspan="2">≥ 30</td><td colspan="2">≥ 40</td></tr>
<tr><td colspan="2">内结合强度（J/m^{2}）</td><td colspan="2">≥ 120</td><td colspan="2">≥ 120</td></tr>
<tr><td colspan="2" rowspan="2">紧度（g/cm^{3}）</td><td>≤ 300gsm</td><td>≤ 0.85</td><td colspan="2" rowspan="2">≤ 0.66</td></tr>
<tr><td>> 300gsm</td><td>≤ 0.82</td></tr>
</table>

5.2　涂胶

5.2.1　涂胶设备应运转平稳。

5.2.2　根据纸板类型和施胶工艺确定涂胶量。在保证粘合质量前提下，避免纸板吸收过量水分。

5.2.3　同批次产品涂胶量应均匀一致。

5.3　压合

5.3.1　根据粘合工艺确定的水基胶黏剂开放时间控制压合时机。

5.3.2　根据生产设备及纸板类型合理设定压合时间。

5.3.3　压合的压力应均匀。

5.3.4　压合纸板或纸板印张的丝缕方向纵向应与书脊平行。

5.3.5　同批次产品的粘合压力和压合时间应保持一致。

5.4　定型干燥

粘合后的产品应压放定型、抽湿、干燥。

6　粘合质量要求

6.1　表面干净，无褶皱、破口、划伤、开胶现象。

6.2　无明显的扭曲变形、起翘。

6.3　能正常打开翻阅，页码、版面顺序正确 。

7　检测方法

7.1　水基胶黏剂

7.1.1　铅、可溶性元素及邻苯二甲酸酯含量按照 GB 24613 的规定检测。

7.1.2　游离甲醛、苯、甲苯、二甲苯、总挥发性有机物限量值按照 GB 18583 的规定检测。

7.1.3　固含量按 GB/T 2793 的规定检测。

7.1.4　粘度按 GB/T 2794 的规定检测。

7.1.5　pH 值按 GB/T 14518 的规定检测。

7.2　纸板

7.2.1　纸板的吸水性按 GB/T 1540 的规定检测。

7.2.2　纸板的挺度按 GB/T 22364 的规定检测。

7.2.3　纸板的湿膨胀率按 GB/T 22899.1 的规定检测。

7.2.4　纸板的水分按 GB/T 462 的规定检测。

7.2.5　纸板的耐折度按 GB/T 457 的规定检测。

7.2.6　纸板的内结合强度按 GB/T 26203 的规定检测。

7.2.7　纸板的紧度按 GB/T 451.3 的规定检测。

7.3　环境温湿度

使用经有效检定合格的温湿度计检测。

8　粘合品的贮存和搬运

8.1　贮存环境应洁净，温度宜保持在 16℃ ~ 30℃、湿度宜保持在 35% ~ 75%。

8.2　避免阳光直射，与热源保持 2m 以上间隔，防止潮湿。

8.3　搬运时应轻装轻卸，防止碰撞或接触锐利的物体。

中华人民共和国新闻出版行业标准

印刷加工用水基胶粘剂有害物质限量

The limit of harmful substances in water-based adhesive used for print processing

CY/T 87-2012

中华人民共和国新闻出版总署　2012-03-19发布　2012-03-19 实施

1　范围

本标准规定了印刷加工用水基胶粘剂中苯、甲苯和二甲苯、游离甲醛、卤代烃（以二氯甲烷计）、可溶性重金属（铅、铬、镉、汞）的限量及试验方法。

本标准适用于印刷加工用水基胶粘剂。

2　规范性引用文件

下列文件对于本文件的应用是必不可少的。凡是注日期的引用文件，仅所注日期的版本适用于本文件。凡是不注日期的引用文件，其最新版本（包括所有的修改单）适用于本文件。

GB 18582-2008　室内装饰装修材料内墙涂料中有害物质限量

GB 18583-2008　室内装饰装修材料胶粘剂有害物质限量

GB/T 20740-2006　胶粘剂取样

YC/T 207-2006　卷烟条与盒包装纸中挥发性有机化合物测定 顶空气相色谱法

3　术语和定义

以下术语和定义适用本文件。

印刷加工用水基胶粘剂 Water-based adhesive for printing work

以水为溶剂或以水为分散介质的高分子聚合物为主要粘结料，用于印刷基材的胶粘层合。

4　技术要求

印刷加工用水基胶粘剂有害物质限量应符合表 1 的要求。

表 1 有害物质限量要求

项　目			指标 A 类[a]	指标 B 类[b]
苯 /(mg/kg)		≤	5.00	50.00
甲苯 + 二甲苯总和 / (mg/kg)		≤	40.00	400.00
游离甲醛 / (mg/kg)		≤	75.00	500.00
卤代烃 (以二氯甲烷计)/(mg/kg)		≤	2.00	
可溶性重金属	(铅) /(mg/kg)	≤	10.00	
	(铬) /(mg/kg)	≤	60.00	
	(镉) /(mg/kg)	≤	10.00	
	(汞) /(mg/kg)	≤	5.00	

[a] A 类适用药品包装印刷、食品包装印刷和儿童书籍印刷等领域用水基胶粘剂。

[b] B 类适用一般印刷包装领域用水基胶粘剂。

5　试验方法

5.1　取样

产品取样应按 GB/T 20740-2006 的规定进行。

5.2　苯、甲苯和二甲苯的试验方法

精确称取 30.0mg~60.0mg 的样品置于顶空瓶中，用移液管或移液枪移取 1mL 三醋酸甘油酯加入到顶空瓶中密封。试样制备时，顶空瓶体积应与标准曲线所用顶空瓶规格一致。

5.2.1　试验方法

按 YC/T 207-2006 的规定对试样进行试验。

5.2.2　试验结果的表示

试验结果按下列公式计算：

$$C=m/M$$

式中：

C — 表示试样中相关组份的检测结果，单位为 mg/kg；

m —表示试样中相关组份的检测值，单位为 mg；

M —表示称取样品的质量，单位为 kg。

5.3 游离甲醛的试验方法

按 GB 18583-2008 中附录 A 的规定进行。

5.4 卤代烃（以二氯甲烷计）的试验方法

按 GB 18583-2008 中附录 E 的规定进行。

5.5 可溶性重金属（铅、铬、镉、汞）的试验方法

按 GB 18582-2008 中附录 D 的规定进行，检出限为 5 mg/kg。

参考文献

[1] GB 18401-2010　国家纺织产品基本安全技术规范

中华人民共和国新闻出版行业标准

印刷技术　不干胶标签质量要求及检验方法

Printing technology – Quality requirements for and test methods of pressure-sensitive adhesive label

CY/T 93-2013

中华人民共和国新闻出版总署　2013-02-28发布　2013-02-28实施

1　范围

本标准规定了与不干胶标签印制质量有关的术语和定义、产品分类、技术要求、检验方法、标志、包装、贮存、运输等。

本标准适用于不干胶标签产品。其他类型和形式的标签产品可参照执行。

2　规范性引用文件

下列文件对于本文件的应用是必不可少的。凡是注日期的引用文件，仅注日期的版本适用于本文件。凡是不注日期的引用文件，其最新版本（包括所有的修改单）适用于本文件。

GB/T 2792　压敏胶带 180° 剥离强度试验方法

GB/T 4851　压敏胶粘带持粘性试验方法

GB/T 4852　压敏胶粘带初粘性试验方法（滚球法）

GB/T 4873　信息处理用连续格式纸尺寸和输送孔

GB/T 7705—2008　平版装潢印刷品

GB/T 7706—2008　凸版装潢印刷品

GB/T 9851　印刷技术术语（所有部分）

GB/T 14216　塑料 膜和片润湿张力的测定

GB/T 14258—2003　信息技术 自动识别与数据采集技术 条码符号印制质量的检验

GB/T 18724　印刷技术 印刷品与印刷油墨耐各种试剂性的测定

GB/T 19437　印刷技术 印刷图像的光谱测量和色度计算

CY/T 3　色评价照明和观察条件

CY/T 17　印后加工纸基印刷品上光质量要求及检验方法

CY/T 60　纸质印刷品烫印与压凹凸过程控制及检测方法

3　术语和定义

GB/T 7705、GB/T 9851 界定的以及下列术语和定义适用于本文件。为了便于使用，以下重复列出了 GB/T 7705 中的某些术语和定义。

3.1　标签 label

承印材料经印刷、印后加工，形成载有目标物信息，专用于标识目标物的印刷品。

3.2　不干胶标签 pressure-sensitive adhesive label

自身附有压敏胶层的标签。

注：常用不干胶标签示意图见附录 A。

3.3　主要部位 prime section

画面上反映主题的部位，如图像、文字、标志等。

[GB/T 7705-2008，术语 3.8]

3.4　次要部位 subprime section

画面上除主要部位以外的其他部位。

[GB/T 7705-2008，术语 3.9]

3.5　胶面印刷 print on adhesive side

在胶黏剂表面进行局部印刷。

3.6　接头 joint

使用胶带将卷筒材料的断裂处相互连接在一起产生的接缝。

4　产品分类

4.1　按承印材料

分为纸张类标签、塑料薄膜类标签和特种材料标签。

4.2　按印刷品质量

分为一般产品和精细产品。

注：一般产品是指满足本文件 5.2 中精细产品要求条款以外

的其他条款要求的标签成品，精细产品是指满足本文件 5.2 中所有条款的标签成品。

5 技术要求

5.1 承印材料要求

5.1.1 外观

5.1.1.1 平整无褶皱，无异物、破损、掉粉等影响印刷的缺陷。

5.1.1.2 常用承印材料胶层均匀，无起泡、缺胶及溢胶等现象。

5.1.1.3 卷筒承印材料端面齐整，直径尺寸和松紧度一致。面材能从离型材料上顺利分离，无破损现象。

5.1.2 接头

5.1.2.1 卷筒承印材料的接头每卷不超过 2 个。

5.1.2.2 接头处胶粘带宽度宜为（25 ~ 50）mm，颜色有别于承印材料。

5.1.2.3 接头斜接，无搭接和明显的间隙，接头处表面平整，厚度小于 0.12mm。

5.1.2.4 纸张类材料接头抗拉强度不低于该材料的抗拉强度。

5.1.3 尺寸允差

5.1.3.1 通用型卷筒承印材料宽度允差为 ±1mm，长度误差与规定长度比值小于 2‰。

5.1.3.2 通用型平张承印材料的宽度或长度误差与规定宽度或长度比值小于 0.5%，印张裁切方正度要求，如图 1 所示，印张对角线 X 和 Y 长度差值的绝对值不大于 0.3mm。

5.1.4 印刷适性

承印材料着墨性好，PVC 膜类材料润湿张力宜在 32.0mN/m 以上，其他无涂层的膜类材料润湿张力宜在 38.0mN/m 以上。

5.1.5 物理性能检测方法

5.1.5.1 应按照 GB/T 2792 的规定检测剥离强度。

5.1.5.2 应按照 GB/T 4851 的规定检测持粘性。

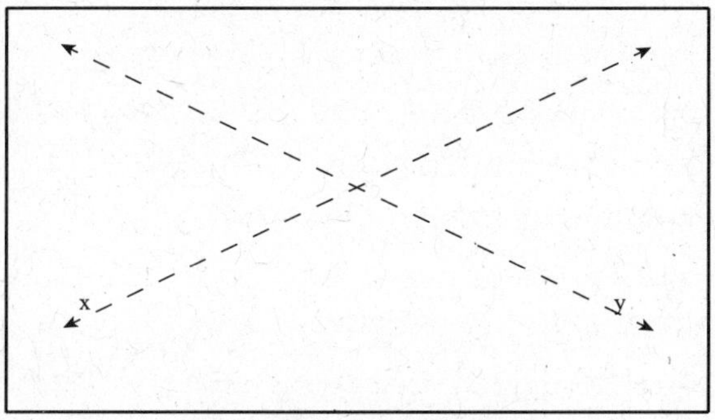

图 1 印张方正度示意图

5.1.5.3 应按照 GB/T 4852 的规定检测初粘性。

注：鉴于剥离强度、持粘性和初粘性三个指标涉及范围较广，无法确定具体的技术指标，因此本文件仅规定三个指标的检测方法。

5.2 成品质量要求

5.2.1 印面外观

5.2.1.1 一般产品

5.2.1.1.1 成品应整洁，无明显色差、划痕、污渍、残缺。

5.2.1.1.2 图文清晰完整，无明显残缺变形，文字应不小于 5.5P（7 号）且不影响认读。

注：P 是 Point 的首个字母，1P 约等于 0.35mm。

5.2.1.1.3 网点应较清晰、均匀饱满、无明显残缺。

5.2.1.1.4 主要部位无明显条杠、重影、划伤、糊版等。

5.2.1.1.5 主要部位不应有直径大于 0.4mm 的污渍点，直径不大于 0.4mm 的污点不超过 3 个，间距不应小于 20mm。

5.2.1.1.6 覆膜牢固，无起膜现象，覆膜后不应有直径大于 0.4mm 的气泡，直径不大于 0.4mm 的气泡不超过 3 个，间距不应小于 20mm。

5.2.1.1.7 烫印牢固，应平实、无明显变色、漏烫、糊版，无毛边、划伤。烫箔砂眼直径不应大于 0.3mm，直径不大于 0.3mm 的烫箔砂眼不超过 4 个，间距不应小于 20mm。

5.2.1.1.8 上光表面应平实、牢固，无明显变色、污渍点、花斑。

5.2.1.1.9 印品白点直径不应大于 0.3mm。主要部位白点数量不超过 2 个，间距不应小于 5mm；次要部位白点数量不超过 5 个，间距不应小于 20mm。

5.2.1.2 精细产品

5.2.1.2.1 应符合 5.2.1.1 一般产品的要求。

5.2.1.2.2 不应有尺寸大于 0.02mm 的划痕、污渍、残缺。

5.2.1.2.3 图文应清晰完整，无残缺变形，文字应不小于 5P（8 号）且不影响认读。

5.2.1.2.4 网点应清晰、均匀饱满，无残缺。

5.2.1.2.5 覆膜牢固，不应有尺寸大于 0.02mm 褶皱，无起泡、起膜现象，与底层材料分离后应保持平整，无较大的内外弯曲，并保持文字和图案清晰。

5.2.1.2.6 烫印质量符合 CY/T 60 的规定。

5.2.1.2.7 上光质量符合 CY/T 17 的规定。

5.2.1.2.8 印品白点直径不应大于 0.05mm。主要部位白点数量不超过 2 个，间距不应小于 10mm；次要部位白点数量不超过 3 个，间距不应小于 40mm。

5.2.2　套印误差

套印误差应符合表 1 的规定。

表 1　套印误差

单位：毫米

<table>
<tr><th rowspan="3">套印部位</th><th colspan="3">套印误差</th></tr>
<tr><th rowspan="2">一般产品</th><th colspan="2">精细产品</th></tr>
<tr><th>纸类</th><th>膜类</th></tr>
<tr><td>主要部位</td><td>≤ 0.25</td><td>≤ 0.16</td><td>≤ 0.20</td></tr>
<tr><td>次要部位</td><td>≤ 0.35</td><td>≤ 0.25</td><td>≤ 0.30</td></tr>
</table>

5.2.3　实地印刷

实地印刷要求应符合表 2 的规定

表 2　实地印刷要求

<table>
<tr><th rowspan="2">指标名称</th><th rowspan="2">色度系统</th><th rowspan="2">符号</th><th colspan="4">指标值</th></tr>
<tr><th colspan="2">一般产品</th><th colspan="2">精细产品</th></tr>
<tr><td>同批同色密度偏差</td><td></td><td>△ Ds</td><td colspan="2">≤ 0.07</td><td colspan="2">≤ 0.05</td></tr>
<tr><td rowspan="2">同批同色色差</td><td rowspan="2">CIEL*a*b*</td><td rowspan="2">△ E*ab</td><td>L* > 50.00</td><td>L*50.00</td><td>L* > 50.00</td><td>L*50.00</td></tr>
<tr><td>≤ 5.00</td><td>≤ 4.00</td><td>≤ 4.00</td><td>≤ 3.00</td></tr>
</table>

5.2.4　定位黑标印刷

墨色均匀、平实，间距均匀、准确，位置偏差 ± 0.50mm。

注：定位黑标一般印在离型材料的外表面。

5.2.5　胶面印刷

常规胶面印刷后，胶层应保持一定的黏着力，不影响正常粘贴使用。正背套印允差 ± 0.50mm。

5.2.6　墨层的耐磨性与结合牢度

符合 GB/T 7706-2008 表 5 墨色耐磨性和墨层结合牢度的规定。

5.2.7　模切

5.2.7.1　模切成品规格尺寸偏差符合表 3 要求。

5.2.7.2　有对称要求的成品图案位置偏差应符合表 4 的规定。

5.2.7.3　用于自动贴标或打印的标签，相邻标签的模切间距允差 ± 0.50mm 范围内。

5.2.8　信息码要求

5.2.8.1　印制质量要求

条码可读性符合 GB/T 14258-2003 质量等级的规定，精细产品不低于 C 级，一般产品不低于 D 级。

5.2.8.2　数据准确性要求

供人识读的条码符号字符与其所标识的数字代码一致；条码信息与数据源信息一致。

5.2.9　打孔要求

孔洞断面应干净、整齐，无毛边、无孔屑。输送孔应符合 GB/T 4873 的规定。

5.2.10　成品分切

卷筒标签分切后，端面应整齐，错位允差 ± 1.5mm，内外张力一致，标签与芯管、标签与标签之间无松动滑移。

5.2.11　耐试剂性

经过耐各种试剂性测定后，油墨层完好，外观颜色无明显变化。

5.3　成品贴标要求

5.3.1　常规标签被贴物应洁净、干燥，无灰尘、油脂，温度宜保持在 15℃ ~ 50℃之间。

5.3.2　常规贴标环境温度宜为（22 ± 6）℃，相对湿度宜为（50 ± 10）%。

5.3.3　贴标前标签和被贴物宜在贴标环境中存放 8 小时以上，使之与环境温湿度相匹配。

5.3.4　贴标前不应用手或其他物品直接接触标签胶面，标签脱离离型材料后应第一时间贴在被贴物上。

5.3.5　常规标签贴好后，放置于 18℃ ~ 25℃的环境下，24 小时后无起翘现象。

5.3.6　非常规被贴物应选用适当的标签和贴标环境。

6　检验方法

6.1　定性指标检测及尺寸指标检验

6.1.1　检验条件

6.1.1.1　试验室温湿度：温度为 23℃ ± 5℃，相对湿度为 50% ± 10% 的无挥发性溶剂的场所，存储环境应干燥通风，避免阳光直射及受潮。

6.1.1.2　人工目测

观样光源：符合 CY/T 3 的规定；目视角度：30° ~45° 角；目视距离：300mm（± 5mm）；目视时间：不大于 5 秒。

表 3　模切成品规格尺寸偏差

单位：毫米

成品规格	尺寸偏差			
	一般产品		精细产品	
45 × 80 以下	纸类	膜类	纸类	膜类
45 × 80 以上	± 0.40	± 0.50	± 0.25	± 0.40
	± 0.60	± 0.80	± 0.40	± 0.50

表 4　有对称要求的成品图案位置偏差

单位：毫米

成品规格	允许偏差	
	一般产品	精细产品
45 × 80 及以下	± 0.5	± 0.3
45 × 80 以上	± 0.9	± 0.6

6.1.2　定性指标检测

在 6.1.1.2 条件下目测方法检验 5.1.1, 5.1.2.3,5.1.2.4, 5.2.1.1.1, 5.2.1.1.2，5.2.1.1.3, 5.2.1.1.4, 5.2.1.1.8, 5.2.1.2.1, 5.2.1.2.3, 5.2.1.2.4, 5.2.5, 5.3.1 中的定性要求。

6.1.3　尺寸指标检验

6.1.3.1　用精度为 1mm 的标定钢直尺测量 5.1.2.1，5.1.2.2，5.1.3.1，5.1.3.2。

6.1.3.2　用精度为 0.1mm 的标定钢直尺测量 5.1.3.2。

6.1.3.3 用精度为 1mm 的标定钢直尺和精度为 0.1mm 的 20 倍刻度放大镜测量 5.2.1.1.9，5.2.1.2.8。

6.1.3.4　用精度为 0.1mm 的 20 倍刻度放大镜测量 5.2.1.1.5，5.2.1.1.6，5.2.1.1.7，5.2.1.2.2。

6.1.3.5　用精度为 0.01mm 的读数显微镜测量 5.2.1.2.5，5.2.1.2.8，5.2.4，5.2.7，5.2.10。

6.1.3.6　用精度为 0.01mm 的游标卡尺测量 5.1.2.3 接头处的厚度。

6.2　抗拉强度检验

使用拉力测试仪在材料纵向上对接头处进行拉力测试。若接头处先于非接头处断裂，则认为接头处抗拉强度不合格。

6.3　润湿张力检验

按照 GB/T 14216 的规定进行检测。

6.4　烫印质量检验

按照 CY/T 60 的规定进行检测。

6.5　上光质量检验

按照 CY/T 17 的规定进行检测。

6.6　成品规格尺寸偏差

6.6.1　套印误差检验

按照 GB/T 7705–2008 中 6.4 的规定进行检测。

6.6.2　模切

按照 GB/T 7705–2008 中 6.3.1 的规定进行检测。

6.6.3　有对称要求的成品图案位置偏差检验

按照 GB/T 7705–2008 中 6.3.2 的规定进行检测。

6.7　实地印刷检验

6.7.1　同色同批密度偏差

按照 GB/T 7705–2008 6.5 的规定进行检测。

6.7.2　同批同色色差

使用符合 GB/T 19437 规定的测色仪器，按照 GB/T 7705–2008 中 6.6 的规定进行检测。

6.8　墨层的耐磨性与结合牢度检验

6.8.1　墨层的耐磨性

按照 GB/T 7706–2008 中 6.8 的规定进行检测。

6.8.2　墨层结合牢度

按照 GB/T 7706–2008 中 6.9 的规定进行检测。

6.9　条码检验

数据准确性和可读性按照 GB/T 14258–2003 的规定进行检测。

6.10　打孔检验

按照 5.2.9 和 GB/T 4873 的规定进行检测。

6.11　耐试剂性检验

按照 GB/T 18724 的规定进行检测。

6.12　环境温湿度检验

用检验合格的温度计、湿度计、计时器检测 5.3.1，5.3.2，5.3.3，5.3.5。

7 标志、包装、贮存、运输

7.1 标志

外包装上应贴检验合格标签，注明用户单位、产品名称、品种规格、数量、重量、生产企业名称、生产日期、保质期及检验员代号等。

7.2 包装

根据产品的体积、质量和数量的要求，采用塑料薄膜、防潮纸或有一定强度的纸箱，进行包装。

7.3 贮存

7.3.1 贮存环境应温度适宜，温度 15℃ -25℃，相对湿度 40%~65%。

7.3.2 贮存环境应保持通风防潮、防尘、防晒、防燥热、防油、防蛀、防霉、防腐蚀气 / 液体，不得重压。

7.3.3 在满足以上贮存环境要求下，贮存期一般为自生产之日起不超过 12 个月。

7.4 运输

7.4.1 运输过程中应轻拿轻放，不允许抛掷、踩踏，避免铲车对货物的碰损。

7.4.2 应注意防雨、防潮、防晒、防腐，不得重压。

7.4.3 产品入库、贮存、运输应具有可追溯性。

附录 A
（资料性附录）
常用不干胶标签示意图

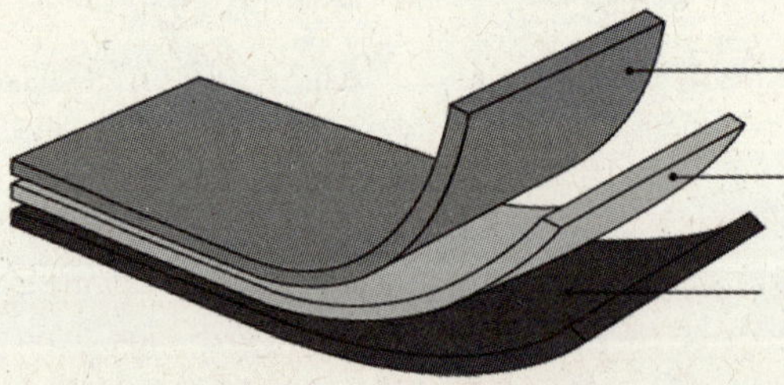

图 A.1 常用不干胶标签示意图

参考文献

[1] GB/T 191—2008 包装储运图示标志

[2] GB/T 450—2008 纸和纸板试样的采取

[3] GB/T 451.1—2002 纸和纸板尺寸及偏斜度的测定

[4] GB/T 7125—1999 压敏胶粘带和胶粘剂厚度试验方法

[5] GB/T 17934.1—1999 印刷技术 网目调分色片、样张和印刷成品的加工过程控制 第 1 部分：参数和测试方法

[6] GB/T 18722—2002 印刷技术 反射密度测量和色度测量在印刷过程控制中的应用

[7] GB/T 22396—2008 压敏胶粘制品术语

[8] ISO 14981 印刷用反射密度仪的光学几何与测量学条件

[9] ISO 15994 印刷技术 印刷品测试视觉光泽度

[10] HG/T 2406—2002 压敏胶标签纸

东港股份有限公司
TUNGKONG INC.
转型赢未来
传统印刷＋互联网科技
面对方兴未艾的互联网大潮，东港股份紧紧围绕着客户的需求和市场变化，**以产品升级和业务转型为重点**，积极推进新产品市场开拓，研究新业务发展模式，适应信息技术和互联网经济的发展，将东港打造成全国领先的印刷媒体综合服务和互联网信息服务供应商。
公司通过提高产品技术含量、增加产品功能、研发新型产品以推进产品升级和业务转型。公司一方面继续保持票证、数据处理、彩印、标签、办公用纸等业务的优势，另一方面，大力开拓**智能卡、RFID等业务市场**，**积极发展电子发票**、**电子彩票等新型业务**。公司是我国第一张电子发票的研发者，从而开启了电子发票的新时代。
丰富人们的生活、便利人们的工作是我们的愿景，客户的需求是我们持续创新、不断进取的动力。通过我们不懈的努力，东港股份逐步实现由传统媒介印刷制造业向信息服务与产品的综合服务业转型跨界。
股票代码 002117
www.tungkong.com.cn
400 618 5968

天津海顺印业包装有限公司

海顺印业集团
HAISHUN PRINTING GROUP

企業简介 COMPANY PROFILES

天津海顺印业包装有限公司，民营企业，轻工制造业，是我国北方规模大、设备先进，工序齐全，工艺领先，客户满意度高的印刷包装企业，其工艺研发水平和生产能力代表了我国北方印刷包装的行业水平，成为我国北方印刷包装出版行业的龙头企业。

公司总建筑面积达50000平方米，现有职工800人，企业总资产5亿元。公司位于天津市东丽开发区，东临天津海港，西接外环线，北靠天津国际机场、京津塘高速、津滨高速和津塘公路，四通八达的交通网络将海顺与全国和世界紧紧连在一起。

公司树立“精益求精、至诚服务”的质量管理方针，追求产品质量和服务质量的卓越。多年来，公司凭借精美、质优的产品和服务而备受好评，先后获得“中华印制大奖铜奖和优秀奖”、第十二届平遥国际摄影大展最佳画册奖、“包装之星”国际大奖、“绿色印刷大奖”特别推荐奖，第二届长荣杯“中国创新工艺奖”等。公司荣获“天津市名牌产品”证书及质量管理标杆企业。

公司坚持“以人为本，服务客户，奉献社会，造福职工”的经营理念，秉承“团结、敬业、求实、创新”的企业核心价值观，以文化建设推动技术发展，立志将海顺发展成为科技文化产业型现代化企业。公司坚持倡导绿色可持续发展思路，首创“弘扬中华印艺+特色印后项目+绿色产业链”的商业模式，将中国传统印刷和现代低碳、环保、节能理念完美结合起来，使传统印刷业变成以绿色、健康为核心优势的可持续发展产业。

公司荣誉

国家印刷示范企业证书

中小企业100强

中国印刷企业信用评价AAA

2013东亚运动会赞助商证书

中国环境标志认证

ISO三体系认证

中华印制大奖 铜奖

电 话：022-84840016 邮 箱：www.liguanda@tjhaishun.com
传 真：022-84840015 地 址：中国•天津市东丽开发区五纬路62号

期待与您的合作！

天津职业大学印刷工程系

天津职业大学印刷工程系于2003年8月正式成立，现有在校生926人。现有天津职业大学与天津科技大学联合培养本科包装工程专业，专科包装技术与设计、印刷媒体技术、数字图文信息技术三个专业，是学校的主要教学单位之一。2005年，印刷技术专业被天津市教委确定为天津市教育改革试点专业。2006年，包装技术与设计专业被教育部、财政部确定为首批“国家示范性高等职业院校专业重点建设项目”。2014年数字图文信息技术专业被评为“天津市高水平示范建设项目”。在深入推动国家示范校建设项目的各项任务过程中，印刷工程系集体先后获得“2007年度全国包装教育先进集体”、“2009年度天津市师德先进集体”、“2010年度天津市教委工人先锋号集体”和“2010中国包装先进教育单位”等荣誉称号。中国包装联合会培训基地、天津包装协会产学研基地均设在印刷工程系。2014年印刷工程系正在承担天津市高职院校中唯一一个“天津市包装生产线技术工程中心”建设工作。

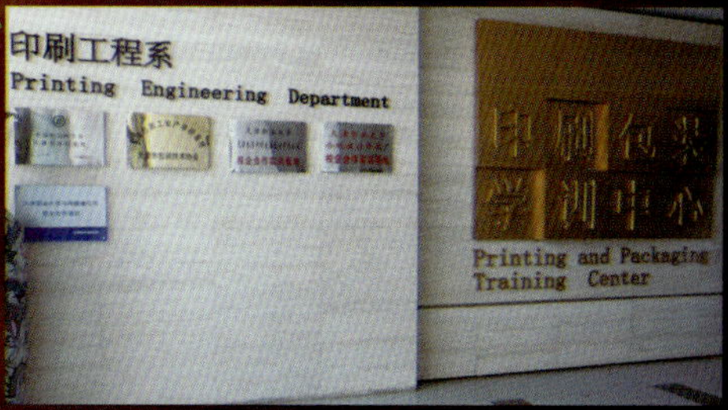

经过10余年建设和发展，印刷工程系已在印刷包装技术及数字图文领域中形成特色。全系教师积极进行科研教研、技能大赛、教材建设以及课件建设等工作，成绩显著，近三年承担教科研课题50余项，发表学术论文200余篇，获全国印刷行业职业技能大赛一等奖第一名1项，二等奖5项，三等奖5项，获全国包装创意大赛一等奖10项，二等奖30项，三等奖68项；印刷系积极进行校企合作，订单培养工作，已与40余家大中型企业签订校企合作协议；同时广泛开展产学研合作项目。在课程建设上，《包装结构与模切板设计》《包装材料性能检测及选用》2门课程被评为国家级精品资源共享课，《胶版与柔性版印刷技术》《制版工艺》2门课程被评为市级精品课程。3门课程获全国多媒体课件大赛一等奖、1门课程获全国信息化大赛一等奖，2门课程获“十二五规划教材”。

印刷工程系具有坚强有力、团结向上、扎实肯干的领导班子，有朝气蓬勃、吃苦耐劳、奋发有为的一支高素质的师资团队。目前，专任教师中具有高级职称的教师占专任教师总数的40%。具有博士学位、硕士学位的比例占专任教师总数的90%。印刷工程系注重教师实践能力的培养，具有“职业资格证书”的教师占专业教师的100%。

印刷工程系建有先进的包装印刷实训中心、包装设计与模切版实训室、数字印前媒体中心、网络与数字出版媒体中心、包装印刷质量检测实训室、包装工艺实训室等，硬件投资1500万余元。印刷工程系学生连续10年就业率达98%以上，受到用人单位的好评，为天津职业大学印刷系赢得了社会声誉。

地址：天津市北辰区洛河道2号　邮编：300410　电话：022-60585860　传真：022-60585860
http://www.tjtc.edu.cn　E-mail: haoxx888@sina.com / jessymj@163.com

山东德州新华印务有限责任公司

SHANDONGDEZHOUXINHUAYINWUYOUXIANZERENGONGSI

绿色印刷产品

党委书记、总经理　李新玉

山东德州新华印务有限责任公司（原山东新华印刷厂德州厂）系隶属于山东出版集团的国有独资有限责任公司。企业新厂区地处鲁北平原素有“九达天衢”之称的德州市经济技术开发区晶华大道 2306 号，占地 138 亩，固定资产 2.2 亿元，拥有各类专业技术人才 300 余人，是一家集制版、印刷、装订和包装为一体的综合性印刷企业；技术力量雄厚，拥有国内外先进水平的制版、印装配套设备近 300 台套，形成了“印前数字网络化，印刷多色高效化，印后多样自动化”的现代化生产格局；生产能力强，年可激光排字 1 亿字，制版 50 万四开块，黑白印刷 40 余万令，彩色印刷 200 余万对开色令，书刊装订 80 余万令，年出书品种达 1300 余种；业务范围广，能承接彩色制版、各类图书期刊、高档画册、商标广告、包装装潢的设计制作等业务。

改革开放 30 余年来，公司始终坚持“以市场为导向，向管理要效益，靠质量求发展”的经营理念，坚定不移地大力实施精品双效战略，在经济效益逐年攀升的同时，连续四年荣获有关部门颁发的“全国书刊印刷优秀质量企业金奖”，并先后荣获了“全国新闻出版系统先进集体”、“全国首批诚信印刷企业”、“山东省出版工作先进单位”、“山东省十佳印刷企业”、“山东省新闻出版奖优秀集体奖”、“山东省思想政治工作先进单位”等三十余项荣誉称号，并先后与省内及京、津、冀等地 50 余家出版社建立了长期、稳定的业务关系，成功打造了“德印”品牌。

2011 年 7 月份以来，公司紧紧抓住同山东出版集团一道捆绑上市的大好机遇，严格按照现代企业制度的要求，不断提升公司基础管理和核心竞争能力，于 2012 年 6 月顺利完成了公司现有名称的工商注册，同时，积极响应国家相关部委关于大力推行绿色认证工作的号召，于 2012 年 12 月成功获得了“中国环境标志产品认证证书”，公司综合管理水平、教材印制能力均实现了新的突破，并具备了承接绿色教材印制任务的资质。

沧海横流，方显英雄本色；商机无限，尽展企业雄风。山东德州新华印务有限责任公司总经理、党委书记李新玉，携全体员工向各界朋友致意，并时刻期待着与您携手并进，互利共赢，共铸印刷事业新辉煌。

统计

2013 年全国规模以上印刷

（综合印刷）

地区	企业数（家）	亏损企业数（家）	资产总计	产成品	流动资产平均余额	负债合计	主营业务收入	主营业务成本	主营业务税金及附加
全国	4142	452	41361967.9	1620428.6	22280690.8	19523761.7	51069477.4	42338202.6	351049.8
北京市	117	25	1948684.4	82958.0	1088767.7	824344.2	1269099.5	955328.7	9178.7
天津市	55	7	581859.4	8567.5	280449.2	372604.1	480164.0	394084.9	2413.8
河北省	116	4	1316123.5	61781.0	583831.6	482111.3	2221870.1	1878867.8	10008.7
山西省	21	6	253518.9	7729.4	119516.0	134417.0	175351.0	141037.5	1022.8
内蒙古自治区	19	2	90718.5	1639.2	33860.5	32390.5	165656.0	126397.5	1134.3
辽宁省	102	6	896228.8	15921.4	441249.4	446769.1	1625360.6	1348681.5	8086.5
吉林省	39	1	519758.9	10251.6	115664.6	192954.8	470838.6	336342.3	21108.8
黑龙江省	30	8	224443.9	7580.4	136319.5	106024.6	231902.1	200790.2	819.0
上海市	168	32	2132713.3	82624.1	1203401.8	882865.6	1804590.7	1427004.6	7716.0
江苏省	508	81	4956905.5	243882.0	2764465.7	2772871.2	5182526.6	4316873.5	35426.1
浙江省	421	61	4107914.4	119649.7	2424089.7	2415011.3	3212567.8	2697186.6	16793.4
安徽省	196	12	1500824.9	95530.3	837276.6	676906.4	2381035.4	1957878.9	13693.7
福建省	166	22	1169611.5	47224.3	649148.9	608540.5	1733489.9	1483462.0	10637.4
江西省	115	3	1228377.8	32304.4	472193.0	380362.2	2302263.7	1888243.9	17186.0
山东省	403	19	2430612.5	89286.0	1113767.0	1026935.0	6491256.3	5592384.2	53179.0
河南省	187	5	1710323.7	49634.4	817675.8	607013.0	2640146.7	2261345.2	15494.5
湖北省	140	14	2104406.6	66774.7	1280171.4	830585.3	1765013.3	1466863.8	11440.4
湖南省	146	3	1016385.0	78702.5	488171.8	436843.0	2442077.8	1985423.3	30587.2
广东省	766	102	8451026.1	256608.7	5049758.7	4367626.1	9053283.1	7629983.5	45067.1
广西壮族自治区	66	7	531338.3	19291.5	222026.9	227792.8	871991.8	716661.8	4000.0
海南省	0	0	4136196.8	536.2	20878.7	9173.8	25970.8	13834.5	266.7
重庆市	52	2	560614.6	34375.4	277486.6	308133.9	735143.5	610166.8	3747.9
四川省	178	9	1576379.5	83538.0	860013.2	602956.6	2163297.1	1748559.1	17584.8
贵州省	13	1	162245.4	8194.5	91032.8	53881.5	115527.5	77807.1	988.7
云南省	47	6	787249.0	57593.4	447645.7	309136.2	602089.7	416124.8	4226.6
西藏自治区	0	1	23369.1	2567.0	10002.8	6786.0	15221.5	12682.9	180.4
陕西省	38	7	722586.7	33872.7	313474.3	275345.7	700186.6	510999.2	7251.2
甘肃省	7	2	99207.8	9137.8	42219.7	33878.2	54102.8	35880.2	1237.0
青海省	4	1	51612.5	1755.5	23858.7	23969.1	39582.6	28450.7	271.9
宁夏回族自治区	7	1	51900.6	4733.9	28544.4	29755.5	46887.6	41077.4	99.1
新疆维吾尔自治区	11	2	96243.8	6183.1	43728.1	45777.2	50982.7	37778.2	202.1

行业企业主要统计指标统计表

（单位：万元）

营业费用	管理费用	利润总额	亏损企业亏损额	利税总额（利润总额 + 应缴增值税）	资产负债率（%）	成本费用利润率（%）	资金利润率（%）	资本保值增值率（%）
1275105.9	2628128.6	4076927.7	161567.5	5697637.3	47.20	8.73	9.86	112.65
40422.9	161818.8	128223.7	20705.4	194539.2	42.30	11.07	6.58	105.62
12973.1	38996.1	31479.3	1519.7	47678.9	64.04	6.99	5.41	97.37
36056.6	77587.5	218792.8	1139.1	284513.9	36.63	10.92	16.62	119.96
7182.8	16045.6	11434.3	667.1	15267.0	53.02	6.79	4.51	108.15
1926.8	6666.6	22712.8	76.7	24747.1	35.70	16.73	25.04	118.24
40639.2	79705.3	132766.9	4970.8	163663.7	49.85	8.97	14.81	114.90
19626.6	30255.4	48689.2	176.1	63250.9	37.12	11.97	9.37	112.39
2349.3	14921.1	11313.6	4457.0	19849.4	47.24	5.14	5.04	98.18
54739.2	188368.7	164652.0	21486.2	244402.1	41.40	9.80	7.72	100.59
160394.4	267707.7	366775.8	25243.6	545090.1	55.94	7.63	7.40	108.88
94219.4	177312.4	189449.2	10298.7	286372.0	58.79	6.24	4.61	108.82
71313.5	114819.9	206701.1	1439.1	267411.2	45.10	9.56	13.77	105.76
38460.9	77525.5	109101.3	5521.4	162242.4	52.03	6.74	9.33	115.10
38177.4	80407.9	211884.1	158.3	283872.1	30.96	10.49	17.25	119.49
115920.1	183219.1	447385.3	4530.3	632554.0	42.25	7.55	18.41	125.30
47168.8	71408.9	222158.7	382.4	295561.6	35.49	9.25	12.99	121.05
61306.8	102930.4	115737.3	6645.6	166616.7	39.47	7.02	5.50	252.98
61751.0	94199.5	207504.7	518.7	287575.1	42.98	9.61	20.42	125.72
234797.4	479230.0	634257.1	30558.6	881684.6	51.68	7.54	7.51	95.97
16442.5	41768.0	78106.3	4218.8	103223.4	42.87	9.96	14.70	127.95
356.1	2546.9	9246.4	0.0	11285.5	15.61	55.63	15.73	327.29
18580.0	36239.9	65101.4	1223.7	92647.5	54.96	9.60	11.61	103.37
52712.4	116467.2	212064.7	5405.0	305112.3	38.25	10.95	13.45	121.14
2108.0	8357.2	27708.2	214.9	35005.7	33.21	31.11	17.08	109.70
11711.9	58483.9	113342.9	1667.9	153635.5	39.27	23.09	14.40	107.06
116.1	1313.5	1120.6	41.4	1638.3	29.04	7.89	4.80	103.38
25507.8	72182.8	72784.0	6925.9	105448.6	38.11	11.74	10.07	105.80
5044.8	12037.9	1869.3	1165.7	3514.2	34.15	3.47	1.88	115.41
1182.3	5082.1	8516.2	86.8	11162.1	46.44	23.47	16.50	186.32
699.6	2933.1	1543.3	79.7	2515.4	57.33	3.35	2.97	111.23
1218.2	7589.7	4505.2	42.9	5556.8	47.56	9.51	4.68	121.66

2013 年全国规模以上印刷

（印刷和记录媒介复制）

地区	企业数（家）	亏损企业数（家）	资产总计	产成品	流动资产平均余额	负债合计	主营业务收入	主营业务成本	主营业务税金及附加
全国	4321	482	43064589.0	1663892.0	23165584.3	20342439.8	52912969.1	43852138.1	365407.0
北京市	125	30	2067595.2	86738.5	1169832.2	864107.4	1299403.3	977977.6	9377.4
天津市	58	8	603397.2	9266.2	293825.0	380868.8	492494.9	403908.1	2479.9
河北省	119	4	1334942.0	62043.1	592275.3	489648.6	2259454.3	1912107.0	10276.7
山西省	21	6	253518.9	7729.4	119516.0	134417.0	175351.0	141037.5	1022.8
内蒙古自治区	19	2	90718.5	1639.2	33860.5	32390.5	165656.0	126397.5	1134.3
辽宁省	109	6	938078.4	16530.8	450801.6	454734.7	1669151.2	1382541.2	8502.1
吉林省	43	2	570753.4	10381.7	143065.3	207322.6	505559.1	362442.9	21263.3
黑龙江省	31	8	226963.8	7660.3	137646.7	107495.7	234334.1	202966.1	821.3
上海市	183	37	2267756.9	89877.7	1302801.5	937079.6	1947638.4	1542557.3	8007.0
江苏省	521	84	5165369.8	246650.8	2845439.8	2815547.2	5311476.2	4422515.4	35738.6
浙江省	434	61	4177399.5	120034.7	2457877.4	2451655.4	3270394.3	2742360.1	17464.9
安徽省	199	12	1510369.5	95820.0	841827.6	680176.4	2408164.9	1982771.2	13712.1
福建省	168	22	1190186.8	47224.4	659787.5	615977.1	1745870.4	1494444.3	10653.4
江西省	119	3	1255265.0	32948.9	486628.8	389810.5	2368706.8	1939823.1	17617.1
山东省	423	21	2593167.7	93970.1	1183862.9	1169277.8	6767417.9	5819985.4	54327.4
河南省	196	5	1833951.5	51266.8	872768.5	668825.8	2736507.6	2336386.7	15707.5
湖北省	146	15	2165915.4	67994.6	1327126.3	843165.6	1806722.9	1491282.3	11931.8
湖南省	151	4	1053073.2	79053.7	501424.1	447312.3	2472430.0	2009989.2	30806.9
广东省	812	111	8857895.5	270037.1	5263390.4	4607327.5	9517615.9	8037020.1	48930.4
广西壮族自治区	70	8	584070.3	22071.8	241407.5	264246.8	987098.1	809917.1	6127.0
海南省	0	0	4306458.9	536.2	20878.7	9173.8	25970.8	13834.5	266.7
重庆市	54	3	577991.3	34411.2	287775.9	333700.9	769538.7	643575.3	3747.9
四川省	188	9	1684054.7	85966.9	924160.2	658747.9	2347855.0	1893755.7	20990.1
贵州省	13	1	162245.4	8194.5	91032.8	53881.5	115527.5	77807.1	988.7
云南省	48	6	796205.6	57593.4	454743.8	310036.7	605666.0	417866.8	4270.0
西藏自治区	0	1	23369.1	2567.0	10002.8	6786.0	15221.5	12682.9	180.4
陕西省	38	7	722586.7	33872.7	313474.3	275345.7	700186.6	510999.2	7251.2
甘肃省	7	2	99207.8	9137.8	42219.7	33878.2	54102.8	35880.2	1237.0
青海省	4	1	51612.5	1755.5	23858.7	23969.1	39582.6	28450.7	271.9
宁夏回族自治区	7	1	51900.6	4733.9	28544.4	29755.5	46887.6	41077.4	99.1
新疆维吾尔自治区	11	2	96243.8	6183.1	43728.1	45777.2	50982.7	37778.2	202.1

行业企业主要统计指标统计表

（单位：万元）

营业费用	管理费用	利润总额	亏损企业亏损额	利税总额（利润总额+应缴增值税）	资产负债率（%）	成本费用利润率（%）	资金利润率（%）	资本保值增值率（%）
1335774.6	2730689.9	4200794.2	183334.2	5875046.4	47.24	8.68	9.75	112.19
42930.0	168401.1	138186.7	22622.3	205819.9	41.79	11.61	6.68	106.19
13654.0	39939.1	32011.0	1546.3	48551.9	63.12	6.92	5.31	99.14
37104.1	79000.6	220845.4	1139.1	287463.1	36.68	10.83	16.54	119.70
7182.8	16045.6	11434.3	667.1	15267.0	53.02	6.79	4.51	108.15
1926.8	6666.6	22712.8	76.7	24747.1	35.70	16.73	25.04	118.24
42514.7	83038.4	136895.5	4970.8	169234.6	48.48	9.01	14.59	115.40
20694.9	32744.1	51095.1	1077.9	67037.9	36.32	11.70	8.95	111.02
2357.6	15028.1	11388.6	4457.0	19937.4	47.36	5.12	5.02	98.25
60879.3	201883.0	172267.9	24448.6	255125.4	41.32	9.48	7.60	100.15
165941.3	276465.5	377797.4	25724.1	558955.5	54.51	7.67	7.31	108.45
96244.9	181482.1	193954.9	10298.7	294205.9	58.69	6.28	4.64	108.14
71803.6	115483.1	207754.0	1439.1	268810.3	45.03	9.49	13.76	105.67
38483.2	77877.1	109900.8	5521.4	163996.5	51.75	6.74	9.23	114.66
40137.3	81832.5	214632.3	158.3	288975.6	31.05	10.34	17.10	119.46
123650.7	195034.1	463127.1	4765.2	655865.3	45.09	7.49	17.86	124.85
49915.9	75124.1	230955.2	382.4	304559.7	36.47	9.29	12.59	120.36
66731.5	108310.1	121531.7	8637.1	175537.5	38.93	7.21	5.61	238.50
63275.5	95485.3	209085.2	1370.0	290471.9	42.48	9.56	19.85	124.18
244877.7	500757.9	651001.0	41200.6	911541.6	52.01	7.35	7.35	96.37
18111.7	46180.1	86085.5	4309.7	114071.0	45.24	9.68	14.74	124.57
356.1	2546.9	9246.4	0.0	11285.5	15.61	55.63	15.73	327.29
19385.4	36884.1	63889.5	2891.6	91435.6	57.73	8.95	11.05	102.97
59768.4	126145.5	232393.6	5405.0	332031.4	39.12	11.06	13.80	118.52
2108.0	8357.2	27708.2	214.9	35005.7	33.21	31.11	17.08	109.70
11970.4	58838.6	114555.5	1667.9	155277.7	38.94	23.23	14.39	107.17
116.1	1313.5	1120.6	41.4	1638.3	29.04	7.89	4.80	103.38
25507.8	72182.8	72784.0	6925.9	105448.6	38.11	11.74	10.07	105.80
5044.8	12037.9	1869.3	1165.7	3514.2	34.15	3.47	1.88	115.41
1182.3	5082.1	8516.2	86.8	11162.1	46.44	23.47	16.50	186.32
699.6	2933.1	1543.3	79.7	2515.4	57.33	3.35	2.97	111.23
1218.2	7589.7	4505.2	42.9	5556.8	47.56	9.51	4.68	121.66

2013年规模以上印刷

（装订及印刷相关服务）

地区	企业数（家）	亏损企业数（家）	资产总计	产成品	流动资产平均余额	负债合计	主营业务收入	主营业务成本	主营业务税金及附加
全国	124	10	800944.8	21490.6	435521.8	401456.4	1201623.9	984648.2	9715.7
北京市	0	0	2464.7	0.0	1125.7	2012.5	3435.9	3138.0	6.9
天津市	0	0	10518.8	0.0	8307.7	2510.8	7481.7	5920.6	57.1
河北省	0	0	4238.6	0.0	894.5	2115.8	16763.7	15540.0	44.5
辽宁省	7	0	41849.6	609.4	9552.2	7965.6	43790.6	33859.7	415.6
吉林省	0	0	9740.8	130.1	4128.6	3638.8	27426.5	19976.8	85.0
黑龙江省	0	0	2519.9	79.9	1327.2	1471.1	2432.0	2175.9	2.3
上海市	8	4	52578.3	2956.9	38114.0	36720.7	49856.5	40793.0	204.2
江苏省	8	2	59041.4	350.1	31810.3	19059.9	44018.8	36901.2	216.2
浙江省	12	0	69485.1	385.0	33787.7	36644.1	57826.5	45173.5	671.5
安徽省	0	0	9544.6	289.7	4551.0	3270.0	27129.5	24892.3	18.4
福建省	0	0	2220.3	0.0	1933.8	1473.4	1395.4	1203.6	13.0
江西省	0	0	5443.5	8.9	3788.5	2430.0	9951.9	8583.1	46.4
山东省	17	1	140431.5	3844.2	64453.1	133047.5	243434.7	198999.3	982.3
河南省	8	0	53748.6	1632.4	22926.8	9184.6	67432.4	54679.8	201.9
湖北省	4	0	45714.6	543.3	32214.4	5716.3	29435.8	17591.1	296.8
湖南省	0	1	21578.5	283.1	7659.5	6532.8	16261.5	13467.1	67.8
广东省	31	1	141151.4	8021.8	92437.0	63259.0	333801.1	283133.8	2844.8
广西壮族自治区	0	1	12625.9	0.0	852.7	6719.0	5207.7	4555.4	92.3
重庆市	0	0	11628.0	0.0	7982.0	11292.3	31299.9	30249.4	0.0
四川省	9	0	95464.1	2355.8	60577.0	45491.7	179665.5	142072.6	3405.3
云南省	0	0	80094.5	0.0	7098.1	900.5	3576.3	1742.0	43.4

行业企业主要统计指标统计表

（单位：万元）

营业费用	管理费用	利润总额	亏损企业亏损额	利税总额（利润总额+应缴增值税）	资产负债率（%）	成本费用利润率（%）	资金利润率（%）	资本保值增值率（%）
37129.1	60500.0	88818.4	4579.0	126413.8	50.12	8.17	11.09	101.20
104.7	138.6	20.0	0.0	95.4	81.65	0.59	0.81	189.05
382.6	536.5	558.3	0.0	871.0	23.87	8.07	5.31	188.18
84.6	161.5	918.6	0.0	1233.8	49.92	5.81	21.67	104.73
1875.5	3333.1	4128.6	0.0	5570.9	19.03	10.53	9.87	122.41
705.7	911.0	3184.7	0.0	4497.0	37.36	14.67	32.69	116.63
8.3	107.0	75.0	0.0	88.0	58.38	3.10	2.98	107.70
2106.7	5493.8	–291.1	2552.4	1963.6	69.84	–0.59	–0.55	87.67
2045.6	2511.1	2009.2	81.7	3426.7	32.28	4.80	3.40	98.57
2025.5	4169.7	4505.7	0.0	7833.9	52.74	8.51	6.48	114.21
490.1	663.2	1052.9	0.0	1399.1	34.26	4.04	11.03	95.03
12.3	57.8	147.3	0.0	255.9	66.36	11.57	6.63	108.15
384.7	234.6	467.8	0.0	798.1	44.64	4.96	8.59	645.57
7282.0	11508.0	12773.5	228.5	19067.1	94.74	5.76	9.10	78.19
1500.7	1932.4	6754.7	0.0	6956.3	17.09	11.56	12.57	109.07
3446.1	2841.9	5685.5	0.0	7649.3	12.50	23.93	12.44	97.77
996.5	748.8	1019.1	851.3	1912.9	30.27	6.65	4.72	76.34
6582.3	14970.1	23631.3	774.2	33542.3	44.82	7.86	16.74	97.94
0.0	212.6	481.0	90.9	536.4	53.22	0.00	3.81	292.58
186.2	368.7	456.0	0.0	456.0	97.11	1.48	3.92	–225.15
6650.5	9244.9	20027.7	0.0	26617.9	47.65	12.63	20.98	83.55
258.5	354.7	1212.6	0.0	1642.2	10.05	51.47	13.54	114.55

2013年全国规模以上印刷

行业	地区	企业数（家）	亏损企业数（家）	资产总计	产成品	流动资产平均余额	负债合计	主营业务收入	主营业务成本
出版物印刷	全国	786	124	8692704.1	305343.7	4460360.5	4521050.4	9882405.6	8394613.4
本册印刷	全国	217	18	2019784.7	82019.8	961643.5	928147.7	3373988.2	2808811.9
包装装潢及其他印刷	全国	3139	310	30649479.1	1233065.1	16858686.8	14074563.6	37813083.6	31134777.3
印刷专用设备制造	全国	282	40	3170431.7	179519.1	2034008.7	1517581.9	3650269.0	2902255.3

2013年规模以上印刷

（纸浆制造）

地区	企业数（家）	亏损企业数（家）	资产总计	产成品	流动资产平均余额	负债合计	主营业务收入	主营业务成本
全国	61	16	4680198.0	90998.8	1255860.2	3178864.9	1769963.5	1499245.7
河北省	4	2	29274.5	2012.4	14132.0	16952.8	38935.3	38404.2
内蒙古自治区	0	1	37388.0	4209.0	18500.0	20113.0	22428.0	22184.0
辽宁省	0	0	50416.4	0.0	20820.4	27612.2	31682.6	27352.2
江苏省	0	0	2437.6	118.3	979.1	927.4	13012.1	10530.5
浙江省	0	0	6366.1	688.5	1504.9	6573.0	4093.8	3711.0
安徽省	0	0	5672.5	0.0	2236.5	4968.5	11155.7	9578.8
福建省	4	2	101080.3	3816.0	71210.8	99421.8	57924.8	51524.8
山东省	9	0	304741.1	2674.5	29088.8	107905.3	311611.4	235366.8
河南省	4	0	155655.6	23308.5	79148.2	121337.7	124179.9	102798.2
湖北省	0	0	27850.3	1130.9	7739.5	1814.4	21842.6	20465.4
湖南省	4	1	482867.8	12074.1	127507.9	355846.5	217160.7	182558.9
广东省	0	0	129280.6	1750.5	53824.1	19975.4	48031.1	46294.6
广西壮族自治区	9	5	2231643.0	16055.3	520498.9	1480970.4	494066.7	440007.6
四川省	5	1	223568.7	3079.5	74498.1	130372.1	174793.1	132458.5
贵州省	0	1	257399.2	1022.8	17492.1	255540.1	19785.0	19522.7
云南省	0	2	404081.1	5979.5	135936.3	356083.3	97962.0	87494.8
甘肃省	0	0	34114.2	10281.0	24602.8	32804.7	9620.3	9123.8
新疆维吾尔自治区	0	1	196361.0	2798.0	56139.8	139646.3	71678.4	59868.9

行业企业主要统计指标统计表

（单位：万元）

主营业务税金及附加	营业费用	管理费用	利润总额	亏损企业亏损额	利税总额（利润总额+应缴增值税）	资产负债率（%）	成本费用利润率（%）	资金利润率（%）	资本保值增值率（%）
76369.1	228598.4	577069.9	579597.1	56532.7	633602.6	52.01	6.23	6.67	99.79
24179.2	82977.4	145193.7	249344.3	11726.1	156919.8	45.95	8.10	12.35	112.95
250501.5	963530.1	1905865.0	3247986.3	93308.7	1999173.7	45.92	9.46	10.60	116.41
26775.1	173216.1	223458.7	291973.8	45025.0	3942708.0	47.87	8.79	9.21	105.01

行业企业主要统计指标统计表

（单位：万元）

主营业务税金及附加	营业费用	管理费用	利润总额	亏损企业亏损额	利税总额（利润总额+应缴增值税）	资产负债率（%）	成本费用利润率（%）	资金利润率（%）	资本保值增值率（%）
7674.8	65732.3	96911.1	−39576.7	114097.0	27316.3	67.92	−2.24	−0.85	113.09
105.3	274.4	1176.1	−1238.6	1614.0	−628.1	57.91	−3.08	−4.23	91.11
184.0	1394.0	4354.0	−5642.0	5642.0	−3799.0	53.8	−20.2	−15.09	75.34
0.0	1173.7	1575.8	695.8	0.0	695.8	54.77	2.24	1.38	81.06
94.0	388.7	425.4	1494.3	0.0	1692.9	38.05	13.08	61.3	160.05
19.1	34.5	263.4	66.7	0.0	138.9	103.25	1.66	1.05	114.75
40.9	390.0	745.6	333.6	0.0	833.1	87.59	3.09	5.88	15.8
88.3	1404.3	3837.5	−269.2	2346.2	5262.9	98.36	−0.46	−0.27	11.65
2653.1	6917.8	4832.7	13878.6	0.0	25569.7	35.41	5.56	4.55	103.96
784.9	5346.0	5665.4	6234.7	0.0	12926.6	77.95	5.29	4.01	112.21
168.4	99.5	288.1	208.3	0.0	595.8	6.51	0.97	0.75	359.28
1241.3	10633.4	10949.2	−8329.6	11321.4	1991.4	73.69	−3.68	−1.73	129.75
276.4	191.0	2219.6	869.6	0.0	3640.4	15.45	1.79	0.67	129.75
260.5	27473.0	31482.3	−53033.4	60472.4	−43534.3	66.36	−9.75	−2.38	123.9
1431.1	2602.2	7102.3	28245.6	353.3	39159.8	58.31	19.33	12.63	105.13
0.0	1091.0	8645.5	−19237.6	19237.6	−19237.6	99.28	−48.21	−7.47	9.88
279.1	5188.1	9318.4	−10764.8	11511.8	−6050.3	88.12	−9.9	−2.66	75.12
2.1	23.1	371.6	83.9	0.0	85.7	96.16	0.88	0.25	36.16
46.3	1107.6	3658.2	6827.4	1598.3	7972.6	71.12	10.15	3.48	107.05

2013年规模以上印刷行业

（造纸）

地区	企业数（家）	亏损企业数（家）	资产总计	产成品	流动资产平均余额	负债合计	主营业务收入	主营业务成本	主营业务税金及附加
全国	2934	401	90150920.5	2978248.1	38741277.0	52466936.6	75745146.4	66102732.1	316313.5
北京市	9	3	71744.2	2153.0	48409.6	42046.7	101567.5	98711.7	51.8
天津市	44	7	1864578.4	72136.4	856455.1	1385658.9	1049885.6	909300.2	1948.8
河北省	139	15	1964354.8	85184.1	810753.8	860527.5	2353551.4	2017101.0	9981.9
山西省	11	3	83433.3	4836.4	36471.2	40528.3	64925.6	61409.1	127.5
内蒙古自治区	11	1	157743.9	1776.0	25243.5	24970.6	117514.0	94455.2	722.6
辽宁省	65	6	640818.5	31874.3	253766.9	343853.5	1198470.5	1013229.4	4177.8
吉林省	35	6	995514.5	13410.4	363744.1	504348.4	550872.6	438200.1	1866.3
黑龙江省	27	9	753373.2	40983.9	295899.6	399286.1	622213.6	538802.6	2154.3
上海市	32	10	633865.7	28973.1	345595.1	395852.5	576659.8	525984.8	868.9
江苏省	332	52	14671794.6	365562.8	6293462.8	7482912.2	9446592.9	8138112.1	34230.1
浙江省	464	80	10402880.1	448964.4	6093616.4	6811463.7	7095303.7	6087292.5	31928.2
安徽省	92	10	2255930.5	66935.9	659316.0	1037500.7	1702090.2	1506784.4	5993.9
福建省	148	18	3151914.1	183163.3	1522659.2	1986165.7	2816793.3	2488529.2	9122.5
江西省	71	1	1292406.3	53216.0	433250.9	696993.0	1617059.6	1377375.9	7272.8
山东省	276	29	20075150.3	577083.1	8347602.3	12091810.8	19581718.9	17227278.1	70410.8
河南省	194	9	4553008.8	184468.0	1999671.1	2217670.1	5792975.5	5060786.1	19478.6
湖北省	93	16	1581570.0	59023.0	729115.9	947687.8	2281123.6	2082510.3	10561.1
湖南省	192	10	3771176.7	127438.9	1594834.3	2428423.3	3833653.0	3250773.1	43406.3
广东省	327	52	10683481.7	357717.1	4556629.2	6217744.2	8019616.3	7231083.3	24812.8
广西壮族自治区	105	26	2247266.5	61825.1	798761.4	1267142.2	1920172.3	1667768.6	8580.2
海南省	5	0	9015092.1	25234.5	1109110.6	2273307.1	983824.1	794593.9	5028.4
重庆市	40	4	1538496.9	35936.2	439144.6	823944.9	1176944.6	982273.6	8393.2
四川省	128	9	1531171.5	63264.4	572178.9	966758.2	1946933.9	1710383.7	10772.1
贵州省	10	1	77056.0	6599.9	50958.2	23660.1	67732.2	57675.9	538.4
云南省	30	7	294969.0	28918.3	187223.1	154914.1	221170.6	188505.0	1391.4
西藏自治区	0	0	18065.4	2392.0	10658.3	4674.4	10007.5	8729.6	28.8
陕西省	29	5	205605.0	22192.8	71170.4	96036.9	359075.8	317858.6	1674.9
甘肃省	5	2	26694.8	4531.1	9934.1	16795.2	31965.4	28064.1	82.8
宁夏回族自治区	9	3	930765.0	9704.8	164272.5	820272.5	134825.8	138107.3	504.5
新疆维吾尔自治区	10	7	135821.9	12748.9	61367.9	103987.0	69906.6	61052.7	201.8

企业主要统计指标

（单位：万元）

营业费用	管理费用	利润总额	亏损企业亏损额	利税总额（利润总额+应缴增值税）	资产负债率（%）	成本费用利润率（%）	资金利润率（%）	资本保值增值率（%）
1738831.8	2369644.3	3739309.1	526099.0	5849663.7	58.2	5.21	4.15	112.8
1134.4	3203.3	−229.0	448.6	459.1	58.61	−0.22	−0.32	100.63
26930.3	44877.3	42657.7	7405.3	82600.2	74.31	4.2	2.29	633.92
51172.6	83481.0	166015.9	4611.4	244722.0	43.81	7.64	8.45	118.81
999.8	1197.1	−247.3	1274.9	999.5	48.58	−0.38	−0.3	89.5
3806.2	9554.4	8806.7	246.3	17246.4	15.83	8.16	5.58	355.56
23300.0	48236.7	94121.9	1101.7	118971.1	53.66	8.62	14.69	162.74
18535.2	32998.7	71221.7	7257.9	89017.7	50.66	14.2	7.15	104.34
22656.7	31619.7	9188.9	24910.3	46735.8	53	1.52	1.22	99.17
13293.1	28858.5	10829.8	4557.1	21806.8	62.45	1.91	1.71	92.12
324725.5	313479.6	518381.2	60383.5	786128.0	51	5.81	3.53	111.78
153568.6	285701.3	335513.0	25102.4	531493.8	65.48	4.94	3.23	112
40670.5	53427.0	64564.7	15155.4	126486.6	45.99	3.94	2.86	155.66
44743.9	95007.6	174328.8	62691.1	294290.2	63.01	6.44	5.53	107.06
21159.5	43100.5	127047.6	46.0	179043.5	53.93	8.72	9.83	154.44
401159.1	441605.3	969978.7	23181.4	1462000.7	60.23	5.24	4.83	114.2
121748.3	90094.0	419874.3	35094.1	564493.1	48.71	7.87	9.22	100.59
48282.5	71534.9	61561.1	15806.0	101048.2	59.92	2.76	3.89	115
113561.0	157981.3	118449.8	24519.3	260176.7	64.39	3.26	3.14	103.3
158360.6	259297.9	261586.1	42311.4	423912.1	58.2	3.36	2.45	103.55
24063.5	84131.1	73617.7	51945.3	120769.8	56.39	4.01	3.28	156.43
50578.1	13064.0	68136.2	0.0	109713.4	64.21	7.52	1.92	104.73
19940.1	32060.8	99097.2	1554.1	141567.7	53.56	9.38	6.44	119.65
37323.8	66976.3	89170.2	20787.0	138503.7	63.14	4.83	5.82	101.74
1504.3	2807.6	1925.4	14.5	8522.6	30.71	3.03	2.5	103.48
3929.6	16315.9	12090.2	5146.4	21130.1	52.52	5.73	4.1	81.66
8.5	203.5	1026.4	0.0	1217.1	25.87	11.45	5.68	106.92
7110.9	9113.0	19614.0	789.2	28364.3	46.71	5.8	9.54	106.64
753.4	2543.8	203.5	381.4	802.5	62.92	0.64	0.76	37.84
3069.9	39920.0	−77187.4	80205.8	−71980.8	88.13	−35.68	−8.29	43.2
741.9	7252.2	−2035.9	9171.2	−578.2	76.56	−2.87	−1.5	78.71

2013 年全国规模以上印刷

（纸制品制造）

地区	企业数（家）	亏损企业数（家）	资产总计	产成品	流动资产平均余额	负债合计	主营业务收入	主营业务成本	主营业务税金及附加
全国	4218	421	34570609.1	1432275.0	19452237.5	17767800.7	57200703.0	48613190.8	379236.9
北京市	36	9	581157.5	23052.5	334452.5	311805.0	615655.1	476326.3	2980.7
天津市	97	12	661957.9	21783.0	420427.6	372403.3	1174617.0	991577.0	6139.7
河北省	123	9	851900.6	50209.9	410706.2	459654.9	2451431.1	2167433.7	10512.9
山西省	13	1	132470.8	4890.3	58700.9	100399.5	133718.1	114558.7	481.7
内蒙古自治区	27	2	367020.0	12871.2	190077.8	175291.8	683525.4	518642.3	3304.8
辽宁省	185	8	993205.2	32688.0	373943.1	359776.2	3283122.4	2864520.7	16993.4
吉林省	48	1	332002.6	9936.9	113875.6	136502.6	579852.8	494118.3	3045.2
黑龙江省	26	7	167693.9	7292.5	94410.8	80206.3	298785.4	250639.2	1298.2
上海市	176	37	2316670.2	138118.0	1428501.8	1053463.9	2521701.0	1939212.7	8363.5
江苏省	308	40	2244367.4	93422.9	1304645.7	1339704.9	3699821.1	3170257.4	20500.0
浙江省	439	71	4638678.5	144358.0	2851508.4	2734501.6	4468428.1	3851203.8	22562.3
安徽省	138	10	609027.0	28288.3	322540.1	325535.2	1398080.4	1211556.7	5639.0
福建省	326	23	4291303.1	166558.8	2766263.5	2530730.3	5250171.1	4407725.6	50136.9
江西省	60	1	376489.5	26475.3	144617.3	138853.8	1109349.0	967962.9	7140.1
山东省	480	21	2507530.7	107010.9	1185033.1	964114.5	6967825.9	5948988.7	65853.9
河南省	208	6	1911721.9	53920.3	800856.3	572892.9	3411721.3	2867562.5	20149.3
湖北省	153	19	1187765.8	63412.6	690609.1	560097.9	2610705.9	2222346.0	24347.0
湖南省	150	3	817941.7	37421.4	332377.7	301042.7	2175929.4	1770513.9	29480.1
广东省	792	102	6082420.2	244668.0	3845143.2	3323972.0	8339748.6	7292689.8	32120.0
广西壮族自治区	68	6	513061.0	23615.2	258673.0	312603.7	957239.9	797836.3	6327.2
海南省	0	3	3457060.9	781.2	7821.6	8797.6	6520.5	5895.7	15.9
重庆市	60	3	590192.2	11170.9	295742.8	290841.6	963881.1	784721.1	7042.7
四川省	172	14	1458939.5	52058.1	726672.1	815627.0	2605809.3	2284405.2	19464.5
贵州省	21	3	90438.9	7541.8	49946.5	45606.0	274471.9	224381.9	2181.5
云南省	35	1	264812.4	11369.0	170129.5	145507.7	253633.7	194803.2	1166.0
陕西省	36	2	344101.8	39550.3	184187.4	181418.7	682994.7	551978.6	11206.1
甘肃省	17	2	108845.2	6523.7	36301.6	57273.2	134734.3	118947.6	261.8
宁夏回族自治区	5	2	31275.7	1422.6	10859.1	21983.0	25304.4	22438.8	25.8
新疆维吾尔自治区	16	3	81379.0	11863.4	43213.2	47192.9	121924.1	99946.2	496.7

企业主要统计指标统计表

（单位：万元）

营业费用	管理费用	利润总额	亏损企业亏损额	利税总额（利润总额+应缴增值税）	资产负债率（%）	成本费用利润率（%）	资金利润率（%）	资本保值增值率（%）
1815038.2	2009202.2	3796338.6	139705.3	5457479.7	51.40	7.18	10.98	115.74
21297.4	30222.4	104578.2	3163.3	134124.6	53.65	19.81	17.99	91.99
24882.4	43847.3	107479.0	4156.3	152366.2	56.26	10.07	16.24	112.23
34692.6	41647.5	156123.2	2662.0	222222.1	53.96	6.91	18.33	105.91
1913.0	3598.1	9460.2	109.2	11634.5	75.79	7.63	7.14	46.71
12669.6	34559.0	105343.1	1138.2	131065.0	47.76	18.57	28.70	85.37
71240.3	90986.2	206283.9	879.2	269619.0	36.22	6.79	20.77	122.71
15738.8	19901.5	39269.0	27.0	50819.0	41.11	7.36	11.83	115.38
7331.8	13811.3	22415.7	735.1	29223.1	47.83	8.09	13.37	137.73
319756.5	145684.1	131001.9	19779.5	218463.8	45.47	5.42	5.65	108.11
135878.5	167320.3	191729.1	25775.6	323874.9	59.69	5.48	8.54	110.95
133320.2	187990.7	229344.1	19108.0	359649.5	58.95	5.39	4.94	108.82
36870.1	47133.8	84100.4	1347.8	108851.5	53.45	6.43	13.81	112.20
191299.2	203791.6	405354.7	6437.3	612406.3	58.97	8.36	9.45	119.80
15562.0	22630.9	80865.2	956.8	114968.9	36.88	7.96	21.48	132.66
127433.1	146433.0	533564.0	5750.2	740568.1	38.45	8.51	21.28	121.87
79787.6	68188.6	344968.7	1475.8	431835.8	29.97	11.33	18.04	144.07
114025.9	98326.7	129348.5	9179.0	205457.9	47.16	5.26	10.89	117.58
68156.9	93429.4	118929.0	206.5	181624.1	36.80	6.10	14.54	128.89
225512.2	349999.9	388420.2	28771.7	557716.0	54.65	4.90	6.39	119.12
31373.5	42598.3	57576.9	827.0	81622.9	60.93	6.52	11.22	85.63
266.6	998.5	−881.7	881.7	−478.5	54.18	−11.64	−5.43	89.43
40822.6	26580.0	92716.1	409.7	138374.9	49.28	10.85	15.71	123.27
56790.4	71662.4	134793.2	3246.5	216130.1	55.91	5.53	9.24	100.22
8731.9	13267.6	13268.9	219.8	23167.7	50.43	5.28	14.67	133.46
19254.4	18681.2	19611.5	572.1	27584.5	54.95	8.33	7.41	121.56
15052.1	17257.3	70439.4	309.0	88697.5	52.72	11.88	20.47	117.35
2102.0	3428.9	5509.6	107.7	7376.4	52.62	4.32	5.06	148.80
468.5	1489.6	50.1	197.7	608.8	70.29	0.20	0.16	80.26
2808.1	3736.1	14676.5	1275.6	17905.1	57.99	13.63	18.03	118.89

2013年全国110家书刊印刷（含其他印刷）

单位名称	工业经济效益综合指数（%）		总资产贡献率（%）		资产保值增值率（%）	
	2013年	2012年	2013年	2012年	2013年	2012年
北京印刷一厂	74.1	69.2	6.6	4.4	71.2	100.5
北京印刷集团有限责任公司二厂	169.0	147.2	15.9	12.0	112.0	108.0
北京利丰雅高长城印刷有限公司	181.8	135.7	6.8	8.0	100.1	97.6
天津新华一印刷有限公司	–170.3	–158.5	–4.4	–6.0	–58.2	29.8
天津新华二印刷有限公司	–61.3	–43.7	–3.0	–3.3	138.4	145.2
天津新华印刷三厂	–97.6	–65.1	–14.2	–10.2	322.8	16.4
天津金彩美术印刷有限公司	11.5	55.3	–1.0	–1.0	39.5	220.2
高教社（天津）印务有限公司	119.4	88.2	16.8	15.7	108.5	74.2
天津市汇源印刷有限公司			0.0	0.0	146.2	117.0
今晚报社印刷厂			0.0	0.0	14.3	107.1
天津市银博印刷技术发展有限公司			0.0	0.0	101.9	121.5
天津市华明印刷有限公司			0.0	0.0	109.4	95.5
上海新华印刷有限公司	–57.4	–50.7	–16.4	–18.8	97.6	84.2
上海市印刷三厂	33.6	58.0	1.1	1.5	98.9	100.0
上海中华印刷有限公司	77.4	74.1	3.1	2.9	100.1	93.8
上海市印刷四厂	–21.2	61.1	–4.2	1.3	42.8	101.5
北京新华印刷有限公司	122.3	126.1	2.8	1.9	100.3	100.3
北京一二零一印刷厂	57.2	169.0	2.6	1.9	112.8	879.2
北京强华印刷厂	132.8	124.2	0.6	1.0	101.5	100.0
中国人民解放军解放军报印刷厂	170.4	161.7	4.1	2.3	100.5	98.1
北京凌奇印刷责任有限公司	77.7	79.7	3.1	3.3	100.4	100.2
北京金盾印刷厂	124.6	162.9	7.5	3.9	101.6	101.0
北京市荣海印刷厂	–93.3	13.9	–16.8	–6.4	–64.6	53.2
北京国防印刷厂	83.6	123.8	–4.7	3.5	87.6	100.8
北京交通印务有限公司	68.7	85.6	0.4	0.4	100.1	100.1
人民教育出版社印刷厂	36.9	–2839.4	3.8	2.9	53.7	224.6
人民日报印刷厂	216.8	230.6	6.4	7.9	100.7	138.2
煤炭工业出版社印刷厂	–4.0	6.8	–3.7	–3.9	76.4	36.0
中国农业出版社印刷厂	138.0	46.0	4.9	3.7	601.6	62.0
北京建筑工业印刷厂	25.9	85.5	1.2	4.3	58.6	231.3
北京机工印刷厂	9.1	95.3	–5.6	12.4	73.0	100.1
中青印刷厂	12.7	–34.3	–3.6	–10.4	89.9	78.9

企业经济效益完成情况汇总表（一）

资产负债率（%）		流动资产周转率（%）		成本费用利润率（%）		全员劳动生产率（元/人）		产品销售率（%）	
2013 年	2012 年	2013 年	2012 年	2013 年	2012 年	2013 年	2012 年	2013 年	2012 年
86.8	82.2	1.3	1.2	0.3	0.1	35168.0	28628.3	100.0	100.0
46.9	58.7	2.1	2.0	8.1	6.4	76435.3	67527.0	107.8	104.3
67.2	66.4	1.6	1.8	1.4	1.6	186765.3	102149.3	97.9	102.0
101.7	97.4	0.0	0.1	−46.4	−47.9	33831.8	45448.9	0.0	0.0
115.6	111.6	0.1	0.6	−28.7	−25.6	31949.5	33576.6	100.0	100.0
73.9	87.3	0.5	0.8	−35.3	−18.3	0.0	0.0	100.0	100.0
79.0	50.0	0.1	0.2	−12.4	−9.2	57666.7	57812.5	100.0	100.0
9.1	24.3	1.6	1.5	1.5	1.5	43181.8	4929.1	100.0	100.0
48.9	56.5			20.6	9.0	439594.4	349650.3	85.8	85.8
64.0	13.2			5.4	9.4	225000.0	225000.0	121.8	149.2
58.9	48.3			2.4	2.6	361787.7	307127.1	100.0	100.0
63.0	71.1			2.5	−3.3	282531.3	221323.5	100.0	96.5
71.5	70.1	1.2	1.2	−24.1	−18.5	26388.6	13096.6	117.9	117.7
34.9	28.1	1.2	1.3	−1.2	0.1	0.0	4900.7	100.0	100.0
59.3	60.9	0.6	0.4	0.1	0.1	43877.6	50021.7	100.3	89.1
97.1	92.7	0.9	0.6	−21.4	0.8	63176.5	33647.1	100.0	100.0
34.0	37.1	1.5	1.9	0.4	0.3	102434.9	106082.8	103.2	97.6
77.6	81.2	0.5	2.9	2.8	1.7	3924.1	0.0	100.0	100.0
25.3	22.1	0.6	0.8	8.0	9.3	95543.2	67396.0	87.7	100.2
20.1	19.9	1.2	1.5	0.6	−0.8	181960.4	175912.0	100.0	100.0
46.4	45.4	0.7	0.9	0.6	0.3	35155.3	37449.6	117.0	116.8
16.6	18.9	1.8	2.0	1.9	1.5	77152.3	151210.9	100.0	100.0
107.2	88.8	1.0	0.9	−26.9	−11.2	41010.8	58083.3	100.0	100.0
33.7	30.1	3.0	3.1	−7.5	0.8	89259.3	74177.2	100.0	100.0
22.0	14.6	0.7	1.2	0.8	0.6	30891.1	53039.2	100.0	100.0
79.9	55.0	1.2	0.6	−12.2	−781.2	63645.5	69620.6	100.0	100.0
17.0	13.7	0.9	1.1	1.3	5.0	250735.5	235238.4	100.0	100.0
73.6	65.6	0.8	0.9	−9.7	−7.5	0.0	8536.4	113.9	109.4
25.3	88.4	0.7	0.9	3.5	0.1	0.0	0.0	123.7	138.9
108.8	114.5	0.3	0.3	−6.1	0.6	37040.0	45511.4	100.0	100.0
38.9	36.7	1.8	1.9	−11.5	0.1	16410.2	22411.3	100.0	100.0
55.5	51.7	0.9	1.0	−9.8	−19.3	16047.9	18583.8	101.7	102.1

单位名称	工业经济效益综合指数（%）		总资产贡献率（%）		资产保值增值率（%）	
	2013年	2012年	2013年	2012年	2013年	2012年
文物出版社印刷厂	−133.9	47.4	−8.4	2.1	88.9	100.0
北京中科印刷有限公司	115.9	116.2	6.0	5.6	102.5	97.6
北京人卫印刷厂	109.1	112.9	3.1	4.9	101.2	101.7
新华社印务有限责任公司	362.6	253.4	9.4	4.4	108.3	114.9
北京京安印刷厂	37.9	151.6	2.6	16.7	91.9	113.6
中国电影出版社印刷厂	129.5	155.3	4.1	7.2	298.6	103.5
北京轻工印刷厂	80.5	14.8	5.8	−2.6	100.9	105.0
北京中兴印刷有限公司	101.0	96.5	6.4	6.8	100.5	101.1
清华大学印刷厂	106.2	145.6	8.2	9.8	45.6	216.6
北京大学印刷厂	29.3	−21.0	−2.4	0.6	81.6	85.9
北京毕诚彩印刷厂	61.0	51.2	1.3	0.5	100.4	126.4
北京佳信达欣艺术印刷有限公司	105.0	86.1	2.1	2.0	101.3	100.9
北京华联印刷有限公司	230.7	231.3	0.3	0.2	101.1	101.1
北京画中画印刷有限公司	241.4	102.5	2.0	2.4	100.6	100.4
北京顶佳世纪印刷有限公司	111.6	116.5	1.5	2.3	100.1	100.7
化学工业出版社印刷厂	−18.1	162.4	−3.6	−2.8	89.6	89.7
北京盛通印刷股份有限公司	178.0	201.7	5.3	6.4	103.2	129.7
中国铁道出版社印刷厂	191.5	146.9	7.8	3.7	232.4	100.8
北京东港安全印刷有限公司	711.3	587.8	32.2	26.7	114.9	114.3
北京印刷学院实习工厂	90.3	143.9	20.3	39.5	127.9	98.0
北京联兴盛业印刷股份有限公司	111.0	119.2	2.9	3.1	100.1	83.6
山东新华印务有限责任公司	99.7	68.8	2.7	3.0	257.2	37.5
山东临沂新华印刷物流集团有限公司	175.6	203.2	9.7	10.9	93.1	100.0
山东新华印刷厂潍坊厂	8.8	25.3	−1.7	0.4	44.5	54.9
中闻集团济南印务有限公司	66.6	71.5	3.2	2.7	97.6	91.9
河北新华第一印刷有限责任公司	97.5	88.5	6.0	5.5	104.0	94.9
河北新华第二印刷有限责任公司	80.8	93.6	2.0	4.8	199.4	102.9
中国标准出版社秦皇岛印刷厂	152.7	159.9	21.1	17.7	103.5	98.7
保定五四三印刷厂	225.6	218.8	25.7	24.2	114.5	114.5
廊坊一二0六印刷厂	115.1	125.5	2.0	2.2	101.9	101.9
山西新华印业有限公司	67.4	84.0	1.1	2.5	88.4	100.1
山西人民印刷有限责任公司	131.1	128.2	6.0	8.1	109.0	101.3
沈阳新华印刷厂	−7.4	41.5	−4.9	2.1	38.2	95.1
东北印刷厂	−0.6	−21.7	−7.1	0.0	197.0	83.1

（续）

资产负债率（%）		流动资产周转率（%）		成本费用利润率（%）		全员劳动生产率（元/人）		产品销售率（%）	
2013 年	2012 年	2013 年	2012 年	2013 年	2012 年	2013 年	2012 年	2013 年	2012 年
22.1	20.4	0.1	0.2	−41.9	−1.1	0.0	9834.7	123.4	102.5
31.3	36.7	1.2	1.4	6.2	5.1	49543.9	57200.0	100.0	100.0
7.4	4.2	0.1	0.1	3.6	3.5	82041.4	83698.2	100.0	100.0
22.0	15.4	0.5	0.5	25.1	7.5	339554.1	282289.2	100.0	100.0
57.2	40.4	0.6	1.1	−8.0	10.9	32657.3	44933.3	100.0	100.0
72.8	88.3	2.2	6.1	0.2	0.4	66702.1	83877.6	94.4	94.7
43.3	41.7	0.8	1.1	0.9	−10.5	27977.8	11660.2	116.8	116.9
12.6	16.5	1.1	1.0	1.4	1.8	55493.7	45951.2	100.0	100.0
55.7	0.0	1.1	1.2	−1.6	1.1	90320.5	92692.3	100.0	106.3
62.4	52.0	0.8	0.5	−6.3	−22.0	24048.8	29895.2	109.8	103.8
54.4	50.9	0.9	0.4	0.4	0.4	14733.3	4352.9	100.0	100.0
96.6	96.7	0.6	0.9	0.1	0.1	110000.0	75666.7	100.0	100.0
31.2	30.3	17.1	19.6	1.4	1.4	25067.8	0.0	112.6	116.9
71.4	68.2	9.4	1.1	0.4	0.5	179786.7	84311.5	100.0	100.0
66.6	57.9	0.4	0.7	0.3	0.8	113000.0	103913.0	100.0	100.0
39.8	35.0	1.9	1.8	−25.9	22.7	52428.6	44880.4	91.3	96.4
40.8	36.1	1.3	1.2	6.0	10.2	153495.7	159912.8	100.0	100.0
13.5	60.9	1.2	1.0	7.1	0.9	135083.6	151788.3	101.5	87.2
50.1	48.1	1.6	2.5	30.1	27.2	794563.0	611582.1	93.8	98.7
299.1	266.7	2.0	2.4	1.1	1.2	0.0	27600.0	86.8	87.0
38.3	42.3	1.5	1.4	1.0	0.9	77611.8	98217.8	108.2	100.9
51.1	77.6	1.0	0.9	1.3	1.0	28900.9	45462.7	121.8	91.5
71.8	68.1	2.0	2.0	2.7	4.9	154903.6	179247.1	107.7	105.7
92.5	83.9	2.0	2.5	−15.2	−12.1	44061.7	34943.8	113.4	92.4
57.7	56.5	1.0	1.4	−2.1	−4.0	34254.9	49318.4	98.0	98.0
42.2	37.1	1.2	1.4	3.5	3.1	36295.3	23690.6	100.0	100.0
59.2	58.5	0.2	0.8	5.8	4.5	1211.4	34307.2	100.0	100.0
12.5	15.5	4.5	4.9	0.6	1.2	44740.2	57588.0	100.0	100.0
24.6	31.1	2.1	2.1	9.4	9.7	133428.7	126134.9	99.9	93.8
66.3	58.0	0.6	0.8	2.0	1.9	101510.9	109593.8	102.1	105.2
80.4	73.9	0.8	1.2	0.0	0.1	52379.5	64875.5	68.2	58.0
41.5	35.9	1.7	1.7	1.3	1.1	98635.6	90173.2	89.9	89.3
60.0	36.8	0.9	0.7	−18.1	−7.7	53326.3	37641.3	100.1	92.5
5.9	32.7	1.8	1.9	−22.1	−27.7	38051.9	46686.2	126.5	96.5

单位名称	工业经济效益综合指数（%）		总资产贡献率（%）		资产保值增值率（%）	
	2013 年	2012 年	2013 年	2012 年	2013 年	2012 年
长春新华印刷集团有限公司	88.9	121.1	4.3	5.9	100.3	103.6
长春第二新华印刷有限责任公司	–250.6	86.8	–30.4	4.9	62.8	99.7
延边新华印刷有限公司	86.2	123.5	5.8	10.6	96.1	101.5
黑龙江新华印刷二厂有限责任公司	144.6	163.2	9.5	14.1	114.3	93.3
安徽新华印刷股份有限公司	323.3	325.3	9.1	9.5	109.5	103.2
合肥远东印务有限责任公司	248.4	232.1	8.3	8.2	111.7	113.4
安徽宣城海峰印刷包装有限公司	280.7	251.8	16.7	13.6	115.1	150.7
江西新华印刷集团有限公司	213.6	160.6	0.8	2.4	207.0	101.9
江西新华九江印刷有限公司	195.0	203.5	15.9	18.7	113.6	100.2
江苏新华印刷厂（合并）	128.5	112.6	10.2	6.6	96.2	94.6
江苏凤凰新华印务有限公司（合并）	98.6		2.4	4.2	113.7	
江苏淮阴新华印刷厂	–88.4	–42.4	–17.6	–9.3	40.6	68.8
江苏徐州新华印刷厂	19.4	–35.9	–6.0	–5.0	223.0	–203.2
南通韬奋印刷有限公司	89.0	85.7	3.8	4.8	87.7	119.4
南京爱德印刷有限公司	276.9	279.3	15.4	13.7	97.9	108.2
中闻集团南京印务有限公司	109.4	92.2	3.5	2.8	99.4	96.0
浙江印刷集团有限公司	142.5	187.9	7.8	6.0	49.3	100.3
浙江新华数码印务有限公司	300.7	501.1	4.9	5.7	105.7	91.4
皖南海峰印刷包装有限公司	184.2	182.2	14.9	14.7	105.8	108.8
福建新华印刷有限责任公司	106.3	106.9	2.3	3.0	99.9	98.2
中闻集团福州印务有限公司	94.4	67.4	6.0	3.4	100.9	96.8
湖北新华印务有限公司	160.2	120.4	5.5	3.8	102.1	69.0
中闻集团武汉印务有限公司	122.0	219.5	2.5	3.2	98.7	958.9
中印南方印刷有限公司	188.4	130.9	2.1	2.2	100.2	100.0
湖南天闻新华印务有限公司	240.2	206.0	11.6	12.4	106.8	109.7
广东新华印刷有限公司	287.8	283.7	20.4	21.2	117.8	125.5
东莞金杯印刷有限公司	165.0	167.0	6.2	4.1	104.2	103.5
中华商务联合印刷（广东）有限公司	93.3	98.8	0.0	0.0	101.8	101.8
重庆新华印刷厂	–47.7	–27.8	0.1	2.3	49.0	26.3
四川新华印刷有限责任公司	–26.5	291.0	–0.9	8.7	74.1	306.1
自贡兴华印务有限公司	130.2	87.0	21.2	8.7	101.0	–7.0
四川新华彩色印务有限公司	111.0	108.5	5.6	5.5	101.5	98.5
云南出版印刷（集团）有限责任公司			0.5			

（续）

资产负债率（%）		流动资产周转率（%）		成本费用利润率（%）		全员劳动生产率（元/人）		产品销售率（%）	
2013年	2012年	2013年	2012年	2013年	2012年	2013年	2012年	2013年	2012年
77.4	75.1	1.3	2.1	0.2	6.6	58370.0	48932.4	98.9	104.3
67.6	48.6	0.6	0.8	−70.2	0.0	59264.7	51948.1	95.8	98.5
24.3	26.3	1.1	1.1	−3.5	5.2	65949.4	57430.8	101.0	97.9
15.5	19.3	1.4	1.3	10.6	16.5	53964.6	40240.7	95.2	98.5
41.5	44.0	1.6	2.2	11.0	11.2	344398.4	337140.7	103.0	103.1
67.8	71.0	1.0	0.8	8.7	8.9	255228.4	231989.8	91.0	91.2
63.4	68.9	2.8	2.5	11.8	12.1	252080.5	211824.3	0.0	0.0
55.8	52.4	0.5	0.8	11.5	16.7	182197.9	76945.3	100.3	100.7
14.7	17.6	3.2	3.5	11.3	11.5	82962.9	85502.9	100.0	100.0
30.7	30.5	1.3	1.2	−0.4	−2.8	97883.6	98677.9	98.7	108.0
65.4	39.5	0.7	0.8	1.8	4.4	68047.8	90169.1	111.9	122.8
80.0	59.3	1.1	1.1	−27.1	−20.2	23183.4	13388.2	84.9	85.0
119.7	112.3	1.5	1.9	−12.2	−13.6	27877.8	28333.3	112.2	116.0
81.7	78.1	2.7	2.1	−2.7	−2.0	58136.6	44189.9	100.0	114.9
46.7	44.6	2.7	2.4	10.4	9.2	238860.5	256346.6	94.9	97.6
46.4	53.0	1.4	1.0	0.6	0.6	80068.7	60097.1	97.2	99.7
42.9	28.4	3.2	2.2	1.7	3.0	95082.3	173600.6	103.0	100.7
27.4	32.3	4.1	3.2	−0.6	0.8	352969.6	689066.7	100.0	100.5
59.1	65.5	0.8	0.9	17.9	16.1	67824.1	79302.3	100.0	100.0
58.1	53.7	1.7	1.8	0.0	−0.7	76596.5	79057.2	102.9	99.8
29.7	32.0	1.8	2.2	1.8	0.5	32866.7	0.0	100.0	100.0
64.8	60.1	2.7	2.2	4.2	1.3	118147.9	90111.1	93.9	96.3
10.9	9.1	1.3	1.2	0.5	0.4	105037.0	77857.1	100.0	100.0
49.0	44.4	1.9	2.0	0.5	0.2	209475.5	113390.4	80.6	92.9
51.2	52.9	1.4	1.5	9.9	9.7	210933.4	150556.6	100.0	100.0
14.2	21.4	0.8	0.8	29.1	27.6	152565.3	147258.8	91.7	99.9
15.5	13.7	1.1	1.4	8.3	7.0	118687.9	131845.2	94.8	97.8
62.4	60.3	1.1	1.2	0.0	0.0	75972.1	82277.8	100.0	100.0
97.1	94.7	0.9	0.6	−22.7	−14.8	1138.2	0.0	154.6	102.7
90.3	88.0	0.6	0.5	−18.4	41.2	24128.4	103981.9	89.1	55.6
49.6	47.4	2.1	2.3	0.3	0.2	48843.9	38210.5	100.0	100.0
59.8	62.6	1.2	1.2	1.1	1.1	75369.3	76114.2	100.0	100.0
60.7		4.2		0.5		207272.7		104.1	

单位名称	工业经济效益综合指数（%）		总资产贡献率（%）		资产保值增值率（%）	
	2013 年	2012 年	2013 年	2012 年	2013 年	2012 年
贵州新华印刷厂	110.1	102.9	6.8	8.0	83.9	58.7
西安新华印务有限公司	80.1	97.6	3.2	4.7	97.1	103.1
甘肃新华印刷厂	99.4	100.6	4.4	4.4	101.5	104.0
兰州新华印刷厂	112.7	99.4	9.7	9.4	102.3	101.1
天水新华印刷厂	−45.7	−24.2	−2.5	−0.7	97.1	81.8
青海新华印刷厂	88.6	93.0	3.4	3.4	104.8	163.8
新疆新华印刷厂	95.4	104.1	4.9	5.2	101.0	103.9
新疆八艺印刷厂	−58.7	4.7	2.5	0.4	76.3	8.7
新疆新华印刷二厂	−3.3	22.4	−3.2	−1.6	85.9	173.0
西藏新华印刷厂	123.6	175.0	4.1	10.5	100.7	113.3
内蒙古爱信达印刷有限公司	229.3	263.5	7.9	11.4	109.6	106.7

数据来源：中国印刷及设备器材工业协会书刊印刷专业委员会。

（续）

资产负债率（%）		流动资产周转率（%）		成本费用利润率（%）		全员劳动生产率（元/人）		产 品 销 售 率（%）	
2013 年	2012 年	2013 年	2012 年	2013 年	2012 年	2013 年	2012 年	2013 年	2012 年
52.0	43.9	0.8	1.4	2.9	2.6	71786.2	48142.9	85.5	110.5
94.0	92.6	1.4	1.5	0.2	0.1	53601.5	75524.9	94.4	93.2
59.5	56.0	1.2	1.4	1.0	0.8	61794.2	57756.8	95.9	105.6
58.2	56.4	2.0	2.3	0.7	0.5	50568.0	24334.3	119.4	121.6
77.8	76.4	0.4	0.4	−22.7	−16.7	17350.4	9897.4	89.3	98.2
43.4	41.8	1.0	1.0	0.1	0.1	53277.8	48238.3	100.0	100.0
50.4	51.9	0.8	0.9	2.0	1.9	48074.5	61963.2	117.6	111.5
92.6	90.7	2.5	2.8	−14.5	−15.1	0.0	27305.4	100.0	100.0
39.4	32.3	0.9	1.0	−15.6	−14.5	24056.6	32452.8	106.0	113.9
33.5	42.8	1.3	1.4	0.7	11.8	101659.6	92340.4	100.0	100.0
30.8	33.0	1.2	1.5	7.4	15.8	225339.4	210863.6	88.5	100.0

2013 年全国 110 家书刊印刷（含其他印刷）

单位名称	实现利税（万元）			利润总额（万元）		
	2013 年	2012 年	同比（%）	2013 年	2012 年	同比（%）
北京印刷一厂	331.7	230.0	144.2	10.2	4.7	217.0
北京印刷集团有限责任公司二厂	1738.3	1502.0	115.7	801.0	603.0	132.8
北京利丰雅高长城印刷有限公司	2569.0	3017.0	85.2	594.0	694.0	85.6
天津新华一印刷有限公司	–897.0	–1334.0	0.0	–897.0	–1334.0	0.0
天津新华二印刷有限公司	–476.0	–503.0	0.0	–680.0	–550.0	0.0
天津新华印刷三厂	–333.0	–153.0	0.0	–370.0	–183.0	0.0
天津金彩美术印刷有限公司	–153.9	–158.7	0.0	–279.3	–199.3	0.0
高教社（天津）印务有限公司	611.0	632.0	96.7	51.0	52.0	98.1
天津市汇源印刷有限公司	0.0	0.0	0.0	4577.8	1742.2	262.8
今晚报社印刷厂	0.0	0.0	0.0	504.9	811.6	62.2
天津市银博印刷技术发展有限公司	0.0	0.0	0.0	152.0	163.0	93.3
天津市华明印刷有限公司	0.0	0.0	0.0	222.0	–282.0	0.0
上海新华印刷有限公司	–403.2	–451.2	0.0	–623.2	–550.8	0.0
上海市印刷三厂	53.9	67.8	79.5	–34.2	2.3	0.0
上海中华印刷有限公司	804.0	722.2	111.3	21.8	18.6	117.2
上海市印刷四厂	–243.0	68.0	0.0	–226.0	6.0	0.0
北京新华印刷有限公司	1006.0	700.0	143.7	73.0	63.0	115.9
北京一二零一印刷厂	419.0	315.0	133.0	180.0	102.6	175.4
北京强华印刷厂	87.8	150.2	58.5	241.1	237.0	101.7
中国人民解放军解放军报印刷厂	817.2	515.7	158.5	63.5	–94.4	0.0
北京凌奇印刷责任有限公司	394.6	402.8	98.0	39.3	17.6	223.1
北京金盾印刷厂	453.0	242.0	187.2	84.0	63.0	133.3
北京市荣海印刷厂	–424.0	–159.0	0.0	–460.0	–200.0	0.0
北京国防印刷厂	–58.0	46.0	0.0	–110.0	13.4	0.0
北京交通印务有限公司	14.0	14.0	100.0	11.0	10.0	110.0
人民教育出版社印刷厂	328.0	137.0	239.4	–754.0	–1789.0	0.0
人民日报印刷厂	2109.7	2445.8	86.3	203.7	837.6	24.3
煤炭工业出版社印刷厂	–84.5	–88.0	0.0	–84.5	–88.0	0.0
中国农业出版社印刷厂	328.8	267.6	122.9	101.9	4.5	2264.4
北京建筑工业印刷厂	36.6	178.8	20.5	–112.1	10.5	0.0
北京机工印刷厂	–63.7	185.4	0.0	–255.4	2.4	0.0
中青印刷厂	–203.0	–610.0	0.0	–418.0	–908.5	0.0

企业经济效益完成情况汇总表（二）

全部从业人员平均人数（人）			人均利税（元／人）			流动资产累计平均余额（万元）			固定资产净值累计平均余额（万元）		
2013 年	2012 年	同比（%）	2013 年	2012 年	同比（%）	2013 年	2012 年	同比（%）	2013 年	2012 年	同比（%）
363	374	97.1	9137.7	6149.7	148.6	1599.2	1713.9	93.3	3362.5	3899.2	86.2
363	389	93.3	47887.1	38611.8	124.0	4302.0	4566.5	94.2	6423.3	4270.8	150.4
1014	1005	100.9	25335.3	30019.9	84.4	26715.0	24077.0	111.0	14947.0	15267.0	97.9
214	323	66.3	–41915.9	–41300.3	0.0	18892.0	12641.0	149.5	1475.0	1829.0	80.6
277	274	101.1	–17184.1	–18357.7	0.0	12545.0	2583.0	485.7	2602.0	2928.0	88.9
170	180	94.4	–19588.2	–8500.0	0.0	1487.0	1069.0	139.1	569.0	634.0	89.7
177	176	100.6	–8694.9	–9017.0	0.0	13026.2	8799.9	148.0	2574.9	3296.6	78.1
264	282	93.6	23143.9	22411.3	103.3	1929.0	2267.0	85.1	1693.0	3004.0	56.4
715	715	100.0	0.0	0.0	0.0	0.0	0.0	0.0	0.0	0.0	0.0
360	360	100.0	0.0	0.0	0.0	0.0	0.0	0.0	0.0	0.0	0.0
179	181	98.9	0.0	0.0	0.0	0.0	0.0	0.0	0.0	0.0	0.0
320	340	94.1	0.0	0.0	0.0	0.0	0.0	0.0	0.0	0.0	0.0
175	176	99.4	–23040.0	–25636.4	0.0	1645.5	1785.8	92.1	523.1	438.1	119.4
132	151	87.4	4083.3	4490.1	90.9	1546.3	1837.0	84.2	2612.0	2691.9	97.0
588	553	106.3	13673.5	13059.7	104.7	32371.4	41446.0	78.1	17066.8	20025.3	85.2
85	85	100.0	–28588.2	8000.0	0.0	882.0	1134.0	77.8	2984.0	896.0	333.0
653	628	104.0	15405.8	11146.5	138.2	13488.0	10963.0	123.0	21881.0	23124.0	94.6
316	321	98.4	13259.5	9813.1	135.1	11533.5	1320.5	873.4	2749.5	3504.0	78.5
162	149	108.7	5419.8	10080.5	53.8	5173.0	4083.8	126.7	10170.4	10688.1	95.2
278	284	97.9	29395.7	18158.5	161.9	9470.9	7830.5	120.9	6820.1	6593.4	103.4
434	458	94.8	9092.2	8795.4	103.4	7314.0	6818.1	107.3	4277.0	4770.8	89.6
302	294	102.7	15000.0	8231.3	182.2	3263.0	2732.0	119.4	2810.0	2943.0	95.5
93	96	96.9	–45591.4	–16562.5	0.0	1610.0	1665.5	96.7	789.0	791.8	99.6
108	158	68.4	–5370.4	2911.4	0.0	692.0	752.0	92.0	579.0	610.0	94.9
101	102	99.0	1386.1	1372.5	101.0	1817.0	1703.0	106.7	1552.0	1786.0	86.9
299	369	81.0	10969.9	3712.7	295.5	4181.0	7324.0	57.1	5038.0	3714.0	135.6
431	453	95.1	48949.0	53991.2	90.7	15584.1	14602.2	106.7	8629.6	9878.6	87.4
102	110	92.7	–8284.3	–8000.0	0.0	1182.0	1141.0	103.6	761.6	895.0	85.1
255	277	92.1	12894.1	9660.6	133.5	3433.1	3249.8	105.6	3058.6	3849.7	79.5
75	88	85.2	4880.0	20318.2	24.0	2856.0	2644.9	108.0	1789.0	1874.0	95.5
206	231	89.2	–3090.3	8026.0	0.0	580.7	698.6	83.1	728.5	869.4	83.8
292	334	87.4	–6952.1	–18263.5	0.0	2345.0	2530.0	92.7	3372.0	3554.0	94.9

单位名称	实现利税（万元）			利润总额（万元）		
	2013 年	2012 年	同比（%）	2013 年	2012 年	同比（%）
文物出版社印刷厂	–304.0	86.0	0.0	–371.0	–12.0	0.0
北京中科印刷有限公司	1666.0	1630.0	102.2	623.0	561.0	111.1
北京人卫印刷厂	378.0	540.0	70.0	150.0	130.0	115.4
新华社印务有限责任公司	4004.0	1886.0	212.3	2955.0	809.0	365.3
北京京安印刷厂	99.0	486.0	20.4	–140.0	207.0	0.0
中国电影出版社印刷厂	158.0	216.0	73.1	6.0	11.0	54.5
北京轻工印刷厂	125.1	–54.5	0.0	10.5	–142.5	0.0
北京中兴印刷有限公司	89.6	98.8	90.7	8.1	10.8	75.0
清华大学印刷厂	198.0	229.0	86.5	–32.0	23.0	0.0
北京大学印刷厂	–51.6	12.8	0.0	–61.0	–167.2	0.0
北京毕诚彩印刷厂	20.2	7.4	273.0	3.4	1.2	283.3
北京佳信达欣艺术印刷有限公司	104.0	102.0	102.0	4.0	3.0	133.3
北京华联印刷有限公司	132.0	82.0	161.0	496.0	484.0	102.5
北京画中画印刷有限公司	209.2	234.4	89.2	49.3	41.8	117.9
北京顶佳世纪印刷有限公司	17.6	66.5	26.5	14.1	54.2	26.0
化学工业出版社印刷厂	–355.7	–299.0	0.0	–550.7	487.0	0.0
北京盛通印刷股份有限公司	4845.8	5367.0	90.3	2634.3	4253.4	61.9
中国铁道出版社印刷厂	1362.0	615.0	221.5	500.0	45.0	1111.1
北京东港安全印刷有限公司	6997.4	4767.4	146.8	5246.4	3792.8	138.3
北京印刷学院实习工厂	23.8	43.2	55.1	2.3	3.7	62.2
北京联兴盛业印刷股份有限公司	701.6	801.0	87.6	57.9	62.0	93.4
山东新华印务有限责任公司	610.0	550.0	110.9	120.0	100.0	120.0
山东临沂新华印刷物流集团有限公司	2519.0	2784.0	90.5	790.0	1341.0	58.9
山东新华印刷厂潍坊厂	–123.0	–9.0	0.0	–511.0	–404.0	0.0
中闻集团济南印务有限公司	169.5	129.0	131.4	–87.2	–213.5	0.0
河北新华第一印刷有限责任公司	1263.0	959.0	131.7	597.0	376.0	158.8
河北新华第二印刷有限责任公司	883.1	1109.3	79.6	517.0	315.6	163.8
中国标准出版社秦皇岛印刷厂	188.9	158.4	119.3	8.9	19.7	45.2
保定五四三印刷厂	5470.8	4920.6	111.2	2526.0	2527.0	100.0
廊坊一二 0 六印刷厂	351.6	325.6	108.0	90.7	87.4	103.8
山西新华印业有限公司	320.0	644.0	49.7	5.0	7.0	71.4
山西人民印刷有限责任公司	694.0	792.0	87.6	147.0	119.0	123.5
沈阳新华印刷厂	–591.0	208.0	0.0	–1247.0	–492.0	0.0
东北印刷厂	–574.0	0.0	0.0	–772.0	–787.0	0.0

（续）

全部从业人员平均人数（人）			人均利税（元/人）			流动资产累计平均余额（万元）			固定资产净值累计平均余额（万元）		
2013 年	2012 年	同比（%）	2013 年	2012 年	同比（%）	2013 年	2012 年	同比（%）	2013 年	2012 年	同比（%）
78	121	64.5	−38974.4	7107.4	0.0	1965.0	1993.0	98.6	917.0	1030.0	89.0
877	800	109.6	18996.6	20375.0	93.2	10457.0	8594.0	121.7	15839.0	16434.0	96.4
338	338	100.0	11183.4	15976.3	70.0	46088.0	49689.0	92.8	72248.0	66654.0	108.4
314	332	94.6	127515.9	56807.2	224.5	22492.0	21235.0	105.9	9897.0	8808.0	112.4
143	150	95.3	6923.1	32400.0	21.4	1638.0	1109.0	147.7	1591.0	1680.0	94.7
94	98	95.9	16808.5	22040.8	76.3	1703.0	514.0	331.3	1490.0	1576.0	94.5
90	103	87.4	13900.0	−5291.3	0.0	891.9	738.5	120.8	532.8	593.3	89.8
79	82	96.3	11341.8	12048.8	94.1	731.0	742.0	98.5	625.1	704.0	88.8
156	156	100.0	12692.3	14679.5	86.5	1949.0	1720.0	113.3	404.0	508.0	79.5
123	105	117.1	−4195.1	1219.0	0.0	1101.0	1084.7	101.5	750.0	590.8	126.9
15	17	88.2	13466.7	4352.9	309.4	971.4	810.1	119.9	226.0	284.4	79.5
49	120	40.8	21224.5	8500.0	249.7	4176.0	3548.0	117.7	2768.0	2827.0	97.9
678	717	94.6	1946.9	1143.7	170.2	2166.0	1895.0	114.3	−180.0	102.0	0.0
300	321	93.5	6973.3	7302.2	95.5	1238.4	9341.7	13.3	5882.6	4512.8	130.4
90	92	97.8	1955.6	7228.3	27.1	14505.0	10669.0	136.0	3049.0	2976.0	102.5
182	209	87.1	−19544.0	−14306.2	0.0	745.0	816.0	91.3	4980.8	5436.0	91.6
1039	940	110.5	46639.1	57095.7	81.7	38913.6	43789.5	88.9	40556.1	41197.5	98.4
299	274	109.1	45551.8	22445.3	202.9	8287.0	8275.0	100.1	7192.0	7702.0	93.4
135	134	100.7	518325.9	355776.1	145.7	12993.7	6634.3	195.9	2122.9	2511.3	84.5
20	20	100.0	11900.0	21600.0	55.1	105.0	96.8	108.5	9.3	12.3	75.6
304	303	100.3	23078.9	26435.6	87.3	4433.3	4915.0	90.2	16353.8	23247.0	70.3
646	670	96.4	9442.7	8209.0	115.0	9799.0	8938.0	109.6	15416.0	15946.0	96.7
934	850	109.9	26970.0	32752.9	82.3	17233.0	15022.0	114.7	11206.0	9041.0	123.9
373	480	77.7	−3297.6	−187.5	0.0	1341.0	1213.0	110.6	2891.0	4206.0	68.7
357	402	88.8	4747.9	3209.0	148.0	3466.5	3286.5	105.5	3007.3	3447.1	87.2
1077	1073	100.4	11727.0	8937.6	131.2	9199.0	7468.0	123.2	6828.0	6418.0	106.4
804	853	94.3	10983.8	13004.7	84.5	25158.9	8920.9	282.0	8565.1	5479.9	156.3
204	216	94.4	9259.8	7333.3	126.3	492.0	479.4	102.6	405.5	418.8	96.8
725	771	94.0	75458.6	63820.9	118.2	14322.2	13798.1	103.8	6254.9	5415.6	115.5
193	195	99.0	18217.6	16697.4	109.1	7112.3	5859.8	121.4	2620.9	2828.8	92.7
664	683	97.2	4819.3	9429.0	51.1	11693.0	8248.0	141.8	4130.0	4680.0	88.2
623	635	98.1	11139.6	12472.4	89.3	6845.0	6331.0	108.1	3684.0	3323.0	110.9
472	513	92.0	−12521.2	4054.6	0.0	5957.0	6626.0	89.9	5779.0	8752.0	66.0
308	341	90.3	−18636.4	0.0	0.0	2164.0	1613.0	134.2	4170.0	4548.0	91.7

单位名称	实现利税（万元）			利润总额（万元）		
	2013 年	2012 年	同比（%）	2013 年	2012 年	同比（%）
长春新华印刷集团有限公司	1028.0	1369.0	75.1	18.0	708.0	2.5
长春第二新华印刷有限责任公司	−1133.0	163.0	0.0	−1289.0	0.2	0.0
延边新华印刷有限公司	210.0	452.0	46.5	−94.0	131.0	0.0
黑龙江新华印刷二厂有限责任公司	686.0	924.0	74.2	349.0	450.0	77.6
安徽新华印刷股份有限公司	7909.7	7826.1	101.1	4951.1	4902.6	101.0
合肥远东印务有限责任公司	672.0	647.0	103.9	424.0	429.0	98.8
安徽宣城海峰印刷包装有限公司	693.0	561.0	123.5	278.0	270.0	103.0
江西新华印刷集团有限公司	1948.0	2410.0	80.8	764.0	1056.0	72.3
江西新华九江印刷有限公司	701.5	752.0	93.3	450.7	468.4	96.2
江苏新华印刷厂（合并）	4126.0	2675.0	154.2	−94.0	−822.0	0.0
江苏凤凰新华印务有限公司（合并）	1023.0	889.0	115.1	209.0	409.0	51.1
江苏淮阴新华印刷厂	−596.0	−417.0	0.0	−834.0	−636.0	0.0
江苏徐州新华印刷厂	−179.7	−107.4	0.0	−324.5	−393.8	0.0
南通韬奋印刷有限公司	89.0	106.0	84.0	−76.0	−47.0	0.0
南京爱德印刷有限公司	3325.0	2860.0	116.3	2770.0	2143.0	129.3
中闻集团南京印务有限公司	453.0	417.0	108.6	41.0	41.0	100.0
浙江印刷集团有限公司	3159.0	3918.0	80.6	1089.0	1878.0	58.0
浙江新华数码印务有限公司	946.0	1111.0	85.1	−117.0	178.0	0.0
皖南海峰印刷包装有限公司	1417.0	1589.0	89.2	818.0	767.0	106.6
福建新华印刷有限责任公司	166.2	215.2	77.2	−5.0	−67.5	0.0
中闻集团福州印务有限公司	578.0	304.0	190.1	86.0	20.0	430.0
湖北新华印务有限公司	2050.1	1165.1	176.0	1437.6	338.6	424.6
中闻集团武汉印务有限公司	300.0	380.0	78.9	25.0	20.0	125.0
中印南方印刷有限公司	305.0	283.0	107.8	54.0	15.0	360.0
湖南天闻新华印务有限公司	11906.6	12417.3	95.9	8757.1	8118.2	107.9
广东新华印刷有限公司	5094.6	4930.8	103.3	3403.3	3550.0	95.9
东莞金杯印刷有限公司	1696.5	1056.0	160.7	1216.8	1003.9	121.2
中华商务联合印刷（广东）有限公司	0.0	0.0	0.0	0.0	0.0	0.0
重庆新华印刷厂	−421.0	−171.0	0.0	−1195.0	−853.0	0.0
四川新华印刷有限责任公司	−578.0	2158.0	0.0	−915.0	1582.0	0.0
自贡兴华印务有限公司	170.0	66.0	257.6	4.0	2.5	160.0
四川新华彩色印务有限公司	718.8	757.3	94.9	107.5	120.0	89.6
云南出版印刷（集团）有限责任公司	0.0	0.0	0.0	166.0	0.0	0.0

（续）

全部从业人员平均人数（人）			人均利税（元/人）			流动资产累计平均余额（万元）			固定资产净值累计平均余额（万元）		
2013年	2012年	同比（%）	2013年	2012年	同比（%）	2013年	2012年	同比（%）	2013年	2012年	同比（%）
546	562	97.2	18827.8	24359.4	77.3	8850.0	5427.0	163.1	5214.0	5885.0	88.6
136	154	88.3	-83308.8	10584.4	0.0	1909.0	1902.0	100.4	1452.0	1814.0	80.0
237	253	93.7	8860.8	17865.6	49.6	2414.0	2434.0	99.2	1790.0	2131.0	84.0
396	457	86.7	17323.2	20218.8	85.7	3321.0	2894.0	114.8	3449.0	3536.0	97.5
1547	1566	98.8	51129.0	49975.2	102.3	43779.1	30738.6	142.4	30674.4	26327.2	116.5
197	196	100.5	34111.7	33010.2	103.3	5807.0	6757.0	85.9	7614.0	5137.0	148.2
149	148	100.7	46510.1	37905.4	122.7	1108.0	1201.0	92.3	3219.0	3340.0	96.4
1400	1500	93.3	13914.3	16066.7	86.6	75765.0	43156.0	175.6	33178.0	24288.0	136.6
350	350	100.0	20041.4	21486.3	93.3	1654.1	1573.9	105.1	1018.9	1257.2	81.0
1271	1543	82.4	32462.6	17336.4	187.3	19067.0	24100.0	79.1	19722.0	26391.0	74.7
502	473	106.1	20378.5	18794.9	108.4	17210.0	13014.0	132.2	6361.0	692.0	919.2
289	304	95.1	-20622.8	-13717.1	0.0	1671.0	1814.0	92.1	1478.0	1745.0	84.7
409	417	98.1	-4393.6	-2575.5	0.0	1410.5	1192.0	118.3	1193.1	954.7	125.0
161	179	89.9	5528.0	5921.8	93.3	995.0	1035.0	96.1	1330.0	1160.0	114.7
430	427	100.7	77325.6	66978.9	115.4	10842.0	10849.0	99.9	12048.0	12787.0	94.2
291	309	94.2	15567.0	13495.1	115.4	4253.0	5946.0	71.5	9377.0	9314.0	100.7
911	661	137.8	34676.2	59273.8	58.5	21137.0	28820.0	73.3	16884.0	19446.0	86.8
559	300	186.3	16923.1	37033.3	45.7	5044.0	6433.0	78.4	12134.0	12404.0	97.8
216	215	100.5	65601.9	73907.0	88.8	6343.0	6053.0	104.8	4312.0	4547.0	94.8
404	437	92.4	4113.9	4924.5	83.5	5760.7	5370.0	107.3	2932.5	2146.7	136.6
300	341	88.0	19266.7	8915.0	216.1	1728.0	1589.0	108.7	4076.0	4224.0	96.5
791	882	89.7	25917.8	13209.8	196.2	12088.7	11512.5	105.0	14206.4	14185.1	100.2
270	336	80.4	11111.1	11309.5	98.2	3732.0	4312.0	86.5	4104.0	3710.0	110.6
286	292	97.9	10664.3	9691.8	110.0	4979.0	3946.0	126.2	8376.0	7150.0	117.1
1712	1732	98.8	69548.0	71693.4	97.0	68546.2	60177.9	113.9	33134.0	33834.8	97.9
631	617	102.3	80738.0	79915.9	101.0	18887.3	16693.6	113.1	5433.7	4848.2	112.1
596	646	92.3	28464.8	16346.7	174.1	14717.7	13011.7	113.1	12152.0	11426.7	106.3
1507	1339	112.5	0.0	0.0	0.0	71904.0	63351.0	113.5	20982.0	20934.0	100.2
615	712	86.4	-6845.5	-2401.7	0.0	3392.0	4418.0	76.8	5529.0	5767.0	95.9
218	221	98.6	-26513.8	97647.1	0.0	5086.0	4452.0	114.2	11092.0	10096.0	109.9
173	190	91.1	9826.6	3473.7	282.9	704.0	649.0	108.5	132.0	113.0	116.8
352	359	98.1	20420.5	21094.7	96.8	8175.2	8895.2	91.9	7536.8	8164.5	92.3
1111	0	0.0	0.0		0.0	6861.6	0.0	0.0	14267.3	0.0	0.0

单位名称	实现利税（万元）			利润总额（万元）		
	2013年	2012年	同比（%）	2013年	2012年	同比（%）
贵州新华印刷厂	828.5	993.0	83.4	189.0	306.0	61.8
西安新华印务有限公司	363.0	471.2	77.0	14.1	6.0	235.0
甘肃新华印刷厂	446.0	402.0	110.9	64.0	58.0	110.3
兰州新华印刷厂	942.0	857.0	109.9	61.0	46.0	132.6
天水新华印刷厂	−777.0	−471.0	0.0	−1111.0	−848.0	0.0
青海新华印刷厂	128.0	120.0	106.7	1.0	1.0	100.0
新疆新华印刷厂	901.0	1002.0	89.9	167.0	160.0	104.4
新疆八艺印刷厂	401.0	64.1	625.9	−388.0	−446.0	0.0
新疆新华印刷二厂	−206.0	−109.0	0.0	−206.0	−192.0	0.0
西藏新华印刷厂	227.0	667.0	34.0	28.0	425.0	6.6
内蒙古爱信达印刷有限公司	1093.0	1491.0	73.3	351.0	739.0	47.5

数据来源：中国印刷及设备器材工业协会书刊印刷专业委员会。

（续）

全部从业人员平均人数（人）			人均利税（元/人）			流动资产累计平均余额（万元）			固定资产净值累计平均余额（万元）		
2013 年	2012 年	同比（%）	2013 年	2012 年	同比（%）	2013 年	2012 年	同比（%）	2013 年	2012 年	同比（%）
683	700	97.6	12130.3	14185.7	85.5	8181.0	6373.0	128.4	3137.0	5929.0	52.9
547	543	100.7	6636.2	8677.7	76.5	5542.0	5570.0	99.5	2880.0	2409.0	119.6
719	740	97.2	6203.1	5432.4	114.2	5625.0	5255.0	107.0	5395.0	5724.0	94.3
581	706	82.3	16213.4	12138.8	133.6	4570.0	3882.0	117.7	5224.0	5624.0	92.9
468	585	80.0	−16602.6	−8051.3	0.0	9860.0	9962.0	99.0	4243.0	4095.0	103.6
180	193	93.3	7111.1	6217.6	114.4	900.0	912.0	98.7	2912.0	2690.0	108.3
483	489	98.8	18654.2	20490.8	91.0	8856.0	8343.0	106.1	14876.0	14717.0	101.1
152	167	91.0	26381.6	3836.5	687.6	744.0	825.0	90.2	248.0	238.0	104.2
106	106	100.0	−19434.0	−10283.0	0.0	982.0	1008.0	97.4	3467.0	2548.0	136.1
235	235	100.0	9659.6	28383.0	34.0	2999.0	2627.0	114.2	2434.0	2413.0	100.9
221	220	100.5	49457.0	67772.7	73.0	4275.0	3370.0	126.9	8339.0	8313.0	100.3

2013年全国110家书刊印刷（含其他印刷）

单位名称	工业总产值（万元）			工业销售产值（万元）		
	2013年	2012年	同比（%）	2013年	2012年	同比（%）
北京印刷一厂	83059	2030.5	103.5	2101.4	2030.5	103.5
北京印刷集团有限责任公司二厂	8495.1	8573.6	99.1	9161.2	8939.6	102.5
北京利丰雅高长城印刷有限公司	44141.0	41699.0	105.9	43203.0	42521.0	101.6
天津新华一印刷有限公司	695.0	1421.0	48.9	0.0	0.0	0.0
天津新华二印刷有限公司	1562.0	1496.0	104.4	1562.0	1496.0	104.4
天津新华印刷三厂	674.0	803.0	83.9	674.0	803.0	83.9
天津金彩美术印刷有限公司	1848.1	1830.3	101.0	1848.1	1830.3	101.0
高教社（天津）印务有限公司	3012.0	3118.0	96.6	3012.0	3118.0	96.6
天津市汇源印刷有限公司	31431.0	25000.0	125.7	26977.4	21447.4	125.8
今晚报社印刷厂	8100.0	8100.0	100.0	9866.1	12086.0	81.6
天津市银博印刷技术发展有限公司	6476.0	5559.0	116.5	6476.0	5559.0	116.5
天津市华明印刷有限公司	9041.0	7525.0	120.1	9041.0	7258.0	124.6
上海新华印刷有限公司	1715.5	1815.0	94.5	2023.2	2136.0	94.7
上海市印刷三厂	1874.3	2425.0	77.3	1874.3	2425.0	77.3
上海中华印刷有限公司	18648.0	18080.4	103.1	18700.1	16107.7	116.1
上海市印刷四厂	874.0	682.0	128.2	874.0	682.0	128.2
北京新华印刷有限公司	18965.0	19500.0	97.3	19573.0	19041.0	102.8
北京一二零一印刷厂	3454.0	3645.0	94.8	3454.0	3645.0	94.8
北京强华印刷厂	3487.8	2900.4	120.3	3059.2	2905.0	105.3
中国人民解放军解放军报印刷厂	10972.3	11980.2	91.6	10972.3	11980.2	91.6
北京凌奇印刷责任有限公司	4923.6	5705.2	86.3	5762.8	6665.4	86.5
北京金盾印刷厂	5512.0	7530.0	73.2	5512.0	7530.0	73.2
北京市荣海印刷厂	1566.0	1575.0	99.4	1566.0	1575.0	99.4
北京国防印刷厂	2069.0	2324.0	89.0	2069.0	2324.0	89.0
北京交通印务有限公司	1383.0	2084.0	66.4	1383.0	2084.0	66.4
人民教育出版社印刷厂	4909.0	4043.0	121.4	4909.0	4043.0	121.4
人民日报印刷厂	16408.4	15405.3	106.5	16408.4	15405.3	106.5
煤炭工业出版社印刷厂	790.8	960.9	82.3	901.0	1051.0	85.7
中国农业出版社印刷厂	1851.2	2033.1	91.1	2290.1	2824.1	81.1
北京建筑工业印刷厂	862.5	924.4	93.3	862.5	924.4	93.3
北京机工印刷厂	1049.7	1362.0	77.1	1049.7	1362.0	77.1
中青印刷厂	1971.4	2594.5	76.0	2004.0	2648.7	75.7

企业经济效益完成情况汇总表（三）

工业增加值（万元）			主营业务收入（万元）			成本费用总额（万元）			工业中间投入（万元）		
2013年	2012年	同比（%）	2013年	2012年	同比（%）	2013年	2012年	同比（%）	2013年	2012年	同比（%）
1276.6	1070.7	119.2	2101.4	2030.5	103.5	3240.0	3182.7	101.8	989.1	1082.6	91.4
2774.6	2626.8	105.6	9161.2	8939.6	102.5	9916.4	9472.1	104.7	6339.5	6545.6	96.9
18938.0	10266.0	184.5	43203.0	42521.0	101.6	43431.0	42655.0	101.8	26997.0	33547.0	80.5
724.0	1468.0	49.3	695.0	1421.0	48.9	1932.0	2787.0	69.3	0.0	0.0	0.0
885.0	920.0	96.2	1562.0	1496.0	104.4	2372.0	2151.0	110.3	823.0	614.0	134.0
0.0	0.0	0.0	674.0	803.0	83.9	1047.0	999.0	104.8	852.0	934.0	91.2
1020.7	1017.5	100.3	1848.1	1830.3	101.0	2244.9	2157.2	104.1	938.3	846.2	110.9
1140.0	139.0	820.1	3165.0	3388.0	93.4	3395.0	3435.0	98.8	2248.0	3370.0	66.7
31431.0	25000.0	125.7	26977.4	21447.4	125.8	22176.1	19424.3	114.2	0.0	0.0	0.0
8100.0	8100.0	100.0	9866.1	9868.3	100.0	9361.2	8665.1	108.0	0.0	0.0	0.0
6476.0	5559.0	116.5	6476.0	6559.0	98.7	6341.0	6327.0	100.2	0.0	0.0	0.0
9041.0	7525.0	120.1	9041.0	7918.0	114.2	8961.0	8458.0	105.9	0.0	0.0	0.0
461.8	230.5	200.3	2012.3	2132.0	94.4	2589.0	2975.0	87.0	1352.0	1684.0	80.3
0.0	74.0	0.0	1874.3	2425.0	77.3	2748.8	2926.5	93.9	2237.9	2409.7	92.9
2580.0	2766.2	93.3	18700.1	16107.7	116.1	23991.6	21575.0	111.2	16805.9	15987.0	105.1
537.0	286.0	187.8	821.0	733.0	112.0	1054.0	748.0	140.9	420.0	452.0	92.9
6689.0	6662.0	100.4	19586.0	20702.0	94.6	20080.0	21125.0	95.1	12978.0	13290.0	97.7
124.0	0.0	0.0	5986.0	3809.0	157.2	6428.0	6217.0	103.4	3330.0	3919.0	85.0
1547.8	1004.2	154.1	3251.4	3152.0	103.2	3009.8	2553.7	117.9	2002.7	1984.3	100.9
5058.5	4995.9	101.3	10972.3	11980.2	91.6	10982.9	11993.6	91.6	6351.1	7529.0	84.4
1525.7	1715.2	89.0	5103.7	5879.3	86.8	6294.9	5523.2	114.0	3552.7	4262.0	83.4
2330.0	4445.6	52.4	5850.0	5335.0	109.7	4436.0	4228.5	104.9	3422.0	3268.6	104.7
381.4	557.6	68.4	1566.0	1575.0	99.4	1712.0	1788.0	95.7	1217.0	1054.0	115.5
964.0	1172.0	82.3	2069.0	2324.0	89.0	1462.0	1753.0	83.4	1139.0	1175.0	96.9
312.0	541.0	57.7	1357.0	2005.0	67.7	1347.0	1716.0	78.5	1177.0	1692.0	69.6
1903.0	2569.0	74.1	4909.0	4043.0	121.4	6188.0	229.0	2702.2	3006.0	1474.0	203.9
10806.7	10656.3	101.4	14546.7	15405.3	94.4	16265.0	16691.3	97.4	7186.0	6193.3	116.0
0.0	93.9	0.0	901.0	1051.0	85.7	869.9	1169.6	74.4	820.3	901.0	91.0
0.0	0.0	0.0	2290.1	2824.1	81.1	2898.7	3431.8	84.5	0.0	0.0	0.0
277.8	400.5	69.4	788.6	849.3	92.9	1844.5	1762.9	104.6	624.7	587.9	106.3
338.1	517.7	65.3	1049.7	1362.0	77.1	2221.3	2381.4	93.3	760.4	928.8	81.9
468.6	620.7	75.5	2068.0	2650.1	78.0	4282.0	4707.3	91.0	1571.8	2116.7	74.3

单位名称	工业总产值（万元）			工业销售产值（万元）		
	2013年	2012年	同比（%）	2013年	2012年	同比（%）
文物出版社印刷厂	308.0	563.0	54.7	380.0	577.0	65.9
北京中科印刷有限公司	12531.0	11313.0	110.8	12531.0	11313.0	110.8
北京人卫印刷厂	3825.0	3874.0	98.7	3825.0	3874.0	98.7
新华社印务有限责任公司	12499.0	10944.0	114.2	12499.0	10944.0	114.2
北京京安印刷厂	937.0	1255.0	74.7	937.0	1255.0	74.7
中国电影出版社印刷厂	2215.0	2180.0	101.6	2092.0	2064.0	101.4
北京轻工印刷厂	745.0	685.0	108.8	870.0	801.0	108.6
北京中兴印刷有限公司	755.0	708.0	106.6	755.0	708.0	106.6
清华大学印刷厂	2050.0	1903.0	107.7	2050.0	2023.0	101.3
北京大学印刷厂	824.1	569.8	144.6	905.1	591.2	153.1
北京毕诚彩印刷厂	911.4	300.0	303.8	911.4	300.0	303.8
北京佳信达欣艺术印刷有限公司	2570.0	3017.0	85.2	2570.0	3017.0	85.2
北京华联印刷有限公司	32893.0	31755.0	103.6	37032.0	37132.0	99.7
北京画中画印刷有限公司	11675.9	9820.9	118.9	11675.9	9820.9	118.9
北京顶佳世纪印刷有限公司	5510.0	7725.0	71.3	5510.0	7725.0	71.3
化学工业出版社印刷厂	1527.0	1534.0	99.5	1394.9	1479.0	94.3
北京盛通印刷股份有限公司	52167.0	51564.7	101.2	52167.0	51564.7	101.2
中国铁道出版社印刷厂	9657.0	8097.0	119.3	9800.0	7061.0	138.8
北京东港安全印刷有限公司	15545.8	12051.3	129.0	14589.2	11889.2	122.7
北京印刷学院实习工厂	156.9	163.8	95.8	136.2	142.5	95.6
北京联兴盛业印刷股份有限公司	6165.0	6740.0	91.5	6673.0	6802.0	98.1
山东新华印务有限责任公司	7842.0	8143.0	96.3	9549.7	7451.0	128.2
山东临沂新华印刷物流集团有限公司	29358.0	28094.0	104.5	31617.0	29687.0	106.5
山东新华印刷厂潍坊厂	2769.5	2661.3	104.1	3141.1	2460.1	127.7
中闻集团济南印务有限公司	3389.8	4834.9	70.1	3321.2	4736.4	70.1
河北新华第一印刷有限责任公司	8428.0	7571.0	111.3	8428.0	7571.0	111.3
河北新华第二印刷有限责任公司	6321.7	6808.5	92.9	6321.7	6808.5	92.9
中国标准出版社秦皇岛印刷厂	2214.4	2368.4	93.5	2214.4	2368.4	93.5
保定五四三印刷厂	29568.5	30482.2	97.0	29542.0	28601.2	103.3
廊坊一二0六印刷厂	4462.9	4510.0	99.0	4557.5	4743.5	96.1
山西新华印业有限公司	9257.0	10395.0	89.1	6317.0	6029.0	104.8
山西人民印刷有限责任公司	12737.0	11852.0	107.5	11454.0	10581.0	108.3
沈阳新华印刷厂	5395.0	4679.0	115.3	5399.0	4329.0	124.7
东北印刷厂	2917.0	3144.0	92.8	3689.0	3034.0	121.6

（续）

工业增加值（万元）			主营业务收入（万元）			成本费用总额（万元）			工业中间投入（万元）		
2013年	2012年	同比（%）	2013年	2012年	同比（%）	2013年	2012年	同比（%）	2013年	2012年	同比（%）
0.0	119.0	0.0	286.0	477.0	60.0	886.0	1092.0	81.1	340.0	490.0	69.4
4345.0	4576.0	95.0	12614.0	11610.0	108.6	10018.0	11006.3	91.0	8896.0	7529.0	118.2
2773.0	2829.0	98.0	3825.0	3874.0	98.7	4150.0	3726.0	111.4	1301.0	1317.0	98.8
10662.0	9372.0	113.8	10554.0	10393.0	101.5	11788.0	10790.0	109.2	2782.0	2529.0	110.0
467.0	674.0	69.3	937.0	1255.0	74.7	1749.0	1891.0	92.5	569.0	701.0	81.2
627.0	822.0	76.3	3688.0	3123.0	118.1	3200.0	2614.0	122.4	1721.0	1539.0	111.8
251.8	120.1	209.7	751.0	786.0	95.5	1234.0	1354.0	91.1	552.8	602.4	91.8
438.4	376.8	116.3	829.6	757.0	109.6	577.5	589.0	98.0	396.9	404.0	98.2
1409.0	1446.0	97.4	2050.0	2023.0	101.3	2013.0	2063.0	97.6	845.0	457.0	184.9
295.8	313.9	94.2	897.6	591.2	151.8	962.8	758.5	126.9	532.6	267.5	199.1
22.1	7.4	298.6	911.4	300.0	303.8	906.1	298.8	303.2	904.3	297.8	303.7
539.0	908.0	59.4	2564.0	3017.0	85.0	2874.0	3014.0	95.4	2120.0	2197.0	96.5
1699.6	0.0	0.0	37032.0	37132.0	99.7	34210.0	34433.0	99.4	32285.0	33509.0	96.3
5393.6	2706.4	199.3	11675.9	9820.9	118.9	11499.7	9260.8	124.2	6408.5	7265.1	88.2
1017.0	956.0	106.4	5510.0	7725.0	71.3	4066.0	6419.0	63.3	4606.0	6951.0	66.3
954.2	938.0	101.7	1398.4	1475.5	94.8	2122.5	2146.0	98.9	711.0	731.0	97.3
15948.2	15031.8	106.1	52167.0	50851.9	102.6	43867.0	41786.6	105.0	38472.7	38275.9	100.5
4039.0	4159.0	97.1	9596.0	8002.0	119.9	7011.0	4968.0	141.1	6430.0	4508.0	142.6
10726.6	8195.2	130.9	21191.5	16314.2	129.9	17458.8	13968.4	125.0	6421.2	4752.5	135.1
0.0	55.2	0.0	210.0	233.4	90.0	206.0	299.2	68.9	195.0	132.0	147.7
2359.4	2976.0	79.3	6673.0	6802.0	98.1	5881.0	6734.0	87.3	4278.6	4332.0	98.8
1867.0	3046.0	61.3	9477.4	7996.0	118.5	9566.4	9737.0	98.2	7304.6	5667.0	128.9
14468.0	15236.0	95.0	33756.0	30687.0	110.0	28954.0	27575.0	105.0	15894.0	13817.0	115.0
1643.5	1677.3	98.0	2682.0	3072.1	87.3	3352.4	3344.4	100.2	1430.0	1364.0	104.8
1222.9	1982.6	61.7	3321.2	4736.4	70.1	4217.5	5290.5	79.7	2324.7	3078.7	75.5
3909.0	2542.0	153.8	10877.0	10585.0	102.8	16975.0	12090.0	140.4	5185.0	5549.0	93.4
97.4	2926.4	3.3	5952.8	6716.9	88.6	8928.9	6999.4	127.6	6464.2	4458.9	145.0
912.7	1243.9	73.4	2214.4	2368.4	93.5	1432.3	1662.4	86.2	1430.9	1243.2	115.1
9673.6	9725.0	99.5	29542.0	28601.2	103.3	26825.0	25982.6	103.2	21752.5	22081.0	98.5
1959.2	2137.1	91.7	4571.8	4730.4	96.6	4470.6	4610.9	97.0	2736.9	2585.7	105.8
3478.0	4431.0	78.5	8843.0	10114.0	87.4	10141.0	10366.0	97.8	5917.0	6390.0	92.6
6145.0	5726.0	107.3	11454.0	10581.0	108.3	11550.0	10597.0	109.0	6960.0	6591.0	105.6
2517.0	1931.0	130.3	5399.0	4329.0	124.7	6908.0	6422.0	107.6	3189.0	3243.0	98.3
1172.0	1592.0	73.6	3914.0	2990.0	130.9	3486.0	2846.0	122.5	1740.0	1713.0	101.6

单位名称	工业总产值（万元）			工业销售产值（万元）		
	2013 年	2012 年	同比（%）	2013 年	2012 年	同比（%）
长春新华印刷集团有限公司	11214.0	11158.0	100.5	11096.0	11643.0	95.3
长春第二新华印刷有限责任公司	1156.0	1453.0	79.6	1107.0	1431.0	77.4
延边新华印刷有限公司	2516.0	2539.0	99.1	2540.0	2486.0	102.2
黑龙江新华印刷二厂有限责任公司	4914.0	3717.0	132.2	4679.0	3661.0	127.8
安徽新华印刷股份有限公司	75741.3	74256.2	102.0	77983.7	76562.5	101.9
合肥远东印务有限责任公司	9720.0	9006.0	107.9	8845.0	8214.0	107.7
安徽宣城海峰印刷包装有限公司	3526.0	3043.0	115.9	0.0	0.0	0.0
江西新华印刷集团有限公司	38298.0	32300.0	118.6	38408.0	32527.0	118.1
江西新华九江印刷有限公司	2869.0	2959.7	96.9	2869.0	2959.7	96.9
江苏新华印刷厂（合并）	26083.0	27176.0	96.0	25737.0	29347.0	87.7
江苏凤凰新华印务有限公司（合并）	11035.0	8074.0	136.7	12346.0	9911.0	124.6
江苏淮阴新华印刷厂	2276.0	1926.0	118.2	1933.0	1637.0	118.1
江苏徐州新华印刷厂	1902.0	1964.0	96.8	2134.1	2277.7	93.7
南通韬奋印刷有限公司	2710.0	1951.0	138.9	2709.0	2241.0	120.9
南京爱德印刷有限公司	28806.0	28500.0	101.1	27348.0	27829.0	98.3
中闻集团南京印务有限公司	6161.0	6060.0	101.7	5987.0	6040.0	99.1
浙江印刷集团有限公司	34179.0	34753.0	98.3	35197.0	35006.0	100.5
浙江新华数码印务有限公司	19731.0	20574.0	95.9	19731.0	20672.0	95.4
皖南海峰印刷包装有限公司	5114.0	5501.0	93.0	5114.0	5501.0	93.0
福建新华印刷有限责任公司	9392.0	9455.0	99.3	9660.0	9434.0	102.4
中闻集团福州印务有限公司	3309.0	3566.0	92.8	3309.0	3566.0	92.8
湖北新华印务有限公司	23419.4	20928.3	111.9	21983.6	20153.8	109.1
中闻集团武汉印务有限公司	5495.0	5964.0	92.1	5495.0	5964.0	92.1
中印南方印刷有限公司	13729.0	9285.0	147.9	11066.0	8625.0	128.3
湖南天闻新华印务有限公司	100207.0	95228.0	105.2	100207.0	95228.0	105.2
广东新华印刷有限公司	16200.0	16277.0	99.5	14861.0	16266.0	91.4
东莞金杯印刷有限公司	17746.8	19030.9	93.3	16821.7	18612.3	90.4
中华商务联合印刷（广东）有限公司	78314.0	76443.0	102.4	78314.0	76443.0	102.4
重庆新华印刷厂	1957.0	1980.0	98.8	3025.0	2033.0	148.8
四川新华印刷有限责任公司	3243.0	4111.0	78.9	2890.0	2284.0	126.5
自贡兴华印务有限公司	1491.0	1468.0	101.6	1491.0	1468.0	101.6
四川新华彩色印务有限公司	9651.1	10742.0	89.8	9651.1	10742.0	89.8
云南出版印刷（集团）有限责任公司	22474.0	0.0	0.0	23386.0	0.0	0.0

（续）

工业增加值（万元）			主营业务收入（万元）			成本费用总额（万元）			工业中间投入（万元）		
2013年	2012年	同比（%）	2013年	2012年	同比（%）	2013年	2012年	同比（%）	2013年	2012年	同比（%）
3187.0	2750.0	115.9	11096.0	11643.0	95.3	10480.0	10677.0	98.2	8433.0	8705.0	96.9
806.0	800.0	100.8	1107.0	1431.0	77.4	1836.0	1433.0	128.1	466.0	776.0	60.1
1563.0	1453.0	107.6	2535.0	2615.0	96.9	2651.0	2535.0	104.6	1202.0	1349.0	89.1
2137.0	1839.0	116.2	4679.0	3661.0	127.8	3290.0	2728.0	120.6	3017.0	2272.0	132.8
53278.4	52796.2	100.9	67902.2	66521.6	102.1	44915.5	43904.2	102.3	25958.8	24885.6	104.3
5028.0	4547.0	110.6	5916.0	5475.0	108.1	4874.0	4832.0	100.9	4846.0	4605.0	105.2
3756.0	3135.0	119.8	3088.0	3004.0	102.8	2351.0	2236.0	105.1	0.0	0.0	0.0
25507.7	11541.8	221.0	38908.0	32527.0	119.6	6639.8	6339.6	104.7	25323.3	21556.6	117.5
2903.7	2992.6	97.0	5330.2	5463.0	97.6	4003.0	4068.7	98.4	0.0	0.0	0.0
12441.0	15226.0	81.7	25737.0	29347.0	87.7	25139.0	28897.0	87.0	15642.0	14455.0	108.2
3416.0	4265.0	80.1	12346.0	9911.0	124.6	11702.0	9377.0	124.8	7637.0	4188.0	182.4
670.0	407.0	164.6	1843.0	1951.0	94.5	3073.0	3141.0	97.8	1742.0	1641.0	106.2
1140.2	1181.5	96.5	2134.1	2277.7	93.7	2657.0	2901.2	91.6	887.0	1034.0	85.8
936.0	791.0	118.3	2709.0	2172.0	124.7	2859,0	2330.0	122.7	1909.0	1290.0	148.0
10271.0	10946.0	93.8	28833.0	26384.0	109.3	26625.0	23293.0	114.3	18677.0	17719.0	105.4
2330.0	1857.0	125.5	5987.0	6040.0	99.1	7204.0	7331.0	98.3	4080.0	4403.0	92.7
8662.0	11475.0	75.5	67209.0	62079.0	108.3	65441.0	62910.0	104.0	26987.0	25145.0	107.3
19731.0	20672.0	95.4	20476.0	20812.0	98.4	20836.0	21256.0	98.0	16052.0	15168.0	105.8
1465.0	1705.0	85.9	5123.0	5523.0	92.8	4564.0	4750.0	96.1	4068.0	4431.0	91.8
3094.5	3454.8	89.6	9660.0	9434.0	102.4	10296.8	10091.8	102.0	6324.0	6133.5	103.1
986.0	0.0	0.0	3073.0	3534.0	87.0	4803.0	3907.0	122.9	2577.0	3819.0	67.5
9345.5	7947.8	117.6	33212.0	24970.6	133.0	33898.5	25348.0	133.7	14630.7	13732.0	106.5
2836.0	2616.0	108.4	5006.0	5049.0	99.1	5360.0	5409.0	99.1	2981.0	3561.0	83.7
5991.0	3311.0	180.9	9662.0	7817.0	123.6	10069.0	8271.0	121.7	7814.0	6124.0	127.6
36111.8	26076.4	138.5	93749.4	89820.4	104.4	88208.4	83661.9	105.4	66658.0	72733.0	91.6
9626.9	9085.9	106.0	14304.2	14120.4	101.3	11712.6	12864.5	91.0	8035.0	8393.0	95.7
7073.8	8517.2	83.1	16821.7	18612.3	90.4	14601.6	14429.9	101.2	11002.1	11034.6	99.7
11449.0	11017.0	103.9	78314.0	76443.0	102.4	73445.0	71335.0	103.0	66867.0	65427.0	102.2
70.0	0.0	0.0	3052.0	2558.0	119.3	5263.0	5780.0	91.1	2055.0	2242.0	91.7
526.0	2298.0	22.9	2890.0	2284.0	126.5	4973.0	3844.0	129.4	2721.0	1911.0	142.4
845.0	726.0	116.4	1491.0	1468.0	101.6	1462.0	1467.0	99.7	791.0	797.0	99.2
2653.0	2732.5	97.1	9651.1	10742.0	89.8	9828.4	10905.2	90.1	7089.6	8136.0	87.1
23028.0	0.0	0.0	28786.6	0.0	0.0	34837.4	0.0	0.0	0.0	0.0	0.0

单位名称	工业总产值（万元）			工业销售产值（万元）		
	2013年	2012年	同比（%）	2013年	2012年	同比（%）
贵州新华印刷厂	9054.0	7559.0	119.8	7737.0	8356.0	92.6
西安新华印务有限公司	8330.0	8415.0	99.0	7866.0	7844.0	100.3
甘肃新华印刷厂	6444.0	6992.0	92.2	6178.0	7382.0	83.7
兰州新华印刷厂	7620.0	6900.0	110.4	9100.0	8390.0	108.5
天水新华印刷厂	3869.0	4021.0	96.2	3456.0	3949.0	87.5
青海新华印刷厂	910.0	874.0	104.1	910.0	874.0	104.1
新疆新华印刷厂	6274.0	6677.0	94.0	7377.0	7444.0	99.1
新疆八艺印刷厂	2102.0	1983.0	106.0	2102.0	1983.0	106.0
新疆新华印刷二厂	850.0	906.0	93.8	901.0	1032.0	87.3
西藏新华印刷厂	4172.0	4040.0	103.3	4172.0	4040.0	103.3
内蒙古爱信达印刷有限公司	5782.0	5700.0	101.4	5117.0	5700.0	89.8

数据来源：中国印刷及设备器材工业协会书刊印刷专业委员会。

（续）

工业增加值（万元）			主营业务收入（万元）			成本费用总额（万元）			工业中间投入（万元）		
2013年	2012年	同比（%）	2013年	2012年	同比（%）	2013年	2012年	同比（%）	2013年	2012年	同比（%）
4903.0	3370.0	145.5	6559.0	9140.0	71.8	6413.0	11854.0	54.1	4716.0	4772.0	98.8
2932.0	4101.0	71.5	7665.0	8245.0	93.0	7660.0	8198.0	93.4	5655.0	4676.0	120.9
4443.0	4274.0	104.0	6607.0	7609.0	86.8	6676.0	7674.0	87.0	2307.0	2987.0	77.2
2938.0	1718.0	171.0	9102.0	9096.0	100.1	9133.0	9074.0	100.7	5375.0	5821.0	92.3
812.0	579.0	140.2	3456.0	3949.0	87.5	4901.0	5082.0	96.4	3318.0	3696.0	89.8
959.0	931.0	103.0	910.0	874.0	104.1	804.0	727.0	110.6	37.0	40.0	92.5
2322.0	3030.0	76.6	7380.0	7444.0	99.1	8488.0	8645.0	98.2	4374.0	4180.0	104.6
0.0	456.0	0.0	1848.0	2282.0	81.0	2684.0	2957.0	90.8	3667.0	1459.0	251.3
255.0	344.0	74.1	901.0	1032.0	87.3	1323.0	1322.0	100.1	651.0	616.0	105.7
2389.0	2170.0	110.1	3871.0	3790.0	102.1	4094.0	3608.0	113.5	1955.0	2084.0	93.8
4980.0	4639.0	107.4	5014.0	5143.0	97.5	4759.0	4685.0	101.6	1280.0	1547.0	82.7

2013年全国110家书刊印刷（含其他印刷）

单位名称	工资总额（万元）			人均工资（元/人）		
	2013年	2012年	同比（%）	2013年	2012年	同比（%）
北京印刷一厂	1250.4	1188.1	105.2	34446.3	31767.4	108.4
北京印刷集团有限责任公司二厂	1749.7	1734.4	100.9	48201.1	44586.1	108.1
北京利丰雅高长城印刷有限公司	5862.0	5151.0	113.8	57810.7	51253.7	112.8
天津新华一印刷有限公司	529.0	835.0	63.4	24719.6	25851.4	95.6
天津新华二印刷有限公司	734.0	708.0	103.7	26498.2	25839.4	102.5
天津新华印刷三厂	285.0	297.0	96.0	16764.7	16500.0	101.6
天津金彩美术印刷有限公司	635.3	595.3	106.7	35892.7	33823.9	106.1
高教社（天津）印务有限公司	1123.0	1098.0	102.3	42537.9	38936.2	109.3
天津市汇源印刷有限公司	2615.5	2488.8	105.1	36579.7	34807.7	105.1
今晚报社印刷厂	0.0	0.0	0.0	0.0	0.0	0.0
天津市银博印刷技术发展有限公司	1008.0	932.0	108.2	56312.8	51491.7	109.4
天津市华明印刷有限公司	832.0	1092.0	76.2	26000.0	32117.6	81.0
上海新华印刷有限公司	726.3	724.2	100.3	41502.9	41147.7	100.9
上海市印刷三厂	721.6	778.4	92.7	54666.7	51549.7	106.0
上海中华印刷有限公司	3059.1	2760.7	110.8	52025.5	49922.2	104.2
上海市印刷四厂	456.0	395.0	115.4	53647.1	46470.6	115.4
北京新华印刷有限公司	3126.0	2965.0	105.4	47871.4	47213.4	101.4
北京一二零一印刷厂	1788.0	1671.0	107.0	56582.3	52056.1	108.7
北京强华印刷厂	1193.8	1014.0	117.7	73691.4	68053.7	108.3
中国人民解放军解放军报印刷厂	1861.0	1793.2	103.8	66942.4	63140.8	106.0
北京凌奇印刷责任有限公司	1875.1	1887.8	99.3	43204.1	41219.0	104.8
北京金盾印刷厂	1650.4	1541.7	107.1	54649.0	52438.8	104.2
北京市荣海印刷厂	499.0	455.0	109.7	53655.9	47395.8	113.2
北京国防印刷厂	494.0	385.0	128.3	45740.7	24367.1	187.7
北京交通印务有限公司	655.0	629.0	104.1	64851.5	61666.7	105.2
人民教育出版社印刷厂	1316.0	1537.0	85.6	44013.4	41653.1	105.7
人民日报印刷厂	5777.9	5185.9	111.4	134058.0	114479.0	117.1
煤炭工业出版社印刷厂	481.0	444.0	108.3	47156.9	40363.6	116.8
中国农业出版社印刷厂	1140.7	1217.8	93.7	44733.3	43963.9	101.8
北京建筑工业印刷厂	456.0	475.0	96.0	60800.0	53977.3	112.6
北京机工印刷厂	752.4	730.3	103.0	36523.8	31614.7	115.5
中青印刷厂	1171.2	1197.0	97.8	40109.6	35838.3	111.9

企业经济效益完成情况汇总表（四）

资产总额（万元）			负债总额（万元）			期末所有者权益（万元）			应交增值税（万元）		
2013 年	2012 年	同比（%）	2013 年	2012 年	同比（%）	2013 年	2012 年	同比（%）	2013 年	2012 年	同比（%）
5039.8	5253.2	95.9	4373.6	4317.6	101.3	666.2	935.6	71.2	164.3	122.8	133.8
11382.1	13081.0	87.0	5338.3	7684.3	69.5	6043.8	5396.7	112.0	619.0	598.8	103.4
43517.0	42538.0	102.3	29228.0	28264.0	103.4	14289.0	14274.0	100.1	1794.0	2114.0	84.9
19637.0	21756.0	90.3	19967.0	21189.0	94.2	–330.0	567.0	0.0	29.0	47.0	61.7
15660.0	15203.0	103.0	18106.0	16970.0	106.7	–2446.0	–1767.0	0.0	146.0	38.0	384.2
2341.0	1493.0	156.8	1731.0	1304.0	132.7	610.0	189.0	322.8	33.0	38.0	86.8
15130.0	16113.0	93.9	11950.0	8058.3	148.3	3180.0	8054.7	39.5	110.9	33.4	332.0
3646.0	4035.0	90.4	333.0	982.0	33.9	3313.0	3053.0	108.5	376.0	391.0	96.2
22901.3	18393.0	124.5	11203.2	10392.8	107.8	11698.1	8000.2	146.2	0.0	0.0	0.0
7128.5	20654.0	34.5	4563.9	2733.0	167.0	2564.6	17921.0	14.3	0.0	0.0	0.0
16430.0	12803.0	128.3	9685.0	6181.0	156.7	6745.0	6622.0	101.9	0.0	0.0	0.0
13331.0	15595.0	85.5	8400.0	11087.0	75.8	4931.0	4508.0	109.4	0.0	0.0	0.0
2452.3	2397.2	102.3	1752.3	1679.7	104.3	700.0	717.5	97.6	98.3	99.5	98.8
4903.7	4484.1	109.4	1713.6	1257.8	136.2	3190.1	3226.3	98.9	50.0	58.7	85.2
57343.2	59743.9	96.0	33983.3	36398.5	93.4	23359.9	23345.4	100.1	737.9	672.8	109.7
5778.0	5475.0	105.5	5608.0	5078.0	110.4	170.0	397.0	42.8	83.0	56.0	148.2
36086.0	37759.0	95.6	12276.0	14022.0	87.5	23810.0	23737.0	100.3	702.0	452.0	155.3
15945.2	16878.0	94.5	12374.0	13713.0	90.2	3571.2	3165.0	112.8	0.0	26.0	0.0
15906.2	15035.8	105.8	4016.8	3327.3	120.7	11889.4	11708.5	101.5	62.7	88.1	71.2
17396.7	17279.7	100.7	3496.5	3443.0	101.6	13900.2	13836.7	100.5	437.3	544.7	80.3
12300.3	12019.7	102.3	5706.8	5455.6	104.6	6593.5	6564.1	100.4	154.9	271.9	57.0
6069.5	6136.6	98.9	1009.3	1158.0	87.2	5060.2	4978.6	101.6	240.0	184.2	130.3
2530.0	2499.0	101.2	2711.0	2219.0	122.2	–181.0	280.0	0.0	32.4	36.6	88.5
1222.0	1324.0	92.3	412.0	399.0	103.3	810.0	925.0	87.6	34.0	23.0	147.8
3827.0	3493.0	109.6	842.0	511.0	164.8	2985.0	2982.0	100.1	106.0	149.0	71.1
14139.0	11723.0	120.6	11304.0	6447.0	175.3	2835.0	5276.0	53.7	0.0	0.0	0.0
28454.8	27159.5	104.8	4844.2	3711.5	130.5	23610.6	23448.0	100.7	1584.3	1444.3	109.7
2241.2	2247.4	99.7	1650.4	1474.0	112.0	590.8	773.4	76.4	28.7	34.0	84.4
6705.5	7160.4	93.6	1697.8	6328.0	26.8	5007.7	832.4	601.6	186.0	206.3	90.2
4385.2	4530.0	96.8	4771.7	5189.1	92.0	–386.5	–659.1	0.0	40.0	64.0	62.5
1127.8	1490.5	75.7	439.0	546.5	80.3	688.8	944.0	73.0	48.8	84.0	58.1
5716.0	5862.7	97.5	3173.0	3033.8	104.6	2543.0	2828.9	89.9	69.0	142.9	48.3

单位名称	工资总额（万元）			人均工资（元/人）		
	2013年	2012年	同比（%）	2013年	2012年	同比（%）
文物出版社印刷厂	464.0	353.0	131.4	59487.2	29173.6	203.9
北京中科印刷有限公司	3775.0	2476.0	152.5	43044.5	30950.0	139.1
北京人卫印刷厂	1381.0	1264.0	109.3	40858.0	37396.4	109.3
新华社印务有限责任公司	4197.0	4149.0	101.2	133662.4	124969.9	107.0
北京京安印刷厂	631.0	582.0	108.4	44125.9	38800.0	113.7
中国电影出版社印刷厂	466.0	438.0	106.4	49574.5	44693.9	110.9
北京轻工印刷厂	446.4	414.5	107.7	49600.0	40242.7	123.3
北京中兴印刷有限公司	240.6	219.8	109.5	30455.7	26804.9	113.6
清华大学印刷厂	886.0	818.0	108.3	56794.9	52435.9	108.3
北京大学印刷厂	658.0	575.1	114.4	53495.9	54771.4	97.7
北京毕诚彩印刷厂	51.0	51.0	100.0	34000.0	30000.0	113.3
北京佳信达欣艺术印刷有限公司	215.0	355.0	60.6	43877.6	29583.3	148.3
北京华联印刷有限公司	3926.0	4043.0	97.1	57905.6	56387.7	102.7
北京画中画印刷有限公司	1376.9	1696.1	81.2	45896.7	52838.0	86.9
北京顶佳世纪印刷有限公司	328.0	311.0	105.5	36444.4	33804.3	107.8
化学工业出版社印刷厂	694.9	712.0	97.6	38181.3	34067.0	112.1
北京盛通印刷股份有限公司	6895.9	5808.0	118.7	66370.5	61787.2	107.4
中国铁道出版社印刷厂	1511.0	1361.0	111.0	50535.1	49671.5	101.7
北京东港安全印刷有限公司	658.9	672.2	98.0	48807.4	50164.2	97.3
北京印刷学院实习工厂	109.0	116.2	93.8	54500.0	58100.0	93.8
北京联兴盛业印刷股份有限公司	1253.0	1211.0	103.5	41217.1	39967.0	103.1
山东新华印务有限责任公司	1897.8	1646.0	115.3	29377.7	24567.2	119.6
山东临沂新华印刷物流集团有限公司	3643.0	3154.0	115.5	39004.3	37105.9	105.1
山东新华印刷厂潍坊厂	998.0	960.0	104.0	26756.0	20000.0	133.8
中闻集团济南印务有限公司	888.7	936.1	94.9	24893.6	23286.1	106.9
河北新华第一印刷有限责任公司	2820.0	2369.0	119.0	26183.8	22078.3	118.6
河北新华第二印刷有限责任公司	2198.4	2141.5	102.7	27343.3	25105.5	108.9
中国标准出版社秦皇岛印刷厂	648.6	704.7	92.0	31794.1	32625.0	97.5
保定五四三印刷厂	3324.2	3376.1	98.5	45850.6	43788.3	104.7
廊坊一二0六印刷厂	998.2	844.7	118.2	51720.2	43317.9	119.4
山西新华印业有限公司	1977.0	1777.0	111.3	29774.1	26017.6	114.4
山西人民印刷有限责任公司	2580.0	2345.0	110.0	41412.5	36929.1	112.1
沈阳新华印刷厂	1701.0	1634.0	104.1	36038.1	31851.9	113.1
东北印刷厂	962.0	1010.0	95.2	31233.8	29618.8	105.5

（续）

资产总额（万元）			负债总额（万元）			期末所有者权益（万元）			应交增值税（万元）		
2013 年	2012 年	同比（%）	2013 年	2012 年	同比（%）	2013 年	2012 年	同比（%）	2013 年	2012 年	同比（%）
3636.0	4002.0	90.9	805.0	818.0	98.4	2831.0	3184.0	88.9	4.0	46.0	8.7
27633.0	29262.0	94.4	8639.0	10726.0	80.5	18994.0	18536.0	102.5	710.0	792.0	89.6
10593.0	10112.0	104.8	789.0	426.0	185.2	9804.0	9686.0	101.2	249.0	272.0	91.5
37456.0	31887.0	117.5	8224.0	4904.0	167.7	29232.0	26983.0	108.3	945.0	957.0	98.7
3721.0	2907.0	128.0	2128.0	1174.0	181.3	1593.0	1733.0	91.9	99.0	120.0	82.5
3880.0	3016.0	128.6	2826.0	2663.0	106.1	1054.0	353.0	298.6	133.0	181.0	73.5
2169.6	2091.6	103.7	940.3	872.8	107.7	1229.3	1218.8	100.9	59.6	37.5	158.9
1403.6	1461.8	96.0	177.3	241.8	73.3	1226.3	1220.0	100.5	80.3	72.8	110.3
2388.0	2319.0	103.0	1331.0	–1.0	0.0	1057.0	2320.0	45.6	204.0	0.0	0.0
2117.0	2030.0	104.3	1322.0	1056.1	125.2	795.0	973.9	81.6	4.3	11.6	37.1
1555.5	1439.4	108.1	846.2	732.7	115.5	709.3	706.7	100.4	15.0	5.2	288.5
6860.0	7160.0	95.8	6624.0	6927.0	95.6	236.0	233.0	101.3	89.0	88.0	101.1
47574.7	46455.0	102.4	14848.5	14094.0	105.4	32726.2	32361.0	101.1	1091.6	680.0	160.5
20971.0	18711.6	112.1	14981.2	12759.1	117.4	5989.8	5952.5	100.6	126.2	150.6	83.8
18194.0	14399.0	126.4	12124.0	8337.0	145.4	6070.0	6062.0	100.1	113.0	182.0	62.1
7871.5	8141.0	96.7	3133.0	2851.0	109.9	4738.5	5290.0	89.6	138.2	135.0	102.4
98895.6	88788.8	111.4	40304.6	32022.0	125.9	58591.0	56766.8	103.2	2253.9	1743.0	129.3
17526.0	16685.0	105.0	2369.0	10162.0	23.3	15157.0	6523.0	232.4	812.0	570.0	142.5
22530.8	18874.6	119.4	11281.0	9082.9	124.2	11249.8	9791.7	114.9	1602.0	896.4	178.7
117.0	109.3	107.0	350.0	291.5	120.1	–233.0	–182.2	0.0	36.4	23.4	155.6
24666.0	26359.0	93.6	9445.0	11150.0	84.7	15221.0	15209.0	100.1	473.0	568.0	83.3
26287.2	22350.0	117.6	13426.7	17350.0	77.4	12860.5	5000.0	257.2	1329.6	570.0	233.3
37886.0	35950.0	105.4	27201.0	24470.0	111.2	10685.0	11480.0	93.1	1004.0	959.0	104.7
5202.0	5419.0	96.0	4813.0	4544.0	105.9	389.0	875.0	44.5	304.0	380.0	80.0
8489.2	8449.7	100.5	4899.9	4773.1	102.7	3589.3	3676.6	97.6	157.8	226.4	69.7
26555.0	23433.0	113.3	11219.0	8683.0	129.2	15336.0	14750.0	104.0	666.0	520.0	128.1
57574.6	28341.3	203.1	34105.2	16569.1	205.8	23469.4	11772.2	199.4	239.9	576.8	41.6
897.6	898.2	99.9	111.8	138.9	80.5	785.8	759.3	103.5	129.2	118.7	108.8
21274.6	20324.8	104.7	5231.2	6311.7	82.9	16043.4	14013.1	114.5	1857.6	1323.8	140.3
10893.9	8572.6	127.1	7223.0	4969.7	145.3	3670.9	3602.8	101.9	233.1	212.7	109.6
32187.0	27322.0	117.8	25876.0	20181.0	128.2	6311.0	7141.0	88.4	138.0	426.0	32.4
12278.0	10279.0	119.4	5097.0	3689.0	138.2	7181.0	6590.0	109.0	368.0	465.0	79.1
9444.0	15651.0	60.3	5668.0	5763.0	98.4	3776.0	9888.0	38.2	311.0	495.0	62.8
8097.0	5748.0	140.9	481.0	1882.0	25.6	7616.0	3866.0	197.0	–5.0	161.0	0.0

单位名称	工资总额（万元）			人均工资（元/人）		
	2013年	2012年	同比（%）	2013年	2012年	同比（%）
长春新华印刷集团有限公司	2299.0	2004.0	114.7	42106.2	35658.4	118.1
长春第二新华印刷有限责任公司	331.0	355.0	93.2	24338.2	23051.9	105.6
延边新华印刷有限公司	791.0	774.0	102.2	33375.5	30592.9	109.1
黑龙江新华印刷二厂有限责任公司	860.0	1028.0	83.7	21717.2	22494.5	96.5
安徽新华印刷股份有限公司	5491.0	4948.7	111.0	35494.3	31600.7	112.3
合肥远东印务有限责任公司	426.0	391.0	109.0	21624.4	19949.0	108.4
安徽宣城海峰印刷包装有限公司	470.0	467.0	100.6	31543.6	31554.1	100.0
江西新华印刷集团有限公司	7349.7	5958.5	123.3	52497.9	39723.3	132.2
江西新华九江印刷有限公司	1107.0	1044.6	106.0	31628.9	29845.1	106.0
江苏新华印刷厂（合并）	5412.0	5623.0	96.2	42580.6	36442.0	116.8
江苏凤凰新华印务有限公司（合并）	3021.0	2225.0	135.8	60179.3	47040.2	127.9
江苏淮阴新华印刷厂	783.0	787.0	99.5	27093.4	25888.2	104.7
江苏徐州新华印刷厂	879.1	896.0	98.1	21493.9	21486.8	100.0
南通韬奋印刷有限公司	433.0	401.0	108.0	26894.4	22402.2	120.1
南京爱德印刷有限公司	5174.0	2930.0	176.6	120325.6	68618.3	175.4
中闻集团南京印务有限公司	1273.0	1249.0	101.9	43745.7	40420.7	108.2
浙江印刷集团有限公司	3535.0	3295.0	107.3	38803.5	49848.7	77.8
浙江新华数码印务有限公司	2143.0	2100.0	102.0	38336.3	70000.0	54.8
皖南海峰印刷包装有限公司	756.0	626.0	120.8	35000.0	29116.3	120.2
福建新华印刷有限责任公司	1575.0	1535.0	102.6	38985.1	35125.9	111.0
中闻集团福州印务有限公司	671.0	647.0	103.7	22366.7	18973.6	117.9
湖北新华印务有限公司	3615.9	3102.9	116.5	45713.0	35180.3	129.9
中闻集团武汉印务有限公司	1194.0	1114.0	107.2	44222.2	33154.8	133.4
中印南方印刷有限公司	748.0	835.0	89.6	26153.8	28595.9	91.5
湖南天闻新华印务有限公司	9099.3	8347.5	109.0	53150.2	48195.7	110.3
广东新华印刷有限公司	3167.3	2826.6	112.1	50194.1	45811.3	109.6
东莞金杯印刷有限公司	2789.0	2844.4	98.1	46795.3	44031.0	106.3
中华商务联合印刷（广东）有限公司	7641.0	7002.0	109.1	50703.4	52292.8	97.0
重庆新华印刷厂	985.0	1009.0	97.6	16016.3	14171.3	113.0
四川新华印刷有限责任公司	1195.0	1050.0	113.8	54816.5	47511.3	115.4
自贡兴华印务有限公司	250.0	440.0	56.8	14450.9	23157.9	62.4
四川新华彩色印务有限公司	1350.0	1340.0	100.7	38352.3	37325.9	102.7
云南出版印刷（集团）有限责任公司	5153.0	0.0	0.0	46381.6		0.0

（续）

资产总额（万元）			负债总额（万元）			期末所有者权益（万元）			应交增值税（万元）		
2013 年	2012 年	同比（%）	2013 年	2012 年	同比（%）	2013 年	2012 年	同比（%）	2013 年	2012 年	同比（%）
33065.0	29927.0	110.5	25596.0	22477.0	113.9	7469.0	7450.0	100.3	406.0	297.0	136.7
3673.0	3691.0	99.5	2482.0	1793.0	138.4	1191.0	1898.0	62.8	116.0	123.0	94.3
4346.0	4645.0	93.6	1058.0	1222.0	86.6	3288.0	3423.0	96.1	249.0	263.0	94.7
7075.0	6485.0	109.1	1094.0	1252.0	87.4	5981.0	5233.0	114.3	240.0	394.0	60.9
86825.1	82914.5	104.7	36023.4	36518.9	98.6	50801.8	46395.7	109.5	3496.0	3425.7	102.1
12598.0	12520.0	100.6	8543.0	8889.0	96.1	4055.0	3631.0	111.7	154.0	146.0	105.5
4567.0	4664.0	97.9	2897.0	3213.0	90.2	1670.0	1451.0	115.1	230.0	92.0	250.0
174220.0	78159.0	222.9	97272.0	40986.0	237.3	76948.0	37173.0	207.0	12533.0	798.4	1569.8
4403.7	4011.8	109.8	645.4	704.2	91.7	3758.3	3307.6	113.6	34.7	32.9	105.5
42729.0	44315.0	96.4	13118.0	13538.0	96.9	29611.0	30777.0	96.2	2000.0	2505.0	79.8
41915.0	21099.0	198.7	27406.0	8337.0	328.7	14509.0	12762.0	113.7	18.0	379.0	4.7
2849.0	3449.0	82.6	2280.0	2046.0	111.4	569.0	1403.0	40.6	136.0	122.0	111.5
2979.9	2150.8	138.5	3568.3	2414.7	147.8	–588.4	–263.9	0.0	125.2	251.5	49.8
2336.0	2224.0	105.0	1909.0	1737.0	109.9	427.0	487.0	87.7	135.0	130.0	103.8
24124.0	23708.0	101.8	11266.0	10572.0	106.6	12858.0	13136.0	97.9	142.0	165.0	86.1
18916.0	21701.0	87.2	8784.0	11509.0	76.3	10132.0	10192.0	99.4	249.0	200.0	124.5
41668.0	67431.0	61.8	17868.0	19142.0	93.3	23800.0	48289.0	49.3	1470.0	1867.0	78.7
19491.0	19782.0	98.5	5346.0	6396.0	83.6	14145.0	13386.0	105.7	750.0	691.0	108.5
11200.0	12520.0	89.5	6623.0	8195.0	80.8	4577.0	4325.0	105.8	419.0	635.0	66.0
10874.7	9856.1	110.3	6315.9	5292.3	119.3	4558.8	4563.8	99.9	26.5	133.3	19.9
10977.0	11266.0	97.4	3255.0	3610.0	90.2	7722.0	7656.0	100.9	254.0	181.0	140.3
40175.2	34781.5	115.5	26013.8	20908.7	124.4	14161.4	13872.8	102.1	556.8	751.5	74.1
12054.0	11972.0	100.7	1316.0	1088.0	121.0	10738.0	10884.0	98.7	322.0	213.0	151.2
14359.0	13147.0	109.2	7041.0	5841.0	120.5	7318.0	7306.0	100.2	76.0	150.0	50.7
110989.4	107649.5	103.1	56778.2	56902.9	99.8	54211.2	50746.6	106.8	2562.8	3581.4	71.6
25023.0	23208.2	107.8	3549.8	4972.1	71.4	21473.2	18236.1	117.8	1461.9	1201.9	121.6
27275.5	25631.8	106.4	4229.1	3519.8	120.2	23046.4	22112.0	104.2	329.1	520.9	63.2
114436.0	106371.0	107.6	71425.0	64117.0	111.4	43011.0	42254.0	101.8	2.0	1.0	200.0
10301.0	11553.0	89.2	10003.0	10945.0	91.4	298.0	608.0	49.0	168.0	162.0	103.7
26271.0	28683.0	91.6	23715.0	25233.0	94.0	2556.0	3450.0	74.1	4.0	98.0	4.1
803.0	762.0	105.4	398.0	361.0	110.2	405.0	401.0	101.0	145.0	55.0	263.6
17571.6	18618.0	94.4	10507.1	11661.0	90.1	7064.5	6957.0	101.5	91.5	126.5	72.3
51280.0	0.0	0.0	31121.0	0.0	0.0	20159.0	0.0	0.0	554.0	0.0	0.0

单位名称	工资总额（万元）			人均工资（元/人）		
	2013年	2012年	同比（%）	2013年	2012年	同比（%）
贵州新华印刷厂	2126.0	2073.0	102.6	31127.4	29614.3	105.1
西安新华印务有限公司	1750.0	1585.0	110.4	31992.7	29189.7	109.6
甘肃新华印刷厂	2121.0	2064.0	102.8	29499.3	27891.9	105.8
兰州新华印刷厂	2383.0	2158.0	110.4	41015.5	30566.6	134.2
天水新华印刷厂	1033.0	1070.0	96.5	22072.6	18290.6	120.7
青海新华印刷厂	497.0	481.0	103.3	27611.1	24922.3	110.8
新疆新华印刷厂	1904.0	2014.0	94.5	39420.3	41186.1	95.7
新疆八艺印刷厂	577.0	688.0	83.9	37960.5	41197.6	92.1
新疆新华印刷二厂	313.0	313.0	100.0	29528.3	29528.3	100.0
西藏新华印刷厂	1213.0	947.0	128.1	51617.0	40297.9	128.1
内蒙古爱信达印刷有限公司	1511.0	1257.0	120.2	68371.0	57136.4	119.7

数据来源：中国印刷及设备器材工业协会书刊印刷专业委员会。

（续）

资产总额（万元）			负债总额（万元）			期末所有者权益（万元）			应交增值税（万元）		
2013 年	2012 年	同比（%）	2013 年	2012 年	同比（%）	2013 年	2012 年	同比（%）	2013 年	2012 年	同比（%）
12117.0	12369.0	98.0	6295.0	5429.0	116.0	5822.0	6940.0	83.9	565.0	583.0	96.9
16229.0	13558.0	119.7	15255.0	12555.0	121.5	974.0	1003.0	97.1	257.0	362.0	71.0
11927.0	10819.0	110.2	7092.0	6057.0	117.1	4835.0	4762.0	101.5	306.0	269.0	113.8
10232.0	9579.0	106.8	5954.0	5398.0	110.3	4278.0	4181.0	102.3	693.0	639.0	108.5
16475.0	15951.0	103.3	12822.0	12188.0	105.2	3653.0	3763.0	97.1	261.0	254.0	102.8
3880.0	3605.0	107.6	1682.0	1508.0	111.5	2198.0	2097.0	104.8	86.0	97.0	88.7
25106.0	25627.0	98.0	12646.0	13295.0	95.1	12460.0	12332.0	101.0	422.0	533.0	79.2
16349.0	16954.0	96.4	15140.0	15369.0	98.5	1209.0	1585.0	76.3	89.5	-68.0	0.0
6394.0	6671.0	95.8	2517.0	2157.0	116.7	3877.0	4514.0	85.9	56.0	54.0	103.7
5451.0	6296.0	86.6	1824.0	2693.0	67.7	3627.0	3603.0	100.7	172.0	214.0	80.4
13851.0	13048.0	106.2	4267.0	4307.0	99.1	9584.0	8741.0	109.6	478.0	486.0	98.4

2013年全国110家书刊印刷（含其他印刷）

单位名称	单色印刷					
	产量（万令）			产值（万元）		
	2013年	2012年	同比（%）	2013年	2012年	同比（%）
北京印刷一厂	3.2	3.8	84.2	139.3	135.7	102.7
北京印刷集团有限责任公司二厂	2.9	3.5	82.9	155.4	216.3	71.8
北京利丰雅高长城印刷有限公司	0.0	0.0	0.0	0.0	0.0	0.0
天津新华一印刷有限公司	0.0	0.0	0.0	0.0	0.0	0.0
天津新华二印刷有限公司	5.0	6.0	83.3	140.0	302.0	46.4
天津新华印刷三厂	0.8	1.1	72.7	9.0	12.3	73.2
天津金彩美术印刷有限公司	0.0	0.0	0.0	0.0	0.0	0.0
高教社（天津）印务有限公司	22.0	25.0	88.0	528.0	688.0	76.7
天津市汇源印刷有限公司	0.1	0.1	100.0	0.0	0.0	0.0
今晚报社印刷厂	50.0	0.0	0.0	0.0	0.0	0.0
天津市银博印刷技术发展有限公司	1.0	1.2	83.3	0.0	0.0	0.0
天津市华明印刷有限公司	0.6	0.6	100.0	0.0	0.0	0.0
上海新华印刷有限公司	4.5	4.6	97.8	135.0	133.0	101.5
上海市印刷三厂	0.0	0.0	0.0	0.0	0.0	0.0
上海中华印刷有限公司	0.0	0.0	0.0	0.0	0.0	0.0
上海市印刷四厂	1.0	2.0	50.0	198.0	151.0	131.1
北京新华印刷有限公司	37.0	37.0	100.0	831.0	819.0	101.5
北京一二零一印刷厂	17.0	8.0	212.5	781.0	251.0	311.2
北京强华印刷厂	0.0	0.0	0.0	0.0	0.0	0.0
中国人民解放军解放军报印刷厂	0.0	0.0	0.0	0.0	0.0	0.0
北京凌奇印刷责任有限公司	23.5	28.5	82.7	802.4	941.1	85.3
北京金盾印刷厂	19.0	18.2	104.4	679.0	591.5	114.8
北京市荣海印刷厂	3.6	4.0	90.0	181.0	195.0	92.8
北京国防印刷厂	6.1	7.4	82.4	206.0	250.0	82.4
北京交通印务有限公司	2.0	4.0	50.0	13.0	180.0	7.2
人民教育出版社印刷厂	25.0	22.0	113.6	552.0	482.0	114.5
人民日报印刷厂	13.2	12.6	104.8	15.5	14.8	104.7
煤炭工业出版社印刷厂	4.2	3.9	107.7	230.7	216.6	106.5
中国农业出版社印刷厂	13.2	14.8	89.2	503.0	527.1	95.4
北京建筑工业印刷厂	5.7	6.3	90.5	338.5	383.4	88.3
北京机工印刷厂	9.7	10.8	89.8	0.0	0.0	0.0
中青印刷厂	4.8	9.8	49.0	65.2	146.9	44.4

企业经济效益完成情况汇总表（五）

多色印刷						书刊装订					
产量（万对开色令）			产值（万元）			产量（万令）			产值（万元）		
2013 年	2012 年	同比（%）	2013 年	2012 年	同比（%）	2013 年	2012 年	同比（%）	2013 年	2012 年	同比（%）
34.2	20.2	169.3	668.6	491.9	135.9	3.2	3.0	106.7	117.2	101.7	115.2
9.0	12.8	70.3	990.9	1882.2	52.6	0.0	0.0	0.0	0.0	0.0	0.0
796.0	866.0	91.9	11306.0	10723.0	105.4	77.0	87.0	88.5	5880.0	6021.0	97.7
0.0	0.0	0.0	0.0	0.0	0.0	0.0	0.0	0.0	0.0	0.0	0.0
32.0	34.0	94.1	878.0	694.0	126.5	8.0	8.0	100.0	238.0	233.0	102.1
15.0	8.8	170.5	375.0	220.0	170.5	1.8	2.2	81.8	19.3	23.5	82.1
28.1	27.5	102.3	1382.3	1200.7	115.1	2.6	3.3	80.5	100.2	124.3	80.6
66.0	55.0	120.0	1565.0	1273.0	122.9	16.0	18.0	88.9	451.0	481.0	93.8
9.4	9.2	102.2	0.0	0.0	0.0	0.0	0.0	0.0	0.0	0.0	0.0
1311.7	1370.0	95.7	0.0	0.0	0.0	0.0	0.0	0.0	0.0	0.0	0.0
6.6	6.7	98.5	0.0	0.0	0.0	0.0	0.0	0.0	0.0	0.0	0.0
0.0	0.0	0.0	0.0	0.0	0.0	0.0	0.0	0.0	0.0	0.0	0.0
22.0	25.0	88.0	501.3	546.8	91.7	2.6	6.3	41.3	125.0	214.0	58.4
0.0	0.0	0.0	0.0	0.0	0.0	0.0	0.0	0.0	0.0	0.0	0.0
446.2	424.8	105.0	6128.3	5583.5	109.8	56.8	46.4	122.4	2606.6	1810.3	144.0
6.0	7.0	85.7	210.0	149.0	140.9	0.0	0.0	0.0	0.0	0.0	0.0
254.0	248.0	102.4	3702.0	3420.0	108.2	74.0	80.0	92.5	3348.0	3334.0	100.4
13.0	4.0	325.0	713.0	174.0	409.8	6.9	3.0	230.0	226.0	146.0	154.8
33.6	30.9	108.7	1645.7	1506.7	109.2	0.0	0.0	0.0	0.0	0.0	0.0
0.0	0.0	0.0	0.0	0.0	0.0	0.0	0.0	0.0	0.0	0.0	0.0
30.1	37.0	81.5	1015.1	1249.8	81.2	24.3	31.2	77.9	569.4	704.2	80.9
55.0	53.0	103.8	1155.0	1119.7	103.2	23.5	23.5	100.0	952.0	861.0	110.6
1.7	1.8	94.4	51.0	55.0	92.7	1.9	2.0	95.0	39.0	41.0	95.1
1.5	0.0	0.0	51.0	0.0	0.0	1.5	1.6	93.8	45.0	48.0	93.8
5.0	2.0	250.0	181.0	68.0	266.2	0.0	0.0	0.0	0.0	0.0	0.0
64.0	56.0	114.3	2872.0	2607.0	110.2	21.0	20.0	105.0	1220.0	967.0	126.2
3.9	5.0	78.0	4.5	5.8	77.6	4.3	4.5	95.6	50.3	45.1	111.5
3.6	4.0	90.0	136.2	136.0	100.1	1.0	1.0	100.0	33.1	45.0	73.6
15.0	15.0	100.0	356.5	455.1	78.3	10.1	12.9	78.3	542.9	683.4	79.4
1.3	1.3	100.0	144.3	153.5	94.0	2.2	3.1	71.0	74.7	95.8	78.0
0.0	0.0	0.0	2.2	0.0	0.0	0.0	0.0	0.0	0.0	0.0	0.0
23.5	30.8	76.3	639.3	838.1	76.3	0.0	3.8	0.0	0.0	46.7	0.0

单 位 名 称	单色印刷					
	产量（万令）			产值（万元）		
	2013 年	2012 年	同比（%）	2013 年	2012 年	同比（%）
文物出版社印刷厂	4.0	5.0	80.0	100.0	135.0	74.1
北京中科印刷有限公司	66.3	52.5	126.3	3850.0	2962.0	130.0
北京人卫印刷厂	26.0	26.0	100.0	955.0	824.0	115.9
新华社印务有限责任公司	32.0	42.0	76.2	452.0	1242.0	36.4
北京京安印刷厂	0.9	1.0	90.0	21.4	23.7	90.3
中国电影出版社印刷厂	0.0	0.0	0.0	0.0	0.0	0.0
北京轻工印刷厂	0.0	0.0	0.0	149.0	137.0	108.8
北京中兴印刷有限公司	5.4	5.2	103.8	302.6	281.6	107.5
清华大学印刷厂	21.0	373.0	5.6	362.0	12.0	3016.7
北京大学印刷厂	7.0	5.3	132.1	119.7	78.0	153.5
北京毕诚彩印刷厂	1.5	0.5	300.0	152.0	101.0	150.5
北京佳信达欣艺术印刷有限公司	1.7	20.0	8.5	460.0	396.0	116.2
北京华联印刷有限公司	6.2	4.0	154.4	74.1	42.3	175.2
北京画中画印刷有限公司	0.0	0.0	0.0	0.0	0.0	0.0
北京顶佳世纪印刷有限公司	0.0	0.0	0.0	0.0	0.0	0.0
化学工业出版社印刷厂	12.5	13.1	95.4	733.4	714.2	102.7
北京盛通印刷股份有限公司	0.0	0.0	0.0	0.0	0.0	0.0
中国铁道出版社印刷厂	7.7	6.3	122.2	90.6	89.1	101.7
北京东港安全印刷有限公司	0.0	0.0	0.0	0.0	0.0	0.0
北京印刷学院实习工厂	1.5	7.5	20.0	12.5	126.0	9.9
北京联兴盛业印刷股份有限公司	26.0	60.0	43.3	1360.0	3897.0	34.9
山东新华印务有限责任公司	16.7	17.1	97.7	321.6	391.0	82.3
山东临沂新华印刷物流集团有限公司	36.2	33.3	108.7	3244.4	2935.2	110.5
山东新华印刷厂潍坊厂	5.4	4.7	114.9	183.2	132.8	138.0
中闻集团济南印务有限公司	11.9	12.0	99.2	228.7	230.7	99.1
河北新华第一印刷有限责任公司	23.0	26.0	88.5	478.0	582.0	82.1
河北新华第二印刷有限责任公司	12.9	8.5	151.8	445.6	312.2	142.7
中国标准出版社秦皇岛印刷厂	9.8	9.4	104.3	432.7	523.2	82.7
保定五四三印刷厂	0.0	0.0	0.0	0.0	0.0	0.0
廊坊一二０六印刷厂	0.0	0.0	0.0	0.0	0.0	0.0
山西新华印业有限公司	5.7	6.3	90.5	117.9	140.0	84.2
山西人民印刷有限责任公司	8.3	9.0	92.2	226.0	245.0	92.2
沈阳新华印刷厂	20.0	22.0	90.9	422.0	487.0	86.7
东北印刷厂	16.0	17.0	94.1	307.0	302.0	101.7

（续）

多色印刷						书刊装订					
产量（万对开色令）			产值（万元）			产量（万令）			产值（万元）		
2013 年	2012 年	同比（%）	2013 年	2012 年	同比（%）	2013 年	2012 年	同比（%）	2013 年	2012 年	同比（%）
8.0	15.0	53.3	100.0	188.0	53.2	1.0	1.0	100.0	40.0	40.0	100.0
195.0	110.0	177.3	6630.0	3683.0	180.0	56.5	47.0	120.2	4181.0	3478.0	120.2
49.0	48.0	102.1	1505.0	1397.0	107.7	21.0	19.0	110.5	687.0	598.0	114.9
96.0	111.0	86.5	3845.0	4687.0	82.0	5.0	4.0	125.0	665.0	172.0	386.6
1.0	2.0	50.0	9.2	25.3	36.4	0.9	1.0	90.0	12.0	13.3	90.2
54.0	47.0	114.9	2195.0	2102.0	104.4	0.0	0.0	0.0	0.0	0.0	0.0
0.0	0.0	0.0	596.0	548.0	108.8	0.0	0.0	0.0	0.0	0.0	0.0
0.3	0.3	100.0	38.1	34.2	111.4	5.5	5.5	100.0	168.1	168.9	99.5
7.0	386.0	1.8	335.0	10.0	3350.0	12.0	262.0	4.6	283.0	0.0	0.0
13.5	12.9	104.7	233.1	166.1	140.3	2.5	0.0	0.0	96.1	0.0	0.0
12.0	4.0	300.0	664.4	136.0	488.5	1.5	1.0	150.0	95.0	63.0	150.8
124.0	214.0	57.9	1340.0	1712.0	78.3	17.2	216.0	8.0	770.0	540.0	142.6
1189.2	1112.0	106.9	32819.1	31713.0	103.5	1195.3	1116.0	107.1	32893.2	31755.0	103.6
43.0	99.2	43.3	1527.9	2585.2	59.1	99.7	59.4	167.8	3927.2	2280.2	172.2
5.9	8.9	66.3	5510.0	7725.0	71.3	0.0	0.0	0.0	0.0	0.0	0.0
8.0	7.5	106.7	344.1	315.2	109.2	11.0	11.3	97.3	341.8	347.8	98.3
1286.5	1210.0	106.3	0.0	0.0	0.0	0.0	0.0	0.0	0.0	0.0	0.0
16.8	16.3	103.1	288.7	270.9	106.6	9.2	7.4	124.3	281.6	226.2	124.5
51.8	40.2	128.9	15545.8	12051.3	129.0	0.0	0.0	0.0	0.0	0.0	0.0
15.8	9.2	171.7	131.8	145.0	90.9	1.4	14.0	10.0	11.7	66.0	17.7
41.0	60.0	68.3	2913.0	3897.0	74.7	45.0	40.0	112.5	1962.0	1851.4	106.0
233.9	198.0	118.1	3914.3	3304.0	118.5	46.2	41.7	110.8	1815.4	1142.0	159.0
280.8	318.4	88.2	5698.2	6409.8	88.9	85.8	82.2	104.4	3997.1	3400.4	117.5
101.7	102.0	99.7	2179.0	2043.0	106.7	19.4	19.0	102.1	496.3	379.0	130.9
39.9	109.4	36.5	811.3	1414.4	57.4	17.5	17.5	100.0	282.1	272.4	103.6
234.0	201.0	116.4	5501.0	5001.0	110.0	56.0	50.0	112.0	1483.0	1282.0	115.7
172.5	215.1	80.2	2971.8	3955.7	75.1	34.8	41.3	84.3	652.2	784.9	83.1
11.5	9.7	118.6	286.2	303.0	94.5	6.6	6.7	98.5	302.8	249.2	121.5
100.0	104.0	96.2	29568.5	30412.7	97.2	0.0	0.0	0.0	0.0	0.0	0.0
36.9	40.8	90.5	1589.7	1390.2	114.3	1.0	1.0	104.2	108.3	78.8	137.5
181.3	178.4	101.6	2248.6	2917.4	77.1	33.4	27.4	121.9	713.6	664.0	107.5
188.8	180.0	104.9	4531.0	4320.0	104.9	41.6	40.0	104.0	1123.0	1208.0	93.0
157.0	120.0	130.8	2874.0	2170.0	132.4	40.0	39.0	102.6	1112.0	1009.0	110.2
13.0	15.0	86.7	245.0	300.0	81.7	16.0	16.0	100.0	252.0	256.0	98.4

单位名称	单色印刷					
	产量（万令）			产值（万元）		
	2013年	2012年	同比（%）	2013年	2012年	同比（%）
长春新华印刷集团有限公司	8.0	17.0	47.1	186.0	406.0	45.8
长春第二新华印刷有限责任公司	6.0	7.0	85.7	117.0	126.0	92.9
延边新华印刷有限公司	9.0	9.0	100.0	266.0	176.0	151.1
黑龙江新华印刷二厂有限责任公司	3.0	3.0	100.0	55.0	147.0	37.4
安徽新华印刷股份有限公司	378.3	353.0	107.2	25908.9	24189.9	107.1
合肥远东印务有限责任公司	42.0	44.0	95.5	1920.0	1871.0	102.6
安徽宣城海峰印刷包装有限公司	12.0	10.0	120.0	0.0	0.0	0.0
江西新华印刷集团有限公司	59.0	58.0	101.7	1060.0	1050.0	101.0
江西新华九江印刷有限公司	34.8	33.9	102.5	768.2	759.2	101.2
江苏新华印刷厂（合并）	101.0	112.0	90.2	4125.0	4574.0	90.2
江苏凤凰新华印务有限公司（合并）	16.0	30.0	53.3	1037.0	1945.0	53.3
江苏淮阴新华印刷厂	5.9	5.3	111.3	231.0	185.0	124.9
江苏徐州新华印刷厂	16.0	19.0	84.2	219.0	230.0	95.2
南通韬奋印刷有限公司	3.7	3.5	105.7	148.0	140.0	105.7
南京爱德印刷有限公司	82.0	71.0	115.5	1212.0	1071.0	113.2
中闻集团南京印务有限公司	49.0	48.0	102.1	3332.0	3748.0	88.9
浙江印刷集团有限公司	23.0	30.0	76.7	870.0	1887.0	46.1
浙江新华数码印务有限公司	22.0	23.0	95.7	545.0	616.0	88.5
皖南海峰印刷包装有限公司	6.0	6.0	100.0	5500.0	5600.0	98.2
福建新华印刷有限责任公司	13.1	13.5	97.0	2281.4	1835.1	124.3
中闻集团福州印务有限公司	28.0	27.0	103.7	629.0	596.0	105.5
湖北新华印务有限公司	78.8	74.1	106.3	8073.2	6759.2	119.4
中闻集团武汉印务有限公司	44.0	45.0	97.8	541.0	3481.0	15.5
中印南方印刷有限公司	31.0	9.0	344.4	1863.0	1946.0	95.7
湖南天闻新华印务有限公司	161.5	167.0	96.7	6461.0	6681.0	96.7
广东新华印刷有限公司	28.7	30.2	95.0	0.0	0.0	0.0
东莞金杯印刷有限公司	10.9	9.3	117.2	0.0	0.0	0.0
中华商务联合印刷（广东）有限公司	136.0	153.0	88.9	0.0	0.0	0.0
重庆新华印刷厂	66.0	58.0	113.8	1809.0	1597.0	113.3
四川新华印刷有限责任公司	6.0	7.0	85.7	75.0	140.0	53.6
自贡兴华印务有限公司	2.8	2.8	100.0	182.0	183.0	99.5
四川新华彩色印务有限公司	11.7	11.0	106.4	0.0	0.0	0.0
云南出版印刷（集团）有限责任公司	18.4	0.0	0.0	0.0	0.0	0.0

（续）

多色印刷						书刊装订					
产量（万对开色令）			产值（万元）			产量（万令）			产值（万元）		
2013 年	2012 年	同比（%）	2013 年	2012 年	同比（%）	2013 年	2012 年	同比（%）	2013 年	2012 年	同比（%）
199.0	161.0	123.6	3494.0	2815.0	124.1	42.0	36.0	116.7	1097.0	950.0	115.5
32.0	37.0	86.5	573.0	674.0	85.0	10.0	11.0	90.9	198.0	239.0	82.8
48.0	46.0	104.3	795.0	771.0	103.1	18.0	18.0	100.0	365.0	362.0	100.8
118.0	109.0	108.3	2677.0	2251.0	118.9	18.0	18.0	100.0	662.0	694.0	95.4
746.5	687.7	108.5	23423.0	21475.5	109.1	358.8	326.2	110.0	5074.1	4612.8	110.0
70.0	64.0	109.4	2650.0	2286.0	115.9	56.0	50.0	112.0	1220.0	1092.0	111.7
8.5	8.0	106.3	0.0	0.0	0.0	0.0	0.0	0.0	0.0	0.0	0.0
1250.0	1235.0	101.2	24890.0	24690.0	100.8	232.0	228.0	101.8	4180.0	4165.0	100.4
1074.8	1056.0	101.8	2191.5	2084.4	105.1	210.0	209.3	100.3	0.0	0.0	0.0
280.0	313.0	89.5	11983.0	13395.0	89.5	83.0	71.0	116.9	2106.0	1802.0	116.9
81.0	67.0	120.9	1628.0	1347.0	120.9	43.0	39.0	110.3	909.0	825.0	110.2
56.8	50.9	111.6	1239.0	1070.0	115.8	11.0	9.7	113.4	461.0	384.0	120.1
26.5	29.0	91.4	512.0	555.0	92.3	11.1	12.0	92.5	308.0	334.0	92.2
40.0	34.0	117.6	1400.0	1186.0	118.0	8.5	6.0	141.7	204.0	144.0	141.7
34.0	31.0	109.7	597.0	525.0	113.7	70.5	65.0	108.5	1782.0	1547.0	115.2
32.0	29.0	110.3	1707.0	1318.0	129.5	19.0	19.0	100.0	317.0	310.0	102.3
517.0	448.0	115.4	18514.0	18152.0	102.0	97.0	115.0	84.3	2582.0	3745.0	68.9
345.0	329.0	104.9	4470.0	5188.0	86.2	87.0	71.0	122.5	2331.0	2273.0	102.6
2.0	2.0	100.0	800.0	900.0	88.9	7.0	7.0	100.0	6300.0	6500.0	96.9
163.7	151.8	107.8	3946.0	3684.2	107.1	3.0	3.3	90.9	709.4	644.8	110.0
21.0	28.0	75.0	437.0	567.0	77.1	7.0	9.0	77.8	175.0	170.0	102.9
82.9	68.0	121.9	2378.5	2017.7	117.9	69.1	53.0	130.4	1526.9	1110.6	137.5
26.0	25.0	104.0	1028.0	1752.0	58.7	18.0	19.0	94.7	240.0	197.0	121.8
35.0	33.0	106.1	1779.0	1803.0	98.7	32.0	31.0	103.2	973.0	779.0	124.9
1838.0	1787.7	102.8	31543.2	30680.0	102.8	273.0	246.0	111.0	4804.8	4329.6	111.0
523.3	369.8	141.5	0.0	0.0	0.0	99.0	82.0	120.7	0.0	0.0	0.0
143.9	149.7	96.1	0.0	0.0	0.0	26.2	27.4	95.7	0.0	0.0	0.0
950.0	1013.0	93.8	0.0	0.0	0.0	302.0	321.0	94.1	0.0	0.0	0.0
24.0	13.0	184.6	547.0	301.0	181.7	20.0	18.0	111.1	454.0	408.0	111.3
114.0	78.0	146.2	1881.0	2301.0	81.7	49.0	16.0	306.3	1470.0	144.0	1020.8
41.0	42.0	97.6	902.0	924.0	97.6	10.0	12.0	83.3	293.0	350.0	83.7
359.2	379.7	94.6	0.0	0.0	0.0	47.4	41.0	115.6	0.0	0.0	0.0
306.0	0.0	0.0	0.0	0.0	0.0	0.0	0.0	0.0	0.0	0.0	0.0

单位名称	单色印刷					
	产量（万令）			产值（万元）		
	2013年	2012年	同比（%）	2013年	2012年	同比（%）
贵州新华印刷厂	5.5	3.0	183.3	58.9	39.0	151.1
西安新华印务有限公司	7.6	7.2	105.6	435.0	580.0	75.0
甘肃新华印刷厂	19.0	24.0	79.2	302.0	338.0	89.3
兰州新华印刷厂	14.0	31.0	45.2	546.0	2053.0	26.6
天水新华印刷厂	20.0	20.0	100.0	1249.0	1338.0	93.3
青海新华印刷厂	2.0	0.0	0.0	80.0	0.0	0.0
新疆新华印刷厂	7.0	5.0	140.0	139.0	103.0	135.0
新疆八艺印刷厂	8.5	10.4	82.2	761.0	810.0	94.0
新疆新华印刷二厂	24.0	25.0	96.0	537.0	559.0	96.1
西藏新华印刷厂	1.7	1.8	94.4	0.0	0.0	0.0
内蒙古爱信达印刷有限公司	8.0	6.0	133.3	223.0	218.0	102.3

注：1. 参加资料汇编企业情况说明。本资料共汇集了全国110家书刊印刷（含其他印刷）企业2013年主要经济效益指标完成情况。这些企业分布在全国26个省、自治区、直辖市。其中：北京隆达印刷包装集团3家，天津新闻出版局9家，上海印刷（集团）有限公司4家，在京部队印刷企业7家，中央在京各部委印刷企业及其他在京印刷企业29家，分布在各省、自治区的印刷企业58家。

2. 主要经济指标总量完成情况统计。工业总产值（现价）：115亿元，工业销售产值（现价）：116亿元，工业增加值（生产法）：51亿元，主营业务收入：121亿元，实现利税：9.3亿元，利润总额：3.8亿元，人均创利税：20423元/人，人均工资：43403元/人。

3. 主要产品产量完成情况统计。单色印刷：2291.6万令，多色印刷：19081.1万对开色令，书刊装订：4784.9万令。

（供稿单位：中国印工协书刊印刷专业委员会、北京印刷协会、中国人民解放军印刷协会）

（续）

多色印刷						书刊装订					
产量（万对开色令）			产值（万元）			产量（万令）			产值（万元）		
2013 年	2012 年	同比（%）	2013 年	2012 年	同比（%）	2013 年	2012 年	同比（%）	2013 年	2012 年	同比（%）
246.3	222.0	110.9	4934.1	4772.0	103.4	34.8	30.0	115.9	988.2	862.0	114.6
168.0	153.0	109.8	6278.0	6200.0	101.3	28.0	25.0	112.0	482.0	431.0	111.8
146.0	148.0	98.6	2144.0	2014.0	106.5	22.0	24.0	91.7	537.0	473.0	113.5
169.0	47.0	359.6	3211.0	994.0	323.0	39.0	38.0	102.6	860.0	856.0	100.5
102.0	98.0	104.1	430.0	383.0	112.3	18.0	17.0	105.9	404.0	385.0	104.9
16.0	40.0	40.0	387.0	485.0	79.8	3.0	0.0	0.0	56.0	72.0	77.8
126.0	138.0	91.3	3255.0	3441.0	94.6	32.0	25.0	128.0	729.0	662.0	110.1
19.3	21.7	89.1	789.0	682.0	115.7	4.4	5.0	87.0	94.0	86.0	109.3
1.0	5.0	20.0	16.0	81.0	19.8	7.0	7.0	100.0	103.0	100.0	103.0
46.9	39.8	117.8	0.0	0.0	0.0	5.4	4.9	110.2	0.0	0.0	0.0
195.0	178.0	109.6	4396.0	4095.0	107.4	32.0	29.5	108.5	1563.0	1387.0	112.7

2013年主要经济

排序	经济效益综合指数		实现利税	
	单位名称	%	单位名称	万元
1	北京东港安全印刷有限公司	711	湖南天闻新华印务有限公司	11907
2	新华社印务有限责任公司	363	安徽新华印刷股份有限公司	7910
3	安徽新华印刷股份有限公司	323	北京东港安全印刷有限公司	6997
4	浙江新华数码印务有限公司	301	保定五四三印刷厂	5471
5	广东新华印刷有限公司	288	广东新华印刷有限公司	5095
6	安徽宣城海峰印刷包装有限公司	281	北京盛通印刷股份有限公司	4846
7	南京爱德印刷有限公司	277	江苏新华印刷厂（合并）	4126
8	合肥远东印务有限责任公司	248	新华社印务有限责任公司	4004
9	北京画中画印刷有限公司	241	南京爱德印刷有限公司	3325
10	湖南天闻新华印务有限公司	240	浙江印刷集团有限公司	3159
11	北京华联印刷有限公司	231	北京利丰雅高长城印刷有限公司	2569
12	内蒙古爱信达印刷有限公司	229	山东临沂新华印刷物流集团有限公司	2519
13	保定五四三印刷厂	226	人民日报印刷厂	2110
14	人民日报印刷厂	217	湖北新华印务有限公司	2050
15	江西新华印刷集团有限公司	214	江西新华印刷集团有限公司	1948
16	江西新华九江印刷有限公司	195	北京印刷集团有限责任公司二厂	1738
17	中国铁道出版社印刷厂	191	东莞金杯印刷有限公司	1697
18	中印南方印刷有限公司	188	北京中科印刷有限公司	1666
19	皖南海峰印刷包装有限公司	184	皖南海峰印刷包装有限公司	1417
20	北京利丰雅高长城印刷有限公司	182	中国铁道出版社印刷厂	1362
21	北京盛通印刷股份有限公司	178	河北新华第一印刷有限责任公司	1263
22	山东临沂新华印刷物流集团有限公司	176	内蒙古爱信达印刷有限公司	1093
23	中国人民解放军解放军报印刷厂	170	长春新华印刷集团有限公司	1028
24	北京印刷集团有限责任公司二厂	169	江苏凤凰新华印务有限公司（合并）	1023
25	东莞金杯印刷有限公司	165	北京新华印刷有限公司	1006
26	湖北新华印务有限公司	160	浙江新华数码印务有限公司	946
27	中国标准出版社秦皇岛印刷厂	153	兰州新华印刷厂	942
28	黑龙江新华印刷二厂有限责任公司	145	新疆新华印刷厂	901
29	浙江印刷集团有限公司	142	河北新华第二印刷有限责任公司	883

指标排行表（一）

利润总额		工业增加值		主营业务收入	
单位名称	万元	单位名称	万元	单位名称	万元
湖南天闻新华印务有限公司	8757	安徽新华印刷股份有限公司	53278	湖南天闻新华印务有限公司	93749
北京东港安全印刷有限公司	5246	湖南天闻新华印务有限公司	36112	中华商务联合印刷（广东）有限公司	78314
安徽新华印刷股份有限公司	4951	天津市汇源印刷有限公司	31431	安徽新华印刷股份有限公司	67902
天津市汇源印刷有限公司	4578	江西新华印刷集团有限公司	25508	浙江印刷集团有限公司	67209
广东新华印刷有限公司	3403	云南出版印刷（集团）有限责任公司	23028	北京盛通印刷股份有限公司	52167
新华社印务有限责任公司	2955	浙江新华数码印务有限公司	19731	北京利丰雅高长城印刷有限公司	43203
南京爱德印刷有限公司	2770	北京利丰雅高长城印刷有限公司	18938	江西新华印刷集团有限公司	38908
北京盛通印刷股份有限公司	2634	北京盛通印刷股份有限公司	15948	北京华联印刷有限公司	37032
保定五四三印刷厂	2526	山东临沂新华印刷物流集团有限公司	14468	山东临沂新华印刷物流集团有限公司	33756
湖北新华印务有限公司	1438	江苏新华印刷厂（合并）	12441	湖北新华印务有限公司	33212
东莞金杯印刷有限公司	1217	中华商务联合印刷（广东）有限公司	11449	保定五四三印刷厂	29542
浙江印刷集团有限公司	1089	人民日报印刷厂	10807	南京爱德印刷有限公司	28833
皖南海峰印刷包装有限公司	818	北京东港安全印刷有限公司	10727	云南出版印刷（集团）有限责任公司	28787
北京印刷集团有限责任公司二厂	801	新华社印务有限责任公司	10662	天津市汇源印刷有限公司	26977
山东临沂新华印刷物流集团有限公司	790	南京爱德印刷有限公司	10271	江苏新华印刷厂（合并）	25737
江西新华印刷集团有限公司	764	保定五四三印刷厂	9674	北京东港安全印刷有限公司	21192
北京中科印刷有限公司	623	广东新华印刷有限公司	9627	浙江新华数码印务有限公司	20476
河北新华第一印刷有限责任公司	597	湖北新华印务有限公司	9346	北京新华印刷有限公司	19586
北京利丰雅高长城印刷有限公司	594	天津市华明印刷有限公司	9041	上海中华印刷有限公司	18700
河北新华第二印刷有限责任公司	517	浙江印刷集团有限公司	8662	东莞金杯印刷有限公司	16822
今晚报社印刷厂	505	今晚报社印刷厂	8100	人民日报印刷厂	14547
中国铁道出版社印刷厂	500	东莞金杯印刷有限公司	7074	广东新华印刷有限公司	14304
北京华联印刷有限公司	496	北京新华印刷有限公司	6689	北京中科印刷有限公司	12614
江西新华九江印刷有限公司	451	天津市银博印刷技术发展有限公司	6476	江苏凤凰新华印务有限公司(合并）	12346
合肥远东印务有限责任公司	424	山西人民印刷有限责任公司	6145	北京画中画印刷有限公司	11676
内蒙古爱信达印刷有限公司	351	中印南方印刷有限公司	5991	山西人民印刷有限责任公司	11454
黑龙江新华印刷二厂有限责任公司	349	北京画中画印刷有限公司	5394	长春新华印刷集团有限公司	11096
安徽宣城海峰印刷包装有限公司	278	中国人民解放军解放军报印刷厂	5059	中国人民解放军解放军报印刷厂	10972
北京强华印刷厂	241	合肥远东印务有限责任公司	5028	河北新华第一印刷有限责任公司	10877

排序	经济效益综合指数		实现利税	
	单位名称	%	单位名称	万元
30	中国农业出版社印刷厂	138	贵州新华印刷厂	829
31	北京强华印刷厂	133	中国人民解放军解放军报印刷厂	817
32	山西人民印刷有限责任公司	131	上海中华印刷有限公司	804
33	自贡兴华印务有限公司	130	四川新华彩色印务有限公司	719
34	中国电影出版社印刷厂	130	北京联兴盛业印刷股份有限公司	702
35	江苏新华印刷厂（合并）	128	江西新华九江印刷有限公司	701
36	北京金盾印刷厂	125	山西人民印刷有限责任公司	694
37	西藏新华印刷厂	124	安徽宣城海峰印刷包装有限公司	693
38	北京新华印刷有限公司	122	黑龙江新华印刷二厂有限责任公司	686
39	中闻集团武汉印务有限公司	122	合肥远东印务有限责任公司	672
40	高教社（天津）印务有限公司	119	高教社（天津）印务有限公司	611
41	北京中科印刷有限公司	116	山东新华印务有限责任公司	610
42	廊坊一二０六印刷厂	115	中闻集团福州印务有限公司	578
43	兰州新华印刷厂	113	北京金盾印刷厂	453
44	北京顶佳世纪印刷有限公司	112	中闻集团南京印务有限公司	453
45	四川新华彩色印务有限公司	111	甘肃新华印刷厂	446
46	北京联兴盛业印刷股份有限公司	111	北京一二零一印刷厂	419
47	贵州新华印刷厂	110	新疆八艺印刷厂	401
48	中闻集团南京印务有限公司	109	北京凌奇印刷责任有限公司	395
49	北京人卫印刷厂	109	北京人卫印刷厂	378
50	福建新华印刷有限责任公司	106	西安新华印务有限公司	363
51	清华大学印刷厂	106	廊坊一二０六印刷厂	352
52	北京佳信达欣艺术印刷有限公司	105	北京印刷一厂	332
53	北京中兴印刷有限公司	101	中国农业出版社印刷厂	329
54	山东新华印务有限责任公司	100	人民教育出版社印刷厂	328
55	甘肃新华印刷厂	99	山西新华印业有限公司	320
56	江苏凤凰新华印务有限公司（合并）	99	中印南方印刷有限公司	305
57	河北新华第一印刷有限责任公司	98	中闻集团武汉印务有限公司	300
58	新疆新华印刷厂	95	西藏新华印刷厂	227
59	中闻集团福州印务有限公司	94	延边新华印刷有限公司	210
60	中华商务联合印刷（广东）有限公司	93	北京画中画印刷有限公司	209
61	北京印刷学院实习工厂	90	清华大学印刷厂	198

（续）

利润总额		工业增加值		主营业务收入	
单位名称	万元	单位名称	万元	单位名称	万元
天津市华明印刷有限公司	222	内蒙古爱信达印刷有限公司	4980	新华社印务有限责任公司	10554
江苏凤凰新华印务有限公司（合并）	209	贵州新华印刷厂	4903	今晚报社印刷厂	9866
人民日报印刷厂	204	甘肃新华印刷厂	4443	中印南方印刷有限公司	9662
贵州新华印刷厂	189	北京中科印刷有限公司	4345	福建新华印刷有限责任公司	9660
北京一二零一印刷厂	180	中国铁道出版社印刷厂	4039	四川新华彩色印务有限公司	9651
新疆新华印刷厂	167	河北新华第一印刷有限责任公司	3909	中国铁道出版社印刷厂	9596
云南出版印刷（集团）有限责任公司	166	安徽宣城海峰印刷包装有限公司	3756	山东新华印务有限责任公司	9477
天津市银博印刷技术发展有限公司	152	山西新华印业有限公司	3478	北京印刷集团有限责任公司二厂	9161
北京人卫印刷厂	150	江苏凤凰新华印务有限公司（合并）	3416	兰州新华印刷厂	9102
山西人民印刷有限责任公司	147	长春新华印刷集团有限公司	3187	天津市华明印刷有限公司	9041
山东新华印务有限责任公司	120	福建新华印刷有限责任公司	3095	山西新华印业有限公司	8843
四川新华彩色印务有限公司	108	兰州新华印刷厂	2938	西安新华印务有限公司	7665
中国农业出版社印刷厂	102	西安新华印务有限公司	2932	新疆新华印刷厂	7380
廊坊一二0六印刷厂	91	江西新华九江印刷有限公司	2904	北京联兴盛业印刷股份有限公司	6673
中闻集团福州印务有限公司	86	中闻集团武汉印务有限公司	2836	甘肃新华印刷厂	6607
北京金盾印刷厂	84	北京印刷集团有限责任公司二厂	2775	贵州新华印刷厂	6559
北京新华印刷有限公司	73	北京人卫印刷厂	2773	天津市银博印刷技术发展有限公司	6476
甘肃新华印刷厂	64	四川新华彩色印务有限公司	2653	中闻集团南京印务有限公司	5987
中国人民解放军解放军报印刷厂	64	上海中华印刷有限公司	2580	北京一二零一印刷厂	5986
兰州新华印刷厂	61	沈阳新华印刷厂	2517	河北新华第二印刷有限责任公司	5953
北京联兴盛业印刷股份有限公司	58	西藏新华印刷厂	2389	合肥远东印务有限责任公司	5916
中印南方印刷有限公司	54	北京联兴盛业印刷股份有限公司	2359	北京金盾印刷厂	5850
高教社（天津）印务有限公司	51	北京金盾印刷厂	2330	北京顶佳世纪印刷有限公司	5510
北京画中画印刷有限公司	49	中闻集团南京印务有限公司	2330	沈阳新华印刷厂	5399
中闻集团南京印务有限公司	41	新疆新华印刷厂	2322	江西新华九江印刷有限公司	5330
北京凌奇印刷责任有限公司	39	黑龙江新华印刷二厂有限责任公司	2137	皖南海峰印刷包装有限公司	5123
西藏新华印刷厂	28	廊坊一二0六印刷厂	1959	北京凌奇印刷责任有限公司	5104
中闻集团武汉印务有限公司	25	人民教育出版社印刷厂	1903	内蒙古爱信达印刷有限公司	5014
上海中华印刷有限公司	22	山东新华印务有限责任公司	1867	中闻集团武汉印务有限公司	5006
长春新华印刷集团有限公司	18	北京华联印刷有限公司	1700	人民教育出版社印刷厂	4909
西安新华印务有限公司	14	山东新华印刷厂潍坊厂	1644	黑龙江新华印刷二厂有限责任公司	4679
北京顶佳世纪印刷有限公司	14	延边新华印刷有限公司	1563	廊坊一二0六印刷厂	4572

排序	经济效益综合指数		实现利税	
	单位名称	%	单位名称	万元
62	南通韬奋印刷有限公司	89	中国标准出版社秦皇岛印刷厂	189
63	长春新华印刷集团有限公司	89	自贡兴华印务有限公司	170
64	青海新华印刷厂	89	中闻集团济南印务有限公司	170
65	延边新华印刷有限公司	86	福建新华印刷有限责任公司	166
66	北京国防印刷厂	84	中国电影出版社印刷厂	158
67	河北新华第二印刷有限责任公司	81	北京华联印刷有限公司	132
68	北京轻工印刷厂	81	青海新华印刷厂	128
69	西安新华印务有限公司	80	北京轻工印刷厂	125
70	北京凌奇印刷责任有限公司	78	北京佳信达欣艺术印刷有限公司	104
71	上海中华印刷有限公司	77	北京京安印刷厂	99
72	北京印刷一厂	74	北京中兴印刷有限公司	90
73	北京交通印务有限公司	69	南通韬奋印刷有限公司	89
74	山西新华印业有限公司	67	北京强华印刷厂	88
75	中闻集团济南印务有限公司	67	上海市印刷三厂	54
76	北京毕诚彩印刷厂	61	北京建筑工业印刷厂	37
77	北京一二零一印刷厂	57	北京印刷学院实习工厂	24
78	北京京安印刷厂	38	北京毕诚彩印刷厂	20
79	人民教育出版社印刷厂	37	北京顶佳世纪印刷有限公司	18
80	上海市印刷三厂	34	北京交通印务有限公司	14
81	北京大学印刷厂	29	云南出版印刷（集团）有限责任公司	0
82	北京建筑工业印刷厂	26	天津市汇源印刷有限公司	0
83	江苏徐州新华印刷厂	19	今晚报社印刷厂	0
84	中青印刷厂	13	天津市银博印刷技术发展有限公司	0
85	天津金彩美术印刷有限公司	12	天津市华明印刷有限公司	0
86	北京机工印刷厂	9	中华商务联合印刷（广东）有限公司	0
87	山东新华印刷厂潍坊厂	9	北京大学印刷厂	–52
88	东北印刷厂	–1	北京国防印刷厂	–58
89	新疆新华印刷二厂	–3	北京机工印刷厂	–64
90	煤炭工业出版社印刷厂	–4	煤炭工业出版社印刷厂	–85
91	沈阳新华印刷厂	–7	山东新华印刷厂潍坊厂	–123
92	化学工业出版社印刷厂	–18	天津金彩美术印刷有限公司	–154
93	上海市印刷四厂	–21	江苏徐州新华印刷厂	–180

（续）

利润总额		工业增加值		主营业务收入	
单位名称	万元	单位名称	万元	单位名称	万元
北京交通印务有限公司	11	北京强华印刷厂	1548	东北印刷厂	3914
北京轻工印刷厂	11	北京凌奇印刷责任有限公司	1526	西藏新华印刷厂	3871
北京印刷一厂	10	皖南海峰印刷包装有限公司	1465	北京人卫印刷厂	3825
中国标准出版社秦皇岛印刷厂	9	清华大学印刷厂	1409	中国电影出版社印刷厂	3688
北京中兴印刷有限公司	8	北京印刷一厂	1277	天水新华印刷厂	3456
中国电影出版社印刷厂	6	中闻集团济南印务有限公司	1223	中闻集团济南印务有限公司	3321
山西新华印业有限公司	5	东北印刷厂	1172	北京强华印刷厂	3251
自贡兴华印务有限公司	4	江苏徐州新华印刷厂	1140	高教社（天津）印务有限公司	3165
北京佳信达欣艺术印刷有限公司	4	高教社（天津）印务有限公司	1140	安徽宣城海峰印刷包装有限公司	3088
北京毕诚彩印刷厂	3	天津金彩美术印刷有限公司	1021	中闻集团福州印务有限公司	3073
北京印刷学院实习工厂	2	北京顶佳世纪印刷有限公司	1017	重庆新华印刷厂	3052
青海新华印刷厂	1	中闻集团福州印务有限公司	986	四川新华印刷有限责任公司	2890
中华商务联合印刷（广东）有限公司	0	北京国防印刷厂	964	南通韬奋印刷有限公司	2709
福建新华印刷有限责任公司	–5	青海新华印刷厂	959	山东新华印刷厂潍坊厂	2682
清华大学印刷厂	–32	化学工业出版社印刷厂	954	北京佳信达欣艺术印刷有限公司	2564
上海市印刷三厂	–34	南通韬奋印刷有限公司	936	延边新华印刷有限公司	2535
北京大学印刷厂	–61	中国标准出版社秦皇岛印刷厂	913	中国农业出版社印刷厂	2290
南通韬奋印刷有限公司	–76	天津新华二印刷有限公司	885	中国标准出版社秦皇岛印刷厂	2214
煤炭工业出版社印刷厂	–85	自贡兴华印务有限公司	845	江苏徐州新华印刷厂	2134
中闻集团济南印务有限公司	–87	天水新华印刷厂	812	北京印刷一厂	2101
延边新华印刷有限公司	–94	长春第二新华印刷有限责任公司	806	北京国防印刷厂	2069
江苏新华印刷厂（合并）	–94	天津新华一印刷有限公司	724	中青印刷厂	2068
北京国防印刷厂	–110	江苏淮阴新华印刷厂	670	清华大学印刷厂	2050
北京建筑工业印刷厂	–112	中国电影出版社印刷厂	627	上海新华印刷有限公司	2012
浙江新华数码印务有限公司	–117	北京佳信达欣艺术印刷有限公司	539	上海市印刷三厂	1874
北京京安印刷厂	–140	上海市印刷四厂	537	天津金彩美术印刷有限公司	1848
新疆新华印刷二厂	–206	四川新华印刷有限责任公司	526	新疆八艺印刷厂	1848
上海市印刷四厂	–226	中青印刷厂	469	江苏淮阴新华印刷厂	1843
北京机工印刷厂	–255	北京京安印刷厂	467	北京市荣海印刷厂	1566
天津金彩美术印刷有限公司	–279	上海新华印刷有限公司	462	天津新华二印刷有限公司	1562
江苏徐州新华印刷厂	–325	北京中兴印刷有限公司	438	自贡兴华印务有限公司	1491
天津新华印刷三厂	–370	北京市荣海印刷厂	381	化学工业出版社印刷厂	1398

排序	经济效益综合指数		实现利税	
	单位名称	%	单位名称	万元
94	四川新华印刷有限责任公司	–27	中青印刷厂	–203
95	天水新华印刷厂	–46	新疆新华印刷二厂	–206
96	重庆新华印刷厂	–48	上海市印刷四厂	–243
97	上海新华印刷有限公司	–57	文物出版社印刷厂	–304
98	新疆八艺印刷厂	–59	天津新华印刷三厂	–333
99	天津新华二印刷有限公司	–61	化学工业出版社印刷厂	–356
100	江苏淮阴新华印刷厂	–88	上海新华印刷有限公司	–403
101	北京市荣海印刷厂	–93	重庆新华印刷厂	–421
102	天津新华印刷三厂	–98	北京市荣海印刷厂	–424
103	文物出版社印刷厂	–134	天津新华二印刷有限公司	–476
104	天津新华一印刷有限公司	–170	东北印刷厂	–574
105	长春第二新华印刷有限责任公司	–251	四川新华印刷有限责任公司	–578
106			沈阳新华印刷厂	–591
107			江苏淮阴新华印刷厂	–596
108			天水新华印刷厂	–777
109			天津新华一印刷有限公司	–897
110			长春第二新华印刷有限责任公司	–1133

数据来源：中国印刷及设备器材工业协会书刊印刷专业委员会。

（续）

利润总额		工业增加值		主营业务收入	
单位名称	万元	单位名称	万元	单位名称	万元
文物出版社印刷厂	–371	北京机工印刷厂	338	北京交通印务有限公司	1357
新疆八艺印刷厂	–388	北京交通印务有限公司	312	长春第二新华印刷有限责任公司	1107
中青印刷厂	–418	北京大学印刷厂	296	北京机工印刷厂	1050
北京市荣海印刷厂	–460	北京建筑工业印刷厂	278	北京京安印刷厂	937
山东新华印刷厂潍坊厂	–511	新疆新华印刷二厂	255	北京毕诚彩印刷厂	911
化学工业出版社印刷厂	–551	北京轻工印刷厂	252	青海新华印刷厂	910
上海新华印刷有限公司	–623	北京一二零一印刷厂	124	新疆新华印刷二厂	901
天津新华二印刷有限公司	–680	河北新华第二印刷有限责任公司	97	煤炭工业出版社印刷厂	901
人民教育出版社印刷厂	–754	重庆新华印刷厂	70	北京大学印刷厂	898
东北印刷厂	–772	北京毕诚彩印刷厂	22	北京中兴印刷有限公司	830
江苏淮阴新华印刷厂	–834	中国农业出版社印刷厂	0	上海市印刷四厂	821
天津新华一印刷有限公司	–897	煤炭工业出版社印刷厂	0	北京建筑工业印刷厂	789
四川新华印刷有限责任公司	–915	北京印刷学院实习工厂	0	北京轻工印刷厂	751
天水新华印刷厂	–1111	文物出版社印刷厂	0	天津新华一印刷有限公司	695
重庆新华印刷厂	–1195	天津新华印刷三厂	0	天津新华印刷三厂	674
沈阳新华印刷厂	–1247	上海市印刷三厂	0	文物出版社印刷厂	286
长春第二新华印刷有限责任公司	–1289	新疆八艺印刷厂	0	北京印刷学院实习工厂	210

2013 年主要经济

排序	资产总额		人均利税	
	单位名称	万元	单位名称	元 / 人
1	江西新华印刷集团有限公司	174220	北京东港安全印刷有限公司	518326
2	中华商务联合印刷（广东）有限公司	114436	新华社印务有限责任公司	127516
3	湖南天闻新华印务有限公司	110989	广东新华印刷有限公司	80738
4	北京盛通印刷股份有限公司	98896	南京爱德印刷有限公司	77326
5	安徽新华印刷股份有限公司	86825	保定五四三印刷厂	75459
6	河北新华第二印刷有限责任公司	57575	湖南天闻新华印务有限公司	69548
7	上海中华印刷有限公司	57343	皖南海峰印刷包装有限公司	65602
8	云南出版印刷（集团）有限责任公司	51280	安徽新华印刷股份有限公司	51129
9	北京华联印刷有限公司	47575	内蒙古爱信达印刷有限公司	49457
10	北京利丰雅高长城印刷有限公司	43517	人民日报印刷厂	48949
11	江苏新华印刷厂（合并）	42729	北京印刷集团有限责任公司二厂	47887
12	江苏凤凰新华印务有限公司（合并）	41915	北京盛通印刷股份有限公司	46639
13	浙江印刷集团有限公司	41668	安徽宣城海峰印刷包装有限公司	46510
14	湖北新华印务有限公司	40175	中国铁道出版社印刷厂	45552
15	山东临沂新华印刷物流集团有限公司	37886	浙江印刷集团有限公司	34676
16	新华社印务有限责任公司	37456	合肥远东印务有限责任公司	34112
17	北京新华印刷有限公司	36086	江苏新华印刷厂（合并）	32463
18	长春新华印刷集团有限公司	33065	中国人民解放军解放军报印刷厂	29396
19	山西新华印业有限公司	32187	东莞金杯印刷有限公司	28465
20	人民日报印刷厂	28455	山东临沂新华印刷物流集团有限公司	26970
21	北京中科印刷有限公司	27633	新疆八艺印刷厂	26382
22	东莞金杯印刷有限公司	27276	湖北新华印务有限公司	25918
23	河北新华第一印刷有限责任公司	26555	北京利丰雅高长城印刷有限公司	25335
24	山东新华印务有限责任公司	26287	高教社（天津）印务有限公司	23144
25	四川新华印刷有限责任公司	26271	北京联兴盛业印刷股份有限公司	23079
26	新疆新华印刷厂	25106	北京佳信达欣艺术印刷有限公司	21224
27	广东新华印刷有限公司	25023	四川新华彩色印务有限公司	20420
28	北京联兴盛业印刷股份有限公司	24666	江苏凤凰新华印务有限公司（合并）	20378
29	南京爱德印刷有限公司	24124	江西新华九江印刷有限公司	20041

指标排行表（二）

人均工资		多色印刷		单色印刷	
单位名称	元 / 人	单位名称	万对开色令	单位名称	万令
人民日报印刷厂	134058	湖南天闻新华印务有限公司	1838	安徽新华印刷股份有限公司	378
新华社印务有限责任公司	133662	今晚报社印刷厂	1312	湖南天闻新华印务有限公司	162
南京爱德印刷有限公司	120326	北京盛通印刷股份有限公司	1287	中华商务联合印刷（广东）有限公司	136
北京强华印刷厂	73691	江西新华印刷集团有限公司	1250	江苏新华印刷厂（合并）	101
内蒙古爱信达印刷有限公司	68371	北京华联印刷有限公司	1189	南京爱德印刷有限公司	82
中国人民解放军解放军报印刷厂	66942	江西新华九江印刷有限公司	1075	湖北新华印务有限公司	79
北京盛通印刷股份有限公司	66371	中华商务联合印刷（广东）有限公司	950	北京中科印刷有限公司	66
北京交通印务有限公司	64851	北京利丰雅高长城印刷有限公司	796	重庆新华印刷厂	66
北京建筑工业印刷厂	60800	安徽新华印刷股份有限公司	747	江西新华印刷集团有限公司	59
江苏凤凰新华印务有限公司（合并）	60179	广东新华印刷有限公司	523	今晚报社印刷厂	50
文物出版社印刷厂	59487	浙江印刷集团有限公司	517	中闻集团南京印务有限公司	49
北京华联印刷有限公司	57906	上海中华印刷有限公司	446	中闻集团武汉印务有限公司	44
北京利丰雅高长城印刷有限公司	57811	四川新华彩色印务有限公司	359	合肥远东印务有限责任公司	42
清华大学印刷厂	56795	浙江新华数码印务有限公司	345	北京新华印刷有限公司	37
北京一二零一印刷厂	56582	云南出版印刷（集团）有限责任公司	306	山东临沂新华印刷物流集团有限公司	36
天津市银博印刷技术发展有限公司	56313	山东临沂新华印刷物流集团有限公司	281	江西新华九江印刷有限公司	35
四川新华印刷有限责任公司	54817	江苏新华印刷厂（合并）	280	新华社印务有限责任公司	32
上海市印刷三厂	54667	北京新华印刷有限公司	254	中印南方印刷有限公司	31
北京金盾印刷厂	54649	贵州新华印刷厂	246	广东新华印刷有限公司	29
北京印刷学院实习工厂	54500	河北新华第一印刷有限责任公司	234	中闻集团福州印务有限公司	28
北京市荣海印刷厂	53656	山东新华印务有限责任公司	234	北京联兴盛业印刷股份有限公司	26
上海市印刷四厂	53647	长春新华印刷集团有限公司	199	北京人卫印刷厂	26
北京大学印刷厂	53496	内蒙古爱信达印刷有限公司	195	人民教育出版社印刷厂	25
湖南天闻新华印务有限公司	53150	北京中科印刷有限公司	195	新疆新华印刷二厂	24
江西新华印刷集团有限公司	52498	山西人民印刷有限责任公司	189	北京凌奇印刷责任有限公司	24
上海中华印刷有限公司	52026	山西新华印业有限公司	181	河北新华第一印刷有限责任公司	23
廊坊一二０六印刷厂	51720	河北新华第二印刷有限责任公司	173	浙江印刷集团有限公司	23
西藏新华印刷厂	51617	兰州新华印刷厂	169	高教社（天津）印务有限公司	22
中华商务联合印刷（广东）有限公司	50703	西安新华印务有限公司	168	浙江新华数码印务有限公司	22

排序	资产总额		人均利税	
	单位名称	万元	单位名称	元 / 人
30	天津市汇源印刷有限公司	22901	中闻集团福州印务有限公司	19267
31	北京东港安全印刷有限公司	22531	北京中科印刷有限公司	18997
32	保定五四三印刷厂	21275	长春新华印刷集团有限公司	18828
33	北京画中画印刷有限公司	20971	新疆新华印刷厂	18654
34	天津新华一印刷有限公司	19637	廊坊一二0六印刷厂	18218
35	浙江新华数码印务有限公司	19491	黑龙江新华印刷二厂有限责任公司	17323
36	中闻集团南京印务有限公司	18916	浙江新华数码印务有限公司	16923
37	北京顶佳世纪印刷有限公司	18194	中国电影出版社印刷厂	16809
38	四川新华彩色印务有限公司	17572	兰州新华印刷厂	16213
39	中国铁道出版社印刷厂	17526	中闻集团南京印务有限公司	15567
40	中国人民解放军解放军报印刷厂	17397	北京新华印刷有限公司	15406
41	天水新华印刷厂	16475	北京金盾印刷厂	15000
42	天津市银博印刷技术发展有限公司	16430	江西新华印刷集团有限公司	13914
43	新疆八艺印刷厂	16349	北京轻工印刷厂	13900
44	西安新华印务有限公司	16229	上海中华印刷有限公司	13673
45	北京一二零一印刷厂	15945	北京毕诚彩印刷厂	13467
46	北京强华印刷厂	15906	北京一二零一印刷厂	13259
47	天津新华二印刷有限公司	15660	中国农业出版社印刷厂	12894
48	天津金彩美术印刷有限公司	15130	清华大学印刷厂	12692
49	中印南方印刷有限公司	14359	贵州新华印刷厂	12130
50	人民教育出版社印刷厂	14139	北京印刷学院实习工厂	11900
51	内蒙古爱信达印刷有限公司	13851	河北新华第一印刷有限责任公司	11727
52	天津市华明印刷有限公司	13331	北京中兴印刷有限公司	11342
53	合肥远东印务有限责任公司	12598	北京人卫印刷厂	11183
54	北京凌奇印刷责任有限公司	12300	山西人民印刷有限责任公司	11140
55	山西人民印刷有限责任公司	12278	中闻集团武汉印务有限公司	11111
56	贵州新华印刷厂	12117	河北新华第二印刷有限责任公司	10984
57	中闻集团武汉印务有限公司	12054	人民教育出版社印刷厂	10970
58	甘肃新华印刷厂	11927	中印南方印刷有限公司	10664
59	北京印刷集团有限责任公司二厂	11382	自贡兴华印务有限公司	9827
60	皖南海峰印刷包装有限公司	11200	西藏新华印刷厂	9660
61	中闻集团福州印务有限公司	10977	山东新华印务有限责任公司	9443

（续）

人均工资		多色印刷		单色印刷	
单位名称	元 / 人	单位名称	万对开色令	单位名称	万令
中国铁道出版社印刷厂	50535	福建新华印刷有限责任公司	164	清华大学印刷厂	21
广东新华印刷有限公司	50194	沈阳新华印刷厂	157	沈阳新华印刷厂	20
北京轻工印刷厂	49600	甘肃新华印刷厂	146	天水新华印刷厂	20
中国电影出版社印刷厂	49574	东莞金杯印刷有限公司	144	北京金盾印刷厂	19
北京东港安全印刷有限公司	48807	新疆新华印刷厂	126	甘肃新华印刷厂	19
北京印刷集团有限责任公司二厂	48201	北京佳信达欣艺术印刷有限公司	124	云南出版印刷（集团）有限责任公司	18
北京新华印刷有限公司	47871	黑龙江新华印刷二厂有限责任公司	118	北京一二零一印刷厂	17
煤炭工业出版社印刷厂	47157	四川新华印刷有限责任公司	114	山东新华印务有限责任公司	17
东莞金杯印刷有限公司	46795	天水新华印刷厂	102	东北印刷厂	16
云南出版印刷（集团）有限责任公司	46382	山东新华印刷厂潍坊厂	102	江苏凤凰新华印务有限公司(合并)	16
北京画中画印刷有限公司	45897	保定五四三印刷厂	100	江苏徐州新华印刷厂	16
保定五四三印刷厂	45851	新华社印务有限责任公司	96	兰州新华印刷厂	14
北京国防印刷厂	45741	湖北新华印务有限公司	83	人民日报印刷厂	13
湖北新华印务有限公司	45713	江苏凤凰新华印务有限公司（合并）	81	中国农业出版社印刷厂	13
中国农业出版社印刷厂	44733	合肥远东印务有限责任公司	70	福建新华印刷有限责任公司	13
中闻集团武汉印务有限公司	44222	高教社（天津）印务有限公司	66	河北新华第二印刷有限责任公司	13
北京京安印刷厂	44126	人民教育出版社印刷厂	64	化学工业出版社印刷厂	13
人民教育出版社印刷厂	44013	江苏淮阴新华印刷厂	57	安徽宣城海峰印刷包装有限公司	12
北京佳信达欣艺术印刷有限公司	43878	北京金盾印刷厂	55	中闻集团济南印务有限公司	12
中闻集团南京印务有限公司	43746	中国电影出版社印刷厂	54	四川新华彩色印务有限公司	12
北京凌奇印刷责任有限公司	43204	北京东港安全印刷有限公司	52	东莞金杯印刷有限公司	11
北京中科印刷有限公司	43044	北京人卫印刷厂	49	中国标准出版社秦皇岛印刷厂	10
江苏新华印刷厂（合并）	42581	延边新华印刷有限公司	48	北京机工印刷厂	10
高教社（天津）印务有限公司	42538	西藏新华印刷厂	47	延边新华印刷有限公司	9
长春新华印刷集团有限公司	42106	北京画中画印刷有限公司	43	新疆八艺印刷厂	9
上海新华印刷有限公司	41503	北京联兴盛业印刷股份有限公司	41	山西人民印刷有限责任公司	8
山西人民印刷有限责任公司	41413	自贡兴华印务有限公司	41	长春新华印刷集团有限公司	8
北京联兴盛业印刷股份有限公司	41217	南通韬奋印刷有限公司	40	内蒙古爱信达印刷有限公司	8
兰州新华印刷厂	41015	中闻集团济南印务有限公司	40	中国铁道出版社印刷厂	8
北京人卫印刷厂	40858	廊坊一二０六印刷厂	37	西安新华印务有限公司	8
中青印刷厂	40110	中印南方印刷有限公司	35	北京大学印刷厂	7
新疆新华印刷厂	39420	北京印刷一厂	34	新疆新华印刷厂	7

排序	资产总额		人均利税	
	单位名称	万元	单位名称	元 / 人
62	廊坊一二0六印刷厂	10894	中国标准出版社秦皇岛印刷厂	9260
63	福建新华印刷有限责任公司	10875	北京印刷一厂	9138
64	北京人卫印刷厂	10593	北京凌奇印刷责任有限公司	9092
65	重庆新华印刷厂	10301	延边新华印刷有限公司	8861
66	兰州新华印刷厂	10232	青海新华印刷厂	7111
67	沈阳新华印刷厂	9444	北京画中画印刷有限公司	6973
68	中闻集团济南印务有限公司	8489	北京京安印刷厂	6923
69	东北印刷厂	8097	西安新华印务有限公司	6636
70	化学工业出版社印刷厂	7872	甘肃新华印刷厂	6203
71	今晚报社印刷厂	7128	南通韬奋印刷有限公司	5528
72	黑龙江新华印刷二厂有限责任公司	7075	北京强华印刷厂	5420
73	北京佳信达欣艺术印刷有限公司	6860	北京建筑工业印刷厂	4880
74	中国农业出版社印刷厂	6706	山西新华印业有限公司	4819
75	新疆新华印刷二厂	6394	中闻集团济南印务有限公司	4748
76	北京金盾印刷厂	6070	福建新华印刷有限责任公司	4114
77	上海市印刷四厂	5778	上海市印刷三厂	4083
78	中青印刷厂	5716	北京顶佳世纪印刷有限公司	1956
79	西藏新华印刷厂	5451	北京华联印刷有限公司	1947
80	山东新华印刷厂潍坊厂	5202	北京交通印务有限公司	1386
81	北京印刷一厂	5040	云南出版印刷（集团）有限责任公司	0
82	上海市印刷三厂	4904	天津市汇源印刷有限公司	0
83	安徽宣城海峰印刷包装有限公司	4567	今晚报社印刷厂	0
84	江西新华九江印刷有限公司	4404	天津市银博印刷技术发展有限公司	0
85	北京建筑工业印刷厂	4385	天津市华明印刷有限公司	0
86	延边新华印刷有限公司	4346	中华商务联合印刷（广东）有限公司	0
87	中国电影出版社印刷厂	3880	北京机工印刷厂	–3090
88	青海新华印刷厂	3880	山东新华印刷厂潍坊厂	–3298
89	北京交通印务有限公司	3827	北京大学印刷厂	–4195
90	北京京安印刷厂	3721	江苏徐州新华印刷厂	–4394
91	长春第二新华印刷有限责任公司	3673	北京国防印刷厂	–5370
92	高教社（天津）印务有限公司	3646	重庆新华印刷厂	–6846
93	文物出版社印刷厂	3636	中青印刷厂	–6952

（续）

人均工资		多色印刷		单色印刷	
单位名称	元 / 人	单位名称	万对开色令	单位名称	万令
山东临沂新华印刷物流集团有限公司	39004	南京爱德印刷有限公司	34	北京华联印刷有限公司	6
福建新华印刷有限责任公司	38985	北京强华印刷厂	34	北京国防印刷厂	6
浙江印刷集团有限公司	38804	天津新华二印刷有限公司	32	长春第二新华印刷有限责任公司	6
四川新华彩色印务有限公司	38352	长春第二新华印刷有限责任公司	32	皖南海峰印刷包装有限公司	6
浙江新华数码印务有限公司	38336	中闻集团南京印务有限公司	32	四川新华印刷有限责任公司	6
化学工业出版社印刷厂	38181	北京凌奇印刷责任有限公司	30	江苏淮阴新华印刷厂	6
新疆八艺印刷厂	37961	天津金彩美术印刷有限公司	28	北京建筑工业印刷厂	6
天津市汇源印刷有限公司	36580	江苏徐州新华印刷厂	27	山西新华印业有限公司	6
北京机工印刷厂	36524	中闻集团武汉印务有限公司	26	贵州新华印刷厂	6
北京顶佳世纪印刷有限公司	36444	重庆新华印刷厂	24	北京中兴印刷有限公司	5
沈阳新华印刷厂	36038	中青印刷厂	24	山东新华印刷厂潍坊厂	5
天津金彩美术印刷有限公司	35893	上海新华印刷有限公司	22	天津新华二印刷有限公司	5
安徽新华印刷股份有限公司	35494	中闻集团福州印务有限公司	21	中青印刷厂	5
皖南海峰印刷包装有限公司	35000	新疆八艺印刷厂	19	上海新华印刷有限公司	5
北京印刷一厂	34446	中国铁道出版社印刷厂	17	煤炭工业出版社印刷厂	4
北京毕诚彩印刷厂	34000	青海新华印刷厂	16	文物出版社印刷厂	4
延边新华印刷有限公司	33376	北京印刷学院实习工厂	16	南通韬奋印刷有限公司	4
西安新华印务有限公司	31993	天津新华印刷三厂	15	北京市荣海印刷厂	4
中国标准出版社秦皇岛印刷厂	31794	中国农业出版社印刷厂	15	北京印刷一厂	3
江西新华九江印刷有限公司	31629	北京大学印刷厂	14	黑龙江新华印刷二厂有限责任公司	3
安徽宣城海峰印刷包装有限公司	31544	东北印刷厂	13	北京印刷集团有限责任公司二厂	3
东北印刷厂	31234	北京一二零一印刷厂	13	自贡兴华印务有限公司	3
贵州新华印刷厂	31127	北京毕诚彩印刷厂	12	北京交通印务有限公司	2
北京中兴印刷有限公司	30456	中国标准出版社秦皇岛印刷厂	12	青海新华印刷厂	2
山西新华印业有限公司	29774	天津市汇源印刷有限公司	9	西藏新华印刷厂	2
新疆新华印刷二厂	29528	北京印刷集团有限责任公司二厂	9	北京佳信达欣艺术印刷有限公司	2
甘肃新华印刷厂	29499	安徽宣城海峰印刷包装有限公司	9	北京印刷学院实习工厂	2
山东新华印务有限责任公司	29378	文物出版社印刷厂	8	北京毕诚彩印刷厂	2
青海新华印刷厂	27611	化学工业出版社印刷厂	8	上海市印刷四厂	1
河北新华第二印刷有限责任公司	27343	清华大学印刷厂	7	天津市银博印刷技术发展有限公司	1
江苏淮阴新华印刷厂	27093	天津市银博印刷技术发展有限公司	7	北京京安印刷厂	1
南通韬奋印刷有限公司	26894	上海市印刷四厂	6	天津新华印刷三厂	1

排序	资产总额		人均利税	
	单位名称	万元	单位名称	元 / 人
94	江苏徐州新华印刷厂	2980	煤炭工业出版社印刷厂	-8284
95	江苏淮阴新华印刷厂	2849	天津金彩美术印刷有限公司	-8695
96	北京市荣海印刷厂	2530	沈阳新华印刷厂	-12521
97	上海新华印刷有限公司	2452	天水新华印刷厂	-16603
98	清华大学印刷厂	2388	天津新华二印刷有限公司	-17184
99	天津新华印刷三厂	2341	东北印刷厂	-18636
100	南通韬奋印刷有限公司	2336	新疆新华印刷二厂	-19434
101	煤炭工业出版社印刷厂	2241	化学工业出版社印刷厂	-19544
102	北京轻工印刷厂	2170	天津新华印刷三厂	-19588
103	北京大学印刷厂	2117	江苏淮阴新华印刷厂	-20623
104	北京毕诚彩印刷厂	1556	上海新华印刷有限公司	-23040
105	北京中兴印刷有限公司	1404	四川新华印刷有限责任公司	-26514
106	北京国防印刷厂	1222	上海市印刷四厂	-28588
107	北京机工印刷厂	1128	文物出版社印刷厂	-38974
108	中国标准出版社秦皇岛印刷厂	898	天津新华一印刷有限公司	-41916
109	自贡兴华印务有限公司	803	北京市荣海印刷厂	-45591
110	北京印刷学院实习工厂	117	长春第二新华印刷有限责任公司	-83309

注：1. 数据来源：中国印刷及设备器材工业协会书刊印刷专业委员会。

2. 盈利企业73家，占全部统计企业的66%，其中：100万元以上的42家，200万元以上32家，300万元以上27家，500万元以上22家，1000万元以上12家。实现利税1000万元以上的25家，500万元以上的42家。

（续）

人均工资		多色印刷		单色印刷	
单位名称	元／人	单位名称	万对开色令	单位名称	万令
山东新华印刷厂潍坊厂	26756	北京顶佳世纪印刷有限公司	6	天津市华明印刷有限公司	1
天津新华二印刷有限公司	26498	北京交通印务有限公司	5	天津市汇源印刷有限公司	0
河北新华第一印刷有限责任公司	26184	人民日报印刷厂	4	北京利丰雅高长城印刷有限公司	0
中印南方印刷有限公司	26154	煤炭工业出版社印刷厂	4	天津新华一印刷有限公司	0
天津市华明印刷有限公司	26000	皖南海峰印刷包装有限公司	2	天津金彩美术印刷有限公司	0
中闻集团济南印务有限公司	24894	北京市荣海印刷厂	2	上海中华印刷有限公司	0
天津新华一印刷有限公司	24720	北京国防印刷厂	2	上海市印刷三厂	0
长春第二新华印刷有限责任公司	24338	北京建筑工业印刷厂	1	北京强华印刷厂	0
中闻集团福州印务有限公司	22367	新疆新华印刷二厂	1	中国人民解放军解放军报印刷厂	0
天水新华印刷厂	22073	北京京安印刷厂	1	廊坊一二０六印刷厂	0
黑龙江新华印刷二厂有限责任公司	21717	北京中兴印刷有限公司	0	中国电影出版社印刷厂	0
合肥远东印务有限责任公司	21624	天津新华一印刷有限公司	0	北京画中画印刷有限公司	0
江苏徐州新华印刷厂	21494	上海市印刷三厂	0	北京盛通印刷股份有限公司	0
天津新华印刷三厂	16765	中国人民解放军解放军报印刷厂	0	保定五四三印刷厂	0
重庆新华印刷厂	16016	北京机工印刷厂	0	北京东港安全印刷有限公司	0
自贡兴华印务有限公司	14451	天津市华明印刷有限公司	0	北京轻工印刷厂	0
今晚报社印刷厂	0	北京轻工印刷厂	0	北京顶佳世纪印刷有限公司	0

2013 年全国 124 家包装印刷

企业名称	职工人数		工业总产值			工业增加值		
	总数	其中：中层以上科技人员	2013 年	2012 年	同比（%）	2013 年	2012 年	同比（%）
宁波广博集团股份有限公司	4039		417558	374508	11.5	78958	85153	–7.28
上海界龙实业集团股份有限公司	3500			0				
浙江新大力电光源科技股份有限公司	890		131887.7	61596.3	114	51436.2	25190.9	104
立可达包装有限公司	550		70345	65234	7.83	15028	14833	1.31
天津长荣印刷设备股份有限公司	577	43	73019	68647	6.37	24229	24941	–2.85
重庆黔龙卷烟材料有限公司	200	40	50113.8			50113.8		
浙江康尔达新材料股份有限公司	428		41919	37279	12.45	6877	6031	14.03
北京利丰雅高长城印刷有限公司	1016		42977	41699.3	3.06	12468	10227.1	21.91
宁波成路纸品制造有限公司	1019		35599	25704	38.5	2885	952	203.60
湖州天外绿色包装印刷有限公司	493		41888.2	26257.4	59.5	7670.4	8713.7	51.75
宁波报业印刷发展有限公司	240		33514	26443	27	17129	8042	113
力嘉包装（深圳）有限公司	2000							
浙江万盛达实业公司	461		25468	24809	2.66	2938	2948.7	–0.36
宁波三 A 集团有限公司	710		25927.5	25438.2	1.92	5368.7	5297	1.35
中国富康包装印刷有限公司	311		21503	21110	1.9	6584	6453	2.00
新雅投资集团有限公司	405		21370	22955	–7	2910	3160	–8.00
浙江三湙包装有限公司	583		20066	13832	45	3973	2628	51
天津环球磁卡股份有限公司	980	48	17119			8846	4663	90.00
曙光印业集团有限公司	350		17583	18282	–3.8	2408	2130	13.00
温州报业集团印务分公司	220		16144	16720	–3.44	6912	5942	16.32
温州正润机械有限公司	198	15	16365	14321	14.27	1326	1345	–1.40
北京德宝商三包装印刷有限公司	204		14794	14911.7	–0.79	2987.1	3912.7	–23.66
上海古林国际印务有限公司			14016	15113	–7.3	5454	4685	16.4
浙江金石包装有限公司	241		14520	13480	7.72	3457	3235	6.86
浙江伟博包装印刷品有限公司	235		13600	13450	1.1	4009	2945	36.20
浙江湖州达多塑料制品有限公司	140		13035	11588	12.49	4850	4503	7.71
浙江德冠金属包装有限公司	150		12996	10914	19	749	633	18
浙江凯迪恩印刷公司	195		12080	12960	–6.8	1812	1944	–6.80
北京印刷集团有限责任公司印刷二厂	384		8495.1	8573.6	–0.92	2774.6	2626.8	5.63
北京印刷集团有限责任公司	40		0	0		1238.7	492.7	151.41
上海人民印刷八厂			8231	8986	–8.4	966	1473	–34.40
温州市曙霞包装有限公司	138		7411	7621	–2.76	303	417	–27.3
温州新华印刷有限公司	105		7213	7519	–4.07	1312	1426	–11.10
上海人民塑料印刷厂			6886	6966	–1.1	1726	1619	40.10

企业经济效益调查汇总表

（单位：万元）

销售收入			利税总额			利润			资产总额	出口总额	负债
2013 年	2012 年	同比（%）	2013 年	2012 年	同比（%）	2013 年	2012 年	同比（%）			
934116	850123	9.88	32945	43783	−24.75	23825	34830	−31.50	1381468		967523
241508			17125						427322	1729(美元)	
115322.9	52041.7	121	10265.9	5678.3	81	7412.1	4668.7	59	30667		13351
70438	62489	12.72	14514	11293	28.52	9506	7504	26.68	88678		37931
63277	59374	6.57	18900	23700	−13.30	12485	13918	−10.30	154159	9773	
53000	48500	9.3	2019	1645	22.70	1729	1383	25.00	79180		
50408.00	45604	10.53	4570.00	3951	15.67	1428	1293	10.44	49747		32931
43203	42521.3	1.6	2651.2	2482.8	6.78	594	694	−14.41	43516.7		
36233	25952	39.6	2946	1140	158.4	2710	974	178.2	24419		16211
33047	27896.2	18.46	1334.8	2427.5	−45.00	237.9	−320	174.30	77010		36948
30501	24878	23	2312	2676	−13	1734	1989	−13	25981		8463
30341.9			1468.7						23394.33		
25468	24880	2.36	549.2	672.2	−18.3	320.8	315.6	1.97	25284		17418
23273.6	23129.3	0.62	1647	1221.5	34.8	1016.1	65.6	1448.9	49033		32044
21503	21110	1.9	2824	3010	−6.2	1983	2100	−5.6	39961		14300
21370	22955	−7	2012	2180	−7	−930	−610	−52.4	70638		61266
20066.00	13832	45	496.00	378	31	372	284	31	17192		13394
18920	12954	46	12194	3208	280.00	11090	761	1357.00	76137	19	
17583	18282	−3.8	1154	926	24.6	759	594	27.78	65367		53980
16273	16856	−3.46	4375	3061	42.93	4375	3061	42.93	27124		27124
16239	15856	2.4	1461	1446	1.04	649	653	−0.61	17274	4052	
14818	14327.2	3.4	1137.8	1134.5	0.29	397.1	423.2	−6.17	13584.7		
14016	15113	−7.3	1837	2432	−24.5	838	1124	−25.5	11406		
13828	12962	6.68	685	645	6.2	258	250	3.2	17554		13269
13375	13445	0.5	2998	2436	23	988	423	133.6	16294		2964
12536	11335	10.6	603	657	−8.22	315	348	−9.5	27044		15726
12489	11620	7	62	46	34	10	13	−23	9054		5566
11594	13014	−11	612	447	30	144	175	−17	28067		21277
9161.2	8939.6	2.48	1738.4	1502	15.74	801	603	32.84	11382.1		
8821.9	6968.2	26.6	591	240.4	145.84	474.1	157.4	201.21	21238.8		
8231	8986	−8.4	−1688	−414		−1991	−949		30746		
7058	7258	−2.76	83	171	−51.46	39	171	−77.79	4571		3429
6915	7000	−1.2	165	210	−21.4	72	100	−28	8500		7400
6886	6966	−1.1	296	320	−7.5	128	163	−21.5	15247	96.3	

企业名称	职工人数		工业总产值			工业增加值		
	总数	其中：中层以上科技人员	2013 年	2012 年	同比（%）	2013 年	2012 年	同比（%）
浙江永通彩印有限公司	160		8594	8461	1.57	1251	1221	2.46
浙江百汇包装有限公司	52		6756	6028	12	521	411	27
金华新风景塑印公司	162		6018	4930	22.07	561	498	12.65
北京宝岛包装印刷有限公司	173		6010	5908	1.73	1854	1965	–5.65
湖州金洁实业有限公司	113		4716.17	4708.63	0.16	714.1	710.6	0.49
金华光华印务制衣有限公司	118		5820	5740	1.38	684	669	2.15
绍兴新华印刷有限公司	107		4504	3880	16.08	766.8	700.2	9.50
上海凹凸世知印务有限公司			4461	4624	–3.5	47	592	–92.00
苏州盛百威包装设备有限公司	120	38	4960	4850	2.30			
浙江文华印业有限公司	167		4215.5	4287.5	–1.68	1264.7	1286.3	–1.68
浙江港发软包装有限公司	150		4140	6210	–33.3	1012	1242	–18.50
湖州新星彩印有限公司	70		3735	3146	18	200	188	6
浙江德邦印务有限公司	138		3378	3752	–9.97	1216	1223	–0.57
宁波群英印务有限公司	125		3420	3550	–3.66	1100	1550	–29.00
浙江嘉盛特种印刷有限公司	101		3531	3144	12.3	883	850	3.88
唐山兴元印刷包装机械制造有限公司	120	20	3300	3100	6.45	500	478	4.60
宁波美达柯式印刷有限公司	52		2880	2648	8.8	608	530	14.70
金华日报印务中心	103		7349	7018	4.7	1874	1605	16.70
上海画中画包装印刷有限公司			2645	2487	6.4	548	919	–40.3
台州印刷厂（有限公司）	120		2519.2	2156.4	16.8	1133.6	979	15.80
德清家乐舒塑化有限公司	27		3000	2000	50	580	500	16
德清县力科包装有限公司	32		2477.45	2062.43	20.12	619.36	515.61	20.12
温州市北大方印务有限公司	90		2474	2481	–0.3	465	467	–0.40
宁波三和印刷有限公司	64		3356	3205	4.7	591	630	–6
宁波市长江印业发展有限公司	220		7399	7702	–3	1851	1916	–5.00
安吉县元一包装材料有限公司	23		2396	2175	10.6	403	362	11.3
浙江双溪印业有限公司	80		2382	2185	9.02	500	470	6.38
湖州日报印务有限公司	82		2359	2510	–6.02	906	597	51.75
金华远大印刷公司	86		2358	1949	21	278	315	–11
温州宋氏印刷包装有限公司	70		2193	2308	–5	2280	3267	–43
上海永新塑料制品有限公司			2204.1	2091.7	5.4	653.8	676	–3.30
宁波大梁山彩印有限公司	103		2138	2307	–7.3	694	819	–15.00
北京轻联富诚彩色印刷有限公司	132		367	1767	–79.23	1452	1106	31.28
浙江宝光印业有限公司	80		2120	2315	–8.4	451	529	–14.70
北京印刷集团有限责任公司印刷一厂	360		2101.5	2030.5	3.50	1276.7	1070.7	19.24
湖州立方实业有限公司	56		1981.99	1296	34.6	397	373	6

（续）

销售收入			利税总额			利润			资产总额	出口总额	负债
2013 年	2012 年	同比（%）	2013 年	2012 年	同比（%）	2013 年	2012 年	同比（%）			
6614	5805	13.94	284	260	9.23	58.4	39.8	46.73	9820		8737
6108	4958	23	220	189	16	28	17	65	28410		23363
6073	5006	21.31	298	203	46.8	251	173	45.09	11670		7200
6009.3	5908	1.7	466.2	658	−29.15	236.5	192	23.18	7060.7		
4701.18	4644.19	1.23	268.14	267.44	0.26	160.12	159.02	0.7	25870		17378
4547	3801	19.63	161	−96	267	33	−116	128	10547		9251
4504	3880	16.08	281	253.3	19.4	92	83.5	10.1	12473		10188
4461	4624	−3.5	−1087	−452		−1199	−637		4534		
4350	4290	1.4	520	495	5.00	430	400	7.50	3300	1900	
4215.5	4287.5	−1.68	253.6	257.9	−1.68	115.1	107.4	7.2	3828.6		2042.9
4140	6210	−33.3	220	450	−51.1	45	164	−72.6	2625		389
3735	3146	18	200	190	5	71	82	−14	2553		2195
3562.5	3885	−8.3	413.6	446	−7.26	52.8	71	25.63	14922		10829
3418	3415	−3	305	320	−5	30	40	−25	4500		2600
3350	3274	2.32	440	361	21.88	198	78	153.80	3892		1684
3200	3100	3.2	454	420	8.10	135	120	12.50	1450	120	
2800	2605	7.5	17	−38	144.7	17	−38	144.7	386		3620
2712	2486	9	854.23	840.54	1.6	788.52	779.22	1.2	3057		108
2645	2487	6.4	80	100	−20	6	101	−94.1	3758		
2519.2	2156.4	16.8	964.6	759.3	27	665.4	493.1	34.9	2500		749
2500	1817	38	7	7	0	−31	−25	−24	1577		1461
2477.45	2062.43	20.12	113.69	70.54	61.17	40.11	25.54	57.05	1397		1087
2474	2481	−0.3	72	71	1.4	54	53	1.9	5275		4161
2446	2750	−11	195.5	100.7	94	72.9	94.7	−23	4405		2612
2403	7214	−66.8	769	371	107	157	18	772	16969		10390
2400	2074	15.7	76.5	67.5	13.3	55.9	54.6	2.38	1491		999
2382	2185	9.02	198.75	220.73	−9.96	84.93	110.32	−23.01	3115		1517
2359	2510	−6.02	308	280	10	212	163	30	1759		455
2358	1949	21	194	168	15	103	87	18	2978		1685
2226	2341	−5	11	60	−81.7	8	60	−86.7	1284		928
2204.1	2091.7	5.4	296	305	2.3	232.9	179.5	29.7	2065	887	
2149	2307	−6.8	168	208	−19	−15	12	−225	8169		7122
2147	1616.4	32.8	642.8	432	48.80	471.8	262	80.08	14064.6		
2120	2315	−8.4	165	190	−13.20	74	81	−8.60	4180		2724
2101.4	2030.7	3.4	332.1	230	44.39	10.6	4.7	125.53	4963.5		
1982	1296	34.6	279	335	−16.7	178	292	−39	6128		3312

企业名称	职工人数		工业总产值			工业增加值		
	总数	其中：中层以上科技人员	2013年	2012年	同比（%）	2013年	2012年	同比（%）
宁波新华印刷有限公司	50		2282	2394	–4.68	562	860	–34.65
上海人民印刷二厂有限公司			1824	2182	–16.4	729	1452	–49.8
绍兴市越生彩印有限公司	65							
余姚港舜现代印务有限公司	63		2134	2465	–13.4	778	878	–11.40
北京轻联富文新特印刷有限公司	107		1575.2	3315	–52.48	550	811.7	–32.24
温州永顺机械有限公司	54		1590	1046	52.00			
湖州创兴动力设备服务有限公司	17		1570.5	1635	–3.9	281.34	304	–7.50
金华天翔彩印厂	71		1456	1376	6	233	205	14.00
宁波银行印刷厂	63		1550	1649	–6	534	584	–9
金华环球包装公司	56		1566.88	1395.96	12.2			
金华三彩印业有限公司	63		1520	1415	7.42	440	306	43.79
宁波天臣印务实业有限公司	45		1415	1721	–17.78			
北京印刷集团有限责任公司京华印刷厂	169		45.4	37.6	20.75	1112	1120	–0.71
浙江方正印务公司	53		1109	1040	6.6	229	224	2.20
宁波市海曙德利印刷有限公司	43		1208	1149	5	284	270	5.00
金华金东彩印厂	55		1135	1266	–10.3	206	127	62.00
定海同润印刷中心	50		1139	1100	3	527	414	27.00
宁波市大港印务有限公司	67		1041	853.5	21.9	217.5	216.9	0.27
湖州怡和商标印刷有限公司	52		905	872	3.78	375	780	–52
浦江华鑫印务有限公司	42		1144	1050	9.9	321	301	6.60
舟山海力生包装有限公司	26		909	813	11.9			
湖州忠诚印刷有限公司	30		810	848	–4.48	211	228	–7.4
绍兴财税印刷厂	44		796	783	1.66	875	868	0.81
舟山人民印刷有限公司	34		812	768	6	147	139	6.00
宁波公运集团股份有限公司	25		902	1025	–12	115	123	–7.00
北京乾沣印刷有限公司	117		0	0		–50	–46.5	7.53
金华三箭印业公司	25							
兰州信大包装印刷公司	25		616			127.77		
浦江求真印务有限公司	60		705	699	0.8			
金华婺西印务公司	26		681	668	2	106	104	2
金华曙光印务有限公司	26		745	867	–14.07	114	462	–75.32
金华精美印务公司	37		791	837	–5	114	61	86
潮州钱江潮印务有限公司	25		573.8	470.8	21	106.5	90.3	18
宁波群英印务有限公司	8		563	621	–9.3	123	60	105
定海和平海洋生物制品厂	15		547	722.6	–24.3	50	202.5	–75.30
北京市纸箱厂	15		0	0		–67	–231.9	–71.11

（续）

销售收入			利税总额			利润			资产总额	出口总额	负债
2013 年	2012 年	同比（%）	2013 年	2012 年	同比（%）	2013 年	2012 年	同比（%）			
1966	2395	−17.9	316	348	−9.2	241	202	19.3	21304		15966
1824	2182	−16.4	199	251	−20.7	72	105	−34	2007		
1776	1625	9.29	150	99	51.5	99	99	0	1990		1900
1770	2061	−11.1	387	482	−19.7	219	361	−39.3	1904		82
1620.8	3227.8	−49.8	−336.7	48.9	−588.00	−389.9	20.6		8912.7		
1590	1046	52	18	12	50.00	56	36	55.00	9514		
1570.5	1635	−3.9	32.8	38	−13.6	14.1	17.6	−19.9	1003		
1544	1396	11	−28	−56	50	−80	−133	40	2794		3174
1536	1644	−6.6	192.9193.4	0	84.8	82.8	82.3	3	780		122
1515.31	1342.8	12.8	49.6	39.4	25	2.38	−0.93	355	700		0
1515	1412	7.29	155	7	2114	70	7	900	1982		1588
1402	1721	−18.53	97	97		32	97	−67	1879		1185
1362.1	1337.1	−1.8	350.2	287	22.02	246.8	188	31.28	10548.1		
1217	1143	6.4	55.73	54.76	1.8	12.81	12.33	3.8	1141		582
1208	1149	5	53.1	45	18	8	10	−20	1041		858
1130	1264	−10	54	65	−16	6	8	−25	1162		485
1103	937	17	82	73	12	18	16	12	2534		1564
1040	852.5	21.9	−110	−101	−9	−110	−101	−9	3397		1670
1007	964	4.46	−14	−24	41.7	−18.5	−30.4	39	3156		1267
1002	894	12.1	62	56	10.7	54	52	3.8	1812		1389
842.6	746.5	12.88	18.49	−168.5	89	−5.68	−182.3	96.88	864		960
810	848	−4.48	30	36	−16.67	6.5	7	−7.1	1126		870
796	783	1.66	99	98	1.02	75	74	1.35	919		218
795	749	6	42	40	5	16	14	14	1498		516
787	901	−13	−12	7	−42	−76	10	−860	1170		1144
763.2	742.7	2.76	88.2	235	−62.47	2.8	154	−98.18	4674.1		
748			18			−3			1451		1272
734.24			41.2	4.3	2.23	14.97	13	15	778.71		407.41
705	699	0.8	68	65.1	4	36.5	35.7	2	665		260
685	688	−0.44	54.2	53.1	2	26.5	25.8	2.5	1052		597
678	517	31.14	26	26	0	−3.9	−3.1	25.81	862		661
676	630	7.6	27	4.5	500	−12	−19	36	1384		1127
573.8	470.8	21	20.7	18.4	12.5	3.6	6.9	−48	574		435
563	553	1.8	18	8		12	5	140	2503		2269
547	708.1	−22.7	39	42.3	−7.8	33	42.3	−22	729		882
508.2	310.6	63.62	−229.8	−381.9	39.83	−234.6	−391.5	40.08	6268.2		

企业名称	职工人数		工业总产值			工业增加值		
	总数	其中：中层以上科技人员	2013 年	2012 年	同比（%）	2013 年	2012 年	同比（%）
金华科教彩印厂	37		509	533	–5	148	123	20
绍兴邮电印刷厂	40		595	578	3	169	163	3.70
金华金点子广告公司	10							
舟山市明煌印业有限公司	25		419	400	0.47	188.5	180	0.47
北京北人羽新胶印有限责任公司	7		369.6	362.8	1.87	–38.85	54	–171.94
德清县东帆包装有限公司	30		380	345	10	85	65	0.31
湖州沉杉印刷有限公司	16		419.2	415.7	0.84	296.7	291.2	1.91
宁波市江东甬贸包装纸箱有限公司	30		331	436	–24	126	132	–4.50
北京隆达印刷包装集团有限公司	1		0	0		129.4	172.8	–25.12
东莞迈高自动化机械有限公司	30	5	500	200	150.00	150	50	200.00
湖州吴兴新交通印刷厂	15		220	221	–0.45	10	11.62	–13.9
德清晨诚包装有限公司	20		210	170	23.5	50	40	25.00
湖州精美装潢有限公司	9		169.4	181.9	–7	23.2	25.6	–9
瑞安印刷总厂	13		130	165	–21	47	48	–2.00
北京包装装潢制品厂	83		0	0		0	0	0.00
舟山市金融印刷厂	19		70	66.1	6	40	20	100
绍兴市义鸣彩印包装厂	25		677.39	483.72	40.04	45.26	45.26	36.12
北京印刷集团有限责任公司制版厂	63		8.4	88.9	–90.55	783	–53.7	
合计	26854		1428570.98			381437.88		

注：1. 本统计资料汇集了全国 124 家包装印刷企业 2013 年经济效益指标完成情况（其中，年销售额 1000 万元 ~5000 万元的企业共 52 家，占统计企业总数的 41.9%；年销售额 5000 万元 ~10000 万元的企业共 10 家，占统计企业总数的 8.1%；年销售额 10000 万元以上的企业共 28 家，占统计企业总数的 22.6%；年销售额 1000 万元以下的企业共 34 家，占统计企业总数的 27.4%）。

2. 本统计资料以销售收入额进行排序。

3. 数据来源：中国印刷及设备器材工业协会包装印刷分会。

（续）

销售收入			利税总额			利润			资产总额	出口总额	负债
2013 年	2012 年	同比（%）	2013 年	2012 年	同比（%）	2013 年	2012 年	同比（%）			
508	509	–0.2	30	5	500	8	–19	142	518		519
492	477	3.1	68.5	66.7	2.7	19.6	19.2	2	249		133
426.43	488.4	–12.69	44.82	45.06	–0.53	4.09	–6.01	–168.05	139.04		59.95
419	400	0.47	4	8	–100	2	5	–140	1866		1584
395.9	432.8	–8.5	–0.4	–256	99.84	0	–352.2		2872.4		
380	345	10	18	10	80	10	4	150	642		610
379.8	373.3	1.7	49.01	47.21	3.8	33.67	31.61	6.5	307		17
331	436	–24	13	19	–32	–5	7	–171	753		205
313.9	351.2	–11	44.3	22.7	95.15	15.2	4.4	245.45	15450.6		
277	95	192	64	21	205.00	54	19	184.00			
220	221	–0.45	20	40.9	–51	0.5	6.12	–91			
210	170	23.5	10	6	66.7	6	2	200	248		177
169.4	111.9	–7	18.9	21.3	–11	5.8	6.3	–8	222		27
132	146	–9.5	7	8	–12.5	–5	–5	0	230		24
113.4	478.3	–76.29	–500.7	–638.6	21.60	–535.5	–657.3	18.53	2220.2		659
70	66.1	6	6	2	300	4	–43	930	270		290
25.3	677.39	483.72	40.04	38.55	21.29	81.07	25.74	13.61	89.13	1049	
8.4	88.9	–91	102.7	90.1	13.98	9.5	8	18.75	2352.9		
2186996.41			158285.6			87927.19			3379725.11		1589057.26

分类统计

2013年全国报纸印刷厂报纸年印刷量统计表（一）

（年印刷量在10亿印张以上的单位）

编号	单位	年印刷量（亿印张）			
		2013年		2012年	
		印量	同比增长（%）	印量	同比增长（%）
1	广州日报社印务中心	43.72	-14.11	50.90	-20.61
2	山东大众报业集团半岛传媒股份有限公司	40.10	-8.20	43.68	3.41
3	广东南方报业传媒控股有限公司印务分公司	40.06	-9.55	44.29	-3.32
4	浙江日报报业集团印务有限公司	33.64	-9.52	37.18	-4.27
5	辽宁新闻印刷集团有限公司	30.15	-10.80	33.80	-6.37
6	湖北日报传媒集团楚天印务总公司	28.04	-14.98	32.98	14.20
7	文汇新民联合报业集团印务中心	27.53	-12.99	31.64	-8.21
8	杭报集团盛元印务有限公司	27.31	-10.93	30.66	-1.38
9	四川日报报业集团印务公司	24.60	-3.07	25.38	-4.93
10	成都博瑞传播股份有限公司印务分公司	22.99	-16.09	27.40	-9.87
11	深圳报业集团印务有限公司	22.64	-5.19	23.88	-7.12
12	河南日报报业集团有限公司印务中心	21.00	-6.50	22.46	-4.43
13	长江日报报业集团印务总公司	19.00	-10.04	21.12	10.00
14	羊城晚报社印刷厂	18.90	-9.13	20.80	-5.88
15	福建日报报业集团印务中心	18.59	-6.54	19.89	-0.40
16	华商数码信息股份有限公司	17.82	-14.00	20.72	1.52
17	人民日报印刷厂	17.03	-3.24	17.60	-1.12
18	山东大众华泰印务有限责任公司	14.91	-9.69	16.51	-6.19
19	重庆重报传媒有限公司印务中心	14.60	-1.35	14.80	-8.06
20	云南报业传媒集团印务中心	14.22	3.42	13.75	2.15
21	今晚报印刷厂	13.62	-17.85	16.58	-6.80
22	江西日报社印务中心	13.09	-10.34	14.60	-3.42
23	解放军报印刷厂	12.86	-2.06	13.13	-0.45
24	广西日报社印刷厂	12.23	6.16	11.52	-3.76
25	黑龙江龙江传媒有限责任公司	12.11	-3.81	12.59	1.70
26	新华社印务有限责任公司	12.00	0.00	12.00	-14.29
27	天津北方报业印务股份有限公司	11.40	-5.00	12.00	16.28
28	南京时代传媒股份有限公司印务分公司	11.33	-6.98	12.18	-14.94
29	新华报业传媒集团印务中心	11.22	-10.38	12.52	-7.60
30	北京日报社印务中心	10.69	-8.00	11.62	11.52
31	大连报业集团印务公司	10.52	-16.24	12.56	-11.67
32	湖南日报报业集团印务中心	10.17	-0.10	10.18	-3.04
33	青岛日报报业集团印务中心	10.10	-26.81	13.80	1.47
总计	33家	648.19	-9.31	714.72	-4.40

2013 年全国报纸印刷厂报纸年印刷量统计表（二）

（年印刷量在 5 亿 ~10 亿印张的单位）

编号	单位	年印刷量（亿印张）			
		2013 年		2012 年	
		印量	同比增长（%）	印量	同比增长（%）
34	新安传媒有限公司印务公司	9.81	−1.41	9.95	3.43
35	上海解放传媒印刷有限公司	9.77	30.79	7.47	1.58
36	长沙晚报传媒有限公司印务分公司	9.71	1.78	9.54	−0.64
37	哈尔滨报达印务股份有限公司	9.63	−16.77	11.57	3.30
38	温州日报报业集团印务分公司	9.23	−7.88	10.02	1.01
39	贵州日报报业集团传媒有限责任公司印务分公司	9.16	−0.97	9.25	3.12
40	甘肃日报社印务中心	9.00	−4.56	9.43	12.93
41	宁波报业印刷发展有限公司	8.73	−13.39	10.08	−15.64
42	苏州日报印务中心	8.56	−11.84	9.71	2.21
43	浙江广育爱多印务有限公司	8.36	−5.43	8.84	9.95
44	济南日报社印刷厂	8.15	0.37	8.12	16.17
45	石家庄日报社印务公司	7.94	2.58	7.74	12.17
46	海南日报社印刷厂	7.30	2.38	7.13	−8.94
47	山西闻兴印务有限责任公司	7.27	0.97	7.20	6.67
48	山西太报传媒有限公司印务分公司	7.19	2.42	7.02	−2.60
49	合肥报业传媒有限公司印务分公司	7.04	−11.22	7.93	−8.90
50	新疆日报社印务中心	6.80	−4.23	7.10	−2.74
51	重庆商报印务有限公司	6.74	10.67	6.09	−5.58
52	中国青年报社印刷厂	6.60	−5.98	7.02	−7.39
53	华商数码信息股份有限公司重庆分公司	6.59	−0.15	6.60	−12.81
54	河北日报报业集团印务中心	6.50	−3.42	6.73	0.90
55	厦门日报社印务中心	6.48	−16.28	7.74	4.17
56	烟台报捷新闻印刷有限责任公司	6.47	2.86	6.29	8.64
57	吉林华商数码印务有限公司	6.38	−25.90	8.61	−6.21
58	无锡报业发展有限公司印务分公司	6.33	−13.05	7.28	−8.43
59	沈阳日报报业集团印务中心	6.21	−16.87	7.47	14.40
60	陕西日报社印刷厂	5.99	−0.50	6.02	11.90
61	西安日报社印务中心	5.93	1.37	5.85	7.27
62	泉州市新华印务有限责任公司	5.88	−6.67	6.30	3.79
63	郑州日报社印刷厂	5.61	−9.08	6.17	13.97
64	工人日报社印刷厂	5.60	−9.68	6.20	0.00
65	贵阳日报传媒集团印务中心	5.13	−14.93	6.03	−1.13
66	经济日报印刷厂	5.13	−12.46	5.86	−12.01
67	南昌日报传媒集团印刷有限公司	5.13	−5.00	5.40	−5.26
68	中国日报社印刷厂	5.13	0.59	5.10	−3.59
总计	35 家	251.48	−5.05	264.86	1.03

2013 年全国报纸印刷厂报纸年印刷量统计表（三）

（年印刷量在 2 亿 ~5 亿印张的单位）

编号	单位	年印刷量（亿印张）			
		2013 年		2012 年	
		印量	同比增长（%）	印量	同比增长（%）
69	吉林日报社印刷厂	4.85	5.66	4.59	–2.55
70	解放日报报业集团印刷厂	4.60	–57.41	10.80	–17.43
71	成都日报社印刷厂	4.25	–17.95	5.18	–4.07
72	扬州日报印刷有限责任公司	4.20	–6.46	4.49	–12.72
73	台州日报印务有限公司	4.04	–5.16	4.26	2.16
74	金华日报社印刷厂	4.02	0.75	3.99	1.23
75	泰州日报社印务有限公司	3.95	–5.95	4.20	3.95
76	内蒙古日报社印务中心	3.86	–2.53	3.96	–1.49
77	劳动报社印务中心	3.65	–4.20	3.81	1.33
78	昆明日报印刷厂	3.62	–20.79	4.57	–5.77
79	洛阳市报业印刷有限责任公司	3.54	2.61	3.45	2.37
80	福州报业印务有限公司	3.47	–5.45	3.67	9.23
81	乌鲁木齐晚报社印务中心	3.29	–9.12	3.62	9.70
82	临沂日报社印刷厂	3.22	6.98	3.01	15.77
83	湛江日报社印刷厂	3.20	–3.03	3.30	6.45
84	保定日报社印刷厂	3.10	14.81	2.70	5.88
85	光明日报社印厂	3.09	–8.58	3.38	9.62
86	浙江嘉报设计印刷有限公司	3.09	–1.90	3.15	–4.83
87	佛山珠江传媒印务有限公司	2.82	–13.23	3.25	16.49
88	大庆日报社印刷厂	2.72	–0.73	2.74	–8.36
89	常州日报社印刷厂	2.70	–15.63	3.20	–3.03
90	东莞日报印刷厂	2.65	–15.06	3.12	–2.17
91	南宁日报社印刷厂	2.58	0.00	2.58	4.45
92	宁夏报业传媒印刷有限公司	2.57	–4.10	2.68	–1.47
93	汕头经济特区报社印务中心	2.54	–4.87	2.67	–7.29
94	湖北日报传媒集团三峡印务有限公司	2.44	15.64	2.11	4.98
95	上海证券报印务中心	2.42	–2.81	2.49	–6.04
96	中国体育报印刷厂	2.42	0.83	2.40	4.35
97	珠海特区报社印务中心	2.30	–8.00	2.50	–7.41
98	镇江报业印务有限公司	2.30	–6.88	2.47	–23.53
99	青海日报社印刷厂	2.27	6.57	2.13	10.94
100	连云港报业印务有限公司	2.21	5.74	2.09	--
101	泸州日报社印刷厂	2.06	–4.19	2.15	2.38
总计	33 家	104.04	–9.30	114.71	0.53

2013 年全国报纸印刷厂报纸年印刷量统计表（四）

（年印刷量在 1 亿 ~2 亿印张的单位）

编号	单位	年印刷量（亿印张）			
		2013 年		2012 年	
		印量	同比增长（%）	印量	同比增长（%）
102	柳州日报社印刷厂	1.90	0.53	1.89	--
103	潍坊日报社印刷厂	1.89	−17.47	2.29	21.16
104	北京人铁报印刷厂	1.89	5.00	1.80	20.00
105	衢州日报印务有限责任公司	1.88	−6.47	2.01	2.50
106	邯郸日报印刷厂	1.80	12.50	1.60	12.50
107	沧州日报社印务中心	1.79	3.47	1.73	12.50
108	商丘京九印务有限公司	1.78	0.00	1.78	14.10
109	农民日报社印刷厂	1.64	−11.35	1.85	6.94
110	绍兴日报报业印务有限公司	1.63	−6.32	1.74	0.00
111	法制日报社印刷厂	1.60	0.00	1.60	−11.11
112	河北经济日报社印务中心	1.52	−6.17	1.62	9.46
113	芜湖日报报业集团印务有限公司	1.46	12.31	1.30	3.17
114	中山日报社印务中心	1.45	−11.04	1.63	−2.98
115	西宁晚报印刷厂	1.45	11.54	1.30	18.18
116	新乡市新报商务彩印有限公司	1.43	−4.03	1.49	−1.97
117	西藏日报社印刷厂	1.42	8.40	1.31	22.22
118	南阳日报社印刷厂	1.37	−3.52	1.42	4.32
119	唐山劳动日报社印刷厂	1.30	−14.47	1.52	−3.80
120	宜宾日报社印刷中心	1.30	4.85	1.24	−10.79
121	桂林日报印刷厂	1.30	8.33	1.20	−0.98
122	三峡日报传媒集团印刷厂	1.27	0.00	1.27	−1.56
123	枣庄日报社印刷厂	1.22	−0.81	1.23	4.24
124	秦皇岛日报社印刷厂	1.11	−1.77	1.13	−12.40
125	襄阳鑫汉江印务有限公司	1.10	29.41	0.85	17.91
总计	24 家	36.50	−0.82	36.80	3.30

2013 年全国报纸印刷厂报纸年印刷量统计表（五）

（年印刷量在 1 亿印张以下的单位）

编号	单位	年印刷量（亿印张）			
		2013 年		2012 年	
		印量	同比增长（%）	印量	同比增长（%）
126	九江日报社印刷厂	0.95	3.26	0.92	--
127	许昌日报社印务中心	0.91	5.81	0.86	2.35
128	新疆日报社南疆印务中心	0.83	9.21	0.76	42.86
129	廊坊报业印务有限公司	0.80	14.29	0.70	0.00
130	承德日报社印刷厂	0.77	11.59	0.69	11.29
131	开封日报社印务中心	0.76	5.56	0.72	11.43
132	包头日报社印刷厂	0.74	2.78	0.72	3.57
133	呼和浩特日报社印刷厂	0.70	−22.22	0.90	0.00
134	寿光日报传媒公司出版印刷事业部	0.70	7.70	0.65	--
135	周口日报社印务中心	0.70	16.67	0.60	13.21
136	延安日报印务有限责任公司	0.65	−1.52	0.66	13.79
137	长治日报印刷厂	0.61	0.00	0.61	3.39
138	赤峰日报印刷厂	0.58	−1.69	0.59	13.46
139	东营日报社印刷厂	0.49	8.89	0.45	--
140	上海一众印务中心	0.40	−4.76	0.42	−10.64
141	延边报捷印务有限公司	0.39	−9.30	0.43	−8.51
142	锦州日报社印刷厂	0.39	2.63	0.38	8.57
143	海门市海门日报印务中心	0.34	−5.56	0.36	−5.26
144	呼伦贝尔日报社出版印务中心	0.30	0.00	0.30	0.00
145	齐齐哈尔日报社印刷厂	0.29	−6.45	0.31	6.90
146	信阳日报社印刷厂	0.27	3.85	0.26	12.00
147	漯河日报社印刷厂	0.25	0.00	0.25	−10.71
148	营口日报印刷厂	0.23	−4.17	0.24	4.35
149	景德镇日报社印刷厂	0.07	0.00	0.07	0.00
总计	24 家	13.12	2.10	12.85	6.81

数据来源：中国报业协会印刷工作委员会。

2013年全国各省、市、区报纸印刷厂报纸年印刷量统计情况

编号	单位	年印刷量（亿印张）			
		2013年		2012年	
		印量	同比增长（%）	印量	同比增长（%）
北京地区（包括中央各报印刷厂）		85.68	-4.33	89.56	-2.17
1	人民日报印刷厂	17.03	-3.24	17.60	-1.12
2	解放军报印刷厂	12.86	-2.06	13.13	-0.45
3	新华社印务有限责任公司	12.00	0.00	12.00	-14.29
4	北京日报社印务中心	10.69	-8.00	11.62	11.52
5	中国青年报社印刷厂	6.60	-5.98	7.02	-7.39
6	工人日报社印刷厂	5.60	-9.68	6.20	0.00
7	经济日报印刷厂	5.13	-12.46	5.86	-12.01
8	中国日报社印刷厂	5.13	0.59	5.10	-3.59
9	光明日报社印厂	3.09	-8.58	3.38	9.62
10	中国体育报印刷厂	2.42	0.83	2.40	4.35
11	北京人铁报印刷厂	1.89	5.00	1.80	20.20
12	农民日报社印刷厂	1.64	-11.35	1.85	6.94
13	法制日报社印刷厂	1.60	0.00	1.60	-11.11
天津市		25.02	-12.46	28.58	1.67
1	今晚报印刷厂	13.62	-17.85	16.58	-6.80
2	天津北方报业印务股份有限公司	11.40	-5.00	12.00	16.28
河北省		27.35	5.84	25.84	3.09
1	石家庄日报社印务公司	7.94	2.58	7.74	12.17
2	河北日报报业集团印务中心	6.50	-3.42	6.73	0.90
3	保定日报社印刷厂	3.10	14.81	2.70	5.88
4	邯郸日报印刷厂	1.80	12.50	1.60	12.50
5	沧州日报社印务中心	1.79	3.47	1.73	12.50
6	河北经济日报社印务中心	1.52	-6.17	1.62	9.46
7	唐山劳动日报社印刷厂	1.30	-14.47	1.52	-3.80
8	秦皇岛日报社印刷厂	1.11	-1.77	1.13	-12.40
9	廊坊报业印务有限公司	0.80	14.29	0.70	0.00
10	承德日报社印刷厂	0.77	11.59	0.69	11.29
山西省		15.07	1.62	14.83	1.80
1	山西闻兴印务有限责任公司	7.27	0.97	7.20	6.67
2	山西太报传媒有限公司印务分公司	7.19	2.42	7.02	-2.60
3	长治日报印刷厂	0.61	0.00	0.61	3.39

（续）

编号	单位	年印刷量（亿印张）			
		2013 年		2012 年	
		印量	同比增长（%）	印量	同比增长（%）
内蒙古自治区		6.18	–4.48	6.47	0.60
1	内蒙古日报社印务中心	3.86	–2.53	3.96	–1.49
3	包头日报社印刷厂	0.74	2.78	0.72	3.57
2	呼和浩特日报社印刷厂	0.70	–22.22	0.90	0.00
4	赤峰日报印刷厂	0.58	–1.69	0.59	13.46
5	呼伦贝尔日报社出版印务中心	0.30	0.00	0.30	0.00
辽宁省		47.50	–12.76	54.45	–5.19
1	辽宁新闻印刷集团有限公司	30.15	–10.80	33.80	–6.37
2	大连报业集团印务公司	10.52	–16.24	12.56	–11.67
3	沈阳日报报业集团印务中心	6.21	–16.87	7.47	14.40
4	锦州日报社印刷厂	0.39	2.63	0.38	8.57
5	营口日报印刷厂	0.23	–4.17	0.24	4.35
吉林省		11.62	–14.75	13.63	–5.08
1	吉林华商数码印务有限公司	6.38	–25.90	8.61	–6.21
2	吉林日报社印刷厂	4.85	5.66	4.59	–2.55
3	延边报捷印务有限公司	0.39	–9.30	0.43	–8.51
黑龙江省		24.75	–9.04	27.21	1.30
1	黑龙江龙江传媒有限责任公司	12.11	–3.81	12.59	1.70
2	哈尔滨报达印务股份有限公司	9.63	–16.77	11.57	3.30
3	大庆日报社印刷厂	2.72	–0.73	2.74	–8.36
4	齐齐哈尔日报社印刷厂	0.29	–6.45	0.31	6.90
上海市		48.37	–14.59	56.63	–8.11
1	文汇新民联合报业集团印务中心	27.53	–12.99	31.64	–8.21
3	上海解放传媒印刷有限公司	9.77	30.79	7.47	1.58
2	解放日报报业集团印刷厂	4.60	–57.41	10.80	–17.43
4	劳动报社印务中心	3.65	–4.20	3.81	1.33
5	上海证券报印务中心	2.42	–2.81	2.49	–6.04
6	上海一众印务中心	0.40	–4.76	0.42	–10.64

（续）

编号	单位	年印刷量（亿印张）			
		2013 年		2012 年	
		印量	同比增长（%）	印量	同比增长（%）
江苏省		53.14	−9.16	58.50	−8.20
1	南京时代传媒股份公司印务分公司	11.33	−6.98	12.18	−14.94
2	新华报业传媒集团印务中心	11.22	−10.38	12.52	−7.60
3	苏州日报印刷中心	8.56	−11.84	9.71	2.21
4	无锡报业发展有限公司印务分公司	6.33	−13.05	7.28	−8.43
5	扬州日报印刷有限责任公司	4.20	−6.46	4.49	−12.72
6	泰州日报社印务有限公司	3.95	−5.95	4.20	3.95
7	常州日报社印刷厂	2.70	−15.63	3.20	−3.03
8	镇江报业印务有限公司	2.30	−6.88	2.47	−23.53
9	连云港报业印务有限公司	2.21	5.74	2.09	--
10	海门市海门日报印务中心	0.34	−5.56	0.36	−5.26
浙江省		101.93	−8.93	111.93	−2.67
1	浙江日报报业集团印务有限公司	33.64	−9.52	37.18	−4.27
2	杭报集团盛元印务有限公司	27.31	−10.93	30.66	−1.38
3	温州日报报业集团有限公司印务分公司	9.23	−7.88	10.02	1.01
4	宁波报业印刷发展有限公司	8.73	−13.39	10.08	−15.64
5	浙江省广育爱多印务有限公司	8.36	−5.43	8.84	9.95
6	台州日报印务有限公司	4.04	−5.16	4.26	2.16
7	金华日报社印刷厂	4.02	0.75	3.99	1.23
8	浙江嘉报设计印刷有限公司	3.09	−1.90	3.15	−4.83
9	衢州日报印务有限责任公司	1.88	−6.47	2.01	2.50
10	绍兴日报报业印务有限公司	1.63	−6.32	1.74	0.00
安徽省		18.31	−4.54	19.18	−2.09
1	新安传媒有限公司印务公司	9.81	−1.41	9.95	3.43
2	合肥报业传媒有限公司印务分公司	7.04	−11.22	7.93	−8.90
3	芜湖日报报业集团印务有限公司	1.46	12.31	1.30	3.17
福建省		34.42	−8.46	37.60	2.09
1	福建日报报业集团印务中心	18.59	−6.54	19.89	−0.40
2	厦门日报社印务中心	6.48	−16.28	7.74	4.17
3	泉州市新华印务有限责任公司	5.88	−6.67	6.30	3.79
4	福州报业印务有限公司	3.47	−5.45	3.67	9.23

（续）

编号	单位	年印刷量（亿印张）			
		2013 年		2012 年	
		印量	同比增长（%）	印量	同比增长（%）
江西省		19.24	–8.34	20.99	–3.93
1	江西日报社印务中心	13.09	–10.34	14.60	–3.42
2	南昌日报传媒集团印刷有限公司	5.13	–5.00	5.40	–5.26
3	九江日报社印刷厂	0.95	3.26	0.92	--
4	景德镇日报社印刷厂	0.07	0.00	0.07	0.00
山东省		87.25	–9.14	96.03	3.31
1	山东大众报业集团半岛传媒股份有限公司	40.10	–8.20	43.68	3.41
2	山东大众华泰印务有限责任公司	14.91	–9.69	16.51	–6.19
3	青岛日报报业集团印务中心	10.10	–26.81	13.80	1.47
4	济南日报社印刷厂	8.15	0.37	8.12	16.17
5	烟台报捷新闻印刷有限责任公司	6.47	2.86	6.29	8.64
6	临沂日报社印刷厂	3.22	6.98	3.01	15.77
7	潍坊日报社印刷厂	1.89	–17.47	2.29	21.16
8	枣庄日报社印刷厂	1.22	–0.81	1.23	4.24
9	寿光日报传媒有限公司出版印刷事业部	0.70	7.70	0.65	--
10	东营日报社印刷厂	0.49	8.89	0.45	--
河南省		37.62	–4.66	39.46	0.56
1	河南日报报业集团有限公司印务中心	21.00	–6.50	22.46	–4.43
2	郑州日报社印刷厂	5.61	–9.08	6.17	13.97
3	洛阳市报业印刷有限责任公司	3.54	2.61	3.45	2.37
4	商丘京九印务有限公司	1.78	0.00	1.78	14.10
5	新乡市新报商务彩印有限公司	1.43	–4.03	1.49	–1.97
6	南阳日报社印刷厂	1.37	–3.52	1.42	4.32
7	许昌日报社印务中心	0.91	5.81	0.86	2.35
8	开封日报社印务中心	0.76	5.56	0.72	11.43
9	周口日报社印务中心	0.70	16.67	0.60	13.21
10	信阳日报社印刷厂	0.27	3.85	0.26	12.00
11	漯河日报社印刷厂	0.25	0.00	0.25	–10.71
湖南省		19.88	0.81	19.72	–1.92
1	湖南日报报业集团印务中心	10.17	–0.10	10.18	–3.04
2	长沙晚报传媒有限公司印务分公司	9.71	1.78	9.54	–0.64

（续）

编号	单位	年印刷量（亿印张）			
		2013 年		2012 年	
		印量	同比增长（%）	印量	同比增长（%）
湖北省		51.85	−11.11	58.33	11.95
1	湖北日报传媒集团楚天印务总公司	28.04	−14.98	32.98	14.20
2	长江日报报业集团印务总公司	19.00	−10.04	21.12	10.00
3	湖北日报传媒集团三峡印务有限公司	2.44	15.64	2.11	4.98
4	三峡日报传媒集团印刷厂	1.27	0.00	1.27	−1.56
5	襄阳鑫汉江印务有限公司	1.10	29.41	0.85	17.91
广东省		140.28	−10.27	156.34	−10.18
1	广州日报社印务中心	43.72	−14.11	50.90	−20.61
2	广东南方报业传媒控股有限公司印务分公司	40.06	−9.55	44.29	−3.32
3	深圳报业集团印务有限公司	22.64	−5.19	23.88	−7.12
4	羊城晚报社印刷厂	18.90	−9.13	20.80	−5.88
5	湛江日报社印刷厂	3.20	−3.03	3.30	6.45
6	佛山珠江传媒印务有限公司	2.82	−13.23	3.25	16.49
7	东莞日报印刷厂	2.65	−15.06	3.12	−2.17
8	汕头经济特区报社印务中心	2.54	−4.87	2.67	−7.29
9	珠海特区报社印务中心	2.30	−8.00	2.50	−7.41
10	中山日报社印务中心	1.45	−11.04	1.63	−2.98
广西壮族自治区		18.01	4.77	17.19	−2.26
1	广西日报社印刷厂	12.23	6.16	11.52	−3.76
2	南宁日报社印刷厂	2.58	0.00	2.58	4.45
3	柳州日报社印刷厂	1.90	0.53	1.89	--
4	桂林日报印刷厂	1.30	8.33	1.20	−0.98
海南省		7.30	2.38	7.13	−8.94
1	海南日报社印刷厂	7.30	2.38	7.13	−8.94
重庆市		27.93	1.60	27.49	−8.75
1	重庆重报传媒有限公司印务中心	14.60	−1.35	14.80	−8.06
2	重庆商报印务有限公司	6.74	10.67	6.09	−5.58
3	华商数码信息股份有限公司重庆分公司	6.59	−0.15	6.60	−12.81

（续）

编号	单位	年印刷量（亿印张）			
		2013 年		2012 年	
		印量	同比增长（%）	印量	同比增长（%）
四川省		55.20	−10.02	61.35	−7.02
1	四川日报报业集团印务公司	24.60	−3.07	25.38	−4.93
2	成都博瑞传播股份有限公司印务分公司	22.99	−16.09	27.40	−9.87
3	成都日报社印刷厂	4.25	−17.95	5.18	−4.07
4	泸州日报社印刷厂	2.06	−4.19	2.15	2.38
5	宜宾日报社印刷中心	1.30	4.85	1.24	−10.79
贵州省		14.29	−6.48	15.28	1.33
1	贵州日报报业集团印务分公司	9.16	−0.97	9.25	3.12
2	贵阳日报传媒集团印务中心	5.13	−14.93	6.03	−1.31
云南省		17.84	−2.62	18.32	0.05
1	云南报业传媒集团印务中心	14.22	3.42	13.75	2.15
2	昆明日报印刷厂	3.62	−20.79	4.57	−5.77
西藏自治区		1.42	8.40	1.31	22.22
1	西藏日报社印刷厂	1.42	8.40	1.31	22.22
陕西省		30.39	−8.60	33.25	4.49
1	华商数码信息股份有限公司	17.82	−14.00	20.72	1.52
2	陕西日报社印刷厂	5.99	−0.50	6.02	11.90
3	西安日报社印务中心	5.93	1.37	5.85	7.27
4	延安日报印务有限责任公司	0.65	−1.52	0.66	13.79
甘肃省		9.00	−4.56	9.43	12.93
1	甘肃日报社印务中心	9.00	−4.56	9.43	12.93
青海省		3.72	8.45	3.43	13.58
1	青海日报社印刷厂	2.27	6.57	2.13	10.94
2	西宁晚报印刷厂	1.45	11.54	1.30	18.18
宁夏回族自治区		2.57	−4.10	2.68	−1.47
1	宁夏报业传媒印刷有限公司	2.57	−4.10	2.68	−1.47
新疆维吾尔自治区		10.92	−4.88	11.48	3.23
1	新疆日报社印务中心	6.80	−4.23	7.10	−2.74
2	新疆乌鲁木齐晚报社印务中心	3.29	−9.12	3.62	9.70
3	新疆日报社南疆印务中心	0.83	9.21	0.76	42.86

数据来源：中国报业协会印刷工作委员会。

2013 年全国报业制版量及 CTP 使用情况汇总统计表

地区	省份	排名	单位	2013 年制版量					2012 年制版量			
				总制版量（张）	总量增长（%）	PS 制版量（张）	CTP 制版量（张）	CTP 制版占比（%）	总制版量（张）	PS 制版量（张）	CTP 制版量（张）	CTP 制版占比（%）
华北地区	北京	11	人民日报印刷厂	385000	–4.40	145000	240000	100.00	402700	168000	234700	58.28
		30	新华通讯社印刷厂	163440	–29.41	9180	154260	94.38	231540	61350	170190	73.50
		17	解放军报印刷厂	260853	–0.85	18210	242643	93.02	263100	50400	212700	80.84
		16	北京日报社印刷厂	262554	–12.54	88509	174045	66.29	300194	206380	93814	31.25
		43	中国青年报社印刷厂	135000	–13.78	0	135000	100.00	156570	9395	147175	94.00
		58	经济日报印刷厂	100000	–15.78	40000	60000	60.00	118740	50300	68440	57.64
		71	工人日报社印刷厂	71300	–12.52	12800	58500	82.05	81500	12600	68900	84.54
		63	中国日报社印刷厂	89000	–1.11	0	89000	100.00	90000	2000	88000	97.78
		86	光明日报社印刷厂	52410	–27.21	34910	17500	33.39	72000	18000	54000	75.00
		106	中体（北京）彩印有限公司	33030	1.63	0	33030	100.00	32500	3000	29500	90.77
		145	农民日报社印刷厂	8512	5.98	7427	1085	12.75	8032	8032	0	0.00
		130	北京人铁报印刷厂	18000	–10.45	0	18000	100.00	20100	0	20100	100.00
	天津	21	今晚报印刷厂	211293	–31.24	113545	97748	46.26	307303	253849	61251	19.93
		40	天津北方报业印务股份有限公司	140000	5.38	55000	85000	60.71	132854	78774	54080	40.71
	河北	45	石家庄日报社印务公司	128991	10.10	983	128008	99.24	117155	3530	113625	96.99
		66	河北日报报业集团印务中心	83463	–9.54	0	83463	100.00	92266	0	92266	100.00
		99	保定日报社印刷厂	38550	3.91	0	38550	100.00	37100	6300	30800	83.02
		136	邯郸日报社印刷厂	12000	–50.00	0	12000	100.00	24000	0	24000	100.00
		113	沧州日报社印务中心	26743	22.11	0	26743	100.00	21900	1100	20800	94.98
		146	唐山劳动日报社印刷厂	5753	–33.87	0	5753	100.00	8700	200	8500	97.70
		115	河北经济日报社印务中心	26373	–7.68	0	26373	100.00	28568	3128	25440	89.05
		128	秦皇岛日报社印刷厂	19100	2.41	19100	0	0.00	18650	18650	0	0.00
			衡水日报社印刷厂	–	–	–	–	–	13000	0	13000	100.00
		126	廊坊报业印务有限公司	19625	21.25	1265	18360	93.55	16185	1585	14600	90.21
		124	承德日报社印刷厂	20500	17.14	0	20500	100.00	17500	0	17500	100.00
	山西	19	山西太报传媒有限公司	231485	–0.19	26997	204488	88.34	231931	37332	194599	83.90
		58	山西闻兴印务有限责任公司公司	100000	–16.28	10000	90000	90.00	119439	12112	107327	89.86
		122	山西长治日报印刷厂	21127	–13.24	0	21127	100.00	24350	7700	16650	68.38
	内蒙古	62	内蒙古日报印务中心	89830	–10.66	37321	52509	58.45	100545	45021	55524	55.22
		104	呼和浩特日报社印刷厂	34200	–10.00	0	34200	100.00	38000	0	38000	100.00
		123	包头日报社印刷厂	20920	–20.32	0	20920	100.00	26256	0	26256	100.00
		114	内蒙古赤峰日报社	26639	4.88	0	26639	100.00	25400	0	25400	100.00
		133	呼伦贝尔日报社出版印务中心	13890	0.00	13890	0	0.00	13890	13890	0	0.00

（续）

地区	省份	排名	单位	2013年制版量					2012年制版量			
				总制版量（张）	总量增长（%）	PS制版量（张）	CTP制版量（张）	CTP制版占比（%）	总制版量（张）	PS制版量（张）	CTP制版量（张）	CTP制版占比（%）
东北地区	辽宁	4	辽宁新闻印刷集团有限公司	522000	–3.87	168000	354000	67.82	543000	170000	373000	68.69
		65	沈阳日报报业集团印务中心	84951	–19.09	53888	31063	36.57	105000	80000	25000	23.81
		141	锦州日报社印刷厂	10250	–19.92	460	9790	95.51	12800	0.00	12800.00	100.00
		139	营口日报印刷厂	11000	22.22	0	11000	100.00	9000	9000	0	0.00
		36	大连报业集团印务公司	148000	–31.28	0	148000	100.00	215372	250	215122	99.88
	吉林	53	吉林华商数码印务有限公司	115962	–14.23	41491	74471	64.22	135196	61077	74119	54.82
		88	吉林日报社印务中心	49708	–40.01	15170	34538	69.48	82866	82866	0	0.00
		135	延边报捷印务有限公司	12015	–15.88	–	12015	100.00	14283	0	14283	100.00
	黑龙江	22	黑龙江龙江传媒有限责任公司	209576	4.44	18000	191576	91.41	200663	70232	130431	65.00
		28	哈尔滨报达印务股份有限公司	189148	0.92	1435	187713	99.24	187431	2100	185331	98.88
		137	齐齐哈尔日报社印刷厂	11929	0.29	0	11929	100.00	11895	0	11895	100.00
		102	大庆日报社印刷厂	35400	–6.42	0	35400	100.00	37830	3500	34330	90.75
华东地区	上海	6	文汇新民联合报业印务中心	449563	–13.04	5971	443592	98.67	516975	51000	465975	90.13
		50	解放日报报业集团印刷厂	120072	–39.57	0	120072	100.00	198700	0	198700	100.00
		32	上海解放传媒印务公司	156093	122.99	0	156093	100.00	70000	0	70000	100.00
		77	劳动报社印务中心	62100	–10.81	1600	60500	97.42	69630	15300	54330	78.03
		96	上海证券报印务中心	41733	–0.91	0	41733	100.00	42118	0	42118	100.00
		147	上海一众印务中心	5353	–13.93	5353	0	0.00	6219	6219	0	0.00
	江苏	36	南京时代传媒股份有限公司	148000	–7.79	0	148000	100.00	160500	5500	155000	96.57
		26	新华报业传媒集团印务中心	194700	–6.39	0	194700	100.00	208000	12000	196000	94.23
		34	苏州日报印刷中心	150000	–4.28	20000	130000	86.67	156700	30700	126000	80.41
		68	无锡报业发展公司印务分公司	80000	–19.19	0	80000	100.00	99000	2000	97000	97.98
		75	扬州日报印刷有限责任公司	64043	–8.95	0	64043	100.00	70339	9411	60928	86.62
		84	泰州日报社印务有限公司	53000	10.42	0	53000	100.00	48000	0	48000	100.00
		140	海门市海门日报印务中心	10900	–0.73	850	10050	92.20	10980	900	10080	91.80
		78	常州日报社印刷厂	61145	8.23	2350	58795	96.16	56497	946	55551	98.33
		93	镇江报业印务有限公司	45000	–8.16	0	45000	100.00	49000	0	49000	100.00
			宜兴报业印务有限公司	–	–	–	–	–	27000	4000	23000	85.19
		92	连云港报业印务有限公司	45050	–	750	44300	98.34	–	–	–	–
	浙江	5	浙江日报报业集团印务有限公司	465747	–7.13	45938	419809	90.14	501504	104074	397430	79.25
		12	杭州日报报业集团盛元印务有限公司	348708	–3.46	18156	330552	94.79	361202	22487	338175	93.62
		57	浙江省广育爱多印务有限公司	101600	13.55	15240	86360	85.00	89473	20506	68697	76.78
		46	宁波报业印刷发展有限公司	127799	5.38	0	127799	100.00	121270	4380	116890	96.39
		56	温州日报报业集团印务分公司	102400	–2.48	102400	0	0.00	105000	105000	0	0.00
		95	台州日报社印刷厂	43500	35.51	2500	41000	94.25	32100	6000	26100	81.31

（续）

地区	省份	排名	单位	2013年制版量					2012年制版量			
				总制版量（张）	总量增长（%）	PS制版量（张）	CTP制版量（张）	CTP制版占比（%）	总制版量（张）	PS制版量（张）	CTP制版量（张）	CTP制版占比（%）
华东地区	浙江	97	金华日报社印刷厂	41014	3.98	926	40088	97.74	39446	19520	19926	50.51
		79	浙江嘉报设计印刷有限公司	58500	–0.11	200	58300	99.66	58563	188	58365	99.66
		85	衢州日报印务有限公司	52870	–8.22	52	52818	99.90	57603	515	57088	99.11
		117	绍兴日报报业印务有限公司	23998	84.60	0	23998	100.00	13000	0	13000	100.00
	安徽	52	新安传媒有限公司印务公司	119578	7.74	0	119578	100.00	110992	4880	106112	95.60
		40	合肥报业传媒公司印务分公司	140000	0.00	0	140000	100.00	140000	0	140000	100.00
		111	芜湖日报报业集团印务有限公司	27550	37.75	2350	25200	91.47	20000	400	19600	98.00
	福建	20	福建日报报业集团印务中心	224142	40.09	14939	209203	93.34	160000	9600	15400	9.63
		83	福州晚报印刷厂	54355	–9.22	14250	40105	73.78	59873	37567	22306	37.26
		55	厦门日报社印刷厂	106000	–3.20	7000	99000	93.40	109500	18000	91500	83.56
		105	泉州晚报印务中心	33620	–	0	33620	100.00	–	–	–	–
	江西	93	南昌日报传媒集团印刷有限公司	45000	–7.12	45000	0	0.00	48450	48450	0	0.00
		39	江西日报社印务中心	141603	–3.64	41018	100585	71.03	146953	38983	107970	73.47
		132	九江日报社印刷厂	14220	–	1130	13090	92.05	–	–	–	–
	山东	9	半岛都市报社印刷厂	420000	–7.47	0	420000	100.00	453926	131639	322287	71.00
		14	山东大众华泰印务有限责任公司	289838	–6.32	0	289838	100.00	309400	0	309400	100.00
		31	青岛日报报业集团印务中心	158000	–25.12	100000	58000	36.71	211000	166000	45000	21.33
		44	济南日报社印刷厂	130000	–4.41	0	130000	100.00	136000	7500	128500	94.49
		67	烟台报捷新闻印刷有限责任公司	82367	2.23	0	82367	100.00	80571	0	80571	100.00
		70	临沂日报社印刷厂	71504	0.94	0	71504	100.00	70839	0	70839	100.00
		119	潍坊日报社印刷厂	22400	–34.57	2200	20200	90.18	34235	20394	13841	40.43
		120	枣庄日报社印刷厂	21900	1.39	0	21900	100.00	21600	0	21600	100.00
		129	东营日报社印刷厂	19000	–	0	19000	100.00	–	–	–	–
		143	寿光日报传媒有限公司	10000	–	0	10000	100.00	–	–	–	–
中南地区	河南	23	河南日报报业集团印务中心	205055	2.26	0	205055	100.00	200522	1040	199480	99.48
		60	郑州日报社印刷厂	97000	5.21	0	97000	100.00	92200	0	92200	100.00
		72	洛阳市报业印刷有限责任公司	71000	–0.31	10000	61000	85.92	71221	17149	54072	75.92
		109	商丘京九印务有限公司	32000	0.00	600	31400	98.13	32000	800	31200	97.50
		110	新乡市新报商务彩印有限公司	30280	8.74	0	30280	100.00	27847	0	27847	100.00
		125	南阳日报社印刷厂	20000	11.22	0	20000	100.00	17982	0	17982	100.00
		116	许昌日报社印务中心	26100	–10.92	0	26100	100.00	29300	0	29300	100.00
		144	周口日报社印务中心	9000	20.00	0	9000	100.00	7500	0	7500	100.00
		142	信阳日报社印刷厂	10115	212.19	2367	7748	76.60	3240	1900	1340	41.36
		108	开封日报社印务中心	32090	146.85	2058	30032	93.59	13000	1000	12000	92.31
		121	漯河日报社印刷厂	21500	–2.27	1600	19900	92.56	22000	2800	19200	87.27

（续）

地区	省份	排名	单位	2013年制版量					2012年制版量			
				总制版量（张）	总量增长（%）	PS制版量（张）	CTP制版量（张）	CTP制版占比（%）	总制版量（张）	PS制版量（张）	CTP制版量（张）	CTP制版占比（%）
中南地区	湖北	1	湖北日报集团楚天印务总公司	582311	−9.84	9003	573308	98.45	645848	99843	546005	84.54
		15	长江日报报业集团印务总公司	279831	−12.87	31786	248045	88.64	321155	84798	236357	73.60
		87	湖北日报集团三峡印务有限公司	51150	−6.27	1200	49950	97.65	54574	4904	49670	91.01
		127	三峡日报传媒集团印刷厂	19300	9.04	0	19300	100.00	17700	0	17700	100.00
		131	襄阳鑫汉江印务有限公司	16000	29.12	1000	15000	93.75	12392	0	12392	100.00
	湖南	54	湖南日报报业集团印务中心	110051	−4.35	0	110051	100.00	115060	12007	103053	89.56
		35	长沙晚报报业集团印务公司	148187	−1.83	17417	130770	88.25	150950	93301	57649	38.19
	广东	3	广州日报社印务中心	541642	−17.65	48331	493311	91.08	657724	155976	501748	76.29
		7	广东南方报业公司印务分公司	446195	−2.85	83737	362458	81.23	459266	116126	343140	74.71
		2	深圳报业集团印务有限公司	552757	−1.04	556	552201	99.90	558570	8530	550040	98.47
		8	羊城晚报社印刷厂	420428	−3.35	0	420428	100.00	435015	0	435015	100.00
		91	东莞日报印刷厂	48096	−3.60	0	48096	100.00	49892	1400	48492	97.19
		90	湛江日报社印刷厂	49000	−2.00	1000	48000	97.96	50000	3500	46500	93.00
		80	汕头经济特区报社印务中心	57050	4.91	0	57050	100.00	54381	0	54381	100.00
		89	佛山珠江传媒印务有限公司	49333	−1.20	49333	0	0.00	49931	49931	0	0.00
		82	珠海特区报社印务中心	55000	−8.33	0	55000	100.00	60000	0	60000	100.00
		118	中山日报社印务中心	23776	−6.68	0	23776	100.00	25478	0	25478	100.00
	广西	24	广西日报社印刷厂	203220	−0.49	0	203220	100.00	204227	0	204227	100.00
		81	南宁日报社印刷厂	56283	−6.97	0	56283	100.00	60500	6100	54400	89.92
		100	柳州日报社印刷厂	37300	–	2300	35000	93.83				
		103	桂林日报印刷厂	34737	4.26	1900	32837	94.53	33318	4978	28340	85.06
	海南	33	海南日报报业集团印刷厂	150600	5.38	0	150600	100.00	142907	0	142907	100.00
西南地区	重庆	18	重庆重报传媒有限公司印务中心	244055	−7.09	29164	214891	88.05	262674	51018	211656	80.58
		38	华商数码信息公司重庆分公司	141777	103.14	50472	91305	64.40	69791.5	27560	42231.5	60.51
		61	重庆商报印务有限公司	95086	15.92	36524	58562	61.59	82026	53775	28251	34.44
	四川	13	成都博瑞传播股份有限公司	337468	4.80	71981	265487	78.67	322000	82000	240000	74.53
		10	四川日报报业集团印务公司	396934	−1.81	63061	333873	84.11	404268	124402	279866	69.23
		73	成都日报社印刷厂	69149	−13.17	4419	64730	93.61	79639	10729	68910	86.53
		98	泸州日报社印刷厂	40740	−3.00	0	40740	100.00	42000	500	41500	98.81
		101	宜宾日报社印刷中心	37200	0.27	0	37200	100.00	37100	0	37100	100.00
	贵州	48	贵州日报报业集团印务分公司	124980	−4.89	13280	111700	89.37	131400	64400	67000	50.99
		51	贵阳日报印务中心	120000	21.83	10000	110000	91.67	98500	27300	71200	72.28
	云南	27	云南报业集团公司印务中心	191940	7.25	24164	167776	87.41	178961	38468	140493	78.50
		69	昆明日报印刷厂	73500	28.68	9150	64350	87.55	57120	57120	0	0.00
	西藏	107	西藏日报印刷厂	32650	3.73	350	32300	98.93	31477	950	30527	96.98

（续）

地区	省份	排名	单位	2013 年制版量					2012 年制版量			
				总制版量（张）	总量增长（%）	PS 制版量（张）	CTP 制版量（张）	CTP 制版占比（%）	总制版量（张）	PS 制版量（张）	CTP 制版量（张）	CTP 制版占比（%）
西北地区	陕西	138	延安日报印务有限公司	11834	–17.53	0	11834	100.00	14350	50	14300	99.65
		25	华商数码信息股份有限公司	200000	0.00	120000	80000	40.00	200000	160000	50000	25.00
		64	西安日报社印务中心	86769	2.33	10409	76360	88.00	84790	23501	61289	72.28
		49	陕西日报社印刷厂	124600	–1.89	36100	88500	71.03	127000	48200	78800	62.05
	甘肃	29	甘肃日报社印务中心	174566	–1.01	12504	162062	92.84	176354	31962	144392	81.88
	青海	74	青海日报社印刷厂	69066	–1.92	2400	66666	96.53	70420	5570	64850	92.09
		134	青海西宁印刷厂	12034	–3.43	0	12034	100.00	12461	0	12461	100.00
	宁夏	40	宁夏报业传媒印刷有限公司	140000	26.21	1600	138400	98.86	110922	0	110922	100.00
	新疆	47	新疆日报社印务中心	125000	–10.71	13000	112000	89.60	140000	25000	115000	82.14
		76	新疆乌鲁木齐晚报社印务中心	63521	–5.00	0	63521	100.00	66864	0	66864	100.00
		112	新疆日报社南疆印务中心	27136	22.23	0	27136	100.00	22200	0	22200	100.00
总计				16859877	–3.81	2155520	14704357	87.22	17527479.5	3954300	13455154.5	76.77

注：1. 2013 年调查的 147 家中，配有 CTP 设备的单位有 141 家，全部使用 CTP 设备的单位 84 家。

2. 数据由中国报业协会印刷工作委员会提供。

2013 年 1—4 季度全国骨干印刷

序号	单位名称	工业总产值	工业销售产值	工业增加值	主营业务收入	产品销售收入	实现利税	应交销项税额	利润总额	利息支出
	北人集团公司	80065	81709	19040	88018	88833	–2204	13335	–7363	1810
	上海电气集团印刷包装机械有限公司	74779	77447	8128	81168	85909	–7645	11379	–10989	940
1	北人集团公司	80065	81709	19040	88018	88833	–2204	13335	–7363	1810
2	北京北人富士印刷机械有限公司	2463	2617	–136	2617	3548	–1505	99	–1616	96
3	陕西北人印刷机械有限责任公司	40699	40699	10528	41330	41220	2901	5686	713	537
4	高斯图文印刷系统（中国）有限公司	36157	36523	7094	36512	42195	1594	5440	203	–561
5	上海光华印刷机械有限公司	17097	18625	–3290	18601	18601	–3613	2613	–4306	533
6	上海紫明印刷机械有限公司	2479	4608	437	4608	4131	220	314	202	130
7	上海申威达机械有限公司	3625	4177	1217	4238	4238	–1203	707	–1592	55
8	上海亚华印刷机械有限公司	10357	10938	615	11880	10938	–2314	1295	–2444	106
9	上海紫宏机械有限公司	4955	5366	1420	6156	7303	435	1019	16	–53
10	上海德拉根印刷机械有限公司	8560	8560	530	8560	8560	400	140	260	0
11	上海紫光机械有限公司	7543	7184	2492	8838	8838	–338	1245	–910	–22
12	上海爱凯思机械刀片有限公司	5941	5907	1491	5907	5530	548	955	184	69
13	上海新星印刷器材有限公司	8929	8476	4848	8476	8476	1349	168	1181	166
14	上海华太信息技术有限公司	6059	5213	1122	8146	9012	–97	214	337	172
15	好利旺机械（上海）有限公司	6495	6847	2114	5819	7752	1589	866	1201	0
16	天津长荣印刷设备股份有限公司	73019	73019	24114	63277	63277	18900	2730	14689	-1462
17	江苏昌昇集团股份有限公司	15839	15945	4009	15657	15423	1195	2733	132	579
18	江苏永盾机械有限公司	3868	3750	851	3750	3030	209	637	188	95
19	南通海盟罗兰机械有限公司	1280	1220	470	1210	1220	98	58	40	24
20	无锡长城机器制造有限公司	629	577	170	591	602	–366	84	–375	57
21	江西中景集团有限公司	15773	15628	6753	14587	14587	1388	2612	366	29
22	浙江通业印刷机械有限公司	5808	5770	1277	5807	5807	265	548	117	315
23	浙江飞云机械有限公司	1622	1597	388		1597	90		28	50
24	浙江蓝宝机械有限公司	11275	10936	3520	11104	11633	1637	1179	815	387
25	浙江华岳包装机械有限公司	3040	2533		2533	2533	278	340	101	54
26	浙江国威印刷机械有限公司	2793	2793	1093	2793	2793	332	466	130	2
27	江苏方邦机械有限公司	6670	7500	430	5990	5990	300	60	360	59
28	瑞安市华威印刷机械有限公司	3792	3376	692	3376	3376	1138	168	198	42
29	温州正博印刷机械有限公司	6549	6328	1254	6328	6245	540	1076	375	16
30	国望机械集团有限公司	12424	12218	6092	12388	12388	1086	2049	702	19
31	潍坊华光精工设备有限公司	6885	6916	2966	6788	6980	780	1148	402	483

机械制造企业综合经济指标完成情况统计表（一）

（单位：万元）

平均流动资产	平均资产总额	成本费用总额	报告期期末所有者权益	上年同期期末所有者权益	平均所有者权益	期末负债总额	期末资产总额	工资总额	全部从业人员平均人数（人）	电能耗折算标准煤（千克）	新产品产值	出口交货值
121412	239847	97292	124937	114742	111114	148936	317315	8782	1392	529.24	32425	1851
169731	277580	98864	115361	131415	124693	157025	272386	14238	1830	493.36	53822	10771
121412	239847	97292	124937	114742	111114	148936	317315	8782	1392	529.24	32425	1851
5706	5974	4127	526	2622	1898	4301	48269	761	143	29.89	0	0
22746	40543	40669	14843	14133	14487	26655	41499	5031	1153	259.36	31330	1817
89722	112391	38151	31714	31479	31597	86229	117943	5602	624	212.1	33195	6428
33316	44175	23275	7942	12248	10095	32864	40806	3290	450	168.87	11223	0.2
9023	10998	4670	5154	3993	4577	7222	12376	547	101	11.11	2138	295
6924	7693	5187	2119	3711	3508	4381	6500	1034	171	25.85	270	122
13433	17213	13751	5553	8003	7450	10499	16052	1821	270	41.2	4054	4023
14303	17255	6891	7407	8047	7247	13839	21246	1082	182	39.59	1264	294
3710	6530	8160	5490	5230	5360	1040	6530	840	180	22.62	3420	3222
14170	15801	10579	11124	11891	11582	3933	15057	1889	290	41.2	5080	198
4087	8004	5791	5313	5176	5322	2539	7852	919	159		587	720
6738	11178	7341	6660	5881	6271	5582	12242	557	120	81.2	7402	2740
12163	14760	7800	10145	9852	9999	5438	15583	896	124	10.9	4241	0
6255	7028	5670	6069	5430	5963	1395	7464	430	61	6.86	0	875
100547	149216	50925	124649	124289	124469	24753	154157	3676	582	113.52	56640	9773
14057	23316	15227	5623	8115	6869	13762	19385	1666	493	86.45	14178	0
2055	5128	2875	3058	2990	3155	2038	5806	411	98	16.19	2350	655
546	1280	1180	953	942	950	303	1256	96	30		870	0
3835	7696	917	2945	1425	5008	4367	7311	321	109	11.71	0	0
16744	35006	11833	26217	28896	27556	7476	33694	1283	468		15512	46
4563	9961	5690	5020	4921	4970	4983	10003	491	135	11.71	5236	0
2770	3443	1576	1032	1026		2175	3207	156	63			
6735	10863	9170	2938	2234	2624	8024	10962	1373	152	32.72	10597	3296
1032	2656	299	863	919	863	1793	2656	384	129		1825	534
1488	3187	2624	2358	2334	2346	1090	3448	263	75		2195	703
2903	4780	4290	2430	2070	2250	3517	5560	560	120	2.02	6670	2950
1047	2943	3178	1724	2317	1786	1193	2917	493	171	18.58	2284	822
1987	3284	4726	2349	1967	2284	1254	3345	587	151	7.27	3953	2987
5418	9332	7416	7269	6597	6532	2956	10097	986	262	40.8	7133	2573
10138	18349	6386	5631	7591	5595	12091	17722	885	446	29.75	5916	171

序号	单位名称	工业总产值	工业销售产值	工业增加值	主营业务收入	产品销售收入	实现利税	应交销项税额	利润总额	利息支出
32	潍坊东航印刷科技股份有限公司	9482	9076	3650	7893	8075	1764	350	1159	844
33	潍坊华田精工设备有限公司	1592	1384	563	1384	1384	137	113	103	0
34	青岛瑞普电气有限责任公司	5386	4980	1615	5615	5615	837	271	566	0
35	菏泽生建机械有限责任公司	14266	14245	5257		14114	2589		1669	0
36	威海印刷机械有限公司	4757	4524	1600	4443	4443	327	387	70	107
37	威海滨田印刷机械有限公司	4816	4874	2668	4874	4874	146	723	321	176
38	晋城市天泽太行机械制造有限公司	3269	3579	1303	3444	3723	–86	408	–288	0
39	渭南科赛机电设备有限责任公司	2080	2035	492	2035	1425	447	346	81	60
40	咸阳印刷包装机械厂	438	338	0	369	280	–238	29	–268	5
41	咸阳超越离合器有限公司	2905	2647	1162	2647	2515	476	378	185	0
42	湖南新邵印刷机器有限公司	3635	3270	908		3017	221		29	178
43	长沙奥托机械股份有限公司	5834	5454	1061	5717	5454	353	1039	177	296
44	辽宁大族冠华印刷科技股份有限公司	31631	29589	12024	30124	30159	4055	3114	2169	1350
45	长春印刷机械有限责任公司	5340	5260	320	4904	4796	420	60	267	260
46	白山市轻工机械厂	410	388	40	390	228	33	66	–1	0
47	哈尔滨三环印刷包装机械有限责任公司	14110	13871	3605	22190	2837	–190	3772	–224	152
48	德阳市利通印刷机械有限公司	6493	6558	2374	6420	6527	895	1104	398	320
49	舞阳雷世奥印刷机械有限责任公司	1194	1120	326	1103	1089	33	59	–26	41
50	松德机械股份有限公司	29403	22325	4358	19541	20153	–1815	433	–1815	782
51	广东汕漳轻工机械有限公司	18866	15735	1802	15735	15735	2598	2351	1604	63
52	深圳市精密达机械有限公司	10750	10228	4284	10228	10228	3162	2554	2400	149
53	深圳嘉洛激光工艺有限公司	181	172	168		450	12		8	2
54	汕头韩江实业（集团）公司	1063	487	475	467	501	26		11	0
55	汕头市欧格包装机械有限公司	3106	2823	588	2823	2823	308	378	215	7
56	平凉亨达机械制造有限责任公司	2667	1918	304	1918	1865	211	326	57	0
57	宜昌市东方印刷机械有限责任公司	1569	1451	1130	1451	1451	164	267	120	23
58	河北海贺胜利印刷机械集团有限公司	16010	12508	5763	12508	12508	2001	2126	1250	451
59	河北玉田兴业印刷机械有限公司	3520	2700	1100	2328	2328	200	396	–12	–1
60	安徽华印机电股份有限公司	6480	6838	1725	6838	6838	541	933	–106	339
61	淮南市耀华机械厂	857	807	164	790	790	110	18	92	5
62	烟台金宝精密印刷设备有限公司	3908	3908	473	3340	3340	251	568	200	15
	总　计	628708	612647	164903	597404	606221	45620	72553	14745	9411

数据来源：中国印刷及设备器材工业协会印刷机械分会。

（续）

平均流动资产	平均资产总额	成本费用总额	报告期期末所有者权益	上年同期期末所有者权益	平均所有者权益	期末负债总额	期末资产总额	工资总额	全部从业人员平均人数（人）	电能耗折算标准煤（千克）	新产品产值	出口交货值
16034	21998	7108	10993	10387	10690	10354	21348	1481	280	23.02	2632	1198
755	1010	1281	689	510	622	480	1169	113	32	2.82	720	718
29369	38259	6089	6407	5615	6011	26655	33062	1657	267	29.49	2867	0
12106	18349	10093	12667	10808		6398	19065	3354	564		0	0
9014	13815	3842	4503	5667	5010	8481	12984	679	260	21.12	0	0
7816	9014	4353	5713	5608	5594	4155	9868	472	143	10.9	4112	421
5127	5618	3555	2128	2436	2328	3636	5764	841	271	38.09	1690	0
3631	3903	1934	993	924	958	3333	4326	354	145		0	0
773	6103	752	−10	164	−30	6281	6176	138	52	63.02	30	0
2506	3532	1688	2484	2488	2486	1086	3570	496	156	14.54	2324	0
4087	7860	2545	2795	2777		5432	8226	396	185		2908	0
12630	13988	5576	9973	9799	9886	3936	13909	520	150	5.92	1821	0
40981	67439	22239	33779	31984	33944	34407	67215	3973	712	197.55	29638	1084
3320	9827	4796	5721	5721	5721	4238	9959	620	196	29.08	260	60
302	744	391	8	9	9	767	776	180	73	6.36	0	0
10227	21168	22551	10615	10829	10787	13515	24130	550	295	30.7	92	0
4214	8058	6216	4598	4589	4539	3522	8120	533	134	18.01	6159	455
3429	3718	0	3553	3579	3563	4251	7804	173	56	8.08	0	0
49119	76496	21203	53954	56902	55428	23236	18900	3316	495		17641	3277
9587	11909	14003	8566	7171	7869	4366	12932	758	181		13312	1906
14773	23319	8160	12728	10621	11656	15409	28136	1654	222	21	8596	850
450	828	601	485	570		350	835	80	60		10	0
1166	2617	493	1129	1118	1124	1062	2691	95	40	4.44	0	0
1709	1860	2594	1218	1034	1126	796	2014	262	64	5.13		602
4187	11818	1841	1263	11456	6359	11137	12401	697	246	12.92	1636	483
1682	2149	882	405	241	323	1641	2046	138	35	105.44	0	0
18559	23066	11257	6204	7974	7089	18694	24898	1314	360	46.05	13608	3752
5707	7064	2416	4404	4417	4410	4807	9211	600	150		600	800
7476	17423	4880	3426	3532	3479	13399	16825	1035	224	24.3	6480	0
498	1218	548	641	579	610	418	1059	93	40	2.05	343	0
1633	2616	3140	2499	2348	2424	106	2605	237	73	20.6		102
822440	1286616	584693	654586	662928	637742	682976	1370284	73921	15065	2591.34	389467	62803.2

2013年1—4季度全国骨干印刷

序号	单位名称	运行质量综合指数（%）	工业产品产销率（%）	总资产贡献率（%）	成本费用利润率（%）	主营业务收入利润率（%）
	北人集团公司	28.54	102.05	−0.16	−7.57	−8.37
	上海电气集团印刷包装机械有限公司	11.67	103.57	−2.42	−11.12	−13.54
1	北人集团公司	28.54	102.05	−0.16	−7.57	−8.37
2	北京北人富士印刷机械有限公司	−148.05	106.25	−23.59	−39.16	−61.75
3	陕西北人印刷机械有限责任公司	72.08	100.00	8.48	1.75	1.73
4	高斯图文印刷系统（中国）有限公司	54.47	101.01	0.92	0.53	0.56
5	上海光华印刷机械有限公司	−29.16	108.94	−6.97	−18.50	−23.15
6	上海紫明印刷机械有限公司	74.85	185.88	3.18	4.33	4.38
7	上海申威达机械有限公司	−55.65	115.23	−14.92	−30.69	−37.56
8	上海亚华印刷机械有限公司	−18.15	105.61	−12.83	−17.77	−20.57
9	上海紫宏机械有限公司	53.19	108.29	2.21	0.23	0.26
10	上海德拉根印刷机械有限公司	60.60	100.00	6.13	3.19	3.04
11	上海紫光机械有限公司	13.79	95.24	−2.28	−8.60	−10.30
12	上海爱凯思机械刀片有限公司	61.92	99.43	7.71	3.18	3.11
13	上海新星印刷器材有限公司	119.35	94.93	13.55	16.09	13.93
14	上海华太信息技术有限公司	52.43	86.04	0.51	4.32	4.14
15	好利旺机械（上海）有限公司	129.48	105.42	22.61	21.18	20.64
16	天津长荣印刷设备股份有限公司	127.01	100.00	11.69	28.84	23.21
17	江苏昌昇集团股份有限公司	62.00	100.67	7.61	0.87	0.84
18	江苏永盾机械有限公司	68.69	96.95	5.93	6.54	5.01
19	南通海盟罗兰机械有限公司	72.00	95.31	9.53	3.39	3.31
20	无锡长城机器制造有限公司	−77.57	91.73	−4.02	−40.89	−63.45
21	江西中景集团有限公司	54.89	99.08	4.05	3.09	2.51
22	浙江通业印刷机械有限公司	61.27	99.35	5.82	2.06	2.01
23	浙江飞云机械有限公司	54.87	98.46	4.07	1.78	0.00
24	浙江蓝宝机械有限公司	111.70	96.99	18.63	8.89	7.34
25	浙江华岳包装机械有限公司	114.09	83.32	12.50	33.78	3.99
26	浙江国威印刷机械有限公司	76.08	100.00	10.48	4.95	4.65
27	江苏方邦机械有限公司	86.53	112.44	7.51	8.39	6.01
28	瑞安市华威印刷机械有限公司	108.18	89.03	40.10	6.23	5.86
29	温州正博印刷机械有限公司	96.07	96.63	16.93	7.93	5.93
30	国望机械集团有限公司	92.95	98.34	11.84	9.47	5.67
31	潍坊华光精工设备有限公司	73.60	100.45	6.88	6.30	5.92

机械制造企业综合经济指标完成情况统计表（二）

资本保值增值率（%）	净资产收益率（%）	资产负债率（%）	流动资产周转率（次）	全员劳动生产率（元/人）	工业增加值率（%）	万元增加值电能耗（千克/万元）	人均收入（元/人）	综合指数排名
108.89	−6.63	46.94	0.73	136782	20.39	0.03	63089.08	
87.78	−8.81	57.65	0.51	44415	9.43	0.06	77803.28	
108.89	−6.63	46.94	0.73	136782	20.39	0.03	63089.08	54
20.06	−85.14	8.91	0.62	−9510	−5.31	−0.22	53216.78	61
105.02	4.92	64.23	1.81	91310	22.70	0.02	43634.00	27
100.75	0.64	73.11	0.47	113686	17.05	0.03	89775.64	43
64.84	−42.65	80.54	0.56	−73111	−16.69	−0.05	73111.11	58
129.08	4.41	58.35	0.46	43267	15.65	0.03	54158.42	24
57.10	−45.38	67.40	0.61	71170	28.09	0.02	60467.84	59
69.39	−32.81	65.41	0.81	22778	5.28	0.07	67444.44	57
92.05	0.22	65.14	0.51	78022	23.77	0.03	59450.55	45
104.97	4.85	15.93	2.31	29444	6.09	0.04	46666.67	36
93.55	−7.86	26.12	0.62	85931	28.36	0.02	65137.93	56
102.65	3.46	32.34	1.35	93774	21.62	0.00	57798.74	34
113.25	18.83	45.60	1.26	404000	53.29	0.02	46416.67	5
102.97	3.37	34.90	0.74	90484	17.89	0.01	72258.64	46
111.77	20.14	18.69	1.24	346557	28.72	0.00	70491.80	2
100.29	11.80	16.06	0.63	414330	31.83	0.00	63161.51	3
69.29	1.92	70.99	1.10	81318	21.59	0.02	33793.10	33
102.27	5.96	35.10	1.47	86837	18.89	0.02	41938.78	31
101.17	4.21	24.12	2.23	156667	35.13	0.00	32000.00	29
206.67	−7.49	59.73	0.16	15596	23.84	0.07	29449.54	60
90.73	1.33	22.19	0.87	144295	36.73	0.00	27414.53	40
102.01	2.35	49.82	1.27	94593	20.09	0.01	36370.37	35
100.58	0.00	67.82	0.58	61587	23.92	0.00	24761.90	41
131.51	31.06	73.20	1.73	231579	28.26	0.01	90328.95	7
93.91	11.70	67.51	2.45	0	0.00	0.00	29767.44	6
101.03	5.54	31.61	1.88	145733	33.54	0.00	35066.67	23
117.39	16.00	63.26	2.06	35833	6.39	0.00	46666.67	17
74.41	11.09	40.90	3.22	40468	17.47	0.03	28830.41	8
119.42	16.42	37.49	3.14	83046	16.45	0.01	38874.17	11
110.19	10.75	29.28	2.29	232519	42.09	0.01	37633.59	13
74.18	7.18	68.23	0.69	66502	36.92	0.01	19843.05	25

序号	单位名称	运行质量综合指数（%）	工业产品产销率（%）	总资产贡献率（%）	成本费用利润率（%）	主营业务收入利润率（%）
32	潍坊东航印刷科技股份有限公司	98.79	95.72	11.86	16.31	14.68
33	潍坊华田精工设备有限公司	92.40	86.93	13.56	8.04	7.44
34	青岛瑞普电气有限责任公司	78.73	92.46	2.19	9.30	10.08
35	菏泽生建机械有限责任公司	81.85	99.85	14.11	16.54	0.00
36	威海印刷机械有限公司	54.77	95.10	3.14	1.82	1.58
37	威海滨田印刷机械有限公司	73.58	101.20	3.57	7.37	6.59
38	晋城市天泽太行机械制造有限公司	27.90	109.48	–1.53	–8.10	–8.36
39	渭南科赛机电设备有限责任公司	72.04	97.84	12.99	4.19	3.98
40	咸阳印刷包装机械厂	158.89	77.17	–3.82	–35.64	–72.63
41	咸阳超越离合器有限公司	79.49	91.12	13.48	10.96	6.99
42	湖南新邵印刷机器有限公司	54.01	89.96	5.08	1.14	0.00
43	长沙奥托机械股份有限公司	48.77	93.49	4.64	3.17	3.10
44	辽宁大族冠华印刷科技股份有限公司	80.97	93.54	8.01	9.75	7.20
45	长春印刷机械有限责任公司	68.24	98.50	6.92	5.57	5.44
46	白山市轻工机械厂	58.35	94.63	4.44	–0.26	–0.26
47	哈尔滨三环印刷包装机械有限责任公司	42.85	98.31	–0.18	–0.99	–1.01
48	德阳市利通印刷机械有限公司	86.20	101.00	15.08	6.40	6.20
49	舞阳雷世奥印刷机械有限责任公司	43.19	93.80	1.99	0.00	–2.36
50	松德机械股份有限公司	34.15	75.93	–1.35	–8.56	–9.29
51	广东汕樟轻工机械有限公司	96.54	83.40	22.34	11.45	10.19
52	深圳市精密达机械有限公司	135.17	95.14	14.20	29.41	23.46
53	深圳嘉洛激光工艺有限公司	56.76	95.03	1.69	1.33	0.00
54	汕头韩江实业（集团）公司	45.32	45.81	0.99	2.23	2.36
55	汕头市欧格包装机械有限公司	88.68	90.89	16.94	8.29	7.62
56	平凉亨达机械制造有限责任公司	50.14	71.92	1.79	3.10	2.97
57	宜昌市东方印刷机械有限责任公司	121.33	92.48	8.70	13.61	8.27
58	河北海贺胜利印刷机械集团有限公司	91.31	78.13	10.63	11.10	9.99
59	河北玉田兴业印刷机械有限公司	42.89	76.70	2.82	–0.50	–0.52
60	安徽华印机电股份有限公司	55.32	105.52	5.05	–2.17	–1.55
61	淮南市耀华机械厂	94.63	94.17	9.44	16.79	11.65
62	烟台金宝精密印刷设备有限公司	69.61	100.00	10.17	6.37	5.99
	总计	58.10	97.45	4.28	2.52	2.47

数据来源：中国印刷及设备器材工业协会印刷机械分会。

（续）

资本保值增值率（%）	净资产收益率（%）	资产负债率（%）	流动资产周转率（次）	全员劳动生产率（元/人）	工业增加值率（%）	万元增加值电能耗（千克/万元）	人均收入（元/人）	综合指数排名
105.83	10.84	48.50	0.50	130357	37.12	0.01	52892.86	9
135.10	16.56	41.06	1.83	175938	33.02	0.01	35312.5	14
114.11	9.42	80.62	0.19	60487	28.55	0.02	62059.93	22
117.20	0.00	33.56	1.17	93209	36.85	0.00	59468.09	19
79.46	1.40	65.32	0.49	61538	31.10	0.01	26115.38	42
101.87	5.74	42.11	0.62	186573	48.17	0.00	33006.99	26
87.36	-12.37	63.08	0.73	48081	35.44	0.03	31033.21	55
107.47	8.46	77.05	0.39	33931	20.28	0.00	24413.79	28
-6.10	893.33	101.70	0.36	0	0.00	0.00	26538.46	
99.84	7.44	30.42	1.00	74487	35.39	0.01	31794.87	21
100.65	0.00	66.03	0.74	49081	24.98	0.00	21405.41	44
101.78	1.79	28.30	0.43	70733	15.44	0.01	34666.67	48
105.61	6.39	51.19	0.74	168876	34.61	0.02	55800.56	20
100.00	4.67	42.55	1.44	16327	5.93	0.09	31632.65	32
88.89	-11.11	98.84	0.75	5479	8.40	0.16	24657.53	37
98.02	-2.08	56.01	0.28	122203	20.16	0.01	18644.07	52
100.20	8.77	43.37	1.55	177164	31.25	0.01	39776.12	18
99.27	-0.73	54.47	0.32	58214	26.02	0.02	30892.86	50
94.82	-3.27	122.94	0.41	88040	14.61	0.00	66989.90	53
119.45	20.38	33.76	1.64	99558	8.49	0.00	41878.45	10
119.84	20.59	54.77	0.69	192973	32.20	0.00	74504.50	1
85.09	0.00	41.92	1.00	28000	92.82	0.00	13333.33	38
100.98	0.98	39.46	0.43	118750	44.68	0.01	23750	49
117.79	19.09	39.52	1.65	91875	16.88	0.01	40937.5	16
11.02	0.90	89.81	0.45	12358	10.16	0.04	28333.33	47
168.05	37.15	80.21	0.86	322857	61.55	0.09	39428.57	
77.80	17.63	75.08	0.67	160083	31.78	0.01	36500	15
99.71	-0.27	52.19	0.41	73333	28.09	0.00	40000	51
97.00	-3.05	79.64	0.91	77009	23.27	0.01	46205.36	39
110.71	15.08	39.47	1.59	41000	18.74	0.01	23250	12
106.43	8.25	4.07	2.05	64795	10.57	0.04	32465.75	30
98.74	2.31	49.84	0.74	109461	23.52	0.02	49068.04	

2013 年 1—4 季度全国印刷机械制造主要企业产品完成情况汇总表

单位名称	产品型号及名称	产量（台）	产品型号及名称	产量（台）	产品型号及名称	产量（台）
北人集团公司	平张纸单双色胶印机	59	卷筒纸胶印机	99	其他印刷机械	4
	平张纸多色胶印机	29			合 计	191
高斯图文印刷系统（中国）有限公司	SSC 卷筒纸胶印机	55	WS-D 胶印机	1	WS-C 胶印机	11
	WD-B 胶印机	2	WD-E 胶印机	2	合 计	71
北京北人富士印刷机械有限公司	BF 系列表格印刷机	1	印后设备	7	喷墨平台	2
	柔板机	4			合 计	14
上海光华印刷机械有限公司	四色胶印机	54	单色、双色	1	合 计	55
上海紫明印刷机械有限公司	94-AL 酒精高 B	6	2104-AL 双色胶印机	3	ZMA94 高速凹印机	2
	ZMB94B 双面印刷机	5	ZMB2P294-AL 双面双色印刷机	4	ZMB2104-AL 双面双色印刷机	2
	其他辅助机及零件	4	ZMG104UV 上光机	3	ZMB104 平版印刷机	1
					合 计	26
江西中景集团有限公司	单色胶印机	150	双色胶印机	45	四色胶印机	100
					合 计	295
江苏昌昇集团股份有限公司	YP 系列胶印机	19	CS 系列胶印机	110		
	其中：双色机	19	其中：多色机	12		
			双色机	98	合 计	
舞阳雷世奥印刷机械有限责任公司	YP1A2-5 四开单色胶印机	28	QZKF920 对开双液压数显切纸机	28	QZYX920 对开液压数显切纸机	26
	YP1740 四开单色胶印机	26	QZX920 对开数显切纸机	35	切纸机合计	89
					胶印机合计	54
陕西北人印刷机械有限责任公司	AZJ 系列机组式塑凹机	91	TAZJ 系列机组式纸凹机	28	GFH 系列复合机系列	37
	QFZ 系列分切机系列	16	涂布机系列	8	其他产品及备件	18
					合 计	198
无锡长城机器制造有限公司	YPS16787 对开十六色书刊轮转机	1	YSL2606 型对开六色轮转机	1	YSL4606A 型四开六色轮转机	1
					合 计	3
青岛瑞普电气有限责任公司	25 系列单色胶印机	4	25 系列双色胶印机	3	25 系列四色胶印机	22
	桑纳多功能轮转机				合 计	29
浙江飞云机械有限公司	FYS102A 胶印机		YPS104A 胶印机		FYS2104L	
					合 计	
哈尔滨三环印刷包装机械有限责任公司	YPS1AC1E 对开双面胶印机	30	糊盒机 Z65	9	模切机	25
	YPS1B1 对开双面胶印机	16	混合式折页机	2	合 计	82

（续）

单位名称	产品型号及名称	产量（台）	产品型号及名称	产量（台）	产品型号及名称	产量（台）
潍坊华光精工设备有限公司	WF47 系列胶印机	113	HG452 系列多色胶印机	33	印后设备	0
潍坊华光精工设备有限公司	HG452 以上系列多色胶印机	36	其中：多色机	69	合 计	182
辽宁大族冠华印刷科技股份有限公司	GH47 系列胶印机	5	GH 66 系列胶印机	13	GH52 系列胶印机	104
	筱原系例胶印机	58	其中：多色机	172	GH18 系列胶印机	26
			单色机	34	合 计	206
威海印刷机械有限公司	WIN50 系列胶印机	87	其中：单色胶印机	46	其中：多色胶印机	41
威海滨田印刷机械有限公司	WH47 系列胶印机	60	WH66 系列胶印机	5	WH466	12
	WH452 系列	2	WH492	4	合 计	83
潍坊东航印刷科技股份有限公司	DH47NP 胶印机	38	DH47 Ⅱ -NP 胶印机	50	DH56 Ⅱ NP	14
	DH47 Ⅱ胶印机	19	DH47L	15	DH47 Ⅱ S-NP 胶印机	10
	柔板印刷机	47	DH56 Ⅱ	15	320 标签机	13
	DH456	24	DH56 Ⅱ SNP	1	DH452	7
	DH47 Ⅱ S 胶印机	1	XY47SNP	2	合 计	256
潍坊华田精工设备有限公司	CF56 Ⅰ -NP 胶印机	8	CF56II 胶印机	7	CF47 Ⅱ NP-2 打码胶印机	10
	CF47 Ⅱ胶印机	15	CF620C 胶印机	5	CF450PY 配页机	12
	CF47I-NP 胶印机	30	CF56II-NP 胶印机	6	CP500D 打孔机	4
	CF47II-NP 胶印机	50	CF470-4PYNP、-4PY、-2NP4PY 系列打码机	41	CF470-4PY 配页机	30
	CF380 折页机	3	CF56IINP-UV 胶印机	6	合 计	227
晋城市天泽太行机械制造有限公司	YT330 标签机	3	YT300W 标签机	5	MWS300 模切机	1
	TM330 模切机	4	8252 卫星标签机	1	YP330、390 机组式标签机	6
	6250 卫星式标签机	2	4230S-01 数控标签机	2	其他	1
	LYBQ4230 标签机	3			合 计	28
上海申威达机械有限公司	QZX、QZK 系列切纸机	222				
宜昌市东方印刷机械有限责任公司	QZX1300 数显切纸机	57	920W 数显切纸机	97	QZX920 数显切纸机	72
	920S 数显切纸机	83			合 计	309
长春印刷机械有限责任公司	QZKX 系列切纸机	42	QZKC 系列切纸机	55	QZF1400 分切机	16
	QZKE 系列切纸机	8	其他	9	QZKB 系列切纸机	65
	QZKA 系列切纸机	75			合 计	270
德阳市利通印刷机械有限公司	QZY1370 系列切纸机	252	QZY920 系列切纸机	91	QZY780 系列切纸机	7
	QZY1150 系列切纸机	84	QZY1680 系列切纸机	3	QZY1550 系列切纸机	5
	SZ1000 系列升纸机		SZ1500 系列升纸机	15	合 计	457

（续）

单位名称	产品型号及名称	产量（台）	产品型号及名称	产量（台）	产品型号及名称	产量（台）
南通海盟罗兰机械有限公司	QZX1300 液压数显切纸机	70	QZK1300 程控切纸机	35	QZK205 程控切纸机	15
	QZX205 液压数显切纸机	25	QZK1370 程控切纸机	8	DQB440 订书机	5
					合 计	158
平凉亨达机械制造有限责任公司	QZYXK920A、920 切纸机	55	QZYXK1300A、1300 切纸机	95	TM1020 烫金机	3
	MP1050 模切机、清废模切机	10	QZYXK1370、1660 切纸机	15	CQXS1500 升降机	5
	CQXX1370 卸纸机	3			合 计	186
浙江华岳包装机械有限公司	程控切纸机	295				
上海亚华印刷机械有限公司	TYMB 半自动烫印模切机	37	MW 自动模切机	104	合 计	141
天津长荣印刷设备股份有限公司	模切机	160	检品机	104	糊盒机	74
	烫金机	127			合 计	465
上海紫宏机械有限公司	折页机系列	221	三面切书机系列	62	精装类系列	70
					合 计	353
湖南新邵印刷机械有限公司	680/660/490/780 等折页机系列（14 种）	235	100/335 等三面切系列	51	460 配页机	4
	660/430/390 等收纸机系列	18			合 计	308
长沙奥托机械股份有限公司	混合式折页机 -670、490、780 等	326	前口机	25	压平式收纸机	48
	折页单机	5	三面切折页机	7	合 计	411
国望机械集团有限公司	切纸机	721	模切机	58	升降机	30
	烫金机	11	三面切书机	46	闯纸机	29
	卸纸机	17			合 计	912
安徽华印机电股份有限公司	JB450/10A 胶订机	10	LQD8E 联动线	60	PYG450A 配页机	22
	其他设备	117			合 计	209
瑞安市华威印刷机械有限公司	全自动复膜机	15	全自动全面上光、压光机等	42	拉纸机	17
	水胶机	21	配牌机	2	数字喷码平台	9
	全自动、水溶性复膜机等	100			合 计	206
广东汕漳轻工机械有限公司	SGF 型全自动彩印机	48	SDP 型全自动复合机	18	STB 型自动涂布机	32
					合 计	98
浙江蓝宝机械有限公司	YXR2 930 1020 柔版印线机	11	笔记本联动线	9	联动线	39
	QS380\QS420 三面切书机	9	其 他	1563 件	CKCZ330 穿线机	4
	复印纸包装机	1			合 计	

（续）

单位名称	产品型号及名称	产量（台）	产品型号及名称	产量（台）	产品型号及名称	产量（台）
江苏方邦机械有限公司	卷筒方底纸袋机	30	机组式柔印机	13	全自动卷筒纸袋机	12
	全自动方底纸袋机	12	凹版印刷机	2	凸版印刷机	15
	分切机	6	三边封制袋机	6	压花机组	2
					合 计	98
菏泽生建机械有限责任公司	QS 三面切书机	32				
上海德拉根印刷机械有限公司	上光机	60	覆面机	115	糊盒机	35
	喷码机	90			合 计	300
汕头韩江实业（集团）公司	复膜压合机	67	上、压光机	21	合 计	88
松德机械股份有限公司	纸凹机	15	复合机	14	涂布机	14
	塑凹机	25	其他	15	新产品	1
					合 计	84
浙江通业印刷机械有限公司	SP 小全张输纸机	279	四开系列输纸机	136	对开系列输纸机	261
					合 计	676
白山市轻工机械厂	MDD1700B 磨刀机	15	MDD1700C 磨刀机	30	MDD1700A 磨刀机	10
	MDD2200C 磨刀机	5	MDD1600B 磨刀机	5	MDD3850A 磨刀机	1
	1700S 磨刀机	2			合 计	68
深圳嘉洛激光工艺有限公司	自动弯刀机	22	激光切割机	30	清废机	72
	手动设备	80	设备配件	1 批		
上海紫光机械有限公司	铁丝机	39	卷筒印刷机	3	胶订机	24
	商用表格机	4	锁线机	3	合 计	73
河北海贺胜利印刷机械集团有限公司	模切、烫金机	180	裱纸机	61	合 计	241
河北玉田兴业印刷机械有限公司	MY1050AP 自动模切压痕机	10	MY800 自动模切压痕机	5	MY1020 自动模切压痕机	10
	TYM1020H 自动烫金模切机	15	MY1050AR 自动模切压痕机	10	TYM1050H 自动烫金模切机	2
					合 计	52
温州正博印刷机械有限公司	手提袋 ZB1100A	42	手提袋糊底机 50B	33	成型机 960C	20
	手提袋 ZB1100B	32	糊底机 ZB80B	26	糊底机 ZB60B	24
	手提袋 ZB1300B	14	手提袋 ZB1300B-1	18	单张式制袋机	4
					合 计	213
深圳市精密达机械有限公司	胶订机系列	121	订书机系列	25	锁线机系列	14
	其 他	37			合 计	197
上海华太信息技术有限公司	胶印机控制系列	421	遥控系列	168	其他电器类	119
	电子喷粉装置	137			合 计	845
浙江国威印刷机械有限公司	切纸机等系列	358	卸纸机		升降机	
	降纸机				合 计	

（续）

单位名称	产品型号及名称	产量（台）	产品型号及名称	产量（台）	产品型号及名称	产量（台）
淮南市耀华机械厂	JT-4 装订机头	1200 套	JT-15 装订机头	200 套	DQB604-A-B 多头订书机	55 台
	JT-8 装订机头	150 套	DT4-15 多头订书机	45 台	DQB404-C 多头订书机	28 台
	JTY-4 圆环挂钩头	50 套	DT4-4、-8 多头铁丝订书机	80 台	JT4-6-9 装订机	80 套
上海爱凯思机械刀片有限公司					工矿配件	1651 吨
上海新星印刷器材有限公司					印刷机械产品	0
汕头市欧格包装机械有限公司	宽幅卫星式柔版印刷机	12	护膜双面复合涂布	1	合计	13
江苏永盾机械有限公司	ZYBW 系列气泵	3580	各种气泵配件	16780 件	印刷机械部件	550 件
咸阳超越离合器有限公司	离合器	33097	联结套	26534 套		
渭南科赛机电设备有限公司	自动套色控制系统	327	图像监测系统	259	合 计	586
好利旺机械（上海）有限公司	无油式真空气泵	10132	过滤器	1119	散热器、空气箱等	154999 个
	干燥机	686				
烟台金宝精密印刷设备有限公司	JB460LZ-C、A 表格轮转印刷机	14	票据印刷机	75	打孔折页机	46
	打码配页机	45	轮转印刷机	8	分切机	48
					合 计	236

数据来源：中国印刷及设备器材工业协会印刷机械分会。

2013年我国进口印刷机械（分类）海关统计表

表1 计算机直接制版设备

共进口471台，总金额为37526471美元

来源地	数量（台）	金额（美元）	来源地	数量（台）	金额（美元）	来源地	数量（台）	金额（美元）
以色列	1	13500	日本	62	3810976	韩国	6	485948
中国	21	1008341	台澎金马关税区	1	33600	比利时	23	2977598
英国	43	1844334	德国	215	23959807	瑞士	1	130060
斯洛文尼亚	15	157848	斯洛伐克	19	194118	墨西哥	6	791613
加拿大	48	1355502	美国	10	763226			
进口企业性质	国有	中外合作	中外合资	外商独资	集体	私营	个体工商户	其他
进口数量（台）	61	1	5	211		193		
进口金额（美元）	5998917	204563	796676	13681400		16844915		

表2 单张纸单色胶印机

共进口9台，总金额为128809美元

来源地	数量（台）	金额（美元）	来源地	数量（台）	金额（美元）	来源地	数量（台）	金额（美元）
日本	2	52500	台澎金马关税区	2	63863	英国	1	9523
德国	1	1723	韩国	3	1200			
进口企业性质	国有	中外合作	中外合资	外商独资	集体	私营	个体工商户	其他
进口数量（台）				4		5		
进口金额（美元）				75109		53700		

表3 单张纸双色胶印机

共进口11台，总金额为1828639美元

来源地	数量（台）	金额（美元）	来源地	数量（台）	金额（美元）	来源地	数量（台）	金额（美元）
日本	5	990070	德国	5	814069	韩国	1	24500
进口企业性质	国有	中外合作	中外合资	外商独资	集体	私营	个体工商户	其他
进口数量（台）	1			1		9		
进口金额（美元）	334000			175014		1319625		

表4 单张纸四色胶印机

共进口728台，总金额为393238660美元

来源地	数量（台）	金额（美元）	来源地	数量（台）	金额（美元）	来源地	数量（台）	金额（美元）
日本	302	205134289	台澎金马关税区	1	29676	德国	419	184639448
捷克	6	3435247						
进口企业性质	国有	中外合作	中外合资	外商独资	集体	私营	个体工商户	其他
进口数量（台）	231		1	249	4	243		

（续）

共进口 9 台，总金额为 393238660 美元								
进口企业性质	国有	中外合作	中外合资	外商独资	集体	私营	个体工商户	其他
进口金额（美元）	174036482		752000	55079777	2061617	161308784		

表 5　其他单张纸胶印机

共进口 431 台，总金额为 472768455 美元								
来源地	数量（台）	金额（美元）	来源地	数量（台）	金额（美元）	来源地	数量（台）	金额（美元）
日本	72	70419826	德国	349	397403354	荷兰	1	664861
捷克	6	4227635	美国	3	52779			
进口企业性质	国有	中外合作	中外合资	外商独资	集体	私营	个体工商户	其他
进口数量（台）	144	1	17	39	20	210		
进口金额（美元）	183571073	1078000	25175413	41132230	14477729	207334010		

表 6　卷筒纸胶印机

共进口 32 台，总金额为 51622652 美元								
来源地	数量（台）	金额（美元）	来源地	数量（台）	金额（美元）	来源地	数量（台）	金额（美元）
台澎金马单独关税区	3	62893	英国	2	3136	德国	5	25598323
印度	2	126218	法国	3	5951325	中国	3	26187
日本	11	12364093	中国香港	1	1262	美国	2	7489215
进口企业性质	国有	中外合作	中外合资	外商独资	集体	私营	个体工商户	其他
进口数量（台）	8		1	12	3	8		
进口金额（美元）	26133058		695703	1548739	17722078	5523074		

表 7　卷筒纸凸版印刷机

共进口 71 台，总金额为 4835155 美元								
来源地	数量（台）	金额（美元）	来源地	数量（台）	金额（美元）	来源地	数量（台）	金额（美元）
日本	16	2366968	摩洛哥	1	27000	美国	1	69599
韩国	9	137544	德国	2	469702	台澎金马单独关税区	40	1634284
中国	1	48781	瑞典	1	81277			
进口企业性质	国有	中外合作	中外合资	外商独资	集体	私营	个体工商户	其他
进口数量（台）	3			25		43		
进口金额（美元）	188648			2402813		2243694		

表 8　其他凸版印刷机

共进口 38 台，总金额为 6858704 美元								
来源地	数量（台）	金额（美元）	来源地	数量（台）	金额（美元）	来源地	数量（台）	金额（美元）
日本	7	1679924	台澎金马单独关税区	8	1581311	荷兰	2	638974
韩国	4	143825	丹麦	4	23132	美国	9	2209734
泰国	1	203842	德国	1	357376	澳大利亚	1	18343
中国	1	2243						
进口企业性质	国有	中外合作	中外合资	外商独资	集体	私营	个体工商户	其他
进口数量（台）	1		5	21		11		
进口金额（美元）	1814870		243167	3960165		840502		

表 9　柔性版印刷机

共进口 59 台，总金额为 61260938 美元								
来源地	数量（台）	金额（美元）	来源地	数量（台）	金额（美元）	来源地	数量（台）	金额（美元）
日本	3	3898820	韩国	1	604300	台澎金马单独关税区	10	5169771
丹麦	3	4511720	英国	2	438594	德国	13	27803687
法国	1	374584	意大利	13	9996916	荷兰	1	7013
西班牙	1	1851245	瑞士	3	2651048	巴西	1	1187000
美国	6	2762908	澳大利亚	1	3332			
进口企业性质	国有	中外合作	中外合资	外商独资	集体	私营	个体工商户	其他
进口数量（台）	11		8	29		11		
进口金额（美元）	16044170		22747705	17834082		4634981		

表 10　凹版印刷机

共进口 69 台，总金额为 50982321 美元								
来源地	数量（台）	金额（美元）	来源地	数量（台）	金额（美元）	来源地	数量（台）	金额（美元）
日本	15	7082343	新加坡	1	400	韩国	3	2414003
台澎金马单独关税区	10	576303	比利时	11	885670	丹麦	1	275900
德国	6	6652101	意大利	5	10737045	奥地利	1	69002
瑞士	8	19135655	美国	7	3151716	澳大利亚	1	2183
进口企业性质	国有	中外合作	中外合资	外商独资	集体	私营	个体工商户	其他
进口数量（台）	7		9	26		27		
进口金额（美元）	13240786		15276214	14200333		8264988		

表 11　平网印刷机

共进口 1364 台，总金额为 113829638 美元								
来源地	数量（台）	金额（美元）	来源地	数量（台）	金额（美元）	来源地	数量（台）	金额（美元）
日本	71	24418517	新加坡	1	42000	韩国	51	5713576
中国	5	302535	台澎金马单独关税区	1161	68616658	英国	9	896124
德国	23	8303956	意大利	1	1171583	葡萄牙	1	48407
奥地利	5	315323	波兰	4	434732	瑞士	1	732383
斯洛文尼亚	21	502000	美国	10	2331844			
进口企业性质	国有	中外合作	中外合资	外商独资	集体	私营	个体工商户	其他
进口数量（台）	52		290	663	2	357		
进口金额（美元）	7060297		16754747	63759600	933961	25321033		

表 12　圆网印刷机

共进口 48 台，总金额为 21753269 美元								
来源地	数量（台）	金额（美元）	来源地	数量（台）	金额（美元）	来源地	数量（台）	金额（美元）
印度	1	463073	日本	18	8442227	韩国	6	1027719
意大利	6	2111216	奥地利	17	9709034			
进口企业性质	国有	中外合作	中外合资	外商独资	集体	私营	个体工商户	其他
进口数量（台）	17		4	9	1	17		
进口金额（美元）	6842678		2194373	4779150	414024	7523044		

表 13　可与数字处理设备及网络连接的数字式激光印刷机

共进口 1575 台，总金额为 80157066 美元								
来源地	数量（台）	金额（美元）	来源地	数量（台）	金额（美元）	来源地	数量（台）	金额（美元）
以色列	130	38258821	日本	252	15485707	马来西亚	318	2474687
韩国	6	97486	中国	456	3431462	比利时	1	531991
英国	11	624189	德国	95	3282303	法国	1	98201
荷兰	233	5320230	加拿大	10	151800	美国	60	10364022
澳大利亚	2	36167						
进口企业性质	国有	中外合作	中外合资	外商独资	集体	私营	个体工商户	其他
进口数量（台）	106		72	1091	8	298		
进口金额（美元）	29079799		1396440	36588743	586700	12505384		

表 14　可与数字处理设备及网络连接的其他数字式印刷机

共进口 2399 台，总金额为 14736916 美元								
来源地	数量（台）	金额（美元）	来源地	数量（台）	金额（美元）	来源地	数量（台）	金额（美元）
中国香港	1	1387	印度	3	6552	印度尼西亚	1	2184
以色列	19	1895251	日本	76	712709	马来西亚	120	170633
新加坡	21	52080	韩国	20	790485	中国	28	46436
台澎金马单独关税区	22	65958	南非	1	10000	比利时	2	61166

续

共进口 2399 台，总金额为 14736916 美元								
来源地	数量（台）	金额（美元）	来源地	数量（台）	金额（美元）	来源地	数量（台）	金额（美元）
英国	547	3506044	德国	161	345423	法国	10	394265
意大利	4	53094	荷兰	4	286763	芬兰	1	3593
捷克	1274	5656550	美国	83	674612	澳大利亚	1	1731
进口企业性质	国有	中外合作	中外合资	外商独资	集体	私营	个体工商户	其他
进口数量（台）	66		35	2161		136		1
进口金额（美元）	348125		301921	11304777		2781668		425

表 15　可与数字处理设备及网络连接的数字式喷印刷机

共进口 194645 台，总金额为 267639020 美元								
来源地	数量（台）	金额（美元）	来源地	数量（台）	金额（美元）	来源地	数量（台）	金额（美元）
中国香港	6	75641	中国	18349	35559558	波兰	617	932340
印度	3	17047	台澎金马单独关税区	1193	3834837	瑞士	10	1165164
印度尼西亚	59151	15037176	丹麦	127	349005	俄罗斯联邦	15	56045
以色列	24	8090813	英国	1666	11205137	捷克	1	7205
日本	7141	51917601	德国	475	5548560	加拿大	20	1956892
马来西亚	4803	6508164	法国	3517	17056013	美国	1985	13610199
新加坡	125	1886236	意大利	117	28967756	澳大利亚	3	3933
韩国	195	7552463	荷兰	8	675426	奥地利	17	4173526
泰国	94973	18148789	西班牙	101	33302010	越南	2	1384
土耳其	1	100						
进口企业性质	国有	中外合作	中外合资	外商独资	集体	私营	个体工商户	其他
进口数量（台）	836	55	96	181848	4	11806		
进口金额（美元）	17183108	901042	6415723	167994077	815241	74329829		

表 16　其他数字式印刷设备

共进口 7681 台，总金额为 1699580 美元								
来源地	数量（台）	金额（美元）	来源地	数量（台）	金额（美元）	来源地	数量（台）	金额（美元）
中国香港	2	12000	中国	7095	236613	美国	34	175867
日本	13	1287867	台澎金马单独关税区国	38	756077	澳大利亚	2	4162
马来西亚	136	8395	英国	2	107693	韩国	319	239632
新加坡	2	2403	德国	36	28111	哥斯达黎加	2	760
进口企业性质	国有	中外合作	中外合资	外商独资	集体	私营	个体工商户	其他
进口数量（台）	3	2	330	7167		179		
进口金额（美元）	25460	17140	253502	1301163		102315		

表 17　其他数字式激光印刷机

共进口 18 台，总金额为 1962133 美元								
来源地	数量（台）	金额（美元）	来源地	数量（台）	金额（美元）	来源地	数量（台）	金额（美元）
日本	8	1690552	韩国	8	198158	英国	1	1289
德国	1	72134						
进口企业性质	国有	中外合作	中外合资	外商独资	集体	私营	个体工商户	其他
进口数量（台）				17		1		
进口金额（美元）				1960844		1289		

表 18　其他数字式喷墨印刷机

共进口 651 台，总金额为 5166378 美元								
来源地	数量（台）	金额（美元）	来源地	数量（台）	金额（美元）	来源地	数量（台）	金额（美元）
印度	5	4084	伊拉克	1	4635	日本	50	1284739
蒙古	1	1000	新加坡	2	128189	韩国	69	1475845
泰国	1	100	土耳其	5	13866	越南	1	14758
中国	13	132385	台澎金马单独关税区	9	321233	加纳	1	4678
英国	22	151152	德国	65	555833	法国	233	197109
意大利	10	179318	荷兰	1	6873	瑞典	9	24715
瑞士	1	353	俄罗斯联邦	50	144659	加拿大	1	565
美国	101	520289						
进口企业性质	国有	中外合作	中外合资	外商独资	集体	私营	个体工商户	其他
进口数量（台）	10		44	418		179		
进口金额（美元）	105962		1018155	2725950		1316311		

表 19　切纸机

共进口 2332 台，总金额为 84399338 美元								
来源地	数量（台）	金额（美元）	来源地	数量（台）	金额（美元）	来源地	数量（台）	金额（美元）
中国香港	1	944	印度	1	60180	印度尼西亚	1	2122
日本	150	2785910	马来西亚	1	300	新加坡	4	104186
韩国	81	1838690	中国	655	91480	台澎金马单独关税区	342	20569321
丹麦	1	3981	英国	35	1795295	德国	195	12282988
法国	14	623861	意大利	457	3970185	荷兰	2	45488
西班牙	16	27209711	奥地利	3	82732	芬兰	4	4842329
挪威	2	29834	瑞典	18	48844	瑞士	22	3259250
拉脱维亚	13	85871	捷克	20	3761	巴西	1	6930
牙买加	1	11000	加拿大	2	414029	美国	184	2542188
澳大利亚	5	1677500	越南	1	10428			

（续）

共进口 2332 台，总金额为 84399338 美元								
进口企业性质	国有	中外合作	中外合资	外商独资	集体	私营	个体工商户	其他
进口数量（台）	589		84	751	5	803		
进口金额（美元）	12997863		31695170	25057565	652692	13996048		

表 20　锁线装订机

共进口 98 台，总金额为 12449022 美元								
来源地	数量（台）	金额（美元）	来源地	数量（台）	金额（美元）	来源地	数量（台）	金额（美元）
阿联酋	1	5015	台澎金马单独关税区	12	420622	英国	2	7928
德国	21	4542933	意大利	50	6952818	瑞士	9	497508
拉脱维亚	1	7875	墨西哥	1	13541	美国	1	782
进口企业性质	国有	中外合作	中外合资	外商独资	集体	私营	个体工商户	其他
进口数量（台）	27		2	12	2	55		
进口金额（美元）	5246048		888077	624646	168000	5522251		

表 21　胶订机

共进口 233 台，总金额为 29702779 美元								
来源地	数量（台）	金额（美元）	来源地	数量（台）	金额（美元）	来源地	数量（台）	金额（美元）
日本	29	3786723	韩国	12	313240	中国	82	113384
台澎金马单独关税区	4	2553	比利时	3	77117	德国	25	9483551
法国	3	8969	瑞士	67	15244519	美国	8	672723
进口企业性质	国有	中外合作	中外合资	外商独资	集体	私营	个体工商户	其他
进口数量（台）	132		1	23		77		
进口金额（美元）	9788656		1743037	5836553		12334533		

表 22　其他书本装订机器

共进口 1047 台，总金额为 32799268 美元								
来源地	数量（台）	金额（美元）	来源地	数量（台）	金额（美元）	来源地	数量（台）	金额（美元）
中国香港	6	44	日本	441	3950422	马来西亚	2	7000
韩国	19	29217	中国	146	42411	台澎金马单独关税区	11	200035
比利时	7	178581	英国	6	317321	德国	126	11243128
意大利	15	1614771	荷兰	2	9702	葡萄牙	71	2584371
芬兰	1	803	瑞典	3	43672	瑞士	146	12137627
拉脱维亚	6	31348	加拿大	1	2576	美国	36	405819
澳大利亚	1	145	波兰	1	275			
进口企业性质	国有	中外合作	中外合资	外商独资	集体	私营	个体工商户	其他
进口数量（台）	105	1	19	322		600		
进口金额（美元）	9688671	14227	4886057	8975574		9234739		

2013 年我国进口印刷器材（分类）海关统计表

表 1　CTP 版材（任一边 >255mm）

共进口 691637 千克，总金额为 8344053 美元								
来源地	数量（千克）	金额（美元）	来源地	数量（千克）	金额（美元）	来源地	数量（千克）	金额（美元）
中国香港	12115	76458	越南	20	50	意大利	19	468
印度	36	617	中国	80021	747111	荷兰	3779	29563
日本	88442	1445090	比利时	1159	4774	西班牙	8	20
新加坡	300	24887	英国	1424	16651	加拿大	198	5115
韩国	1107	4184	德国	414471	2865905	美国	87874	3116579
泰国	63	1138	法国	601	5443			
进口企业性质	国有	中外合作	中外合资	外商独资	集体	私营	个体工商户	其他
进口数量（千克）	391642	7126	74012	213467		5390		
进口金额（美元）	2663195	73354	2644493	2763326		199685		

表 2　PS 版材（任一边 >255mm）

共进口 108469 千克，总金额为 2200339 美元								
来源地	数量（千克）	金额（美元）	来源地	数量（千克）	金额（美元）	来源地	数量（千克）	金额（美元）
中国香港	89	1085	日本	91383	895577	新加坡	138	50
中国	795	6127	台澎金马单独关税区	125	1545	德国	13525	1244338
荷兰	100	1107	瑞士	2258	45748	美国	56	4762
进口企业性质	国有	中外合作	中外合资	外商独资	集体	私营	个体工商户	其他
进口数量（千克）	14264		295	69253		24657		
进口金额（美元）	1262616		2688	644601		290434		

表 3　柔性印刷版财（任何一边 >255mm）

共进口 1831728 千克，总金额为 2819086 美元								
来源地	数量（千克）	金额（美元）	来源地	数量（千克）	金额（美元）	来源地	数量（千克）	金额（美元）
日本	341880	4658485	韩国	20290	201407	台澎金马单独关税区	640592	6061533
德国	114908	3473735	美国	714058	13801926			
进口企业性质	国有	中外合作	中外合资	外商独资	集体	私营	个体工商户	其他
进口数量（千克）	148906		6845	157430		1518547		
进口金额（美元）	3848282		143272	4023640		20181892		

表 4　其他照相制版用硬片及软片（任一边 >255mm）

共进口 1407342 千克，总金额为 58700526 美元								
来源地	数量（千克）	金额（美元）	来源地	数量（千克）	金额（美元）	来源地	数量（千克）	金额（美元）
中国香港	896	13227	以色列	9812	5699406	日本	463180	23909813
马来西亚	21954	412700	新加坡	50	1570	韩国	518	47143
越南	30	994	中国	2222	331612	台澎金马单独关锐区	25365	3365722
比利时	7413	208800	德国	329885	11435886	荷兰	6210	2529
瑞士	83761	2187895	美国	456046	11083229			
进口企业性质	国有	中外合作	中外合资	外商独资	集体	私营	个体工商户	其他
进口数量（千克）	257991	21	158716	530735		459879		
进口金额（美元）	12351075	392	10620883	18805966		16922210		

表 5　激光照排片（任一边 >255mm）

共进口 1003047 千克，总金额为 8260999 美元								
来源地	数量（千克）	金额（美元）	来源地	数量（千克）	金额（美元）	来源地	数量（千克）	金额（美元）
日本	318601	5294298	韩国	2975	180919	中国	783	253
比利时	55821	1623578	法国	97	4757	芬兰	50	2985
瑞士	442134	572924	美国	182586	581285			
进口企业性质	国有	中外合作	中外合资	外商独资	集体	私营	个体工商户	其他
进口数量（千克）	82153		72202	199174		649518		
进口金额（美元）	26539		2012617	4891551		1330292		

表 6　激光照排片（105mm< 宽≤ 610mm）

共进口 924313 千克，总金额为 27170753 美元								
来源地	数量（千克）	金额（美元）	来源地	数量（千克）	金额（美元）	来源地	数量（千克）	金额（美元）
日本	352203	10148991	台澎金马单独关锐区	2588	92076	德国	236	13046
新加坡	16	1105	比利时	569270	16915535			
进口企业性质	国有	中外合作	中外合资	外商独资	集体	私营	个体工商户	其他
进口数量（千克）	8685		508035	351205		56388		
进口金额（美元）	258751		14831185	10697818		1382999		

表 7　黑色印刷油墨

共进口 2567205 千克，总金额为 48201033 美元								
来源地	数量（千克）	金额（美元）	来源地	数量（千克）	金额（美元）	来源地	数量（千克）	金额（美元）
中国香港	8841	185176	印度	77754	236063	以色列	7145	202974
日本	912501	19518150	马来西亚	25226	642291	新加坡	81147	3378426
韩国	313344	2840982	泰国	9674	826552	越南	1	151
中国	16332	150456	台澎金马单独关税区	217388	1958675	南非	2641	34170
比利时	3964	155884	丹麦	40	2011	英国	95636	3161320

（续）

共进口 2567205 千克，总金额为 48201033 美元								
来源地	数量（千克）	金额（美元）	来源地	数量（千克）	金额（美元）	来源地	数量（千克）	金额（美元）
德国	204263	3417256	法国	84143	3742984	爱尔兰	202	1321
意大利	35347	686153	荷兰	7112	304688	葡萄牙	10	1029
西班牙	6523	150546	奥地利	97	6049	瑞典	13135	184456
瑞士	29608	327166	捷克	120	1551	巴西	100	350
墨西哥	140	1963	波多黎各	985	16823	加拿大	40	736
美国	390794	6028281	澳大利亚	752	8668	新西兰	22200	27732
进口企业性质	国有	中外合作	中外合资	外商独资	集体	私营	个体工商户	其他
进口数量（kg）	96148	2310	479890	1543540	19271	426046		
进口金额（美元）	3865539	85837	4624727	31114992	133564	8376374		

表 8　其他印刷油墨

共进口 20028026 千克，总金额为 309650373 美元								
来源地	数量（千克）	金额（美元）	来源地	数量（千克）	金额（美元）	来源地	数量（千克）	金额（美元）
中国香港	608156	3446194	比利时	70206	1925961	瑞典	146578	1979028
印度	689796	2073244	丹麦	1033	23473	瑞士	395548	7262411
印度尼西亚	829	12659	英国	511409	10146403	俄罗斯联邦	99	4900
以色列	46048	1579197	德国	1823278	18853418	捷克	1	467
日本	4265636	106783328	法国	64581	3109653	斯洛伐克	4	281
马来西亚	167802	2015066	爱尔兰	631	3828	阿根廷	819	20131
菲律宾	4458	19221	意大利	120171	1821295	巴西	232	4676
新加坡	223092	9111030	荷兰	8080	609894	洪都拉斯	75	1363
韩国	3088276	49715354	葡萄牙	162	4940	墨西哥	2125	72738
泰国	46562	497258	西班牙	128060	2335505	波多黎各	7544	115501
土耳其	5132	33621	奥地利	579	47176	加拿大	4266	104759
越南	1	59	芬兰	20	1446	美国	2005018	2527745
中国	1742086	25548404	匈牙利	9	397	澳大利亚	10301	84588
台澎金马单独关税区	3567535	34008707	挪威	1610	28408	新西兰	257730	819642
南非	12436	147030	波兰	12	274			
进口企业性质	国有	中外合作	中外合资	外商独资	集体	私营	个体工商户	其他
进口数量（kg）	1210484	81517	2726871	12071197	266644	3671312		1
进口金额（美元）	15069495	961833	45456263	203172532	1503357	43486891		2

2013 年全国进口印刷设备、器材数量、金额统计总表

类别	产品名称	单位	数量	金额（美元）	占进口总额（%）	占比分类（%）			
						占本项	占印刷机	占印设备	占印刷器材
印刷设备、器材进口总额				2912618464					
印刷设备进口金额合计				2516008916	86.38				
印前设备	铸字机	台	2	64954	0.0022	0.08		0.00	
	计算机直接制版设备	台	472	39293145	1.3491	48.53		1.56	
	其他制版机器、器具及设备	台	805	5011720	0.1721	6.19		0.20	
	品目 8442 其他的机器、器具及设备	台	134	1522476	0.0523	1.88		0.06	
	制版用机器、器具及设备的零件	千克	177705	10013387	0.3438	12.37		0.40	
	印版、滚筒等；制成供印刷用的板、筒等	千克	818383	25064376	0.8605	30.96		1.00	
	合计		997501	80970058	2.7800	100.00		3.22	
印后设备	锁线装订机	台	98	12,449,022	0.4274	6.28		0.49	
	胶订机	台	233	29,702,779	1.0198	14.99		1.18	
	其他书本装订机器	台	1047	32,799,268	1.1261	16.55		1.30	
	书本装订机器的零件	千克	74937	4,613,195	0.1584	2.33		0.18	
	切纸机	台	2533	84,551,477	2.9029	42.66		3.36	
	制造包、袋或信封的机器	台	47	15,260,297	0.5239	7.70		0.61	
	切纸机零件	千克	788758	18,832,984	0.6466	9.50		0.75	
	印后合计		867653	198,209,022	6.8052	100.00		7.88	
印刷机	胶印机合计	台	1304	977002759	33.5438		58.92	38.8	
	其他常规印刷机	台	7559	309647777	10.6313		18.67	12.31	
	数码印刷机合计	台	206971	371440673	12.7528		22.40	14.76	
	合计	台	215834	1658091209	56.9279		100.00	65.90	
辅机、零附件	卷筒料给料机	千克	114883	2245189	0.0771	0.39		0.09	
	其他印刷用辅助机器	千克	3484818	13850724	0.4755	2.39		0.55	
	用 8442 所列印版等印刷的机器用其他零件附件	千克	10294699	60524309	2.0780	10.46		2.41	
	非数字印刷用合计		13894400	76620222	2.6306	13.24		3.05	
	数字印刷设备用辅助机器	千克	109718	6280239	0.2156	1.09		0.25	
	数字印刷设备用热敏打印头	个	11498305	180075955	6.1826	31.12		7.16	
	数字印刷设备的其他零件及附件	千克	2163453	315762211	10.8412	54.56		12.55	
	数字印刷用合计		13771476	502118405	17.2394	86.76		19.96	
	合计		27665876	578738627	19.8700	100.00		23.00	
胶印机	卷取进料式胶印机	台	32	51622652	1.7724	5.28	3.11	2.05	
	办公室用片取进料式胶印机	台	2	22272	0.0008	0.00	0.00	0.00	
	平张纸进料式单色胶印机	台	9	128809	0.0044	0.01	0.01	0.01	
	平张纸进料式双色胶印机	台	11	1828639	0.0628	0.19	0.11	0.07	
	平张纸进料式四色胶印机	台	727	392952232	13.4914	40.22	23.70	15.62	

（续）

类别	产品名称	单位	数量	金额（美元）	占进口总额（%）	占比分类（%）			
						占本项	占印刷机	占印设备	占印刷器材
胶印机	其他平张纸进料式胶印机	台	429	472884212	16.2357	48.40	28.52	18.80	
	未列名胶印机	台	94	57563943	1.9764	5.89	3.47	2.29	
	合计	台	1304	977002759	33.5438	100.00	58.92	38.83	
其他常规印刷机	卷取进料式凸版印刷机，不包括苯胺印刷机	台	71	4835155	0.1660	1.56	0.29	0.19	
	非卷取进料式的凸版印刷机，不包括苯胺印刷机	台	38	6858704	0.2355	2.22	0.41	0.27	
	苯胺印刷机	台	60	63358938	2.1753	20.46	3.82	2.52	
	凹版印刷机	台	69	50982321	1.7504	16.46	3.07	2.03	
	圆网印刷机	台	48	21753269	0.7469	7.03	1.31	0.86	
	平网印刷机	台	1369	113892558	3.9103	36.78	6.87	4.53	
	其他网式印刷机	台	294	20207817	0.6938	6.53	1.22	0.80	
	未列名印刷机	台	5610	27759015	0.9531	8.96	1.67	1.10	
	合计	台	7559	309647777	10.6313	100.00	18.67	12.31	
数码印刷机	数字式喷墨印刷机，可连接	台	194645	267712849	9.1915	72.07	16.15	10.64%	
	数字式静电照相印刷机（激光印刷机），可连接＊	台	1575	80157066	2.7521	21.58	4.83	3.19	
	其他数字式印刷设备，可连接	台	2399	14736916	0.5060	3.97	0.89	0.59	
	数字式喷墨印刷机	台	652	5171228	0.1775	1.39	0.31	0.21	
	数字式静电照相印刷机（激光印刷机），可连接＊	台	18	1962323	0.0674	0.53	0.12	0.08	
	其他数字式印刷设备	台	7682	1700291	0.0584	0.46	0.10	0.07	
	合计	台	206971	371440673	12.7528	100.00	22.40	14.76	
	印刷器材进口金额合计			396609548	13.62				
印刷油墨	黑色印刷油墨	千克	2567205	48201033	1.6549	13.47			12.15
	其他印刷油墨	千克	20028590	309667037	10.6319	86.53			78.08
	合计	千克	22595795	357868070	12.2868	100.00			90.23
胶印版材	PS 版	m^2	64269796	199735253	8.6129	40.49			31.25
	CTP 版	m^2	64598286	293547613	12.6715	59.51			45.93
	合计	m^2	128868082	493282866	21.2934	100.00			77.18
柔性版	柔性印刷版，任何一边超过 255mm	m^2	87953	3643507	0.1573				0.57
	参考项								
软片	其他照相制版用硬片及软片，任一边 >255mm	m^2	2594809	20409750		53.25			
	未列名硬片及软片，任一边 >255mm	m^2	4088918	17253192		45.01			
	其他照相制版单色无孔卷片，宽 >610mm，长 >200m	m^2	260	234		0.00			
	未曝光红色或红外激光胶片，宽 >610mm，长 >200m	m^2	106137	666281		1.74			
	合计	m^2	6790124	38329457		100.00			
	非数字印刷体系			363994158					
	数字印刷体系			903822216					

＊可连接：指可与数据处理装置或网络连接

2013年印刷设备、器材出口商品数量、金额汇总表

类别	产品名称	单位	数量	金额（美元）	占出口总额（%）	占比分类（%）			
						占本项	占印刷机	占印设备	占印刷器材
印刷设备、器材出口总额				2316599365					
印刷设备出口金额				1677489763	72.41				
印前设备	铸字机	台	1929	427331	0.0184	0.31		0.03	
	计算机直接制版设备	台	1779	77051446	3.3261	55.41		4.59	
	其他制版机器、器具及设备	台	1908	4992560	0.2155	3.59		0.30	
	品目8442其他的机器、器具及设备	台	1604	1776324	0.0767	1.28		0.11	
	制版用机器、器具及设备的零件	千克	207336	5512687	0.2380	3.96		0.33	
	印版、滚筒等；制成供印刷用的板、筒等	千克	5252645	49301435	2.1282	35.45		2.94	
	合计		5467201	139061783	6.0028	100.00		8.29	
印后设备	锁线装订机	台	27688	2750816	0.1187	1.02		0.16	
	胶订机	台	4589	8437914	0.3642	3.12		0.50	
	其他书本装订机器	台	158169	19449061	0.8396	7.19		1.16	
	书本装订机器的零件	千克	158409	1450997	0.0626	0.54		0.09	
	切纸机	台	2645291	188236967	8.1256	69.56		11.22	
	制造包、袋或信封的机器	台	13714	34965613	1.5094	12.92		2.08	
	切纸机零件	千克	1684940	15320238	0.6613	5.66		0.91	
	合计		4692800	270611606	11.6814	100.00		16.13	
印刷机	胶印机合计	台	2813	62706907	2.7069		6.01	3.74	
	其他常规印刷机	台	99819	251842303	10.8712		24.13	15.01	
	数码印刷机合计	台	372661	729310741	31.4820		69.87	43.48	
	合计	台	475293	1043859951	45.0600		100.00	62.23	
辅机、零附件	卷筒料给料机	千克	59791	307048	0.0133	0.14	0.03	0.02	
	其他印刷用辅助机器	千克	2360398	24045664	1.0380	10.74	2.30	1.43	
	用8442所列印版等印刷的机器用其他零件附件	千克	5065520	25092236	1.0831	11.20	2.40	1.50	
	非数字印刷用合计		7485709	49444948	2.1344	22.08	4.74	2.95	
	数字印刷设备用辅助机器	千克	162704	2509847	0.1083	1.12	0.24	0.15	
	数字印刷设备用热敏打印头	个	18771900	91544987	3.9517	40.88	8.77	5.46	
	数字印刷设备的其他零件及附件	千克	2771710	80456641	3.4730	35.93	7.71	4.80	
	数字印刷用合计		21706314	174511475	7.5331	77.92	16.72	10.40	
	合计		29192023	223956423	9.6675	100.00	21.45	13.35	
胶印机	卷取进料式胶印机	台	119	18923710	0.8169	30.18	1.81	1.13	
	办公室用片取进料式胶印机	台	758	98715	0.0043	0.16	0.01	0.01	
	平张纸进料式单色胶印机	台	379	2606173	0.1125	4.16	0.25	0.16	
	平张纸进料式双色胶印机	台	105	1363877	0.0589	2.18	0.13	0.08	
	平张纸进料式四色胶印机	台	58	9669770	0.4174	15.42	0.93	0.58	

（续）

类别	产品名称	单位	数量	金额（美元）	占出口总额（%）	占比分类（%）			
						占本项	占印刷机	占印设备	占印刷器材
胶印机	其他平张纸进料式胶印机	台	113	17206288	0.7427	27.44	1.65	1.03	
	未列名胶印机	台	1281	12838374	0.5542	20.47	1.23	0.77	
	胶印机合计	台	2813	62706907	2.7069	100.00	6.01	3.74	
其他常规印刷机	卷取进料式凸版印刷机，不包括苯胺印刷机	台	1619	24038721	1.0377	9.55	2.30	1.43	
	非卷取进料式的凸版印刷机，不包括苯胺印刷机	台	346	14766444	0.6347	5.86	1.41	0.88	
	苯胺印刷机	台	660	25425552	1.0975	10.10	2.44	1.52	
	凹版印刷机	台	2224	37081175	1.6007	14.72	3.55	2.21	
	圆网印刷机	台	540	10014930	0.4323	3.98	0.96	0.60	
	平网印刷机	台	6360	23241629	1.0033	9.23	2.23	1.39	
	其他网式印刷机	台	7263	10895957	0.4703	4.33	1.04	0.65	
	未列名印刷机	台	80807	106377895	4.5920	42.24	10.19	6.34	
	合计	台	99819	251842303	10.8712	100.00	24.13	15.01	
数码印刷机	数字式喷墨印刷机，可连接	台	367186	705669328	30.4614	96.76	67.60	42.07	
	数字式静电照相印刷机（激光印刷机），可连接＊	台	1640	9205391	0.3974	1.26	0.88	0.55	
	其他数字式印刷设备，可连接	台	759	1715811	0.0741	0.24	0.16	0.10	
	数字式喷墨印刷机	台	2801	10743993	0.4638	1.47	1.03	0.64	
	数字式静电照相印刷机（激光印刷机）	台	12	147973	0.0064	0.02	0.01	0.01	
	其他数字式印刷设备	台	263	1828245	0.0789	0.25	0.18	0.11	
	数码印刷机合计	台	372661	729310741	31.4820	100.00	69.87	43.48	
	印刷器材出口金额合计			639109602	27.59				
印刷油墨	黑色印刷油墨	千克	2567205	48201033	1.6549	13.47			12.15
	其他印刷油墨	千克	20028590	309667037	10.6319	86.53			78.08
	合计	千克	22595795	357868070	12.2868	100.00			90.23
胶印版材	PS 版	m^2	118013	2200339	0.0755	20.87			0.55
	CTP 版	m^2	776824	8344053	0.2865	79.13			2.10
	合计	m^2	894837	10544392	0.3620	100.00			2.66
柔性版	柔性印刷版，任何一边超过 255mm	m^2	472783	28197086	0.9681				7.11
	参考项								
软片	其他照相制版用硬片及软片，任一边 >255mm	m^2	1352004	58797656					
	未列名硬片及软片，任一边 >255mm	m^2	3111417	24953858		4.61			
	其他照相制版单色无孔卷片，宽 >610mm，长 >200m	m^2	32489756	129080725		23.83			
	未曝光红色或红外激光胶片，宽 >610mm，长 >200m	m^2	41828485	328777611		60.70			
	合计	m^2	78781662	541609850		100.00			
	非数字印刷体系			1363270758					
	数字印刷体系			873559078					

（1）＊可连接：指可与数据处理装置或网络连接 。 （2）数据来源：中国印刷及设备器材工业协会。